Hannah Arendt
Über die Revolution

Band 1746

Zu diesem Buch

Die globalen Änderungen der letzten Jahre und das Ende des Kalten Krieges werfen ein neues, aktuelles Licht auf Hannah Arendts Schrift »Über die Revolution«. Hier analysiert sie als eines der erstaunlichsten Phänomene des 20. Jahrhunderts die Ablösung des Krieges als traditionelles Mittel der gewaltsamen Veränderung bestehender politischer Verhältnisse durch die Revolution. Der Krieg als politisches Instrument scheint überholt. An seine Stelle ist die Revolution getreten, die die politische Zukunft der Welt noch auf lange Zeit prägen wird.

Hannah Arendt, 1906–1975, studierte Philosophie, Theologie und Griechisch, 1928 Promotion. 1933 Emigration, seit 1941 in New York; 1946–48 Cheflektorin, danach freie Schriftstellerin. 1963 Berufung als Professorin an die University of Chicago. Lehrte seit 1968 an der New School for Social Research als University Professor. 1959 Lessing-Preis der Stadt Hamburg.

Hannah Arendt

Über die Revolution

Piper
München Zürich

Von Hannah Arendt liegen in der
SERIE PIPER außerdem vor:

Macht und Gewalt (1)
Walter Benjamin – Bertolt Brecht (12)
Wahrheit und Lüge in der Politik (36)
Vita activa oder Vom tätigen Leben (217)
Rahel Varnhagen (230)
Eichmann in Jerusalem (308)
Vom Leben des Geistes Bd. I Das Denken (705)
Vom Leben des Geistes Bd. II Das Wollen (706)
Elemente und Ursprünge totaler Herrschaft (1032)
Hannah Arendt / Karl Jaspers Briefwechsel 1926–1969 (1757)

Die Originalausgabe erschien 1963 unter dem Titel
»On Revolution« bei The Viking Press, New York.

ISBN 3-492-11746-5
Neuausgabe 1974
4. Auflage, 17.–20. Tausend März 1994
(1. Auflage, 1.–4. Tausend dieser Ausgabe)
© 1963 by Hannah Arendt
Published by special arrangement
with Harcourt Brace Jovanovich, Inc., New York
Alle Rechte der deutschen Ausgabe:
© R. Piper & Co. Verlag, München 1965
Umschlag: Federico Luci
Gesamtherstellung: Clausen & Bosse, Leck
Printed in Germany

FÜR GERTRUD UND KARL JASPERS
in Verehrung – in Freundschaft – in Liebe

INHALT

Einleitung. Krieg und Revolution 9
Erstes Kapitel. Der geschichtliche Hintergrund.. 23
Zweites Kapitel. Die soziale Frage 73
Drittes Kapitel. «Der Verfolg des Glücks» 147
Viertes Kapitel. Die Gründung: Constitutio Libertatis .. 183
Fünftes Kapitel. Novus Ordo Saeclorum 232
Sechstes Kapitel. Tradition und Geist der Revolution .. 277

Anmerkungen 363
Literaturverzeichnis 407
Personenregister 415
Sachregister 419

Einleitung

KRIEG UND REVOLUTION

Kriege und Revolutionen, so meinte Lenin vor etwa fünfzig Jahren, würden das Gesicht des zwanzigsten Jahrhunderts bestimmen. Seither ist es, als hätten die Ereignisse nichts Eiligeres zu tun gehabt, als diese Voraussage zu bestätigen. Und im Unterschied zu den Ideologien des neunzehnten Jahrhunderts – Nationalismus und Internationalismus, Kapitalismus und Imperialismus oder Sozialismus und Kommunismus, die nur noch im rechtfertigenden Gerede eine Rolle spielen, aber ihre einstige substantielle Bezogenheit zu politischer Wirklichkeit verloren haben – stehen Krieg und Revolution immer noch im Zentrum politischen Geschehens. Sie haben alle ideologischen Rechtfertigungen überlebt. Politisch stehen wir in einer Konstellation, in der wir auf der einen Seite von einer totalen Vernichtung durch einen etwa ausbrechenden Krieg bedroht sind und in der wir doch andererseits beinahe täglich erfahren, wie sich die Hoffnung auf eine Emanzipation der gesamten Menschheit durch Revolution erfüllt. Was die Amerikanische Revolution in der Unabhängigkeitserklärung vor bald zweihundert Jahren proklamierte, daß ein Volk nach dem anderen »unter den Mächten der Erde den unabhängigen und gleichen Rang erlangen würde, auf den ein jedes gemäß den Gesetzen der Natur und ihres Gottes Anspruch habe«, ist mit einer manchmal fast beängstigenden Geschwindigkeit wahr geworden. Und in einer solchen sich über die ganze Erde erstreckenden Situation gibt es nichts mehr, wofür es sich zu kämpfen lohnte, als das, was das Älteste ist und von allem Anfang an, jedenfalls im Abendland, das eigentliche Wesen von Politik bestimmt hat – nämlich die Sache der Freiheit gegen das Unheil der Zwangsherrschaft jeglicher Art.

Dieser Tatbestand ist bemerkenswert und versteht sich keineswegs von selbst. Unter dem Kreuzfeuer jener Zweige der Psychologie und der Gesellschaftswissenschaften, deren Sinn und Ziel die Entlarvung ist, konnte es wohl scheinen, als sei dem Begriff der Freiheit nun wirklich der Garaus gemacht worden. Selbst die Revolutionäre, von denen man doch eigentlich hätte annehmen dürfen, daß sie unausrottbar in einer Tradition verwurzelt sind, von der man noch nicht einmal sprechen kann, ohne das Wort Freiheit in den Mund zu nehmen, sind bekanntlich nur zu bereit, Freiheit zu den »kleinbürgerlichen Vorurteilen« zu rechnen; gerade sie haben vergessen, daß das Ziel der Revolution heute wie seit eh und je nichts anderes sein kann als eben Freiheit. Aber nicht weniger verblüffend als dies Verschwinden der Freiheit aus dem revolutionären Vokabular dürfte wirken, daß Wort und Begriff plötzlich wieder aufgetaucht sind, um die ernsteste aller gegenwärtigen politischen Diskussionen zu ordnen und zu artikulieren, nämlich die Debatte über die Kriegsfrage, d.h. über die Berechtigung der Gewalt in der Politik. Geschichtlich gesehen, gehört der Krieg zu den ältesten Phänomenen der aufgezeichneten Vergangenheit, während es Revolutionen im eigentlichen Sinne vor der Neuzeit nicht gibt, die Revolution als politisches Phänomen also zu den modernsten Gegebenheiten gehört.

Für die Modernität der Revolution ist vermutlich nichts so charakteristisch, als daß sie von vornherein beanspruchte, die Sache der Menschheit zu vertreten, und zwar gerade weil die Menschheit im achtzehnten Jahrhundert nicht mehr als eine »Idee« war. Es handelte sich nicht nur um Freiheit, sondern um Freiheit *für alle*, und dies mag der Grund sein, warum die Revolution selbst, im Unterschied zu den revolutionären Ideologien, um so moderner und zeitgemäßer geworden ist, je mehr die »Idee« der Menschheit sich durch die moderne Technik zu einer handgreiflichen Realität entwickelt hat. Will man dies auf eine Formel bringen, so kann man auch heute noch auf Thomas Paine zurückgreifen, der auf Grund seiner Erfahrungen in der Amerikanischen und Französischen Revolution meinte: »The Revolutions which formerly took place in the world had nothing in them that interested the bulk of mankind. They extended only to a change of persons and measures, but not of principles, and rose or fell among the common transactions of the moment.«¹ Was aber nun den Freiheitsbegriff anlangt, so ist er zwar mit dem Wesen der Revolution von Anfang an verbunden, hat aber ursprünglich mit Krieg und Kriegszielen kaum etwas zu tun. Daran ändert auch die Tatsache nichts, daß Befreiungskriege in der historischen Erinnerung der Völker oft mit einem besonderen Nimbus umgeben worden sind oder daß in der Kriegspropaganda, die von den »heiligsten Gütern der Nation« spricht, die Freiheit als Schlagwort immer wieder auftaucht. Denn all dies besagt keineswegs, daß darum die Befreiungskriege in Theorie und Praxis als die einzigen »gerechten Kriege« galten.

Rechtfertigungen des Krieges auch auf dem Niveau politischer Theorie sind sehr alt, wiewohl natürlich nicht so alt wie die organisierte Kriegsführung. Sie setzen offenbar voraus, daß politische Beziehungen normalerweise nicht im Zeichen der Gewalt stehen, und diese Überzeugung von der wesentlichen Gewaltlosigkeit der Politik finden wir zum erstenmal im griechischen Altertum. Die griechische Polis verstand sich ausdrücklich als eine Staats- und Gesellschaftsverfassung, die nicht auf der Gewalt, sondern auf dem gegenseitigen Sich-Überzeugen, dem πείθειν, beruht. Daß es sich bei diesem Selbstverständnis keineswegs um leeres Gerede oder Selbsttäuschung handelte, die man heute »entlarven« könnte, zeigt sich vielleicht am sinnfälligsten in dem athenischen Brauch, die zum Tode Verurteilten nicht hinzurichten, sondern sie zu »überreden«, den Schierlingsbecher selbst an die Lippen zu setzen; physische Gewaltanwendung war unter allen Umständen mit der Würde eines athenischen Bürgers unvereinbar. Da aber für die Griechen das Politische, nämlich die Polis, schon dem Wortsinn nach sich unter keinen Umständen über die Grenzen der Stadtmauer erstrecken konnte, bedurfte die Gewalt in dem Bereich, den wir heute Außenpolitik oder internationale Beziehungen nennen, auch gar keiner Rechtfertigung; obwohl griechische Außenpolitik (abgesehen von den Perserkriegen, in denen ganz Hellas vereint war) sich nur zwischen griechischen Stadtstaaten abspielte, galt sie nicht als eigentlich politisch. Außerhalb der Stadtmauern, nämlich außerhalb des Bereichs des Politischen im griechischen Sinne, galt das Wort des Thukydides: »Die Mächtigen tun, was sie können, und die Schwachen leiden, was sie müssen.«

Die ersten Rechtfertigungen des Krieges und damit den ersten Unterschied zwischen gerechten und ungerechten Kriegen kennen wir aus dem römischen Altertum. Aber diese römischen Unterscheidungen und Rechtfertigungen handeln nicht von Freiheit, und wir finden in ihnen nirgends den Unterschied zwischen Angriffs- und Verteidigungskrieg. »Denn gerecht ist ein Krieg für diejenigen, für die er notwendig ist, und heilig sind die Waffen, wo nur in den Waffen noch Hoffnung ist«, meint Livius. (Iustum enim est bellum quibus necessarium, et pia arma ubi nulla nisi in armis spes est.[2]) Seit den Tagen Livius' und durch die Jahrhunderte hat man die Notwendigkeit für vieles angerufen, das uns heute sehr viel mehr für einen ungerechten als für einen gerechten Krieg zu sprechen scheint. Der Drang nach Eroberung und Expansion, die Verteidigung bestimmter Interessensphären, die Erhaltung der Macht gegen neuen, bedrohlichen Machtzuwachs eines Nachbarn oder die Aufrechterhaltung eines bestimmten Mächtegleichgewichts – all diese nur zu bekannten Inventarstücke der Machtpolitik sind ja nicht nur die Ursachen der meisten uns bekannten Kriege in der Geschichte, sie wurden vor allem auch immer als »Notwendigkeiten« empfunden, welche den Ausbruch eines Krieges voll rechtfertigten. Die Vorstellung, daß der Angriffskrieg ein Verbrechen ist und daß Kriege nur als Verteidigungs- oder Präventivkriege gerechtfertigt werden können, hat eine praktische und selbst theoretische Bedeutung überhaupt erst nach dem Ersten Weltkrieg gewonnen, als das furchtbare Vernichtungspotential moderner Waffen zum erstenmal voll in Erscheinung getreten war.

Vielleicht hängt damit, daß nicht Freiheit, sondern Notwendigkeit der Rechtfertigung des Krieges in unserer Überlieferung diente, zusammen, daß uns unabweisbar ein Gefühl des Unbehagens überkommt, wenn das Argument der Freiheit heute in die Debatte der Kriegsfrage geworfen wird. Sich angesichts des unvergleichlichen und unvorstellbaren Vernichtungspotentials eines Atomkrieges frisch-fröhlich, als sei nichts geschehen, auf das uralte »lieber tot als Sklave« zu berufen, ist nicht nur gefährlich, es ist auch grotesk. Daß es einen erheblichen Unterschied bedeutet, ob man sein eigenes Leben für Leben und Freiheit des Vaterlandes und der Nachkommen aufs Spiel setzt oder ob man die Existenz des Menschengeschlechts im ganzen für die gleichen

Zwecke riskiert, ist so offenbar, daß es schwer hält, den Verfechtern des Lieber-tot-als-rot auch nur den guten Glauben zuzubilligen. Was natürlich nicht besagt, daß die Umkehrung, das Lieber-rot-als-tot, weniger lächerlich wäre. Wenn eine alte Lebensweisheit den faktischen Verhältnissen nicht mehr entspricht, wird sie nicht dadurch wahrer, daß man sie kurzerhand auf den Kopf stellt. In Wirklichkeit ist es doch so, daß man unschwer beiden Seiten in dieser Diskussion einen geheimen Vorbehalt nachweisen kann. Diejenigen, die sagen: lieber tot als rot, meinen in Wahrheit: es wird schon nicht so schlimm sein, und die Verluste, die man heute theoretisch errechnet, sind vermutlich übertrieben; während diejenigen, die sagen: lieber rot als tot, in Wahrheit der Meinung sind, daß man die Unterdrückung des Menschen in den modernen Gewaltherrschaften sehr übertrieben hat, daß der Mensch seine Natur nicht ändern werde und daß Freiheit nicht für immer aus der Menschenwelt verschwinden könne. Dies aber besagt, daß beide Seiten sich schließlich vor den Konsequenzen der Alternative drücken, die sie doch selbst vorgeschlagen haben.[3]

Nun darf man nicht vergessen, daß der Freiheitsbegriff sich in der Debatte der Kriegsfrage überhaupt erst gemeldet hat, nachdem ganz offenbar ein Stadium in der technischen Entwicklung erreicht war, in welchem ein zweckmäßiger Einsatz der Gewalt- und Vernichtungsmittel nicht mehr möglich ist. Dadurch ist es, als habe man das Freiheitsargument wie einen deus ex machina in die Kriegsdebatte geworfen, um zu rechtfertigen, was rational nicht mehr zu rechtfertigen ist. Vielleicht ist es nicht zu gewagt, in der derzeitigen hoffnungslosen Verwirrung der Fragen und Argumente ein erstes Anzeichen dafür zu erblicken, daß sich eine außerordentlich tiefgreifende, prinzipielle Veränderung aller Außenpolitik vorbereitet, nämlich das allmähliche Verschwinden des Krieges überhaupt von der Bühne der Politik, und zwar ohne eine zwangsläufige radikale Wandlung im internationalen Verhalten der Mächte zueinander oder eine innere Wandlung des Menschen überhaupt. Könnte es nicht sein, daß unsere gegenwärtige Unfähigkeit, mit der Kriegsfrage fertig zu werden, nur besagt, daß wir auf Grund unserer Überlieferung noch schlechterdings außerstande sind, außenpolitisch auch nur zu *denken*, ohne das Hilfsmittel einer

»Fortsetzung der Politik mit anderen Mitteln« als die ultima ratio allen Handelns in Betracht zu ziehen?

Ganz abgesehen von der Gefahr totaler Vernichtung, die sich prinzipiell auch wieder ändern könnte durch neue technische Erfindungen wie die »saubere« Bombe oder eine Verteidigung gegen Raketenbeschuß, lassen sich dafür immerhin einige Anzeichen geltend machen. Da ist *erstens* die Tatsache, daß die totale Kriegsführung praktisch mit dem Ersten Weltkrieg begann, insofern damals bereits die Unterscheidung von Militär und Zivilbevölkerung nicht mehr respektiert wurde, und zwar nur aus technischen, nicht aus ideologischen Gründen. Nun ist dieser Unterschied selbst relativ modern, und seine Aufhebung besagt nicht mehr, aber auch nicht weniger, als daß wir nun glücklich wieder da angelangt sind, wo Rom Karthago dem Erdboden gleichmachte. Aber unter modernen Verhältnissen kommt dieser Wiederkehr des totalen Krieges, wie wir ihn aus dem Altertum kennen, doch eine erhebliche politische Bedeutung zu; sie steht nämlich in offenbarem Widerspruch zu der Grundannahme, auf der in allen modernen Staaten das Verhältnis von Armee und zivilem Staatsapparat beruht: daß es nämlich die Aufgabe der Armee sei, die Zivilbevölkerung zu schützen und zu verteidigen. Innenpolitisch gesehen, könnte man durchaus die Geschichte des Krieges in unserm Jahrhundert als die immer deutlicher in Erscheinung tretende Unfähigkeit der Armee darstellen, diese ihr ursprünglich zukommende Funktion zu erfüllen. Jedermann weiß, daß in einem künftigen Kriege die Wehrmacht vermutlich weniger Verluste erleiden wird als die Bevölkerung, und die Strategie der Abschreckung setzt ganz offen voraus, daß das Militär nicht so sehr die Aufgabe hat, das Land gegen den Feind zu schützen, als sich an ihm für die bereits stattgehabte Vernichtung zu rächen.

Eng verwandt mit dieser Perversion im Verhältnis von Zivil und Militär ist *zweitens* die kaum beachtete, aber sehr bemerkenswerte Tatsache, daß wir es eigentlich bereits seit Ende des Ersten Weltkrieges für selbstverständlich halten, daß keine Regierung und keine Staatsform stark genug sind, eine Niederlage im Kriege zu überleben. Man könnte diese Entwicklung bis ins neunzehnte Jahrhundert zurückverfolgen, bis zu dem Augenblick jedenfalls, als der Deutsch-Französische Krieg in Frankreich die Transformation des Zweiten Kaiserreiches in die Dritte Republik erzwang; und die Russische Revolution von 1905, die unmittelbar auf die Niederlage im Russisch-Japanischen Krieg folgte, war sicher nicht geeignet, die Staaten in der Zuversicht in die eigene Lebensfähigkeit im Falle einer Niederlage zu stärken. Jedenfalls dürfte heute feststehen, daß revolutionäre Umwälzungen, sei es von innen wie nach dem Ersten Weltkrieg, sei es von außen wie nach dem Zweiten Weltkrieg, nebst Forderungen nach bedingungsloser Kapitulation und der Errichtung von Kriegsgerichten durch den Sieger die sicherste Konsequenz jeder militärischen Niederlage sind, die nicht mit völliger Zerstörung geendet hat. Dabei dürfen wir hier die Frage außer Betracht lassen, ob dieser unheimliche Tatbestand einer so entscheidenden Schwächung des Staates dem allgemeinen Autoritätsverlust der Neuzeit zuzuschreiben ist oder ob es eben keinen Staat und keine Regierung geben kann, und seien sie noch so fest verankert in dem Vertrauen der Bürger, die dem furchtbaren Gewaltstrom einer modernen Kriegsführung standzuhalten vermögen. Auf jeden Fall lohnt sich festzuhalten, daß es in Kriegen politisch bereits um die nackte Existenz ging, als noch niemand etwas von den neuen entsetzlichen Entwicklungen des Atomkrieges ahnte, die auch das biologische Leben in Frage stellen. Dies aber heißt, daß der Krieg überhaupt die Existenz aller Staaten und aller Regierungen in Frage stellt.

Ein *dritter* Punkt betrifft die radikale Veränderung im Wesen des Krieges selbst, die sich daraus ergibt, daß das Prinzip der Abschreckung maßgebend für das Wettrüsten geworden ist. Denn es ist in der Tat richtig, daß die Abschreckungsstrategie »aims in effect at avoiding rather than winning the war it pretends to be preparing. It tends to achieve its goals by a menace which is never put into execution rather than by the act itself.«[4] Und dies ist keineswegs eine Konsequenz, die sich nur dem Theoretiker aufdrängt, sondern eine Einsicht, der sich die militärischen Instanzen voll bewußt sind. So meinte etwa ein höherer Offizier der amerikanischen Luftwaffe angesichts der großen Anzahl von Soldaten im aktiven Dienst, daß »ein jeder von ihnen seine eigentliche Aufgabe nur erfüllen kann, wenn er niemals wirklich tut, wozu man ihn ausgebildet hat«[5]. Zwar ist die Einsicht, daß der Friede das dem Kriege inhärente Ziel ist und daß daher jeder Krieg der Vorbereitung des Friedens dient, zum mindesten so alt wie Aristoteles, und die

Vorgabe, daß im Wettrüsten die beste Garantie des Friedens liege, ist vermutlich sogar älter, nämlich so alt wie die Propagandalüge. Aber hier liegt die Sache doch anders. Heute nämlich ist die Vermeidung des Krieges nicht nur das ehrliche oder lügenhaft behauptete Ziel einer gesamtpolitischen Konzeption, sondern das maßgebliche Prinzip der militärischen Veranstaltungen und Vorbereitungen selbst. Das Militär bereitet sich nicht mehr auf einen Krieg vor, von dem eine staatsmännisch geleitete Regierung hofft, daß er nie ausbrechen wird: Ihr eigenes Ziel ist vielmehr die Entwicklung von Waffen, die den Krieg unmöglich machen sollen. Sie selber arbeiten unter dem Motto: »Peace is our profession.«[6]

Es steht fernerhin ganz im Einklang mit diesen gleichsam paradoxen Kriegsvorbereitungen, daß sich am Horizont internationaler Politik eine ernsthafte Möglichkeit abzeichnet, »heiße« Kriege durch »kalte« zu ersetzen. Natürlich handelt es sich bei dem Wettrüsten der großen Mächte im wesentlichen vor allem um die Erfindung neuer technischer »Verbesserungen« des Waffenarsenals, während nur die Herstellung von Atombomben in Ländern, die nicht oder noch nicht zu den Großmächten zählen, primär politisch motiviert ist. Dennoch scheint es mir nahezu unleugbar, daß sich in dem Rüstungswettrennen der Großmächte neuerdings eine ausgesprochen politische Tendenz geltend gemacht hat; es ist, als handele es sich hier um eine ganz neue Art von Friedensmanövern, deren Abhaltung nicht das vorgebliche Feindespaar normaler Manöver in Friedenszeiten involviert, sondern diejenigen, zwischen denen der Krieg möglicherweise wirklich ausbrechen kann. Hierfür spricht auch, daß die alte Politik der Geheimhaltung aller militärischen Entwicklungen sich in den letzten Jahren wesentlich geändert hat. »Indem wir unsere militärische Stärke konkret darlegen, können wir nach Ansicht unserer Politiker dazu beitragen, einen möglichen Gegner von einem unüberlegten Angriff zurückzuhalten. ‚Es handelt sich hier um einen neuen Sicherheitsbegriff ... Sicherheit und Geheimhaltung pflegten synonyme Begriffe zu sein, während heute umgekehrt die Sicherheit in Formen offener Kommunikation gesucht wird'.«[7] Es ist, als ob das atomare Wettrüsten in eine Art hypothetischer Kriegsführung führt, in der die Gegner einander das Zerstörungspotential ihrer Waffen vorführen; und wiewohl es natürlich immer möglich ist, daß dies tödlich gefährliche Spiel im Hypothetischen plötzlich in die Wirklichkeit einbricht, so ist es doch auch durchaus denkbar, daß ein »kalter« Krieg, nämlich ein Krieg, der de facto niemals ausgebrochen ist, eines Tages durch den Sieg des einen und die Niederlage des andern beendet wird. Sind dies Phantasien? Dagegen spricht, daß wir mit dieser Möglichkeit hypothetischer Kriegsführung eigentlich bereits konfrontiert waren, als die erste atomare Bombe auf dem Kriegsschauplatz erschien. Damals meinten viele, was heute erwiesen ist, daß es, um die japanische Regierung zur bedingungslosen Kapitulation zu veranlassen, völlig genügt hätte, die neue Waffe vor einer ausgewählten Gruppe japanischer Wissenschaftler zu demonstrieren; denn für diejenigen, die Bescheid wußten, hätte die bloße Demonstration eine absolute Überlegenheit jenseits des Kriegsglücks zwingend erwiesen.[8] Zwanzig Jahre nach Hiroschima hat die technische Entwicklung gerade auf dem Gebiet der Zerstörung eine Meisterschaft erreicht, bei der alle nicht-technischen Faktoren in der Kriegsführung, wie Truppenmoral, Strategie, Tüchtigkeit und selbst das Schlachtenglück, so sehr in den Hintergrund treten, daß die Endresultate im vorhinein mit nahezu perfekter Präzision errechnet werden können. Ist der Punkt perfekter Kalkulation erst einmal erreicht, so dürften die Resultate von Versuchen und Demonstrationen für die Sachkundigen Sieg und Niederlage mit gleicher endgültiger Evidenz beweisen, wie ehedem das Schlachtfeld, die Eroberung und Besetzung von Gebieten, der Zusammenbruch des Nachrichten- und Versorgungsapparats und was sonst für die militärischen Experten ausschlaggebend war.

Es bleibt *schließlich* noch die Tatsache, die in unserem Zusammenhang besonders bemerkenswert ist, daß die innere Beziehung von Krieg und Revolution, ihre gegenseitige Abhängigkeit und die Wechselwirkung zwischen ihnen, ständig gewachsen ist und daß der Schwerpunkt in diesem Verhältnis sich mehr und mehr vom Kriege auf die Revolution verlagert hat. Zwar ist diese Wechselwirkung an sich kein neues Phänomen, sie ist sogar genauso alt wie die Revolutionen selbst, denen entweder ein Befreiungskrieg voranging und sie dann begleitete wie in der Amerikanischen Revolution oder die in Verteidigungs- und Angriffskriegen endeten wie die Französische Revolution. Aber zu diesen Beispielen hat sich in unserem Jahrhundert ein ganz und gar anders gearteter Ereignistypus gesellt, bei dem es ist, als sei selbst die Kriegswut nur ein Vorspiel, ein vorbereitendes Stadium für den Terror und den Schrecken, den die Revolution auslöst (so jedenfalls hat Pasternak den Zusammenhang von Krieg und Revolution im *Doktor Schiwago* interpretiert), wobei diese Beziehung sich auch umdrehen kann und dann ein Weltkrieg wie die Folge einer Revolution erscheint, als sei er ein Bürgerkrieg, der die ganze Welt in Mitleidenschaft zieht; so ist bekanntlich der Zweite Weltkrieg von einem nicht unbeträchtlichen Teil der öffentlichen Meinung in aller Welt verstanden worden, und keineswegs zu Unrecht. Heute, zwanzig Jahre später, ist es uns schon beinahe selbstverständlich, daß ein Krieg unweigerlich in einer Revolution endet und daß die einzige überhaupt nur denkbare Rechtfertigung eines solchen Krieges die Sache der Freiheit ist. So scheint es mehr als wahrscheinlich, daß, was immer die Zukunft bringen mag, Revolutionen im Gegensatz zu Kriegen nicht so bald von der Bildfläche des politischen Geschehens verschwinden werden, es sei denn, der Atomkrieg bringe den Untergang der gesamten Menschenwelt oder doch zumindest der gesamten uns bekannten Zivilisation. Auch wenn es uns gelänge, das Gesicht dieses Jahrhunderts so entscheidend zu verändern, daß man es nicht mehr ein Jahrhundert der furchtbaren Kriege und Weltkriege nennen könnte, so wird es wohl doch bis zu seinem Ende ein Jahrhundert der Revolutionen bleiben.

Sollte sich diese Voraussage bewahrheiten, sollte im Sinne Kants, »was guter Wille hätte tun sollen, aber nicht tat, endlich die Ohnmacht bewirken«[9], so würde daraus folgen, daß in dem gegenwärtigen Konflikt, der die Welt in zwei feindliche Parteien aufzuspalten droht, diejenigen schließlich die Oberhand behalten werden, die verstehen, was eine Revolution ist, was sie vermag und was sie nicht vermag, während alle die, welche auf die Karte der reinen Machtpolitik setzen und daher auf der Fortexistenz des Krieges als der ultima ratio aller Außenpolitik bestehen, in einer nicht zu entfernten Zukunft entdecken dürften, daß ihr Handwerk veraltet ist und daß mit ihrer Meisterschaft niemand mehr etwas Rechtes anzufangen weiß. Und ein solches artikuliertes Verständnis um das, worum es in einer Revolution eigentlich geht, kann weder ersetzt noch widerlegt werden durch vermeintliche Sachverständige der Konterrevolution; denn die Konterrevolution –

ein Wort, das Condorcet im Verlauf der Französischen Revolution prägte – ist von der Revolution so abhängig und vorbestimmt wie die Reaktion von der Aktion. De Maistres berühmtes Wort: »La contre-révolution ne sera point une révolution contraire, mais le contraire de la révolution«, ist heute wie zur Zeit seiner Formulierung im Jahre 1796 nicht mehr als ein geistreicher Einfall.[10]

Die hier namhaft gemachten Unterschiede zwischen Krieg und Revolution – daß der Krieg sich auf die Notwendigkeit und die Revolution sich auf die Freiheit beruft, daß der Akzent des Weltgeschehens sich mehr und mehr von dem Ereignis des Krieges auf das der Revolution zu verlagern scheint – dürfen doch nicht verschleiern, daß wir es mit Phänomenen zu tun haben, die historisch in einem sehr engen Zusammenhang stehen. Das sie verbindende Glied ist die Gewalt, und diese Rolle der Gewalt darf um so weniger gering geachtet werden, als sie Krieg und Revolution gleichermaßen gerade als politische Phänomene zu disqualifizieren scheint. »Ce qui produit le bien général est toujours terrible«, meinte Saint-Just. Wer wollte leugnen, daß Kriege auch darum so leicht in Revolutionen umschlagen und daß Revolutionen auch darum eine so verhängnisvolle Neigung zeigen, Kriege zu entfesseln, weil die Gewalt ihr gemeinsamer Nenner ist? So könnte man wohl meinen, der Erste Weltkrieg habe eine so ungeheure Gewalt entfesselt, daß Revolutionen in seinem Gefolge auch dann ausgebrochen wären, wenn es vordem noch nie eine Revolution gegeben hätte und keine mit ihr verbundene revolutionäre Tradition.

Dies soll natürlich nicht heißen, daß Kriege, von Revolutionen ganz zu schweigen, je ausschließlich von Gewalt bestimmt wären. Wo die Gewalt absolut herrscht, wie z. B. in den Konzentrationslagern der totalen Herrschaft, da schweigen nicht nur die Gesetze – »les lois se taisent«, hieß es in der Französischen Revolution –, sondern alles und alle. Um dieses Schweigens willen ist die Gewalt im politischen Bereich ein Grenzphänomen, denn der Mensch, sofern er ein politisches Wesen ist, existiert in dem Miteinandersprechen. Die beiden berühmten aristotelischen Definitionen des Menschen, daß er ein politisches und ein mit Sprache begabtes Wesen sei, ergänzen sich gegenseitig und beruhen beide gleichermaßen auf den Erfahrungen des griechischen Lebens in der Polis. Hier handelt es sich nicht einfach darum, daß die Sprache hilflos ist, wenn ihr die Gewalt gegenübertritt (es ist in der Tat wahr, daß man der »geschwätzigen Demokratie« nur den Revolver auf die Brust zu setzen braucht, um sie verstummen zu machen, nur hat man damit eben auch allem politischen Leben den Garaus gemacht), sondern vielmehr darum, daß die Gewalt selbst stumm ist, unfähig nämlich, sich im Wort wirklich adäquat zu äußern. Weil die Gewalt ihrem Wesen nach stumm ist, kann auch die politische Theorie wenig über sie aussagen, und eine Diskussion der Gewaltmittel überläßt sie besser den technischen Experten. Denn das politische Denken ist darauf angewiesen, daß die Phänomene seines Bereichs sich selbst kund tun; es bleibt dem, was von sich her in dem Bereich menschlicher Angelegenheiten erscheint und sich ausspricht, verbunden. Und diese politischen Phänomene, im Unterschied zu den reinen Naturerscheinungen, bedürfen der Sprache und der sprachlichen Artikulation, um überhaupt in Erscheinung zu treten; sie sind als politische überhaupt erst existent, wenn sie den Bereich des nur sinnfällig Sichtbaren und Hörbaren überschritten haben. Kriegs- oder Revolutionstheorien können es daher nur mit den Rechtfertigungen von Gewalt, aber nicht mit dieser selbst zu tun haben; erst in der Rechtfertigung wird die Gewalt ein eigentlich politisches Phänomen. Sollte aber eine solche Theorie, statt in der Gewalt eine *ultima ratio* der Politik zu sehen, eine Rechtfertigung von Gewalt überhaupt oder ihre Glorifizierung anbieten, so ist sie nicht mehr eine politische, sondern eine im Wesen antipolitische Theorie.

Die Gewalt kann nie mehr, als die Grenzen des politischen Bereichs schützen. Wo die Gewalt in die Politik selbst eindringt, ist es um die Politik geschehen. Unter dem Aspekt des reinen Gewaltprozesses stehen Kriege wie Revolutionen außerhalb des politischen Raumes, und dies trotz der ja ungeheuer großen Rolle, welche solche Prozesse in der Geschichte gespielt haben. Diese Tatsache hatte das siebzehnte Jahrhundert, das sich ja gerade in Kriegen und Revolutionen besonders gut auskannte, im Auge, wenn es den sogenannten Naturzustand (»state of nature«) als einen präpolitischen Zeitraum hypothetisch ansetzte, der natürlich niemals als ein historisch nachweisbarer Tatbestand gemeint war. Diese Hypothese hat auch heute noch ihre Relevanz, insofern sie die Einsicht ausdrückt, daß es keineswegs immer und überall, wo Menschen zusammenleben, einen politischen Bereich gibt und daß wir von vielen Ereignissen wissen, die prinzipiell nicht-politischer Natur sind, ja nicht einmal in irgendeinem Zusammenhang mit dem Politischen im eigentlichen Sinne stehen, obwohl sie in einem geschichtlichen und historisch bekannten Verlauf auftreten. Der Begriff des Naturzustandes weist zumindest auf Realitäten hin, welche der Entwicklungsbegriff des neunzehnten Jahrhunderts auf keine Weise begreifen kann, ob er nun den historischen Prozeß in der Kategorie der Kausalität oder der Aktualisierung von Möglichkeiten oder als eine dialektische Bewegung oder auch nur als einen in sich stimmigen Folgezusammenhang denkt. Denn die Hypothese eines Naturzustandes impliziert, daß es so etwas gibt wie einen Anfang, der als solcher von allem, was nach ihm kommt, wie durch einen Abgrund getrennt ist.

Daß das Problem des Anfangs oder Ursprungs für das Phänomen der Revolution von ausschlaggebender Bedeutung ist, ist offenbar. Daß ein enger Zusammenhang zwischen einem solchen Anfang und der Gewalt besteht, scheint durch die Ursprungslegenden der biblischen wie der klassischen Tradition bezeugt: Kain erschlug Abel, Romulus erschlug Remus; Gewalt stand am Anfang, woraus zu folgen scheint, daß kein Anfang ohne Gewaltsamkeit möglich ist, daß jeder Neubeginn etwas vergewaltigt. Diese ersten Taten unserer Geschichte, die mit Legenden anhebt, haben unzählige Jahrhunderte im Gedächtnis der Menschen überlebt mit jener Kraft, die dem menschlichen Denken in den seltenen Augenblicken eignet, wenn es ihm gelingt, in zwingend überzeugenden Metaphern zu sprechen oder in weithin anwendbaren Geschichten. Die Legende sprach es klar aus: Am Anfang aller Brüderlichkeit steht der Brudermord, am Anfang aller politischen Ordnung steht das Verbrechen. Für diese uralte, durch die Jahrhunderte getragene Überzeugung von dem Beginn aller menschlichen Angelegenheiten ist die Annahme eines Naturzustandes nur eine letzte, theoretisch gereinigte Paraphrase, und sie klingt noch deutlich nach in Marx' berühmtem Ausspruch von der Gewalt als der mächtigen Geburtshelferin der Geschichte.

Erstes Kapitel

DER GESCHICHTLICHE HINTERGRUND

I

In unserm Zusammenhang muß die Kriegsfrage außer Betracht bleiben. Die von mir als Metaphern erwähnten Ursprungslegenden und die Theorie von einem prähistorischen Naturzustand, in der diese Legenden ihre begriffliche Formulierung fanden, sind zwar oft zur Rechtfertigung von Krieg und Gewalt als einem der menschlichen Natur inhärenten Erbübel benutzt worden, als könne der Geschichtsprozeß des Menschengeschlechts, da er durch ein Verbrechen in Gang gekommen ist, auch nur durch Verbrechen weiter in Gang gehalten werden. Da aber Revolutionen, und nicht Kriege, die einzigen politischen Ereignisse sind, die uns inmitten der Geschichte direkt und unausweichlich mit einem Neubeginn konfrontieren, ist ihre Bedeutung für die Frage nach dem Sinn von Revolution im Bereich der menschlichen Angelegenheiten noch entscheidender. Denn wie immer man das Ereignis der Revolution definieren und beschreiben mag, es handelt sich bei ihm niemals um einen noch so radikalen Regierungswechsel oder einen Umschwung innerhalb eines historischen Kontinuums. Moderne Revolutionen haben kaum etwas gemein mit der *mutatio rerum* römischer Geschichte oder dem Bürgerzwist, den wir als στάσις aus den griechischen Stadtstaaten kennen. Sie lassen sich nicht mit den platonischen Umschwüngen, den in den jeweiligen Staatsformen selbst angelegten μεταβολαί, gleichsetzen noch mit Polybius' Kreislauf der Staatsformen, der πολιτείων ἀνακύκλωσις, in die alle menschlichen Angelegenheiten gebannt bleiben kraft der ihnen innewohnenden

Tendenz, im Extrem ihren eigenen Umbruch zu provozieren.[1] Mit politischen Umschwüngen dieser Art und mit der Gewalt, die in ihnen zum Ausbruch kam, war das klassische Altertum nur zu vertraut; was ihm aber ganz fremd war, ist, was uns nahezu selbstverständlich ist, nämlich daß sich in solchen Umschwüngen jeweils etwas ganz Neues zeigt oder daß eine neue Geschichte mit ihnen anhebt. Der Umschwung unterbrach nicht den Lauf der Welt, er brachte nur ihren Kreislauf in ein anderes Stadium. Der Kreislauf war die Art und Weise, in der dieser ganze Bereich des Lebens sich bewegte und fortbewegte und wieder in sich zurückschlug. Wie veränderlich auch immer menschliche Angelegenheiten sein mochten, der Lauf der Welt im ganzen war unveränderlich. Etwas eigentlich Neues konnte sich hier so wenig ereignen wie in der umgreifenden Sphäre des Kosmos oder des Seins im ganzen.

Nun kann man aber die modernen Revolutionen unter einem anderen, geläufigeren Aspekt sehen, der scheinbar für Vergleiche mit früheren, vormodernen Zeiten ergiebiger ist. Was sich als erstes aufdrängt, wenn wir an Revolution denken, ist die soziale Frage, und diese ist anscheinend bereits von Aristoteles in ihrer revolutionären Bedeutung entdeckt worden, da Aristoteles bekanntlich Platos Umschwünge ökonomisch erklärte und die Oligarchie als die Herrschaft der Besitzenden, die Demokratie dagegen als die Herrschaft der Besitzlosen interpretierte. Daß ein Tyrann zumeist die Herrschaft durch das einfache Volk gewinnt und daß nichts diese vorgebliche Volksherrschaft besser befestigt als das Verlangen der Armen nach Gleichheit der Lebensumstände, war im Altertum keineswegs unbekannt oder unbemerkt geblieben. Daß Besitzverhältnisse und Staatsformen etwas miteinander zu tun haben, daß Reichtum von großem politischen Gewicht sein kann, sowie der aus diesen Zusammenhängen sich ergebende Verdacht, daß politische Macht nur die Folge ökonomischer Machtstellung sein könne, aus der sich schließlich die generalisierende Folgerung ergab, daß die Bewegkraft aller politischen Kämpfe das Interesse, und zwar damals bereits durchaus ein »Klasseninteresse«, sei – all dies ist natürlich nicht eine Erfindung von Karl Marx und auch nicht der Neuzeit, wiewohl wir so zugespitzte Formulierungen wie Harringtons »Herrschaft ist Besitz« *(dominion is property, real or personal)* oder Rohans »Die Fürsten kommandieren den Völkern, und das Interesse kommandiert den Fürsten« schwerlich vor dem sechzehnten und siebzehnten Jahrhundert finden. Will man schon für die sogenannte materialistische Geschichtsauffassung einen einzigen Autor verantwortlich machen, so dürfte es sich empfehlen, bis auf Aristoteles zurückzugehen, weil er der erste war, der meinte, das Interesse, nämlich τὸ σύμφερον bzw. das einer Person oder einer Gruppe Nützliche, sei im politischen Bereich von ausschlaggebender Bedeutung.

Wie gewalttätig sich aber nun auch diese durch das Interesse veranlaßten Umstürze vollziehen mochten, bis eine neue Ordnung etabliert war, der Unterschied zwischen Arm und Reich als solcher hat bis zum Anbruch der Neuzeit und bis zum Ausbruch der Revolutionen des achtzehnten Jahrhunderts als ebenso natürlich für das Leben des politischen Organismus gegolten wie der Unterschied zwischen Krank und Gesund für das Leben des menschlichen Organismus. Erst als man im siebzehnten und achtzehnten Jahrhundert daran zu zweifeln begann, daß Armut zu den Bedingungen gehört, unter denen den Menschen das Leben auf der Erde gegeben ist, daß es nur wenigen gelingen kann, sich von den Fesseln des Elends durch ungewöhnliche persönliche Kraft oder außerordentliche Umstände oder auch einfach durch Betrug zu befreien, konnte die soziale Frage wirklich revolutionäre Bedeutung erhalten. Der Zweifel selbst bzw. die damals noch verwegene Hoffnung auf ein irdisches Leben im Zeichen der Fülle statt unter dem Fluch der Notdurft war vermutlich amerikanischen Ursprungs. Symbolisch gesprochen, möchte man meinen, daß gerade für die soziale Revolution alles bereit stand, als John Adams mehr als zehn Jahre vor dem Ausbruch der Amerikanischen Revolution sagen konnte: »I always consider the settlement of America as the opening of a grand scheme and design in Providence for the illumination of the ignorant and the emancipation of the slavish part of mankind all over the earth.«[2] Theoretisch aber war über die kommende revolutionäre Rolle der sozialen Frage bereits sehr viel früher entschieden, nämlich als erst Locke (vermutlich unter dem Eindruck des allgemeinen Wohlstandes in den Kolonien der Neuen Welt) und dann Adam Smith entdeckten, daß Mühe und Arbeit kein bloßes Zubehör der Armut sind, gleichsam die Tätigkeit, die dem Armsein entspricht, sondern im Gegenteil die eigentliche Quelle allen Reichtums. Nur unter diesen Voraussetzungen war es denkbar, daß eine Rebellion der Armut, »des versklavten Teils der Menschheit«, mehr erreichen konnte, als daß die einen auf Kosten der anderen befreit wurden.

Lange bevor die Neuzeit die technischen Mittel auch nur zu finden begonnen hatte, um des doppelten Elends von Mühe und Notdurft Herr zu werden, war Amerika bereits zum Symbol einer Gesellschaftsordnung geworden, in der es wirkliche Verelendung nicht gab. Und erst als die Kunde von dieser verblüffenden Neuigkeit nach Europa gelangt war und sich auch unter den Völkern gehörig verbreitet hatte, wurden die soziale Frage und der Aufruhr der Armen zu einem revolutionären Faktor allerersten Ranges. Im Grunde hat nichts, weder theoretische Erwägungen noch unmittelbar geschichtliche Entwicklungen, so viel dazu beigetragen, die klassische Vorstellung von einem ewigen Kreislauf aller menschlichen Angelegenheiten zu brechen, wie die faktische Entstehung der amerikanischen Gesellschaft vor der Amerikanischen Revolution. Erst als die Prosperität Amerikas den Kreis einer ewigen Wiederkehr gebrochen hatte, stellte sich heraus, in welchem Ausmaß seine angebliche Notwendigkeit auf der scheinbar »natürlichen« Unterscheidung zwischen Arm und Reich beruht hatte.[3] Es gibt eine große gelehrte Literatur über den Einfluß der Amerikanischen auf die Französische Revolution, wie natürlich auch über den großen Einfluß europäischer Denker auf den Gang der Amerikanischen Revolution. Aber keiner der nachweisbaren literarischen und dokumentarischen Einflüsse der Neuen Welt auf den Gang der Dinge in der Alten kann es an wirklicher Relevanz mit der einfachen Tatsache des »verblüffenden Wohlstandes« aufnehmen, von dem uns die Amerikareisenden des achtzehnten Jahrhunderts einstimmig berichten[4] – weder die Tatsache, daß die Französische Revolution dem Vorbild der Amerikanischen folgte, als sie mit einer konstituierenden Versammlung begann, noch daß die *Déclaration des Droits de l'Homme et du Citoyen* dem Beispiel der *Bill of Rights* in Virginia folgte, noch daß »der Gedanke einer Trennung der gesetzgebenden und der verfassungsgebenden Gewalt...« aus der amerikanischen Verfassung übernommen wurde.

Die eigentümliche Folgenlosigkeit der Amerikanischen Revolution für den Gang der modernen Revolutionen kann vorerst nur angedeutet werden. Daß weder der Geist dieser Revolution noch die immer wirklich gedachten und oft erstaunlich gelehrten Theorien der »gründenden Väter« einen wesentlichen Widerhall in Europa fanden, ist eine unbezweifelbare Tatsache, aus der man leider geschlossen hat, daß in Amerika eben niemals eine »richtige« Revolution stattgefunden habe. Daran ist immerhin so viel richtig, daß das, was die Männer der Amerikanischen Revolution für die größte Errungenschaft ihrer neuen republikanischen Staatsform hielten, nämlich die Ausarbeitung und Anwendung der Montesquieuschen Lehre von der Teilung der Gewalten, niemals von irgendwelcher Bedeutung für das revolutionäre Denken Europas und damit der übrigen Welt geworden ist. Die eigentlich »konterrevolutionären« Argumente, mit denen Turgot noch vor Ausbruch der Französischen Revolution sich gegen die amerikanischen Revolutionäre wandte und behauptete, die Majestät der Staatssouveränität verlange eine absolute Zentralisierung der Macht (das Wort »Souveränität« ist ursprünglich die französische Übersetzung des lateinischen *majestas* und wurde zuerst von Jean Bodin gebraucht), haben sich praktisch und theoretisch in allen anderen Revolutionen durchgesetzt.[5] Nur Mirabeaus berühmte Verteidigung der konstitutionellen Monarchie als der besten aller Staatsformen tritt für eine Teilung der Gewalten ein, der gesetzgebenden und der ausführenden; und die Argumente, die er vorbringt (in der berühmten Rede *Über das Vetorecht des Königs* aus dem Jahre 1789), gründen sich nicht auf ein Verständnis des Wesens der Macht, sondern auf eine hier ganz unangemessene und unüberzeugende Unterscheidung zwischen Wollen und Handeln; auch Mirabeau hielt den Willen des Volkes für die einzige legitime Quelle der Gesetze und hätte sich daher, wenn er länger gelebt hätte, in die gleichen Aporien verstrickt wie seine weniger gemäßigten Kollegen. (Auf diese Aporien werden wir ausführlich im vierten Kapitel zurückkommen.) Mit anderen Worten, die Argumente des Nationalstaats haben die Argumente der Republik von vornherein überspielt und in den Hintergrund gedrängt. Andererseits hat das für alle anderen Revolutionen vordringlichste und politisch unlösbarste Problem der furchtbaren Massenarmut, an dem faktisch die französische Republik dann scheiterte und vielleicht scheitern mußte, in der Amerikanischen Revolution so gut wie keine Rolle gespielt. Es war nicht die Amerikanische Revolution, sondern die Existenz der Neuen Welt ohne Armut und Elend, wie sie sich lange vor der Unabhängigkeitserklärung herausgebildet hatte, welche einen wirklich revolutionären Willen in Europa auslöste.

Der neue Kontinent war zu einer Zufluchtsstätte, zu einem »Asyl« und einem Versammlungsplatz der Armen nicht nur Englands, sondern ansatzweise ganz Europas geworden. In die Mutterländer berichtete man von einem »neuen Geschlecht von Menschen«, die von »den sanften Banden einer milden Regierung geeint« seien, unter Bedingungen »einer wohltuenden Einförmigkeit« lebten und »absolutes Elend, das schlimmer ist als der Tod«, nicht kennten. Jedoch Crèvecœur, den ich soeben zitierte, war charakteristischerweise ein erbitterter Gegner der Amerikanischen Revolution, die seiner Meinung nach eine Art Verschwörung der Aristokraten gegen den gemeinen Mann darstellte.[6] Er wirkt heute wie der erste Wortführer des gemeinen Mannes, den das leidenschaftliche Anliegen der Amerikanischen Revolution, einen neuen politischen Körper zu gründen und eine neue Staatsform einzurichten, nicht kümmerte, sondern den nur interessierte, daß dort ein »neuer Kontinent«, ein angeblich »neuer Mensch«, eine neue Gesellschaft entstanden war, in der einem Wort Jeffersons zufolge »die Armen und die Reichen sich einer höchst angenehmen Gleichheit erfreuten«. Jeffersons *lovely equality* hat in der Tat revolutionierend gewirkt, erst in Europa und dann auf der ganzen von Menschen bewohnten Erde, mit dem Resultat, daß von der Französischen Revolution bis zu den Revolutionen unseres Jahrhunderts sich alle Revolutionäre darüber einig waren, daß es erheblich wichtiger sei, die Gesellschaftsordnung so zu verändern, wie sie in Amerika bereits vor dem Ausbruch der Revolution verändert war, als zu versuchen, die Gesamtstruktur des politischen Bereiches neu zu gründen. Stände bei den Revolutionen der Neuzeit wirklich nicht mehr und nichts anderes auf dem Spiel als die Veränderung der Gesellschaftsstruktur, dann könnte man in der Tat behaupten, daß die Entdeckung Amerikas und die Kolonisierung des neuen Kontinents ihren wahren Ursprung bildeten; man müßte dann annehmen, daß Jeffersons *lovely equality*, die in der Neuen Welt natürlich entstanden, ja gleichsam organisch herangewachsen war, eben gewaltsam und sehr blutig auch in die Alte Welt, nachdem sie die

Kunde von der neuen Hoffnung der Menschheit vernommen hatte, gebracht werden müßte. Und diese Meinung, in mannigfacher und oft recht differenzierter Form, teilen denn auch vor allem diejenigen unter den modernen Historikern, die ohnehin annehmen, es habe in Amerika selbst eigentlich gar keine Revolution stattgefunden. Für diese Auffassung könnten sie sich zudem noch auf Marx berufen, der offenbar auch nicht geglaubt hat, daß seine Prophezeiungen der Entwicklung des Kapitalismus und der kommenden proletarischen Revolution für die gesellschaftliche Entwicklung in den Vereinigten Staaten gültig sein werden. So interessant diese Einschränkungen, die Marx an der eigenen Theorie vollzog, sind und sosehr sie für einen Realitätssinn zeugen, den man seinen Schülern und Nachfolgern wirklich nicht nachsagen kann, all diese Theorien selbst werden eigentlich durch die einfache Tatsache der Amerikanischen Revolution selbst widerlegt. Und Tatsachen sind hartnäckig, sie verschwinden nicht einfach von der Bildfläche der Geschichte, nur weil Historiker und Soziologen sich weigern, sie zur Kenntnis zu nehmen, sondern erst wenn jedermann, vor allem also auch der »gemeine Mann«, sie vergessen hat. Wenn aber ein solches Vergessen eintritt, handelt es sich nicht mehr um eine akademische Angelegenheit. In unserem speziellen Falle würde es wortwörtlich bedeuten, daß die amerikanische Republik, die aus der Amerikanischen Revolution hervorging und in ihr ihre eigentlichen Wurzeln hat, zum Untergang verurteilt ist.

Bevor wir uns der Frage zuwenden, wie es nun eigentlich mit dem Aufkommen von Revolutionen in der Neuzeit bestellt ist, müssen wir noch kurz der nicht seltenen Ansicht gedenken, derzufolge die moderne Revolution ihrem Wesen nach christlichen Ursprungs sei, und dies auch dann, wenn sie prinzipiell atheistisch auftritt. Diese These stützt sich natürlich auf die rebellische Natur der frühchristlichen Sekten, ihre offene Verachtung der weltlichen Mächte und des öffentlichen Lebens, auf die Gleichheit der Gläubigen vor Gott, die in den frühchristlichen Gemeinden auch noch eine irdische Verwirklichung fand, und vor allem natürlich auf die Verheißung des Himmelreichs, wobei dann angenommen wird, alle diese Gedanken und Hoffnungen seien schließlich in säkularisierter Form in den Revolutionen voll wirksam geworden. Leider fragt man sich bei diesen ideengeschichtlichen

Konstruktionen niemals, ob und bis zu welchem Grad spezifisch religiöse, transzendent gebundene und im Gottesglauben verankerte Vorstellungen und Ideen denn überhaupt einer Verweltlichung fähig sind, ob nicht vielleicht jede Säkularisierung bewirkt, daß sie ihren eigentlichen Gehalt verlieren. Aber davon abgesehen, ist natürlich erst einmal zuzugeben, daß die Säkularisierung im Sinne einer Trennung von Religion und Politik und das Entstehen eines eigenständigen weltlichen Bereichs für das Phänomen der Revolution von großer Bedeutung sind. Es mag sich sogar schließlich herausstellen, daß das, was wir »Revolution« in der Neuzeit nennen, eben jene Übergangsphase ist, in welcher ein neuer, säkularer Bereich zum Vorschein kommt. Wenn dies aber zutrifft, so sind es nicht die christlichen Gehalte, sondern ist es offenbar die Säkularisierung selbst, welche am Ursprung der Revolutionen liegt. Das erste Stadium dieses Säkularisierungsprozesses bildet weit eher das Zeitalter des Absolutismus als die Reformation; denn jene »Revolution«, die einem Wort Luthers zufolge die Welt erschüttert, wenn das Wort Gottes von der überlieferten Autorität der Kirche wieder befreit ist, gilt allen Formen des weltlichen Regiments und hält die Welt in einer ständigen Erschütterung; sie errichtet keine neue weltliche Ordnung, sondern rüttelt ständig und unablässig an den Grundlagen aller weltlichen Ordnungen.[7] Zwar kann man Luther, der ja schließlich eine neue Kirche gründete, unter die großen Gründergestalten der Geschichte zählen, aber seine Gründung hat so wenig mit einem *novus ordo saeclorum* gemein, daß sie im Gegenteil nur dazu gedient hat und dazu hat dienen sollen, ein wahrhaft christliches Leben radikaler von allen weltlichen Sorgen und Erwägungen zu befreien. Dabei ist nicht zu leugnen, daß die protestantische Trennung von Autorität und Tradition, nämlich die Loslösung der Autorität von aller Tradition und ihre erneute Rückführung auf das Wort Gottes, das Ihrige zu dem neuzeitlichen Autoritätsverlust beigetragen hat. Aber selbst dies würde ohne die Gründung einer neuen Kirche weltlich so wirkungslos geblieben sein wie die Endzeitspekulationen des späten Mittelalters von Joachim di Fiore bis zur Reformatio Sigismundi. Ob man nun in diesen Spekulationen, wie neuerlich vorgeschlagen wird, die auf jeden Fall recht harmlosen Vorgänger der modernen Ideologien sehen kann, mag dahingestellt bleiben; mit gleichem Recht kann man in den eschatologischen Bewegungen des Mittelalters die Vorgänger der modernen Massenhysterien sehen.[8] Aber all das bringt uns einem Verständnis der Revolutionen um keinen Schritt näher; denn selbst eine Rebellion ist erheblich mehr als eine Massenhysterie, von Revolutionen ganz zu schweigen. So hat ja auch der in gewissen, ausgesprochen religiösen Bewegungen ganz offenkundig rebellische Geist immer in irgendeinem *great awakening* oder einem *revivalism* geendet, also in jenen halb hysterischen Glaubenserweckungen vor allem puritanischer Prägung, die weder politische noch eigentlich geschichtliche Folgen gehabt haben. Schließlich gerät die These, daß die Revolutionen letztlich christlichen Ursprungs seien, im Grunde nicht weniger in Konflikt mit den Tatbeständen, die sie erklären will, als die Ansicht, welche die Amerikanische Revolution aus der Geschichte herausdisputieren möchte. Denn Tatsache ist, daß keine Revolution je im Namen des Christentums gemacht wurde oder sich auf das Christentum berufen hat. So könnte man sich höchstens noch entschließen zu behaupten, daß es eben der Moderne bedurft hätte, um die revolutionären Keime des Christentums freizulegen und sie wirksam werden zu lassen – wobei wir ja dann offenbar wieder bei der alten Frage stehen, wie es kommt, daß Revolutionen sich in der Neuzeit überhaupt ereignen.

Nun gibt es aber in diesem Zusammenhang noch eine andere Interpretationsmöglichkeit, welche in der Tat dem Kern der Sache erheblich näher kommt. Ich erwähnte bereits das dem Phänomen der Revolution innewohnende Element des Neu-Beginns, und es ist theoretisch einleuchtend, daß es nur unter der Bedingung eines gradlinig ablaufenden Zeitprozesses so etwas geben kann wie Neuheit, Einmaligkeit, Beginn und wie die Charaktere dessen, was wir historische Zeit nennen, noch lauten mögen. Natürlich ist unbestreitbar, daß der christliche Glaube, der ja an die Geburt Christi als ein einmaliges, unwiederholbares Ereignis gebunden war, den antiken Zeitbegriff durchbrechen mußte; daraus hat man gefolgert, daß unser Geschichtsbegriff ebenfalls christlichen Ursprungs sei, und wenn dies richtig ist, müßte man auch zu dem Schluß kommen, daß es so etwas wie eine Revolution, in der das Bewußtsein eines absoluten Novums lebendig ist, nur innerhalb einer christlichen Zeitauffassung geben könne. Nun kennt aber der christliche Geschichtsbegriff, wie er von Augustin maßgeblich formuliert wurde, einen Neuanfang nur als ein außerweltliches Ereignis, das einmal in den Gang der Welt und ihre Geschichte eingebrochen ist, um aus ihr sofort wieder zu verschwinden. Augustin selbst betont ausdrücklich, daß solch ein Ereignis sich nur einmal ereignen könne und nie wieder, jedenfalls nicht vor dem Ende aller weltlichen Zeiten. Ein Einmaliges und einmalig Neues also hat sich nur einmal ereignet. Was die weltliche Geschichte hingegen betrifft, so blieb die christliche Zeitauffassung durchaus der Antike verpflichtet: Die Reiche der Welt kommen und gehen, entstehen und vergehen in kreisläufigem Wechsel wie seit eh und je; daran hat das Ereignis von Christi Geburt nichts geändert. Nur ist der Christ, weil ihm durch Christus ein ewiges Leben garantiert ist, nun imstande, den Kreislauf weltlicher Zeit zu durchbrechen und sich dem Schauspiel, das die Welt jeweils den gerade Lebenden bietet, zu entziehen.

Daß alles vergänglich ist, daß die Welt dem ewigen Wechsel anheimgegeben ist, daß alles, was Menschen tun und lassen, nicht von Bestand ist und also vielleicht vergeblich – all dies hat natürlich nichts mit spezifisch christlichen Vorstellungen zu tun, sondern ist die allgemeine Stimmung, die sich durch die Jahrhunderte des ausgehenden Altertums zieht. Diese Stimmung war dabei der klassischen griechischen Philosophie und vor allem dem vorphilosophischen griechischen Selbstverständnis, für das die Menschen ausdrücklich die »Sterblichen« sind, erheblich verwandter als dem Geist der römischen Republik in ihrer klassischen Zeit. Im Unterschied zu den Römern waren die Griechen überzeugt, daß Wechsel und Vergänglichkeit, wie sie den Bereich der Sterblichen bestimmen, selbst unabänderbar sind, und zwar darum, weil sie sich nicht nur aus der Sterblichkeit der Sterblichen, sondern gewissermaßen aus ihrer Gebürtlichkeit ergeben, daraus nämlich, daß der Bereich menschlich-weltlicher Angelegenheit dauernd dadurch erschüttert wird, daß die Jungen, die im griechischen Sprachgebrauch auch einfach νέοι, die Neuen, hießen, in ihn eindringen. Polybius, der vielleicht als erster auf die Bedeutung und die Problematik des Generationenwechsels ausdrücklich hingewiesen hat, dürfte sich der politischen Relevanz dieses Phänomens wohl gerade darum bewußt geworden sein, weil ihm als Griechen die römische und so ganz ungriechische Lösung dieses Problems auffallen mußte, die darin bestand, daß man durch Erziehung die »Neuen« an das Alte band und dadurch die Welt in einer außerordentlichen Stabilität halten und erhalten konnte.[9]

Die politische Stabilität und historische Kontinuität Roms haben die Griechen der Spätzeit sehr bewundert, gerade weil sie ihnen selbst so fremd gewesen sein muß. Die unmittelbare, von Trost und Hoffnung unbeirrbare Erfahrung der Flüchtigkeit alles dessen, was sich im Bereich rein menschlicher Angelegenheiten überhaupt ereignen kann, hat nun zwar dazu geführt, daß griechische Philosophie die Tendenz hatte, sich von diesem Bereich überhaupt abzuwenden, so wie später eine weniger unmittelbare und weniger unbeirrbare Erfahrung im ausgehenden Altertum dazu führte, daß man sich von allen möglichen Jenseitsversprechungen ein Heil zu erwarten begann. Aber in wie verschiedenen und immer differenzierteren Formen auch diese Erfahrungen gemacht und formuliert wurden, sie haben niemals dazu geführt, sich von einem Neuanfang in der Welt selbst etwas zu versprechen. Menschliche Angelegenheiten waren einem dauernden Wechsel unterworfen, ohne je etwas ganz und gar Neues hervorzubringen. Wenn es etwas Neues unter der Sonne gab, so höchstens die Menschen selbst, die als »Neue« in die Welt geboren werden. Aber wie neu auch die »Neuen« und Jungen in der Welt sein mochten, sie waren hineingeboren in ein Schauspiel von Natur und Geschichte, das im wesentlichen immer dasselbe zur Schau stellte.

II

Vor den beiden großen Revolutionen am Ende des achtzehnten Jahrhunderts gab es einen eigentlichen Revolutionsbegriff nicht. Denn dieser ist unlösbar der Vorstellung verhaftet, daß sich innerhalb der weltlichen Geschichte etwas ganz und gar Neues ereignet, daß eine neue Geschichte anhebt. Dabei läßt sich nachweisen, daß keiner der Männer, die in den Ereigniszusammenhang eingriffen, der sich schließlich eben als eine Revolution enthüllte, die leiseste Vorahnung von diesem absolut Neuen hatte. Erst als die Revolutionen bereits wirklich zum Ausbruch gekommen waren, und lange bevor die Beteiligten die

Chancen von Sieg oder Niederlage wirklich abschätzen konnten, wurde Handelnden wie Zuschauern gleichermaßen das Neue des Unternehmens und der eigentliche Sinn der Handlung selbst offenbar. Was die Handlung anlangt, so stellte sich heraus, daß sie die Geburt der Freiheit betraf. Vier Jahre nach dem offiziellen Ausbruch der Französischen Revolution, also im Jahre 1793 – zu einem Zeitpunkt, an dem Robespierre seine Gewaltherrschaft als einen »Despotismus der Freiheit« definieren konnte, ohne daß diese Definition als unverständliches Paradox empfunden worden wäre –, hat Condorcet ausgesprochen, was jedermann bereits wußte: »Das Wort ›revolutionär‹ darf nur angewendet werden auf Revolutionen, deren Ziel die Freiheit ist.«[10] Das Bewußtsein, einem Ereignis beizuwohnen, das eine radikal neue Geschichtsperiode einleiten würde, hatte sich bereits ein Jahr früher geäußert, nämlich bei der Einführung des revolutionären Kalenders, in dem das Jahr der Hinrichtung des Königs und der Ausrufung der Republik als Jahr 1 gezählt wurde.

Daß die Idee der Freiheit und die Erfahrung eines Neuanfangs miteinander verkoppelt sind in dem Ereignis selbst, ist für ein Verständnis der modernen Revolutionen entscheidend. Und da wir innerhalb der freien Teile der Welt nachgerade der Meinung sind, daß für die Beurteilung politischer Verfassungen und Gemeinwesen weder Gerechtigkeit noch Größe, sondern einzig und allein das Kriterium der Freiheit den Ausschlag gibt, hängt nicht nur unser Verständnis des Phänomens der Revolution, sondern die Präzision und Tiefe unseres politischen Freiheitsbegriffs, der zweifellos revolutionären Ursprungs ist, und damit überhaupt das Ausmaß unseres politischen Selbstverständnisses davon ab, wieweit wir bereit und fähig sind, dieses Zusammenfallen von Anfang und Freiheit zu akzeptieren und zu artikulieren. Daher mag es gerechtfertigt sein, wenn wir hier bereits, wo es noch um das rein Historische geht, einen Augenblick innehalten und versuchen, gewisse gängige Mißverständnisse dadurch zu vermeiden, daß wir uns wenigstens einen Aspekt vergegenwärtigen, unter dem die neue Freiheit sich manifestierte, wobei wir denn auch Gelegenheit haben, einen ersten Blick auf das spezifisch Moderne des Phänomens der Revolution überhaupt zu werfen.

Daß Befreiung und Freiheit nicht dasselbe sind, daß Freiheit zwar ohne Befreitsein nicht möglich, aber niemals das selbstverständliche Resultat der Befreiung ist, daß der Freiheitsbegriff, der der Befreiung eigen ist, notwendigerweise nur negativ ist, und daß also die Sehnsucht nach Befreiung keineswegs identisch ist mit dem Willen zur Freiheit – all das sind natürlich Binsenwahrheiten. Und wenn solche Selbstverständlichkeiten so leicht übersehen werden, so deshalb, weil es in der Geschichte viele Befreiungskämpfe gibt, über die wir sehr gut unterrichtet sind, und sehr wenig wirkliche Versuche, die Freiheit zu gründen, von denen wir zudem meist nur in Form von Legenden überhaupt etwas wissen. Hinzu kommt, daß der abendländische Freiheitsbegriff entscheidend durch eine lange und schwer zu überblickende Geschichte religiösen und philosophischen Denkens vorgeformt ist, und zwar gerade in jenen langen Jahrhunderten zwischen dem Untergang der antiken und der Geburt der neuzeitlichen Welt, in denen es politische Freiheit nicht gab und Menschen aus Gründen, die uns hier nichts angehen, sich für eine solche Freiheit auch nicht interessierten. So versteht man selbst in politischer Theorie gemeinhin unter politischer Freiheit überhaupt kein primär politisches Phänomen, sondern im Gegenteil die mehr oder minder ungehinderte Ausübung nicht-politischer Betätigungen, die jeweils von einem Staat erlaubt und garantiert ist.

Freiheit als ein politisches Phänomen datiert von dem Entstehen der griechischen Polis. Seit Herodot galt als Polis jede griechische Stadt, in der die Bürger in ihr Zusammenleben nicht den Begriff der Herrschaft eingeführt hatten, in der es also eine Scheidung in Herrscher und Beherrschte nicht gab.[11] Die Verfassung, die diesem politischen Körper entsprach, hieß Isonomie, und das Wesentliche an dieser Staatsform kommt bereits in ihrem Namen zum Ausdruck. Im Gegensatz nämlich zu anderen den Griechen bekannten Staatsformen – der Monarchie und der Oligarchie, der Aristokratie und der Demokratie – drückt sich in ihr kein ἄρχειν und kein κρατεῖν, kein Element des Herrschens aus. (Dies teilt die Isonomie mit dem Königtum, der βασιλεία, was wichtig genug ist, worauf wir aber hier nicht eingehen können.) Es ist ein Irrtum zu meinen, daß die Polis sich selbst als Demokratie verstand; sie verstand sich als Isonomie. Das Wort »Demokratie« oder »Volksherrschaft« bzw. »Herrschaft der Vielen« war ursprünglich von Feinden der Isonomie als Schimpfwort erfunden worden; das Schimpfwort war geprägt, um der Polis zu sagen, daß sie sich nur einbilde, in einer Verfassung der Isonomie zu leben, daß sie in Wahrheit ebenfalls unter einer Herrschaft stehe, und zwar unter der anerkannt schlechtesten – der Volksherrschaft.¹²

Hiervon ist vor allem festzuhalten, daß die Gleichheit, die wir im Gefolge Tocquevilles ja eher als eine Gefahr für die Freiheit zu bewerten geneigt sind, ursprünglich beinahe mit Freiheit identisch war. Nun bedeutet allerdings diese Gleichheit der Isonomie, also die Gleichheit im Rahmen des Gesetzes, nicht die Gleichheit der Lebensumstände – wiewohl bis zu einem gewissen Grade auch diese Gleichheit gerade die Bedingung für alle politische Betätigung in der Antike war, sofern diese ja an den Besitz von Sklaven und Eigentum geknüpft war –, sondern die Gleichheit der Ebenbürtigen. Die Isonomie garantierte ἰσότης, Gleichheit, aber nicht weil alle Menschen als Gleiche geboren oder von Gott geschaffen sind, sondern im Gegenteil, weil die Menschen von Natur her (φύσει) nicht gleich sind und daher einer von Menschen errichteten Einrichtung bedürfen, nämlich der Polis, um kraft des Gesetzes (νόμῳ) einander ebenbürtig zu werden. Gleichheit existierte nur in diesem spezifisch politischen Bereich, wo die Einwohner der Polis als Bürger und nicht als Privatpersonen zusammenkamen. Auf die Kluft zwischen diesem antiken Gleichheitsbegriff und den modernen Vorstellungen, denen zufolge die Menschen gleich geboren oder als Gleiche erschaffen sind und erst durch gesellschaftliche oder politische, also jedenfalls »künstliche« Einrichtungen ungleich werden, kann gar nicht nachdrücklich genug hingewiesen werden. Die Gleichheit in dem griechischen Stadtstaat war eine Eigentümlichkeit der Polis und nicht der Menschen, die ihre Gleichheit, nämlich das Vorrecht, sich unter ihresgleichen zu bewegen, ausschließlich dem Politischen und seiner Verfassung verdankten. Von Natur waren Menschen weder frei noch gleich; sie wurden es erst durch das Gesetz, also gemäß dem Denken des achtzehnten Jahrhunderts durch künstliche Konventionen. Freiheit und Gleichheit waren keine Attribute einer wie immer gearteten menschlichen Natur, sondern Qualitäten einer von Menschen errichteten Welt.

Den Griechen war selbstverständlich, daß man nur unter seinesgleichen frei sein kann; daher konnte weder der Tyrann, der doch tun und lassen konnte, was er wollte, noch der Despot, der über Menschenmassen herrschte, die noch nicht einmal wußten, was Freiheit ist, noch schließlich der Haushaltsvorstand, den doch seine Sklaven von allen Lebensnotwendigkeiten befreiten und der keinem Herrn unterstand, frei genannt werden. Nur wer sich unter Freien bewegte, war frei. Und entscheidend für Herodots Gleichsetzung von Freiheit mit Herrschaftslosigkeit war die Erfahrung, daß der Herrscher selbst gerade nicht frei ist; indem er die Herrschaft über andere ausübt, beraubt er sich der Gesellschaft von seinesgleichen, in der er hätte frei sein können. Herrschaft zerstört mit anderen Worten den politischen Raum, und das Resultat dieser Zerstörung ist die Vernichtung der Freiheit für Herrscher wie Beherrschte. Entscheidend für dieses Zusammensehen von Freiheit und Gleichheit ist, daß Freiheit sich griechischer Auffassung zufolge nur in gewissen, keineswegs allen menschlichen Betätigungen manifestiert, und zwar solchen, die überhaupt nur möglich und realisierbar sind, wenn andere zugegen sind, um sie zu sehen, zu beurteilen und sich ihrer schließlich zu erinnern. Daher bedurfte die Freiheit immer eines eigens für sie erstellten Raumes, in dem Menschen zusammenkommen konnten, des Versammlungsplatzes, der Agora, um den die Polis politisch zentriert war.

Gehen wir dieser politischen Freiheit im Rahmen moderner Begrifflichkeit nach und versuchen wir zu begreifen, was Condorcet und die Männer der Revolutionen eigentlich damit meinten, wenn sie behaupteten, die Revolution ziele ihrem Wesen nach auf Freiheit, und die Geburt der Freiheit leite den Anfang einer ganz und gar neuen Geschichte ein, so müssen wir uns vorerst die eigentlich auf der Hand liegende Tatsache vergegenwärtigen, daß sie damit unmöglich jene Freiheiten und Rechte gemeint haben können, die der moderne Rechtsstaat auf Grund seiner Verfassung als Grundrechte allen Bürgern garantiert. Denn keines dieser Rechte, auch nicht das durch die Amerikanische Revolution berühmt gewordene Recht auf Repräsentation zum Zweck der Besteuerung und also das Recht einer limitierten Beteiligung an der Regierung, war in Theorie oder Praxis eine revolutionäre Errungenschaft.[13] Diese bürgerlichen Rechte und Freiheiten waren vielmehr abgeleitet von den »drei großen und primären Rechten« auf »Leben, Freiheit und Eigentum«, wie es allgemein im

Schrifttum des siebzehnten und achtzehnten Jahrhunderts heißt; und das, was dann später als die sogenannten Menschenrechte auftritt, hat Blackstone bereits als »untergeordnete Rechte« definiert, nämlich als »Mittel und Wege, die oft benutzt werden müssen, um in den vollen Besitz und Genuß der wirklichen und substantiellen Freiheiten zu gelangen«[14]. Nicht die Formulierung der Grundrechte auf Schutz von »Leben, Freiheit und Eigentum« war eine Errungenschaft der Revolution, wohl aber, daß diese Grundrechte jetzt als unveräußerliche Menschenrechte ausgesprochen wurden. Aber auch in dieser neuen, revolutionären Erstreckung auf alles, was Menschenantlitz trägt, verstand man unter dem Recht auf Freiheit nicht mehr als ein Freisein-von, und zwar vor allem die Sicherung gegen ungesetzlichen Zwang, wobei Freisein letztlich auf Bewegungsfreiheit zurückgeführt wurde – »the power of locomotion ... without imprisonment or restraint, unless by due course of law« –, die für Blackstone wie für das politische Denken des Altertums die Grundbedingung aller anderen Freiheiten und Rechte bildete. Selbst das Versammlungsrecht, das inzwischen zu der wichtigsten unter den positiven politischen Freiheiten geworden ist, erscheint ursprünglich in den amerikanischen *Bills of Rights* als »das Recht der Bevölkerung, sich friedlich zu versammeln und bei der Regierung um die Abstellung von Mißständen einzukommen«, wie es in dem ersten Zusatz der amerikanischen Verfassung heißt. Dabei ist aber historisch *the right of petition*, das Recht, sich an die Regierung zu wenden, das primäre, und die historisch richtige Interpretation besagt, daß man sich nur zum Zweck einer solchen Petition überhaupt versammeln dürfe.[15] Alle diese Rechte und Freiheiten, denen wir ruhig noch die Rooseveltschen Freiheiten von Hunger und Furcht zugesellen können, sind ihrem Wesen nach negativ; sie sind Resultate der Befreiung aus den verschiedensten Arten der Knechtschaft und enthalten keineswegs den eigentlich positiven Gehalt dessen, was Freiheit nun wirklich ist. Wäre es bei den Revolutionen um nichts anderes gegangen als um eine Garantie dieser Rechte und Freiheiten, so hätten Condorcet und Robespierre unrecht gehabt, und ihr Ziel wäre nicht eigentlich Freiheit gewesen, sondern die Befreiung von einem Herrschaftsapparat, der seine Machtbefugnisse überschritten und alte, wohlbegründete Rechte verletzt hatte.

Nun liegt in der Tat eine der Schwierigkeiten, zu einem gültigen Revolutionsbegriff zu kommen, darin, daß es in den Revolutionen der Neuzeit notwendigerweise immer um beides gegangen ist, um Befreiung und um Freiheit. Und da Befreitsein, nämlich die Abwesenheit jedes ungesetzlichen Zwanges, der die Bewegungsfreiheit einschränkt, in der Tat die wesentlichste Bedingung der Freiheit selbst ist – schon weil ja niemand sich je in das Reich der Freiheit begeben könnte, es sei denn, er sei im vollen Besitz der Bewegungsfreiheit –, ist es konkret oft sehr schwer auszumachen, wo das bloße Bestreben, sich von einem lastenden Zwang zu befreien, endet und wo der Wille zur Freiheit als einem positiven Lebensmodus beginnt. Immerhin muß man sich vergegenwärtigen, daß das Verlangen nach Befreiung unter jeder konstitutionellen Herrschaft, also vor allem auch in einer konstitutionellen Monarchie hätte befriedigt werden können, daß hingegen der Wille zur Freiheit unmittelbar zu der Begründung einer neuen bzw. neu entdeckten Staatsform führte, nämlich zu der Konstitution der Republik. Hierüber waren sich die Männer der Revolutionen noch vollkommen im klaren. Jefferson betont in seinen Erinnerungen am Ende seines Lebens ausdrücklich, daß die Kämpfe jener Jahre prinzipieller Natur waren, weil sie im wesentlichen zwischen den Anhängern der republikanischen und der monarchischen Staatsform ausgekämpft wurden.[16]

Die Schwierigkeit, in den konkreten historischen Umständen jeweils genau den Punkt anzugeben, an dem sich Verlangen nach Befreiung und Wille zur Freiheit voneinander scheiden, besagt nicht, daß man Befreiung und Freiheit miteinander gleichsetzen kann oder daß die Grundrechte, die in einem Befreiungskampf errungen werden, nun bereits den Inhalt der Freiheit ausmachen. Die Revolutionäre des achtzehnten Jahrhunderts hatten ihre guten Gründe, diese Dinge miteinander zu verwechseln: es lag in der Natur der Sache, daß sie erst im Vollzug des Kampfes um die Befreiung das Wesen der Freiheit – »the charms of liberty«, wie John Jay es einmal genannt hat – entdeckten und erfuhren, was es heißt, nicht nur frei zu sein, sondern in Freiheit zu handeln. Durch ihr Tun und Handeln im Dienste einer Befreiung waren sie in das Getriebe der öffentlichen Angelegenheiten geraten, in welchem sie wissentlich und unwissentlich, auf jeden Fall aber wider alles Erwarten, den Erscheinungsraum konstituierten, in dem allein die Freiheit ihren »Zauber« entfalten und zu einer sichtbaren, greifbaren Realität werden kann. Auf diesen »Zauber« gerade waren sie nicht im mindesten vorbereitet, und es ist eigentlich selbstverständlich, daß sie im Getriebe der Geschäfte sich dieses neuen Phänomens kaum jemals bewußt wurden. Schließlich stand einer solchen Bewußtwerdung nicht mehr und nicht weniger im Wege als das Gewicht der gesamten christlichen Überlieferung, der zufolge die öffentlichen Geschäfte eine Bürde und eine Last sind; im Rahmen dieses Denkens war es in der Tat nahezu unmöglich, sich zuzugestehen, daß man weniger von der Pflicht als von der Neigung getrieben und daß politische Tätigkeit keineswegs als eine Last empfunden wurde.

Wie immer man den Anspruch beurteilen mag, der am Anfang der Amerikanischen Revolution steht: Keine Besteuerung ohne parlamentarische Vertretung *(no taxation without representation)*, man wird nicht gerade behaupten können, daß er sich durch seinen Charme auszeichnet. Ganz anders aber steht es mit den Reden und Beschlüssen, den vielfachen Geschäften, den Diskussionen und Überredungskünsten, den Reflexionen und mannigfachen Vorbereitungen auch und gerade rein geistiger Art, die sich als notwendig erwiesen, diesen Anspruch wirklich zu begründen und durchzusetzen. Was schließlich zu Unabhängigkeitserklärungen und der Gründung neuer politischer Körper führte, waren diese Dinge, in denen sich das Handeln vollzog, und nicht die Formel, welche dies Handeln ausgelöst hatte. In diesem neu entdeckten Erfahrungshorizont erwies sich für diejenigen, die, in den Worten John Adams', zu ihrem Geschäft »gegen ihre Erwartung berufen und entgegen ihrer Neigung sich gezwungen sahen«, daß es »das Tätigsein und nicht die Ruhe ist, woran Menschen sich erfreuen«[17].

Was die Revolutionen wieder in den Vordergrund menschlicher Erfahrungen rückten, war die Erfahrung des In-Freiheit-Handelns, und dies war zwar in der abendländischen Geschichte keineswegs eine neue Erfahrung, bildete sie doch die eigentliche Grunderfahrung des griechischen wie des römischen Altertums, aber sie war ein Novum, gemessen an den Jahrhunderten, welche den Untergang des römischen Reiches von dem Beginn der Neuzeit trennen. Und diese relativ neue Erfahrung, neu jedenfalls für diejenigen, die sie machten, war gleichzeitig die Erfahrung der menschlichen Fähigkeit, etwas Neues anfangen zu können. Beides zusammen: eine neue Erfahrung, in der die menschliche Fähigkeit für Anfangen überhaupt erfahren wurde, bildet die Wurzel für das ungeheure Pathos, mit dem die Amerikanische wie die Französische Revolution darauf bestanden, daß nichts an Größe und Bedeutung Vergleichbares sich je in der gesamten überlieferten Geschichte ereignet habe; und da es dieses Pathos ist, das den Ereignissen ihr eigentliches Gewicht gibt, wäre es in der Tat absurd, wenn wir es mit nichts anderem zu tun hätten als mit der erfolgreichen Verteidigung überkommener und wohl begründeter Rechte.

Nur wo dieses Pathos des Neubeginns vorherrscht und mit Freiheitsvorstellungen verknüpft ist, haben wir das Recht, von Revolution zu sprechen. Woraus folgt, daß Revolutionen prinzipiell etwas anderes sind als erfolgreiche Aufstände, daß man nicht jeden Staatsstreich zu einer Revolution auffrisieren darf und daß nicht einmal jeder Bürgerkrieg bereits eine Revolution genannt zu werden verdient. Daß unterdrückte Völker rebellieren, ist bekannt und verständlich genug, und vieles in der antiken Gesetzgebung muß als Schutzmaßnahme verstanden werden gegen die immer drohenden, wenn auch selten wirklich ausbrechenden Sklavenrevolten. Bürgerkrieg und Parteienzwist galten den Alten ohnehin als die größte Gefahr der politischen Gemeinschaft, und Aristoteles' Vorstellung von einer »Freundschaft«, welche das eigentliche Band zwischen Bürgern sein sollte, kann schwerlich verstanden werden, wenn man dieser steten Gefahr der Polis nicht Rechnung trägt. Weniger gefürchtet, aber nicht weniger bekannt in der vormodernen Geschichte sind Staatsstreiche und Palastrevolutionen, in denen die Macht aus den Händen eines Mannes oder einer Clique in die einer anderen übergeht, weil ja der Umsturz, der hier herbeigeführt wird, sich auf den engsten Bereich der gerade Herrschenden beschränkt und das Leben des Volkes kaum berührt.

Alle diese politischen Phänomene haben mit der Revolution die Gewalttätigkeit gemein, und dies ist der Grund, warum sie so oft revolutionär genannt werden. Aber die Kategorie der Gewalt wie die Kategorie des bloßen Wechsels oder Umsturzes ist für eine Beschreibung des Phänomens der Revolution ganz unzulänglich; nur wo durch Wechsel ein Neuanfang sichtbar wird, nur wo Gewalt gebraucht wird, um eine neue Staatsform zu konstituieren, einen neuen politischen Körper zu gründen, nur wo der Befreiungskampf gegen den Unterdrücker die Begründung der Freiheit wenigstens mitintendiert, können wir von einer Revolution im eigentlichen Sinne sprechen. Und Tatsache ist, daß zwar die Geschichte immer die Männer vom Schlage des Alkibiades hervorgebracht hat, die nach der Macht um der Macht willen streben, und solche vom Schlage des Catilina, die, gierig nach neuen Dingen – *rerum novarum cupidi* –, die Unruhe um der Unruhe willen begehren, daß aber der revolutionäre Geist der letzten Jahrhunderte, nämlich das Verlangen, zu befreien *und* der Freiheit selbst eine neue Stätte zu gründen, zumindest in den Jahrhunderten unserer Zeitrechnung beispiellos ist und nicht seinesgleichen hat.

III

Versucht man solche scheinbar generellen politischen Phänomene, wie Revolution, Nationalstaat, Imperialismus, totale Herrschaft usw., historisch zu datieren, so muß man natürlich auch auf das Datum zurückgreifen, an dem das Wort, das sich von da ab an das jeweils neue Phänomen heftet, zum erstenmal in der Geschichte auftritt. Offensichtlich bedarf jegliches unter Menschen neu Erscheinende eines Wortes, um es gleichsam dingfest zu machen, wobei es nie ohne Belang ist, ob ein neues Wort geprägt wird oder ob ein altes Wort plötzlich seinen Bedeutungsgehalt entscheidend ändert. Dies gilt vor allem auch für den politischen Bereich, in dem ohnehin der Mensch als ein für Sprache begabtes Wesen eigentlich zur Geltung kommt. Es ist daher von mehr als nur gelehrtem Interesse, daß das Wort »Revolution« noch nicht vorkommt, wo wir es am ehesten erwarten würden, nämlich in der Geschichtsschreibung und im politischen Denken der italienischen Renaissance. Besonders auffallend ist, daß auch Machiavelli noch Ciceros Wort von der *mutatio rerum (mutazione del stato)* benutzt, wenn er den gewaltsamen Umsturz und den Wechsel der Staatsformen beschreiben will, an dem er selbst so leidenschaftlich und gleichsam verfrüht interessiert ist. Denn was Machiavelli zu diesem ältesten Problem politischen Denkens zu sagen hat, ist nicht mehr traditionell gebunden, und wenn man seine Staatslehre »geradezu eine Theorie der politischen Veränderungen« genannt hat (Griewank), so deshalb, weil er die Bewegung von einer Staatsform zur anderen nicht mehr in dem uralten Schema mit seinen sechs Möglichkeiten – Ein-Mann-Herrschaft schlägt in Volksherrschaft, Volksherrschaft schlägt in die Herrschaft der Wenigen, diese wieder in Ein-Mann-Herrschaft um und umgekehrt – beschrieben hat, die Plato als erster ins Auge faßte, Aristoteles als erster systematisch begriff und die selbst Bodin noch nahezu unverändert übernahm. Machiavellis Hauptanliegen war gerade »das unaufhörliche Suchen nach dem, was in dieser Welt der politischen Veränderungen überhaupt als bleibend und erstrebenswert zu gelten habe«[18], und um dieses Anliegens willen, um der von ihm antizipierten Möglichkeit einer Neugründung willen, die weltlichen Bestand haben könnte, müssen wir seines Werkes hier gedenken.

Dabei handelt es sich in unserm Zusammenhang noch nicht einmal darum, daß ihm bestimmte, typisch moderne Faktoren in dem Revolutionsphänomen bereits ganz vertraut waren, wie etwa die Rolle der Verschwörung und des innerparteilichen Zwists, der Aufwiegelung des Volkes zu Grausamkeit und Gewalt nebst der chaotischen Gesetzlosigkeit, die sich schließlich des gesamten politischen Körpers bemächtigt, oder um die außerordentlichen Möglichkeiten, welche die Revolutionen den *homines novi*, Machiavellis Condottieri, eröffnen, die von unten kommen und aus dem Dunkel in die Helle des Öffentlichen, in den Glanz der großen Politik, aufsteigen und sich dort einer Macht bemächtigen, der sie noch eben absolut unterworfen waren. Viel wesentlicher ist hier, daß Machiavelli als erster in all diesen Vorkommnissen die Heraufkunft oder die Wiederkehr eines rein weltlichen Bereichs antizipierte, dessen Prinzipien und Verhaltensregeln sich von den Geboten der Kirche emanzipieren und dessen moralische Wertsetzungen von keiner Transzendenz mehr gegründet und begründet sein würden. Dies ist der eigentliche Sinn seiner vielfach mißverstandenen Lehre, daß es in der Politik darum gehe, zu lernen, »nicht gut zu sein«, nämlich nicht im Sinne christlicher Moralvorstellungen zu handeln.[19] Was ihn dabei vor allem von den Männern des achtzehnten Jahrhunderts unterscheidet, ist der für sein Werk so wesentliche Begriff der Erneuerung, der *rinovazione*, denn selbst ein geeintes Italien, also jener von ihm antizipierte italienische Nationalstaat, den er für Italien durchaus im Sinne des zeitgenössischen französischen und spanischen Modells erhoffte, war für ihn letztlich nur die Erneuerung eines Uralten. Unter all den unzähligen »mutazioni«, »variazioni« und »alterazioni«, die er historisch beschreibt und politisch analysiert, gilt ihm nur die Erneuerung als eine *alterazione a salute*, eine Veränderung zum Heil. Das eigentlich revolutionäre Pathos des absolut Neuen, die Vorstellung, daß es ein Ereignis geben könne, das den Beginn einer neuen Zeitrechnung rechtfertigt, daß man also imstande sei, das Jahr 1 leibhaftig zu erleben – dies alles lag ihm ganz fern. Und dennoch ist er auch in diesem Bereich von den Männern der Revolutionen im achtzehnten Jahrhundert weniger weit entfernt, als man annehmen möchte. Wir werden später sehen, daß alle Revolutionen als Restaurationen oder als Erneuerungen eines Uralten begonnen haben und daß das revolutionäre Pathos des radikalen Neubeginns erst im Gang der Revolutionen selbst entstand. Robespierre, der es ja nun wirklich hat wissen müssen, hat gesagt: »Le plan de la révolution française était écrit en toutes lettres dans les livres de Machiavelli«[20]; und er hätte hinzufügen können: Auch wir dürfen von uns sagen, »wir lieben unser Vaterland mehr als unser Seelenheil«[21].

In der Tat ist man niemals so versucht, sich um die Geschichte des Wortes ›Revolution‹ nicht zu kümmern und das erste Auftreten des Phänomens in den italienischen Stadtstaaten der Renaissance anzusetzen, wie wenn man Machiavellis Schriften liest. Hier wie bei seinen Zeitgenossen finden wir bereits die leidenschaftliche Liebe zum klassischen Altertum vor allem in seiner römischen Gestalt, die dann später so außerordentlich charakteristisch für die politischen Theorien des achtzehnten Jahrhunderts ist. Überzeugender noch wirkt die damals ganz neue und heute noch schockierende Theorie von der positiven Rolle der Gewalt im Bereich des Politischen, die dann im Laufe der Französischen Revolution Robespierre in fast den gleichen Worten ausspricht und die in beiden Fällen so seltsam unvereinbar erscheint mit der Bewunderung gerade der römischen Republik, in der für das Verhalten der Bürger nicht Gewalt, sondern Autorität maßgebend war. (Unsere eigene Neigung, Gewalt mit Autorität zu verwechseln bzw. miteinander gleichzusetzen, dürfen wir weder bei Machiavelli noch bei Robespierre voraussetzen, die beide noch bei den Römern wirklich in die Schule gegangen waren.)

Nun stehen aber diesen auffallenden Verwandtschaften bei näherem Zusehen doch zu große und zu frappierende Unterschiede entgegen, als daß die Gleichung wirklich aufgehen könnte. Die revolutionäre Zuwendung zu antikem politischem Gedankengut im achtzehnten Jahrhundert war niemals von dem Glauben an eine Erneuerung des klassischen römischen Altertums getragen, wie ihn Machiavelli besaß. Was bei Machiavelli schließlich nur der politische Aspekt einer allgemeinen Renaissance war, deren kulturelle und künstlerische Ergebnisse allem, was im politischen Bereich vor sich ging, an Rang und Beständigkeit unendlich überlegen waren, tritt uns im Falle der Revolutionen des achtzehnten Jahrhunderts gerade isoliert und unabgestimmt auf den Geist der Gesamtepoche entgegen. Denn die Neuzeit und das in ihr entstandene wissenschaftliche Denken hatte sich ja von Anfang an nicht nur dem Mittelalter, sondern gerade auch dem Altertum entscheidend überlegen gefühlt; von einer Renaissance im Sinne der Wiederbelebung des klassischen Altertums konnte nirgends mehr die Rede sein – außer merkwürdigerweise auf dem Gebiet der Politik. Dies aber hatte zur Folge, daß keiner der Revolutionäre des Jahrhunderts, wie sehr er auch römische Institutionen bewundern und dem Glanz römischer Geschichte nachträumen mochte, sich im Altertum mit einer solchen Selbstverständlichkeit hätte zu Hause fühlen können wie Machiavelli, wenn er einem Freunde schreibt: »Des Abends kehre ich nach Hause zurück, betrete mein Arbeitszimmer, werfe an der Schwelle die mit Schmutz und Staub bedeckte Kleidung des Tages ab und lege königliche Gewänder an, wie sie sich am Hofe ziemen; habe ich mich so würdig hergerichtet, betrete ich die klassischen Bereiche der Alten, die mich herzlich empfangen und mir die Nahrung gewähren, welche die eigentlich meine ist, für die ich geboren bin.«[22] Wer diese und ähnliche Sätze liest, wird gern mit der gegenwärtigen historischen Forschung annehmen, daß die Renaissance nur der Höhepunkt einer Folge von Erneuerungen ist, welche unmittelbar auf die wirklich »finsteren Zeiten« folgte und mit der karolingischen »Renaissance« begann, um erst im sechzehnten Jahrhundert ihr endgültiges Ende zu nehmen. Hat man sich zu dieser Ansicht der Dinge entschlossen, so wird man aber auch zugeben müssen, daß im politischen Bereich die phantastische Turbulenz der italienischen Stadtstaaten im fünfzehnten und sechzehnten Jahrhundert eher das Ende als den revolutionären Anfang einer Epoche bedeutet. In ihnen fand die reiche Entwicklung der mittelalterlichen Städte und ihrer politischen Autonomie ihr Ende.[23]

Sehr viel näher als in der Rückwendung zur Antike steht Machiavelli den Revolutionen durch seine ganz unklassische Lehre von der positiven Rolle der Gewalt in der Politik. Sie beruht auf einer doppelten Aporie, die bei ihm noch theoretischer Natur ist, die aber dann in dem Revolutionsgeschehen zu einer unmittelbar praktischen Geltung kommt. Die Aporie liegt einerseits in der Aufgabe einer Neugründung beschlossen, darin nämlich, daß ein absoluter Anfang seinem Wesen nach Gewalt und Vergewaltigung zu erfordern scheint – als handele es sich darum, das legendäre Urverbrechen am Anfang aller Geschichte noch einmal zu wiederholen. Diese Gründungsaufgabe ist nun fernerhin mit der Aufgabe einer neuen Gesetzgebung gekoppelt, deren Autorität so entworfen sein mußte, daß sie die alte, absolute Autorität ablösen und sich an die Stelle einer irdischen Ordnung setzen konnte, die religiös sanktioniert war, deren Gesetze auf den Geboten eines allmächtigen Gottes beruhten und deren Legitimität schließlich auf die Vorstellung einer Inkarnation Gottes auf Erden zurückging. In der daraus sich ergebenden Verlegenheit kommt sogar Machiavelli, der geschworene Feind jeglicher Einmischung des Religiösen in das Politische, dazu, sich nach göttlichem Beistand und sogar nach göttlicher Inspiration in seinen Gesetzgebern umzusehen – genau wie Jahrhunderte später die »aufgeklärten« Revolutionäre John Adams und Robespierre, denen ein echt religiöses Anliegen noch viel ferner lag. Diese »Rückkehr zu Gott« empfahl Machiavelli nur im Falle »außerordentlicher Gesetze«, nämlich solcher, durch welche eine neue Gemeinschaft gegründet wird, was, in der Sprache einer späteren Zeit gesprochen, ja nichts anderes heißt als im Falle der Revolution. Wobei nicht zu übersehen ist, wie unendlich viel freimütiger Machiavelli in diesen Dingen war als seine aufgeklärten Nachfolger; denn er sagt unverblümt von seinem »appeal to high Heaven« (wie Locke es später genannt hat), daß er einzig und allein von der Sorge diktiert sei,

»dieser Schwierigkeit zu entkommen«[24]. Wir werden später sehen, wie die Revolutionen vergeblich nach einem neuen Absoluten suchen, das sich an die Stelle göttlicher Machtvollkommenheit setzen könnte. Offenbar kann Macht unter der Voraussetzung menschlicher Pluralität niemals zur Allmacht werden, und Gesetze, die menschlicher Macht ihr Entstehen verdanken, können niemals die Absolutheit göttlicher Gebote ersetzen. Nur ist es für das Verständnis der theoretischen Schwierigkeiten Machiavellis wie der praktischen Aporien der Revolutionen entscheidend, daß die Rolle der Gewalt in der Politik in dem einen wie dem andern Fall nichts mit einer sogenannten realistischen Einschätzung der menschlichen Natur zu tun hat; eher könnte man schon meinen, daß hier die Hoffnung mitspielte, vielleicht doch gewisse göttliche Eigenschaften in jenen wenigen Menschen zu finden, die jeweils so weit über ihre Umwelt hinausragen, daß man in ihnen etwas Göttliches oder Göttergleiches sehen durfte.

All dies aber waren nicht mehr als Vorahnungen und Antizipationen künftiger Erfahrungen. Wie sehr wir auch versucht sein mögen, unsere eigenen Erfahrungen in der Erfahrungswelt der italienischen Stadtstaaten wiederzufinden, so bleibt doch offenbar bestehen, daß die Ereignisse der Renaissance weder in den direkt Beteiligten noch in den Augenzeugen das Bedürfnis nach einem neuen Wort wachgerufen haben, um den eigentlich »revolutionären« Erfahrungen gerecht zu werden. Dabei tritt bezeichnenderweise gerade in diesem Zeitraum ein wichtiges neues Wort in den politischen Sprachschatz, ein Wort, das Machiavelli zwar selbst nicht geprägt hat, das aber wohl doch erst durch ihn in Umlauf gekommen ist. Das Wort heißt *lo stato*, also das, was wir heute den »Staat« nennen[25], und die Neuprägung bei Machiavelli ist bezeichnend, weil man an ihr sieht, wie sehr er sich trotz seiner durchgehenden Berufung auf den Glanz römischer Geschichte und seiner vielfachen Anleihen bei spezifisch römischen Institutionen dessen bewußt war, daß ein geeintes Italien, wie er es erstrebte, sich radikal von allen Vorgängern in der Antike wie der Renaissance unterscheiden würde.

Worte, die im Sprachgebrauch der Renaissance geläufig sind, um »revolutionäre« Ereignisse zu bezeichnen, sind »Rebellion« und »Revolte«, und ihre Bedeutung steht bereits im späten Mittelalter sogar definitionsmäßig fest. Sie beinhalten niemals eine revolutionäre Befreiung, und nichts berechtigt uns zu der Annahme, daß in ihnen gar so etwas wie eine Neugründung der Freiheit, eine wirkliche *constitutio libertatis*, mitschwang. Denn Befreiung im Sinne der Revolutionen meint, daß alle diejenigen, die – nicht nur in der Gegenwart, sondern überhaupt in der überlieferten Geschichte, nicht nur als Einzelne, sondern als Glieder der überwältigenden Mehrheit des Menschengeschlechts – im Stande der Armut und Unterdrückung gelebt hatten, nun plötzlich aus der Finsternis und der Untertänigkeit aufsteigen und selbst die Macht ergreifen sollen. Übersetzen wir uns, um in diesen Dingen klarer zu sehen, solch ein Ereignis zurück in die Verhältnisse des Altertums, so wäre es, als hätten sich nicht das athenische oder römische Volk, der *populus* oder der δῆμος, die unteren Stände der Bürgerschaft, sondern die Sklaven und die ansässige Fremdbevölkerung, welche in der Bevölkerung die Mehrheit bildeten, ohne doch je zum Volke zu gehören, plötzlich erhoben und die Gleichberechtigung verlangt. Wir wissen, daß dies niemals geschehen ist. Auch im Florenz Machiavellis standen nicht mehr als etwas über 3000 Bürger einer Gesamtbevölkerung von 70000 Menschen gegenüber, und trotz des heftigsten Bürgerzwists hat offenbar niemand je ernstlich daran gedacht, diese Massen zu organisieren und so die Macht zu ergreifen. Die italienischen Stadtstaaten glichen in dieser Hinsicht eher denen des Altertums als den Städten und Ländern der Neuzeit.[26] Gleichheit, wie wir sie verstehen, wonach jeder Mensch als ein Gleicher geboren ist, also Geburt bereits die Gleichheit schafft und garantiert, war allen Jahrhunderten vor dem Anbruch der Neuzeit schlechthin unbekannt.

Zwar gab es im Rahmen mittelalterlicher und spätmittelalterlicher politischer Theorie durchaus die legitime Rebellion, den berechtigten Aufruhr gegen die bestehende Macht, ja sogar unter bestimmten Umständen eine Art Pflicht zu Widerstand und Ungehorsam. Aber das Ziel solcher Aufstände war niemals eine Herausforderung der Autorität oder der bestehenden Ordnung als solcher; es ging immer um den Wechsel bestimmter Personen, die sich gerade an der Macht befanden, die Auswechselung des Usurpators oder des Tyrannen gegen den rechtmäßigen König. Im Sinne dieser Rebellionen hatte das Volk zwar darüber zu entscheiden, wer zur Herrschaft nicht legitimiert war, aber ihm stand keine Entscheidung darüber zu, wer nun eigentlich zur Herrschaft berufen war. Ganz fern vollends liegt diesen mittelalterlichen Theorien der Gedanke, daß es ein Recht des Volkes auf Selbstherrschaft bzw. auf eine Herrschaft durch Volksvertretung geben könne. Dabei kam es natürlich vor, daß Leute aus dem Volk und aus gedrückten Verhältnissen aufstiegen in die Höhe und den Glanz des öffentlichen Bereichs wie im Falle der Condottieri der italienischen Stadtstaaten; aber in solchen Fällen verdankten sie ihren Aufstieg zur Macht gerade Eigenschaften, durch welche sie sich grundsätzlich vom Volke und ihrer ursprünglichen Umgebung unterschieden, sie verdankten ihren Erfolg mit anderen Worten einer *virtu*, die um so mehr bewundert und um so höher gepriesen wurde, als man sie der Herkunft und der Geburt nicht zuschreiben konnte. Das Recht auf direkte Anteilnahme an den Regierungsgeschäften hat niemals zu den Vorrechten und garantierten Freiheiten des Volkes gehört. Und dies Recht auf Selbstbestimmung ist noch nicht einmal in dem berühmten Recht auf Vertretung zum Zwecke der Besteuerung enthalten. Vor der Neuzeit gab es keine Herrscher, die nicht geborene Herrscher waren, wobei es in unserm Zusammenhang gleichgültig ist, ob der Herrscher von Geburt der freigeborene Mann des Altertums war, der zwar nicht politisch, aber innerhalb seines Hauswesens eine unumschränkte Herrschaft ausübte, oder ein Glied einer eigentlichen Herren- und Herrscherkaste wie im Feudalismus des europäischen Mittelalters. Der politischen Sprache vor der Neuzeit stand ein erheblicher Wortschatz zur Verfügung, wenn sie von Aufruhr und Aufstand der Untertanen gegen eine wie immer geartete Herrschaft handeln wollte, aber sie verfügte über kein Wort, das einen Umschwung bezeichnet hätte, in dem die Untertanen selbst zu Herrschern werden.

IV

Daß wir das Phänomen der Revolution in der Geschichte vor dem Anbruch der Neuzeit nicht antreffen, ist keineswegs selbstverständlich. Man darf dieses Phänomen auch nicht, wie es vielleicht naheliegt, mit der für unsere Welt ja so bezeichnenden Gier nach neuen Dingen verwechseln oder mit der seit Beginn der Neuzeit bestehenden Überzeugung, daß dem Neuen als solchem ein spezifischer Wert zukomme. All das spielt zwar in der modernen Gesellschaft eine große Rolle, hat aber mit dem Geist der Revolutionen nicht das geringste zu tun. Psychologisch gesprochen, dürfte die Erfahrung der Gründung zusammen mit der Einsicht, daß eine neue Geschichte sich im Geschichtenbuch der Menschheit abzuzeichnen beginnt, eher einen »konservativen« als einen »revolutionären« Typus prägen, jedenfalls einen Menschenschlag, der mehr daran interessiert ist, die Errungenschaften zu erhalten und sie gegen den Ruin der Zeit zu sichern, als neue Dinge, neue Entwicklungen, neue Ideen zu begünstigen und voranzutreiben. Historisch jedenfalls können wir mit Gewißheit sagen, daß die Männer der ersten Revolutionen – nämlich diejenigen, welche nicht nur eine Revolution machten, sondern die Revolutionen überhaupt erst auf dem Schauplatz der Politik einführten – keineswegs auf Neues bedacht waren und nicht von einem *novus ordo saeclorum* träumten. Sprachlich aber kommt eine ausgesprochene Abneigung gegen das Neue in dem Wort »Revolution« selbst, das aus dem Beginn der Neuzeit stammt und nur langsam seine heutige Bedeutung annahm, zum Ausdruck. Daß man sich dieses Wortes überhaupt bediente, zeigt bereits die Abwesenheit von *expectation* und *inclination*, die John Adams so betonte, den wichtigen Tatbestand, daß die Handelnden auf irgend etwas beispiellos Neues nicht besser vorbereitet waren und es nicht mehr intendierten als die zeitgenössischen Zuschauer oder auch die Gegner der Revolution. Entscheidend ist, daß das ungeheure Pathos des neu angebrochenen Zeitalters, das wir in nahezu gleichlautenden Worten und in zahllosen Variationen bei den Männern der Französischen wie der Amerikanischen Revolution finden, überhaupt erst zum Vorschein kam, als sie selbst sehr gegen ihren Willen an einen Punkt gelangt waren, von dem es kein Zurück mehr gab.

Das Wort »Revolution« kommt aus der Astronomie und begegnet uns zuerst in dem großen Werk des Kopernikus *De Revolutionibus orbium coelestium*[27]. Der wissenschaftliche Sprachgebrauch behielt den präzisen lateinischen Sinn bei und bezeichnete eine gesetzmäßig und kreisförmig verlaufende »revolvierende« Bewegung der himmlischen Körper, welche, dem Einfluß des Menschen entzogen, für unwiderstehlich galt und daher weder durch Neuheit noch durch Gewaltsamkeit charakterisiert war. Im Gegenteil, da das Wort deutlich eine in sich selbst zurücklaufende Bewegung indiziert, ist es offenbar die bestmögliche lateinische Übersetzung für Polybius' ἀνακύκλωσις, ein Wort, das ebenfalls ursprünglich aus der Astronomie stammt und im Bereich des Politischen nur metaphorisch gebraucht wurde. In seinem metaphorischen Gebrauch diente das Wort dazu, die Um- und Wiederkehr der wenigen bekannten Staatsformen anzuzeigen, wie sie immer wieder sich ineinander verwandeln, und zwar mit der gleichen unwiderstehlichen Kraft, die bewirkt, daß die Sterne in den ihnen vorgezeichneten Bahnen über das Himmelsgewölbe ziehen. Nichts lag dem ursprünglichen Sinn des Wortes »Revolution« ferner als die revolutionäre Vorstellung, daß menschliches Handeln einen Prozeß einleiten könnte, der der alten Ordnung ein endgültiges Ende setzt und die Geburt einer neuen Welt herbeiführt.

Wäre der Fall der modernen Revolutionen historisch so klar umrissen wie eine Definition im Lehrbuch, so würde die Wahl des Wortes »Revolution« noch überraschender sein, als sie ohnehin ist. Als das Wort zuerst vom Himmel und den Himmelskörpern herabstieg und zur Beschreibung dessen, was auf Erden zwischen sterblichen Menschen sich abspielt, verwendet wurde, war sein metaphorischer Gehalt noch stark genug, um diesen irdischen Vorgängen eine ewigwährende, unwiderstehliche, sich immer wiederholende Bewegung mitzuteilen und sie damit von der kurzfristigen und zufälligen bloßen Bewegtheit, dem Ungefähr und dem ständigen Glückswechsel des Schicksals – den man seit unvordenklichen Zeiten natürlich dem Auf- und Niedergang von Sonne, Mond und Sternen verglichen hat – zu erlösen. Im siebzehnten Jahrhundert, in dem wir das Wort zum erstenmal als politischen Begriff vorfinden, ist der metaphorische Gehalt der ursprünglichen Wortbedeutung sogar noch näher, denn mit Revolution bezeichnete man damals eine rückläufige Bewegung, die auf einen im vorhinein bestimmten Punkt gerichtet ist und als solche in eine prästabilierte Ordnung zurückschwingt. So finden wir also z. B. das Wort nicht, als in England das ausbrach, was wir eine Revolution nennen würden und Cromwell seine Diktatur errichtete, sondern im Gegenteil im Jahre 1660, als das Rumpfparlament gestürzt war und die Monarchie restauriert wurde.

Genau im gleichen Sinn wurde das Wort noch 1688 gebraucht, als die Stuarts vertrieben waren und William und Mary in den Besitz der königlichen Würde kamen.[28] Die »glorreiche Revolution«, das Ereignis, das dem Begriff »Revolution« paradoxerweise seinen Platz im politischen und historischen Sprachgebrauch ein für allemal sicherte, wurde keineswegs als Revolution empfunden, sondern als die Restauration der Königsgewalt, und das Wort »Revolution« wurde benutzt, weil man sich darunter genau das vorstellte, was wir heute als Restauration bezeichnen.

Die Tatsache, daß das Wort »Revolution« eigentlich Restauration meint, also etwas, was wir für das gerade Gegenteil einer Revolution ansehen, ist erheblich mehr als eine historische oder philologische Kuriosität. Denn die Revolutionen des siebzehnten und achtzehnten Jahrhunderts, die in unsern Augen so offenbar von dem Geist der Neuzeit zeugen, waren ursprünglich als Restauration gemeint und geplant. Wie sehr auch in den englischen Bürgerkriegen sich Tendenzen abzeichnen, die deutlich auf die Revolutionen des achtzehnten Jahrhunderts hinweisen – das Auftreten der *levellers*, der Gleichmacher, und die Formierung einer Partei des niederen Volkes, deren Radikalismus sehr schnell mit der revolutionären Führung in Konflikt geriet, deutet natürlich auf den Verlauf der Französischen Revolution, während die ebenfalls von den »Gleichmachern« erhobene Forderung nach einer geschriebenen Verfassung als dem »Fundament einer gerechten Regierung«, der Cromwells »Instrument of Government« zum Zwecke der Errichtung der Protektoratsregierung dann entsprach, deutlich die vielleicht wichtigste Errungenschaft der Amerikanischen Revolution antizipiert —, sollte man doch über diesen Tendenzen und Hinweisen nicht vergessen, daß der kurze Sieg dieser ersten modernen »Revolution« öffentlich als eine Restauration gedeutet wurde, nämlich als »freedom by God's blessing restored«, wie die Inschrift auf dem großen Siegel von 1651 wörtlich lautet.

In unserm Zusammenhang aber sind die Ereignisse des achtzehnten Jahrhunderts wichtiger und bezeichnender. Denn wir haben es hier ja nicht mit einer Geschichte der Revolutionen zu tun, mit ihrer Entstehung und ihrer historischen Entwicklung. Uns geht es darum, uns darüber klarzuwerden, was eine Revolution eigentlich ist, was das

Phänomen der Revolution einerseits für den Menschen und den Bereich des Politischen besagt, und was es andererseits heißt, in einer Welt zu leben, die aus Revolutionen geboren ist und von Revolutionen dauernd erschüttert wird. Für solche Fragen aber hält man sich besser nicht an die Vorgeschichte und nicht an die vermutlichen Anfänge, sondern an denjenigen geschichtlichen Augenblick, in dem das Phänomen voll in Erscheinung tritt und seine mehr oder minder endgültige Gestalt annimmt. Was die Revolution anlangt, so hat sie zweifellos diese Gestalt in den großen Revolutionen des ausgehenden achtzehnten Jahrhunderts angenommen, um von da an – aber eben auch nicht früher! – Menschen in ihren Bann zu schlagen, und zwar ganz unabhängig von den Übergriffen, Grausamkeiten und Freiheitsberaubungen, die Menschen seit eh und je dazu gebracht haben, zu rebellieren. Dies ist der Grund, warum wir immer wieder unsere Aufmerksamkeit der Amerikanischen und der Französischen Revolution zuwenden werden, nur dürfen wir dabei nicht vergessen, daß die Männer dieser beiden Revolutionen sich vor allem dadurch von allen ihnen folgenden »Revolutionären« unterscheiden, daß sie die Revolution in der Überzeugung begannen, sie stellten nicht mehr als eine alte Ordnung der Dinge wieder her, welche von der Monarchie im Zeitalter des Absolutismus verletzt und vergewaltigt worden war. Wenn sie vor allem in den Anfangsstadien der Revolutionen immer wieder versicherten, sie wollten den Prozeß des Absolutismus rückgängig machen und eine Ordnung restaurieren, welche zu Beginn der Neuzeit verlorengegangen war, so ist an ihrer Aufrichtigkeit nicht im mindesten zu zweifeln.

Dieser Anfangsaspekt der Revolutionen hat zu einer Verwirrung über Sinn und Bedeutung von Revolution überhaupt geführt und zu einem Fehlurteil über die Amerikanische Revolution, die nicht ihre eigenen Kinder verschlang und wo daher die gleichen Männer, welche die »Restauration« in Gang gesetzt hatten, auch die Revolution machten, den neuen Staat gründeten und sogar lange genug lebten, um zu Amt und Würden in der neuen Ordnung der Dinge aufzusteigen. Was sie zum Zwecke der Restauration in die Wege geleitet hatten, ein Handeln also, das kein anderes Ziel verfolgte als das der Wiedergewinnung uralter, verbriefter Rechte und Freiheiten, führte zur Revolution, und alle Theorien und Vorstellungen von englischer Verfassung, den angestammten Rechten aller Engländer und ihrer Gültigkeit in den Kolonien endeten mit der Unabhängigkeitserklärung. Dies hatte keiner von ihnen gewollt oder vorausgesehen, denn die Bewegung, die zur Revolution führte, war nicht im mindesten revolutionär. Niemand wußte dies auch im nachhinein besser als Benjamin Franklin, der rückblickend allen Versuchen, die Revolution und die Unabhängigkeitserklärung gleichsam ideologisch zu verklären, mit den Worten entgegentrat: »I never had heard in any Conversation from any Person drunk or sober, the least Expression of a wish for separation, or Hint that such a Thing would be advantageous to America.«[29] So ist es in der Tat so gut wie unmöglich auszumachen, ob die Männer der Amerikanischen Revolution nun Konservative oder Revolutionäre waren, was aber nur heißt, daß diese Termini außerhalb ihres historisch-politischen Zusammenhanges sinnlos sind; das konservative Denken entzündete sich an der Französischen Revolution, es gibt so etwas überhaupt nicht vor dem neunzehnten Jahrhundert.

Daß die Revolution als Restauration anhebt, gilt in gleicher, wenn auch nicht ganz so eindeutiger Weise für die Französische Revolution. Dies hat die moderne Geschichtsschreibung gerade darum beinahe vergessen, weil sie so ungeheuer von dem Ereignis der Französischen Revolution beinflußt worden ist; aber Tocqueville, der in diesen Dingen erheblich schärfer sah als nahezu alle Späteren, wußte noch, daß in den Anfangsstadien alles dafür sprach, »daß das Ziel der bevorstehenden Revolution nicht der Umsturz des Ancien Régime, sondern seine Wiederherstellung« sein würde.[30] Selbst als im Gange der Revolutionen auf beiden Seiten des Atlantik die Handelnden einsehen mußten, daß eine Restauration unmöglich war und daß sie sich in Wahrheit auf ein ganz und gar neues Unternehmen eingelassen hatten, zu einer Zeit also, da das Wort »Revolution« bereits die ihm von da an anhaftende neue Bedeutung angenommen hatte, konnte Thomas Paine im Sinne einer gerade erst vergangenen Epoche noch in allem Ernste vorschlagen, die Amerikanische und die Französische Revolution lieber als »Gegenrevolutionen« zu bezeichnen.[31] Dieser Vorschlag, der sich in der Tat seltsam im Mund eines der »revolutionärsten« Männer der Zeit ausnimmt, zeigt schlagartig, wie sehr die Vorstellung der Restauration, des *re-volvere* und Zurückdrehens des historischen Prozesses, von Anfang an das Denken und Fühlen dieser ersten »Revolutionäre« beherrschte. Paine versucht inmitten der wirklichen Revolution die alte Bedeutung des Wortes zu retten, weil er spürte, wie sehr die ursprünglichen Intentionen damals bereits in Vergessenheit zu geraten drohten; so unterstreicht er ausdrücklich, daß die Ereignisse der Zeit diese Männer veranlaßt hätten, sich einer »frühen Zeit« zuzuwenden und sich daran zu erinnern, daß nur die Tyrannis sie ihrer Rechte und Freiheiten beraubt habe. Und was Paine hier unter »früher Zeit« versteht, ist keineswegs mit dem hypothetischen, vorgeschichtlichen Naturzustand des siebzehnten Jahrhunderts identisch; er hat eine bestimmte geschichtliche Zeit im Auge, wenn er sie auch nicht näher zu bestimmen imstande ist.

Paine benutzte den erstaunlichen Begriff »Gegenrevolution« für die Revolution in seiner Polemik gegen Burkes großartige Verteidigung der in Geschichte und althergebrachten Bräuchen verwurzelten Rechte von Engländern, die er der revolutionären Idee von Menschenrechten entgegengestellt hatte. Dabei ist aber zu beachten, daß Paine nicht weniger als Burke der Meinung war, daß absolute Neuheit nicht für, sondern gegen die Echtheit und Legitimität solcher Rechte sprechen würde. Gerade die Menschenrechte, so meinte Paine, seien das alte. Natürlich hatte Burke, historisch gesehen, recht und Paine unrecht, aber das ist hier nicht entscheidend. Es gibt keine historische Zeit, auf die sich die Erklärung der Menschenrechte hätte berufen können. Zwar kannten auch frühere Jahrhunderte eine Gleichheit aller Menschen vor Gott und selbst vor den Göttern, denn diese Gleichheit ist römischen und nicht christlichen Ursprungs; römische Sklaven konnten bereits vollberechtigte Mitglieder der religiösen Gemeinschaften sein, und innerhalb der Grenzen der religiösen Rechtsprechung hatten sie den gleichen Status wie freie Männer.[32] Aber unveräußerliche politische Rechte, die allen Menschen kraft Geburt zukamen, würden für alle früheren Jahrhunderte das gleiche bedeutet haben wie noch für Burke – eine Art *contradictio in adiecto*. Seine bis auf den heutigen Tag erregend brillante Argumentation klingt wie eine einzige, alle Konsequenzen verfolgende Auslegung des einfachen und höchst bemerkenswerten Tatbestandes, daß das lateinische Wort für »Mensch«, *homo*, ursprünglich jemandem galt, der »nur ein Mensch« war und kein Bürger, und daß als »Menschen« im wesentlichen die Sklaven bezeichnet wurden. Mit anderen Worten, erst wenn ein »Mensch« Mitglied eines bestimmten Gemeinwesens wurde, ein Römer oder ein Engländer, konnte er Rechte erwerben; solange er nichts war als ein Mensch, war er rechtlos.

In diesem Zusammenhang und vor allem für jeden Versuch, das zu verstehen, was sich einer eindeutigen Interpretation am meisten zu entziehen scheint und doch in allen modernen Revolutionen als erstes in die Augen springt, nämlich den sogenannten revolutionären Geist, ist es entscheidend wichtig, daß der gesamte Gedankenkomplex um den Begriff eines absolut Neuen erheblich älter ist als die Revolutionen und daß es gerade darum so verblüffend ist, ihn in den Anfangsstadien der Revolutionen nicht vorzufinden. In dieser wie in anderer Hinsicht hat man den Eindruck, daß die Männer der Revolution nach den Begriffen ihrer eigenen Zeit altmodisch waren, jedenfalls an »Modernität« den Wissenschaftlern und Philosophen des siebzehnten Jahrhunderts – die mit Galilei »absolute Neuheit« für ihre Entdeckungen beanspruchten oder mit Hobbes erklärten, politische Philosophie »ist nicht älter als mein eigenes Buch *De Cive*«, oder mit Descartes behaupteten, daß kein Philosoph vor ihm es in der Philosophie sonderlich weit gebracht habe –, weit nachstanden. Gewiß kann man Reflexionen über den »neuen Kontinent«, auf dem ein neuer Menschentypus, *a new man*, entstanden sei, wie ich sie bereits von Crèvecœur und John Adams zitierte, in beliebiger Anzahl im politischen Schrifttum des achtzehnten Jahrhunderts finden: aber in auffallendem Gegensatz zu den Ansprüchen der Wissenschaft und der Philosophie galten sowohl der »neue Kontinent« wie der »neue Mensch« als ein Geschenk der Vorsehung und nicht als eine menschliche Errungenschaft. Es ist, als hätte das seltsame Pathos des Neuen als Neuen zweihundert Jahre gebraucht, bevor es aus der relativen Abgeschlossenheit wissenschaftlicher und philosophischer Spekulationen bis in den Bereich des Politischen vordrang. So jedenfalls hat es Robespierre gesehen: »Tout a changé dans l'ordre physique; et tout doit changer dans l'ordre moral et politique.« Als dieser Augenblick aber gekommen war, als nämlich das spezifisch Moderne Allgemeingut geworden war und nicht mehr nur die Wenigen betraf, da zeigte es sich nicht nur erheblich radikaler und aggressiver, sondern erreichte eine Wirklichkeitsdichte, die nur dem politischen Bereich eigen ist. Erst im Verlauf des achtzehnten Jahrhunderts und seiner Revolutionen entstand ein Bewußtsein davon, daß es das absolut Neue auch im Politischen geben könne, daß also das Neue etwas sei, was in die Hand des handelnden Menschen gegeben sein könnte. Als dieses Bewußtsein sich durchgesetzt hatte, bedurfte es in der Tat keines »neuen Kontinents« und keines neuen Menschentypus mehr, um die Hoffnung auf eine neue Ordnung der Dinge zu erwecken. Der *novus ordo saeclorum* hatte nun nichts mehr mit dem »großen Plan und Entwurf der Vorsehung« zu tun, und das absolut Neue gehörte nicht mehr nur den Wenigen. Unter den Vielen aber, auf dem Marktplatz der Politik, wo es keinem Einzelnen mehr als Segen oder Schrecken zu eigen war, entstand aus dem Neuen eine neue Geschichte, begonnen, wenn auch nicht intendiert, von handelnden Menschen, die sie nun weiterführten, anreicherten und ihren Nachkommen überlieferten, daß sie den einmal geschlagenen Faden weiter in die Zukunft spinnen möchten.

V

So fehlen also in der ursprünglichen Bedeutung wie in dem ersten metaphorischen Gebrauch des Wortes »Revolution« Elemente, die wir unweigerlich mit ihm verbinden. Es gibt aber eine dem Wort von vornherein anhaftende Bedeutung, die ich schon kurz erwähnte und die auch in unserm Sprachgebrauch noch eine wichtige Rolle spielt. Das ist die Vorstellung von etwas Unwiderstehlichem, die wir mit der drehenden Kreisbewegung der Sterne verbinden, die in den vorgeschriebenen, von Menschen unabänderlichen Bahnen dahinziehen. Es scheint, daß wir den Augenblick, in dem das Wort »Revolution« zum erstenmal mit ausschließlicher Betonung einer solchen unwiderstehlichen Bewegung gebraucht wurde, genau datieren können; und wie groß die Bedeutung dieser Unwiderstehlichkeit für unseren Revolutionsbegriff geworden ist, geht schon daraus hervor, daß dieses Datum ganz allgemein auch den Augenblick anzeigt, an dem der alte astronomische Begriff nun endgültig sich dem neuen Sprachgebrauch hat bequemen müssen.

Das Datum ist die Nacht des 14. Juli 1789, und der Augenblick ist der Dialog, der dem Bericht folgte, den der Duc de la Rochefoucault-Liancourt dem König von dem Sturm auf die Bastille gegeben hatte, von der Befreiung der wenigen Gefangenen und der Gehorsamsverweigerung der königlichen Truppen vor dem Aufstand des Volkes. Die wenigen berühmten und sehr aufschlußreichen Worte, die damals zwischen Louis XVI. und dem Boten seines Unglücks gewechselt wurden, lauten wie folgt: Der König, so wird berichtet, rief aus: »C'est une révolte!«, und Liancourt korrigierte ihn: »Non, Sire, c'est une révolution.«³³ Hier spricht das Wort noch einmal und politisch zum letztenmal im Sinne der alten Metapher, die eine Himmelsbewegung auf die Erde überträgt, aber hier hören wir auch, wie vielleicht zum erstenmal der Ton sich geändert und der Bedeutungsakzent sich von der Gesetzmäßigkeit des in sich beschlossenen Kreislaufs auf die Unwiderstehlichkeit, die dieser Kreisbewegung eignet, verlagert hat. Zwar wird die Bewegung noch im Bilde der kreisenden himmlischen Körper gesehen, aber der Akzent liegt ausschließlich darauf, daß eine solche Bewegung menschlicher Machtvollkommenheit entzogen ist, daß sie nicht angehalten werden kann und daß sie nur ihrem eigenen Gesetz gehorcht. Wenn der König sagt, daß der Sturm auf die Bastille eine Revolte sei, so betont er damit ausdrücklich die eigene königliche Macht und weist auf die Gewaltmittel hin, die ihm zur Verfügung stehen, mit Aufruhr und Verschwörung fertig zu werden; darauf antwortet Liancourt: »Was dort geschehen ist, ist so unwiderruflich wie der Lauf der Sterne, denen auch ein König nicht gebieten kann.« Was veranlaßte Liancourt zu seiner Antwort? Was hatte er mitangesehen und was müssen wir versuchen durch seine Worte hindurch zu sehen und zu hören, das in ihm die Überzeugung weckte, es sei unwiderstehlich und unwiderruflich?

Auf den ersten Blick scheint die Antwort einfach. Durch diese Worte hindurch meinen wir noch heute zu sehen und zu hören, wie eine große Volksmenge sich in Bewegung setzt, wie sie einbricht in die Straßen und Paris überflutet, und Paris war damals nicht nur die Hauptstadt Frankreichs, sondern die Kapitale der gesamten zivilisierten Welt. Wir meinen zu sehen, wie der Aufstand des Volkes für Freiheit sich sogleich mit dem Aufruhr des Großstadtmobs verbindet, wie sie beide zugleich auftreten, unwiderstehlich in ihrer Massenhaftigkeit. Und es ist, als erscheine diese Masse des Volkes zum erstenmal im hellen Licht der Öffentlichkeit und mit ihr das Elend, die Erniedrigung und Beleidigung der Armen und Unterdrückten, die durch Jahrhunderte hindurch in der Finsternis ihrer »Schande« gehalten worden waren. Das Unwiderrufliche, das damals geschah in der Hauptstadt der zivilisierten Welt und was Führern und Zuschauern der Ereignisse gleichermaßen schlagartig evident wurde, war, daß der öffentliche Raum – der, soweit unsere Erinnerung reicht, immer denen vorbehalten war, die bereits frei waren, nämlich befreit von der Sorge und Not um die Lebensnotwendigkeiten, um die unabweisbaren Bedürfnisse des menschlichen Körpers – nun plötzlich sich dieser ungeheuren Mehrheit der Menschen öffnen sollte, die nicht frei sind, weil sie getrieben werden von der Sorge um den täglichen Lebensunterhalt. Aber Liancourt sah mehr. Er sah mit leibhaftigen Augen, wie unter diesem Ansturm die alte Ordnung zusammenbrach. Die Soldaten hatten nicht geschossen, die Instrumente der Autorität funktionierten nicht mehr. Dies war das Ende, das sich lange angekündigt hatte. Revolutionen brechen aus und sind unwiderstehlich, wenn sich herausgestellt hat, daß die Macht auf der Straße liegt.

Die Vorstellung einer unwiderstehlichen Bewegung, die wenige Jahrzehnte später begrifflich als Idee einer historischen Notwendigkeit gefaßt werden sollte, zieht sich wie ein roter Faden durch die Geschichte der Französischen Revolution. Es ist, als seien mit den fünf Worten Liancourts ein gänzlich neues Vokabular und eine neue Vorstellungswelt in den politischen Bereich eingebrochen. Wenn wir das Wort »Revolution« in den Mund nehmen, denken wir nahezu automatisch immer noch in den damals beschworenen Vorstellungen und der damals geprägten Sprache. Damals sprach Desmoulins von dem »torrent révolutionnaire«, von dessen gewaltigen Wogen die Handelnden getragen und mitgerissen werden, bis sie, von einer unterirdischen Strömung erfaßt, heruntergezogen werden, um zusammen mit ihren Feinden, den Agenten der Gegenrevolution, unterzugehen. Der reißende Strom der Revolution wurde, in den Worten Robespierres, von den »Verbrechen der Tyrannen« auf der einen Seite und von dem »Fortschritt der Freiheit« auf der anderen gespeist, in deren gegenseitigen Provokationen die Ereignisse sich überstürzten, so daß Bewegung und

Gegenbewegung weder je ins Gleichgewicht kamen noch gar einander neutralisierten, sondern auf geheimnisvolle Weise zusammen dazu beitrugen, den Strom »fortschreitender Gewalt« anschwellen zu lassen, damit er mit wachsender Geschwindigkeit in der einmal eingeschlagenen Richtung dahinrase.[34] Dies ist, was Forster meinte, als er schrieb: »Die Lava der Revolution fließt majestätisch und schont nichts. Wer kann sie abweisen?«[35], und dies ist das Schauspiel, von dem Vergniaud, der große Redner der Gironde, meinte, es stehe unter dem Zeichen des Saturn, denn »die Revolution frißt wie Saturn ihre eignen Kinder«. Wie ein Sturm fegt die Revolution über Frankreich (für Robespierre sind die »tempête révolutionnaire« und der Gang der Revolution, »la marche de la révolution«, ein und dasselbe), wie ein reißender Strom ergießt sie sich und überschwemmt in ihrer Gewalt den unvergeßlichen und niemals ganz vergessenen Anfang – den Aufbruch »der Größe des Menschen gegen die Kleinheit der Großen«, wie es Robespierre einmal nannte[36], oder die »Wiedereroberung der Ehre des Menschengeschlechts« in den Worten Hamiltons.[37] Es war, als hätte eine übermenschliche Macht sich eingeschaltet, als Menschen anfingen, auf der Größe des Menschen und der Ehre des Menschengeschlechts zu bestehen.

In den Jahrzehnten, die auf die Französische Revolution folgten, sollte diese Vorstellung von einer mächtigen, unterirdischen, alle und alles mitreißenden Strömung, der der jähe Wechsel von glorreichen Taten zu Schmach und Verderben zuzuschreiben war, mehr und mehr vorherrschend werden. Die wesentlichen Metaphern, in welchen die Revolution nicht als Menschenwerk, sondern als unwiderstehlicher Prozeß beschrieben und gedeutet wird, also die Metaphern des reißenden Stromes, des Sturmwinds, des anschwellenden Flusses, stammen alle noch von den Handelnden selbst, und sie bezeugen deutlicher als alle Reflexionen, daß, wie trunken sie auch vom Wein der Freiheit theoretisch gewesen sein mochten, sie sich praktisch keine Illusionen darüber machten, daß sie längst aufgehört hatten, in Freiheit zu handeln. Und wie hätten sie sich auch darüber täuschen können? Was hatte sie denn in ihren innersten Überzeugungen in wenigen Jahren so verändert, wenn nicht der Sturm der Revolution? Sie konnten ja unmöglich vergessen haben, daß sie, die im Jahre 1793 nicht nur einen bestimmten König köpften, der vielleicht wirklich ein Verräter war, sondern meinten, daß die Einrichtung der Monarchie »ein ewiges Verbrechen« (Saint-Just) sei, im Jahre 1789 noch allesamt treue und aufrichtige Royalisten gewesen waren. Und ähnliches gilt eigentlich für alle ihre Handlungen. So wurden die Ventôse-Gesetze im Jahre 1794, welche nicht nur das Eigentum der Kirche und der Emigrés, sondern aller »Verdächtigen« kurzerhand konfiszierten und den »Unglücklichen« aushändigten, von genau den gleichen Leuten erlassen, die von der Heiligkeit des Privateigentums so fest überzeugt gewesen waren, daß sie es zu den unabdingbaren Menschenrechten gezählt hatten. So wurde die erste Verfassung, deren Kern eine radikale Dezentralisation war, von den gleichen Leuten denunziert, die sie ursprünglich mitformuliert hatten und nun an ihre Stelle eine revolutionäre Regierung durch *comités* setzten, die zentralistischer war als alles, was das Ancien Régime sich je getraut hatte dem Volke zuzumuten. Und waren schließlich die Jakobiner nicht in einen Krieg verstrickt, den sie nie gewollt hatten, und fielen ihnen nicht Siege zu, an deren Möglichkeit sie nie geglaubt hatten? Was konnte ihnen denn nach all dem schließlich und am Ende bleiben als ein Wissen um das, was sie zu Beginn höchstens geahnt haben mochten, nämlich daß, in den Worten Robespierres an seinen Bruder, die »gegenwärtige Revolution in wenigen Tagen größere Ereignisse hervorgebracht hat als die gesamte bisherige Geschichte der Menschheit«? Und dies, so möchte man um ihretwillen hoffen, sollte ihnen am Ende genug gewesen sein.

Es spricht für die Überzeugungskraft der ursprünglichen, in der Revolution selbst geprägten Metaphern, daß seither jeder gewalttätige Aufruhr, sei er nun bewußt revolutionär oder vermeintlich konterrevolutionär, im Sinne einer Fortsetzung des im Jahre 1789 ausbrechenden Prozesses gedeutet wird, als wären die Zeiten der Ruhe und Restauration, die durch das neunzehnte Jahrhundert hindurch bei weitem den größeren Zeitraum einnehmen, nur Pausen, in denen der Strom der Revolution, von der Oberfläche verschwunden, unterirdisch verläuft, um zu neuem Ausbruch auszuholen – zu den Ausbrüchen im Jahre 1830 und 1832, 1848 und 1851 und schließlich 1871, um nur an die wichtigsten Daten des vorigen Jahrhunderts zu erinnern. Jedesmal haben Anhänger wie Gegner der Revolution diese Ausbrüche als unmittelbare Folgen des Jahres 1789 verstanden. Und wenn Marx' Bemerkung, die Französische Revolution habe in römischem Gewand den Schauplatz der Geschichte betreten, einen wesentlichen Aspekt der Sache trifft, so ist es ebenso richtig, daß jede der folgenden Revolutionen bis zur und einschließlich der Oktoberrevolution in Rußland im Gewande und nach den Spielregeln der Französischen Revolution verlaufen ist – als sei die Ereigniskette, die vom 14. Juli zum 9. Thermidor und 18. Brumaire führte und die sich dem französischen Volk so tief eingeprägt hat, daß sie auch heute noch von jedermann sofort mit dem Fall der Bastille, dem Untergang von Robespierre und dem Staatsstreich Napoleons identifiziert werden, für alle Revolutionen ein für allemal maßgebend. Schließlich stammt die Rede von einer »permanenten Revolution« nicht aus dem zwanzigsten, sondern aus der Mitte des neunzehnten Jahrhunderts, als Proudhon von der *révolution en permanence* sprach und sehr wohl wußte, daß daraus folgte, »qu'à proprement parler il n'y a pas eu plusieurs révolutions, il n'y a qu'une seule et même et perpétuelle révolution«[38].

Es ist eigentlich selbstverständlich, daß der neue metaphorische Gehalt des Wortes »Revolution«, der so unmittelbar aus dem Erfahrungshorizont der Männer der Französischen Revolution stammt, sich mit einer noch stärkeren Überzeugungskraft denjenigen einprägte, die diese Ereignisse von außen wie ein Schauspiel sich abrollen sahen. Gerade ihnen muß an diesem Schauspiel sofort aufgefallen sein, daß keiner der Mitwirkenden den Gang der Ereignisse in der Hand behielt, daß dieser in einer Richtung verlief, die mit den ursprünglichen Zielen und Zwecken der Handelnden so gut wie nichts mehr zu tun hatte, ja daß diese sich offenbar in allem, was sie nun wirklich taten, der anonym waltenden Kraft des revolutionären Prozesses unterwerfen mußten, um nur überhaupt sich zu behaupten. Das klingt heute wie eine Banalität. Aber wir brauchen uns nur den Gang der Amerikanischen Revolution vor Augen zu halten, in deren Verlauf sich das genaue Gegenteil ereignete und wo alle Mitwirkenden daher auch zutiefst davon überzeugt waren, daß der Mensch Herr seiner Geschicke zum mindesten im politischen Bereich ist, um zu verstehen, wie sehr gerade die in der Französischen Revolution sich offenbarende menschliche Ohnmacht das Selbstbewußtsein der Zeit erschüttert haben muß. Die ungeheure

Enttäuschung, die sich der Generation in Europa bemächtigte, welche die verhängnisvolle Entwicklung vom Sturm auf die Bastille bis zur Restauration der Bourbonen bewußt miterlebte, ist bekannt genug; verblüffender ist vielleicht, wie außerordentlich schnell und gleichsam übergangslos sich diese Enttäuschung in ein Gefühl ehrfürchtigen Staunens vor der Macht der Geschichte verwandelte. Wo noch eben, in den glücklichen Tagen der Aufklärung, nichts zwischen dem Menschen und seiner Freiheit des Handelns zu stehen schien als die despotische Macht der Monarchen, hatte sich nun plötzlich eine ungleich mächtigere Macht gemeldet, welche mit Menschen nach Belieben zu schalten und walten schien und vor der es kein Entkommen gab, weil ihr gegenüber Rebellion wie Flucht versagten. Die Macht der Geschichte und der historischen Notwendigkeit war auf dem Schauplatz der Politik erschienen, wo sie sofort alles und alle in ihren Bann schlug.

Theoretisch gesprochen, war die schwerstwiegende Folge der Französischen Revolution die Geburt des modernen Geschichtsbegriffs in der Hegelschen Philosophie. Hegel war bekanntlich der Meinung – und dies hat ihm bis auf den heutigen Tag einen beherrschenden Platz in allem revolutionären Denken gesichert –, daß das Absolute und absolut Transzendente, wie die Philosophie es bislang verstanden hatte, sich im Bereich menschlicher Angelegenheiten offenbare, also genau in dem menschlichen Erfahrungshorizont aufscheine, den alle frühere Philosophie einmütig als Quelle oder Standort absoluter Maßstäbe verworfen hatte. Das Modell für diese Offenbarung des Absoluten im geschichtlichen Prozeß war selbstverständlich die Französische Revolution, und der Grund, warum die deutsche nachkantische Philosophie sich im Denken ganz Europas noch im zwanzigsten Jahrhundert so nachhaltig hat durchsetzen können – vor allem natürlich in Ländern, in denen sich revolutionäre Bestrebungen besonders geltend machten, wie in Rußland, Frankreich und vor allem auch den deutsch sprechenden Gebieten –, hat nicht das geringste mit ihrem vermeintlichen Idealismus zu tun, sehr viel aber mit der Tatsache, daß in dieser mit Hegel anhebenden philosophischen Strömung die Philosophie die Sphäre der reinen Spekulation verlassen hatte und begann, die neuesten und wirklichkeitsnächsten Erfahrungen der Zeit in den Begriff zu erheben. Dabei blieb aber das Begreifen dieses neuen begrifflichen

Denkens durchaus theoretisch im überkommenen Sinn des Wortes; auch Hegels Philosophie, wiewohl sie das Handeln und den Bereich menschlicher Angelegenheiten betrifft, ist noch durchaus kontemplativ. Vor dem rückwärtsgewandten Blick des Denkens erst wird alles Politische – Taten, Worte und Ereignisse – geschichtlich im eigentlichen Sinne, und die Folge war, daß der »neuen Welt«, wie sie in den Revolutionen des achtzehnten Jahrhunderts entstand, niemals jene »neue politische Wissenschaft« zuteil wurde, die Tocqueville so dringend für sie gefordert hatte[39], sondern daß sich an ihre Stelle die Geschichtsphilosophie setzte. Wobei wir hier von der anderen großen und vielleicht noch verhängnisvolleren Folge der Hegelschen Philosophie absehen müssen, daß sich nämlich in ihr eine Transformation alles eigentlich philosophischen Denkens in geschichtsphilosophische Spekulation vollzog.

So kompliziert auch diese Dinge im eigentlich Theoretischen liegen, so läßt sich doch rein politisch der verhängnisvolle Trugschluß dieser modernen Position verhältnismäßig einfach aufzeigen. Es handelt sich um nichts anderes, als daß man den gesamten Bereich menschlichen Handelns nicht im Sinne der Handelnden und Vollziehenden selbst beschreibt und analysiert, sondern vom Standpunkt des Betrachters, der dem Gehandelten wie der Zuschauer eines Schauspiels beiwohnt.[40] Dieser Irrtum ist deshalb verhältnismäßig schwer zu entdecken, weil er einen Kern von Wahrheit enthält; es ist in der Tat wahr, daß alle zwischen Menschen spielenden und von ihnen erzeugten Geschichten ihre eigentliche Bedeutung erst enthüllen, wenn sie an ihr Ende gekommen sind. Daraus entsteht der Anschein, daß nur der Zuschauer, aber niemals der Handelnde selbst schließlich hoffen darf, den Sinn dessen zu verstehen, was sich in einer Kette von Taten und Ereignissen abgespielt hat. Der Begriff der historischen Notwendigkeit verdankt seinen Ursprung der Französischen Revolution, wobei sich die Erfahrung der Handelnden selbst, nicht mehr in Freiheit zu handeln, sondern von einer Art Naturgeschehen getrieben zu sein, mit dem überwältigenden Eindruck der Zuschauer, einem ungeheuren, nur noch seinem eigenen Gesetz folgenden Geschehen beizuwohnen, auf das engste verketten. Es war aber schließlich der Betrachter, für den das Getriebensein zu einer geschichtlichen Notwendigkeit wurde und dem Napoleon

Bonaparte als »Schicksal« erschien. Jedenfalls ist in unserem Zusammenhang entscheidend, daß die Revolutionäre der folgenden Jahrhunderte sich selbst nicht eigentlich als Nachfolger der Männer der Französischen Revolution verstanden, sondern als Vollstrecker der Geschichte und als Agenten der Notwendigkeit, was zur Folge hatte, daß die Idee der Freiheit auf so verhängnisvolle Weise aus dem revolutionären Denken verschwand und die Kategorie der Notwendigkeit sich an ihren Platz setzte.

Immerhin dürften die Philosophen ohne das Ereignis der Französischen Revolution schwerlich dazu gekommen sein, sich so ernsthaft der Angelegenheiten der Menschen anzunehmen. Was sie erst einmal in diesen Bereich überhaupt lockte und verlockte, war die Möglichkeit oder vielmehr der Schein einer absoluten Wahrheit in einer Sphäre, die durch zwischenmenschliche Bezüge und Relationen konstituiert und daher wesentlich relativ ist. Auch die historisch begriffene Wahrheit, also eine Wahrheit, die sich zeitlich entfaltet und daher in keinem ihrer Teile für alle Zeiten gültig zu sein braucht, muß noch für alle Menschen, die Zeitgenossen sind, gelten, und zwar unabhängig davon, woher sie stammen und welchen Landes Bürger sie sind. Aber gerade an dieser Forderung muß der neue historische Wahrheitsbegriff notwendig scheitern. Denn für den Menschen als Bürger kann es nur eine Vielfalt von Meinungen geben, und für den Menschen als Angehörigen eines bestimmten Volkes ist der Wahrheitshorizont selbstverständlich durch seine je eigene Geschichte und nationale Erfahrung begrenzt. Wahrheit mußte nach wie vor sich an den Menschen als Menschen wenden, der natürlich als eine weltlich vorhandene, greifbare Wirklichkeit nirgends existiert. Daher mußte die Geschichte, als sie als Medium für die Offenbarung von Wahrheit angesprochen wurde, sofort zur Weltgeschichte werden, und die in ihr sich offenbarende Wahrheit konnte demgemäß nur die Wahrheit eines »Weltgeistes« sein. Dabei ist zu beachten, daß zwar der Geschichtsbegriff philosophische Dignität nur erlangen konnte, wenn er sich auf die gesamte Welt und die Schicksale aller Menschen erstreckte, daß aber die Idee einer Weltgeschichte selbst noch einmal politischen Ursprungs ist. Sowohl die Französische wie Amerikanische Revolution behauptete voller Stolz, daß nun eine neue Ära des gesamten Menschengeschlechts anbrechen werde und daß die Ereignisse, die sie heraufgeführt hatten, bereits die ersten seien, welche alle Menschen auf dem ganzen Erdball betreffen, sofern sie nur überhaupt Menschen seien. Der Begriff der Weltgeschichte stammt aus dem ersten Versuch einer Weltpolitik, und wenn auch der amerikanische wie der französische Enthusiasmus für die einer Weltpolitik entsprechenden, international zu garantierenden Menschenrechte sehr schnell erlahmte, als sich herausstellte, daß nicht die Republik, sondern, jedenfalls in Europa, die Geburt des Nationalstaates die einzige, nicht wieder rückgängig zu machende Errungenschaft der Revolution blieb, so ist doch die Idee, daß es so etwas wie eine Weltpolitik geben könne, seither aus dem politischen Denken nie wieder ganz verschwunden.

Ein anderer, in unserem Zusammenhang vielleicht noch wesentlicherer Aspekt des Hegelschen Denkens, der ebenfalls aus dem Erfahrungshorizont der Französischen Revolution gewonnen ist, betrifft die Grundcharaktere historischer Bewegung überhaupt. Jedenfalls übte die Festlegung dieser Grundcharaktere einen noch unmittelbareren Einfluß auf die Revolutionäre des neunzehnten und zwanzigsten Jahrhunderts aus, die ja samt und sonders, selbst wenn sie vermeintlich nur bei Marx in die Schule gingen (der immer noch der größte Schüler ist, den Hegel je gehabt hat) und Hegel niemals lasen, die Revolution in von Hegel geprägten Kategorien verstanden. Daß die Geschichte, von der Notwendigkeit getrieben, dialektisch verläuft, ergab sich unmittelbar aus den Revolutionen und Gegenrevolutionen, durch die der Gang der französischen Ereignisse vom 14. Juli bis zum 18. Brumaire und der Restauration der Monarchie bestimmt war. Hieraus hat Hegel dann die Bewegungsgesetze der Geschichte abgeleitet, aus der sich dann die berühmte Dialektik von Freiheit und Notwendigkeit ergab, in welcher diese beiden entgegengesetzten Begriffe schließlich zusammenfallen und ein und dasselbe besagen – was vielleicht das furchtbarste und menschlich gesprochen unerträglichste Paradox des gesamten modernen Denkens geworden ist. Dabei mag Hegel selbst, der im Jahre 1789 den Augenblick einer »Versöhnung von Himmel und Erde« zu sehen vermeinte, noch von dem ursprünglichen metaphorischen Gehalt des Wortes »Revolution« beeinflußt gewesen sein, gleichsam als sei in dem Verlauf der Französischen Revolution der gesetzmäßig unwiderstehliche Lauf der Sterne auf die Erde herabgestiegen, um den Angelegenheiten der Menschen »Notwendigkeit« zu verleihen und sie von dem »traurigen Ungefähr« (Kant), dem melancholischen »Gemisch von Gewalt und Sinnlosigkeit« (Goethe) zu erlösen, die bis dahin als die hervorragenden Eigenschaften des Laufs der Welt und damit der Geschichte galten. Was Hegel betrifft, so dürfte ihm das Paradox einer Identität von Freiheit und Notwendigkeit schwerlich paradoxer vorgekommen sein als die ja bereits metaphorisch vorgezeichnete Versöhnung von Himmel und Erde. Auch war in den Hegelschen Paradoxien und ihrer dialektischen Auflösung nicht nur Geistreiches. Sie müssen damals bereits gerade durch ihren Realismus, durch ihre scheinbare Wirklichkeitsnähe sich denen empfohlen haben, die noch direkt unter dem Schock der Ereignisse selbst standen. Die Hegelsche Geschichtsphilosophie verdankt bis auf den heutigen Tag ihre außerordentliche Wirkungskraft sehr viel weniger einem zweifelhaften Begriffsapparat als dem großartigen Erfahrungs- und Wirklichkeitsgehalt, der in ihr zum Ausdruck kommt und dessen Gültigkeit in den Jahrhunderten der Kriege und Revolutionen sich wiederholt bewährt hat. Der moderne Geschichtsbegriff mit seiner beispiellosen Betonung des Prozeßhaften in der Geschichte hat mancherlei Ursprünge, unter denen historisch vielleicht der zeitlich frühere Prozeßbegriff aus dem naturwissenschaftlichen Denken der Neuzeit entscheidend gewesen ist. Hielt man sich für die Deutung historischer Prozesse an das, was die Naturwissenschaften darunter verstanden, so konnte man ihn sich nur als eine primär kreisförmige, in sich zurücklaufende Bewegung vorstellen – und selbst Vicos Theorien hielten sich bekanntlich noch in diesem Vorstellungsbereich –, was natürlich besagte, daß Notwendigkeit geschichtlichen Abläufen genauso inhärent ist wie rein physikalischen Prozessen. Jede Kreisbewegung ist als solche »notwendig«. Das Erstaunliche ist also nur, daß diese Art geschichtlicher Notwendigkeit oder einer in der Geschichte waltenden Notwendigkeit den modernen Durchbruch kreisläufiger Bewegungen überleben und sich an eine Geschichtsbewegung heften konnte, die durchaus gradlinig vorgestellt wurde und also nicht zurückschlug auf ein bereits Bekanntes, sondern im Gegenteil sich in eine unbekannte Zukunft erstreckte. Daß diese geschichtliche Zeit*strecke* im Gegensatz zu dem früheren geschichtlichen Kreislauf ebenfalls den Gesetzen einer Notwendigkeit folgen sollte, läßt sich nicht auf irgendwelche theoretische Spekulationen oder Entwicklungen aus dem Begriff der Sache selbst zurückführen, sondern ausschließlich auf politische Erfahrung und den wirklichen Lauf der Welt.

Schließlich war es die Französische und nicht die Amerikanische Revolution, die die Welt in Brand setzte, und so hat denn auch das Wort »Revolution« von den Ereignissen in Frankreich ohne jede Beziehung zu dem, was die »gründenden Väter« in Amerika taten und erreichten, seine Assoziationen und Bedeutungsqualitäten bezogen. Und dies gilt merkwürdigerweise für Amerika nicht weniger als für alle anderen Länder der Welt; auch in Amerika, das doch seine eigene Revolution gehabt hat, orientiert sich das historische und politische Revolutionsverständnis zumeist ausschließlich an dem französischen Modell. Dafür mag es viele Gründe geben, vor allem aber den, daß Amerika und die Vereinigten Staaten – also die Kolonisation des neuen Kontinents und die Errichtung der neuen republikanischen Staatsform, die zusammen vielleicht das größte, sicher das kühnste Unternehmen der europäischen Menschheit in der Neuzeit darstellten – kaum mehr als hundert Jahre ihrer Geschichte in Isolierung von den Mutterländern der Alten Welt verbracht haben. Seit dem letzten Drittel des neunzehnten Jahrhunderts ist die politische Struktur Amerikas dem dreifachen Anprall von Urbanisierung, Industrialisierung und Massenimmigration ausgesetzt gewesen. In unserm Zusammenhang ist der letztgenannte Faktor der entscheidende, denn mit der Masseneinwanderung sind Theorien und Begriffe, wiewohl leider zumeist nicht die ihnen zugrunde liegenden konkreten Erfahrungen, in die amerikanische Forschung und das amerikanische Wissen von diesen Dingen miteingeschleppt worden; davon macht das Wort »Revolution« keine Ausnahme. Daß gerade in Amerika, mehr noch als in Europa, die gelehrte Welt die Neigung hat, die Amerikanische Revolution im Sinne der Französischen zu interpretieren bzw. das an ihr zu kritisieren, was so offensichtlich mit keiner der Lektionen übereinstimmt, die man aus der Französischen Revolution gelernt hat, mutet in der Tat oft seltsam an. Aber schließlich ist auch dies nur ein verhältnismäßig harmloser Teilaspekt der traurigen Wahrheit, daß die Französische Revolution, die in der Katastrophe endete, Weltgeschichte gemacht hat, während die Amerikanische Revolution, trotz ihrer wahrhaft triumphalen Erfolge über eine gleichsam lokale Bedeutung kaum hinausgekommen ist.

Für das letztere ist vor allem unser eigenes Jahrhundert mit seinen zahlreichen Revolutionen und Bürgerkriegen das sprechendste Beispiel. Sie alle sind in Bildern gesehen worden, die im Lauf der Französischen Revolution zuerst auftauchten, in Begriffen verstanden, die von den Zuschauern dieser Revolution geprägt worden waren und infolgedessen im Sinne der Hegelschen historischen Notwendigkeit interpretiert wurden. Was nun die Revolutionäre des zwanzigsten Jahrhunderts selbst betrifft, so darf man wohl sagen, daß nichts ihnen ferner lag als das leidenschaftliche Interesse an Staatsformen, das für die Amerikanische Revolution so charakteristisch und auch in den Anfangsstadien der Französischen Revolution noch so sehr lebendig ist. Erst als die Männer der Französischen Revolution mit dem ihnen unerwarteten Anblick der Massen, die in der Amerikanischen Revolution ja eigentlich überhaupt keine Rolle gespielt haben, weil sie dort einfach noch nicht existierten, konfrontiert wurden, riefen sie mit Robespierre: »La République? La Monarchie? Je ne connais que la question sociale.« Aber das war auch genau der Moment, in dem sie zusammen mit den Institutionen und Verfassungen, von denen noch Saint-Just meinte, daß sie »die Seele der Republik sind«, die Revolution selbst verloren.[41]

Seither ist an die Stelle des ruhigen Stolzes, am Bau des eigenen Hauses mitwirken und über das seit Jahrtausenden angehäufte Wissen in diesen Dingen frei verfügen zu dürfen, das mehr oder minder bewußt verzweifelte Gefühl getreten, von dem Sturmwind der Revolution, einem verlorenen Blatte gleich, in eine ungewisse Zukunft geweht zu werden. Damit ging auch die vertrauende Zuversicht verloren, daß ein *novus ordo saeclorum* sich auf Ideen gründen und im Rahmen eines begrifflichen Gefüges gebaut werden könne, deren Alter eine Gewähr für Wahrheit bildete. Im Bewußtsein der Männer der ersten Revolutionen sollten nicht die Gedanken selbst, nur ihre Anwendung in der Praxis neu sein. Die Zeit, wie Washington meinte, war günstig, denn sie »breitet für unsere Nutzanwendung ... Wissensschätze aus, welche wir der Mühe der Philosophen, Weisen und Gesetzgeber aller

Zeiten« verdanken. Der Mithilfe der Jahrtausende sicher, so meinten sie, konnten sie ans Werk gehen, nachdem die Umstände und die englische Politik ihnen ihrer Meinung nach gar keine andere Möglichkeit gelassen hatten, als einen neuen politischen Körper zu gründen. Da sie aber nun als Handelnde zum Zuge gekommen waren, konnten sie sich mit Geschichte und Umständen nicht länger entschuldigen: Sollten – wiederum nach Washington – die Bürger der Vereinigten Staaten »nicht völlig frei und glücklich werden, so werden sie niemanden außer sich selbst zur Verantwortung ziehen können«[42]. Nichts hätte ihnen ferner gelegen als das, was nur wenige Jahrzehnte später der aufmerksamste und klügste Beobachter dessen, was sie getan hatten, dazu zu bemerken hatte: »Von Zeitalter zu Zeitalter bis in die fernste Vergangenheit schweift mein Blick zurück, aber ich sehe keine Parallele zu dem, was vor meinen Augen geschieht; die Vergangenheit wirft ihr Licht nicht mehr in die Zukunft, und der Geist des Menschen wandert in Finsternis.«[43]

Der magische Bann, in den die Vorstellung von einer historischen Notwendigkeit die Menschen seit Beginn des neunzehnten Jahrhunderts geschlagen hat, ist seit der Oktoberrevolution zu einer wahren Besessenheit geworden, und der Russischen Revolution kommt natürlich in unserem Jahrhundert die gleiche Bedeutung zu, welche die Französische in den Augen der Zeitgenossen hatte. Auch sie hat erst eine unvergleichliche Hoffnung in die Welt gebracht, um die gleiche Welt in eine um so tiefere Verzweiflung zu stürzen. Nur daß die Erfahrungen diesmal nicht unerwartet kamen und daß die Lektion diesmal schon gelernt war, bevor sie auch nur gelehrt werden konnte. Denn die wahre Tragik der Russischen Revolution ermißt man voll nur, wenn man sich vergegenwärtigt, bis zu einem wie absurden Ausmaß die Männer dieser Revolution ihre Handlungen bewußt auf die Erfahrungen der Französischen Revolution abstellten, als handelte es sich darum, unter radikal veränderten Bedingungen und Umständen das alte Schauspiel einfach nochmals auf die Bühne der Weltgeschichte zu bringen. Zwar kann nur die dem achtzehnten Jahrhundert noch unbekannte Verquickung von Ideologie und Terror verständlich machen, warum alle Revolutionäre, die von Moskau abhängig wurden, wie Schafe zur Schlachtbank gingen und sich jedem sie treffenden Urteilsspruch gefügt haben; aber dazu ist immerhin zu bemerken, daß eben die vermeintliche Lektion der Französischen Revolution ein integraler Bestandteil dieser Ideologie geworden war und damit des jedem ideologischen Denken inhärenten Selbstzwanges. Was denjenigen, die bei der Revolution in die Schule gegangen waren, schließlich so grotesk zum Verhängnis wurde, war, daß sie wußten oder zu wissen meinten, sie kennten den »notwendigen« Gang der Revolution, bevor diese auch nur begonnen hatte. So kam es, daß sie sich nicht nach den Männern einer vergangenen Revolution richteten und ihnen nacheiferten, was verständlich gewesen wäre, sondern sich verpflichtet glaubten, den Gang dieser vergangenen Revolution selbst zu imitieren. Hätten sie sich die Männer der Französischen Revolution selbst zum Vorbild genommen – was den Männern der Revolution von 1848 noch ganz selbstverständlich war[44] –, sie hätten ihre Unschuld bis zum letzten Atemzug in die Welt geschrien. Sie konnten es nicht, weil sie wußten, daß eine Revolution die eigenen Kinder frißt, so wie sie wußten, daß eine Revolution sich in einer Folge von einander überstürzenden Revolutionen und Konterrevolutionen abspielt oder daß der Konterrevolutionär in der Maske des Revolutionärs auftritt und daß man daher die Jagd auf die »Verdächtigen« eröffnen muß, wie schließlich, daß eine Revolution sich in zwei extreme Gruppen aufspaltet – die Indulgents und die Enragés der Französischen Revolution –, die nur scheinbar oder »subjektiv« sich entgegenstehen, in Wahrheit aber geheim, nämlich ohne es selbst zu wissen, und »objektiv« zusammenarbeiten, um die revolutionäre Regierung zu stürzen. Selbstverständlich kommt dann als Retter aus der Not wieder der Mann, der genau in der Mitte der streitenden Fraktionen zu stehen vorgibt und die rechte und linke Abweichung nicht anders liquidiert, als Robespierre Danton und Hébert liquidiert hat. Was also die Männer der Russischen Revolution von ihren verstorbenen Kollegen des achtzehnten Jahrhunderts zu lernen wußten – und diese Lehre konstituierte neben dem Auswendiglernen von Karl Marx ihre hauptsächlichste Vorbereitung –, war Geschichte und nicht Politik. Was sie aus dieser Schule schließlich davontrugen, war eine große Geschicklichkeit, jede Rolle zu spielen, welche das große geschichtliche Drama ihnen anweisen würde. Und man muß es ihnen lassen, daß sie bereit waren, auch die Rolle des

Bösewichts zu akzeptieren, wenn keine andere ihnen geboten wurde, nur um überhaupt im Spiel bleiben zu dürfen.

Es liegt eine Art grandioser Lächerlichkeit über diesem Schauspiel, in dem Männer, die allen bestehenden Mächten zu trotzen gewagt hatten und deren Mut über jeden Zweifel erhaben war, von einem Tag zum anderen mit der größten Unterwürfigkeit und ohne die leiseste Empörung sich dem fügten, was sie für den Ruf der historischen Notwendigkeit hielten, ganz gleich wie töricht und inadäquat die Wirklichkeit dieser sogenannten Notwendigkeit sie angemutet haben mußte. Sie ließen sich zum Narren halten, aber nicht weil die Worte von Danton und Vergniaud, von Robespierre und Saint-Just und all den anderen ihnen noch in den Ohren klangen. Was sie zum Narren hielt, war die Geschichte und die historische Notwendigkeit. Seither ist die Revolution von dem Unheil des Genarrtwerdens befallen, dem die Freiheit zur Notwendigkeit wird und die Erfahrung des Handelns und Gründens untergeht in dem Gefühl einer furchtbaren Ohnmacht.

Zweites Kapitel

DIE SOZIALE FRAGE

Les malheureux sont la puissance de la terre.
Saint-Just

I

Der Berufsrevolutionär – dieser vielleicht ausgeprägteste politische Typus, den das zwanzigste Jahrhundert hervorgebracht hat – ist zwar von Geschichte und geschichtlicher Notwendigkeit bis zur offenbaren Narretei verführt und in die Irre geführt worden, was aber keineswegs besagt, daß wir es hier einfach mit Narren zu tun hätten. Als eine Kategorie revolutionären Denkens kann die Notwendigkeit sich wahrhaftig auf mehr berufen als das bloße Schauspiel der Französischen Revolution, auf mehr auch als die denkende Erinnerung an den geschichtlichen Gang ihrer Ereignisse und die aus ihr entspringende schließliche Verdichtung des Geschehens in feste Begriffe. Hinter dem Anschein der Unwiderstehlichkeit lag etwas durchaus Wirkliches, nur daß dieses Wirkliche nicht eigentlich historisch-politischer, sondern biologischer Natur ist, wenn es auch im Verlauf der Französischen Revolution vielleicht zum erstenmal ins volle Licht der Geschichte trat. Die unwiderstehlichste Notwendigkeit, von der wir im Bewußtsein unserer selbst wissen, ist der Lebensprozeß, der unseren Körper in Anspruch nimmt und sich als ein Zustand beständiger Veränderung kundgibt, die in allen ihren Einzelstadien automatisch verläuft, unabhängig von unserem Tun und Lassen. Diese Bewegungen sind nicht nur unwiderstehlich, sondern von einer alles andere verdrängenden, unmittelbaren Dringlichkeit. Je weniger wir selbst tun, je mehr wir uns gleichsam dem Leben selbst überlassen, desto stärker treten diese biologischen Prozesse in den Vordergrund unserer Erfahrung, desto mehr fühlen wir uns einerseits der ihnen inhärenten Notwendigkeit ausgeliefert und desto unmittelbarer andererseits dem Automatismus zugehörig, der als schieres Geschehen das eigentliche Substratum aller menschlichen Geschichte bildet. Der Vorstellung von einer Notwendigkeit allen geschichtlichen Geschehens, dessen Prozesse ursprünglich im Bilde der drehenden, ewig-selbigen Umläufe der Gestirne gesehen wurden, entspricht innerhalb des jedem zugänglichen Erfahrungshorizontes der unendlich sich wiederholende und von der Notwendigkeit diktierte Ablauf des Lebensprozesses. Als die Entsprechung dieser beiden Zwangsabläufe in ihrer Unwiderstehlichkeit entdeckt war – und dies geschah, als die Armen, getrieben von der Not ihrer leiblichen Bedürfnisse, plötzlich auf dem Schauplatz der Französischen Revolution erschienen –, da verlor die alte astronomische Metapher, die so einleuchtend das Auf und Ab, den ewigen Wechsel menschlicher Geschicke bezeichnete, an Gültigkeit; an ihre Stelle traten die bekannten biologischen Metaphern, die den organischen und gesellschaftlichen Geschichtsvorstellungen des neunzehnten und zwanzigsten Jahrhunderts zugrunde liegen, mit deren Hilfe es möglich wird, die faktische Pluralität einer Nation oder eines Volkes oder einer Gesellschaft im Bilde eines übermenschlich großen Leibes zu sehen, als Körper der Nation oder des Volkes oder der Gesellschaft, der einem für den Einzelnen unwiderstehlichen allgemeinen Willen, eben Rousseaus *volonté générale*, untertan ist.

Die Wirklichkeit, die diesen spezifisch modernen Bildern und Metaphern entspricht, ist, was wir gemeinhin die soziale Frage nennen und was wir einfacher und treffender die Tatsache der Armut nennen sollten. Denn Armut ist mehr und anderes als ein einfacher Zustand des Beraubtseins und des Entbehrens; die »Schande« der Armut liegt darin, daß die unmittelbare Leibesnot, die unwiderstehlich zur Stillung drängt, zu einem Dauerzustand geworden ist. Armut ist für Menschen entwürdigend, weil ihr Elend sie unter den absoluten, unaufhörlichen Zwang des rein Körperlichen stellt, also unter eine Notwendigkeit, die allen Menschen, reich und arm, aus ihren eigensten und intimsten Erfahrungen unabhängig von aller Spekulation wohl bekannt ist. Unter dem Diktat dieser Notwendigkeit kam die Menge der Armen der Französischen Revolution zu Hilfe, feuerte sie an, trieb sie vorwärts, um sie schließlich unter dem Drang ihrer Not zu begraben. Mit der Armut in ihrer konkreten Massenhaftigkeit erschien die Notwendigkeit auf dem Schauplatz der Politik; sie entmachtete die Macht des alten Regimes, wie sie die werdende Macht der jungen Republik im Keim erstickte, weil sich herausstellte, daß man die Freiheit der Notwendigkeit opfern mußte. Wo immer die Lebensnotwendigkeiten sich in ihrer elementar zwingenden Gewalt zur Geltung bringen, ist es um die Freiheit einer von Menschen erstellten Welt geschehen. Als Robespierre erklärte, daß »alles zur Aufrechterhaltung des Lebens Notwendige Gemeingut sein müsse und daß nur der Überfluß als Privateigentum anerkannt werden dürfe«, da hatte er nicht nur alle bisherige politische Theorie, derzufolge das Gemeinwesen einen Anspruch nur auf den Überschuß an Zeit und irdischen Gütern der Bürger hatte, auf den Kopf gestellt; er hatte auch die Revolution selbst »dem heiligsten aller Gesetze, der Wohlfahrt des Volkes, dem unverbrüchlichsten aller Ansprüche, der Notwendigkeit ausgeliefert«[1]. Er hatte in Wahrheit das, was er selbst die »Despotie der Freiheit« genannt hatte, die Diktatur um der Errichtung der Freiheit willen, den »Rechten der Sansculotten« geopfert, welche hießen: »Kleidung, Nahrung und die Reproduktion der Gattung«[2]. Diese Notwendigkeit, die drängende Not des Volkes, ließ den Terror los und vernichtete die Revolution. Robespierre hat dies schließlich sehr wohl verstanden, wenn er auch seine Einsicht in das Geschehen in die Form einer Voraussage kleidete. In seiner letzten Rede sagt er: »Wir werden untergehen, weil wir in der Geschichte der Menschheit den Augenblick für die Gründung der Freiheit verpaßten.« Und es war nicht die Verschwörung der Könige und Tyrannen, sondern die unvergleichlich mächtigere Verschwörung von Armut und Notwendigkeit, die schuld war, daß sie den historischen Augenblick verstreichen ließen. In dem Augenblick, der hier verpaßt wurde, änderte die Revolution ihre Richtung; von nun an spricht niemand oder doch so gut wie niemand mehr davon, daß das Ziel der Revolution die Freiheit sei; ihr Ziel ist von jetzt an das Wohlbefinden, *le bonheur du peuple*[3].

Die Verwandlung der Menschenrechte in die Rechte der Sansculotten ist der Wendepunkt der Französischen und aller ihr folgenden Revolutionen. Das letztere ist in erheblichem Ausmaß darauf zurückzuführen, daß Karl Marx, der größte Theoretiker der Revolutionen überhaupt, sehr viel mehr ein Historiker als ein Politiker war und daß ihn daher die ursprünglichen Intentionen der Männer der Revolution, nämlich die Gründung der Freiheit, sehr viel weniger interessierten als der anscheinend so viel »objektivere« Gang der revolutionären Ereignisse selbst. So dauerte es zwar mehr als ein halbes Jahrhundert, bis die Verwandlung der Menschenrechte in die Rechte der Sansculotten, die Abdankung der Freiheit vor dem Diktat der Notwendigkeit, ihren Theoretiker gefunden hatte; als dies aber geschehen war und das Werk von Marx endlich vorlag, da war es auch, als habe die Geschichte der neuzeitlichen Revolutionen einen Punkt erreicht, von dem es kein Zurück mehr gab. Da zudem nichts an Qualität und denkerischem Niveau auch nur entfernt Vergleichbares sich aus der Amerikanischen Revolution ergeben hatte, waren Revolutionen von da an endgültig unter den Einfluß der Französischen Revolution im allgemeinen und die Vorherrschaft der sozialen Frage im besonderen geraten. (Dies gilt selbst für Tocqueville, dessen eigentliches Interesse nicht der Amerikanischen Revolution und nicht den Theorien der Gründer der Republik, sondern den Konsequenzen einer bereits Jahrhundertelang währenden, offenbar unwiderstehlichen Revolution galt, die zum erstenmal in den Ereignissen des Jahres 1789 ins Licht der Geschichte getreten war und deren Richtung und Konsequenz sich am besten in Amerika erforschen ließen, wo überkommene Traditionsbestände dem Gang der Geschichte nicht so störend im Weg standen wie in Europa.) Der außerordentliche Einfluß, den das Marxsche Denken und das marxistische Begriffsgefüge auf den konkreten Ablauf aller Revolutionen im zwanzigsten Jahrhundert gehabt hat, steht außer Zweifel; und wenn es auch angesichts der absurden marxistischen Scholastik naheliegen mag, diesen Einfluß auf das Konto der ideologischen Faktoren in Marx' Werk zu buchen, so dürfte es doch richtiger sein, umgekehrt in den mannigfachen authentischen und großartigen Entdeckungen Marx' den Grund für den verderblichen marxistischen Einfluß zu sehen. Jedenfalls steht außer Zweifel, daß der junge Marx überzeugt war, daß die Französische Revolution nur darum an der Gründung der Freiheit gescheitert sei, weil sie die soziale Frage nicht hatte lösen können. Daß Armut und Freiheit unvereinbar sind, mag ihm aus dem klassischen Altertum vertraut genug gewesen sein; jedenfalls konnte die Französische Revolution ihn in dieser Meinung nur bestärken. Vom Standpunkt der Revolutionen aus war nichts wirksamer und auch origineller, als daß er die drängende Not der Massenarmut politisch auslegte und so in jedem Aufstand, der der Not entsprang, eine Revolution für die Sache der Freiheit sah. Was die Französische Revolution ihn lehrte, war, daß Armut ein politischer Faktor allerersten Ranges sein kann. Verglichen mit dieser Einsicht sind die ideologischen Elemente in seinem Werk, der Glaube an einen »wissenschaftlichen« Sozialismus, an historische Notwendigkeit, an Überbauten, an Materialismus usw., abgeleiteter Natur und von sekundärer Bedeutung. Sie gerade hatte er im Grunde mit der gesamten Neuzeit gemein, wie wir sie ja denn auch bis auf den heutigen Tag nicht nur in den verschiedenen Spielarten des Sozialismus und Kommunismus, sondern vor allem auch in den Gesellschaftswissenschaften wiederfinden.

Diese Marxsche Transformation der sozialen Frage in einen politischen Faktor ersten Ranges kommt im Begriff der Ausbeutung zum Ausdruck. Ausbeutung besagt, daß Armut nicht »natürlich« ist, sondern die Folge davon, daß eine Gruppe von Menschen sich in den Besitz der Gewaltmittel zu setzen gewußt hat und so zur »herrschenden Klasse« wurde. Die Geschichtswissenschaften zwar werden mit dieser Hypothese nicht viel anfangen können; sie stützt sich auf die Verhältnisse einer Gesellschaft, die wirtschaftlich auf Sklaverei beruht und wo also eine Herrenklasse im wahrsten Sinne des Wortes ihre Arbeiter beherrscht. Man kann sie notfalls noch für die Frühstadien der kapitalistischen Entwicklung verifizieren, als Armut in einem bis dahin unbekannten Ausmaß in der Tat einfach das Resultat einer gewalttätigen Enteignung war. Aber der Wert dieser Hypothese hat mit Wissenschaft wenig zu tun, und wenn sie ein Jahrhundert intensivster historischer Forschung hat überleben können, so verdankt sie dies nicht ihrem geschichtlichen, sondern ihrem revolutionären Gehalt. Um der Revolution und nicht um der Wissenschaft willen führte Marx in die damals neue Wissenschaft der Ökonomie den politischen Faktor ein und machte sie so zu dem, was sie bislang nur zu sein prätendiert hatte, nämlich zu einer »politischen Ökonomie« im eigentlichen Sinne, also einer Wirtschaftsordnung, die auf politischer Macht beruht und die demzufolge auch durch politische Organisation in Form der Revolution zerstört werden kann. Indem er die Besitzverhältnisse wieder auf Verhältnisse reduzierte, die der Gewalt und nicht der schieren Notwendigkeit ihren Ursprung verdankten, entzündete er einen Geist des Widerstandes und der Rebellion, dessen Menschen nur fähig sind, wenn ihnen Gewalt angetan wird, nicht wenn sie unter dem Druck der Notwendigkeit stehen. Marx hat sicherlich das Seine getan, um den Armen zu helfen, sich von der Armut zu befreien, aber nicht, als er ihnen erzählte, sie seien die lebendige Verkörperung irgendeiner historischen oder anderen Notwendigkeit, sondern einzig und allein, indem er sie lehrte, Armut nicht als ein Naturphänomen, als das Resultat des Mangels, sondern als ein politisches Phänomen zu verstehen, das durch Gewalt und Vergewaltigung entstanden ist. Denn wenn das Elend der Massen, die per definitionem niemals imstande sind, »freigesinnte Menschen« aus ihren Reihen zu entlassen, solange das Elend jeden Einzelnen in die Fesseln der Notwendigkeit schlägt, überhaupt dazu dienen sollte, Revolutionen zu entfesseln, anstatt sie zu vernichten, dann war es in der Tat notwendig, wirtschaftliche Verhältnisse aus politischen Faktoren zu verstehen und ihr Zustandekommen in politischen Begriffen zu erklären.

In diesen Interpretationen orientierte sich Marx zwar am Modell der antiken Sklavenwirtschaft, wo offenbar eine in seinem Sinne »herrschende Klasse« sich in den Besitz der Gewaltmittel gebracht hatte, um die ihr Unterworfenen zu zwingen, des Lebens Last und Mühe für sie zu tragen. Aber die von Marx mit dem Hegelschen Begriff des Klassenbewußtseins ausgedrückte Hoffnung gründete sich auf die Tatsache, daß die Neuzeit zum erstenmal in der Geschichte der Menschheit diese absolut unterworfene Klasse so weit emanzipiert hatte, daß man annehmen durfte, sie habe einen gewissen Spielraum des Handelns zurückgewonnen und ihr Handeln würde, wenn sie nur überhaupt zum Zuge kommen könne, sich mit der Unwiderstehlichkeit einer Naturgewalt entladen, eben weil sie, nachdem sie von der direkten Herrschaft der Gewalt befreit, um so unerbittlicher unter die Herrschaft der Notwendigkeit geraten war. Denn die Befreiung der Arbeiterschaft in den anfänglichen Stadien der industriellen Revolution war in der Tat voller Widersprüche: An die Stelle der alten Herren und Gebieter war die unpersönliche Macht der täglichen Notdurft getreten und mit ihr ein Zwang, der unerbittlicher und drängender zwingt als alle Gewalt. Um die Macht der Notwendigkeit gerade wußte Marx, dem Theorien und Institutionen des antiken Altertums noch selbstverständlicher Hintergrund aller eigenen Überlegungen und Forschungen war, nur zu gut Bescheid, und hier mag denn auch der eigentliche Grund dafür liegen, daß er so hartnäckig von Anfang bis Ende an Hegels Glauben an einen dialektischen Geschichtsprozeß festgehalten hat, demzufolge die Freiheit schließlich das unmittelbare Ergebnis der Notwendigkeit sein sollte.

In der Geschichte der menschlichen Freiheit wird Marx' Platz so zweideutig bleiben wie die Revolutionen, die durch seine Lehren inspiriert wurden. Zwar hat niemand so überzeugend die soziale Frage politisch gedeutet wie der junge Marx, niemand auch so zündend von dem Elend der Massen als dem Resultat menschlichen Unrechts, von Unterdrückung und Ausbeutung, gesprochen wie er; aber es war schließlich der gleiche Marx, dem in eigentlich allen Schriften nach dem *Kommunistischen Manifest* der echt revolutionäre Elan seiner Jugend in pseudowissenschaftlichen, ökonomischen Begriffen erkaltete. Wo man bisher nur die ewig gleichen Naturbedingungen menschlichen Lebens auf Erden gesehen hatte, hat er als erster die Willkür der Gewalt und Unterdrückung entdeckt; aber dies hat ihn am Ende auch nur dazu geführt, das eiserne Gesetz historischer Notwendigkeit in jede Gewalttat und jede Vergewaltigung hineinzuinterpretieren. Und da er noch, im Unterschied zu seinen Vorgängern in der Neuzeit, aber in engster Übereinstimmung mit dem klassischen Altertum, die Notwendigkeit im Sinne der zwingenden täglichen Notdurft des Lebensprozesses verstand, hat er schließlich mehr als irgend jemand sonst dazu beigetragen, der politisch jedenfalls verderblichsten Lehre der Moderne, daß das Leben der Güter höchstes und daß der Lebensprozeß der Gesellschaft Zweck und Ende aller Politik sei, zu einem endgültigen Siege zu verhelfen. So meint man heute nicht mehr, es sei die Aufgabe der Revolution, die Menschen von der Unterdrückung ihrer Mitmenschen zu befreien, geschweige denn den Erscheinungsraum der Freiheit neu zu gründen, sondern die Revolution sei nur dazu da, den gesellschaftlichen Lebensprozeß in seiner vollen Produktivität loszulassen, damit schließlich ein Strom des Überflusses die ganze Erde überflute. Seither ist nicht mehr die Freiheit, bekanntlich ein kleinbürgerliches Vorurteil, sondern der Überfluß das erstrebte Ziel aller Revolutionen gewesen, jedenfalls soweit sie von der Direktion der an Marx geschulten Berufsrevolutionäre abhingen, und die erhoffte Lösung der sozialen Frage war nicht mehr die Abschaffung der Gesellschaft oder der Klassengesellschaft – in einer Zukunft, in der kein Mensch mehr der Lebensnotdurft und damit der Notwendigkeit unterworfen sein würde –, sondern im Gegenteil die »Vergesellschaftung der Menschheit«. Für Marx selbst konnte dieser kommende »vergesellschaftete Mensch« kaum mehr als ein Traum sein, und da es sich hierbei ja offenbar um den uralten Märchentraum des Schlaraffenlandes handelt, den ein mit Mühe und Arbeit geschlagenes Menschengeschlecht seit unvordenklichen Zeiten geträumt hat, ereilte ihn das Schicksal aller Märchenträume: Im Moment der Erfüllung stellen sie sich als Alpträume heraus.

Kaum hatte Marx mit Hilfe des Begriffs der Ausbeutung die Armut als Resultat der Unterdrückung verstanden, als er auch bereits entdeckte, daß seine Kategorien prinzipiell umkehrbar sind und daß man politische Tatbestände genauso gut auf ökonomische reduzieren kann wie umgekehrt. Diese Umkehrbarkeit ist in der Tat eine wesentliche Eigenschaft aller Hegelschen Kategorien. Im Bereich der Ideen und Begriffe gibt es schlechterdings keinen Grund, Gewalt nicht als eine Abart der Notwendigkeit und Unterdrückung nicht als das Resultat ökonomischer Faktoren zu verstehen, sobald nur erst einmal eine geheime Identität zwischen dem Wirtschaftlichen und dem Politischen postuliert ist. Was dabei übersehen wird, ist nicht mehr und nicht weniger als die Tatsache, daß der Bezug dieser beiden Bereiche ursprünglich umgekehrt erfahren und entdeckt worden ist; selbst die Notwendigkeit erschien Marx ursprünglich auf menschliche Gewalt zurückzugehen, und selbst die Armut schien durch Unterdrückung verursacht. Theoretisch aber ist nicht zu leugnen, daß eine Deutung, die umgekehrt alle Gewalt auf Notwendigkeit reduziert, den entscheidenden Vorzug hat, die Sachen so zu vereinfachen, daß schließlich sogar der Unterschied zwischen Gewalt und Notwendigkeit nicht mehr in

Betracht zu kommen braucht. Nichts ist einfacher und gleichsam eleganter, als die Gewalt im Sinne einer bloßen Funktion oder eines Oberflächenphänomens einer ihr zugrunde liegenden und sie eindeutig bestimmenden Notwendigkeit zu deuten; und dies ist um so verführerischer, als der umgekehrte Weg doch schwer gangbar ist, aus dem einfachen Grunde, daß wir die Notwendigkeit in unserer Körperlichkeit und unserer körperlichen Notdurft ja gleichsam im Leibe tragen, so daß es schwer hält zu behaupten, alle Notwendigkeit könne auf Gewalt reduziert werden. Es war schließlich noch der Wissenschaftler in Marx, der Ehrgeiz, seine ökonomische Wissenschaft im gleichen Rang mit den Naturwissenschaften und ihren notwendigen Gesetzen zu etablieren, die ihn dazu führte und verführte, seine eigenen Kategorien nach Bedarf auf den Kopf zu stellen.

Politisch gesprochen, war diese Entwicklung mit der Einführung des Begriffs Vergesellschaftung besiegelt. Mit der Einführung dieses »Ideals« hat Marx die Freiheit an die Notwendigkeit ausgeliefert, nicht anders als Robespierre vor ihm und sein größter Schüler Lenin im Laufe der folgenschwersten Revolution, die sich auf ihn berufen kann, nach ihm. In diesem geschichtlichen Zusammenhang erscheinen diese Kapitulationen, und vor allem die Leninsche so selbstverständlich, als hätte es anders gar nicht kommen können, als sei alles im vorhinein darauf angelegt gewesen; es ist in der Tat nicht ganz einfach, den Revolutionären und Berufsrevolutionären, jedem für sich, Gerechtigkeit widerfahren zu lassen, und das will heißen, sie nicht als Vorläufer ihrer Nachfolger zu verstehen. (Es ist in diesem Zusammenhang vielleicht doch nicht gleichgültig, darauf hinzuweisen, daß Lenin, im Unterschied zu Hitler und Stalin, seinen endgültigen Biographen noch nicht gefunden hat, obwohl er doch gewiß nicht nur ein »besserer«, sondern auch ein unvergleichlich einfacherer Mensch war. Sollte der Grund hierfür nicht doch der sein, daß seine Rolle in der Geschichte des zwanzigsten Jahrhunderts so sehr viel weniger eindeutig ist und seine Handlungen sich einem Verständnis so sehr viel schwerer erschließen?) Hat man sich aber erst einmal dazu entschlossen, an das Märchen von dem »Es mußte ja so kommen« nicht zu glauben, so möchte man umgekehrt meinen, selbst Lenin in seinem dogmatisch erstarrten Marxismus habe es noch in der Hand gehabt, diese Kapitulation zu vermeiden. Schließlich hat er einmal, als man von ihm verlangte, in einem Satz das Wesen und die Ziele der Oktoberrevolution zu definieren, die in vielem bemerkenswerte und natürlich längst vergessene Formel gefunden: »Elektrifizierung plus Sowjets.« Bemerkenswert ist diese Formulierung vorerst für das, was sie nicht erwähnt – die Rolle der Partei und den Aufbau des Sozialismus. An ihre Stelle rückt eine durchaus unmarxistische Trennung von Wirtschaft und Politik, eine ausdrückliche Unterscheidung und Zusammenfassung von technischem Fortschritt als der Lösung für die soziale Frage in Rußland und von dem Rätesystem als der neuen Staatsform, die sich im Laufe der Revolution außerhalb aller Parteien gebildet hatte. Entscheidend und in der Tat überraschend im Munde eines Marxisten, daß die Not der Armut nicht durch Vergesellschaftung der Produktionsmittel und den Sozialismus, sondern durch Industrialisierung zu lösen sei; denn die Technik ist natürlich im Gegensatz zu Sozialisierungen jeglicher Art politisch neutral, weder erfordert noch schließt sie eine spezifische Staatsform aus. Mit anderen Worten, die Befreiung vom Fluch der Armut kann technisch bewältigt werden, während die Errichtung der Freiheit eine neue Staatsform verlangt, eben das Rätesystem. Wir haben es hier mit einem jener nicht seltenen Beispiele zu tun, in denen Lenins staatsmännische Begabung seine marxistische Verbohrtheit und seine Ideologiebesessenheit durchbrach.

Nicht daß dieser Augenblick der Einsicht lange gedauert oder konkrete Folgen gezeitigt hätte. Schließlich hat Lenin selbst noch sowohl die Möglichkeit einer vernünftigen, nicht-ideologischen Industrialisierung Rußlands wie auch die große neue Chance freiheitlicher Staatsorgane dem Wohl der Partei geopfert, die er sowohl in die Elektrifizierung wie in das Rätesystem einschaltete; was mit der Parole »Alle Macht den Räten« begonnen hatte, endete sehr schnell mit einer Auslieferung aller Macht an die Partei und den Parteiapparat. Dabei bleibt aber zu bedenken, daß Lenin vermutlich seine ursprüngliche Einsicht nicht aus politischen, sondern gerade aus ökonomischen Gründen aufgab, daß es ihm mehr um Elektrifizierung als um die Macht der Partei zu tun war. Er war überzeugt, daß ein primitives Volk in einem wirtschaftlich so unterentwickelten Lande schlechterdings unfähig sein würde, den Kampf mit der Armut unter den Bedingungen politischer

Freiheit aufzunehmen, daß es eine Illusion sei zu glauben, man könne gleichzeitig die Armut beseitigen und die Freiheit begründen. Lenin war der letzte und nicht der geringste unter den Erben der Französischen Revolution; theoretisch hatte er keinen Begriff davon, was Freiheit ist, aber wenn er praktisch damit konfrontiert war, wußte er doch noch ungefähr, worum es ging. Als er die Räte, die neuen Organe der Freiheit, der Partei opferte, die seiner Meinung und seiner Hoffnung nach die Unterdrückten und Ausgebeuteten von dem Fluch der Armut und des Elends befreien würde, standen seine Motive wie oft auch seine Argumente noch durchaus im Einklang mit der revolutionären Tradition, die in Frankreich ihren Ausgang genommen hatte; und selbst sein Scheitern kann man noch im Sinne des tragischen Ausgangs der Französischen Revolution verstehen.

II

Die Vorstellung, daß gerade die Armen, weil sie »nichts zu verlieren haben als ihre Ketten«, imstande sein könnten, die Fesseln der Unterdrückung ein für allemal zu sprengen, ist uns durch Marx' Lehren so geläufig geworden, daß wir versucht sind zu vergessen, daß niemand vor der Französischen Revolution je auf diesen Gedanken gekommen ist. Zwar ist uns aus dem achtzehnten Jahrhundert das Vorurteil geläufig, daß »die Völker Europas in mehr als zwölf Jahrhunderten immer wieder versucht haben, die Unterdrückung ihrer Herrscher abzuschütteln«[4]; so dachten in der Tat damals alle, denen politische Freiheit überhaupt am Herzen lag. Aber ganz abgesehen davon, daß dies natürlich ein Irrtum war, wenn auch ein liebenswerter, so meinte man damals, wenn man von »Volk« sprach, keineswegs das Volk der armen und kleinen Leute, und das Vorurteil des neunzehnten Jahrhunderts, daß die Wurzel aller Revolutionen die soziale Frage sei, finden wir noch nicht einmal andeutungsweise in den Erfahrungen und Vorstellungen des achtzehnten. Die Sache liegt vielmehr genau umgekehrt. Als die Männer der Amerikanischen Revolution nach Frankreich kamen und dort mit den wirklichen gesellschaftlichen Zuständen Europas vertraut wurden, als sie den Luxus der Reichen und die

Misere der Armen mit eigenen Augen sahen, da glaubten sie nicht mehr (mit Washington), daß »die Amerikanische Revolution fast jeder Nation in Europa die Augen geöffnet habe und daß der Geist von Freiheit und Gleichheit überall schnell an Boden gewinne«. Einige von ihnen hatten schon während des amerikanischen Unabhängigkeitskrieges die französischen Offiziere, die mit ihnen kämpften, davor gewarnt, »sich von Triumphen, die auf dem jungfräulichen Boden Amerikas gewonnen waren, zu falschen Hoffnungen verführen zu lassen« und zu glauben, man könnte »in einem Lande, das Jahrhunderte der Korruption gekannt hat«, die Freiheit von einem Tag zum anderen verwirklichen. »Auch wir haben unsere Freiheit mit Blut bezahlt, in der Alten Welt aber wird Blut in Strömen fließen, bevor die Freiheit in ihr Wurzeln fassen kann.«[5]

Die Erfahrungen hinter solchen Verallgemeinerungen haben vor allem diejenigen, die Europa am besten kannten, nämlich Benjamin Franklin und Jefferson, in aller Deutlichkeit ausgesprochen. Lange vor Ausbruch der Amerikanischen Revolution schildert Franklin, wie er in Paris immer an Neu-England habe zurückdenken müssen, »wo jeder Mann Herr auf eigenem Grund und Boden ist, eine Stimme in öffentlichen Angelegenheiten hat, in einem warmen, sauberen Hause wohnt, wo es ihm weder an guter Nahrung noch an Brennstoff mangelt«. Und zwei Jahre vor Ausbruch der Französischen Revolution meinte Jefferson, daß in Frankreich »neunzehn unter zwanzig Millionen sich in einer verelendeteren und in jeder Hinsicht verzweifelteren Lage befinden als das offensichtlich verelendetste Individuum der gesamten Vereinigten Staaten«. Und was die eine Million betrifft, die nicht im Elend lebte, so hat sich Jefferson zum mindesten keinerlei Illusionen über sie gemacht: Ihre Sitten und Gebräuche waren so korrumpiert, daß sie jedes Land unweigerlich ins Verderben stürzen müßten. Nicht einen Augenblick kam es ihm in den Sinn, daß Menschen »unter der Last solchen Elends« – nämlich des doppelten Elends von Armut und Korruption – das würden erreichen können, was in Amerika damals bereits erreicht war, und er warnte die Freunde daheim, daß dies »keinesfalls die freiheitlich gesinnten Menschen seien, die wir in Amerika uns unter ihnen vorstellen«[6]. John Adams erklärte noch am Ende seines Lebens, daß eine freie, republikanische Staatsform in Frankreich ungefähr so viel Chancen gehabt habe wie »in der königlichen Menagerie in Versailles unter Elephanten, Löwen, Tigern, Panthern, Wölfen und Bären«[7], und auch Jefferson, dieser große Freund gerade des niederen Volkes, konnte um die gleiche Zeit – zu Beginn des neunzehnten Jahrhunderts – nur mit Schaudern an »das Großstadtgesindel Europas« zurückdenken, in dessen Händen jede Art Freiheit »sofort verderben und zum Ruin aller privaten und öffentlichen Angelegenheiten führen müsse«[8]. Diese und ähnliche Ausdrücke der Verachtung klingen herzlos, wenn man vergißt, daß sie niemals allein der Verelendung, sondern vor allem auch der Korruption durch den Luxus galten, daß das Gesindel zu gleichen Teilen aus Reichen und Armen bestand.

Nichts wäre ungerechter und einem wirklichen Verständnis dieser Dinge abträglicher, als vom Standpunkt der geglückten Amerikanischen die Männer der Französischen Revolution zu beurteilen und abzuurteilen. Das Gelingen in Amerika war nicht nur dem staatsmännischen Geist der »gründenden Väter« zu verdanken, wenn auch dieser Geist auf einem sehr hohen moralischen wie intellektuellen Niveau stand. Schließlich ist es auch der Amerikanischen Revolution nicht gelungen, den *novus ordo saeclorum*, der heute noch auf jedem Dollarschein an den ursprünglichen Anspruch der Revolution gemahnt, zu etablieren; und die amerikanische Verfassung, ihr größtes und bleibendes Dokument, ist auch keineswegs zu einer universalen »Grammatik der Freiheit« geworden.[9] Der Grund für das, was gelang, wie für das, was fehlschlug, war der gleiche: Amerika stand nicht unter dem Fluch der Armut. Die Gründung der Freiheit konnte nur gelingen, weil den »gründenden Vätern« die politisch unlösbare soziale Frage nicht im Wege stand; aber diese Gründung konnte für die Sache der Freiheit nicht allgemeingültig werden, weil die gesamte übrige Welt von dem Elend der Massen beherrscht war und blieb.

Solche Verallgemeinerungen stimmen natürlich nie, und diese insbesonders bedarf einer doppelten Einschränkung. Was es in Amerika nicht gab, war Elend und Not; Armut und »der Konflikt zwischen Reich und Arm, Arbeit und Muße, Wissen und Unwissenheit« waren nicht nur vorhanden, sondern auch den Gründern voll bewußt, die dazu noch ganz im Sinne der europäischen Tradition davon überzeugt waren, daß diese Unterschiede »so alt sind wie die Schöpfung der Welt, über den ganzen Erdball verbreitet« und infolgedessen von ewiger Dauer.[10] Da aber die arbeitenden Klassen in Amerika nur arm, aber nicht verelendet waren – »auf einer Reise von zwölfhundert Meilen«, berichtet Andrew Burnaby mit offenbarer Verblüffung, »habe ich nicht einen einzigen Bettler angetroffen!« –, so setzte ihre Not die Revolution nicht unter Druck und trieb sie nicht ins Verderben. Die Existenz der Armut war in Amerika kein soziales, sondern ein politisches Problem; es betraf nicht die Gesellschaftsordnung, sondern die Staatsform. Für die Gründer der Republik handelte es sich darum, daß das Fehlen von Muße, das durch die Notwendigkeit erzwungene ständige Arbeiten, die Mehrheit der Bevölkerung automatisch von einer aktiven Anteilnahme an den öffentlichen Geschäften des Landes auszuschließen drohte. Ihre Freizeit erlaubte ihnen kaum mehr an Freiheit, als sich ihre Repräsentanten zu wählen, wobei damals noch allen Beteiligten klar war, daß diese Art der Repräsentation zwar höchst notwendig sein mag, um die Lebensinteressen der arbeitenden Klassen zu schützen und die Mehrheit des Volkes gegen staatliche Übergriffe zu sichern, aber gerade darum auch nicht eigentlich eine Sache der Freiheit ist, sondern der »Selbsterhaltung« und des Interesses. Solche im wesentlichen negativen Schutzmaßnahmen eröffnen noch keineswegs den eigentlich politischen Bereich, und sie haben wahrlich nicht das geringste mit jener »Leidenschaft, sich zu unterscheiden und abzuheben«, zu tun – »dem Wunsch, nicht nur zu gleichen und gleichzukommen, sondern sich auszuzeichnen« –, von der John Adams meinte, sie »sei nächst dem Trieb zur Selbsterhaltung die stärkste Triebfeder allen menschlichen Handelns«[11]. Selbst wenn die Not des Elends gestillt ist, bleibt es das Unglück der Armut, daß das Leben keine Folgen in der Welt hat, keine Spur in ihr hinterläßt, daß es von dem Licht der Öffentlichkeit ausgeschlossen ist, in dem allein das Ausgezeichnete und Außerordentliche aufleuchten kann.

> Denn die einen sind im Dunkeln
> Und die andern sind im Licht.
> Und man siehet die im Lichte,
> Die im Dunkeln sieht man nicht.

Oder um es statt in Brechts in den Worten John Adams' zu sagen: »Das Gewissen des armen Mannes ist rein, und doch schämt er sich. ... Er weiß, daß er von anderen nicht gesehen wird, und tappt im dunklen. Die Menschen achten seiner nicht. Unbemerkt wandert und irrt er umher. Inmitten einer Menschenmenge, in der Kirche, auf dem Marktplatz ... ist es so dunkel um ihn, als wäre er in einem Dachstübchen oder im Keller. Niemand mißbilligt ihn, tadelt ihn oder macht ihm Vorwürfe; *er wird bloß nicht gesehen*. ... Einfach übersehen zu werden und sich dessen bewußt zu sein, ist unerträglich. Hätte Robinson Crusoe auf seiner Insel die Bibliothek von Alexandria zu seiner Verfügung gehabt und die Gewißheit, niemals wieder ein menschliches Antlitz zu sehen, würde er je ein Buch geöffnet haben?«[12]

Das revolutionäre Pathos, das in diesen Worten zum Ausdruck kommt, die Überzeugung, daß der Fluch der Armut nicht nur in der Not, sondern auch in der Dunkelheit liegt, ist in dem Schrifttum der Neuzeit sehr selten – obwohl es m. E. außer Zweifel steht, daß Marx' großartiger Versuch, die gesamte Geschichte als eine Geschichte der Klassenkämpfe zu deuten, zu einem großen Teil aus dem Wunsch hervorgegangen ist, wenigstens nachträglich alle diejenigen zu rehabilitieren, denen die Geschichte zum Schaden des Elends den Spott der Vergessenheit zugefügt hat. Was wir bei Marx nur vermuten können[13], hat John Adams klar ausgesprochen, und zwar offenbar, weil diese Seite der Armut in Amerika nicht durch krasses, unerträgliches Elend überblendet war. Er konnte die eigentlich politische Not und das eigentlich politische Problem der Armut entdecken; aber diese Einsicht ist im Unterschied zu dem Wissen um augenfälliges materielles Elend und sein Verderben, das allen ans Herz greift, nur denen zugänglich, die selber zu den Privilegierten gehören, und als eine Einsicht der Privilegierten, die sie den Armen selbst kaum mitteilen konnten, blieb sie ohne Einfluß auf die Geschichte der Revolutionen und die revolutionäre Tradition. Als schließlich im Laufe unseres Jahrhunderts die Armen erst in Amerika und dann in Europa zu einem erträglichen Wohlstand gelangten, wußten sie nichts mehr von John Adams' Muße und seinem »Trieb, sich auszuzeichnen«; zwar begannen auch sie Geschmack zu finden an »Anerkennung und Lob«, aber sie waren es zufrieden, diese »Güter« so billig wie nur möglich zu erwerben und sie nicht anders zu konsumieren als andere Konsumgüter auch. Ihr Bereich war die Gesellschaft, nicht der Raum des Öffentlichen, in dessen Helle allein sich die Leidenschaft für das Ausgezeichnete und Ehrenvolle auswirken kann. Der Endzweck des Politischen blieb ihnen nach wie vor die Selbsterhaltung der Gesellschaft, und John Adams' Meinung, daß »einer der Hauptzwecke des Staates darin besteht, die Leidenschaft, sich auszuzeichnen, in geregelte Bahnen zu lenken«[14], ist noch nicht einmal je bestritten worden, so sehr hat man sie seit und je ignoriert. Statt sich in den Bereich des Öffentlichen zu wagen und sich seinem Licht zu exponieren, in dem das Außerordentliche aufleuchten und das Ausgezeichnete glänzen kann, haben es sich die plötzlich zu Reichtum und Wohlstand gelangten armen Leute angelegen sein lassen, mit dem zu glänzen, was sie privat aufgespeichert hatten. Die Gesellschaft war und ist der Ort, an dem sie es in aller Öffentlichkeit konsumieren können. Womit sie also in die Öffentlichkeit traten, war gerade das, was seiner Natur nach sich weder dazu eignet, noch es wert ist, von allen gesehen zu werden.

Unsere heutigen Sorgen, wie man es wohl anstellen mag, die reich gewordenen armen Leute daran zu hindern, ihre Sitten und Gebräuche, die gesellschaftlich vielleicht gerade noch tragbar sind, auch dem politischen Körper aufzuoktroyieren, waren dem achtzehnten Jahrhundert noch ganz fremd, und selbst heute mögen unsere abendländischen Sorgen der Prosperität dem Rest der Welt noch auf geraume Zeit wie ein phantastischer Luxus erscheinen, eben als die Sorgen reicher Leute. Dennoch sind diese Sorgen keineswegs ohne Substanz; was größere Gefahren für ein Gemeinwesen birgt, die Armut oder der Reichtum, dürfte zum mindesten strittig sein. In unserm Zusammenhang kommt es darauf an, zu verstehen, daß einer der Gründe für die Unbekümmertheit, mit der wir den reich gewordenen armen Leuten erlauben, auch im Politischen den Ton anzugeben, darin liegt, daß unsere gesamte politische und gerade auch die revolutionäre Tradition das eigentlich politische Problem der Armut niemals verstanden hat. Unsere moderne Empfindsamkeit wird gemeinhin von der Finsternis der Armut kaum berührt, und sie reagiert oft nicht einmal, wenn »natürliche Talente« unentwickelt bleiben und das mit Begabung so eng verkoppelte »Streben nach etwas Höherem« *(the desire of superiority)* im Keim erstickt wird. Hinzu kommt, daß uns die einfache Tatsache, daß John Adams gerade dieser Aspekt der Armut so tief erschütterte – entscheidender jedenfalls als der Anblick menschlicher Notdurft und schieren Elends ihn oder irgendeinen anderen der »gründenden Väter« je erschüttert hat –, wohl mißtrauisch machen darf, wenn wir daran denken, daß die soziale Frage in ihrer einfachen Brutalität in gewissem Sinne in Amerika sehr wohl existierte und daß Jeffersons Bild einer »lovely equality« sich sehr schnell als Trugbild herausgestellt hätte, wenn es irgendeinem von ihnen eingefallen wäre, den Blick auf das furchtbare und furchtbar erniedrigende Elend der schwarzen Sklaven zu werfen, die doch unmittelbar jedem vor Augen standen.

Wir brauchen uns nur flüchtig in der Geschichte umzutun, um uns klarzumachen, daß es für Menschen keineswegs selbstverständlich ist, auf den Anblick von Elend mit Mitleid zu reagieren. Selbst in den langen Jahrhunderten, in denen im Rahmen abendländischer Zivilisation christliches Erbarmen ethisch maßgebend war, hat sich die Nächstenliebe nicht nur außerhalb des politischen Bereiches gehalten, sie hat sich eigentlich auch nur außerhalb der kirchlichen Hierarchie wirklich bewährt. Das Erstaunliche an der amerikanischen Haltung ist, daß wir es hier mit Menschen des achtzehnten Jahrhunderts zu tun haben, als diese uralte Gleichgültigkeit im Verschwinden war, als Lessing meinen konnte, daß der »beste Mensch auch der mitleidigste« sei, und Rousseaus »angeborener Widerwille beim Leiden der Kreatur« in der Tat zu einer Art Selbstverständlichkeit in den führenden Kreisen der westlichen Intelligenz geworden war, vor allem aber bei denen, die dann die Französische Revolution machten. Seither sind die Besten in allen Revolutionen von der Leidenschaft des Mitleidens ergriffen und getrieben worden, und die Amerikanische Revolution ist die einzige geblieben, in der gerade das Mitleid keinerlei Rolle spielte. Dieses Phänomen wäre man wohl versucht, sich mit dem erstaunlichen Wohlstand der nordamerikanischen Kolonien, mit Jeffersons *lovely equality* oder mit der Tatsache zu erklären, daß Amerika in der Tat »a good poor Man's country« war, wie William Penn meinte – wenn es keine Neger und keine Sklavenarbeit gegeben hätte. So wie die Dinge liegen, drängt sich statt jeder solchen Erklärung die Frage auf, bis zu welchem

Grad denn eigentlich der Wohlstand der weißen Bevölkerung auf schwarzer Arbeit und schwarzem Elend beruhte; schließlich kamen in der Mitte des achtzehnten Jahrhunderts auf etwa 1 850 000 Weiße ungefähr 400 000 Negersklaven, und obwohl wir für diese Zeit keine zuverlässigen Statistiken besitzen, dürfen wir getrost annehmen, daß der Prozentsatz völliger Verelendung in diesem Zeitraum in den Ländern, wenn auch nicht in den Großstädten der Alten Welt erheblich niedriger als 22 % gewesen sein dürfte. Hieraus kann man nur schließen, daß die Finsternis, in der Sklaven leben, noch um einige Grade schwärzer ist als die Finsternis der Armut und des Elends. Nicht der arme Mann, wie Adams meinte, sondern der schwarze Sklave war schlechterdings »unsichtbar«, wurde immer und von allen übersehen. Denn wenn Jefferson und gelegentlich, sehr selten, auch andere sich des ursprünglichen Verbrechens bewußt wurden, auf dem das Gefüge der amerikanischen Gesellschaft beruhte, wenn sie, mit den Worten Jeffersons, »zitterten bei dem Gedanken, daß Gott gerecht ist«, so deshalb, weil sie wußten, daß Sklaverei und Freiheit in dem gleichen Lande nicht miteinander zu vereinen waren, daß die Knechtschaft der Neger die Freiheit der Weißen dauernd bedrohte, nicht aber, weil sie Mitleid hatten oder sich als Menschen mit den Unterdrückten solidarisierten. Und diese für uns schwer verständliche und schwer erträgliche Gleichgültigkeit war keineswegs nur den Amerikanern eigentümlich und kann weder auf Rechnung einer spezifischen Verhärtung des Herzens noch auf die Vorherrschaft der Klasseninteressen geschrieben werden. Denn europäische Amerikareisende aus dem achtzehnten Jahrhundert, deren Herzen sich beim Anblick des Elends in ihrer Heimat keineswegs verschlossen hatten, reagierten in Amerika nicht anders als die Amerikaner: Sie sahen das Elend der Schwarzen nicht, und sie meinten wie alle anderen, daß die spezifische Differenz zwischen Amerika und Europa eben darin bestehe, daß es dort nicht »jene degradierenden Zustände gab, die den einen Teil der Menschheit unter dem Fluch der Unwissenheit und des Elends hält«[15]. Sklaverei, mit anderen Worten, war weder für die Europäer noch für die Amerikaner ein Teil der sozialen Frage, so daß diese Frage, gleichviel ob sie nun faktisch nichtexistent oder nur durch die *peculiar institution* verschleiert war, praktisch keinerlei Rolle spielte. Und mit ihr entfiel die stärkste und vielleicht gefährlichste aller revolutionären Leidenschaften, die Leidenschaft des Mitleidens.

Um Mißverständnissen zuvorzukommen: die soziale Frage, von der ich hier spreche, weil sie eine so außerordentliche Rolle in allen Revolutionen gespielt hat, darf nicht verwechselt werden mit der Frage gleicher Aufstiegschancen oder dem Problem der gesellschaftlichen Stellung, die in den letzten Jahrzehnten die Gesellschaftswissenschaften so intensiv beschäftigt hat. Die Jagd nach gesellschaftlichen Positionen war im achtzehnten und neunzehnten Jahrhundert in bestimmten Kreisen genauso verbreitet wie heute, wiewohl zuzugeben ist, daß sie damals selbst in der Gesellschaft noch nicht als Tugend galt. Die Revolutionäre dieser Epoche aber setzten ihren Stolz noch darein, außerhalb der Gesellschaft und ihrer schnöden Spiele zu stehen, die sie vielmehr verachteten; auf keinen Fall dürfte es ihnen in den Sinn gekommen sein, die Spielregeln des Parvenus unter das Volk zu bringen. Wie fremd diese modernen Vorstellungen die Gründer der Republik angemutet haben würden, kann man vielleicht am besten an ihrer Stellung in der Schul- und Erziehungsfrage ablesen, die sie sehr ernst nahmen, aber nicht, weil sie jedem Einwohner des Landes den sozialen Aufstieg ermöglichen wollten, sondern umgekehrt, weil die allgemeine Schulpflicht ganz offenbar eine grundsätzliche Voraussetzung für die Wohlfahrt des Landes und das Funktionieren der politischen Institutionen bildete. So verlangten sie, »daß jeder Bürger eine den Bedingungen und beruflichen Umständen angemessene Erziehung erhalten solle«, wobei es ihnen ganz selbstverständlich war, die Einwohner »in zwei Klassen zu teilen, die arbeitenden und die gebildeten Schichten«, und zu meinen, daß es »ratsam wäre für die Förderung des öffentlichen Glücks, daß diejenigen, welche die Natur mit Talent und Tugend bedacht hatte, nun auch instandgesetzt würden . . ., das heilige Pfand der Rechte und Freiheiten ihrer Mitbürger zu schützen . . ., ohne Rücksicht auf Vermögen, Geburt und andere zufällige Bedingungen und Umstände«[16]. Bei diesen Erwägungen fehlt ganz offensichtlich selbst das typisch liberale Betroffensein von dem Recht des Individuums auf volle Entwicklung aller seiner Fähigkeiten wie das erst im neunzehnten Jahrhundert zur Geltung kommende Gefühl für die Ungerechtigkeit, die dem zugefügt wird, der keine Gelegenheit hat, seine Gaben voll zu entwickeln. Beides ist natürlich aufs engste auch mit dem Geniewahn des eigentlich bürgerlichen Zeitalters verknüpft, von dem das achtzehnte Jahrhundert noch kaum eine Ahnung hatte. Noch ferner aber hätte diesen Männern die heutige beinahe selbstverständliche Argumentation gelegen, daß das Recht auf Erziehung auf dem Recht zum sozialen Aufstieg beruhe, als schulde die Gesellschaft einem jeden die Entwicklung aller seiner Anlagen, und zwar nicht um dieser Anlagen willen, sondern einzig und allein um der gesellschaftlichen Position willen.

Der außerordentliche Realismus der gründenden Väter in bezug auf all das, was die menschliche Natur, so wie sie nun einmal ist, zu wünschen übrigläßt, ist bekannt genug; aber zu meinen, wie es unter den Gesellschaftswissenschaftlern nachgerade gang und gäbe geworden ist, daß Menschen aus den unteren Volksschichten gleichsam ein Recht darauf haben, vor Ressentiment, Gier und Neid zu platzen, würde sie denn doch einigermaßen erstaunt haben, und zwar nicht nur, weil sie noch vernünftig genug waren, zu wissen, daß Neid und Gier Laster sind, ganz gleich wo sie auftreten, sondern vermutlich auch, weil gerade ihr Realismus sie darüber belehrt hätte, daß diese Laster in den oberen Gesellschaftsschichten erheblich häufiger sind als in den unteren.[17] Das gesellschaftliche Fluktuieren, die soziale Beweglichkeit war natürlich selbst im Amerika des achtzehnten Jahrhunderts relativ groß, aber die Revolution hat sie nicht gefördert; und wenn die Französische Revolution dem Talent die Karrieren eröffnete, und sogar zu einem recht großen Ausmaß, so doch erst unter dem Direktorium und der Herrschaft Napoleons, als es nicht mehr um Freiheit und die Gründung einer Republik ging, sondern um die Liquidierung der Revolution und den Aufstieg der Bourgeoisie. Für unseren Zusammenhang ist entscheidend, daß nur der Anblick des Elends, aber weder das Scheitern individueller noch gesellschaftlicher Ansprüche das Mitleid auf den Plan rufen kann. Und der Rolle des Mitleidens in allen Revolutionen außer der Amerikanischen müssen wir uns nun zuwenden.

III

Vor dem Elend und der Not der überwiegenden Mehrzahl aller Menschen die Augen zu verschließen, war im Paris des achtzehnten oder im London des neunzehnten Jahrhunderts – wo Marx und Engels dann die Lehren der Französischen Revolution neu überdenken sollten – ebenso unmöglich wie heute noch in einer Anzahl der europäischen, den meisten südamerikanischen und nahezu allen asiatischen und afrikanischen Ländern. Zweifellos war der ursprüngliche Beweggrund auch der Männer der Französischen Revolution der Haß auf die Zwangsherrschaft gewesen, und sie hatten genauso gegen Unterdrückung überhaupt rebelliert wie ihre amerikanischen Kollegen, die in den bewundernd zustimmenden Worten Daniel Websters »in den Krieg zogen um einer Präambel willen« (nämlich des ersten Absatzes der Unabhängigkeitserklärung) und »sieben Jahre für eine Erklärung kämpften« – also ein Stück Papier, wie man heute sagen würde. Gegen Tyrannei und Unterdrückung, aber nicht gegen Ausbeutung und Armut, hatten sie die Rechte des Volkes geltend gemacht, von dessen Zustimmung alle Macht ihre Legitimität bezog – gemäß römischer Lehre, in deren Schule der revolutionäre Geist geboren und großgezogen worden ist. Da sie selbst ja offenbar politisch ohnmächtig waren und daher zu den Unterdrückten gehörten, fühlten sie sich dem Volke verbunden, mit dem sie sich darum nicht erst ausdrücklich zu solidarisieren brauchten. Wenn sie im Namen des Volkes sprachen, so nicht, weil sie etwas für das Volk tun wollten – sei es aus Machthunger oder aus Liebe zu ihm. Sie sprachen und handelten als die Vertreter in einer gemeinsamen Sache. So war und blieb es in Amerika durch dreizehn lange Jahre hindurch, aber nicht in Frankreich. Dort nämlich erwies sich der vielversprechende Anfang sehr schnell als eine reine Fiktion.

Der Sturz der Monarchie änderte in Frankreich so gut wie nichts an dem Verhältnis von Regierenden und Regierten, von Staat und Nation, und kein Regierungswechsel schien imstande, die Kluft zwischen denen, die zur regierenden Klasse gehörten, und denen, die regiert wurden, zu überbrücken. Die revolutionären Machthaber ähnelten in dieser Hinsicht auf verhängnisvolle Weise ihren Vorgängern: Sie waren weder Teil des Volkes noch aus dem Volke gewählt, sie waren bestenfalls »für das Volk« und schlimmstenfalls Usurpatoren, die »in völliger Unabhängigkeit von der Nation« handelten.[18] Leider hatte die Kluft, die sich zwischen der Nation und ihren Repräsentanten sofort auftat, sehr wenig mit »Tugend und Genie« zu tun, wie Robespierre und andere gehofft hatten; der Unterschied lag vielmehr in den offenbar ganz verschiedenen Lebensumständen, der sich als solcher erst auswirken konnte, als die Revolution bereits in vollem Gange war. Da wurde handgreiflich deutlich, daß die Befreiung von politischer Unterdrückung wiederum nur den Wenigen die Freiheit gebracht hatte, während die Vielen von diesem Umschwung kaum Notiz nahmen, da sich die Last ihres Elends nicht vermindert hatte. Es wurde unausweichlich, daß diejenigen, die Freiheit wollten, sich vor die Aufgabe gestellt sahen, das Volk noch einmal zu befreien, und, verglichen mit dieser Befreiung vom Joch der Notwendigkeit, muß sie die ursprüngliche Befreiung von der Tyrannis wie ein Kinderspiel angemutet haben. Hinzu kommt, daß in der Befreiung, die nun auf der Tagesordnung war, die Männer der Revolution und das Volk, das sie repräsentierten, nicht mehr in einer beiden durchaus gemeinsamen Sache handelten; die Repräsentanten der Nation mußten sich ausdrücklich mit dem Volk solidarisieren, und diesen für die Befreiung des Volkes erforderten Akt der Solidarisierung nannte Robespierre dann »Tugend«. Er nahm das Wort noch aus der von den Römern geprägten politischen Sprache, die ganz allgemein die Sprache der Revolution geworden war, aber diese Tugend war nicht mehr römisch, ihr Gegenstand war nicht die *res publica*, die öffentlichen Angelegenheiten, und sie hatte mit politischer Freiheit nichts zu tun. Tugend bezog sich nun auf die Volkswohlfahrt, und Tugendhaftsein hieß den eigenen Willen mit dem des Volkes zu identifizieren: »il faut une volonté UNE«; es handelte sich um das Glück, nicht um die Freiheit der Vielen. Nach dem Sturz der Gironde war das Glück plötzlich zu der »neuen Idee in Europa« geworden (Saint-Just).

Le peuple ist das Schlüsselwort zu jedem Verständnis der Französischen Revolution, und alle Assoziationen, die sich mit diesem Wort verbanden und auch heute noch vielfach verbinden, sind von denen geprägt, die damals gleichsam zum ersten Male sich dem Schauspiel der Nöte und Leiden des Volkes exponiert sahen, die sie selbst doch nicht teilten. Zum erstenmal meinte man mit diesem Wort mehr und anderes als diejenigen, die selbst nicht teilhatten an der Macht und der Regierungsgewalt, nicht so sehr die Einwohner und potentiellen Bürger überhaupt wie das »gemeine Volk«[19]. Das aber heißt, daß die Definition des Wortes gleichsam aus dem Mitleiden geboren ward, so daß der Begriff mit Mißgeschick und Unglück so eng zusammenwuchs, daß die Worte »das Volk« und die »Unglücklichen« nahezu synonym wurden – »le peuple, les malheureux m'applaudissent«, wie Robespierre zu sagen pflegte, oder »le peuple toujours malheureux«, wie selbst Sieyès, einer der nüchternsten, unsentimentalsten Figuren der Revolution, es ausdrückte. Daraus folgte, daß die persönliche Legitimation der Volksrepräsentanten, die ja überzeugt davon waren, daß der Ursprung legitimer Macht im Volk liegt, sich primär auf dieses leidenschaftliche Mitgefühl berufen mußte, *ce zèle compatissant*, »die unabweisbare Attraktion, welche *les hommes faibles* ausüben«[20], also auf die Fähigkeit, sich leidend und mitleidend mit der »unermeßlich großen Masse der Armen« zu identifizieren und damit das Mitleiden selbst als höchste aller politischen Leidenschaften anzusprechen und seine bewußte Formierung zur Kardinaltugend des Politischen überhaupt zu machen.

Geschichtlich gesprochen, wurde diese Leidenschaft des Mitleidens zur treibenden Kraft der Revolutionäre erst, als die Männer der Gironde bewiesen hatten, daß sie weder fähig waren, eine Verfassung zu erlassen noch eine tragfähige republikanische Regierung zu bilden. Zweifellos war der Wendepunkt der Revolution die Machtergreifung der Jacobiner unter Robespierres Führung, aber nicht, weil sie radikaler waren als die Girondisten, sondern weil sie deren Interesse an Staatsformen nicht teilten und sich daher weniger um die Republik, den »Tempel der Freiheit« (Danton), als um das Wohlergehen des Volkes kümmerten bzw. »ihren Glauben auf die natürliche Unverdorbenheit«, die »angeborene Tugend« einer Klasse gesetzt hatten statt auf objektive Institutionen und Konstitutionen. Das Volk, meinte Robespierre, »bedarf keiner großen Tugend um Gerechtigkeit und Gleichheit zu lieben: Es ist genug, wenn es sich selber liebt«. Daher seine Forderung: »Unter der neuen Verfassung sollen die Gesetze ›im Namen des französischen Volkes‹ erlassen werden anstatt im Namen der ›französischen Republik‹.«[21]

Diese Akzentverlagerung entsprang nicht theoretischen Vorstellungen und Erwägungen, sondern ausschließlich dem Verlauf der Revolution selbst. Dennoch ist festzuhalten, daß unter diesen Umständen die alt-römische Theorie von der Einwilligung des Volkes als unerläßlicher Vorbedingung für jeden Rechtsstaat nun nicht mehr als adäquat empfunden werden konnte, so daß es im nachhinein als nahezu selbstverständlich erscheint, daß Rousseaus' *volonté générale* sich an die Stelle des »Konsents« setzte, der in Rousseaus Theorie in dem Begriff der *volonté de tous* erscheint.[22] Nicht nur war dieser Wille oder die Zustimmung aller für die Gründung eines neuen politischen Körpers nicht dynamisch oder revolutionär genug; der Begriff selbst setzte offensichtlich die Existenz von Regierung und Staat voraus und konnte sich daher nur bewähren, solange es um Einzelentscheidungen und die Lösung bestimmter Probleme ging, wie sie sich innerhalb eines bereits bestehenden Staatsapparates ergeben. Aber solche formalistischen Erwägungen dürften kaum eine entscheidende Rolle gespielt haben. Wichtiger ist, daß das Wort »Konsent« selbst gerade wegen der ihm inhärenten Nebenbedeutungen von wohlerwogener Wahl und vielfach bedachter Meinung nicht mehr als adäquat empfunden wurde, während das Wort »Wille« an die Erfahrungen gerade darum appellierte, weil es die vielfältigen Prozesse des Meinungsaustausches, des Hörens und Gehörtwerdens, und der daraus sich ergebenden begrenzten Übereinstimmung prinzipiell ausschließt. Der Wille kann in der Tat nur funktionieren, wenn er ungebrochen einer und in sich unteilbar ist; »ein geteilter Wille ist unvorstellbar«; es gibt kein mögliches Übereinkommen zwischen Menschen, die Verschiedenes wollen, wie es ein Übereinkommen gibt zwischen Menschen, die verschiedener Meinung sind. Die Akzentverlagerung von der Republik auf das Volk bedeutete, daß die Dauer und die Identität des künftigen neuen Staates nicht durch weltliche Institutionen, die dem Volke gemeinsam waren, garantiert sein sollten, sondern allein von dem Willen des Volkes selbst. Die auszeichnende Qualität dieses Volkswillens, nämlich der *volonté générale*, war seine Einmütigkeit, und wenn Robespierre sich ständig auf die »öffentliche Meinung« beruft, so denkt er dabei durchaus an die Einmütigkeit der *volonté générale*, nicht aber an eine Meinung, auf die sich viele öffentlich geeinigt haben.

Diese unter Umständen lang andauernde Einheit eines Volkes, das von einem Willen beseelt ist, darf nicht mit wirklicher Beständigkeit verwechselt werden. Rousseau war es mit seiner Metapher einer *volonté générale* ernst genug, um sie wörtlich zu nehmen und sich darunter wirklich die Nation als einen einzigen Körper vorzustellen, der von einem einzigen Willen durchherrscht ist; der genau wie der Wille des Einzelnen sich jederzeit ändern kann, ohne doch damit die Identität des Wollenden zu vernichten. In diesem Sinne forderte Robespierre: »Il faut une volonté UNE ... Il faut qu'elle soit républicaine ou royaliste.« Rousseau selbst meinte, es sei »absurd, von einem Willen zu verlangen, daß er sich für die Zukunft binde«²³, und antizipierte so auf seine Weise sowohl die Wankelmütigkeit und Unzuverlässigkeit revolutionärer Regierungen wie die alte verhängnisvolle Überzeugung des Nationalstaates, daß Verträge nur so lange Gültigkeit besäßen, als sie den nationalen Interessen dienten. Natürlich ist die Idee der Staatsraison älter als die Französische Revolution, schon aus dem einfachen Grunde, weil die geläufige Interpretation der nationalen Rolle des inzwischen von der Revolution beseitigten »aufgeklärten Despoten« sich darauf berief, daß die Nation im ganzen nur von einem Willen repräsentiert und in ihren Schicksalen geführt sein könne. Das Problem war in der Tat, wie John Adams gelegentlich anmerkte, wie es wohl möglich sein würde, »fünfundzwanzig Millionen Franzosen, die nie ein anderes Gesetz gekannt oder bedacht hatten als den königlichen Willen, dazu zu bringen, eine freie Verfassung überhaupt anzuerkennen und sich von ihr binden zu lassen«. Rousseaus Theorien kamen den Männern der Französischen Revolution so außerordentlich gelegen, weil er anscheinend ein höchst ingeniöses Mittel gefunden hatte, eine Vielzahl von Menschen an den Platz zu stellen, der bisher von einer einzigen Person ausgefüllt worden war; denn der Allgemeine Wille war nichts mehr und nichts weniger, als was die Vielen in eine Einheit zusammenbinden sollte.

Für diese Konstruktion einer vielköpfigen Einheit bediente sich Rousseau eines verführerisch einfachen und einleuchtenden Beispiels. Er ging von der bekannten Erfahrung aus, daß zwei einander widerstreitende Interessen einmütig werden, sobald sie mit einem dritten Interesse konfrontiert sind, das sie beide gleicherweise bekämpft. Politisch gesprochen, setzte er stillschweigend die Existenz eines auswärtigen Feindes voraus, vor dem ja auch alle Interessenkämpfe im Innern der Nation dahinfallen und dem gegenüber die Nation einmütig wird. Nur unter der Voraussetzung unmittelbarer außenpolitischer Gefährdung kann es überhaupt so etwas wie »la nation une et indivisible«, das Ideal des französischen und allen sonstigen Nationalismus, geben. Darum kann sich die nationale Einheit nur in Fragen der Außenpolitik realisieren, und selbst da nur unter der Voraussetzung einer zumindest potentiellen Feindschaft. Auf dieser Binsenwahrheit beruht im Grunde die gesamte nationale Politik, wie wir sie aus dem neunzehnten und dem zwanzigsten Jahrhundert kennen, und sie folgt so offensichtlich aus der Theorie von einem Allgemeinen Willen, der die Nation beseelen müsse, daß Saint-Just bereits mit ihr völlig vertraut war: Nur außenpolitische Angelegenheiten könnten überhaupt eigentlich »politische« genannt werden, während das übrige Gebiet menschlicher Beziehungen unter das »Gesellschaftliche« fiele. (»Seules les affaires étrangères relevaient de la ›politique‹, tandis que les rapports humains formaient ›le social‹.«[24])

Rousseau selbst aber ging einen Schritt weiter. Ihm genügte der äußere Feind als das die Nation einigende Prinzip nicht, er wollte, daß die Einheit und Einmütigkeit aus der Nation selbst aufsteige und so auch in der Innenpolitik wirksam werde. Das hieß aber, daß er den gemeinsamen Feind, der die Vielen in ein Eines zwingt, im Lande selbst entdecken mußte, und seine Lösung dieses Problems besagte, daß der allen gemeinsame Feind im Innersten jedes Bürgers existiere als dessen Einzelwille und Eigeninteresse. Der, wenn man so sagen will, Trick dieser Lösung besteht darin, daß dieser verborgene, innere Feind in der Brust jedes Einzelnen – der ja offensichtlich das gerade Gegenteil des ursprünglich gemeinten allen gemeinsamen Feindes ist – zum Rang eines die Nation von innen vereinigenden Prinzips aufsteigen kann, wenn man jeden bestimmten einzelnen Willen und alle Interessen zu einer alles umfassenden Summe aufaddiert. Der gemeinsame Feind im Innern der Nation ist die Gesamtsumme der Einzelinteressen aller ihrer Bürger. »Die Übereinstimmung zweier besonderer Interessen«, sagt Rousseau, indem er zustimmend den Marquis d'Argenson zitiert, »geht aus dem Gegensatz gegen ein drittes hervor. Er [d. h. d'Argenson] hätte noch hinzufügen können, daß *die Übereinstimmung aller Interessen die Folge des Gegensatzes derselben gegen das eines jeden einzelnen ist.* Gäbe es keine verschiedenen Interessen, so würde man das gemeinschaftliche, da es nie Hindernisse fände, kaum wahrnehmen. Alles würde ganz von selbst gehen, und die Politik würde aufhören, eine Kunst zu sein.«[25] (Von mir hervorgehoben.)

Dem Leser mag die merkwürdige Gleichsetzung von Wille und Interesse in dem Vorhergehenden aufgefallen sein, die das nie ausdrückliche theoretische Fundament der politischen Lehren Rousseaus bildet. Er braucht die beiden Worte durch den ganzen *Contrat Social* hindurch synonym, und er setzt stillschweigend voraus, daß der Wille nichts anderes ist als die gleichsam automatische Artikulierung eines Interesses. Daraus folgt für Rousseau, daß der Allgemeinwille eben die Artikulierung des Gesamtinteresses ist, des Interesses des Volkes oder der Nation im ganzen, und da dieses Interesse oder dieser Wille allgemein sind, können sie nur dadurch hervorgerufen werden, daß Einzelinteressen und Eigenwillen ihnen feindlich entgegenstehen. In der Rousseauschen Konstruktion braucht die Nation nicht mehr auf den Feind zu warten, der die Landesgrenzen bedroht, um sich »wie ein Mann« zu erheben und die »union sacrée« zu vollziehen; die Einheit der Nation ist dadurch garantiert, daß jeder Bürger den Landesfeind in seiner eigenen Brust trägt und mit ihm auch das Allgemeininteresse, das nur der gemeinsame Feind wecken kann. Denn der allen gemeinsame Feind ist das Einzelinteresse und der Eigenwille eines jeden. Nur wenn jeder Einzelne sich selbst in seiner Vereinzelung den Krieg erklärt, kann er in die Lage kommen, in sich selbst seinen eigenen Feind zu erzeugen, und dieser Feind jedes Einzelnen als Einzelnen ist der Allgemeinwille; wenn ihm dies gelingt, ist er ein wirklicher und verläßlicher Bürger des Nationalstaats geworden. Denn »zieht man nun von diesen Willensäußerungen das Mehr und Minder, das sich gegenseitig aufhebt, ab, so bleibt als Differenzsumme der Allgemeinwille übrig«[26]. Um der politischen Gemeinschaft der Nation anzugehören, muß der Bürger imstande sein, in einer ständigen Rebellion gegen sich selbst und seine eigenen Interessen zu leben. Das Mitleiden mit anderen, das dem eigenen Interesse ja durchaus entgegensteht, ist gleichsam die seelische Stimmung, in der sich diese Rebellion gegen sich selbst und das Einschwingen in den Allgemeinwillen am einfachsten und natürlichsten realisieren läßt.

Nun hat es natürlich keinen nationalen Staatsmann gegeben, der Rousseau je auf diesem Wege ins logisch Extreme gefolgt wäre, und wenn die gängigen nationalistischen Begriffe des Staatsbürgers auch weitgehend von der Voraussetzung des Landesfeindes ausgehen und auf ihr beruhen, so hat doch niemand je ausdrücklich gesagt, der allen gemeinsame Feind sitze in der eigenen Brust und jeder Bürger sei, sofern er ja notwendigerweise auch ein Einzelner ist, bereits ein potentieller Verräter. Anders aber steht es mit den Revolutionären und der revolutionären Tradition. Nicht nur in der Französischen Revolution, sondern in allen Revolutionen, die ihrem Beispiel folgten, erscheint das Einzelinteresse als eine Art gemeinsamer Feind, und die Terrortheorien von Robespierre bis Lenin und Stalin nehmen alle als selbstverständlich an, daß das Gesamtinteresse automatisch und ständig in Feindschaft liege mit dem Eigeninteresse jedes einzelnen Bürgers.[27] Jedem unvoreingenommenen Betrachter der Revolutionen muß die eigentümliche Selbstlosigkeit der Revolutionäre auffallen und in Erstaunen setzen, aber zur Bewunderung ist kein Anlaß, denn diese Selbstlosigkeit hat nichts mit »Idealismus« und wenig mit Heldentum zu tun. Seit Robespierre eine Tugend predigte, deren Begriff er von Rousseau hatte, ist es üblich geworden, Tugend und Selbstlosigkeit gleichzusetzen; nirgends aber hat diese Identifizierung sich unheilvoller ausgewirkt als in dem, was man die gängige »revolutionäre Moral« nennen könnte, die es schließlich selbstverständlich fand, daß der Wert einer politischen Entscheidung danach bemessen werden dürfe, wie viele Einzelinteressen durch sie verletzt werden, und daß der Wert eines Menschen nach dem Ausmaß und der Radikalität beurteilt werden könne, mit der er gegen seine eigenen Interessen und Impulse handelt.

Wie immer man Rousseaus Lehren theoretisch beurteilen und ihre praktischen Folgen einschätzen mag, entscheidend bleibt, daß die eigentlichen Erfahrungen, die Rousseaus Selbstlosigkeit geprägt und Robespierres »Schrecken der Tugend« entfesselt haben, nicht verstanden werden können, wenn man nicht der Rolle Rechnung trägt, welche das Mitleiden in den Herzen und Köpfen derer gespielt hat, welche dann in der Französischen Revolution die Handelnden wurden. Robespierre schien es einfach evident, daß die einzige Kraft, welche die in Arme und Reiche aufgespaltene Nation einigen und gewissermaßen heilen könne, das Mit-Leiden war, das Mitleid der »Glücklichen« mit den *malheureux*, den Unglücklichen, die das eigentliche Volk bildeten. Daß der Mensch im Naturzustande »gut« sei, konnte für Rousseau nur darum zu einer Art axiomatischer Wahrheit werden, weil er entdeckt hatte, daß Mitleiden in der Tat die natürliche Reaktion des Menschen beim Anblick fremden Leidens ist; darum meinte er, man müsse in diesem Mitleiden-Können die wesentliche Grundlage aller echten, nämlich »natürlichen« zwischenmenschlichen Bezüge sehen. Selbstverständlich hatten weder Rousseau noch Robespierre je Gelegenheit gehabt, diesen »natürlichen Menschen« außerhalb aller gesellschaftlichen Bindungen je anzutreffen und auf seine »Güte« zu prüfen; sie deduzierten seine Existenz aus ihren höchst realen, täglichen Erfahrungen mit Menschen einer korrupten Gesellschaft – nicht anders, möchte man meinen, als die Bekanntschaft mit verfaulten Äpfeln leicht auf die notwendige Existenz von nicht-verfaulten schließen läßt. Was sie andererseits in der Erfahrung mit sich selbst verifizieren konnten, war das Hin und Her von »Vernunft und Leidenschaft«, das ihnen aus dem philosophischen Schrifttum des siebzehnten und achtzehnten Jahrhunderts nur zu bekannt war; und was sie schließlich wie alle anderen Menschen vor und nach ihnen wirklich aus innerer Erfahrung kannten, war das immerwährende, lautlose Sprechen des Menschen mit sich selbst, der innere Dialog des Denkens. Und da sie gemäß der Aufklärung ihres Jahrhunderts zwischen Denken und Vernunft keinerlei Unterschied machten, kamen sie zu dem Schluß, daß Vernunft nicht nur den Ablauf der Leidenschaften, sondern auch das Funktionieren des Mitleidens störe, daß sie, in Rousseaus Worten, »den menschlichen Geist auf sich selbst zurückwirft und ihn von allem trennt, was Menschen beunruhigen und stören könnte«. Die Vernunft macht den Menschen egoistisch, sie verhindert ihn, »sich mit dem Unglücklichen, der leidet, zu identifizieren«; woraus dann Saint-Just geschlossen hat: »Il faut ramener toutes les définitions à la conscience; l'esprit est un sophiste qui conduit toutes les vertues à l'échafaud.«[28]

Es ist uns so selbstverständlich, die Rebellion gegen die Vernunft auf das Konto der Romantik des frühen neunzehnten Jahrhunderts zu schreiben und mit ihr das achtzehnte Jahrhundert ausschließlich im Lichte eines »aufgeklärten« Rationalismus zu verstehen, dessen groteskes Symbol der Tempel der Vernunft ist, daß wir geneigt sind, zu übersehen oder doch wenigstens zu unterschätzen, wie angelegentlich gerade das achtzehnte Jahrhundert die Leidenschaften verteidigt hat, die Macht des Herzens und der Gefühle, vor allem aber die »zwei Seelen in meiner Brust«, nämlich Rousseaus *âme déchirée*. Es ist, als setze Rousseau durch seine Rebellion gegen die Vernunft die »zwei Seelen« an die Stelle der natürlichen Verdoppelung, die sich in dem lautlosen Dialog mit sich selbst manifestiert, den wir gemeinhin Denken nennen. Und da die Verdoppelung der Seele immer einen Konflikt anzeigt, eben eine Zerrissenheit, und nicht ein inneres Zwiegespräch, entspringt aus ihr Leidenschaft in dem doppelten Sinn von Leidensfähigkeit und Leidenschaftlichkeit. Es war diese Leidensfähigkeit, die Rousseau sowohl dem oberflächlichen Egoismus der Gesellschaft als auch der alle Störungen abwehrenden Einsamkeit des reinen Denkens entgegengesetzt hatte; und die Männer der Französischen Revolution hatten allen Grund, sich willig seinem Einfluß zu fügen, nicht so sehr, weil seine Theorien sie überzeugt hätten, als weil sie ihm eine ungeheure Intensivierung und Verfeinerung ihrer Leidensfähigkeit dankten, deren sie täglich bedurften, wenn sie von dem Anblick der furchtbaren Not überwältigt zu werden drohten, der sie zum erstenmal in der Geschichte die Tore zu dem öffentlichen Raum und seinem Licht geöffnet hatten. Worum es hier ging, in der gewaltigen Anstrengung eines allgemein menschlichen Solidarisierungsaktes, war Selbstlosigkeit, nämlich die Fähigkeit, sich selbst im Leiden der anderen zu verlieren, aber nicht eigentlich aktive Güte, so wie denn auch Selbstsucht, aber nicht aktive Bösartigkeit als das hassenswerteste und gefährlichste aller menschlichen Übel erschien. Hinzu kommt, daß diese Männer mit dem Laster sehr viel vertrauter waren als mit dem Bösen; sie kannten die Laster der Reichen und ihre oft unglaublich naive Rücksichtslosigkeit gegen andere, und sie schlossen aus diesen Erfahrungen, daß Tugend offenbar »die Mitgift, das ererbte Eigentum der Armut« sei; sie hatten gesehen, wie »das Verbrechen die faszinierenden Reize des Genusses begleitete«, und meinten nun, die Not des Elends müsse die Güte gleichsam automatisch erzeugen.²⁹ Der Zauber des Mitleidens lag für sie darin, daß es das Herz dem Leiden der anderen öffnete und auf diese Weise die »natürlichen«, von den Reichen verlorenen Bande zwischen den Menschen wiederherstellte und festigte. Wo Leidenschaft als Leidensfähigkeit und Mitleiden aufhörten, fing das Laster an. Selbstsucht war eigentlich eine Perversion des Natürlichen. Es war dieses leidenschaftliche Mitleiden, das Rousseau in das Zentrum der politischen Theorie gestellt hatte und das nun Robespierres große revolutionäre Rhetorik mit unvergleichlicher Vehemenz in den Mittelpunkt der revolutionären Entwicklung rückte.

Daß die Frage nach Gut und Böse und ihrer Rolle im Ablauf menschlichen Geschehens sich mit einer solch elementaren Wucht in dem Augenblick zur Geltung brachte, als es darum ging, die Menschenwürde ohne die Hilfe religiöser Institutionen in der Welt zu verankern, war vielleicht unvermeidlich. Aber die Tiefe dieses Problems auszuloten war kaum möglich, solange man das Gute mit Rousseaus natürlicher »angeborener Aversion des Menschen, seinen Mitmenschen leiden zu sehen«, verwechselte und keine anderen Erscheinungsformen des Bösen kannte und anerkannte als Selbstsucht und Heuchelei. Außerdem, und dies dürfte entscheidender sein, konnte die Frage nach Gut und Böse in ihrem erschreckenden Ernst jedenfalls im Rahmen abendländischer Traditionen weder gestellt noch verstanden werden, wenn man dabei das einzig wirklich gültige, wirklich überzeugende Beispiel des Guten oder der aktiven Liebe zum Guten als Prinzip allen Handelns, das wir aus unserer Geschichte kennen, völlig außer acht ließ. Es scheint absurd, über diese Dinge zu sprechen und zu verhandeln, ohne Jesu von Nazareth zu gedenken, seines Lebens, seiner Worte und seines Handelns, und dies geschah erst viele Jahrzehnte nach der Französischen Revolution, als man Zeit gehabt hatte, ihre Ansprüche und ihre Folgen zu überdenken. Aber wenn es auch richtig ist, daß weder Rousseau noch Robespierre je imstande waren, angemessen von der Sache zu reden, welche die Lehren des einen und die Handlungen des anderen auf die Tagesordnung der ihnen folgenden Generationen gesetzt hatten, so kann doch andererseits schwerlich bestritten werden, daß ohne sie und ohne die Revolution weder Melville noch Dostojewski es gewagt hätten, einen Christus ohne Heiligenschein, eben Jesus von Nazareth, wieder in die Menschenwelt hinunterzuschicken, und dies noch in Romanen, also keineswegs der angesehensten dichterischen Form – Melville in *Billy Budd* und Dostojewski in der Erzählung vom Großinquisitor in den *Brüdern Karamasoff* –, um so konkret und ohne Ausflüchte, wenn auch natürlich dichterisch und in metaphorischer Sprache, zu zeigen, auf welch tragisches und in sich selbst widerspruchvolles Unternehmen sich die Männer der Französischen Revolution, ohne es auch nur zu ahnen, eingelassen hatten. Um zu verstehen, was der Einbruch eines absolut Guten in den Gang menschlicher (im Unterschied zu göttlichen) Angelegenheiten bedeuten würde, tut man besser daran, sich an die Dichter zu halten als an die Geschichte, und dies kann ohne Gefahr der Verfälschung geschehen, wenn man es mit solchen Dichtern zu tun hat, von denen Melville sagt, daß sie »nur jene leidenschaftlichen Erhebungen des Gemüts in Versen verwirklichen, welche ein Mann wie Nelson, wenn er nur die Gelegenheit findet, in Handlungen lebendig darstellt«. Jedenfalls können wir von den Dichtern lernen, daß das absolut Gute im Zusammenleben der Menschen sich als kaum weniger gefährlich erweist als das absolut Böse und daß es nicht in Selbstlosigkeit besteht, denn der Großinquisitor ist ja zweifellos völlig selbstlos, und daß es jenseits von Tugend liegt, selbst einer so hohen Tugend wie der des Kapitäns Vere in Melvilles Roman. Weder Rousseau noch Robespierre waren imstande, sich das Gute jenseits der Tugend auch nur vorzustellen, oder umgekehrt zu verstehen, daß das eigentlich Böse »ohne Sinnlichkeit und ohne Schmutz« (Melville) auftritt, daß es eine Schlechtigkeit jenseits des Lasters gibt.

Daß die Männer der Französischen Revolution unfähig waren, in solchen Begriffen zu denken, und darum unfähig, den Kern der Sache, die ihr eigenstes Handeln in den Vordergrund der Politik gebracht hatte, angemessen zu verstehen, ist nahezu selbstverständlich. Sie kannten bestenfalls die Prinzipien, die ihr Handeln leiteten, aber sie konnten den Sinn der Geschichte, welche das Resultat dieses Handelns war, nicht im vorhinein kennen. Jedenfalls waren Melville und Dostojewski, selbst wenn man von ihrer dichterischen und denkerischen Größe absieht, in einer erheblich besseren Position, sich darüber klarzuwerden, worum es denn nun in der Französischen Revolution eigentlich gegangen ist. Dies gilt in besonderem Maße für Melville, dem als Amerikaner ein ungleich reicherer politischer Erfahrungsschatz zur Verfügung stand als Dostojewski und der daher auf eine unvergleichlich direkte Weise in die Auseinandersetzung der Revolution selbst eingreifen und ihre Behauptung, daß der Mensch im Naturzustande gut und erst durch die Gesellschaft korrumpiert sei, in den Mittelpunkt seines Werkes rücken konnte. In *Billy Budd* sagt Melville gleichsam: Laßt uns doch annehmen, ihr habt recht und euer »natürlicher Mensch« außerhalb der Gesellschaft, also ein »Findling«, ohne alle besonderen Talente, in »barbarischer« Unschuld und einfach »gut«, käme zurück und würde wieder auf Erden wandeln – denn was könnte dies anderes sein als eine Wiederkehr, die apokalyptisch versprochene zweite Offenbarung vor dem Jüngsten Gericht? Ihr könnt ja nicht gut die Geschichte vergessen haben, die dann die Gründungslegende für die gesamte christliche Zivilisation geworden ist. Sollte euch aber dies doch passiert sein, so will ich mir erlauben, euch diese Geschichte noch einmal zu erzählen, und zwar im Zusammenhang eurer eigensten Lebensumstände und in der euch eigenen Sprache.

Das Mitleiden und das Gutsein mögen verwandte Phänomene sein, sie sind nicht dasselbe. Das Mitleiden spielt sogar eine wichtige Rolle in *Billy Budd*, aber das Thema des Romans ist das die Tugend transzendierende absolut Gute und das jenseits des Lasters erst aufscheinende absolut Böse, auf deren Konfrontierung der Gang der Handlung beruht. Das absolut Gute ist zugleich das »natürlich« Gute, für das es keiner Anstrengung bedarf, und das absolut Böse ist gleichfalls »eine natürliche Perversion«, die unabhängig ist von aller »natürlich sinnlichen Gemeinheit«. Das Gute und das Böse stehen gleicherweise außerhalb der Gesellschaft, und die beiden Männer, die es verkörpern, sind gesellschaftlich nirgends verankert: Billy Budd ist ein Findling, und sein Gegner Claggart ist ebenfalls ein Mann unbekannter Herkunft. In der Konfrontierung der beiden ist nichts Tragisches; das natürlich Gute kann zwar nur »stotternd« sprechen und sich daher im täglichen Leben schwer zur Geltung bringen, aber es ist doch unvergleichlich stärker als die Schlechtigkeit, da das Böse ja eine natürliche Perversion ist und die »natürliche« Natur stärker ist als die pervertierte und verdorbene. Die Größe in diesem Teil des Romans zeigt sich darin, daß das Gute, weil es Teil der »Natur« ist, gar nicht demütig und schwach, sondern sehr kräftig, ja sogar gewaltsam auftritt, so daß der Leser überzeugt ist: Nur der Akt der Gewalt, mit dem Billy Budd den Mann erschlägt, der falsch Zeugnis gegen ihn ablegte, ist dem begangenen Verbrechen adäquat, kann mit dieser »natürlichen« Schlechtigkeit fertigwerden. Aber dies ist nicht das Ende, sondern der Anfang der Geschichte, der eigentlichen Handlung des Romans. Die Handlung entfaltet sich erst, nachdem die »Natur« das Ihrige getan hat, nachdem der Bösewicht tot ist und das Gute gesiegt hat, weil sich nämlich nun sofort herausstellt, daß der gute Mann, indem er dem Bösen entgegentrat, sich ebenfalls ins Unrecht gesetzt hat, und zwar auch dann, wenn wir annehmen, daß Billy Budd seine Unschuld durch den Totschlag nicht verlor, daß er »ein Engel Gottes« blieb. Das Unrecht zeigt sich an der Person des Kapitäns Vere, der die »Tugend« personifiziert, die sich in den Konflikt zwischen dem absolut Guten und dem radikal Bösen einschaltet und dadurch die eigentliche Tragödie auslöst. Sicher steht in einer absoluten Wertordnung, gesetzt daß es eine solche gibt und sie von Menschen gültig erkannt werden könnte, das absolut Gute, das Billy Budd in Unschuld verkörpert, weit über der »Tugend« des Kapitäns, und dennoch muß sie in allen menschlichen Angelegenheiten dem Guten als solchem vorgezogen werden, weil nur sie »in dauerhaften Institutionen realisiert« werden kann, während die absolute Unschuld, der einzig der gewaltsame Akt angemessen ist, »mit dem Frieden der Welt und der eigentlichen Wohlfahrt der Menschheit in Krieg gerät«. So geschieht es, daß die Tugend schließlich eingreift, um die Gewalttätigkeit des Unschuldigen zu strafen und nicht um das Verbrechen zu verhindern. Claggart, so meint Kapitän Vere, wurde »von einem Engel Gottes erschlagen! Und doch muß der Engel hängen!« Die Tragödie besteht darin, daß das Gesetz für Menschen gilt und weder für Engel noch für Teufel, es trägt weder dem Engelhaften noch dem Teuflischen Rechnung. Alle Gesetze und alle »dauerhaften Institutionen« scheitern nicht nur, wenn sie dem radikal Bösen ausgesetzt sind, sondern auch unter der schieren Gewalt absoluter Unschuld. Das Gesetz bewegt sich im Rahmen menschlicher Verbrechen und menschlicher Tugenden; was darüber hinaus liegt, geht es nichts an, keine Strafe kann das radikal Böse treffen; aber wenn das absolut Gute in dieser Zwangslage das Gesetz in die eigene Hand nimmt, so kann es, menschlich gesprochen, nur seinerseits bestraft werden, selbst wenn die Tugend, die die Strafe verhängt, also Kapitän Vere, genug von diesen Dingen versteht, um einzusehen und zuzugeben, daß nur die Gewalttätigkeit der reinen Unschuld der furchtbaren Macht des Bösen wirklich gerecht wird. Das Absolute, das nach Melville in dem Begriff der Menschenrechte zum Ausdruck kommt, muß ein Unheil werden, wenn es sich innerhalb des politischen Raumes Geltung verschaffen will.

Ich erwähnte bereits, wie eigentümlich fremd den Männern der Amerikanischen Revolution die Leidenschaft des Mitleidens war. Natürlich hatte John Adams recht, als er schrieb, daß »der Neid und das Ressentiment der Massen gegen die Reichen allgemein sind und nur durch Furcht oder Notwendigkeit in Schranken gehalten werden können. Ein Bettler kann niemals verstehen, warum Leute in Kutschen fahren sollen, während er selbst kein Brot hat.«[30] Und dennoch kann niemand, der Elend und Not kennt, sich mit der merkwürdigen Kälte, der eigentümlichen »Objektivität« dieser Worte abfinden. Da er ein Amerikaner war und über diese Dinge vielleicht ähnlich dachte, konnte Melville erheblich besser mit den theoretischen Ansprüchen der Männer der Französischen Revolution fertigwerden – er sah die politischen Konsequenzen des »der Mensch ist gut« – als mit dem entscheidenden leidenschaftlichen Anteil, der hinter diesen Theorien lag, mit dem Anteilnehmen an den höchst realen Leiden der Erniedrigten und Beleidigten. So ist charakteristischerweise der Neid in *Billy Budd* nicht der Neid der Armen auf die Reichen, sondern der Neid »der pervertierten Natur« auf das Reine und Gesunde: Claggart handelt aus Neid auf Billy Budd, dessen unschuldige Fröhlichkeit er nicht ertragen kann, und Mitleiden wiederum ist hier nicht das Leiden dessen, der selbst heil ist, mit dem der wirklich leidet; Mitleiden kommt umgekehrt ins Spiel, weil Billy Budd, das unschuldige Opfer, mit dem Kapitän mitleidet, der ihn doch ins Verderben schickt. Denn die Tragödie des Kapitäns, der einzigen wirklich tragischen Gestalt in dieser Geschichte, ist nicht, daß er Erbarmen hat mit seinem Opfer, sondern daß er sich der tieferen Ungerechtigkeit dessen, was er tut und tun muß, nur zu gut bewußt ist.

Daher ist die klassische Geschichte dieser anderen, nicht-theoretischen Seite der Französischen Revolution die Geschichte von den Motiven, die hinter den Worten und Taten stehen: der »Großinquisitor« von Dostojewski, in dem das stumme wirkliche Mitleiden Jesu kontrastiert wird mit dem Schwall von Reden und Worten, in denen sich ein bloßes mitleidiges Bedauern kundgibt, das wohl die Not der andern sieht und sogar versteht, sie aber nicht eigentlich teilt, von ihr nicht ergriffen wird und die Distanz zu dem Objekt immer wahrt. Denn Mitleiden, die leidenschaftliche Betroffenheit von dem Leiden anderer, als sei es ansteckend, und mitleidiges Bedauern, also Mitleid in dem gewöhnlichen Wortsinn, das nicht eigentliches Leiden ist, sind nicht nur nicht dasselbe, sie dürften nicht einmal verwandte Phänomene sein. Wirkliches Mit-Leiden kann seiner Natur nach sich nicht auf das Leiden einer Klasse oder eines Volkes beziehen, und das sogenannte »Leiden der Menschheit« überhaupt wird niemals auch nur in seinen Gesichtskreis treten. Es kann nicht weiter reichen als bis zu dem konkreten augenfälligen Leiden des Einzelnen, ohne aufzuhören, wirklich *mitzuleiden*. Seine Stärke wurzelt in der Leidenschaftlichkeit, sofern diese erst einmal auf der Leidensfähigkeit des Menschen beruht, und die Leidenschaft im Unterschied zur Vernunft begreift und ergreift nur das Vereinzelte und Partikulare, hat aber keinen Begriff vom Allgemeinen und keine Fähigkeit zu generalisieren. Die Sünde des Großinquisitors ist, daß er wie Robespierre »sich zu schwachen Menschen hingezogen fühlt«, und zwar nicht nur, weil solche »Sympathie« von einem Willen zu Macht und Herrschaft kaum zu unterscheiden ist, sondern auch weil er durch sie die Leidenden und die Schwachen bereits depersonalisiert, in eine Kategorie zusammengefaßt hat, in eine Art Kollektiv – die leidenden Massen, *le peuple toujours malheureux* –, von dem er selbst notwendigerweise als Einzelner in Distanz bleibt. Für Dostojewski war es offensichtlich gerade ein Zeichen der Göttlichkeit in der Person Jesu, daß dieser es fertigbrachte, mit allen Menschen als Einzelnen mitzuleiden, und daß diese, obwohl es buchstäblich alle waren, ihm doch nicht in irgendein Kollektiv, in die eine leidende Menschheit zusammenflossen. Die Größe der Geschichte, ganz abgesehen von ihren theologischen Implikationen, liegt darin, daß wir spüren, wie falsch und unecht die idealistischen, hochtönenden Phrasen des erlesensten bloßen Mitleids klingen, sobald sie mit wirklichem Mit-Leiden konfrontiert werden.

Eng verbunden mit dieser Unfähigkeit zu verallgemeinern ist die seltsame Stummheit oder zumindest Ungeschicklichkeit im Umgang mit Worten, die im Gegensatz stehen zu der natürlichen Beredsamkeit der Tugend und der Redseligkeit des bloßen Mitleids und die das eigentliche Zeichen des Mit-Leidens (wie der Güte) sind. So wie das Leid selbst, im Gegensatz zur Freude, von Haus aus stumm ist und nur auf Umwegen zur Klage führt, so sind auch Leidenschaft und Mitleiden zwar nicht eigentlich sprach-los, aber neigen doch eher dazu, sich in Gesten und Blicken auszudrücken als in Worten. Wenn Jesus schweigend der langen Rede des Großinquisitors zuhört, so nicht, weil er keine Argumente dagegen wüßte, sondern weil er im Zuhören angefangen hat mitzuleiden, weil er bereits getroffen ist von dem Leiden, das hinter dem Redefluß des großen Monologs liegt und sich in ihm gerade nicht ausspricht. Die Intensität seines Zuhörens verwandelt den Monolog in eine Art Zwiegespräch, aber gerade das lautlose Zwiegespräch kann nur mit einer Geste enden, der Geste des Kusses, nicht mit einer sprachlichen Erwiderung. Ganz analog hierzu ist die Geste, mit der Billy Budd unter dem Galgen sein Leben endet, denn seine letzten Worte: »Gott segne Kapitän Vere!«, mit denen er selbst in wirklichem Mitleiden mit den Gewissensqualen des Kapitäns alles Für und Wider über das Todesurteil abschließt, kommt einer Geste erheblich näher als einer Rede. In dieser Hinsicht der Liebe nicht unähnlich, kann es dem Mitleiden auf seiner höchsten Stufe wohl gelingen, die in allem menschlichen Verkehr sonst immer vorhandene Distanz, den weltlichen Zwischenraum, der Menschen voneinander trennt und sie gleichzeitig miteinander verbindet, auszulöschen; und wenn es der Tugend eigen ist, darauf zu bestehen, daß es stets besser ist, Unrecht zu leiden als Unrecht zu tun, so kann einzig dies vollkommene Mit-Leiden hierüber hinausgehen und in vollem, sogar naivem Ernst behaupten, daß es besser ist zu leiden als andere leiden zu sehen.

Weil nun aber das Mitleiden die Distanz zwischen Menschen auslöscht und mit ihr den weltlichen Zwischenraum, in dem sich politische Angelegenheiten und alles, was Menschen im Verkehr miteinander tun, abspielen, ist es, politisch gesprochen, ohne Bedeutung und ohne

Folgen. Dies meint Melville, wenn er sagt, es sei unfähig zur Errichtung »dauerhafter Institutionen«. Jesu Schweigen und Billy Budds Stottern weisen auf das gleiche hin, nämlich auf ihre Unfähigkeit oder Ungeneigtheit, sich der normalen aussagenden oder argumentierenden Sprechweise zu bedienen, in der man *zu* jemandem *über* etwas spricht, das von Interesse für beide ist, weil es in der Tat *inter-est*, zwischen ihnen lokalisiert ist. Dies beredte und argumentative Interesse an der Welt ist dem Mitleiden ganz fremd, denn dieses drängt mit leidenschaftlicher Intensität über die Welt hinweg direkt zu dem Leidenden selbst; dieses Mitleiden spricht nur, sofern es irgendwie auf die Töne und Gestik antworten muß, durch die das Leiden des anderen in der Welt sichtbar und hörbar erscheint. Und so ist es auch gemeinhin keineswegs das Mitleiden, das es unternimmt, die Welt zu ändern, um menschliches Leiden zu lindern; wenn es aber aus irgendwelchen besonderen Umständen heraus dazu doch gedrängt wird, so wird es seiner Natur gemäß vor den langwierigen und langweiligen Prozessen des Überredens, Überzeugens, Verhandelns und Kompromisseschließens, welche die der Politik gemäßen Handlungen sind, zurückscheuen; es wird statt dessen versuchen, dem Leiden selbst Stimme zu verschaffen und zur »direkten Aktion« schreiten – nämlich zum Handeln mit den Mitteln der Gewalt.

Wieder liegt die innere Verwandtschaft der Phänomene des Gutseins und des Mitleidens offen zutage. Denn weil das Gute im Unterschied zur Tugend natürlich und keiner Versuchung ausgesetzt ist, kennt es nicht die Argumente der Vernunft, durch welche der Mensch sich der Versuchungen erwehrt und gleichzeitig mit dem Bösen vertraut macht; es kann so im Verkehr mit den Menschen sich nur darauf verlassen, daß es erkannt wird, es kann weder überzeugen durch Worte noch argumentieren. Für den Guten versteht sich die gute Tat von selbst. Die große Forderung aller zivilisierten Rechtspflege, daß der Schuldbeweis immer der Anklage obliegt, entstammt letztlich der Einsicht, daß nur Schuld wirklich beweisbar ist, Unschuld dagegen, sofern sie mehr sein soll als ein Nichtschuldig, niemals erwiesen, sondern nur auf Treu und Glauben akzeptiert werden kann, wobei die Schwierigkeit darin liegt, daß ein solches Vertrauen sich nicht einmal auf das gegebene Wort zu stützen vermag, das ja immer auch eine Lüge sein kann. Billy Budd hätte statt zu stottern mit Engelszungen sprechen können, und es wäre ihm doch nicht gelungen, die Anschuldigungen Claggarts, des radikal Bösen, zurückzuweisen, mit denen er konfrontiert war; darauf gerade gab es nur eine Antwort: die Hand erheben und den Ankläger totschlagen.

Offenbar hat Melville das für die Tradition unseres politischen Denkens so außerordentlich entscheidende legendäre Urverbrechen: Kain erschlug Abel, umgekehrt, und diese Umkehrung war weder willkürlich noch zufällig. Sie ergab sich in der Tat aus der Umkehrung, mit der die Männer der Französischen Revolution auf das Dogma der Erbsünde geantwortet hatten – nicht die Sünde, das Gute ist dem Menschen angeboren. Melville sagt im Vorwort zu *Billy Budd* selbst, welche Frage den Kern der Geschichte bildet: Wie war es möglich, so fragt er, daß gleich nach »Abstellung uralten Unrechts in der Alten Welt ... die Revolution größeres Unrecht und schlimmere Unterdrückung beging als die Könige«? Und er gab die im Rahmen unserer Tradition und der Gleichstellung von Gutsein mit Demut und Schwäche höchst verblüffende Antwort: Das Gute ist stark, stärker als das »elementar Böse«, darum teilt es mit diesem Bösen auch die elementare Gewalttätigkeit, zu der alle Stärke neigt und die allen Formen politischer Organisation zum Unheil ausschlägt. Es ist, als sagte er: Laßt uns doch einmal annehmen, daß von nun an der Grundstein aller politischen Organisation sein soll: Und Abel erschlug Kain, das Gute wurde gewalttätig mit dem Bösen fertig. Seht Ihr denn nicht, daß dieser Gewaltakt die gleiche Kette des Unrechts zur Folge haben wird, die wir aus der Geschichte kennen, nur daß nun die Menschen sich nicht einmal damit werden trösten können, daß die Gewalt, die das Unheil in die Welt bringt und daher von den Menschen verbrecherisch genannt und verfolgt wird, wirklich nur das Kennzeichen des Bösewichts ist?

IV

Daß Rousseau das Mitleiden für die Grundlage aller echten menschlichen Bezüge hielt, weil er selbst an den Nöten seiner Mitmenschen litt, ist nicht wahrscheinlich. Wahrscheinlich ist vielmehr, daß er in dieser wie in nahezu allen anderen Hinsichten sich von einer ursprünglichen Rebellion gegen die Gesellschaft leiten ließ, die aus anderen Motiven gespeist war, ihn dann aber auch ihre schamlose Gleichgültigkeit und Selbstsucht beim Anblick der Nöte und Leiden in ihrer unmittelbaren Umgebung entdecken ließ. Was ihn empörte, war die Kälte des Salons, gegen die er die Reserven des Herzens mobilisierte, und er identifizierte die kalte Gleichgültigkeit der Gesellschaft gegen alles Unglück mit einer angeblichen »Herzlosigkeit« der Vernunft, weil beide darin übereinzukommen scheinen, daß sie »beim Anblick des Unglücks anderer sagen: Gehe ruhig zugrunde, ich bin in Sicherheit.«[31] Was ihn eigentlich interessierte, war nicht das Unglück anderer, sondern waren die Bewegungen des eigenen Herzens, welche unter anderem auch durch den Anblick fremden Leidens erzeugt werden können. Die ewig wechselnden Stimmungen und Launen, deren das innere Leben des Menschen fähig ist, bezauberten und entzückten ihn wie kaum einen großen Schriftsteller vor ihm, und es ist keine Frage, daß er in einem bis dahin unbekannten Maße die eigentümliche Süße der Herzensbewegungen und damit der Intimität entdeckt hat, die dann eine so wesentliche Rolle in der Formation der modernen Sensibilität gespielt hat. In dieser Sphäre der Intimität aber waren nicht Leidenschaften – die leidende Ergriffenheit von außerhalb des Individuums liegenden Mächten oder Gegebenheiten – ausschlaggebend, sondern Gefühle, Empfindungen und Emotionen, kurz alles, was die neu entdeckte Skala der Herzensbewegungen in Erregung bringen konnte. Das Mitleiden wurde also als ein auf sich selbst reflektiertes Gefühl entdeckt und verstanden, und das Gefühl, das der leidenschaftlichen Ergriffenheit durch das Leiden anderer entspricht, ist natürlich das Mitleid im gewöhnlichen Wortsinn.

Sowohl die leidenschaftliche Anteilnahme an fremdem Leid wie die Perversion dieses echten Leidens in das gefühlsselige Mitleid stehen außerhalb der Politik. Im politischen Raum entspricht ihnen die Solidarität, die sich nicht wie das Mitleid »zu den Schwachen hingezogen« fühlt, sondern in abwägender Freiheit von Gefühl wie Leidenschaft darauf sinnt, eine von dem Wechsel der Stimmungen und Empfindungen unabhängige, dauerhafte Interessengemeinschaft mit den Unterdrückten und Ausgebeuteten zu etablieren. Das allen gemeinsame

Interesse, an dem die Solidarität sich orientiert, besteht in der »Größe des Menschen« oder in »der Ehre des Menschengeschlechts« oder auch in der Würde all dessen, was Menschenantlitz trägt, so wie Kant, belehrt von der Französischen Revolution, es verstand. Denn da die Solidarität der Vernunft teilhaftig ist, kennt sie das Allgemeine und ist fähig, ein Kollektiv begrifflich zu erfassen, nicht nur das Kollektiv einer Klasse oder einer Nation oder eines Volkes, sondern schließlich auch die Idee der Menschheit, wie die Vernunft sie uns vorgibt. Zwar kann diese Solidarität, sofern sie sich auch als Gefühl äußert, durch den Anblick fremder Not erweckt werden, aber sie wird sie selbst erst, wenn sie das reine Mit-Leiden übersteigt und die Starken und Reichen ebenso miteinbezieht wie die Armen und Schlechtweggekommenen. Verglichen mit dem Mitleid, das in seinem eigenen Gefühl schwelgt, aber auch mit dem Mit-Leiden, das leidenschaftlich seiner selbst vergißt, wird diese an Ideen orientierte und von der Vernunft geleitete Solidarität leicht als kalt und abstrakt erscheinen, als fehle es ihr an allgemeiner Menschenliebe. Dafür ist das, worauf sie sich gründet: die Prinzipien der Größe, der Ehre, der Würde des Menschen, erheblich dauerhafter als Gefühl und Leidenschaft. Hinzu kommt, daß die echte Leidenschaft des Mitleidens im Politischen, wo wir es mit den Vielen zu tun haben, immer scheitern muß; nur das Gefühl des Mitleids, das sich in gefühlsseliger Distanz zu seinem Objekt hält, kann sich einer Menge mitteilen und im Raum der Öffentlichkeit erscheinen, um dann als der demagogisch gefährlichste Konkurrent der Solidarität überall da aufzutreten, wo die Unterdrückten und Enterbten die Mehrheit ausmachen. Denn im Unterschied zur Solidarität kann das Mitleid niemals dem Glück und dem Unglück, den Starken und den Schwachen gleicherweise Rechnung tragen; ohne Unglück gäbe es kein Mitleid, und Mitleid ist darum ebenso interessiert daran, daß es Unglückliche gibt, wie der Machthunger daran interessiert ist, daß Schwäche und Ohnmacht ihm in die Hände spielen. Hinzu kommt, daß die sentimentale Gefühlsseligkeit des Mitleids beinahe automatisch dazu führt, den Anlaß des Gefühls, also das Leiden der anderen, zu glorifizieren. Bleiben wir also bei unserer Terminologie und sprechen die Solidarität als eines der Prinzipien an, die das Handeln inspirieren und lenken, das Mitleiden als eine der großen Leidenschaften, die den Menschen ergreifen können, und das Mitleid als eines der notwendigerweise in sich selbst reflektierten und daher der Sentimentalität ausgesetzten Gefühle, so können wir sagen, daß Robespierres Verherrlichung der Armen und sein Loblied auf das Leiden als der Wurzel der Tugend sentimental im eigentlichen Sinne waren und daher selbst dann gefährlich gewesen wären, wenn sie nicht, wie wir anzunehmen versucht sind, der bloße Vorwand eines außerordentlichen Machtwillens waren.

Eines steht fest: Wo immer man die Tugend aus dem Mitleid abgeleitet hat, haben sich Grausamkeiten ergeben, die es unschwer mit den grausamsten Gewaltherrschaften der Geschichte aufnehmen können. »Par pitié, par amour pour l'humanité, soyez inhumains!« – diese Worte aus der Petition einer der Pariser Sektionen während der Revolution sind nicht der zufällige Einfall eines paradox witzigen Kopfes, und sie sind noch nicht einmal besonders extrem; sie sprechen nur zum erstenmal die furchtbare Sprache des Mitleids. Und wie oft haben wir seither, wenn auch zumeist in etwas raffinierterer Form, die geläufige Rationalisierung gehört, mit der Menschen sich für die Grausamkeiten, die sie im Namen des Mitleids begehen, entschuldigen, und die hier unmittelbar folgt: »ainsi l'habile et secourable chirurgien fait tomber sous son fer cruel et bienfaisant le membre grangrène pour sauver le corps du malade«[32]. Hinzu kommt, daß Gefühle im Unterschied zu Leidenschaften und Prinzipien ihrer Natur nach maßlos sind und daß Robespierre, gesetzt den Fall, er war wirklich ein Opfer der Leidenschaft des Mitleidens, gar nicht anders konnte, als diese Leidenschaft in ein Gefühl zu verwandeln und zu pervertieren, wenn er sie politisch einsetzen wollte, d. h. in einem Bereich, in dem er nicht mehr mit dem konkreten Leiden einzelner Personen konfrontiert war. So verwandelte sich, was vielleicht ursprünglich ein echtes Leiden und eine Leidenschaft gewesen war, in die Grenz- und Maßlosigkeit bloßer Gefühle, deren kontrollierte Ausbrüche gerade darum nur zu gut den wirklich grenzenlosen Leiden einer unübersehbar großen Masse des Volkes entsprachen. Für diese Erfolge bei der Menge bezahlte er mit dem Verlust der Fähigkeit, Beziehungen zu Personen in ihrer Singularität herzustellen und an ihnen festzuhalten. Auf die Flut des Leidens rings um ihn antwortete er, indem er den Sturm der Emotionen in sich selbst losließ, und beide zusammen überspülten alle konkreten Erwägungen und Bedenken, ob diese nun freundschaftlicher oder staatsmännischer oder prinzipieller Natur waren. In diesen Dingen und nicht in irgendwelchen ihm eigentümlichen Charakterfehlern müssen wir die Gründe für Robespierres verblüffende Treulosigkeit suchen, welche bereits die noch um einige Grade größere Perfidie und Gemeinheit ankündigt, die dann eine so verhängnisvolle Rolle in der revolutionären Tradition spielen sollten. Unzählige Male seit der Französischen Revolution hat sich dieses Spektakel wiederholt; immer wieder war es die Maßlosigkeit ihrer Emotionen, welche die Revolutionäre so seltsam unempfindlich für das faktisch Reale und vor allem für die Wirklichkeit von Menschen machte, die sie immer bereit waren, für die Sache oder den Gang der Geschichte zu opfern. Wir kennen diese emotionsgeladene Unempfindlichkeit für reale Verhältnisse und die dazu gehörige Verantwortungslosigkeit und Unzuverlässigkeit zur Genüge aus der Biographie Rousseaus, aber was bei Rousseau notwendigerweise auf sein Privatleben beschränkt blieb, wurde durch Robespierre ein wichtiger Faktor in den Fraktionskämpfen der Revolution.[33]

Politisch gesprochen, kann man sagen, daß das Unheil der Robespierreschen Tugend darin lag, daß sie keine Begrenzung akzeptierte. Hätte er Montesquieus großen Ausspruch gekannt, daß selbst die Tugend Grenzen haben müsse, so hätte er daraus nur auf ein kaltes Herz geschlossen. Wir haben es heute leicht, Montesquieus Voraussicht zu bewundern, denn wir wissen, wie die von Mitleid erzeugte Tugend Robespierres von Anfang an sich über die Gesetze hinwegsetzen zu dürfen meinte und so alles Vertrauen in Recht und Gerechtigkeit verwüstet hat.[34] Gemessen an den ungeheuren Leiden der großen Mehrheit des Volkes konnte die Unparteiischkeit von Recht und Gesetz wie ein Hohn wirken, denn sie verlangte die Anwendung der gleichen Regeln auf die, welche in Palästen, und die, welche unter den Brücken von Paris schliefen. Seit die Revolution die Tore des politischen Raumes den Armen geöffnet hatte, war dieser Raum in der Tat ein »gesellschaftlicher« geworden, d.h. er war überwältigt von den Nöten und Sorgen, die ihrer Natur nach in die private Haushaltssphäre gehören und denen nun, obwohl sie Zulaß zu der Sphäre des Öffentlichen gefunden hatten, doch nicht mit politischen Mitteln abgeholfen werden konnte, da es sich hier nicht um Dinge handelte, denen man durch Urteil, Entschluß und Überzeugung beikommen konnte, sondern einzig und allein auf dem Wege fachmännisch geleiteter Verwaltung. Zwar hatte eine Invasion sozialer und ökonomischer Angelegenheiten in den öffentlich politischen Raum schon vor den Revolutionen des ausgehenden achtzehnten Jahrhunderts stattgefunden, und die verhängnisvolle Verwandlung der Regierung in einen Verwaltungsapparat, in welchem persönliche Herrschaft durch bürokratische, anonyme Maßnahmen und Gesetze durch Verordnungen abgelöst werden, ist bereits deutlich im Zeitalter des Absolutismus vorgebildet. Aber nach dem Untergang dieses Staatsapparats in der Revolution waren es nicht mehr wirtschaftliche Angelegenheiten und finanzielle Probleme, die in den öffentlichen Raum drängten, sondern lebendige Menschen, die, getrieben von einer gleichsam präpolitischen Not, alle noch bestehenden Institutionen vernichteten und neue zu schaffen außerstande waren. Mit diesem nackten Elend, so mußte es scheinen, konnte nur die nackte Gewalt fertigwerden.

So konnte es geschehen, daß alle eigentlich politischen Fragen, einschließlich des damals wichtigsten politischen Problems, des Problems der Staatsform, zu Fragen der Außenpolitik wurden. Daß Louis XVI. als Verräter und nicht als Tyrann enthauptet wurde, hatte zur Folge, daß die neue republikanische Freiheit sofort mit der Freiheit der französischen Nation zusammenfiel, die sich gegen die Verschwörung der Monarchen Europas behaupten mußte. Wir sehen hier wieder die gleiche entscheidende Akzentverlagerung, die den Wendepunkt der Revolution bildet und die wir bereits früher antrafen als die Akzentverschiebung von den Staatsformen auf »die natürliche Unverdorbenheit einer Klasse« oder von der Republik auf das Volk oder die Nation. Historisch läßt sich nachweisen, daß dies der Moment war, an dem die Desintegration der Revolution in einen permanenten Kriegszustand einsetzte – in den Frankreich aufgezwungenen Krieg mit den europäischen Mächten, den das Land und die Republik gewannen, und in den Bürgerkrieg, an dem die Republik zum mindesten zugrunde ging. Wenn die Frage der neuen Staatsform auf dem Schlachtfeld entschieden werden sollte, dann gaben Gewalt und die Mittel der Gewalt, und nicht die gerade erst gewonnene und niemals rechtmäßig konstituierte Macht, den Ausschlag. Wenn das eigentliche Ziel der Revolution nicht die Republik war und die Gründung eines neuen Staatswesens, sondern die Befreiung des Volkes von Armut und Not und die Wohlfahrt aller, dann dürfte Saint-Justs jugendliche Blasphemie: »Nichts sieht der Tugend so ähnlich wie ein großes Verbrechen«, sich aus den Erfahrungen des Tages unschwer erklären, denn dann folgte in der Tat, daß »alles denen erlaubt sein muß, die im Sinne der Revolution handeln«[35].

Kein anderer Satz sagt so deutlich, so präzis, so einprägsam, an welchem Punkte sich die Wege scheiden. Daß Recht ist, was der Revolution nützt, diesen Satz, der seit Robespierres Anklagerede auf Louis XVI. nahezu selbstverständlich wurde für die Männer der Französischen Revolution, hätten die amerikanischen Revolutionäre nie unterschrieben, und zwar weil sie die große Aufgabe, die Freiheit zu gründen und dauerhafte Institutionen zu schaffen, nie aus den Augen verloren. Denjenigen, die in diesem Sinne handelten, war nichts erlaubt, was gegen das Strafgesetzbuch verstieß. Es war das Unglück der Französischen Revolution, daß sie sehr bald von dem Kurs, der zur Gründung eines neuen politischen Körpers führte, durch die unmittelbare Vordringlichkeit der Not des Volkes abgedrängt wurde; die Richtung, die sie dann einschlug, war nicht mehr von den Erfordernissen bestimmt, welche die Befreiung von Tyrannen, sondern von denen, welche eine Befreiung von der Notwendigkeit diktierten, und was die Handelnden antrieb, war nicht mehr die Freiheitsliebe, sondern das grenzenlose Elend des Volkes und das maßlose Mitleid mit den Unglücklichen. Die Widerrechtlichkeit des »Alles ist erlaubt« ertönte hier noch aus der echten Gesetzlosigkeit des Herzens, das dem Gesetz immer seine Erbarmungslosigkeit vorwerfen wird. Daß das Gesetz Erbarmen nicht kennt, wer wollte es leugnen? Nur darf man darüber nicht vergessen, daß es immer die brutale Gewalt ist, die sich an die Stelle des Gesetzes setzt, ganz gleich aus welchem Grunde Menschen es abschaffen. Nichts ist geeigneter, dies zu lehren, als die Geschichte der Revolutionen.

Dies kann natürlich nicht heißen, daß den Männern der Amerikanischen Revolution das große Kraftpotential, das durch die Herrschaft der Gewalt und die bewußte Außerkraftsetzung aller Gesetze entfesselt werden kann, unbekannt gewesen wäre. So haben die Nachrichten von dem Terror in Frankreich in den Vereinigten Staaten gerade darum mehr Schrecken und Abscheu erregt als in Europa, weil man in einem Koloniallande mit den Gegebenheiten von Gewalttätigkeit und Gesetzlosigkeit nur allzu vertraut war. Die Pfade durch die »geschichtsferne Wildnis« *(unstoried wilderness)* des Kontinents waren hier wie in allen Kolonialunternehmungen »zumeist von den schlechtesten Elementen« der Gesellschaft gelegt worden, als könnten die »ersten Schritte nicht getan, die ersten Bäume nicht gefällt werden ohne entsetzliche Gewalttaten und furchtbare Verwüstungen«[36]. Aber wenn amerikanische Kolonisten auch immer wieder aus der Zivilisation in die Wildnis flohen und außerhalb der Reichweite des Gesetzes nach dem Grundsatz des »Alles ist erlaubt« lebten, so haben doch weder sie selbst noch die Zurückgebliebenen und nicht einmal ihre Bewunderer je gemeint, daß aus diesen Verbrechen ein neues Gesetz und eine neue Weltordnung entstehen könnte. Die Verbrechen und die Unmenschlichkeiten, die aus der Geschichte der amerikanischen Kolonisation so reichlich zu berichten sind, blieben doch immer die Taten von Einzelnen, und die Verallgemeinerungen und Reflexionen, zu denen sie Anlaß gaben, betrafen die bestialischen Möglichkeiten der Menschennatur, nicht aber das politische Verhalten organisierter Gruppen und noch weniger das Walten irgendeiner historischen Notwendigkeit, deren Fortschritt sich in Verbrechen und Verbrechern manifestiert.

Natürlich gehörte auch die Wildnis zu Amerika, und die neue Staatsform des Landes war für sie wie für die bereits besiedelten und unter Verfassungen lebenden Gebiete bestimmt: Sie alle zusammen bildeten das Volk des Landes, das von nun an in Freiheit seine Geschicke bestimmen sollte. Aber das Wort »Volk« wurde für die Gründer niemals ein Singular, sie verstanden es vielmehr als eine Vielheit und stellten sich darunter die unendlichen Verschiedenheiten und Unterschiede einer Menge vor, die gerade in ihrer Pluralität ehrfurchtgebietend war. Die sogenannte öffentliche Meinung war ihnen daher allen gleicherweise suspekt, eben weil sie durch Hysterie oder Manipulation so leicht zur Einmütigkeit führt; sie wußten nur zu gut, daß der öffentliche Raum in einer Republik gerade überhaupt nur durch einen

Meinungsaustausch zwischen Gleichen gebildet werden kann und daß dieser Bereich sofort verschwindet, wenn ein Austausch von Meinungen und ein Ausgleich der Differenzen überflüssig wird, weil alle Bürger plötzlich wie durch ein Wunder der gleichen Meinung sind. Daher appellierten sie auch niemals, wenn sie überzeugen wollten, an die öffentliche Meinung wie Robespierre und eigentlich alle Männer der Französischen Revolution; mit der öffentlichen Meinung übereinzustimmen war ihnen keineswegs eine erwünschte Hilfe im Meinungskampf. Vielmehr hielten sie die Herrschaft der öffentlichen Meinung für eine der Formen der Tyrannei. Wie selbstverständlich es ihnen war, das Volk mit einer Pluralität von Stimmen und Interessen zu identifizieren, kann man unschwer daraus ersehen, daß Jefferson ausdrücklich verlangt, »uns zu einer Nation in allen auswärtigen Belangen zu machen und uns in Fragen der Innenpolitik in unseren Unterschieden zu erhalten«[37], oder daß Madison die Regulierung von Meinungen und Interessen, aber nicht ihre Einebnung, »unter die Hauptaufgaben der Gesetzgebung« rechnet und daraus folgert, daß »der Parteien- und Fraktionsgeist in den Handlungen der Regierung mit enthalten ist«. Bemerkenswert ist, wie positiv Madison hier von Fraktionen spricht, denn dieser Ton steht in auffallendem Widerspruch zu der klassischen Tradition, an deren Lehren sich die gründenden Väter gemeinhin genau zu halten pflegten. Madison dürfte sich bewußt gewesen sein, daß er hier in einem wichtigen Punkt von der Tradition abwich, denn er begründet seine Behauptung sehr ausführlich mit allgemeinen Einsichten in die Natur der menschlichen Vernunft, und nicht einfach dadurch, daß er auf die tatsächlich bestehenden Interessenkonflikte in der Gesellschaft hinweist. Seiner Ansicht nach müssen Partei und Fraktion im Schoße der Regierung so lange die vielen Stimmen und Meinungsdifferenzen reflektieren, »wie die menschliche Vernunft fehlbar und der Mensch dennoch frei ist, von seiner Vernunft Gebrauch zu machen«[38].

Diese gegensätzliche Einschätzung der öffentlichen Meinung in Frankreich und Amerika hatte natürlich ihren guten Grund. Die Art von Pluralität, welche die Gründer der amerikanischen Republik repräsentierten und schließlich politisch konstituierten, gab es in Europa höchstens in den gehobenen Schichten der Gesellschaft, und sie verschwand, je mehr man sich dem eigentlichen »Volke« näherte. Die »Unglücklichen«, welche die Französische Revolution aus der Finsternis der Not und des Elends befreit hatte, waren nur zahlenmäßig eine Vielheit. Rousseaus Bild von einer »Menge, die in einem Körper vereint« und von einem Willen beseelt ist, betraf durchaus eine Realität; denn diese Menge war von Hunger getrieben, und der Schrei nach Brot ist unisono. Was den Hunger betrifft, gibt es keine Unterschiede, und eine Menge, die von ihm getrieben ist, ist in der Tat wie ein einziger, durch die Straßen sich wälzender Leib. Daher kann man auch keineswegs den französischen Begriff des Volkes als eines vielköpfigen Ungeheuers einfach als einen theoretischen Mißgriff abtun, und wenn die Vorstellung des Volkes als einer Menschenmasse, die von einem Willen beseelt ist, auf der ganzen Welt verbreitet ist, so nicht weil die »abstrakten Ideen« der Französischen Revolution überall Einfluß gewonnen haben, sondern weil dieses Bild unmittelbar einleuchtend ist, wo immer der Hunger herrscht. Die politische Gefahr der Armut besteht gerade darin, daß sie die Pluralität vernichtet und aus den Vielen so etwas wie Eines macht, daß dieses physische Leiden Gefühle und Stimmungen erzeugt, welche der Solidarität zum Verwechseln ähnlich sehen, und daß schließlich das Mitleid mit einem leidenden Kollektiv so leicht für echtes Mitleiden gehalten werden kann, das nur einem Einzelnen gegenüber möglich ist, eben weil sein Objekt scheinbar ein Singular ist, aber ein so ungeheuer großer, daß nur ein maßlos gesteigertes Gefühl ihm entsprechen kann. Robespierre hat gelegentlich die Nation mit dem Meer verglichen, und an dem Vergleich ist immerhin so viel wahr, daß das Meer des Elends und der Sturm der Gefühle, den es entfesselte, das Ihre dazu getan haben, die Grundlagen der Freiheit zu überspülen.

Die überlegene Einsicht der amerikanischen Gründer in Theorie und Praxis, so offenkundig und eindrucksvoll sie ist, hat doch niemals die Überzeugungskraft und Glaubwürdigkeit besessen, die notwendig gewesen wären, um sich in der revolutionären Tradition zur Geltung zu bringen. Es ist, als sei die Amerikanische Revolution in einer Art elfenbeinernen Turm vonstatten gegangen, durch dessen feste Mauern das erschreckende Schauspiel menschlicher Not, die anklagende Stimme des Elends nicht drangen. Und dieses Schauspiel und diese

Stimme blieben für lange Zeit das Schauspiel und die Stimme – nicht der Menschheit, aber – des Menschengeschlechts. Wie auf einer Insel saßen sie, die von keinem Leiden um sie in ihren Gefühlen beirrt, von keiner vordringlichen Not zur Unterwerfung unter die Notwendigkeit versucht, von keinem Mitleid verlockt wurden, ihre Vernunft über den Haufen zu werfen; sie hatten es leicht, möchte man im nachhinein sagen, von Anfang bis Ende Herr ihrer Entschlüsse zu bleiben – von der Unabhängigkeitserklärung der dreizehn Kolonien über die Konstituierung der Kolonien in »Staaten« bis zum Erlaß der Verfassung der Vereinigten Staaten. Am Prüfstein des Mitleids hat sich ihr kräftiger Realismus nie erprobt, und ihr gesunder Menschenverstand hat nie Anlaß gefunden, sich in die absurde Hoffnung zu verlieren, daß der Mensch, den das Christentum in seiner Natur für verderbt und daher sündig erklärt hatte, sich plötzlich noch als Engel offenbaren werde. Da die nobelste der Leidenschaften, das Mitleiden, sie nie in Versuchung geführt hatte, konnten sie sich unter den Leidenschaften nichts anderes als Triebe und Begierden vorstellen, und die Passionen, die sie so einmütig für eine niedere Form des menschlichen Gemütslebens hielten, verloren jede Spur ihres ursprünglichen Sinnes, den Sinn des παθεῖν, des ertragenden, ausstehenden Leidens. So eignet ihren Theorien, auch den besten und lehrreichsten, eine eigentümliche Erfahrungslosigkeit, eine Unbeschwertheit, die manchmal an Leichtsinn grenzt, und daher eine Gewichtlosigkeit, die, ganz abgesehen von allen äußeren Umständen, die Gefahr der Bestandlosigkeit von Anfang an in sich trug. Denn menschlich gesprochen, ist es das Ertragenkönnen, das uns dazu befähigt, Tragfähiges und Kontinuierliches zu erschaffen. Sie haben sehr viel über Staat und Regierung im allgemeinen und ihre Rolle im menschlichen Leben nachgedacht, aber über den ja doch letztlich oberflächlichen und unzutreffenden Vergleich der Regierung mit der Kapazität der Vernunft und der Regierten mit den Leidenschaften, als zügele und beherrsche der Staat seine Bürger, wie die Vernunft die Leidenschaften zügeln und beherrschen soll, sind sie kaum je hinausgekommen. Zu meinen, man müsse nur die »irrational« unberechenbaren Triebe und Begierden unter die Kontrolle des »Rationalen« bringen, war natürlich überall charakteristisch für die Aufklärung; wie unzureichend diese Gedanken waren, hat sich dann sehr schnell und in vielen Hinsichten erwiesen – vor allem auch die ihnen zugrundeliegende oberflächliche Gleichsetzung von Denken und Vernunft und von Vernunft und Verstand.

Dennoch ist nicht zu leugnen, daß diese Sache auch noch eine andere Seite hat. Was immer es mit den Leidenschaften und Gefühlen auf sich haben und wie immer ihr Verhältnis zum Denken und zur Vernunft bestimmt werden mag, sie entspringen zweifellos dem menschlichen Herzen. Und nicht nur ist des Menschen Herz dunkel, so dunkel, daß mit Gewißheit noch kein Menschenauge es hat durchschauen können, die Eigenschaften des Herzens bedürfen dieser Dunkelheit und des Schutzes gegen das Licht der Öffentlichkeit, um sich entfalten oder auch nur bleiben zu können, was sie sind: die innersten, verborgenen Antriebe, die sich zur öffentlichen Schaustellung nicht eignen. Der Antrieb zu einer Handlung mag noch so tief im Herzen verankert sein, ist er erst einmal öffentlich ausgesprochen und zur Schau gestellt, so wird er sofort zum Gegenstand des Mißtrauens – nicht nur des Mißtrauens der anderen, sondern auch des Mißtrauens von einem selbst. Sobald das Licht des Öffentlichen auf eines dieser verborgenen Motive fällt, erscheint es und mag sogar aufglänzen für einen trügerischen Augenblick, aber im Gegensatz zu Taten und Worten, die dazu da sind, in Erscheinung zu treten, ja die ohne solches Erscheinen nicht einmal *sind*, werden die Antriebe hinter den erscheinenden Taten und Worten durch das Erscheinen in ihrem Wesen zerstört. Sobald sie erscheinen, werden sie zu bloßem Schein, hinter dem sich wieder andere Antriebe und Motive verbergen mögen, nämlich die Heuchelei, die Täuschung und die Selbsttäuschung. Es ist die gleiche unabweisbare Logik des Herzens, welche die moderne Erforschung der Antriebe und Motive in die Sackgasse einer unheimlichen und unheimlich kompletten Kollektion aller menschlichen Laster geführt hat – als habe die Misanthropie endlich den Status der Wissenschaft erlangt –, die zur Zeit der Französischen Revolution Robespierre und seine Anhänger, nachdem sie erst einmal die Tugend auf das Herz gegründet hatten, dazu brachte, überall Intrigen und Verleumdungen, Verrat und Heuchelei zu wittern. Die verhängnisvolle Atmosphäre allseitiger Verdächtigungen, die uns aus dieser Zeit so offenkundig entgegenschlägt, die sich dann in dem Gesetz gegen die Verdächtigen nur gleichsam verdichtete und von der selbst in den erbittertsten Meinungsdifferenzen zwischen den Männern der Amerikanischen Revolution nicht die geringste Spur zu entdecken ist, war die unmittelbare Folge der Annahme, gerade das Herz sei der Sitz der politischen Tugend *(le cœur, une âme droite, un caractère moral)* und der Patriotismus eine Angelegenheit des Herzens.

Hinzu kommt, daß kein Herzensvorgang, weil er sich ja im Dunklen abspielt, je die unzweideutige Klarheit der erscheinenden Gestalt haben kann. (Dies sollten wir eigentlich wissen seit den großen französischen Moralisten von Montaigne und Pascal, die gerade ihr Herz und nicht ihr Verstand die Skepsis gelehrt hat, bis zu ihren Nachfolgern, den großen Psychologen des neunzehnten Jahrhunderts, Kierkegaard, Dostojewski, Nietzsche, die ähnliches in anderer Form lehren.) Was das Herz hervorbringt, sind Kräfte, aber keine Gestalten, und diese Kräfte haben die Neigung, miteinander in Streit zu geraten. Durch dieses streitende Spiel seiner Kräfte erhält das Herz sich lebendig, und eindeutig wird es erst, wenn seine Kraftquellen versiegt sind. Wenn wir sagen, daß nur Gott ins Herz blickt, so meinen wir natürlich, daß auch wir selbst das eigene Herz nicht eindeutig, ein für allemal zu kennen vermögen. Dies ergibt sich bereits daraus, daß unser Wirklichkeitssinn so sehr an die Anwesenheit anderer, die sehen, was wir sehen, und hören, was wir hören, gebunden ist, daß wir dessen, was nur wir selbst und niemand sonst weiß, nie absolut sicher sein können. Die Folge dieser Verborgenheit unseres Inneren ist, daß unser gesamtes Seelenleben mit seinem Wechsel der Stimmungen und Launen unter dem Fluch eines Mißtrauens steht, zu dem wir uns gegen uns selbst, unsere Motive und Antriebe, verpflichtet fühlen. Robespierres wahnsinniges Mißtrauen gegen andere, auch gegen seine nächste Umgebung, entsprang im Grunde diesem gar nicht wahnsinnigen, sondern ganz normalen Mißtrauen gegen sich selbst, dem er hilflos ausgeliefert war, weil er sich ja auf nichts verlassen wollte, kein Versprechen und keine nachweisbare Haltung, als auf die Regungen des Herzens. So war er in die Zwangslage geraten, sich selbst als den »Unbestechlichen« jeden Tag öffentlich vorzuführen und seine »Tugend«, und damit meinte er sein Herz, mindestens einmal die Woche zur Schau zu stellen. Wie konnte er mit diesen täglichen und wöchentlichen Übungen nicht in den Verdacht geraten, daß er genau das war, was er am meisten haßte, nämlich ein Heuchler? Das Herz kennt viele solche inneren Kämpfe, und es weiß auch, daß, was gerade war, als es in der Verborgenheit wirkte, krumm wird, wenn es gezeigt wird. Das Herz kann auch irgendwie mit diesen Dingen fertigwerden, nämlich im Sinne seiner eigenen »Logik«, die Lösungen nicht braucht, weil es sich um Dinge im Dunklen handelt. Sehen wir einmal von der Funktion, die Rousseaus *âme déchirée* für die Bildung der »volonté générale« gehabt hat, ab, so liegt die Erfahrungswahrheit dieser Vorstellung darin, daß das Herz erst wirklich zu schlagen anfängt, wenn es gebrochen ist oder wenn seine Kräfte miteinander in Konflikt geraten sind. Aber diese Wahrheit gilt nur für das innere Leben der Seele und hat keinerlei Gültigkeit im Bereich zwischenmenschlicher Angelegenheiten.

Robespierre hat Rousseaus zerrissene Seele und die Herzenskonflikte in die Politik getragen, wo sie sofort zu Mord und Totschlag führten, weil sie ihrem Wesen nach unlöslich sind. »Die Jagd auf Heuchler ist endlos und kann zu nichts führen als zur Demoralisation.«[39] Wenn »Patriotismus eine Angelegenheit des Herzens ist«, wie Robespierre meinte, dann ist die Herrschaft der Tugend notwendigerweise schlimmstenfalls die Herrschaft der Heuchelei und bestenfalls der nie endende Kampf, die Heuchler zu entlarven, ein Kampf, der offenbar mit einer Niederlage enden muß, da es ja praktisch schlechterdings unmöglich ist, unzweideutig die wahren von den falschen Patrioten zu unterscheiden. Der Unterschied liegt in ihren Antrieben und Motiven, und die gerade bleiben verborgen. Als Robespierres Herzenspatriotismus bzw. seine krankhaft mißtrauische »Tugend« in die Öffentlichkeit kam, war bereits alles zum Theater geworden, wobei nicht ausbleiben konnte, daß in dem Stück, das nun zur Aufführung kam, Tartuffe die Hauptrolle spielte. Es war, als hätte sich Descartes' Zweifel – »je doute donc je suis« – des politischen Bereichs bemächtigt: Ich mißtraue, also bin ich tugendhaft.

Heuchelei bzw. eine wahre Besessenheit, Heuchler ausfindig zu machen und sie zu entlarven, haben bekanntlich in den letzten Jahren der Französischen Revolution eine verblüffend große Rolle gespielt. Bevor die Revolution daranging, ihre eigenen Kinder zu verschlingen, hatte sie sie demaskiert, und in den mehr als hundertfünfzig Jahren, die uns von diesen Ereignissen trennen, hat die französische Geschichtsschreibung alle diese Bloßstellungen noch einmal reproduziert und dokumentiert, bis niemand übriggeblieben ist, der nicht an den Pranger gestellt wurde und nun der Korruption, des Doppelspiels und der Lügenhaftigkeit überführt oder doch zum mindesten verdächtig ist. Wieviel wir auch den gelehrten Polemiken und der leidenschaftlichen Beredsamkeit der großen Historiker von Michelet und Louis Blanc bis zu Aulard und Mathiez an Einsicht und Wissen verdanken, diejenigen unter ihnen, die nicht unter den Bann der geschichtlichen Notwendigkeit gerieten, befinden sich immer noch auf der damals begonnenen Jagd nach Heuchlern und Verdächtigen: »Was sie berühren, erweist sich als hohl und sinkt in den Staub. Hinter den Götzen erscheinen die toten Fratzen der Könige, ohne Hülle und ohne Maske.«[40]

So haben die Historiker auf ihre Weise den Krieg fortgesetzt, den Robespierres Tugend der Heuchelei erklärt hatte, und dieser Papierkrieg entspricht durchaus dem Nationalgefühl des französischen Volkes, das auch heute noch die verräterischen Intrigen jener Jahre so wenig vergessen hat, daß es auf jegliche Niederlage im Krieg oder im Frieden erst einmal mit dem *nous sommes trahis* reagiert. Auch ist die Relevanz dieser Erfahrungen keineswegs auf die Nationalgeschichte Frankreichs beschränkt geblieben. Die Geschichtsschreibung der Amerikanischen Revolution hat sich erst in den letzten zehn Jahren von dem überwältigenden Eindruck zu befreien vermocht, den Charles Beards *Economic Interpretation of the Constitution of the United States* seit 1913, dem Jahre seines Erscheinens, auf Generationen von Historikern gemacht hat, die sich unter der Leitung dieses Werks ebenfalls daranmachten, die gründenden Väter zu entlarven, um die »wahren« Motive für die Verfassung der amerikanischen Konstitution zu erforschen. Und diese Bemühungen sind um so bezeichnender, als hier im

Unterschied zu Frankreich die Tatbestände, welche die vorgefaßten Meinungen stützen sollten, äußerst rar gesät sind.⁴¹ Hier handelte es sich wirklich um einen rein »geistesgeschichtlichen« Vorfall – als hätten die Gelehrten und Intellektuellen in der ersten Hälfte unseres Jahrhunderts, in dem Amerika aus einer hundertjährigen Isolierung auftauchte und die abgebrochenen Fäden zu der politischen und geistigen Geschichte Europas wiederaufnahm, nichts Dringlicheres zu tun gehabt, als in Tinte und Druckerschwärze nachzuholen, was anderen Ortes sich mit Blut in das Buch der Geschichte eingetragen hatte.

Robespierres revolutionäre Diktatur hat sich in die furchtbare Schreckensherrschaft erst verwandelt, als der Krieg gegen die Heuchler eröffnet war, denn erst jetzt konnte der Säuberungsprozeß innerhalb der machthabenden Gruppe einsetzen, der bis heute als der charakteristischste Vorgang der ganzen Periode gelten darf. Der Schrecken, den der »Unbestechliche« verbreitete, darf nicht mit der »großen Furcht« verwechselt werden (das französische Wort *terreur* deckt beides), den der Volksaufstand als solcher hervorgerufen hatte, der mit dem Sturm auf die Bastille und dem Marsch der Frauen nach Versailles begonnen und in den Septembermorden drei Jahre später geendet hatte. Die Angst vor dem Terror ergriff unterschiedslos das ganze Land, während die Furcht vor dem Volksaufstand wesentlich auf die herrschenden Klassen beschränkt blieb. Auch kann man nicht behaupten, daß der Terror die unausweichliche Folge der revolutionären Diktatur war, die immerhin ein unumgänglicher Ausnahmezustand für ein Land, das sich praktisch mit allen seinen Nachbarn im Kriegszustand befand, hätte bleiben können.

Was wir heute unter Terror verstehen, war damals noch unbekannt. Vor der Russischen Revolution kannte man den Terror als bleibende Institution des Herrschaftsapparats und als bewußt gehandhabtes Mittel, die Revolution vorwärtszutreiben, noch nicht. Zwar waren die Säuberungen im bolschewistischen Parteiapparat von Anfang an eine bewußte Nachahmung der Ereignisse der Französischen Revolution gewesen, mit denen man diese Prozesse denn auch zu rechtfertigen pflegte, und die Männer der Oktoberrevolution dürften samt und sonders der Meinung gewesen sein, daß es eine wirkliche Revolution gar nicht geben könne ohne eine furchtbare Säuberung in den Reihen der Partei, welche die Macht ergriffen hatte. Es ist auch nicht zu leugnen, daß selbst die Sprache, deren man sich bei diesen abscheulichen Prozessen bediente, deutlich auf dies Vorbild hinwies; es handelte sich immer darum, das Verborgene bloßzustellen, Masken herunterzureißen, das doppelte Spiel und die Verlogenheit zu entlarven. Dennoch sind die Unterschiede zu markant, um übersehen werden zu dürfen. Die Männer, die die Schreckensherrschaft im achtzehnten Jahrhundert losließen, waren noch guten Glaubens, und die Maßlosigkeit des Terrors war für sie kein Prinzip; sie ergab sich aus der einfachen Tatsache, daß die Jagd auf Heuchler prinzipiell endlos und vergeblich ist. Vor der Machtergreifung waren die Säuberungen in der bolschewistischen Partei vornehmlich durch ideologische Differenzen und »Abweichungen« bestimmt, wobei sich bereits im Unterschied zu Frankreich die moderne enge Verbundenheit von Terror und Ideologie ankündigte. Nach der Machtergreifung und noch unter Führung Lenins sollten Parteisäuberungen dann als Mittel benutzt werden, um die ständigen Übergriffe und die chronische Unfähigkeit der herrschenden Bürokratie zu kontrollieren. Beide Arten der »Säuberung« sind unter sich verschieden und müssen auch noch einmal von ihrem Vorbild in der Französischen Revolution unterschieden werden; vor allem aber sind sie noch nicht einmal Vorstufen des Terrors, in dem die Russische Revolution sich dann selbst zugrunde richtete, sie bieten nur die Ansatzpunkte für ihn. Dieser Terror ist undenkbar ohne den Begriff einer historischen Notwendigkeit, deren Lauf von Bewegung und Gegenbewegung, von Revolution und Konterrevolution, bestimmt ist, so daß also bestimmte »Verbrechen« gegen die Revolution von der Geschichte selbst vorgezeichnet sind und entdeckt werden müssen, selbst wenn sich herausstellen sollte, daß es gar keine »Verbrecher« gibt, die sie auch nur begangen haben konnten. Der aus dieser Ideologie sich ergebende Begriff des »subjektiv« unschuldigen, »objektiven Feindes«, ohne den weder die Säuberungen noch die Schauprozesse des Stalinregimes zu verstehen sind, taucht nirgends in den Ereignissen der Französischen Revolution auf und kann da auch gar nicht auftauchen, da den Männern des achtzehnten Jahrhunderts, wie wir bereits bemerkten, der Begriff der historischen Notwendigkeit, der nicht von den Handelnden und ihren Erfahrungen, sondern von den Zuschauern und Betrachtern der Revolution geprägt wurde, noch fremd war. Robespierres »Schrecken der Tugend« war schrecklich genug, aber er blieb an einen vermeintlich wirklich vorhandenen, verborgenen Feind und an vermeintlich wirklich begangene Verbrechen gebunden; er richtete sich nicht bewußt gegen Menschen, die selbst vom Standpunkt der revolutionären Machthaber unschuldig waren. Anders gewendet, es handelte sich noch darum, dem geheimen Verräter die Maske vom Gesicht zu reißen, nicht aber darum, die Maske des Verräters willkürlich an Menschen auszuteilen, um sicher zu sein, daß in der blutigen Maskerade der »dialektischen Bewegungen« auch alle Rollen besetzt sind.

Es mutet seltsam an, daß Heuchelei – unserem Gefühl nach nicht gerade eine der Todsünden – der Gegenstand größeren und erbitterteren Hasses wurde als alle anderen Laster zusammen. Enthält nicht die Heuchelei die anerkennende Verbeugung vor der Tugend, und könnte sie nicht darum gerade das Laster sein, das die Laster gewissermaßen aufhebt, indem sie sie daran hindert, sich als sie selbst zu offenbaren, und sie zwingt, im verborgenen ihr Spiel zu treiben? Warum hat man damals meinen können, daß das Laster, hinter dem sich alle anderen Laster verbergen können, das schlimmste von allen sei? Ist denn Heuchelei solch ein Monster? sind wir zu fragen versucht – wie Melville in *Billy Budd* fragt: »Ist denn Neid solch ein Monster?« Theoretisch lassen sich diese Fragen kaum beantworten, will man nicht an eines der ältesten und schwierigsten Probleme der Philosophie rühren, dessen politische Implikationen zumindest das Denken von Sokrates und Machiavelli auf das ernsteste beschäftigt haben, nämlich das Problem des Verhältnisses von Sein und Erscheinen. In unserem Zusammenhang dürfen wir uns darauf beschränken, auf den Kern dieser Aporie hinzuweisen, indem wir kurz an die diametral entgegengesetzten Positionen dieser beiden Denker erinnern.

Gemäß der Tradition griechischen Denkens ist für Sokrates die Wahrheit und Wirklichkeit der Erscheinung unbezweifelbar, und er lehrte daher: »Sei, wie du anderen erscheinen möchtest«, was nicht mehr und nicht weniger meinte als: »Erscheine vor dir selbst, wie du vor anderen erscheinen möchtest, nimm keine andere Gestalt an, wenn du allein bist.« Dagegen war für Machiavelli, der in der Tradition christlichen Denkens stand, selbstverständlich, daß es hinter und jenseits der Welt der Erscheinungen noch ein transzendent Seiendes gibt, daß also Sein und Erscheinung letztlich keineswegs dasselbe sind. So konnte er scheinbar »unmoralisch« sagen: »Erscheine, wie du sein möchtest«, und meinte damit: »Wie du in Wahrheit bist, hat für diese Welt und ihre Politik keine Bedeutung; sie besteht ohnehin nur aus Erscheinung, und das wahre Sein spielt in ihr keine Rolle. Die Richter dieser Welt können von dir unmöglich mehr verlangen, als daß es dir halbwegs gelingt, so in Erscheinung zu treten, wie du zu sein wünschen solltest.« In einer säkularisierten Welt, für die eine religiös gesicherte Transzendenz nicht mehr maßgeblich ist, kann dieser Ratschlag leicht wie die Legitimierung der Hypokrisie klingen, und es ist keine Frage, daß Robespierres vergeblicher Kampf gegen die Heuchelei mit den Problemen, die uns die Lehren Machiavellis aufgeben, etwas zu tun hat. Robespierre, im Unterschied zu Machiavelli, den er sehr schätzte, war ein Kind der Neuzeit und befand sich daher bereits auf der modernen Jagd nach der Wahrheit, obwohl er noch nicht glaubte wie seine späteren Nachfolger, daß man die Wahrheit im Bereich menschlicher Angelegenheiten einfach fabrizieren könne, indem man von Zeit zu Zeit die Geschichtsbücher umschreibt. Immerhin besaß er nicht mehr Machiavellis Vertrauen, daß Wahrheit sich auf jeden Fall offenbare und in Erscheinung trete, daß es einen endgültigen Sieg der Lüge, des bloßen Scheins, über die Wahrheit nicht geben könne, daß schließlich alles an den Tag kommen müsse, wenn nicht in dieser, so in jener Welt. Und ohne ein solches Vertrauen auf die Offenbarungsqualität der Wahrheit nehmen alle Formen des Lügens einen anderen Charakter an; erst in der Neuzeit ist das Lügen als solches, auch wenn es sich nicht um Betrug und falsche Zeugenaussage handelt, in das Register der schweren menschlichen Verfehlungen aufgenommen worden.

Was Sokrates und Machiavelli politisch beunruhigte, war nicht die Lüge, sondern das Problem des vor aller Welt verborgenen Verbrechens, von dem keiner erfährt außer dem Verbrecher selbst. In Platos frühen »sokratischen Dialogen« ist von dieser Frage des öfteren die Rede, wobei zumeist vorsichtig hinzugesetzt wird, es handele sich um eine Aktion, die »Menschen *und Göttern* verborgen« bleibt. Der

Zusatz »und Göttern« ist hier entscheidend, denn in dieser Form konnte die Frage für Machiavelli nicht existieren, der sich seine politische Amoralität gerade darum leisten konnte, weil er niemals bezweifelte, daß es einen Gott gibt, der alles sieht, und ein Jüngstes Gericht, vor dem jedermann schließlich in seiner wahren Gestalt erscheint. Aber für Sokrates war es ein echtes Problem, ob eine Handlung, die vor niemandem außer dem Täter in Erscheinung tritt, überhaupt Wirklichkeitscharakter hat. Schließlich hängt der Wirklichkeitscharakter des gesehenen Baumes für mich wesentlich davon ab, daß andere ihn ebenso sehen wie ich, d. h. daß er in der Menschenwelt überhaupt in Erscheinung tritt. Die sokratische Lösung dieser Schwierigkeit liegt in der außerordentlichen und außerordentlich folgenreichen Entdeckung, daß jeder Mensch, auch wenn er nur handelt, zugleich Täter und Zuschauer ist, daß also jeder, auch wenn kein anderer zugegen ist, in sich selbst eine Pluralität bzw. Dualität trägt, die Wirklichkeit garantiert. Die Identität dieser Person unterscheidet sich von der Identität des modernen Individuums dadurch, daß sie nicht indivisibel, unteilbar ist, sondern sich in einem dauernden Hin und Her formiert, das in dem Zwei-in-Einem vor sich geht, der ich bin. Diese Bewegung hat ihre höchste Form und reinste Wirklichkeit in dem Dialog des Denkens, den Sokrates natürlich nicht mit den logischen Verstandesoperationen des Induzierens, Deduzierens und Schlußfolgerns, für die in der Tat nur ein »Operierender« erforderlich ist, gleichsetzte, sondern mit der Art und Weise, in der ich, auch wenn ich nicht ausdrücklich nachdenke, dauernd mit mir selbst spreche und also umgehe. In unserm Zusammenhang ist ausschlaggebend, daß der sokratische Täter in sich selbst einen Zeugen mitführt, vor dem er sich nicht verbergen kann, daß es also Taten, die von niemandem gesehen werden und darum überhaupt nicht in Erscheinung treten, nicht gibt. Wie weit auch ein Mensch sich aus der Gesellschaft seiner Mitmenschen entfernen und was immer er, verlassen von Menschen und Göttern, anstellen mag, ihm bleibt ein »Publikum«, das sich wie jedes andere Publikum jederzeit in einen Gerichtshof verwandeln kann, dem er Rede und Antwort stehen muß. Spätere Zeiten haben dieses Tribunal, dem keiner entfliehen kann, dann »Gewissen« genannt, aber sie haben nicht bedacht, daß dieses Gewissen, wenn es nicht als die Stimme Gottes im

Menschen verstanden ist, nicht funktionieren kann, wenn Menschen sich weigern zu denken bzw. sich weigern, mit sich selbst zu sprechen und Umgang zu pflegen.

Es ist evident, daß es im Rahmen dieses griechisch-sokratischen Begriffsgefüges kaum eine Möglichkeit gibt, des Phänomens der Heuchelei ansichtig zu werden. Gewiß war die Polis und der gesamte politische Bereich ein von Menschen erstellter Erscheinungsraum, in dem die Taten und Worte der Bürger sich der Öffentlichkeit exponierten, die ihnen ihre Realität garantierte und über ihre Qualität zu Gericht saß. Gewiß gab es in diesem Raum alle Formen des Verrats, der Lüge und des Betrugs, was aber prinzipiell nicht mehr besagte, als daß die Bürger, anstatt wirklich in Erscheinung zu treten und sich zu exponieren, es vorzogen, ihre Mitbürger mit Phantomen und Scheinbildern zum Narren zu halten, mit denen sie die wahren Phänomene – die wirklichen Erscheinungen oder φαινόμενα – nicht anders verdeckten, als eine optische Illusion einen Gegenstand verdecken und ihn so gleichsam daran hindern mag, sich selbst zu zeigen. Aber Heuchelei ist nicht Betrug, und die Verlogenheit des Heuchlers unterscheidet sich von dem Lügen des Lügners und Betrügers. Der Hypokrit ist in der Tat, wie das griechische Wort anzeigt, eine Art Schauspieler, und wenn er Tugend heuchelt, spielt er genauso konsequent die Rolle des Tugendhaften wie der Schauspieler, der sich ebenfalls mit seiner Rolle ganz identifizieren muß. Im Gegensatz zum Lügner hat der Heuchler gleichsam kein *alter ego*, vor dem er in seiner wahren Gestalt erscheinen könnte, jedenfalls nicht, solange er heuchelt und eine Rolle spielt. Er lügt nicht, sondern ist verlogen, d.h. seine Lügen sind auf ihn selbst zurückgeschlagen, und er ist nicht weniger ihr Opfer als diejenigen, welche er betrügen will. Psychologisch gesprochen, könnte man meinen, der Heuchler sei zu ehrgeizig; er will nicht nur vor anderen tugendhaft erscheinen, sondern auch noch vor sich selbst. Gerade dadurch aber manipuliert er aus der Welt, die er gleich dem ordinären Lügner mit Lug und Trug bevölkert hat, die einzige Wurzel, aus der das Wahre wieder in Erscheinung treten könnte, nämlich sein eigenes unbestechliches Selbst. Denn wenn auch vielleicht kein Mensch, der im politischen Handeln steht, von sich behaupten kann, er sei nicht nur unbestochen, sondern auch schlechthin unbestechlich, so gilt dies doch keineswegs notwendigerweise für dieses *alter ego*, vor dessen wachsamem Auge sich vielleicht unsere innersten Antriebe und die Dunkelheit unserer Herzen, aber nicht was wir wirklich tun und sagen, verbergen kann. Nicht von unseren Intentionen, wohl aber von unserem wirklichen Verhalten können wir wahr oder falsch Zeugnis ablegen, und zwar uns selbst gegenüber. Das Verbrechen des Heuchlers ist, daß er falsch Zeugnis ablegt wider sich selbst. Und so ist es vielleicht gar nicht so seltsam, daß man im achtzehnten Jahrhundert die Heuchelei für der Laster schlimmstes gehalten hat; sie ist in der Tat das einzige Laster, hinter dem sich keine Integrität mehr verbergen kann. Mit dem Unheil des wirklichen Bösen sind wir wohl nur durch das Verbrechen und den Verbrecher konfrontiert; aber selbst der Verbrecher braucht nicht bis in den Kern verderbt zu sein wie der Heuchler.

Um auf Machiavelli zurückzukommen: Es dürfte nun einsichtig geworden sein, daß auch die Lehre »Erscheine wie du sein möchtest« das Problem der Heuchelei kaum berührt. Machiavelli war mit dem Phänomen der Korruption in allen seinen Gestalten vertrauter und hat mehr darüber nachgedacht als irgendeiner der politischen Denker nach ihm. Sein Modell war die damalige Korruption der Kirche, die er für die Korruption des Volkes verantwortlich machte. Und die Korruption der Kirche leitete er aus ihrer Rolle in der Welt, im Bereich rein säkularer menschlicher Angelegenheiten, ab, deren Spielregeln sich mit den Lehren eines reinen Christentums nicht vereinbaren ließen. Auch Machiavelli hielt Sein und Erscheinung, wer einer in Wahrheit ist und als was er erscheint, getrennt, aber nicht in dem sokratischen Sinne des Vor-sich-selbst-Erscheinens, aus dem das Bewußtsein wie das Gewissen entspringt, sondern in dem Sinne, daß der Mensch in seinem wahren Sein nur vor Gott erscheinen kann und daß, gemessen an diesem Erscheinen, alle weltlichen und zwischenmenschlichen Erscheinungen bloßer Schein sind. Wenn also der Mensch auf der Bühne, die die Welt ist, im Gewande der Tugend erscheint, heuchelt er nicht und korrumpiert er nicht die Welt; seine Integrität, den Augen der Welt ohnehin verborgen, bleibt vor dem wachsamen Auge eines allgegenwärtigen Gottes unangetastet, und die Tugenden, die er zur Schau stellt, sind zur öffentlichen Schaustellung da; ob er sie ernst meint oder »nur« zur Schau stellt, sie machen auf jeden Fall die Welt tugendhafter, und dies unabhängig davon, wie Gott einst über ihn urteilen wird. Worauf es Machiavelli ankommt, ist, daß die Laster verborgen werden und daß die Menschen lernen, sie zu verbergen, wobei er sich aber nicht einbildete, daß die Menschen dadurch tugendhafter würden, sondern nur, daß die Welt besser wird, wenn das Laster nicht in Erscheinung tritt. Außerdem ist, abgesehen von aller moralischen Einschätzung, der dem Laster angemessene Platz die Verborgenheit.

Dagegen ist die Hypokrisie das einzige Laster, durch welches die Lasterhaftigkeit selbst manifest wird. Als einem nicht individuell-psychologischen, sondern allgemein-gesellschaftlichen Phänomen begegnen wir ihr zum erstenmal in der französischen Hofgesellschaft des Absolutismus, also in der Gesellschaft, die entstand, als die Könige Frankreichs, um die Macht des Adels zu brechen, beschlossen, die Adligen des Landes an ihrem Hof zu versammeln, um sie dort mit den denkbar raffiniertesten Spielen der Intrige und Narretei, in die Schmeichelei und Demütigung zu gleichen Teilen gemischt waren und wo die krassesten Unanständigkeiten sich übergangslos in das kompliziertesten Zeremoniell einfügten, zu bestricken, zu unterhalten und zu korrumpieren. Wer den Ursprüngen der modernen Gesellschaft nachgehen will, die sich von der großen Welt und den Salons des achtzehnten über die gute Gesellschaft des neunzehnten zu der Massengesellschaft des zwanzigsten Jahrhunderts erstreckt, dürfte gut daran tun, mit der Hofgesellschaft des französischen Absolutismus anzufangen, in welcher die Hypokrisie, einem Worte Lord Actons zufolge, noch »majestätische« Formen hatte und über die wir in allen Einzelheiten durch die »Memoiren« Saint-Simons unterrichtet sind, während uns in den bis heute unübertroffenen Maximen La Rochefoucaulds ein nur zu getreues Bild der »Moralität« dieser Art von Weltlichkeit vorliegt. Hier galt und gilt in der Tat, daß Dankbarkeit nur eine Art von »Geschäftskredit« ist, daß Versprechen nur »der Ausdruck von Hoffnungen sind und nur gehalten werden, wenn die Furcht dahinter steht«, daß jede Geschichte eine Intrige beinhaltet und jeder Vorsatz auf eine Kabale hinausläuft. Robespierre wußte, was er sagte, wenn er von den »von Reichtum umgebenen Lastern« sprach oder noch ganz im Stil der aus diesen Verhältnissen hervorgegangenen französischen Moralisten erklärte: »La reine du monde c'est l'intrigue!«

Man darf nie vergessen, daß die Schreckensherrschaft direkt an jene Periode französischer Geschichte anschloß, die wesentlich von den Ränken und Intrigen Louis XVI. bestimmt ist. Bis zu einem gewissen Grade war die Gewalttätigkeit des Terrors auch die einfache Reaktion auf eine Reihe gebrochener Schwüre und nie erfüllter Versprechen, die in ihrer Art auf das genaueste dem Stil entsprachen, in dem sich die üblichen Hofintrigen abspielten, nur daß nun diese absichtlich verderbten Sitten nicht mehr, wie noch zu Louis' XIV. Zeiten, nur in der Gesellschaft eine Rolle spielten. Schließlich war der König selbst das Opfer der Hofgesellschaft geworden. Für Louis XVI. waren Schwüre und Versprechen nicht mehr als eine eilig und nachlässig errichtete Fassade, hinter der er Zeit zu gewinnen hoffte für seine, wenn möglich, noch nachlässiger eingefädelten Intrigen, deren Erfolg natürlich den Bruch aller Schwüre und Versprechen bedeutete. Und obwohl in diesem Fall der König aus Furcht versprach und hoffte, er würde nichts halten müssen, kann man im nachhinein die Genauigkeit der Aphorismen von La Rochefoucauld nur bewundern. Die weitverbreitete Meinung, daß Erfolg in der Politik von Intrige, Lüge und Ränkeschmieden abhänge, sofern er außerhalb der Reichweite der stärkeren Bajonette erzielt wird, geht noch auf die Erfahrungen zurück, welche im Frankreich der großen Revolution gemacht wurden, und es ist daher gar nicht so verwunderlich, daß wir die überzeugtesten Anhänger dieser Art von »Realpolitik« heute unter den Staatsmännern finden, die durch Revolutionen an die Macht gekommen sind und deren Gesinnung durch die revolutionäre Tradition geformt ist. Wo immer die Gesellschaft in den politischen Bereich nicht nur gelegentlich einbrach, sondern ihn überwuchern und schließlich absorbieren konnte, hat sie ihre eigenen Sitten und Gebräuche und vor allem die ihr eigentümlichen moralischen Wertmaßstäbe, also die Intrige, die Lüge und die Gemeinheit der Hintertücke, in die Politik verschleppt, und darauf haben die unteren Klassen des Volkes noch niemals anders als mit Brutalität und Gewalttätigkeit reagiert.

Der Heuchelei den Krieg erklären hieß im achtzehnten Jahrhundert der Gesellschaft selbst, die ihr wahres Zentrum im Hof von Versailles hatte, den Krieg ansagen. Für den Außenseiter, der vom Standpunkt der Not und des Elends urteilte, war das eigentliche Kennzeichen der

Gesellschaft ihre Herzlosigkeit; aber für diejenigen, die dazu gehörten und vom Standpunkt der Gesellschaft selbst urteilten, war hier der Schauplatz der Korruption und der Heuchelei. Daß das Elend der Armut nicht nur mit Reichtum, sondern einem durch und durch verdorbenen Reichtum konfrontiert war, ist entscheidend, wenn man verstehen will, was Rousseau und Robespierre meinten, wenn sie behaupteten, der Mensch sei »von Natur« gut und verderbe erst in der Gesellschaft, so daß das Volk, eben weil es nicht zur Gesellschaft gehört, immer »gerecht und gut« sein müsse. Von diesem Standpunkt aus konnte es aussehen, als sei die Revolution im wesentlichen der heilsame, explosive Durchbruch eines inneren, unverdorbenen und unantastbaren Kerns, der sich seinen Weg durch die verfaulende Hülle des Verfalls bahnt; und in diesem Zusammenhang muß man auch die schnell zum Klischee erstarrten Metaphern verstehen, welche die Gewalttätigkeit des revolutionären Terrors bis auf den heutigen Tag mit den Geburtswehen vergleichen, welche das Erscheinen eines neuen Organismus ankündigen und begleiten. Aber diese Metapher stammt gerade nicht aus den Tagen der Revolution selbst. Die Männer der Revolution gebrauchten stets das Gleichnis der Maske, die der Gesellschaft vom Gesicht gerissen werden muß, damit ihre Verderbtheit zum Vorschein komme, oder sie sprachen von der Fassade der Korruption, die man niederreißen müsse, um das unverdorbene, ehrliche Antlitz des Volkes ans Licht zu ziehen.

Denkt man diesen beiden Metaphern, die heute unterschiedslos und stereotyp in der revolutionären Rhetorik und Demagogie ihr Wesen treiben, nach, so scheint bemerkenswert, daß das organische Gleichnis von den Geburtswehen von den Historikern und Theoretikern der Revolution – vor allem auch von Marx – bevorzugt wird, während die dem Theater entlehnten metaphorischen Wendungen von den Handelnden selbst stammen.[42] Wie bedeutsam es ist, daß so viele politische Metaphern der Theatersprache entnommen sind, läßt sich vielleicht am einfachsten an der Geschichte des lateinischen Wortes *persona* illustrieren. Das Wort meint ursprünglich die Maske, in der die Schauspieler des Altertums gemeinhin auftraten. (Die *dramatis personae* entsprechen dem griechischen τὰ τοῦ δράματος πρόσωπα.) Diese

Maske hatte offenbar eine doppelte Funktion: sie sollte das natürliche Gesicht des Schauspielers verbergen oder besser ersetzen, und sie mußte gleichzeitig so konstruiert sein, daß die natürliche Stimme noch durchklingen konnte.[43] Jedenfalls kommt eine solche Doppelfunktion der Maske in dem Augenblick zum Ausdruck, in dem das Wort *persona* metaphorisch gebraucht wird und aus der Theatersprache in die juristische Terminologie überwechselt. Der Unterschied in Rom zwischen der Privatperson und dem Bürger bestand darin, daß der Bürger im Besitz einer *persona* war, einer juristischen Person, wie man sagen könnte; das Gesetz hatte ihn gleichsam mit der Maske versehen, mit der er in der Öffentlichkeit erscheinen sollte, aber diese Maske war gleichzeitig das Medium, durch das sich seine eigene, individuelle und unveränderte Stimme Gehör verschaffen konnte. Worauf es ankam, war, daß »nicht das natürliche Ich in einem Gerichtshof auftritt. Es ist vielmehr die Person, der bestimmte, durch das Gesetz festgesetzte Rechte und Pflichten zustehen, die vor dem Gesetz in Erscheinung tritt«[44]. Ohne seine *persona* hat das Individuum weder Rechte noch Pflichten, es steht außerhalb des Gesetzes als der »natürliche Mensch«, nämlich als ein *homo* im ursprünglichen lateinischen Wortsinn, als jemand, der nichts ist als ein Mensch und daher zumeist ein Sklave.

Als die Französische Revolution die Intrigen des Hofes entlarvt hatte und daranging, ihren eigenen Kindern die Maske vom Gesicht zu reißen, ging es ihr natürlich um die Maske der Hypokrisie. Sprachlich, wie auch später metaphorisch, bezeichnete das griechische Wort ὑποκριτής nicht die Maske, πρόσωπον, die auch der griechische Schauspieler trug, sondern ihn selbst. Im Unterschied dazu bezeichnete die *persona* die im Spiel erforderliche Maske, und das Wort konnte daher metaphorisch auf die »Person« angewandt werden, welche das Gesetz des Landes sowohl Individuen »künstlich« anheftet wie auch bestimmten Gruppen und Korporationen, die eben dadurch »juristische Personen« werden. Auf diese Weise kann selbst »eine gemeinnützige und dauernde Absicht« zur »Person« erhoben werden, wie etwa im Falle der »›Person‹, die Eigentümer des Oxford oder Cambridge College ist und weder mit dem längst verstorbenen Gründer noch mit irgendeinem seiner Nachfolger zusammenfällt«[45].

Entscheidend für diese Unterscheidungen und die Angemessenheit der Metapher ist, daß nur die Demaskierung der »Person«, die ein Individuum seiner juristischen Persönlichkeit beraubt, so etwas übriglassen kann wie einen »natürlichen« Menschen, während eine »Demaskierung« des Hypokriten nur auf Kosten des ganzen Menschen gehen kann, da er ja das schauspielende Individuum selbst ist, insofern es keine Maske trägt. Als solcher muß der Schauspieler prätendieren, mit seiner Rolle identisch zu sein, und diese »hypokritische« Identität gilt vor allem auch für die Rollen, die wir in der Gesellschaft spielen. Anders gewendet, das Empörende des Heuchlers liegt darin, daß er nicht nur vorgibt, aufrichtig, sondern auch »natürlich« zu sein, und was ihn so gefährlich auch außerhalb des gesellschaftlichen Bezirks macht, dessen Verderbtheit er repräsentiert und gleichsam zur Schau stellt, ist, daß er auf dem Schauplatz der Politik schlechterdings jede Rolle spielen bzw. sich jede »Maske« anheften kann, nur daß er eben die Maske nicht mehr als Schallbrett der Wahrheit, sondern als Mittel des Betrugs benutzt. Gerade weil wir im Öffentlichen und erst recht im Politischen ohne »Masken« nicht auskommen, ist der Hypokrit, der vorgibt, einfach zu sein, der er ist, so gefährlich.

Daß das private Individuum mit der Persönlichkeit, die dann in der Öffentlichkeit erscheint, so wenig identisch ist wie mit der »juristischen Person«, die es von Natur nicht besitzt, sondern dem Gesetz verdankt und der politischen Gemeinschaft, der es zugehört, davon hatten die Männer der Französischen Revolution nicht den geringsten Begriff. Als die furchtbare Tatsache des Massenelends den Weg, den die Revolution ursprünglich eingeschlagen hatte, nämlich die durchaus politische Rebellion des Dritten Standes und seines Anspruchs, in den politischen Raum zugelassen zu werden und in ihm eine beherrschende Rolle zu spielen, versperrt hatte, hörten die Männer der Revolution auf, sich um die Emanzipation der Bürger zu kümmern oder um Gleichheit in dem Sinne, daß alle Einwohner des Landes gleichermaßen auf eine politisch-juristische Persönlichkeit, mit der sie in der Öffentlichkeit erscheinen und »durch« die hindurch sie im wörtlichen Sinne handeln konnten, Anspruch hatten. Statt dessen meinten sie, sie seien auf dem Wege dazu, die Natur selbst gewissermaßen zu emanzipieren, den natürlichen Menschen in den Bürgern zu befreien, der auf ihm angeborene Rechte Anspruch hat, unabhängig von dem Gemeinwesen, zu dem er gehört. Im Sinne der alten Metaphern könnte man sagen, daß die vergebliche Jagd auf Hypokriten und die Demaskierung der Gesellschaft in dem Augenblick ihr Ende fanden, als die für alle Politik und alles öffentliche Leben notwendige Maske der *persona* endgültig mitzerstört war. In der Schreckensherrschaft konnte natürlich weder von wahrer Befreiung noch von wahrer Gleichheit die Rede sein; der Terror machte auf seine Weise allerdings alle gleich – er hatte allen Einwohnern Frankreichs gleichermaßen die schützende »Maske« der Legalität vom Gesicht gerissen.

Die Aporien des Begriffs der Menschenrechte sind zahlreich und komplizierter Natur, und Burkes berühmte Argumente dagegen sind weder veraltet noch »reaktionär«. Im Gegensatz zu den amerikanischen *Bills of Rights*, die der französischen Erklärung der Menschenrechte als Modell dienten, haben wir es in ihr mit primären positiven Rechten zu tun, die der menschlichen Natur, im Unterschied zu dem jeweiligen politischen Status der Individuen, inhärent sein sollen, d. h. wir haben es hier mit dem ernsthaften Versuch zu tun, das Politische auf die Natur zu reduzieren. Die *Bills of Rights* dagegen sollten zuverlässige Beschränkungen und Kontrollen jeglicher politischer Macht schaffen, und sie haben daher auch nie den Anspruch gestellt, selbst einen politischen Körper etablieren zu können; sie setzen die Existenz einer Regierung und das Funktionieren eines Machtapparates vielmehr voraus und sind daher im wesentlichen negativ. Aber die französische Erklärung der Menschenrechte zielte von vornherein darauf ab, eine Quelle politischer Macht und Autorität zu etablieren; sie erhob den Anspruch, der Grundstein des Staates zu sein und nicht nur das wesentliche Mittel, den Staat am Mißbrauch der Macht zu hindern. Der Staat selbst sollte auf den natürlichen Rechten des Menschen beruhen, d. h. auf den Rechten des Menschen, insofern er nichts ist als ein natürliches Wesen, und das kann nur heißen, auf den Rechten »auf Nahrung, Kleidung und Fortpflanzung«, auf dem Recht auf die Lebensnotwendigkeiten. Diese Rechte galten nicht als präpolitische Rechte, die keine Regierung und keine Staatsmacht anzutasten das Recht hat, weil sie die aller Politik gezogene Grenze markieren, sondern als der Inhalt und als das letzte Ziel jeglicher Regierung und jeder politischen

Macht. Damit änderte sich auch die Hauptanklage gegen das Ancien Régime; es waren nicht mehr die altverbrieften Rechte und Freiheiten der Bürger Frankreichs, die der Absolutismus verletzt hatte, sondern die Wohlfahrt des Volkes und sein Recht auf Leben.

VI

Denen, die in die Schule Rousseaus gegangen waren und nun Zeuge davon wurden, wie die »Unglücklichen« in den Straßen von Paris erschienen, muß es vorgekommen sein, als hätte sich die ihnen vertraute Idee eines »natürlichen Menschen« im »Urzustand«, getrieben von »wirklichen Bedürfnissen«, plötzlich realisiert und als wäre die Revolution nur das »Experiment gewesen, in dem er entdeckt werden konnte«[46]. Denn die Massen, die hier auftauchten, waren ohne alle »künstlichen« Masken, sie standen außerhalb aller politischen und aller gesellschaftlichen Bezüge. Weder war ihr wahres Gesicht von der Maske der Heuchelei verzerrt, noch war ihr »natürliches Ich« durch die Maske der »juristischen Person« geschützt. Angesichts dieser Massen im »Naturstand« des Hungers und der Not mußten das Gesellschaftliche und das Politische gleicherweise als künstliche Machenschaften wirken, die nur dazu dienten, den »natürlichen Menschen« zu verdecken, der sein wahres Gesicht entweder in der nackten Brutalität der Selbstsucht oder in der entwürdigenden Not nackter Bedürfnisse zeigte. Von da an haben diese »wirklichen Nöte« den Gang der Revolution bestimmt mit dem Ergebnis, daß – wie Lord Acton so richtig anmerkte – »die Nationalversammlung keinen Anteil mehr hatte an den Dingen, welche die Zukunft Frankreichs bestimmten«, und daß daher die Macht von den Volksvertretern »auf die organisierten Massen von Paris überging und von ihnen und ihren Führern auf die Leute, welche die Massen zu manipulieren verstanden«[47]. Denn als die Massen erst einmal entdeckt hatten, daß eine Verfassung kein Allheilmittel gegen die Armut ist, wandten sie sich gegen die mit der Ausarbeitung der Verfassung beschäftigte Nationalversammlung mit der gleichen Feindseligkeit, mit der sie den Hof Louis XVI. bedacht hatten, und meinten, in den Beratungen der Delegierten das gleiche Theater, die gleiche Hypokrisie und die gleichen Täuschungsmanöver zu entdecken wie in den Ränken des Königs. Unter den Männern, die durch die Revolution an die Macht gekommen waren, konnten sich nur die halten, welche zu Wortführern der Massen wurden und bereit waren, die »künstlichen«, von Menschen erlassenen Gesetze eines noch zu gründenden Gemeinwesens den »natürlichen« Gesetzen zu opfern, denen die Massen gehorchten, also den natürlichen Kräften und der elementaren Notwendigkeit, mit der nur die Natur und unsere körperlichen Bedürfnisse uns zwingen.

Als diese Elementargewalten entfesselt waren und jedermann sich davon überzeugt hatte, daß nur die nackte Not und das brutale Interesse frei waren von Heuchelei, verwandelten sich die *malheureux* in die *enragés*, denn blinde Wut ist in der Tat die einzige Art und Weise, in der das Unglück als solches aktiv werden kann. Nicht die erhoffte Tugend, sondern blindwütige Leidenschaften griffen in den Gang der Politik ein, als die Heuchelei entlarvt und das Leiden zur Schau gestellt waren, nämlich die Wut der in Schrecken gesetzten Korruption auf der einen Seite und die ohnmächtige Wut des Unglücks, das wohl in Schrecken versetzen, aber sich selbst dennoch nicht helfen konnte, auf der anderen. Das Bündnis der Monarchen Europas gegen Frankreich war von den Ränken des französischen Hofs geschmiedet worden, und der Krieg, den sie schließlich dem revolutionären Frankreich erklärten, hatte erheblich mehr mit kopfloser Angst und Schrecken zu tun als mit der Fortführung irgendeiner Politik mit anderen Mitteln. So konnte selbst Burke z. B. erklären: »Wenn je ein fremder Herrscher den Boden Frankreichs betritt, muß er es wie ein Land von Mördern betreten. Die Kriegsregeln zivilisierter Nationen werden dann nicht in Anwendung kommen, und die Franzosen, die im Sinne des gegenwärtigen Systems handeln, haben auch keinen Anspruch darauf.« Aus diesen und ähnlichen furchtbaren Aussprüchen hat man gelegentlich geschlossen, daß die in den Revolutionskriegen ausgesprochene Drohung eines Massenterrors wesentlich dazu beigetragen habe, den revolutionären Terror im Innern des Landes loszulassen.[48] Und es ist nicht zu leugnen, daß diese Sprache aufs genaueste der Sprache entspricht, der sich die *enragés* bedienten, die offen erklärten: »Rache ist die wahre Quelle der Freiheit, sie ist die einzige Gottheit, der wir opfern sollten«

– in den Worten Alexandre Rousselins, einem Mitglied der Fraktion Héberts. Vielleicht war dies nicht die wahre Stimme des Volkes, aber es war unleugbar die sehr wirkliche Stimme derer, die Robespierre mit dem Volke identifiziert hatte. Und diejenigen, die Zeugen dieser Stimmen waren, der Stimme der »Großen«, denen die Revolution die Maske der Heuchelei vom Gesicht gerissen hatte, und der »Stimme der Natur«, des »natürlichen Menschen«, den die in Wut geratenen Massen in Paris repräsentierten, dürfte es schwergefallen sein, an eine unverdorbene reine Menschennatur und an die Unfehlbarkeit des Volkes zu glauben.

Der ungleiche Kampf, in dem die Wut des nackten Elends sich mit der Wut der entlarvten Korruption maß, erzeugte schließlich den Strom »fortschreitender Gewalt«, von dem Robespierre sprach; in der Reaktion aufeinander konnte die Wut jeder Seite sich nur steigern, bis es ihnen beiden gelungen war, »in wenigen Jahren das Werk von Jahrhunderten« dem Erdboden gleichzumachen, und nicht, wie Robespierre meinte, zu »vollenden«[49]. Denn Wut ist nicht nur ihrem Wesen nach ohnmächtig, sie ist auch die Art und Weise, in der sich die Ohnmacht aus der ihr innewohnenden Verzweiflung schließlich herausstürzt und aktiv wird. Innerhalb und außerhalb der Sektionen der Pariser Kommune setzten sich die *enragés* aus denen zusammen, die sich gegen »Unglück« und Ohnmacht auflehnten und sich weigerten, es weiterhin zu tragen und zu ertragen, ohne aber irgendeinen Weg zu finden, das Elend auch nur zu mildern, geschweige denn, es abzuschütteln. Und in dem Kampf um die Verwüstung Frankreichs stellten sie sich als die Mächtigeren heraus, weil die Gewalt ihrer Wut aus der echten Quelle des Leidens kam. Gerade weil die Tugend und die Stärke des Leidens im Ertragen liegt, schlägt es in Wut um, wenn dem Menschen Unerträgliches zugemutet wird. Zwar ist auch diese Wut ohnmächtig und unfähig, wirklich zu handeln und etwas ins Werk zu setzen, aber sie birgt in sich immer noch die Kraft echten Leidens, dessen verheerende Gewalt größer und gleichsam beständiger ist als das blindwütige Rasen derer, die in bloßem Ressentiment auf die Vereitelung ihrer Pläne reagieren. Zwar waren die leidenden Volksmassen auf die Straße gegangen, bevor noch irgendeiner ihrer künftigen Organisatoren und Wortführer auf die Idee gekommen war, sie dazu aufzufordern; aber das von ihnen zur Schau getragene Leiden verwandelte die »Unglücklichen« doch erst in dem Augenblick in die *enragés*, als sie in den Männern der Revolution jenes leidenschaftliche Mitfühlen – *ce zèle compatissant* – erweckt hatten, das sie antrieb, das Leiden selbst zu verherrlichen und das Elend als Quelle und Garantie der Tugend zu preisen, so daß sie, ohne es zu merken, schließlich darangingen, das Volk gerade wegen seines Unglücks zu befreien und nicht, weil sie in ihm die künftigen Bürger und Herren des Landes respektierten. Sobald man aber die leidenden Massen befreien und nicht mehr das Volk emanzipieren wollte, hatte man bereits den Gang der Revolution den Gewalten, die ihre Quelle im Leiden, und nicht mehr der Macht, die ihre Quelle im Handeln hat, ausgeliefert. Und wenn es auch gerade diese ohnmächtige Wut war, an der schließlich die Revolution zugrunde ging, so bleibt doch bestehen, daß Leiden, wenn es erst einmal in Wut gerät, überwältigende Kräfte entfesseln kann. Als die Revolution sich von der Gründung der Freiheit abwandte und auf die Befreiung des Menschen vom Leiden verlegte, riß sie die Schranken des Ertragens, mit denen der Mensch sein Leiden im Zaum hält, nieder und befreite die verheerenden Gewalten des Unglücks und der Not.

Soweit die Erinnerung der Menschheit reicht, hat das menschliche Leben unter dem Fluch der Armut gestanden, und wenn dieser Fluch heute aus den Ländern des Westens zu verschwinden scheint, so kann niemand behaupten, daß dies einer der westlichen Revolutionen zu verdanken sei. Keine Revolution hat je die »soziale Frage« gelöst und Menschen von der Not befreit, obwohl alle Revolutionen nach dem achtzehnten Jahrhundert, mit der einzigen Ausnahme der Ungarischen Revolution des Jahres 1956, dem Beispiel der Französischen Revolution gefolgt sind und die gewaltigen Kräfte der Not und des Elends in dem Kampf gegen Zwangsherrschaft und Unterdrückung in die Waagschale geworfen haben. (Die ungarische Revolution hat mit der Amerikanischen gemein, daß die soziale Frage in ihr überhaupt keine Rolle spielte. Sie steht außerhalb der von der Französischen Revolution etablierten Tradition und hat vielleicht gerade darum als einzige auf eines der großen Dokumente amerikanischen Freiheitsdenkens zurückgreifen können – auf die berühmte Ansprache Abraham Lincolns in Gettysburg.⁵⁰) Und obwohl alle verbürgten Tatsachen, die wir aus den Revolutionen der Geschichte kennen, einwandfrei und einmütig demonstrieren, wie jeder Versuch, die soziale Frage mit politischen Mitteln zu lösen, im Terror endet, und daß nichts eine Revolution mit größerer Sicherheit zugrunde richtet als die Herrschaft des Schreckens, so ist doch andererseits zuzugeben, daß es sehr schwer ist, diesen verhängnisvollen Irrweg zu meiden, wenn die Revolution in einem Lande ausbricht, das unter dem Fluch der Armut steht. Die große Verlokkung, dem Beispiel der Französischen Revolution zu folgen und die Lehren der Amerikanischen Revolution außer acht zu lassen, ist nicht nur der einfachen Tatsache zu verdanken, daß die Befreiung von der Notwendigkeit es immer mit schlechterdings vordringlichen Dingen zu tun hat, die erledigt sein müssen, bevor an Freiheit in einem positiv erfüllten Sinne auch nur gedacht werden kann, sondern auch dem nicht weniger wichtigen und in Krisenzeiten zweifellos noch bedrohlicheren Tatbestand, daß der Aufstand der Armen und Entrechteten gegen die Reichen und Bevorrechteten gewaltsamer und im Augenblick durchschlagender ist als die politische Rebellion der Unterdrückten gegen die Unterdrücker. Die tobende Gewalt, mit der sich das Elend Luft macht, kann in der Tat unwiderstehlich anmuten, denn es bezieht seine Kraft von der Notwendigkeit, die allem Biologischen als solchem innewohnt: »The rebellions of the belly are the worst« (Francis Bacon). Wie das dann in der konkreten Wirklichkeit aussieht, hat wieder niemand besser verstanden als Lord Acton in seiner Beschreibung des Marsches der Frauen auf Versailles: »Sie handelten spontan als Mütter, deren Kinder in Elendsquartieren Hungers starben, und damit liehen sie den Antrieben, welche sie weder teilten, noch auch nur verstanden, die diamantene Härte, der nichts widerstehen konnte.«⁵¹ Und wenn Saint-Just aus dem Grund solcher Erfahrungen ausrief: »Les malheureux sont la puissance de la terre«, so täten wir gut daran, diese großen und prophetischen Worte so wörtlich wie nur möglich zu verstehen. Denn in diesen explosiven Ereignissen ist es in der Tat, als ob die Elemente der Erde sich mit dem Handeln der Menschen verschworen hätten, um sie ins Verderben zu führen: Das Verderben ist die Ohnmacht, das Prinzip des Handelns ist die Wut, und der bewußte

Endzweck ist nicht Freiheit, sondern das Leben, die schiere Wohlfahrt und das Glück.

In einem seiner berühmtesten Kapitel, das Jahrzehnte vor Marx entstanden und vermutlich ohne jegliche Kenntnis der Hegelschen Geschichtsphilosophie geschrieben ist, hat Tocqueville scheinbar als erster – und leider auch als letzter – sich gefragt, »warum wohl die Lehre von der Notwendigkeit ... eine solche Attraktion für die Geschichtsschreiber in demokratischen Zeiten besitze«. Er meinte den Grund dafür in der Anonymität einer egalitären Gesellschaftsordnung gefunden zu haben, in welcher »die Spuren individuellen Einwirkens auf die Geschicke der Nationen sich verlieren«, so daß Menschen leicht »dem Glauben verfallen, daß ... irgendeine höhere Kraft sie beherrsche«. So bemerkenswert einleuchtend diese Erklärung auf den ersten Blick anmutet, sie hält einem schärferen Zusehen doch kaum stand. Die Ohnmacht des Individuums in einer egalitären Gesellschaft erklärt nicht mehr als die gängige Erfahrung, daß das eigene Schicksal von einer übergeordneten Macht abhängt; die Erklärung trägt dem Faktor der Bewegung, der der Lehre von der historischen Notwendigkeit erst ihr eigentliches Gewicht gibt, nicht Rechnung, und ohne ihn würden die Historiker mit dieser Notwendigkeit wenig haben anfangen können. Die Vorstellung von einer sich bewegenden Notwendigkeit, von einer »ungeheuren enggeschlossenen Kette, welche das Menschengeschlecht zusammenschließt« und bis »zum Beginn der Welt zurückverfolgt werden kann«[52], hat es weder in der Amerikanischen Revolution noch in der amerikanischen egalitären Gesellschaft gegeben. Tocqueville hat hier etwas in das Amerika seiner Zeit hineingelesen, was er aus der Französischen Revolution kannte, in der bereits Robespierre den unwiderstehlichen, anonymen Strom der Gewalt an die Stelle der freien und in Freiheit beschlossenen Taten der Menschen gesetzt hat – wenn er auch noch, im Gegensatz zu Hegels späterer Interpretation der Französischen Revolution, glaubte, daß diese gewaltige Strömung durch die Kraft menschlicher Tugend gesteuert werden könne. Aber es war die gleiche Erfahrung, der bekannte Anblick der Pariser Straßen während der Revolution und der Armen, die sich ihrer bemächtigt hatten, auf welche sich Robespierres Glaube an die Unwiderstehlichkeit der Gewalt und Hegels Glaube an die Unwiderstehlichkeit der

Notwendigkeit gründeten, wobei eben entscheidend ist, daß sowohl die Gewalt wie die Notwendigkeit als Bewegungen gesehen wurden, als Ströme, die alles und alle überspülen.

In diesem Elendsstrom der Massenarmut verkörperte sich schließlich jenes Element der Unwiderstehlichkeit, das, wie wir sahen, so eng dem ursprünglichen Sinn des Wortes »Revolution« assoziiert war und das nun als Metapher um so einleuchtender wirkte, als die neu erfahrene Unwiderstehlichkeit wiederum der Notwendigkeit verbunden war – der Notwendigkeit, die wir natürlichen Prozessen zuschreiben, aber nicht weil die Naturwissenschaft diese Vorgänge gemeinhin in Form von Naturgesetzen ausdrückte und beschrieb, sondern weil wir selbst Notwendigkeit als das Charakteristikum unseres organischen Lebens erfahren. In dem Wunsch, sich von dieser Lebensnotwendigkeit zu emanzipieren und eine, wenn auch immer begrenzte Freiheit zu erobern, hat alle Herrschaft ihre ursprünglichste und ihre legitimste Wurzel. Solange wir denken können, haben Menschen diese Befreiung sich mit Gewalt auf Kosten anderer verschafft, indem sie andere zwangen, einen Teil der Lebenslast für sie zu tragen. Dies ist der eigentliche Sinn der Sklavenwirtschaft; und wenn wir heute sagen können, daß die alte und furchtbare Wahrheit, daß nur Gewalt und Herrschaft über andere wenigstens einigen Menschen die Freiheit verschafft, überholt und nicht mehr gültig ist, so danken wir diesen wirklichen Fortschritt nicht etwa irgendwelchen modernen politischen Ideen oder Ideologien, sondern einzig und allein der modernen Technik. Heute jedenfalls scheint nichts veralteter und überflüssiger, als zu versuchen, die Menschheit durch politische Mittel von Armut zu befreien, ganz abgesehen davon, daß nichts vergeblicher und gefährlicher wäre. Denn die Gewaltsamkeit, die zwischen Menschen entsteht, die von der Notwendigkeit befreit sind, ist nicht die gleiche wie die ursprüngliche Gewalt, mit der der Mensch sich durch Gewaltsamkeit gegen die Notwendigkeit auflehnt; diese Gewaltsamkeit war immer schrecklicher und hat zu größeren Katastrophen geführt, die wir historisch oft nur ahnen können, weil sie notwendigerweise allem eigentlich Geschichtlichen und Politischen vorangehen, und die wir im vollen Licht verbürgter Ereignisse überhaupt erst in der Neuzeit wahrnehmen. Die Gewaltsamkeit, mit der die Revolutionen der Neuzeit versuchten, mit der Notwendigkeit nicht nur für wenige, sondern für alle fertigzuwerden, hat nur dazu geführt, daß die Gewalt selbst sich der Notwendigkeit anglich und den politischen Bereich zerstörte – d.h. den einzigen Bereich, in dem Menschen wirklich frei sein können.

Die Massen der Armen – diese überwältigende Mehrzahl aller Menschen, die die Französische Revolution die »Unglücklichen« nannte, die sie für wenige Jahre in die *enragés* verwandelte, um sie dann dem neunzehnten Jahrhundert zu überlassen, in dem sie uns als die *misérables*, die ganz und gar Verelendeten, begegnen – waren von der Notwendigkeit begleitet, der sie seit Menschengedenken unterworfen gewesen waren, und sie trugen in sich die rücksichtslose Gewaltsamkeit, mit der man stets versucht hatte, der Notwendigkeit Herr zu werden. Unwiderstehlich wurden sie, weil dies beides, Gewalt und Notwendigkeit, sich in ihnen paarte – *la puissance de la terre.*

Drittes Kapitel

DER »VERFOLG DES GLÜCKS«

Das hervorstechende Merkmal erfolgreicher Revolutionen in unserem Jahrhundert ist, daß sie die Sprache der Notwendigkeit sprechen und in der Gewaltherrschaft enden. Die Verherrlichung der Gewalt beruft sich auf die Notwendigkeit, deren Sache sie angeblich vertritt und vorantreibt, und die Notwendigkeit selbst wird heute von den Revolutionären so gläubig verehrt wie einst die Freiheit, wobei sie noch nicht einmal mehr nötig haben, in der neuen Gottheit die große, alles bezwingende Macht zu verehren, die in den Worten Rousseaus »die Menschen zur Freiheit *zwingt*«. So haben wir zu unserm Leidwesen erfahren, daß es um die Sache der Freiheit besser in Ländern bestellt sein kann, in denen trotz noch so empörender politischer Zustände eine Revolution nie ausgebrochen ist, und daß die Bürgerrechte selbst in Ländern, in denen Revolutionen blutig niedergeschlagen wurden, zuweilen besser aufgehoben sind als dort, wo die Revolution scheinbar gesiegt hat, d.h. nicht in Konterrevolution oder Restauration endete, wiewohl sie ihr ursprüngliches Ziel nicht erreichte.

Auf diese Fragen einer nahen, bis in die Gegenwart sich erstreckenden Vergangenheit werden wir noch zurückkommen. Vorerst aber müssen wir uns jetzt den Männern zuwenden, die ich im Unterschied zu den späteren Berufsrevolutionären die Männer der Revolutionen nannte, um zu einem wenigstens vorläufigen Verständnis der Prinzipien zu kommen, die sie in ihrem Handeln geleitet und ihre Sprache geprägt haben. Dabei müssen wir uns von vornherein darüber im klaren sein, daß diese Prinzipien vorrevolutionärer Natur sind und daß in ihnen die in der Revolution ausbrechende soziale Frage keine Rolle spielte. Es gibt vermutlich in der Geschichte überhaupt keine Revolution, die von den Massen der Armen selbst spontan in die Wege geleitet wurde, genauso wie keine Revolution je aus dem bloßen Aufruhr der Unzufriedenheit oder den Komplotten von Verschwörern entstanden ist. Allgemein kann man sagen, daß Revolutionen nicht möglich sind, wo die Autorität des bestehenden Staatswesens auch nur einigermaßen intakt ist, was unter modernen Verhältnissen heißt, daß Polizei und Armee zuverlässig sind. Es ist ein Zeichen echter Revolutionen, daß sie in ihren Anfangsstadien leicht und verhältnismäßig blutlos verlaufen, daß ihnen die Macht gleichsam in den Schoß fällt, und der Grund hierfür liegt darin, daß sie überhaupt nur möglich sind, wo die Macht auf der Straße liegt und die Autorität des bestehenden Regimes hoffnungslos diskreditiert ist. Revolutionen sind die Folgen des politischen Niedergangs eines Staatswesens, sie sind niemals dessen Ursache.

Hieraus darf man jedoch nicht schließen, daß es immer und notwendigerweise zu Revolutionen kommt, wenn die Autorität des Staates und das ihr entsprechende Vertrauen der Bürger schwer erschüttert sind. Wir kennen aus der Geschichte jene seltsame und oft fast gespenstisch anmutende Langlebigkeit von völlig überholten und inadäquaten Staats- und Regierungsformen, die so charakteristisch auch für die Jahrzehnte vor dem Ausbruch des Ersten Weltkriegs war. Selbst wenn der entscheidende Autoritätsverlust bereits völlig manifest geworden ist, bedarf es für den Ausbruch der Revolution immer noch der Existenz einer genügenden Anzahl von Menschen, die auf einen Zusammenbruch mehr oder minder vorbereitet und willens sind, die Macht zu ergreifen. Sie brauchen nicht sehr zahlreich zu sein – zehn Leute, die vereint handeln, meinte Mirabeau, können zehntausend in Schrecken versetzen –, aber sie dürfen sich nicht nur verpflichtet fühlen, sondern müssen voll Hoffnung und Begier auf den Tag warten, an dem sie endlich zum Zug kommen.

Sowenig irgend jemand vorausgesehen hatte, daß die Revolution in Frankreich gerade den Armen den Zutritt zur Bühne der Politik eröffnen würde, so bekannt war im achtzehnten Jahrhundert der Autoritätsverlust des absoluten Staatsapparats in Europa wie in den Kolonien, der bereits im siebzehnten Jahrhundert eingesetzt hatte. Vierzig

Jahre vor Ausbruch der Revolution beschrieb Montesquieu den kommenden »Untergang des Abendlandes«; er fürchtete bereits das Heraufkommen neuer Zwangsherrschaften im Sinne asiatischer Despotien, weil das Verhalten europäischer Völker nur noch von Sitten und Gebräuchen, aber nicht mehr von dem Vertrauen in die Gesetze bestimmt war, unter denen sie zwar noch lebten, in deren Rahmen sie sich aber politisch nicht mehr zuhause fühlten und an deren Legitimität sie nicht mehr glaubten. Montesquieu ist es niemals in den Sinn gekommen, daß diese Anzeichen des Verfalls ein neues Zeitalter der Freiheit ankündigen könnten, er fürchtete vielmehr, daß die Freiheit in dem einzigen Kontinent, in dem sie je hatte Fuß fassen können, zugrundegehen werde, weil er überzeugt war, daß Sitten, Gebräuche und Konventionen – also die *mores* und ihre »Moral«, die nur für die Gesellschaft, aber niemals für den öffentlich politischen Raum maßgebend sind – überhaupt keiner Krise standzuhalten vermöchten.[1] Und solche Einschätzungen der vorrevolutionären Zustände waren keineswegs auf Frankreich beschränkt, wo die Korruption des Ancien Régime den gesellschaftlichen wie den politischen Körper des Volkes vergiftet hatte. Hume sagte erstaunlicherweise in demselben Augenblick mit nahezu identischen Worten das gleiche für England voraus – die geringste Krise würde die Monarchie hinwegfegen, da die königliche Macht von niemandem mehr respektiert werde, die Vorstellung, daß der König der irdische Repräsentant Gottes sei, nur noch lächerlich wirke und das Regime sich nirgendwo mehr auf feste Prinzipien und verläßliche Gesinnungen stützen könne –, und wenn wir ein noch erheblich schärferes Mißtrauen gegenüber dem Stand der Dinge in den Worten hören, mit denen Burke so enthusiastisch die Amerikanische Revolution begrüßte, so kann man wohl auf den Gedanken kommen, daß nur der Zufall oder eine ungewöhnliche Gunst der Verhältnisse bewirkten, daß die Revolution nicht auch in England ausbrach. Denn Burke sagte: »Nothing less than a convulsion that will shake the globe to its centre can ever restore the European nations to that liberty by which they were once so much distinguished. The Western world was the seat of freedom until another, more Western, was discovered; and that other will be probably its asylum when it is hunted down in every other part.«[2]

Was also voraussehbar war und was Montesquieu nur als erster ausdrücklich voraussagte, war der unglaubliche Mangel an Widerstandskraft des Ancien Régime, als genügte der leiseste Windstoß, um ein scheinbar allmächtiges Gebäude zum Einsturz zu bringen. Und diese innere Brüchigkeit aller ererbten politischen Institutionen wurde im Verlauf des achtzehnten Jahrhunderts immer offenkundiger. Hinzu kommt, daß damals bereits klar war, daß diese politische Entwicklung aufs engste mit sehr viel allgemeineren Tendenzen in der Geschichte der Neuzeit zusammenhing. Es handelte sich letzten Endes um nicht weniger als den Zusammenbruch der uralten römischen Dreieinigkeit von Religion, Autorität und Tradition, die im Prinzip, wenn auch natürlich nicht in ihrem ursprünglichen Gehalt, den Übergang der römischen Republik in das römische Imperium überdauert hatte, um dann nochmals die Transformation des römischen Imperiums in das Heilige Römische Reich deutscher Nation zu überleben. Was wir gemeinhin das Abendland nennen, ist römischen Ursprungs und römischer Prägung, und wenn man überhaupt von so etwas wie einem »Untergang des Abendlandes« sprechen will, so müßte man seinen Beginn im siebzehnten und nicht im zwanzigsten Jahrhundert ansetzen. Dem Autoritätsverlust der politischen Institutionen war ein entscheidender Traditionsverlust und eine weithin sichtbare Schwächung der Kirchen und des Kirchenglaubens vorangegangen, und dies fortschreitende Abbröckeln der kirchlichen Autorität hatte die Fundamente der weltlichen Autoritäten mitunterminiert. Dabei hielt die politische Autorität noch am längsten dem Ansturm der Neuzeit stand, aber in dem allgemeinen Traditionsverlust des siebzehnten Jahrhunderts verlor sie in den Augen der Gebildeten mehr und mehr an Legitimität (da diese sich aus einer Vergangenheit herleitete, die in den Worten Tocquevilles »ihr Licht in die Zukunft wirft«), bis dann der allgemeine Religionsverlust im achtzehnten Jahrhundert sie ihrer festen Sanktionierung in den Augen der Völker beraubte. Auf die ungeheuren Schwierigkeiten, die sich vor allem aus dem Verlust einer religiös verankerten Sanktionierung des weltlichen Regiments auch für die Errichtung neuer Staatswesen und also neuer Autoritäten ergab und welche die Männer der Revolutionen veranlaßten, sich auf Glaubensinhalte zu berufen, die sie als Kinder einer »aufgeklärten« Zeit vor Ausbruch der

Revolutionen verworfen hatten, werden wir noch ausführlich zurückkommen.

Weder in der Alten noch in der Neuen Welt wäre es je zu einer Revolution gekommen, wenn es nicht Männer gegeben hätte, die ohne zu wissen, was ihnen bevorstand, doch in irgendeinem Sinne auf sie vorbereitet waren. Die Ereignisse, die dann ihr Leben bestimmten und ihre Überzeugungen formten, haben sie so weit voneinander getrennt, daß es manchmal schwer hält, das ihnen ursprünglich Gemeinsame zu entdecken. Sie alle, ob nun in Europa oder in Amerika, waren leidenschaftlich an öffentlicher Freiheit interessiert, und zwar ganz in dem Sinn, in dem Montesquieu oder Burke über diese Dinge sprechen, und dies rein politische Interesse dürfte schon damals, also im Zeitalter des Merkantilismus und der in vielen Hinsichten sehr fortschrittlichen und aufgeklärten Despotie, eher altmodisch angemutet haben. Sie waren fernerhin nichts weniger als geborene Rebellen, sondern, wie John Adams bezeugt, »called without expectation and compelled without previous inclination«; auch in Frankreich, wie Tocqueville ausdrücklich bemerkt, lag ihnen nichts ferner als der Gedanke an eine gewaltsame Revolution, der nirgends auftauchte, weil sie gar keinen Begriff von so etwas wie einer Revolution hatten.[3] Andererseits sagt Adams am Ende seines Lebens mit Recht, daß »die Revolution vollzogen war, bevor der Unabhängigkeitskrieg begonnen hatte«[4], aber nicht weil im Amerika des achtzehnten Jahrhunderts ein besonders revolutionärer oder rebellischer Geist umging, sondern einzig und allein, weil die Bewohner der Kolonien »durch das Gesetz in Körperschaften zusammengefaßt waren, die politischer Natur waren«, insofern sie das Recht hatten, sich in den »town halls zu versammeln, um dort über öffentliche Angelegenheit zu beraten«; denn »in diesen Versammlungen der Städte und der ländlichen Bezirke wurde die Denkungsart des Volkes ursprünglich geformt«[5]. Und den gleichen scheinbaren Widerspruch können wir bei Tocqueville finden, der in seiner Geschichte des *Ancien Régime* immer wieder auf den »Geschmack *(goût)* an öffentlicher Freiheit« oder die »Passion« für sie zurückkommt, die im vorrevolutionären Frankreich weit verbreitet waren und sich zweifellos all derer bemächtigt hatten, die dann in der Revolution eine Rolle spielen sollten.

Trotz dieser Gemeinsamkeit und obwohl im achtzehnten Jahrhundert die geistige Elite der Alten und der Neuen Welt noch von den gleichen Büchern geprägt und den gleichen Grundgedanken geleitet war, drängt sich hier bereits ein wichtiger Unterschied auf. Was in Frankreich offenbar nicht mehr als eine »Passion« oder ein »Geschmack« war, war in Amerika eine wirkliche Erfahrung, und die Tatsache, daß die Amerikaner gemeinhin von »öffentlichem Glück« *(public happiness)* sprachen, wenn die Franzosen sich der Worte »öffentliche Freiheit« bedienten, weist auf diesen Sachverhalt deutlich hin. Die Amerikaner wußten offenbar, daß öffentliche Freiheit in der unmittelbaren Anteilnahme an einem öffentlichen Leben besteht und daß die öffentlichen Angelegenheiten, in denen sie tätig waren und die einen nicht unwesentlichen Teil ihrer Lebenszeit beanspruchten, ihnen keine Last bedeuteten, sondern im Gegenteil ein Gefühl innerer Befriedigung verschafften, das sie in keiner rein privaten Beschäftigung zu finden vermochten. Sie wußten aus eigenster Erfahrung, was John Adams dann immer wieder theoretisch zu fassen sucht, daß weder das Volk in den Stadtversammlungen noch die späteren Volksvertreter in den berühmten »congresses« und »conventions«, nur der Pflicht gehorchend, zusammenkamen oder gar nur daran dachten, ihre Interessen zu vertreten, sondern daß sie da erst einmal waren, weil ihnen die Debatten, die Beratungen und die Beschlußfassungen Freude machten. Was sie veranlaßte zusammenzukommen, war »die Welt und das öffentliche Interesse der Freiheit« (Harrington), und was sie dabei beseelte, war »die Leidenschaft sich auszuzeichnen«, die John Adams für »wesentlicher und bemerkenswerter« hielt als alle anderen menschlichen Antriebe und Fähigkeiten: »Wherever men, women, or children, are to be found, whether they be old or young, rich or poor, high or low, wise or foolish, ignorant or learned, every individual is seen to be strongly actuated by a desire to be seen, heard, talked of, approved and respected by the people about him, and within his knowledge.« Diese Leidenschaft war für ihn eine politische Tugend, wenn sie sich als »Nacheifern« *(emulation)* äußerte und in der »Begierde, der Beste zu sein«; das ihr entsprechende Laster war für ihn der bloße »Ehrgeiz«, der nach »Macht strebt als einem Mittel sich auszuzeichnen«[6]. Psychologisch gesprochen, sind dies in der Tat die Haupttugenden und Laster politischer Menschen. Denn der Wille zur Macht als solcher, die bloße Sucht zu herrschen, ohne alle Leidenschaft, sich auszuzeichnen, die Adams nie erwähnt, ist zwar das hervorstechende Merkmal tyrannischer Menschen, aber man kann sie schwerlich als ein typisch politisches Laster ansprechen; dieser herrschsüchtige Wille zur Macht ist vielmehr die Eigenschaft, durch welche alles eigentlich politische Leben zerstört wird, an ihm scheitert das Laster des Ehrgeizes, für den Macht immerhin kein Selbstzweck ist, nicht weniger als die Tugend des Nacheiferns. Gerade weil der Tyrann gar nicht der Beste sein oder sich vor anderen auszeichnen will, kann er es zufrieden sein, alle seine Mitmenschen gleichermaßen in seiner Gewalt zu wissen; genauso wie umgekehrt gerade diejenigen die Welt des Öffentlichen lieben und die Gesellschaft von ihresgleichen suchen, die sich auszuzeichnen wünschen.

Verglichen mit diesen amerikanischen Erfahrungen war die Vorbereitung der *hommes de lettres*, die in Frankreich die Revolution machen sollten, rein theoretischer Natur. Als z.B. John Adams sie im Paris der achtziger Jahre kennenlernte, fiel ihm gleich auf, wie wenig diese angehenden Theoretiker der Französischen Revolution die Welt kannten, in der sie sich wie »Mönche« bewegten.[7] Fraglos dürften auch die »Schauspieler« der französischen Nationalversammlung auf ihre Kosten gekommen sein, was innere Befriedigung anlangt, aber sie hätten schwerlich gewagt, sich dies auch nur selbst zuzugeben, und sie hatten auch im Verlauf der Revolution gar nicht mehr den Spielraum an Zeit und Ruhe, der notwendig ist für Reflexionen, wie wir sie bei John Adams finden. Wichtiger noch ist vielleicht, daß ihnen gar keine Erfahrungen zur Verfügung standen, auf die sie hätten zurückgreifen können für ein Selbstverständnis irgendeiner Art; sie besaßen nichts als die durch keine Wirklichkeit erprobten Ideen und Prinzipien aus der Zeit vor der Revolution. So wurden sie von den Vorbildern des römischen Altertums noch abhängiger als ihre amerikanischen Kollegen, und die Assoziationen, welche das klassische Schrifttum in ihnen erweckte, waren wesentlich durch Sprache und Literatur bestimmt, ungetrübt jedenfalls von aller konkreten Erfahrung und den Lehren lebendiger Beobachtung. Das bloße Wort *res publica*, das das achtzehnte Jahrhundert mit *la chose publique* wiedergegeben hatte, machte sie gleichsam zu Republikanern, da es zu besagen schien, daß so etwas wie öffentliche Angelegenheiten in einer Monarchie gar nicht existieren könnte. Zwar gewannen diese Worte konkreten Inhalt noch unter der Monarchie, in den Anfangsstadien der Revolution, aber die Gestalt, unter der die Öffentlichkeit sich nun bemerkbar machte, hatte wenig mit der Vielfalt von Beratungen, Debatten und Beschlüssen zu tun, die wir aus den amerikanischen *townhall meetings* kennen. In Frankreich lernte man die Öffentlichkeit in einer Vorform der Massenversammlung kennen, in dem unvergleichlichen Schwung und den erhebenden Gefühlen, »die der stürmische Applaus einer patriotisch ergriffenen Menge« erzeugt, welche dann wohl einem eigentlich politischen Geschäft jene einzigartige »Faszination und Leuchtkraft« zu verleihen vermag, die doch den Augenblick nicht überdauern. So hatte jedenfalls Robespierre den Schwur im Ballhause erlebt, und sein Biograph, der uns hiervon berichtet, ist zweifellos im Recht, wenn er meint: »Robespierre erfuhr hier ... die Offenbarung Rousseauscher Lehren in Fleisch und Blut. Er hörte ... die Stimme des Volkes und meinte, die Stimme Gottes zu hören. Seine Mission datiert von diesem Augenblick.«[8] Für diese Erfahrungen konnte man auf keine Vorbilder aus dem klassischen Altertum zurückgreifen, und es scheint bemerkenswert, daß, obwohl die Gefühlswelt der französischen Revolutionäre von vornherein von solchen modernen, massendemokratischen Erfahrungen geprägt wurde, sie sich trotzdem noch so lange einer rein römischen Sprache bedienten, wenn sie über Politik sprachen und dachten. Charakteristisch ist, daß das Wort »Demokratie«, welches die Rolle und die Herrschaft des Volkes hervorhebt, verhältnismäßig spät das Wort »Republik« aus dem Sprachgebrauch verdrängte; dies geschah jedenfalls in Frankreich erst 1794, dem letzten Jahr der Revolution. Als man den König enthauptete, rief die Menge noch: »Vive la république!«

Robespierres Schreckensherrschaft war natürlich ein direktes Ergebnis der Revolution, aber die Theorie der revolutionären Diktatur, mit der er sie rechtfertigte und die zusammen mit seiner Theorie der revolutionären Regierungsform das einzig wirklich Neue im politischen Gedankengut dieser Zeit in Frankreich darstellt, leitet sich direkt aus der bekannten Institution der römischen Republik her. Wir kennen ähnliches aus Amerika. Die gründenden Väter haben trotz ihres Stolzes auf ein Unternehmen, das ihrer Meinung nach einen Neuanfang in der Menschheitsgeschichte darstellte, in der festen Überzeugung gelebt, sie hätten nur lang bekannte Weisheit kühn und vorurteilslos angewandt. Sie glauben, durch sie sei die Politik endlich wirklich zum Rang einer Wissenschaft aufgestiegen, weil sie sich erst so ausgiebig mit allem, was damals über Staats- und Regierungsformen bekannt war, beschäftigt hatten, um die Weisheit der Vergangenheit dann gleichsam im Experiment zu demonstrieren. Daß der Erfolg der Revolution wesentlich der Anwendung gewisser Regeln und Erkenntnisse der politischen Wissenschaft im Sinne des achtzehnten Jahrhunderts zu verdanken war, ist selbst für Amerika bestenfalls eine Halb- oder Viertelwahrheit, von Frankreich ganz zu schweigen, wo völlig unerwartete Ereignisse so schnell in den Gang der Dinge eingriffen und schließlich die Etablierung einer Verfassung und die Errichtung dauerhafter Institutionen unmöglich machten. Dennoch ist zuzugeben, daß es vermutlich nie zu einer Revolution hüben oder drüben gekommen wäre ohne die enthusiastische und manchmal leicht komisch anmutende Gelehrsamkeit in diesen Dingen, die für alle diese Männer so charakteristisch ist. (John Adams' Werke enthalten Hunderte von Seiten, in denen er nur Exzerpte von allen Autoren durch die Jahrhunderte nachdruckt, die sich je über Verfassungen geäußert haben. Man hat manchmal den Eindruck, er hätte Verfassungen gesammelt wie andere Leute Briefmarken.)

Im achtzehnten Jahrhundert nannte man diese Männer, die sich auf die Führung der öffentlichen Geschäfte in ihrem Privatleben vorbereitet hatten und nun begierig waren, die Resultate ihres Lernens und Denkens anzuwenden, *hommes de lettres*, und dies scheint mir immer noch ein besserer Name für sie zu sein als unser moderner Begriff der Intellektuellen, der eine Klasse berufsmäßiger Schreiber und Schriftsteller umfaßt, deren Arbeit absolut notwendig ist für die ständig wachsende bürokratische Verwaltung des öffentlichen und geschäftlichen Lebens wie für die gleichfalls ständig wachsenden Bedürfnisse der Vergnügungsindustrie im Zeitalter der Massengesellschaft. Das Entstehen und Anwachsen dieser Klasse in der Neuzeit war unvermeidlich, ging automatisch vor sich und hätte unter allen Umständen stattgefunden. Denkt man an den ungeheuren Aufstieg der Intellektuellen in den Ländern der despotischen und tyrannischen Regime im Osten, wo sie zweifellos die herrschende Klasse bilden, so möchte man meinen, daß ein ungestörter Verlauf des Absolutismus im achtzehnten Jahrhundert den Intellektuellen eine noch größere Chance geboten haben würde. Das gleiche gilt aber keineswegs für die *hommes de lettres*. Fraglos ist, daß in den gleichen Jahrzehnten, in denen die *hommes de lettres* Europas auf der Öffentlichkeit und Sichtbarkeit der Regierungsgeschäfte bestanden, die Intellektuellen umgekehrt »im Rahmen der Bürokratie damit beschäftigt waren, ein Gebäude von spezialisiertem Wissen und Prozeduren zu errichten, das für die wachsenden Geschäfte der Regierungen auf allen Stufen unentbehrlich war, und das gerade den esoterischen Charakter der Regierungsgeschäfte betonte«[9]. Der Unterschied zwischen den *hommes de lettres* und den Intellektuellen ist also keineswegs nur eine Frage der Qualität, sondern des Standorts; und was es mit dieser Frage des Standorts auf sich hatte, kann man vielleicht am besten an der grundsätzlich verschiedenen Haltung dieser beiden Gruppen zur Gesellschaft des achtzehnten Jahrhunderts ablesen. Die Intellektuellen sind von Anbeginn ein unabdingbarer Teil der Gesellschaft gewesen, der sie überhaupt ihre Entstehung verdankten; die *hommes de lettres* haben sich dagegen von Anfang an von der Gesellschaft unterschieden und, sofern sie ihr durch Geburt angehörten, danach getrachtet, sich von ihr zurückzuziehen. Dies gilt gleichermaßen von der adligen Hofgesellschaft wie von der »guten Gesellschaft«, die sich in Salons zusammenfand. Man wurde ein *homme de lettres* gerade dadurch, daß man sich von der Gesellschaft nach Möglichkeit fernhielt. In dieser frei gewählten Zurückgezogenheit von den Zerstreuungen eines gesellschaftlichen Lebens und seinen zahllosen Verpflichtungen lag die Möglichkeit, sich zu bilden und so in der doppelten Distanz von Gesellschaft und Politik, aus der sie ohnehin ausgeschlossen waren, einen Abstand zu gewinnen, der in seiner Art einzigartig war. Erst in der Mitte des achtzehnten Jahrhunderts finden wir Zeichen offener Rebellion gegen die Gesellschaft und ihre Vorurteile, aber dieser vorrevolutionären Auflehnung war eine stillere, nicht weniger eindringliche und viel souveränere Verachtung für alles nur Gesellschaftliche vorangegangen. Aus Verachtung entsprang die Lebensweisheit Montaignes, die Schärfe, wenn auch nicht die Tiefe des Pascalschen Denkens, wie schließlich noch die reflektierende Beobachtungsgabe Montesquieus. Natürlich liegt eine Welt zwischen dieser aus Verachtung und Widerwillen gemischten Haltung der Aristokraten zur Gesellschaft und dem ressentimentgeladenen Haß der niederen Volksschichten, der so bald auf sie folgte; aber man kann doch nicht gut übersehen, daß der Gegenstand der Verachtung und des Hasses der gleiche war.

Frei von der Last der Armut konnten die *hommes de lettres* sich die Gelassenheit der Verachtung leisten. Sie waren weder gezwungen noch bereit, die Positionen, die ihnen der Staat und die Gesellschaft des Ancien Régime zu bieten hatten, zu akzeptieren und sich mit solcher Prominenz zufriedenzugeben; aber die Muße, die sie auf diese Weise eintauschten, begann ihnen in den Jahrzehnten vor der Revolution zur Bürde zu werden, nachdem sie ihnen so lange Zeit zum Segen gereicht hatte, und ihre Zurückgezogenheit erschien ihnen nun als eine Art Exil von den Bereichen wahrer Freiheit und nicht als die ersehnte Freiheit von der Politik, welche die Philosophen seit dem Altertum für sich in Anspruch genommen haben, um Tätigkeiten nachgehen zu können, die ihrer Meinung höheren Ranges waren als politisches Handeln und die Anteilnahme an öffentlichen Angelegenheiten. Anders gewendet, ihre Muße stellte sich als das römische *otium* und nicht als die griechische σχολή heraus, sie war eine erzwungene, sich verzehrende Untätigkeit, für welche die Philosophie die *doloris medicinam* bereitstellen sollte.¹⁰ Diese Stimmung war echt römisch, und sie blieben dem römischen Stil durchaus gemäß, als sie anfingen, sich in ihrer erzwungenen Muße mit der *chose publique*, der *res publica* oder den öffentlichen Angelegenheiten zu beschäftigen. So war es beinahe selbstverständlich, daß sie sich dem Studium der antiken Autoren zuwandten, bei denen sie aber – und dies ist entscheidend – nicht so sehr »ewige Wahrheit« oder »unvergängliche Schönheit« suchten als die Zeugnisse von einer vergangenen Verfassung menschlicher Angelegenheiten, in welcher es einen öffentlichen, den Bürgern zugänglichen Raum der Freiheit gab. Was sie zur Antike zurückführte, war die Sehnsucht nach politischer Freiheit, nicht die Wahrheit der Philosophie, und aus der Lektüre der Alten holten sie sich die konkreten

Elemente, mit denen sie über solche Freiheit nachdenken und von ihr träumen konnten. Da sie gleich den Römern in der Philosophie immer noch den besten Trost und die wirksamste Hilfe für den verzehrenden Kummer der erzwungenen Untätigkeit fanden, nannten sie sich *philosophes*, wobei aber die Philosophie für sie nur eine Art Verkleidung war: »Chaque passion publique se déguisa ainsi en philosophie« (Tocqueville). Hätten sie gleich ihren amerikanischen Kollegen aus Erfahrung gewußt, was es mit öffentlicher Freiheit auf sich hat, so hätten auch sie vermutlich von *public happiness*, dem Glück des Öffentlichen, gesprochen; denn jede der geläufigen amerikanischen Definitionen dieses Glücks vor der Revolution – etwa die, welche Joseph Warren im Jahre 1772 gab, wonach »Glück« »in der tugendhaften und unerschütterlichen Treue zu einer freien Verfassung« besteht – zeigt, wie sehr die beiden scheinbar verschiedenen Formeln den gleichen Gehalt meinten. Öffentliche oder politische Freiheit und öffentliches oder politisches Glück waren die Prinzipien, welche das Denken dieser Männer bestimmten und sie auf das vorbereiteten, was sie nicht erwartet hatten, um sie dann zu Handlungen zu treiben, für die sie nie die geringste Neigung gezeigt hatten.

Wenn also die französischen *hommes de lettres*, die das Denken des Landes auf die kommende Revolution vorbereiteten, schließlich unter dem Namen *philosophes* in die Geschichte der Aufklärung eingegangen sind, so ist dieser Name irreführend, obwohl sie selbst ihn sich zulegten. Für die Geschichte der Philosophie haben sie kaum eine Bedeutung, und der einzige Philosoph, der wirklich auch zu ihnen gehört, nämlich Kant, lebte in einem Land, in welchem von solchen neuartigen Sehnsüchten wenig zu spüren war und in dem er wohl der einzige war, der es »süß« (!) fand, »sich Staatsverfassungen auszudenken«, wie er ja auch der einzige unter den Gebildeten Deutschlands blieb, der der Französischen Revolution bis zum Schluß die Treue gehalten hat: denn »ein solches Phänomen in der Menschengeschichte vergißt sich nicht mehr«[11]. Aber selbst in der Geschichte des politischen Denkens können sie es an Originalität und Durchschlagskraft nicht mit den Denkern des siebzehnten und frühen achtzehnten Jahrhunderts aufnehmen. Um so größer ist ihre Bedeutung für die Vorbereitung der Revolutionen; und sie liegt nahezu ausschließlich darin, daß sie nicht von »Freiheit« im allgemeinen, sondern ausdrücklich von »*öffentlicher* Freiheit« sprachen. Das zeigt an, daß sich in ihrem Denken der Begriff von Freiheit überhaupt gewandelt hatte, und daß es sich hier nicht um den freien Willen oder das in Freiheit vollzogene Denken handeln kann, wie wir es aus der Geschichte der Philosophie seit Augustin kennen. Die öffentliche Freiheit war eben nicht jene Innerlichkeit, in die man sich vor dem Druck der Welt beliebig zurückziehen kann, und sie war auch nicht das *liberum arbitrium*, die Freiheit der Wahl unter vorgegebenen Möglichkeiten. Die Freiheit, für die diese Männer eintraten, konnte es nur im Bereich des Öffentlichen geben; sie war eine weltliche, greifbare, von Menschen erstellte Wirklichkeit, und nicht ein Geschenk oder eine der Realisierung harrende Fähigkeit. Sie war in anderen Worten der öffentliche Raum oder die ἀγορά, wie wir sie aus der Antike kennen, der hergestellte, weithin sichtbare Versammlungsplatz freier Männer und somit der Erscheinungsraum der Freiheit überhaupt.

Aber auch wenn wir von dem philosophischen Freiheitsbegriff, von dem hier nicht die Rede sein kann, absehen und nur an die bürgerlichen Rechte und Freiheiten denken, die persönlicher Natur sind und politisch garantiert werden müssen, so ist klar, daß öffentliche Freiheit noch etwas anderes meinen mußte. Denn der aufgeklärte Absolutismus hat diese Rechte und Freiheiten ja nirgends ernstlich beschnitten, jedenfalls nicht im ausgehenden achtzehnten Jahrhundert und nicht für die oberen Klassen der Gesellschaft, denen die Männer der Revolution nahezu ausnahmslos angehörten. Worunter sie litten, war, daß »die Welt der öffentlichen Angelegenheiten ihnen nicht nur so gut wie unbekannt blieb, sie war unsichtbar«[12] und trat nirgends in Erscheinung.

Und sie hätten wohl alle Kant zugestimmt, der meinte, daß »eine Regierung, die auf dem Prinzip des Wohlwollens gegen das Volk ... errichtet wäre, d.i. eine väterliche Regierung ..., der größte denkbare Despotismus« ist.[13] Die *hommes de lettres* hatten mit dem Volk gemein, daß auch sie in der Dunkelheit des Privaten lebten, und diese Gemeinsamkeit machte sich früher geltend als irgendeine leidenschaftliche Anteilnahme an den Leiden der »Unglücklichen«. Da es einen öffentlichen Bereich für sie nicht gab, da dieser Bereich im Unsichtbaren blieb, fehlte ihnen auch der öffentliche Raum, in dem sie selbst in Erscheinung treten und eine Rolle spielen konnten. Was sie in dieser Hinsicht von dem gemeinen Volk unterschied, war lediglich die Tatsache, daß ihnen schließlich durch Geburt und Umstände von der Gesellschaft ein Ersatz für die Befriedigung, die das Handeln im öffentlichen Raum gibt, geboten ward, nämlich gesellschaftliches Ansehen. Daß sie dies Ansehen ausschlugen und sich weigerten, in der Gesellschaft die Rolle zu spielen, welche die Politik ihnen versagte, macht ihren persönlichen Rang aus. Dem *land of consideration*, wie Henry James, der große Kenner und Bewunderer des Gesellschaftlichen, diesen ganzen Bereich gelegentlich nennt, zogen sie die Zurückgezogenheit eines privaten Lebens vor, in dem sie wenigstens im Denken und Träumen die Leidenschaft, sich auszuzeichnen, und die Sehnsucht nach Freiheit wachhalten konnten. Dabei darf man natürlich nie vergessen, daß diese Sehnsucht nach Freiheit einzig um ihrer selbst willen, bzw. um der reinen »Lust willen, die die Fähigkeit zu sprechen, zu handeln, zu atmen«, begleitet (Tocqueville), nur in denen aufsteigen kann, die in gewissem Sinne bereits frei sind, weil sie keinem Herrn unterstellt sind. Daß diese Sehnsucht nach öffentlicher oder politischer Freiheit nur zu leicht mit dem so viel wilderen, leidenschaftlichen Haß der Unterdrückten für ihre Unterdrücker verwechselt werden kann, liegt auf der Hand. Dieser Haß ist uralt, mindestens so alt wie die überlieferte Geschichte und vermutlich älter, aber politisch ist er belanglos, weil nichts aus ihm je entstanden ist. Denn es ist nicht dieser Haß, der Revolutionen entfacht, da die eigentlich revolutionäre Idee, die Gründung der Freiheit, bzw. die Gründung eines politischen Gemeinwesens, das den öffentlichen Erscheinungsraum der Freiheit garantiert, ganz außerhalb seiner Reichweite liegt.

Unter modernen Bedingungen ist der Akt der Gründung identisch mit dem Erlassen einer Verfassung, und die Einberufung von verfassunggebenden Versammlungen ist zu Recht zum Wahrzeichen von Revolutionen überhaupt geworden, seit die Unabhängigkeitserklärung in allen amerikanischen Kolonien das Erlassen geschriebener Verfassungen zur Folge hatte, um dann schließlich in der Verfassung des Staatenbundes zur Gründung der Vereinigten Staaten zu führen. Diese amerikanische Entwicklung dürfte dann auch für den berühmten Ballhaus-Schwur mitverantwortlich gewesen sein, in dem der Dritte Stand erklärte, nicht wieder auseinanderzugehen, bevor nicht die Verfassung schwarz auf weiß vorlag und vom König ordnungsgemäß akzeptiert war. Das unselige Schicksal dieser ersten französischen Verfassung ist aber nicht weniger zum Wahrzeichen von Revolutionen geworden wie die Verfassung selbst; der König akzeptierte sie nicht und brauchte sie nicht anzunehmen, denn sie war von der Nation im ganzen weder in Auftrag gegeben noch ratifiziert – es sei denn, man sähe in dem Pfeifen und Klatschen der Galerie, welche die Beratungen der Nationalversammlung begleiteten, den gültigen Ausdruck des Volkswillens und die Bestätigung der Verfassung. Und das klingt wie Hohn, wenn man an die ausführlichen Debatten in den Volksversammlungen denkt, die in Amerika der Ratifizierung der Verfassung vorangingen. Die erste europäische Verfassung war die von 1791, und sie war bereits jener »Fetzen Papier«, der eine größere Rolle in der Verfassungsgeschichte als in den politischen Ereignissen des Landes spielte. Bevor sie auch nur in Kraft getreten war, hatte sie ihr Ansehen im Volk bereits eingebüßt, und der Gang der Dinge gab dem Volk recht; denn im Zeitraum von wenigen Jahren und Jahrzehnten brach jetzt eine wahre Lawine von Verfassungen über das Land herein, die bis ins zwanzigste Jahrhundert anhielt, und das Ergebnis ist, daß von dem ursprünglichen konstituierenden Sinn dieses »Instruments« so gut wie nichts im Bewußtsein der Völker übriggeblieben ist. Die Vertreter der französischen Nationalversammlung hatten sich aus eigener Machtvollkommenheit zu einer in Permanenz tagenden Körperschaft erklärt, und als sie fertig waren, dachten sie gar nicht daran, das Resultat ihrer Entschlüsse und Beratungen vor das Volk zu bringen und im Lande zur Diskussion zu stellen; das wäre auch sehr schwer gewesen, da es in Frankreich gar keine Institutionen gab, in denen das Volk sich zu solchen Zwecken hätte versammeln können. So lag es für die Delegierten in der Tat nahe, sich von allen konstitutionierenden Mächten, die ihre Position hätten legitimieren und ihre Beschlüsse ratifizieren können, unabhängig zu machen. Aber das Ergebnis war, daß sie, statt Gründer oder gründende Väter zu werden, die Ahnherrn von Generationen von Politikern und Fachleuten wurden, die sich mit um so größerer Vorliebe mit dem Ausdenken aller möglichen Konstitutionen beschäftigten, je weiter sie von der Macht und dem Einfluß auf den wirklichen Gang der Dinge entfernt waren. In dieser Entwicklung verlor der Akt der Verfassungsgebung an Gewicht und Bedeutung, bis schließlich jedermann bei der bloßen Erwähnung einer Verfassung an mangelnden Realitätssinn dachte, an eine Überbetonung des formal Juristischen im Bereich der Politik.

Wir stehen immer noch im Bann dieser Entwicklung, und es fällt uns daher schwer zu verstehen, daß Revolution, Verfassung und Gründung Teilaspekte des gleichen Phänomens sind. Den Männern des achtzehnten Jahrhunderts aber war es noch selbstverständlich, daß nur eine Verfassung die Grenzen des neuen politischen Bereiches und die in ihm geltenden Regeln festlegen kann, daß sie vor der Aufgabe standen, einen neuen politischen Raum zu gründen und auszubauen, in welchem dann die »Leidenschaft für politische Freiheit« oder der »Verfolg des öffentlichen Glücks« sich in Zukunft entfalten konnte, in der Hoffnung, daß der in der Revolution geborene »revolutionäre Geist«, der sie beseelte, das Ende der Revolution überdauern möge. Doch selbst in Amerika, wo ja die Revolution ihr unmittelbares Ziel, die Gründung eines neuen politischen Gemeinwesens erreichte, ist es nicht gelungen, diese gleichsam zweite Aufgabe der Revolution zu erfüllen und den Geist und die Prinzipien des Gründungsakts in dauernden Institutionen festzuhalten. Und dies war die Aufgabe, der vor allem Jefferson so entscheidende Bedeutung beimaß, daß er meinte, das neue Gemeinwesen würde ein Scheitern in dieser Hinsicht nicht überleben können. Hierauf werden wir später ausführlich eingehen, aber ein erster Hinweis auf die Kräfte, die schließlich das Scheitern verursachten, muß bereits hier angemerkt werden, weil sie sich gerade in der Zweideutigkeit der Glücksformel in der Unabhängigkeitserklärung bemerkbar machen.

Bekanntlich setzte Jefferson, ohne daß dies irgend jemandem aufgefallen wäre, den Ausdruck *pursuit of happiness* an die Stelle, welche dem »Eigentum« in der alten Formel »Leben, Freiheit und Eigentum«, die bis dahin die bürgerlichen Rechte definiert hatte, zugefallen war. Hierzu ist zweierlei zu bemerken. Es ist erstens auffallend, daß die Glücksformel gerade an die Stelle des Eigentums rückt, denn dies scheint zu besagen, daß es sich bei diesen Grundrechten wirklich nur um den Schutz der bürgerlichen Privatsphäre handelt, wobei aber nun im Sinne einer egalitären Gesellschaft der »*Verfolg* des Glücks«, also das Erwerbsstreben, im Vordergrund steht. Orientiert man sich hingegen an der zeitgenössischen Literatur, so ist umgekehrt auffallend, daß Jefferson nicht den Ausdruck »*öffentliches* Glück« gebraucht, der damals gang und gäbe war und vermutlich als eine sehr bemerkenswerte amerikanische Variation der üblichen Ausdrucksweise königlicher Proklamationen verstanden werden muß, in denen von dem »Wohl und Glück unserer Untertanen« die Rede ist – also dem privaten Wohl und dem Privatglück der Einwohner.[14] Hat er bewußt das qualifizierende Adjektiv unterdrückt, das aus einem bürgerlichen ein politisches Recht macht? Dies ist nicht sehr wahrscheinlich, da Jefferson nur zwei Jahre zuvor (1774) in einem Entwurf für Virginia, der in mancherlei Hinsicht eine Vorwegnahme der Unabhängigkeitserklärung darstellt, ausdrücklich betont hatte, daß »unsere Ahnen« beim Verlassen der »britischen Herrschaftsgebiete in Europa« ein Recht ausübten, »das die Natur allen Menschen verliehen hat und das darin besteht, neue Gesellschaften zu etablieren und Gesetze und Regelungen zu erlassen, welche ihnen am besten geeignet scheinen, das *öffentliche* Glück zu fördern«[15]. Dies würde heißen, daß die »freien Einwohner« Englands nicht nur und nicht primär nach Amerika kamen, um ihr Glück, sondern um ihr öffentliches Glück zu machen, daß sie also um einer Freiheit willen auswanderten, deren sie auch als »freie Einwohner« in England nicht teilhaftig waren. Stimmt man Jefferson zu, so kann man nur folgern, daß die Kolonien der Neuen Welt von Anfang an ein Treibhaus für das gewesen sein müssen, was sich später als »revolutionärer Geist« enthüllte – nämlich die Erfahrung eines Glücks im Öffentlichen, in der Ausübung legitimer Macht, bzw. nach Jeffersons eigenen Worten in »der Anteilnahme an der Regierung und Leitung öffentlicher Angelegenheiten«[16]. Dies ist etwas wesentlich anderes als der Genuß der allgemein anerkannten Untertanenrechte, denen zufolge jeder Einwohner im Verfolg seines eigenen Glücks vor der Macht der Regierung geschützt sein muß und welche nur eine ins Tyrannische entartete Regierung zu verletzen wagt. Die bloße Tatsache, daß der Anspruch auf Teilhabe an öffentlicher Macht mit dem Wort »Glück« bezeichnet wurde, zeigt deutlich, daß die Erfahrung eines solchen Glücks in der Ordnung öffentlicher Angelegenheiten bereits vor der Revolution im Lande verbreitet gewesen sein muß, daß diese Männer wußten, daß ihr Glück im Leben nicht vollkommen war, wenn es nur in einem von Glück gesegneten Privatleben bestand.

Historisch bleibt natürlich bestehen, daß die Unabhängigkeitserklärung nur von Glück und nicht von dem Glück in der Öffentlichkeit spricht, und es ist durchaus möglich und sogar wahrscheinlich, daß Jefferson selbst sich nicht darüber im klaren war, welche Art von Glück er meinte, als er den »Verfolg des Glücks« unter die unabdingbaren Menschenrechte aufnahm. Die Unterscheidung von »privaten Rechten und öffentlichem Glück« (Madison) war damals jedermann geläufig, aber Jeffersons Leichtigkeit des Ausdrucks und der Formulierung, um derentwillen man ihn mit dem Entwurf der Unabhängigkeitserklärung beauftragt hatte, trug das Ihre dazu bei, diese Unterscheidung wieder zu verwischen, wobei immerhin bemerkenswert ist, daß auch dies offenbar damals niemandem aufgefallen ist.[17] Daß ein unqualifiziertes »Streben nach Glück« sich sehr bald im Selbstverständnis des Landes vor alle anderen Errungenschaften der Revolution setzen und schließlich wesentlich die spezifisch amerikanische Ideologie bestimmen würde, konnte damals natürlich niemand voraussehen; aber Tatsache ist, daß Jeffersons Formulierung mehr als irgend etwas anderes dazu beigetragen hat, daß die Bewohner der Vereinigten Staaten in den Worten von Howard Mumford Jones »das grausige Vorrecht in Anspruch nehmen, einem Phantom nachzujagen und sich in einer Wahnvorstellung häuslich einzurichten«[18]. Im Rahmen des achtzehnten Jahrhunderts war die Formulierung *pursuit of happiness* so geläufig, daß sie des bestimmenden Adjektivs *public* kaum zu bedürfen schien, aber im Verständnis aller nun folgenden Generationen lagen die Mißverständnisse natürlich nur zu nahe. Auch dürfte sachlich, wenn auch vielleicht nicht terminologisch, die Gefahr einer Verwechslung von privatem Wohlergehen und öffentlichem Glück bereits zur Genüge bestanden haben, wiewohl man vielleicht annehmen darf, daß die versammelten Vertreter der Kolonien noch samt und sonders die einmütige Meinung der vorrevolutionären »Publizisten des Landes teilten, der zufolge ›öffentliche Tugend und öffentliches Glück untrennbar miteinander verbunden sind‹ und Freiheit das Wesen des Glücks ausmacht«[19]. Denn außer John Adams dürfte keiner dieser

Männer sich je völlig des eklatanten Widerspruchs bewußt geworden sein zwischen der neuen und revolutionären Idee eines Glücks im Öffentlichen und den konventionellen Vorstellungen von den Erfordernissen einer guten Regierung, die damals bereits in John Adams Ohren wie »abgedroschene Phrasen« klangen und von denen auch Jefferson (in einer späten Bemerkung über den Inhalt der Unabhängigkeitserklärung) meinte, sie seien nur eine Zusammenfassung dessen, was der gesunde Menschenverstand damals darüber dachte. Im Sinne dieser konventionellen Vorstellungen wurde von denen, die an den Regierungsgeschäften teilhatten, nicht erwartet, daß sie »glücklich« seien, sondern daß sie der Pflicht gehorchend eine schwere Bürde auf sich genommen hatten; im Bereich des Öffentlichen, bzw. der Staats- und Regierungsgeschäfte gab es so etwas wie »Glück« schon darum nicht, weil man allgemein annahm, daß der Staat das Mittel sei, die allgemeine Wohlfahrt zu fördern und daß dies »der einzige legitime Endzweck einer guten Regierung« sei[20], so daß also eine Glückserfahrung auf seiten der Regierenden nur auf Konto eines »hybriden Machtwillens« geschrieben und andererseits der Wunsch der Bürger, an den Regierungsgeschäften beteiligt zu werden, nur mit der Notwendigkeit gerechtfertigt werden konnte, solche »unberechtigten Antriebe« der menschlichen Natur zu zügeln und zu kontrollieren.[21] Auch Jefferson pflegte darauf zu bestehen, daß Glück nur außerhalb des Öffentlichen möglich ist, daß er selbst es nur »im Schoß und der Liebe seiner Familie fände, in der Gesellschaft von Nachbarn und Büchern, in den gesunden Beschäftigungen mit seinem Anwesen und seinen Privatangelegenheiten«[22], also in der privaten Sphäre des Haushalts und in einem Leben, auf das die Öffentlichkeit keinen Anspruch hat.

Reflexionen und Ermahnungen dieser Art finden sich häufig in den Reden und Schriften der gründenden Väter, was aber nicht besagt, daß ihnen ein großes Gewicht zukommt; dies verrät sich meist in der eigentümlich stereotypen, gleichsam mechanischen Art, in der sie darüber schreiben, seltener in einer Skurrilität, die man gerade bei ihnen sonst eigentlich niemals findet.[23] Wollten wir den echten Erfahrungen nachgehen, die sich hinter solchen Gemeinplätzen wie der Last der Staatsgeschäfte, der »Pflicht, die jeder Einzelne für eine Zeit der Gemeinschaft schuldet« (Jefferson), verbergen, so täten wir besser daran, unsere Aufmerksamkeit dem fünften und vierten vorchristlichen Jahrhundert in Griechenland als dem achtzehnten Jahrhundert in Amerika und Europa zuzuwenden. Was Jefferson und die Männer der Amerikanischen Revolution – wieder mit Ausnahme von John Adams – betrifft, so kann man sagen, daß die Größe und Neuheit ihrer Erfahrungen kaum je zum Vorschein kamen, wenn sie sich in Allgemeinheiten äußerten. Sie haben sich zwar oft höchst indigniert über den »platonischen Unsinn« ausgesprochen, aber das hat natürlich nicht verhindert, daß ihr Denken wie das gesamte Denken des Abendlandes von Platos »nebulosen Ideen« erheblich stärker bestimmt war als von ihren eigenen Erfahrungen, sobald sie daran gingen, in Begriffen zu sprechen.[24] Dennoch gibt es eine ganze Reihe von Fällen, in denen ihr wirklich revolutionäres Handeln und Denken das Gehäuse einer in Gemeinplätzen erstarrten Erbschaft durchbrach und ihre Worte plötzlich der Neuheit und Größe ihrer Taten adäquat waren. Ein solcher Fall ist die Unabhängigkeitserklärung, deren Größe nicht in der Wiederholung bestimmter Lehren der Naturrechtsphilosophie liegt – dann könnte man in der Tat nicht mehr über sie aussagen, als daß es ihr »an Tiefe und Subtilität« fehle[25] –, sondern in dem »Respekt für die Meinung der Menschheit«, in dem »Appell an den Gerichtshof der Welt ... zum Zwecke der Rechtfertigung«[26], in der Tatsache, daß sie sich verpflichtet fühlten, der ganzen Welt die »Gründe darzulegen, die sie zu der Trennung« von dem Mutterland veranlaßt hatten; und die großartige Beredsamkeit dieses Dokuments erreicht ihren Höhepunkt, wenn die Aufzählung aller spezifischen Beschwerden gegen einen bestimmten König in der prinzipiellen Zurückweisung der Monarchie endet.[27] Denn im Gegensatz zu den anderen in diesem Dokument enthaltenen Theorien war diese Zurückweisung etwas völlig Neues, und der erbitterte Kampf zwischen Monarchisten und Republikanern, der sich im Verlauf der Amerikanischen wie der Französischen Revolution entwickelte, hat weder theoretisch noch praktisch vorher eine Rolle gespielt.

Die Unterscheidung zwischen dem Rechtsstaat und der Tyrannis gehört zu den festen Bestandstücken aller politischen Theorien seit dem Ausgang des Altertums. Dabei gilt die Tyrannis gemeinhin als die Staatsform, in welcher die Herrschaft gemäß dem Willen eines Mannes und im Verfolg nur seiner Interessen ausgeübt wird, was besagt, daß der Tyrann die bürgerlichen Rechte und Freiheiten der Untertanen wie ihre Privatinteressen verletzt. Keinesfalls aber konnte die Monarchie als solche, also die Ein-Mann-Herrschaft, mit der Tyrannis gleichgesetzt werden, und es war gerade diese Gleichsetzung, die sich im Verlauf der Revolutionen durchsetzte. Tyrannis galt nun als die Staatsform, in welcher der Alleinherrscher das Recht zu handeln für sich monopolisiert hat, und dies kann auch auf eine rechtsstaatliche Monarchie zutreffen; sein Verbrechen war nicht nur die Verletzung verbriefter Rechte und Gesetze, sondern die Verbannung der Untertanen aus dem öffentlichen Bereich in die private Sphäre des Haushalts, der Anspruch, daß sich jeder außer ihm selbst nur um seine Privatangelegenheiten kümmern und die Sorge um das Allgemeinwohl ausschließlich ihm und den von ihm ernannten Beratern überlassen solle. In dieser »revolutionären« Auffassung brauchte der Monarch nicht mehr berechtigte Privatinteressen zu verletzen, um als Tyrann empfunden zu werden; die monarchische Staatsform als solche galt als tyrannisch, weil es in ihr prinzipiell unmöglich war, auch den Untertanen ein Recht auf Teilnahme an den Regierungsgeschäften und vor allem das Recht, als Handelnde in Erscheinung zu treten, zuzugestehen. In dieser Entwicklung erhielt das Wort »Republik«, das vorher auch für eine rechtsstaatliche Monarchie in Anspruch genommen werden konnte (und in diesem Sinne verwendet es Kant noch, der nur republikanische und tyrannische Regierungsformen unterscheidet), einen neuen, eben den modernen anti-monarchischen Sinn. Aber noch bevor dieser neue Wortsinn sich allgemein durchgesetzt hatte, trat das neue republikanische Prinzip deutlich in Erscheinung. In der Unabhängigkeitserklärung finden wir es in dem feierlichen Schlußsatz, in welchem die Unterzeichneten »sich gegenseitig verpflichten«, mit Leben, Gut und Ehre füreinander einzustehen; denn dies können nur die freien Bürger einer Republik, während die Untertanen einer Monarchie sich der Krone verpflichten, um im Falle der Gefahr mit Leben, Gut und Ehre für Kaiser oder König einzustehen, der die Nation im Ganzen repräsentiert. In diesem ersten Zutagetreten des republikanischen Prinzips liegt die Großartigkeit der Unabhängigkeitserklärung und nicht in der ihr zugrunde liegenden philosophischen Position, und noch nicht einmal darin, daß hier, wie man geglaubt hat, »ein Argument das Handeln stützt«, es sei denn, man meinte damit nicht mehr, als daß sie auf eine unübertroffene Weise zeigt, wie eine Tat in Worten manifest wird. (Jefferson selbst sprach am Ende seines Lebens von diesem seinem Werk wie folgt: »Neither aiming at originality of principle or sentiment, nor yet copied from any particular and previous writing, it was intended to be an expression of the American mind, and to give to that expression the proper tone and spirit called for by the occasion.«[28] Und da wir es hier mit dem geschriebenen und nicht mit dem gesprochenen Wort zu tun haben, darf man wohl meinen, daß der 4. Juli 1776 einen jener seltenen geschichtlichen Augenblicke darstellt, in denen die Macht des Handelns so groß und rein zutage tritt, daß sie imstande ist, sich ihr eigenes Monument zu errichten.

Ein anderes solches Beispiel, das zeigt, wie erstarrte Formeln ohne Gewaltsamkeit entscheidend durchbrochen wurden, und das zudem noch den Vorteil hat, direkt von der Frage des *public happiness* zu handeln, hat nicht das gleiche historische Gewicht wie die Unabhängigkeitserklärung, ist aber trotzdem vielleicht nicht weniger ernster Natur. Wir finden es in dem Briefwechsel zwischen Jefferson und John Adams am Ende ihres Lebens, als die beiden alten, von der Aufklärung erzogenen Männer anfingen, sich halb ernsthaft und halb im Scherz über die Möglichkeiten eines Lebens nach dem Tode zu unterhalten. Wenn solche Jenseitsvorstellungen von dogmatisch-kirchlich vorgeschriebenen Gehalten ganz frei sind wie in diesem Falle, enthalten sie natürlich nichts anderes als die in ein Jenseits projizierten, jeweiligen Glücksideale. Und Jeffersons wirkliche Glücksvorstellung ohne die Entstellungen, die er einem überkommenen, zur Konvention erstarrten Begriffsgefüge nachredete, das offenbar viel schwerer zu durchbrechen war als die Strukturen der überlieferten Staatsformen, kommt ganz deutlich und gleichsam naiv zum Vorschein, wenn er John Adams im Spiel souveräner Ironie zuruft: »Mögen wir uns dort wiedersehen, in einem Kongreß, mit unseren Kollegen aus dem Altertum, und lassen Sie uns hoffen, daß sie uns das Siegel anerkennender Zustimmung nicht versagen werden: ›Das habt Ihr gut gemacht, Ihr guten und getreuen Diener‹.«[29] Hier gibt Jefferson im Gewande der Ironie offen zu, daß sein in Kongressen und Nationalversammlungen, in Debatten und Entwürfen, in hohen Ämtern, Reden und öffentlichen Geschäften jeglicher Art verbrachtes Leben ihm eine Art von Freude eingetragen hatte, die ihm, als er auf sie aus dem souveränen Abstand des Alters zurückblickte, wie ein Vorgeschmack der ewigen Seligkeit erschien; nicht anders, möchte man meinen, als die mannigfach beschriebenen Wonnen der reinen Kontemplation in den Jahrhunderten mittelalterlicher Frömmigkeit zu den für die geglaubte Existenz eines Jenseits schlüssigsten irdischen Erfahrungen gehörten. Denn wenn Jefferson hier von dem »Siegel anerkennender Zustimmung« spricht, so meint er natürlich nichts weniger als eine künftige Belohnung irdischer Tugend; er meint den Applaus, den demonstrativen Beifall, »die Achtung der Welt«, von der er in einem anderen Zusammenhang sagt, daß es eine Zeit in seinem Leben gegeben habe, in der »in seinen Augen nichts anderes einen höheren Wert gehabt habe«[30].

Der bescheiden ironische, nachlässig plaudernde Ton, in welchem Jefferson den Grunderfahrungen seines Lebens Ausdruck verleiht, macht es einigermaßen schwer zu erkennen, wie ganz und gar ungewöhnlich es im Rahmen unserer Tradition ist, von öffentlichem, politischem Glück einen so hohen Begriff zu haben. Entscheidend ist hier unter anderem, daß wir das Wort »Glück« kaum je mit einer Tätigkeit assoziieren. So bestand z. B. für Thomas Aquinas die »vollkommene Seligkeit« im Schauen, in der Schau Gottes, und für diese »Vision« bedurfte es keiner Mit- oder Zuschauenden *(amici non requiruntur ad perfectam beatitudinem,* heißt es ausdrücklich[31]*),* und wenn wir einmal die spezifisch christlichen Gehalte dieses Glücksideals außer acht lassen, können wir in ihm unschwer platonische Vorstellungen von einem vom Körperlichen befreiten jenseitigen Seelenleben wiedererkennen. Dagegen konnte Jefferson sich eine Steigerung der wesentlichen irdischen Freuden nur dadurch vorstellen, daß er den Kreis seiner Freunde sozusagen erweiterte, in einem »Kongreß«, in dem die Größten seiner »Kollegen« aller Zeiten versammelt waren. Die einzige geschichtlich bezeugte Parallele für dieses im Spiel möglicher Antizipationen eines Jenseits entwickelten Glücksideals, die mir bekannt ist, wäre die zu Recht so berühmte, herrliche Stelle aus der *Apologie,* in der Sokrates mit der ihm eigenen entwaffnenden Freundlichkeit bekennt, daß er sich unter einem Leben nach dem Tod nur Dinge vorstellen könne, die den besten Augenblicken seines irdischen Lebens entsprechend noch etwas vollkommener gestaltet werden könnten, also keine Insel der Seligen und kein »Leben« einer unsterblichen Seele, von dem die Sterblichen kaum eine Ahnung zu haben vermögen, sondern die Erweiterung von Sokrates' Freundeskreis im Hades, in welchem er die Erlauchten der griechischen Vergangenheit – Orpheus und Musaios, Hesiod und Homer –, deren Bekanntschaft ihm in diesem Leben unmöglich war, treffen würde, um sie dann in den gleichen unendlichen Dialog des Denkens zu verstricken, dessen Meister er auf Erden geworden war.

Wie immer es um diese Dinge bestellt sein mag, sicher ist, daß die Unabhängigkeitserklärung zwar den Unterschied zwischen privatem und öffentlichem Glück verwischt, aber dabei den Begriff von einem öffentlichen Glück nicht einfach aufgegeben hat. Die Formel *pursuit of happiness* hat dort zumindest noch eine doppelte Bedeutung und meint sowohl das Recht, ungehindert von staatlichen Eingriffen die eigene private Wohlfahrt zu verfolgen, wie das Recht des Bürgers, in den öffentlich-politischen Raum zugelassen zu werden als »Teilnehmer an öffentlichen Angelegenheiten«. Dabei darf man aber nicht übersehen, wie außerordentlich schnell diese zweite Bedeutung in Vergessenheit geriet und die Glücksformel gebraucht wurde, als hätte es nie ein Adjektiv gegeben, das ihr überhaupt erst Sinn verlieh. Was sich in dieser Umformung des ursprünglichen Sinns anzeigt, ist, daß die Amerikanische Revolution in einer Beziehung nicht besser gefahren ist als die Französische, daß es ihr nämlich trotz aller äußeren, wahrhaftig nicht gering anzuschlagenden Erfolge nicht gelungen ist, den eigentlich revolutionären Geist dieser Jahrzehnte und die Prinzipien, die damals manifest wurden, zu bewahren und vor dem Vergessen zu sichern.

Diese Niederlage des revolutionären Geistes vollzog sich, wie wir wissen, in Frankreich in der Form großer Tragödien. Die notleidenden, unterdrückten und ausgebeuteten Massen, die glaubten, die Stunde der Befreiung habe endlich geschlagen, eilten den Männern zuhilfe, die im Begriff standen, der Freiheit einen Raum zu schaffen, und das Ergebnis war, daß jedermann einsah und einsehen mußte, daß Befreiung von Elend und Not den Vorrang hat vor politischer Freiheit, und im Drang dieser verzweifelten Notwendigkeit vergaß und vielleicht vergessen mußte, was sie alle ursprünglich für ihre Hauptaufgabe gehalten hatten, die Gestaltung einer Verfassung. Wieder spricht Tocqueville das Wesentliche am klarsten aus, wenn er anmerkt, daß »keine der Ideen und Gefühle, welche die Revolution vorbereiteten, auch so schnell wieder von der Bildfläche verschwunden ist wie der Begriff der öffentlichen Freiheit und der Geschmack an ihr«[32]. Erklärt sich nicht aber auch Robespierres tiefer Widerwille dagegen, »den Kampf der Freiheit gegen die Tyrannei zu beenden«, seine offenbare Furcht vor dem Augenblick, wenn »die Unwetter der Revolution glücklich überstanden sein werden«, aus der Überzeugung, es sei »das Ziel der revolutionären Regierung, die Republik zu gründen«, »das Ziel des Verfassungsstaates aber, die Republik zu erhalten«? Denn hieraus folgte, daß »der Verfassungsstaat es wesentlich mit bürgerlicher Freiheit, die revolutionäre Regierung aber mit öffentlicher Freiheit« zu tun hat.[33] Mußte er nicht fürchten, das Ende der Revolution und der Beginn einer konstitutionellen Regierung würden der »öffentlichen Freiheit« ein Ende bereiten? War die Sorge nicht berechtigt, daß nach Abschluß der Revolution dieser neue öffentliche Raum, der so plötzlich in Erscheinung getreten war und sie alle mit dem, was in ihm möglich war – dem Glück des Handelns und der Freiheit –, überwältigt hatte, in der Normalität gesicherter bürgerlicher Rechte und täglicher Regierungsgeschäfte sehr schnell wieder absterben und zugrunde gehen werde?

Robespierre hatte recht und unrecht. Er hatte recht, daß die Gründung der Republik das Ziel und Ende der Revolution ist und daß im Mittelpunkt jeder republikanischen Regierung die Sorge um die Erhaltung der Republik steht. Aber diese Sorge gerade schließt die Sorge um die Erhaltung der öffentlichen Freiheit ein, während der Schutz der bürgerlichen Rechte für die Republik nicht spezifisch ist, sondern in jeder legitimen Staatsform garantiert sein muß. Über diese Dinge wußte man in Amerika, wo die Revolution es mit der »begrenzten«, nämlich konstitutionellen Monarchie Englands und nicht mit dem französischen Absolutismus zu tun hatte, erheblich besser Bescheid. Trotzdem ist auffallend, wie verwandt das Vokabular diesseits und jenseits des Ozeans noch ist. Robespierres Unterscheidung von bürgerlicher und öffentlicher Freiheit entspricht Madisons Rede von »privaten Rechten und öffentlichem Glück«. Vor dem Ausbruch der Revolutionen sprachen die *hommes de lettres* auf beiden Seiten des Atlantik noch die gleiche Sprache, und sie hatten die uralte Frage nach dem Endzweck des Staates sowohl im Sinne bürgerlicher Rechte und allgemeiner Volkswohlfahrt wie auch im Sinne öffentlicher Freiheit und öffentlichen Glücks zu beantworten gesucht. Es war eigentlich selbstverständlich, daß sich diese Frage unter dem Eindruck der Revolution wandelte und man nun fragte: Was ist das Ziel einer Revolution und was ist das Wesen einer revolutionären Regierung? – obwohl diese Fragen nur in Frankreich gestellt wurden. Will man die neuen Antworten, die auf eine erste Revolutionstheorie hinausliefen, verstehen, so muß man sich darüber klar sein, daß die Männer dieser ersten Revolutionen alle noch von dem Phänomen der Tyrannis ausgingen – einer Regierungsform, welche die Untertanen ihrer bürgerlichen Rechte wie ihrer öffentlichen Freiheit beraubt, also sowohl die private Wohlfahrt wie das öffentliche Wohl ruiniert und gerade darum den Unterschied zwischen diesen Dingen verwischt hatte –, und daß sie erst im Verlauf der Revolution, als das Private und das Öffentliche, die Privatinteressen und das Gemeinwohl in offenen Konflikt miteinander gerieten, sich der Schärfe des Unterschieds bewußt wurden. Der Konflikt kam in der Amerikanischen und der Französischen Revolution ganz verschieden zum Ausdruck, aber seinem eigentlichen Gehalt nach war er doch der gleiche. In der Amerikanischen Revolution ging es darum, ob die neue Regierung für das öffentliche Wohl der Bürger einen neuen eigenen Raum erstellen sollte, oder ob es ihr lediglich oblag, das allgemeine Streben nach privatem Glück besser zu fördern und zu sichern. In der Französischen Revolution ging es darum, ob das Ziel der revolutionären Regierung die Gründung eines Verfassungsstaates war, der der öffentlichen Freiheit mit der Garantie der bürgerlichen Rechte und Freiheiten ein Ende setzte, oder ob die Revolution um der öffentlichen Freiheit willen in Permanenz erklärt werden sollte. Die Garantie der wesentlichen bürgerlichen Rechte einschließlich des Strebens nach privatem Wohlergehen war längst von allen nichttyrannischen Regierungen, in denen Herrschaft im Rahmen von Gesetzen ausgeübt wird, als selbstverständlich anerkannt worden.

Wenn es sich wirklich um nicht mehr als diese konstitutionellen Garantien gehandelt hätte, dann wäre der revolutionäre Wechsel der Staatsform, die Abschaffung der Monarchien und die Gründung von Republiken, ein historischer Zufall und als solcher kaum zu verstehen. Denn die richtige Antwort auf einen bloßen Mißbrauch der Macht wären Reformen gewesen, nicht Revolutionen, vielleicht der Austausch eines schlechten Königs gegen einen besseren, auf keinen Fall aber ein radikaler Wechsel der Staatsform.

Solchen Fragen nachzuhängen ist müßig nur, wenn man an historische Notwendigkeit glaubt. In unserm Fall ergeben sie sich direkt aus dem geschichtlichen Zusammenhang; denn es ist ja nicht zu leugnen, daß beide Revolutionen des achtzehnten Jahrhunderts als Reformbestrebungen im Sinne konstitutioneller Monarchien anfingen, was um so bemerkenswerter ist, als das amerikanische Volk ja bereits beträchtliche Erfahrungen in Sachen »öffentlichen Glücks« aufweisen konnte, bevor der Konflikt mit dem englischen Mutterland ausbrach. Nicht weniger bemerkenswert aber als die bescheidenen Anfänge ist die außerordentliche Schnelligkeit, mit der sich in beiden Revolutionen die republikanische Staatsform durchsetzte und sich nun der ganz und gar neue, erbitterte Gegensatz von Monarchisten und Republikanern entzündete. Dies war die erste und unmittelbarste Folge der in der Revolution selbst gemachten Erfahrungen und denjenigen, die diese Erfahrungen machten und in den Ereignissen selbst standen, war die neue Bekanntschaft mit dem Glück, das dem Handeln entspringt, teuer genug, um unter fast allen Umständen die öffentliche Freiheit den bürgerlichen Rechten und das Glück in der Öffentlichkeit dem Glück im Privaten vorzuziehen, sollte eine unselige Verkettung von Umständen sie vor eine so unheilvolle Wahl stellen. Hinter Robespierres Theorien, in denen sich die permanente Revolution ankündigt, lauert bereits die Frage, die in den kommenden Jahrhunderten keinen Revolutionär von Rang mehr hat zur Ruhe kommen lassen: Wenn es unausweichlich ist, daß das Ende der Revolution und das Leben in dem durch die Revolution gegründeten Rechtsstaat der öffentlichen Freiheit ein Ende setzt, ist es dann überhaupt noch wünschenswert, die Revolution zu beenden? Ist mit dem Ende der Revolution nicht auch das Ende der handelnden Freiheit gekommen?

Robespierre wäre vermutlich in solchen Fragen und Zweifeln eher bestärkt worden, wenn es ihm vergönnt gewesen wäre, die Entwicklung der neuen Staatsform in den Vereinigten Staaten noch zu erleben, wo die Revolution die bürgerlichen Rechte niemals ernstlich angetastet und gerade darum vermutlich mit der Gründung der Republik geendet hatte und wo außerdem die Gründer selbst an die Macht kamen und die Regierung noch übernehmen konnten, so daß das Ende der Revolution zum mindesten für sie nicht zusammenfiel mit einem Verzicht auf das Glück, in Freiheit zu handeln. Denn auch in Amerika verlagerte sich der Akzent sehr schnell von dem eigentlichen Inhalt der Verfassung, welcher der Schaffung von Macht, der Teilung der Gewalten und, allgemein gesprochen, den Grundregeln eines neuen Bereichs galt, in dem in den Worten Madisons »die Ambitionen sich gegenseitig in Schach halten würden«[34] – womit er natürlich den Trieb, sich auszuzeichnen und Geltung zu verschaffen, meinte, nicht den Ehrgeiz, Karriere zu machen –, auf die der Verfassung angehängte *Bill of Rights*, welche die notwendigen Beschränkungen der Staatsmacht enthielt, die für jeden Staat gültig sind, der sich Rechtsstaat nennt. Der Akzent verlagerte sich also sofort von der öffentlichen Freiheit auf die bürgerlichen Freiheiten, die unter anderem natürlich auch die mögliche Freiheit von Politik mit einschlossen; er verlagerte sich von dem Anspruch auf Teilhabe an den Regierungsgeschäften um des *pursuit of public happiness* willen auf die Garantien, die das Streben nach privater Wohlfahrt gegen den Staat sichern, ja ihn als »Wohlfahrtsstaat« zu ihrer Förderung beanspruchen. Jeffersons neue Formel, in welcher er den »Verfolg des Glücks« an die Stelle des »Eigentums« gesetzt hatte, war von vornherein zweideutig gewesen, weil sie gleichermaßen an die königlichen Erlasse und ihre »Volkswohlfahrt« anklang, die implicite oder explicite den Ausschluß des Volkes von dem Bereich des Politischen mitbeinhalteten, und an die vorrevolutionäre Rede von *public happiness*; aber diese Zweideutigkeit verlor sich sehr schnell, und was sich an ihre Stelle setzte, war eine allgemeine Überzeugung, daß die Freiheit in dem freien Spiel von Privatinteressen bestünde und die Bürgerrechte in dem Recht auf rücksichtslose Verfolgung des Eigennutzes. Die Regeln, die hier ins Spiel kommen, faßt das englisch-amerikanische politische Denken gern in der Formel von *enlightened self-interest* zusammen, aber in Wahrheit hat sich der Verfolg des Eigennutzes, so verständlich er ist, niemals gerade durch »Aufgeklärtheit« ausgezeichnet.

Zum besseren Verständnis dieses Umschlags, der für die amerikanische Geschichte so bezeichnend geworden ist, braucht man vielleicht nur daran zu erinnern, wie empört Crèvecoeur, dieser große Verehrer der vorrevolutionären amerikanischen Zustände, der Gleichheit und des allgemeinen Wohlstands, reagierte, als sein privates Wohlergehen in der Landwirtschaft durch den Ausbruch des Krieges und der Revolution ernstlich gefährdet war – »dämonische Kräfte«, so meinte er, sind »gegen uns losgelassen worden« von »diesen großen Herren, die so hoch erhaben über den Geschicken des gemeinen Mannes« thronen, daß ihnen die Unabhängigkeit des Landes und die Gründung der Republik mehr am Herzen liegt als das Wohl und Wehe der Landwirte und Familienväter.[35] Es war dieser ganz allgemeine Konflikt zwischen Privatinteressen und öffentlichen Angelegenheiten, der in beiden Revolutionen zum Ausbruch kam und eine außerordentliche Rolle in ihnen spielte; allgemein kann man sagen, daß die Männer der Revolution in der Tat »große Herren« waren, weil sie nämlich konsequent im Sinne des Öffentlichen dachten und handelten, und zwar aus Liebe zu dieser Welt und nicht aus »Idealismus«. Und in Amerika, scheint es, hatten die »großen Herren« wenigstens in den dreizehn Jahren von der Unabhängigkeitserklärung bis zur Gründung der Vereinigten Staaten die Mehrheit des Volkes auf ihrer Seite; dafür spricht nicht nur die prinzipielle Natur, welche der Kampf gegen England von vornherein annahm, oder die Tatsache, daß das Volk sich gegen Maßnahmen erhoben hatte, deren wirtschaftliche Bedeutung geringfügig war, sondern vor allem die ungleich gewichtigere Tatsache, daß die Verfassung auch von denen ratifiziert wurde, die an englische Kaufleute verschuldet waren, denen die Verfassung es nun ermöglichte, in Amerika zu klagen, und die also in ihren Privatinteressen sich erheblich geschädigt sahen.[36] Aber auch in diesem Zeitraum tritt der Konflikt zwischen Jeffersons *public happiness* oder John Adams Leidenschaft, »sich auszuzeichnen«, »nachzueifern«, im Lichte der Öffentlichkeit zu handeln – sein *spectemur agendo* –, und den rücksichtslosen, prinzipiell politikfeindlichen Interessenkämpfen bereits deutlich zutage. Im Sinne der

Letzteren war die Revolution nur dazu da, einen Verwaltungsapparat zu errichten, durch den man besser die Regierenden unter Kontrolle halten und zugleich alle Vorteile einer Monarchie genießen konnte, in der man »ohne eigenes Zutun regiert wird«, sich »um die Überwachung oder die Wahl der Beamten oder die Erlassung von Gesetzen« nicht zu kümmern braucht und daher alle Zeit und die volle »Aufmerksamkeit ausschließlich auf den Verfolg privater Interessen verwenden kann«[37].

Im Unterschied zu den Motiven und Tendenzen, welche der Amerikanischen Revolution zugrunde lagen, ist ihr Ergebnis immer zweideutig gewesen, und die große Frage, was nun eigentlich der Endzweck des Staates ist: Freiheit oder Wohlstand, ist nie endgültig entschieden worden. Unter den Einwanderern, die vor und nach der Revolution nach Amerika strömten, hat es immer solche gegeben, welche die Alte Welt um einer Neuen Welt willen verließen, bzw. in der Hoffnung kamen, es würde gelingen, in dem neuentdeckten Kontinent auch eine neue Welt zu erbauen, wie auch solche, die auf nicht mehr hofften als ein besseres, bequemeres Leben; daß diese Kategorie von Einwanderern immer in der Mehrheit war, versteht sich eigentlich von selbst. Im Lauf des achtzehnten Jahrhunderts dürfte als entscheidender Faktor noch die Tatsache in Rechnung zu stellen sein, daß »die Auswanderung von bedeutenden Teilen der englischen Bevölkerung nach der Glorious Revolution zum Stillstand kam«[38]. Stellt man die Frage nach dem Ergebnis der Revolution in der Sprache der Gründer, so handelte es sich darum, ob »das Hauptziel in dem wirklichen Wohlstand des Volkes« lag[39], in dem größten Glück der größten Anzahl, oder ob es das »Hauptziel des Staates sein muß, die Leidenschaft sich auszuzeichnen und gesehen zu werden, die ihrerseits das wichtigste Mittel des Regierens selbst ist, in die gehörigen Bahnen zu leiten«[40]. Keinesfalls darf man meinen, daß diese Frage, ob nun das Wesen des Öffentlichen von dem Anliegen der Freiheit oder von der Sorge um den Wohlstand bestimmt ist, sich so klar und eindeutig für die amerikanischen Gründer oder die französischen Revolutionäre stellte, aber das besagt nicht, daß sie die Frage nicht erwogen. Zwischen denen, die mit Tocquevilles Worten »dem Anschein nach die Freiheit lieben und in Wirklichkeit nur ihre Herren hassen«, und denjenigen, die wissen:

»Qui cherche dans la liberté autre chose qu'elle-même est fait pour servir«, hat seit eh und je nicht nur ein Unterschied bestanden, sondern ein Gegensatz.[41]

Dieser Gegensatz zeigte sich zwar in den Revolutionen, aber er blieb weitgehend ungeklärt und ungeschieden in den Köpfen derer, die sie machten. Dies läßt sich vielleicht am besten durch die seltsam widersprüchlichen Formulierungen illustrieren, die wir in Robespierres *Prinzipien der revolutionären Regierung* finden. Robespierre beginnt seine Ausführungen mit einer Definition des Verfassungsstaats, dem es obliege, die Republik, welche die revolutionäre Regierung um öffentlicher Freiheit willen errichtet hat, zu erhalten. Kaum aber hat er die »Erhaltung der öffentlichen Freiheit« als den Endzweck des Verfassungsstaats angesprochen, korrigiert er sich auch schon und schränkt das Gesagte ein: »Unter konstitutioneller Herrschaft genügt es eigentlich, die einzelnen Bürger vor dem Mißbrauch der öffentlichen Gewalt zu schützen.«[42] In dieser Wendung ist die Macht immer noch öffentlicher Natur, sie liegt in der Hand der Regierung, aber der Einzelne gilt nun als ohnmächtig und schutzbedürftig, er hat an Macht nicht mehr teil, es genügt, ihn gegen den Mißbrauch der Macht zu schützen. Was andererseits die Freiheit betrifft, so hat sich plötzlich ein Ortswechsel vollzogen; sie wird nicht mehr im öffentlichen Bereich lokalisiert, sondern in der Privatsphäre, und es ist nicht mehr die öffentliche, sondern die private Freiheit, deren Schutz und Erhaltung der Endzweck des Staates ist. Macht und Freiheit gehen nicht mehr Hand in Hand, sie haben sich voneinander getrennt, und die verhängnisvolle Gleichsetzung von Macht und Gewalt, von Politik und Herrschaft, und die daraus folgende Definition des Staates und der Politik als notwendiger Übel beginnen wieder sich geltend zu machen.

Man kann ähnliche, wenn auch weniger prägnante Beispiele im amerikanischen Schrifttum der Zeit finden, was natürlich nur besagt, daß die soziale Frage auf ihre Weise auch den Gang der Amerikanischen Revolution mitbestimmt hat. Dennoch bleibt der entscheidende Unterschied zur Französischen Revolution bestehen, und er liegt nicht nur in der dramatischen Vehemenz, die so charakteristisch für die Ereignisse in Frankreich ist. Die soziale Frage hat zwei Seiten, die Armut und den Reichtum, und da Amerika das eigentliche Elend der

Alten Welt nie erfahren hat, war es hier nicht die Notwendigkeit, sondern »die verhängnisvolle Leidenschaft für plötzlichen Reichtum«, die den Weg der Gründer zu verstellen drohte. Es ist bemerkenswert genug, daß das Streben nach dieser Art Glück, das Judge Pendleton zufolge immer darauf hinausläuft, »jeglichen Sinn für Politik und jegliches moralisches Pflichtbewußtsein zu ersticken«[43], wenigstens lange genug in Schach gehalten werden konnte, um die Fundamente zu legen und die neuen politischen Institutionen auf ihnen zu errichten; aber dieser Zeitraum war nicht lang genug, um den Sinn derer zu ändern, die das Gebäude der Republik nun bewohnen sollten. Das Ergebnis ist immer noch sehr verschieden von der Entwicklung in Europa; die revolutionären Vorstellungen von *öffentlichem* Glück und *politischer* Freiheit sind ein unabdingbarer Teil der Struktur des republikanischen Gemeinwesens geworden und geblieben, und als solche sind sie aus dem Bewußtsein amerikanischer Politik niemals ganz verschwunden. Ob aber diese politische Struktur wirklich so fest gegründet und untermauert ist, daß sie dem sinnlosen Treiben einer Konsumgesellschaft standzuhalten vermag, kann nur die Zukunft lehren. Es wäre durchaus möglich, daß die Republik an dem Reichtum und der Konsumbesessenheit ihrer Gesellschaft zugrunde geht, so wie die europäischen Republiken durch Elend und Not in ihren Grundlagen erschüttert wurden. Was wir heute sehen, ist widersprüchlich; es gibt genug Anzeichen, die zu Hoffnung berechtigen, aber es gibt nicht weniger zu wohlbegründeter Furcht.

Entscheidend bleibt in diesem Zusammenhang, daß Amerika von Anfang an im Guten wie im Bösen eine Angelegenheit Europas gewesen und geblieben ist. Man kann gerade die Vereinigten Staaten historisch nur verstehen, wenn man begreift, daß sie das Ergebnis des größten und kühnsten Unternehmens der europäischen Menschheit in der Neuzeit sind. Nicht nur die Amerikanische Revolution, sondern alles, was vor und nach ihr sich hier ereignete, »war ein Ereignis innerhalb einer gesamtatlantischen Zivilisation«[44]. Genauso wie die Tatsache, daß man der Armut in Amerika Herr geworden war, auf den Gang der Dinge in Europa einen entscheidenden Einfluß ausübte, so mußte die Tatsache, daß die Lage der unteren europäischen Volksschichten nach wie vor von Elend bestimmt blieb, einen entscheidenden Einfluß auf den Gang der amerikanischen Dinge nach der Revolution ausüben. Der Begründung der Freiheit war die Befreiung von der Armut vorangegangen; denn der frühe, vorrevolutionäre Wohlstand des Landes – der bereits einige Jahrhunderte alt war, als schließlich am Ende des neunzehnten und zu Beginn des zwanzigsten Jahrhunderts eine Masseneinwanderung jährlich Hunderttausende und manchmal Millionen der Ärmsten der Armen in das Land spülte – war wenigstens teilweise das Ergebnis einer zielbewußten Anstrengung, sich von den Fesseln der Armut zu befreien, derengleichen man in den Ländern der Alten Welt nie gesehen hatte. Diese Entschlossenheit, mit einer Vergangenheit zu brechen, der zufolge Elend und Not unabdingbar zu den Bedingungen gehören, unter denen menschliches Leben auf der Erde überhaupt möglich ist, zählt zweifellos zu den größten Errungenschaften der Geschichte des Abendlandes und von ihr ausgehend der Geschichte der Menschheit überhaupt. Nur konnte dabei, vor allem auch durch die dauernde Masseneinwanderung aus Europa, nicht ausbleiben, daß dieser Kampf gegen die Armut mehr und mehr unter den Einfluß der Armen selbst geriet und damit automatisch unter die Führung bestimmter Vorstellungen und Ideale, welche dem Elend ihre Entstehung und Prägung verdanken, mit Freiheit aber nichts zu tun haben.

Denn das Ideal des Überflusses und des endlosen, sich dauernd steigernden konsumierenden Reichtums ist der Traum vom Schlaraffenland, den jeder Hungrige träumt; es ist die Fata Morgana in der Wüste des Elends. In diesem Sinn sind Überfluß und Not nur zwei Seiten der gleichen Medaille; Lust und Unlust, Genießen und Entbehren sind miteinander gekoppelt, und wen das Entbehren nicht mehr treibt, weil er im Genuß gelandet ist und in ihm sich häuslich eingerichtet hat, ist darum noch nicht dem Reich der Notwendigkeit entkommen. Daß ein freies Gemeinwesen nichts schwerer erträgt als den Luxus und daß Reichtum ein Volk korrumpieren kann, hat man seit eh und je gewußt, und wenn man heute geneigt ist, den großen Wert, den die Gründer der Republik auf Frugalität und »Einfachheit der Sitten« (Jefferson) legten, aus einer puritanischen Verachtung der Genüsse des Lebens herzuleiten, so dürfte diese Einschätzung nicht so sehr moderne Vorurteilslosigkeit bekunden wie die moderne Ahnungslosigkeit in Sachen der Freiheit. Denn die »verhängnisvolle Leidenschaft für plötzlichen Reichtum« ist ja nichts anderes als die Hoffnung auf das große Los, und solche Hoffnungen und Leidenschaften stammen nicht aus einer ins Lasterhafte entarteten Sinnlichkeit, sondern sind die Träume, welche die Armut träumt. Amerika ist immer auch das gleichsam klassische Land dieser Träume gewesen, es war niemals nur »das Land der Freiheit, der Sitz der Tugend, die Heimstatt der Unterdrückten«, sondern immer zugleich auch das gelobte Land für diejenigen, deren Lebensumstände es nahezu unmöglich machten, »Freiheit« oder »Tugend« auch nur in den Blick zu bekommen. So könnte man meinen, daß Europas Armut sich gerächt hat in der Prosperität der amerikanischen Massengesellschaft, welche den gesamten politischen Bereich zu überwuchern und zu verwüsten droht. Der geheime Wunsch des armen Mannes ist keineswegs, wie die Sozialisten meinten, daß jedem das zustehen solle, was seinen Bedürfnissen entspricht, sondern daß jeder besitzen und verzehren könne, was nur sein Herz begehrt. »Erst muß es möglich sein auch armen Leuten, / Vom großen Brotlaib sich ihr Teil zu schneiden« (Brecht): das bleibt wahr, früher kann von Freiheit nicht die Rede sein; aber es ist ebenso wahr, daß von Freiheit nicht mehr die Rede ist, wenn die reichgewordenen »armen Leute« entschlossen für nichts anderes leben als für die Befriedigung ihrer nun ins Gigantische gestiegenen Bedürfnisse, das heißt, wenn sie auch im Reichtum den Idealen der Armut verhaftet bleiben. Der sogenannte Traum von Amerika, wie ihn das neunzehnte und frühe zwanzigste Jahrhundert in Europa träumte und im Verlauf der Masseneinwanderung massenhaft nach Amerika importierte, hat weder mit dem Traum der Amerikanischen Revolution – der Freiheit eine bleibende Stätte in der Welt zu sichern – noch mit dem der Französischen Revolution – die Menschen von allen unmenschlichen Fesseln zu befreien – irgend etwas zu tun. Der »amerikanische Traum« war leider der Traum vom »gelobten Land«, und dies gelobte Land war ein Schlaraffenland, in dem Milch und Honig fließt und die gebratenen Tauben einem in den Mund fliegen. Wobei die Tatsache, daß die Entwicklung der modernen Technik so viele uralte Träume der Menschen realisierte – das Tischlein-deck-dich wie den Fliegenden Teppich –, die Träumer in ihren Vorstellungen bestätigt hat, so daß sie nun wirklich meinen, in die beste aller möglichen Welten eingezogen zu sein.

Blickt man auf diese Entwicklung zurück, so kann man abschließend schwerlich leugnen, daß Crèvecœur recht behalten hat. Er hat als erster vorausgesagt, daß »der Privatmensch mit dem Bürger fertigwerden wird, daß die politischen Grundsätze verfliegen werden«, daß jedermann sagen wird: »Der einzige Gegenstand meiner Wünsche ist das Glück meiner Familie«, daß man sich im Namen der Demokratie voll Wut gegen die »großen Herren« wenden wird, die es sich herausnehmen, mehr vom Leben zu erwarten, und daß man im Namen des »gemeinen Mannes« oder unter Berufung auf unklare liberalistische Anschauungen die Tugenden des Öffentlichen, die fraglos nicht mit denen des Familienvaters identisch sind, als Laster »entlarven«, als »Ehrgeiz« und »Machtwillen« denunzieren wird, um am Ende noch diejenigen als »Aristokraten« zu verleumden, denen man doch selbst die Freiheit verdankt. Daß im Zuge dieser konsequenten Entlarvungskampagne einigen der »Aristokraten«, wie z. B. dem besonders verleumdeten John Adams, dann noch nicht einmal »Ehrgeiz« zugestanden, sondern eine »monströse Eitelkeit« angehängt wurde, versteht sich am Rande.[45] Die Transformation des Bürgers der Revolutionen in das private, nur von der Gesellschaft bestimmte Individuum des neunzehnten Jahrhunderts ist oft beschrieben worden, zumeist in der Terminologie der Französischen Revolution, die zuerst den *citoyen* vom *bourgeois* unterschied. Dieser Prozeß der »Verbürgerlichung« ging quer durch die Schichten der Gesellschaft und war in diesem Sinne nicht klassengebunden; er ergriff auch die oberen Schichten der Arbeiterschaft und machte sich besonders unter den »Gebildeten«, diesen späten Nachfahren der *hommes de lettres*, geltend. Aber die Weltabkehr der Gebildeten, die einsetzte, als sie »den Geschmack an öffentlicher Freiheit« verloren hatten, war anderer Natur als die Weltabkehr der *hommes de lettres*. Sie versuchten sich einerseits in der Gesellschaft zum mindesten zu halten und sie flüchteten andererseits in die neue »Innerlichkeit des Bewußtseins« als der einzig »angemessenen Domäne menschlicher Freiheit«. Vor dem Druck der Gesellschaft, die ihrem Wesen nach konformistisch ist, wichen sie in ein »Innenleben« aus, das sie um so reicher und individualistischer gestalten konnten, als es überhaupt keine Folgen und keinen Einfluß auf die reale Welt hatte oder haben wollte. Ob man das oft phantastische, manchmal skurrile, aber fast immer faszinierende Spiel der Kräfte und Stimmungen dieses Innenlebens mit dem stolzen Namen der Freiheit bezeichnen will, ist eine Frage für sich. Entscheidend war, daß auch dies Innenleben, sofern es sich überhaupt manifestierte, in der Gesellschaft zum Vorschein kam und versuchte, sich in ihr zu behaupten. So entstand ein Kampf im Schoß der Gesellschaft selbst, in der Individuen um ihre Individualität kämpften. Und diesen Kampf verloren sie, die Gesellschaft wurde immer konformistischer und wurde »mit der Individualität des Individuums« genauso fertig, wie der *bourgeois* mit dem *citoyen* fertigwurde.[46] Die Physiognomie des neunzehnten und selbst noch unseres Jahrhunderts ist von diesem Transformationsprozeß entscheidender geprägt worden als von den Revolutionen.

Viertes Kapitel

DIE GRÜNDUNG: CONSTITUTIO LIBERATIS

I

Daß eine durch und durch restaurative Bewegung, der nichts ferner lag, als die Legitimität der monarchischen Staatsform anzuzweifeln, und die nicht mehr im Sinne hatte als die Wiederherstellung alter, verbriefter Rechte und Freiheiten, schließlich in eine Revolution führen und mit der Errichtung von Republiken enden sollte, ist nahezu ausschließlich jener öffentlichen Freiheit zu verdanken, die man in den nordamerikanischen Kolonien erfahren hatte und von der man in Frankreich träumte. Und wie weit auch der Gang der Französischen Revolution die Neue Welt von der Alten trennte, so dürfen doch die Amerikaner darin mit Robespierre einig geblieben sein, daß das Ziel einer Revolution die Stiftung der Freiheit und das Geschäft einer revolutionären Regierung die Gründung der Republik ist. Robespierre hat dies in den berühmten *Grundsätzen einer revolutionären Regierung* dargelegt, und es ist durchaus möglich, daß diese Formulierungen wie so vieles andere wissentlich oder unwissentlich den Prinzipien folgten, die in der Amerikanischen Revolution zum erstenmal klar zutage getreten waren.

Denn in Amerika war auf den bewaffneten Aufstand und die Unabhängigkeitserklärung in allen dreizehn Kolonien eine Art von Verfassungsfieber ausgebrochen – als hätten, wie John Adams bemerkte, dreizehn Uhren gleichzeitig die Stunde geschlagen –, so daß sich keine Lücke, geschweige denn eine Kluft auftat zwischen dem Befreiungs- und Unabhängigkeitskrieg, der die Bedingungen für die neue Freiheit schuf, und der Transformation von Kolonien, die ihre rechtmäßige Struktur eingebüßt hatten, in neu zu errichtende Staaten. Und wenn es auch richtig ist, daß der amerikanische Unabhängigkeitskrieg, »der erste Akt in dem großen Drama«, erheblich schneller beendet werden konnte als die Amerikanische Revolution, so darf man doch nicht übersehen, daß die Prozesse der Befreiung und der Neugründung, die an sich ganz verschiedenen Stadien eines revolutionären Prozesses entsprechen, in diesem Fall nahezu gleichzeitig entstanden und durch die Kriegsjahre hindurch parallel zueinander verliefen.[1] Die Bedeutung dieser Entwicklung kann gar nicht hoch genug veranschlagt werden. Denn das »Wunder«, das sich in diesem Zeitraum ereignete, war keineswegs, was damals den größten Eindruck machte, daß die Kolonien mächtig genug waren, den Krieg gegen das Mutterland auszuhalten und zu gewinnen, sondern vielmehr, daß dieser Sieg nicht in einer Katastrophe der Zersplitterung, »in Verbrechen und Unheil [endete]..., bis schließlich die erschöpften Provinzen unter das Joch irgendeines Eroberers fallen und in Sklaverei versinken würden« – wie John Dickinson mit Recht befürchtet hatte.[2] So pflegen in der Tat Rebellionen zu enden, denen die Revolution nicht auf dem Fuße folgt, weshalb denn auch die meisten sogenannten Revolutionen dies Schicksal erwartet. Entschließt man sich aber, daran festzuhalten, daß das Ziel einer Rebellion nur die Befreiung ist, während das Ziel der Revolution die *Gründung der Freiheit* ist, so wird wenigstens die politische Wissenschaft sich nicht von der Geschichtswissenschaft dazu verlocken lassen, den Akzent auf das Anfangsstadium der Revolution zu legen, das für den Historiker natürlich viel reizvoller ist, weil der Aufstand gegen die Zwangsherrschaft nahezu alle eigentlich dramatischen Elemente der Geschichte enthält, die er zu erzählen hat; wobei zuzugeben ist, daß die Versuchung um so größer ist, als die Gewaltsamkeit und der Tumult des Befreiungsstadiums ja oft genug die eigentliche Entfaltung der Revolution in das ruhigere Stadium der verfassungsgebenden Versammlungen verhindert haben.

Sehr viel gefährlicher als die Vorliebe des Historikers für das Dramatische ist die verbreitete Theorie, der zufolge die Verfassungen und das Verfassungsfieber nicht nur nicht den wahren revolutionären Geist der Epoche repräsentieren, sondern im Gegenteil überhaupt erst zur Geltung kommen, wenn die reaktionären Gegenkräfte entweder der Revolution den Garaus gemacht oder doch zum mindesten ihre volle Entwicklung verhindert haben. So wird etwa im Sinne dieser Theorie die Verfassung der Vereinigten Staaten, die nun wahrlich das Ende und den Gipfelpunkt der Amerikanischen Revolution bildet, nur zu oft als das Ergebnis einer Konterrevolution bewertet. Das diesen Theorien zugrundeliegende Mißverständnis ist immer das gleiche: Man weigert sich, einen Unterschied zwischen Befreiung und Freiheit anzuerkennen, und übersieht daher, daß nichts vergänglicher und vergeblicher ist als eine Rebellion und eine Befreiung, die unfähig ist, die neu gewonnene Freiheit in angemessenen Institutionen und Verfassungen zu verankern. Man kann nicht verstehen, daß »ohne eine Verfassung weder Moral noch Reichtum, noch die Disziplin der Armee, noch sie alle zusammen auch nur das geringste ausrichten können« (John Adams).

Aber selbst wenn man an dieser Klippe, die Revolution mit dem Befreiungskampf zu identifizieren anstatt sie der Gründung der Freiheit gleichzusetzen, glücklich vorbeigekommen ist, ergibt sich die zusätzliche und in diesem Zusammenhang sehr viel ernstere Schwierigkeit, das eigentlich Revolutionäre in den Verfassungen zu entdecken. Denn die revolutionären amerikanischen Verfassungen waren in Form und Inhalt nicht einmal neu, geschweige denn revolutionär. Der Begriff des Verfassungsstaats ist weder seinem Inhalt noch seinem Ursprung nach revolutionär; er besagt nicht mehr und nicht weniger, als daß die Staatsmacht durch Gesetze begrenzt sein muß. Und die Garantie der bürgerlichen Rechte, welche in Amerika vor allem durch die verschiedenen *Bills of Rights* in die Verfassung übernommen wurde und zumeist verfassungsrechtlich als ihr wesentlichstes Element betrachtet wird, hatte mit der Neuregelung der Machtverhältnisse, wie sie aus der Revolution hervorgingen, nicht das geringste zu tun. Diese Garantien, so meinte man damals, waren vielmehr notwendig, um jegliche wie immer geartete Regierung vor Machtmißbrauch zu schützen; sie besagten, daß jeder Staat, Monarchie wie Republik, der Gefahr der Zwangsherrschaft ausgesetzt ist. »Auf eine *bill of rights*«, so meinte Jefferson, »hat das Volk gegen jeden Staat auf Erden ein Anrecht, und zwar im allgemeinen wie im besonderen; kein Rechtsstaat darf sie verweigern oder sich darauf verlassen, daß sie implizite mitgarantiert sei.«[3]

Dies heißt natürlich nur, daß der Verfassungsstaat damals wie heute ein in seiner Macht begrenzter Staat ist, und zwar ganz in dem Sinne, in dem das achtzehnte Jahrhundert von einer »begrenzten Monarchie« *(limited monarchy)* sprach und damit meinte, daß die Macht des Monarchen durch Gesetze eingeschränkt ist. Jeder Verfassungsstaat garantiert die bürgerlichen Rechte und dies unabhängig von der Staatsform. Nur die Tyrannis, die der politischen Theorie als eine illegitime Staatsform gilt, setzt sich über die Verfassung im Sinne einer durch Gesetze eingeschränkten Macht hinweg. Nun sind aber die Rechte und Freiheiten, die von den Gesetzen des Verfassungsstaats garantiert werden, alle negativer Natur, und dies gilt auch für das Recht auf Repräsentation zum Zwecke der Besteuerung, das sich schließlich zum allgemeinen Wahlrecht entwickelte. Sie sind in der Tat »an sich keine Gewalten, sondern lediglich Garantien gegen den Mißbrauch der Gewalt«[4]; sie stellen keinen Anspruch auf Mitbeteiligung an der Staatsgewalt dar, sondern sind lediglich ein Schutz gegen sie. Ob wir nun diese Vorstellungen von einer konstitutionellen Staatsform bis auf die *Magna Charta* zurückverfolgen und damit auf feudale Rechte und Privilegien, bzw. die Verträge zwischen dem König und den Ständen seines Reiches, oder ob wir umgekehrt eher anzunehmen geneigt sind, daß man von einem modernen Verfassungsstaat erst sprechen kann, nachdem im Zeitalter des Absolutismus die Regierungsgewalt wirksam zentralisiert war[5], ist in unserem Zusammenhang kaum von Belang. Hätte bei den Revolutionen wirklich nicht mehr auf dem Spiel gestanden als diese Art konstitutioneller Regierungen, so wäre dies zwar ganz im Sinne ihrer ursprünglichen Intentionen gewesen, als jedermann noch der Meinung sein konnte, es handele sich um nichts anderes als die Restauration »uralter verbriefter Freiheiten«; gerade dies aber wurde ja dann von dem Gang der Ereignisse widerlegt.

Unsere Schwierigkeit, das echt revolutionäre Element in dem Verfassungsakt als solchem zu erkennen, hat aber noch einen anderen und vielleicht wesentlicheren Grund. Wenn wir uns nicht an den Revolutionen des achtzehnten Jahrhunderts orientieren, sondern vielmehr an der Kette von Aufständen und Umwälzungen, die sich durch das neunzehnte und zwanzigste Jahrhundert zieht, so scheint es, daß wir mit zwei typischen Geschehnis-Formen konfrontiert sind, nämlich einerseits mit »permanenten Revolutionen«, die es zu keiner Verfassung bringen, und andererseits mit revolutionären Umwälzungen, in deren Gefolge sich eine konstitutionelle Regierungsform entwickelt, die ein erträgliches Maß bürgerlicher Rechte garantiert, wo also die auf die Revolution folgende Restauration in der Tat in das zurücklenkt, was das achtzehnte Jahrhundert unter einer in ihrer Macht begrenzten Regierung verstand. Das erstere ist ja offenbar in Rußland und China der Fall, wo die Machthaber nicht nur zugeben, sondern stolz darauf sind, eine revolutionäre Regierungsform in Permanenz errichtet zu haben; das letztere kennen wir aus den europäischen Revolutionen des neunzehnten und zwanzigsten Jahrhunderts. In diesen Fällen, vor allem in den Revolutionen der besiegten Völker nach dem Ersten Weltkrieg, folgte der Revolution zwar eine Verfassung gleichsam auf dem Fuße, aber diese Verfassungen waren keineswegs das Ergebnis der Revolution; es war nicht das Volk, das sich eine Verfassung gab, sondern eine Regierung, die sich dazu verstand, dem Volk eine Verfassung zu geben, nachdem die Revolution mißlungen war; und für die Völker, die sich unter solchen Verfassungen mehr oder minder zufrieden einrichteten, wurde der Verfassungsakt selbst das offenbare Zeichen dafür, daß die Revolution ausgespielt hatte. Diese Verfassungen waren weniger das Werk von Staatsmännern als von Verfassungsexperten, und dies nicht in dem Sinn, in dem Gladstone gelegentlich von der amerikanischen Verfassung spricht als »the most wonderful work ever struck off at a given time by the brain and purpose of man«, sondern in dem Sinn, in dem Arthur Young bereits im Jahre 1792 meinen konnte, man benutze in Frankreich das »neue Wort«, als ob es sich bei einer »Verfassung um einen Pudding handele, den man nach den Angaben eines Rezepts zubereitet«[6]. Sie wurden in der Tat im Zuge der Gegenrevolution erlassen; es ist keine Frage, daß auch sie dazu dienten, die Staatsgewalt zu limitieren, aber ihre vordringliche Aufgabe war, die revolutionäre Macht des Volkes zu brechen, bevor das eigentliche Ziel der Revolution, die Errichtung und Gründung der Freiheit, erreicht war.[7]

Schließlich stellt sich der Diskussion dieser Dinge noch eine andere, scheinbar rein terminologische Schwierigkeit in den Weg. Das Wort »Konstitution« ist doppeldeutig, es kann den Verfassungsakt bezeichnen oder aber das Grundgesetz, das in einem Schriftstück niedergelegt bzw. wie im Falle der englischen Konstitution in Institutionen, Gebräuchen und Präzedenzfällen impliziert ist. Ferner sollte man sich hüten, die Verfassungen oder Grundgesetze, die eine nichtrevolutionäre Regierung erläßt, weil es sich herausgestellt hat, daß das Volk und die Revolution unfähig waren, eine neue Staatsform zu konstituieren, mit dem gleichen Namen zu belegen und von ihnen die gleichen Resultate zu erwarten wie von jenen »Konstitutionen«, die entweder in den Worten Gladstones »das Ergebnis einer fortschrittlichen Geschichte« der Nation waren oder das Resultat der ungeheuren Anstrengung eines ganzen Volkes, einen neuen politischen Körper zu gründen. Der Unterschied selbst wie die terminologische Verwirrung lassen sich am besten an Thomas Paines berühmter Definition des Wortes »Konstitution« ablesen, und zwar gerade weil in ihr die Erfahrungen des amerikanischen Verfassungsfiebers noch so deutlich nachschwingt. »Eine Konstitution«, sagt Paine, »ist nicht der Akt einer Regierung, sondern eines Volkes, das eine Regierung konstituiert.«[8] Diese Definition stützt sich auf die in Frankreich und Amerika einberufenen, verfassungsgebenden Versammlungen, deren einziger Zweck der Entwurf einer Verfassung war; aber sie stützt sich ebenfalls darauf, daß diese Entwürfe in Amerika nicht nur summarisch von dem Volk ratifiziert, sondern Abschnitt für Abschnitt und bis in alle Details in den *townhall meetings* (wie im Falle der ursprünglichen Verfassung, den sogenannten *Articles of Confederacy*) oder später (im Falle der Verfassung der Vereinigten Staaten) in den Länderparlamenten diskutiert wurden. Und dieses natürlich sehr umständliche und zeitraubende Verfahren wurde nicht etwa darum gewählt, weil Grund bestand, den verfassungsgebenden Versammlungen zu mißtrauen, sondern einzig und allein deshalb, weil man sich darüber einig war, daß es sich darum handelte, »daß das Volk der Regierung eine Verfassung gebe«, nicht aber darum, daß die Regierung dem Volk eine solche zuteil werden lassen sollte.[9]

Was Macht und Autorität betrifft, so besteht ein großer Unterschied zwischen der Verfassung, die eine Regierung ihrem Volke verleiht, und derjenigen, durch welche ein Volk eine Staatsform konstituiert. Die von den Verfassungsjuristen entworfenen Konstitutionen, unter denen Europa nach dem Ersten Weltkrieg sich wieder restaurierte, waren größtenteils nach dem Modell der Amerikanischen Verfassung entworfen; und kümmert man sich um nichts als ihren Wortlaut, so ist schwer einzusehen, warum sie ihrer Aufgabe nicht gerecht werden sollten. De facto aber waren sie nicht nur »schon überholt, als sie in Kraft gesetzt wurden«[10]; die Völker, denen sie gleichsam geschenkt worden waren, haben sie von Anbeginn mit Mißtrauen betrachtet und schwerlich mehr von ihnen gehalten als von anderen »Fetzen Papier«. Als Hitler 1933 die Macht ergriff, war es nicht einmal nötig, die Weimarer Verfassung abzuschaffen, denn mehr als die Hälfte der europäischen Länder hatte bereits ihre nach dem Ersten Weltkrieg entstandenen Verfassungen annulliert und sich in Partei- oder militärische Diktaturen verwandelt. Und wenn man von Skandinavien und der Schweiz absieht, so kann man sagen, daß die restlichen Verfassungsstaaten an genau dem gleichen Macht- und Autoritätsverlust litten, welche die Dritte Republik in Frankreich seit ihrem Entstehen gekennzeichnet hatte. Daß sie weder Autorität im Volke hatten noch Macht zu handhaben wußten, hat wie ein Fluch über den konstitutionellen Regierungen nahezu aller europäischen Länder gelegen; denn diese Unfähigkeit hatte unter anderem zur Folge, daß eine Konstitution die andere jagte – lange vor der »Verfassungsepidemie, die (heute) in der Welt ausgebrochen ist«[11], hatte sich Frankreich in weniger als hundert Jahren allein vierzehn Verfassungen geleistet! –, so daß schließlich das Wort selbst lächerlich wurde. So nannte man – in Deutschland nach dem Ersten und in Frankreich nach dem Zweiten Weltkrieg – die Perioden konstitutioneller Regierung die Zeiten des »Systems« und meinte damit eine Ordnung der Dinge, in der Korruption, Vetternwirtschaft und Kuhhandel das A und O aller Politik sind. Wobei es dann ja für jeden vernünftigen Menschen gleichsam selbstverständlich wird, daß er versucht, sich aus solchen Machenschaften herauszuhalten, zumal wenn die Dinge so weit gekommen sind, daß es sich kaum noch zu lohnen scheint, ernsthaft Widerstand zu leisten. Kurz, in der Verfassung als solcher kann unmöglich das Heil liegen; sie ist in den Worten John Adams' »a standard, a pillar, and a bond when it is understood, approved and beloved. But without this intelligence and attachment, it might as well be a kite or balloon, flying in the air.«[12]

Zu diesem Unterschied zwischen einer Konstitution, die ein Regierungsakt ist, und der Verfassung, durch welche das Volk eine Regierung konstituiert, tritt noch eine andere Unterscheidung, die vielleicht weniger auf der Hand liegt. Wenn die Verfassungsexperten des neunzehnten und zwanzigsten Jahrhunderts überhaupt etwas mit ihren Ahnen aus dem Amerika des achtzehnten Jahrhunderts gemein hatten, so war es sicherlich das große Mißtrauen gegen Macht als solche, ein Mißtrauen, das zweifellos in der Neuen Welt noch ausgeprägter war als in den Ländern der Alten. Daß der Mensch von Natur »ungeeignet ist, über unbegrenzte Macht zu verfügen«, daß Macht den Menschen nur zu leicht in »ein rasendes Raubtier« verwandelt, daß der Staat dazu da ist, den menschlichen Machthunger zu bändigen, und daß seine Existenz selbst, bzw. die Tatsache, daß Menschen in ihrem Zusammenleben offenbar eines Staatsapparats bedürfen, auch als Einwand gegen die Natur des Menschen gedeutet werden kann (Madison) – all dies waren im achtzehnten wie im neunzehnten Jahrhundert Gemeinplätze, die gerade auch das Denken der gründenden Väter durchaus beherrschten. Die Formulierungen der *Bills of Rights* waren von diesem Mißtrauen inspiriert wie die von allen geteilte Überzeugung, daß jeder Staat in seiner Macht begrenzt sein müsse. Und dennoch war Mißtrauen gegen Macht für die amerikanische Entwicklung nicht entscheidend. Der Furcht der Gründer, dem Staat zu viel Macht zuzubilligen, stand ihre erstaunliche Einsicht entgegen, daß große Gefahren für die Rechte und Freiheiten der Bürger ebensogut aus dem gesellschaftlichen Bereich erwachsen könnten wie aus dem staatlich-politischen. So meinte Madison, »es sei von großer Bedeutung, nicht nur die Gesellschaft in einer Republik vor der Unterdrückung der Machthaber zu schützen, sondern auch einen Teil der Gesellschaft vor der Ungerechtigkeit des anderen zu bewahren«; vor allem müsse man stets darauf achten, »die Rechte der Individuen oder der Minderheit ... gegen die von Interessen geleiteten Kombinationen der Mehrheit« zu sichern.[13] Dies allein hätte genügt, die Konstitution einer öffentlichen Regierungsgewalt zu rechtfertigen, die in einer Republik nicht nur negativ legitimiert sein durfte und über den Verfassungsstaat im alten

Sinne als einer in ihrer Macht limitierten Regierungsform hinausgehen mußte. Daß die amerikanische Verfassung primär dazu bestimmt ist, *Macht zu konstituieren*, und daß die Sorge, diese Macht wiederum in Schranken zu halten, sekundärer Natur ist, haben die europäischen Interpreten und Verfassungsexperten zumeist völlig übersehen. Und dies ist im Sinne europäischer Geschichte nur zu verständlich. Was sie an dem neuen Instrument amerikanischer Herkunft bewunderten, waren die Wohltaten einer »milden Regierung«, wie sie sich organisch aus der englischen Geschichte ergeben hatten, und da diese Wohltaten, der Schutz des Bürgers gegen die Staatsmacht, nicht nur in allen Verfassungen der Neuen Welt miteingeschlossen, sondern mit dem größten Nachdruck als unveräußerliche Menschenrechte aller Erdbewohner proklamiert waren, lag es nur zu nahe, einerseits die enorme, alles andere in den Schatten stellende Bedeutung des *Gründungsakts* als solchen zu übersehen, und andererseits den eigentlichen Inhalt der Verfassung, der die Garantie der bürgerlichen Rechte ja nur in Nachträgen, den sogenannten *Amendments*, angehängt war, die aber selbst ein ganz neues *Machtsystem* etablierte, zu vernachlässigen.

Was nun dieses neue Machtsystem betrifft, so spricht die Amerikanische Revolution eine durchaus klare, unzweideutige Sprache. Die Gründer der Republik brauchten sich über den Verfassungsstaat im Sinne des in seiner Macht begrenzten Rechtsstaats schon darum nicht den Kopf zu zerbrechen, weil sie sich darüber so einig waren, daß es nicht einmal der Diskussion oder Klärung bedurfte; auch in den Jahren der größten Erbitterung gegen England vergaß man doch hierzulande niemals, daß man es immer noch mit einer »begrenzten« und nicht mit einer absoluten Monarchie zu tun hatte. Das Problem nach der Unabhängigkeitserklärung war wahrlich nicht, wie Macht begrenzt, sondern wie Macht etabliert werden könne; es handelte sich ja nicht darum, eine bestehende Regierung in ihre Grenzen zurückzuweisen, sondern einen neuen Staat zu gründen. Das Verfassungsfieber in den Kolonien nach der Unabhängigkeitserklärung verwandelte in wenigen Jahren die Kolonien in Staaten und verhinderte so das Entstehen eines Machtvakuums, und diese neu etablierten Staaten konnten sich natürlich nicht auf die *Bills of Rights* berufen, deren »Macht« ja lediglich in einem Veto bestand, also rein negativer Natur war.

Nicht in der Amerikanischen, sondern in der Französischen Revolution hat die Erklärung der Menschen- und Bürgerrechte eine entscheidende Rolle gespielt. Da auch die amerikanischen Revolutionäre von unabdingbaren Menschenrechten sprachen, nimmt man gemeinhin an, daß es sich um die gleichen Rechte handelt, beziehungsweise daß diese Rechte die gleiche Funktion im Aufbau des Staates hatten. Dies ist aber nicht der Fall. In Frankreich meinte man in der Tat, daß die Menschenrechte nicht so sehr die Grenze anzeigen, an der die Staatsmacht ihr Ende finden muß, sondern daß sie vielmehr das eigentliche Fundament jedes Staates bilden müßten, der nicht eine Zwangsherrschaft ist. Nun steht es ja außer Zweifel, daß die Erklärung »Alle Menschen sind von Geburt gleich« in der nach Ständen geordneten französischen Gesellschaft eine explosiv-revolutionäre Wirkung haben mußte, was natürlich in der Neuen Welt der *lovely equality* (Jefferson) keineswegs der Fall war. Das einzig Neue, das die Revolution in die Aufzählung der bürgerlichen Rechte in Amerika brachte, war, daß diese Rechte von nun an für alle Menschen gelten sollten, ganz gleich aus welcher geschichtlichen Vergangenheit sie kamen oder wo sie wohnten. Aber auch diese Erweiterung war nicht eigentlich revolutionär, sondern ergab sich gleichsam von selbst aus den Bedingungen der Kolonien. Denn wenn auch die Amerikaner immer wieder betonten, daß sie von England nicht mehr verlangten als »die Rechte der Engländer«, die Burke in großartiger Beredsamkeit dann den französischen Menschenrechten entgegenstellen sollte, so konnten sie andererseits ja doch nicht gut sich insgesamt einer »Nation zurechnen, in deren Adern das Blut der Freiheit fließt« (Burke); selbst im achtzehnten Jahrhundert lebten zu viele Angehörige anderer Nationen in der Neuen Welt, als daß man hier die »Rechte der Engländer« in ihrer strikten nationalen Begrenzung hätte verstehen können: »Ob Ihr nun Engländer oder Iren seid, Deutsche oder Schweden..., Ihr habt ein Anrecht auf die Privilegien *(liberties)* von Engländern und auf die Freiheit dieser Verfassung« – in diesem Fall der Verfassung von Pennsylvania, wo damals bereits das englische Element kaum die Hälfte der Einwohner ausmachte.[14] Die Proklamation der Menschenrechte bedeutete für die Amerikaner lediglich, daß die »Rechte der Engländer« von nun an maßgebend sein sollten für die Rechte aller Menschen, und dies wiederum hieß nicht mehr, als daß alle Menschen einen Anspruch auf die Wohltaten des in seiner Macht begrenzten Rechtsstaates haben sollten.¹⁵ Dagegen bedeutete die Proklamation der Menschenrechte durch die Französische Revolution wortwörtlich, daß jeder Mensch durch Geburt Eigentümer bestimmter unveräußerlicher Rechte ist, und die Folgen dieses Unterschieds sind von sehr großem theoretischem wie praktischem Belang. Denn in der amerikanischen Fassung versteht man unter der Anerkennung der Menschenrechte nicht mehr als die Forderung einer wie immer gearteten Rechtsstaatlichkeit für alle Menschen, während die französische Fassung davon ausgeht, daß es Rechte gibt, die präpolitischer und präjuristischer Natur sind, um dann diese Rechte des Menschen qua Menschen mit den Bürgerrechten wie den bürgerlichen Rechten zu identifizieren. In unserm Zusammenhang brauchen wir uns um die den Menschenrechten inhärente begriffliche Problematik nicht zu kümmern, und auch die traurige Wirkungslosigkeit aller Deklarationen, Proklamationen und Aufzählungen solcher Rechte, sofern sie nicht unmittelbar dem positiven Recht eines gegebenen Landes einverleibt wurden, geht uns hier nichts an. Es ist ja bekannt genug, daß diese Rechte theoretisch in einer staatlich organisierten Menschheit immer weniger enthielten als die normalen Staatsbürgerrechte und daß sie daher auch immer nur von denen angerufen wurden, die als Staatenlose um ein Minimum von Rechtssicherheit zu kämpfen gezwungen waren.¹⁶ Im Rahmen unserer Überlegungen gilt es nur, dem durch den Gang der Französischen Revolution naheliegenden Mißverständnis zu begegnen, daß Ziel und Inhalt der Revolution die Erklärung von Menschenrechten oder die Garantie der bürgerlichen Rechte sein können.

Es ist das Erstaunliche und Großartige an der amerikanischen Entwicklung, daß man nach der Unabhängigkeitserklärung sofort begriff, daß die verfassungsgebende Gewalt jetzt an das Volk übergegangen war, und daß man aus dieser Erkenntnis sogleich die Konsequenzen zog. Der eigentliche Zweck der Länderverfassungen, die der Bundesverfassung vorangingen, war es, den Machtverlust, der durch das Verschwinden der englischen Krone und des englischen Parlaments eingetreten war, auszugleichen und neue Machtzentren zu schaffen. Für diese Aufgabe, *Macht neu zu etablieren*, mobilisierten die Gründer und die Männer der Revolution das ganze Arsenal dessen, was sie selbst »politische Wissenschaft« nannten, denn diese bestand ihrer Meinung nach darin, zu entdecken, in welchen »Formen und Kombinationen Macht in Republiken« auftritt.[17] Und da sie sich ihrer eigenen Unwissenheit auf diesem Gebiet sehr bewußt waren, wandten sie sich an die geschichtliche Vergangenheit und begannen mit einem oft pedantisch anmutenden Eifer, alle Beispiele republikanischer Verfassungen, wie sie ihnen aus der alten und neuzeitlichen Geschichte, aus der Wirklichkeit oder aus literarischen Fiktionen unter die Hände kamen, zusammenzutragen. Aber was sie hier zu lernen auszogen, war keineswegs eine Belehrung über die besten Garantien der bürgerlichen Rechte – gerade hierüber wußten sie besser Bescheid als irgendeine Vergangenheit oder irgendein literarisches Vorbild –, sondern einzig und allein eine bessere Einsicht in das Wesen der Macht und der Machtgründung.

Bei dieser Suche stießen sie auf Montesquieu, der sie mehr fasziniert und, wenn man will, beeinflußt hat als irgendein anderer Autor; er spielt in der Tat eine Rolle in der Gedankenwelt der Amerikanischen Revolution, die sich nur mit der Rolle Rousseaus in der Französischen Revolution vergleichen läßt. Und sie hatten recht, sich an Montesquieu zu halten; denn die Konstitution politischer Freiheit bildet in der Tat den Hauptgegenstand seines großen Werks, das in Amerika zumindest ein Jahrzehnt vor dem eigentlichen Ausbruch der Revolution gründlichst studiert und als Autorität in allen verfassungsrechtlichen und politischen Fragen zitiert wurde.[18] Dabei war entscheidend, daß das Wort »Konstitution«, so wie Montesquieu es verwendete, nichts Negatives, keine Begrenzung und Verneinung der Macht, mitbeinhaltete; in seinen Schriften konnte man die Überzeugung gewinnen, daß »der grandiose Tempel föderalistischer Freiheit« auf dem Fundament eines recht verstandenen Zusammenspiels von Macht und Machtkombinationen errichtet werden müsse und könne. Unter allen Quellen, die den Gründern beim Erlernen ihres Handwerks zur Verfügung standen, ging nur Montesquieu davon aus, daß Freiheit und Macht – weit entfernt davon, zueinander im Gegensatz zu stehen – in Wahrheit zusammengehören, daß also, in der Sprache des Begriffs, politische Freiheit nicht im Willen, sondern im Können Ursprung und Sitz habe und daß daher der politische Raum so konstruiert und konstituiert werden müsse, daß Macht und Freiheit sich in ihm vereinigen.[19] Dabei dürfte die große Anziehungskraft Montesquieus auch darauf beruht haben, daß sein Werk den autochthonen Erfahrungen der amerikanischen Revolutionäre am nächsten kam; er bestätigte ihnen, was die Kolonialerfahrung sie ohnehin von Anbeginn gelehrt hatte, nämlich daß Freiheit nichts anderes ist als »die natürliche Fähigkeit oder Macht *(power)*, das, was wir möchten, zu tun oder zu lassen«. Und wenn wir in den frühesten Urkunden der Kolonialzeit lesen, wie »Abgesandte ... *die Macht und die Freiheit* haben sollen zu ernennen«, so können wir uns gut vorstellen, wie natürlich es für diese Männer noch war, diese beiden so oft als Gegensätze verwendeten Worte nahezu als Synonyme zu behandeln.[20] In einem solchen Sprachgebrauch aber konnte niemand sie überzeugender bestärken als Montesquieu.

Es ist allgemein bekannt, daß die Probleme der Gewaltentrennung und des dadurch erforderten Machtausgleichs (der *balance of powers*) im Mittelpunkt aller Diskussionen in den verfassungsgebenden Versammlungen standen, und wiewohl diese Diskussionen sich zumeist an Montesquieu orientierten, so kann man wahrlich nicht behaupten, daß die Möglichkeit einer Teilung von Macht von Montesquieu zuerst entdeckt worden sei. Diese Idee ist vielmehr sehr alt, und sie hat nicht das geringste, wie man in neuerer Zeit manchmal gemeint hat, mit einer von Newton inspirierten mechanistischen Weltanschauung zu tun. Wir finden sie, wenn auch unausgesprochen, in den Theorien der gemischten Staatsform, können sie also in dieser Form bis auf Aristoteles oder doch zumindest Polybius zurückverfolgen; jedenfalls war Polybius vermutlich der erste, dem die Vorteile eines Systems von »checks and balances« – »Hemmungen und Gegengewichten«, wie Loewenstein übersetzt – voll bewußt waren. Montesquieu selbst scheint von dieser Tradition kaum etwas gewußt zu haben, er hat sich lediglich an der seiner Meinung nach einzigartigen Struktur der englischen Verfassung orientiert, wobei es heute wie im Grunde bereits im achtzehnten Jahrhundert nicht sehr wichtig ist, ob er nun diese Verfassung richtig oder falsch interpretiert hat. Denn Montesquieus Entdeckung betrifft das Wesen der Macht überhaupt, und diese

Entdeckung steht in so offenbarem Widerspruch zu allen uns sonst geläufigen Machtbegriffen, daß sie heute nahezu vergessen ist, obwohl doch die Gründung der amerikanischen Republik entscheidend von ihr inspiriert ist.

Die Entdeckung selbst ist in einem Satz enthalten, aber dieser Satz spricht in nuce das Prinzip aus, das der gesamten Struktur aller Gewaltentrennungen innewohnt; er lautet: »*Le pouvoir arrête le pouvoir*« – nämlich nur Macht kann Machtentfaltung so hindern, daß die ursprüngliche Macht nicht einfach zerstört und in Ohnmacht verwandelt wird.[21] Denn Macht kann natürlich immer durch bewaffnete Gewalt zerstört werden, und dies ist der Machtverlust, der z. B. in Zwangsherrschaften eintritt, wo die Gewalttätigkeit der Herrschaft die Macht der Vielen zerstört und wo daher nach Montesquieu ein politischer Zerfall eintritt, der von der Ohnmacht des politischen Körpers verursacht wird. Die Tyrannis geht an sich selbst zugrunde, weil sie Ohnmacht statt Macht erzeugt. Aber auch auf Gesetze, von denen wir doch meinen möchten, daß sie vorzüglich geeignet sind, Macht in Schranken zu halten, ist hier kein Verlaß; das Beispiel, das uns gemeinhin vorschwebt, in dem die sogenannte Macht eines Alleinherrschers von einer gesetzmäßigen Verfassung begrenzt und in Schranken gehalten wird, ist insofern irreführend, als die Gesetze in diesem Fall nicht eigentlich Macht, die es nur unter vielen geben kann, sondern das Gewaltmonopol unter Kontrolle halten, über das der Staat und das Staatsoberhaupt verfügen. Sofern dies Gewaltmonopol auch und wesentlich dazu dient, die Herrschaft der Gesetze zu sichern, wie es in allen Rechtsstaaten der Fall ist, kann es sich über die Gesetze gar nicht so leicht hinwegsetzen, ohne seine eigene Existenz in Frage zu stellen. Die bloße Gewalt kann schließlich mit allem fertigwerden, auch mit den Gesetzen; aber da ein Einzelner niemals imstande ist, den Gewaltapparat ohne die Hilfe anderer in Gang zu halten, bedarf es wiederum der Macht derer, die die Gewalt unterstützen bzw. – und in der Politik laufen diese Dinge auf das gleiche hinaus – den Gesetzesbrechern gehorchen. In der Tat ist es sehr viel mehr die Macht der Vielen als die Gewaltsamkeit des Einzelnen, durch welche die Gesetze in Gefahr geraten, und wenn es erst einmal zu einem Konflikt zwischen Macht und Gesetz gekommen ist, so behält das Gesetz sehr selten die

Oberhand. Aber selbst wenn wir annehmen, daß das Gesetz als solches imstande sei, Macht unter Kontrolle zu halten – und diese Annahme müssen alle wirklichen Volksherrschaften oder Demokratien machen, wenn sie nicht in die schlimmste und willkürlichste aller Zwangsherrschaften ausarten wollen –, so unterscheidet sich diese Kontrolle doch sehr wesentlich von der Kontrolle, in der Macht durch Macht beschränkt wird. Die Grenze, welche das Gesetz der Macht setzt, vermindert die Macht in ihrer Mächtigkeit, wenn sie auch nicht direkt Ohnmacht erzeugt.

Nur eine andere Macht ist imstande, Macht zu begrenzen *und* in ihrer Mächtigkeit zu erhalten, und dies besagt, daß das Prinzip der Gewaltenteilung, das eigentlich Machtteilung heißen sollte, nicht nur verhindert, daß ein Teil des Staatsapparats, etwa die Legislative oder die Exekutive, alle Macht an sich reißt und monopolisiert, sondern daß ein Gleichgewicht hergestellt ist, das es ermöglicht, überall neue Macht zu erzeugen, aber eben nicht auf Kosten anderer Machtquellen und Machtzentren. Montesquieu war bekanntlich der Meinung, daß selbst die Tugend in Schranken gehalten werden müsse, und daß auch ein Übermaß von Vernunft nicht wünschenswert sei; er macht diese Bemerkungen im Verlauf seiner Untersuchung über das Wesen der Macht[22]; der Schlüssel zu dieser uns verblüffenden Einsicht (wie kann es des Guten zu viel geben?) liegt darin, daß für Montesquieus großen politischen Verstand Tugend und Vernunft bereits als Faktoren im politischen Raum erscheinen, also als Mächte und nicht als bloße Qualitäten bzw. als Eigenschaften, durch die andere Menschen überzeugt und gelenkt werden können und die daher potentiell Macht erzeugen. (So hat John Adams gelegentlich gemeint, daß jeder, der, durch welches Mittel immer – Überzeugungskraft, persönliche Autorität, gesellschaftliche oder organisatorische Stellung – in der Lage ist, bei einer Abstimmung über mehr als eine Stimme zu verfügen, zu den Mächtigen des Landes gerechnet werden müsse.) Daher wollte Montesquieu die Erhaltung und Steigerung dieser Eigenschaften – nicht bei dem Einzelnen, sondern unter den Bürgern – unter die gleichen Bedingungen stellen, die für Erhaltung und Steigerung der Macht des Gemeinwesens im ganzen maßgebend sind. Zu meinen, daß Montesquieu die Begrenzung von Tugend und Vernunft verlangte, um die Menschen weniger tugendhaft und weniger vernünftig zu machen, wäre absurd; das gleiche aber gilt für die Frage der Macht. Die Gewaltenteilung hat keineswegs den Zweck, den Staat ohnmächtig zu machen, um den Bürgern ein größeres Maß an Freiheit zu sichern – wo Ohnmacht herrscht, gibt es für Montesquieu keine politische Freiheit –, wiewohl man in Europa, wo nachgerade jedermann der Meinung war, daß Zentralisierung der Macht mehr Macht erzeugt, ihn zumeist so mißverstanden hat.

Daß Teilung der Macht ein Gemeinwesen mächtiger macht als ihre Zentralisierung, wird schon darum so oft übersehen, weil wir gewöhnlich diese Dinge nur im Rahmen der Gewaltentrennung der drei Staatsorgane diskutieren: die Legislative, die Exekutive und die Jurisdiktion dürfen nicht in der gleichen Hand vereinigt sein. Aber mit diesem Problem, das ja das klassische Problem der Tyrannis ist, hatten es die Gründer gar nicht zu tun; wenn Montesquieu nicht mehr als dies ihnen zu bieten gehabt hätte, dann wäre ihr unbestreitbar leidenschaftliches Interesse an den Schriften dieses Mannes schlechterdings unverständlich. Ihr Problem war vielmehr, wie sie es wohl fertigbringen sollten, aus dreizehn »souveränen« und rechtmäßig konstituierten Republiken eine Einheit zu machen – *e pluribus unum* –, *ohne sie zu entmachten*. Ihre Lösung war vorerst die Gründung einer »konföderativen Republik«, bei der man gerade auf Grund der Lektüre Montesquieus hoffen durfte, die Vorteile der Monarchie für die Außenpolitik mit denen der Republik für die Innenpolitik zu verbinden.[23] Entscheidend aber war, daß man die gerade erst entstandenen neuen Machtzentren in den Ländern durch die Bildung einer Union nicht wieder verschüttete, und für diese Aufgabe, die durch die Verfassung gelöst werden sollte und schließlich auch gelöst wurde, war die Frage der bürgerlichen Rechte nur insofern von Belang, als ihre Sicherung mitgarantiert sein mußte. Worum es sich in Wahrheit handelte, war die Schaffung eines Machtsystems, in dem die Mächte sich gegenseitig das Gleichgewicht halten sollten, so daß weder das Ganze – die Union – noch seine Teile einen Machtverlust erleiden würden.

Liest man die Debatten aus der Gründungszeit, so ist man immer wieder erstaunt, mit welcher Treffsicherheit man diesen Aspekt des Montesquieuschen Werkes für sich zu verwenden wußte. Theoretisch war John Adams am tiefsten von Montesquieu beeinflußt, da sich sein politisches Denken ohnehin um die Frage, wie man Macht gegen Macht ausbalancieren könne, zentriert hatte. Und wenn er schrieb: »Macht muß Macht gegenüberstehen, Kraft der Kraft, Stärke der Stärke, Interesse dem Interesse, genauso wie Vernunft der Vernunft, Beredsamkeit der Beredsamkeit, und Leidenschaft der Leidenschaft«, so meinte er offenbar in dieser Gegenüberstellung ein Mittel gefunden zu haben, durch das man die Macht mächtiger, die Kraft kräftiger, die Stärke stärker und die Vernunft vernünftiger machen kann, nicht aber, daß man auf diese Weise sie samt und sonders durch sich selbst gleichsam vernichten könne.[24]

Was nun die Praxis und die Schaffung politischer Organe betrifft, so empfiehlt es sich, auf Madisons große Argumentation über die Verteilung und Ausbalancierung der Macht zwischen der Bundesregierung und den Länderregierungen zurückzugreifen. Hätte Madison geglaubt, daß Macht unteilbar sei – daß geteilte Macht weniger Macht bedeute[25] –, so hätte er vorschlagen müssen, die neue Macht der Union aus den Machtteilen aufzubauen, welche die Länder um ihrer eigenen Sicherheit willen mehr oder minder freiwillig abtreten, was zur Folge gehabt hätte, daß die Bundesregierung um so mächtiger geworden wäre, je mehr die sie konstituierenden Teile an Macht verloren hätten. Gegen alle solche Vorstellungen, an denen es natürlich auch damals nicht gefehlt hat, behauptete er, daß mit der Gründung der Union, durch das Zusammentreten der dreizehn Länder, auch eine neue Machtquelle aufgebrochen sei, die ihre eigene Kraft keineswegs von der Macht der sie konstituierenden Länder bezog, da sie in keiner Weise auf ihre Kosten errichtet worden sei. »Not the states ought to surrender their powers to the national government, rather the powers of the central government should be greatly enlarged. ... It should be set as a check upon the exercise by the state governments of the considerable powers which must still remain with them.«[26] Und er geht so weit, zu sagen, daß die Bundesregierung »um ihrer Selbsterhaltung willen gezwungen sein würde, die Länderregierungen wieder in die ihnen angemessene Jurisdiktion einzusetzen, falls diese abgeschafft sein sollten«[27].

Es gehört zweifellos zu den größten und zukunftsträchtigsten

Errungenschaften der Amerikanischen Revolution, daß es ihr gelang, den Anspruch der Macht auf Souveränität im politischen Körper der Republik konsequent zu eliminieren, denn im Bereich menschlicher Angelegenheiten kann Souveränität schließlich und endlich immer nur auf Gewaltherrschaft durch einen Tyrannen hinauslaufen. Die Konföderation hatte sich als ungeeignet erwiesen, weil es in ihr »keine Teilung der Macht zwischen den zentralen und den lokalen Behörden« gegeben hatte, so daß die Zentralinstanzen in Washington gar keine Regierung waren, sondern nur als die oberste Behörde eines Bündnisses fungierten. Es hatte sich herausgestellt, daß die in einem solchen Bündnis vereinigten Mächte die Tendenz haben, sich gegenseitig zu paralysieren und so überall Ohnmacht zu erzeugen, anstatt durch die eigene Macht die Macht der anderen zu stützen, zu garantieren und gleichzeitig im Zaum zu halten.[28] Daß die Gründer der Republik imstande waren, diesen Fehler so schnell und so gründlich zu beseitigen, zeigt aufs deutlichste, daß in der Praxis die Furcht vor Ohnmacht das Mißtrauen gegen Macht überwog, und diese Furcht fand wiederum ihre theoretische Rechtfertigung in jenen immer wieder zitierten Kapiteln des Montesquieuschen Werkes, in denen er darlegt, daß die republikanische Staatsform sich nur für verhältnismäßig kleine Territorien eigne. So war man nur zu glücklich, als Hamilton und Madison noch eine andere Meinung Montesquieus entdeckten, der zufolge eine Konföderation von Republiken das Problem der republikanischen Staatsform für größere Länder zu lösen imstande sei, sofern aus den Kleinrepubliken ein echter neuer politischer Körper entsteht, keine bloße Allianz der bestehenden, sondern eine wirkliche Bundesrepublik.[29]

Will man die amerikanische Verfassung verstehen, so darf man nie aus den Augen verlieren, daß sie von vornherein zum Ziel hatte, Macht neu zu etablieren – und nicht einfach Macht zu limitieren –, und daß ihr dies gelang, indem sie ein neues Machtzentrum konstituierte und an die Stelle der Konföderation setzte, ein Machtzentrum, dessen Befugnisse für ein weites und zudem sich ständig noch ausdehnendes Territorium geplant waren und bewußt für den Autoritäts- und Machtverlust entschädigen sollten, der automatisch auf die Unabhängigkeitserklärung von dem englischen Mutterland gefolgt war. Dies komplizierte, so elastische wie präzise System, das dazu bestimmt war, das Machtpotential der Republik intakt zu halten und zu verhindern, daß in dem voraussehbaren Fall weiterer Ausdehnung – »der Vergrößerung durch das Hinzukommen neuer Mitglieder« – keine der mannigfaltigen Machtquellen versiege, war, im Unterschied zu den *Bills of Rights*, von keiner Tradition vorgezeichnet, sondern ausschließlich aus dem Geiste der Revolution entstanden.[30] Die amerikanische Verfassung zeichnet sich vor allen anderen dadurch aus, daß sie die durch die Revolution befreite Macht des Volkes konsolidierte; und insofern die Freiheit das Ziel der Revolution ist, kann man in der Tat sagen, daß das, was Bracton *constitutio libertatis*, die Gründung der Freiheit, genannt hat, sich hier ereignete.

Zu glauben, daß die europäischen Nachkriegsverfassungen des zwanzigsten oder ihre Vorgänger im neunzehnten Jahrhundert, die alle dem Mißtrauen gegen die Macht im allgemeinen und der Furcht vor der revolutionären Macht des Volkes im besonderen ihr Dasein verdanken, die gleiche Staatsform errichten konnten wie die amerikanische Verfassung, die der stolzen Überzeugung entsprang, ein Machtprinzip entdeckt zu haben, auf dem sich eine *perpetual union* gründen läßt, heißt sich von bloßen Worten zum Narren halten lassen.

II

So ärgerlich diese Mißverständnisse sein mögen, sie sind nicht zufällig, nicht nur auf den politischen Unverstand von Gelehrten zurückzuführen und können daher nicht einfach mit Schweigen übergangen werden. Auf dem Grunde dieser Mißverständnisse liegt die historische Tatsache, daß die Revolutionen als Restaurationen begannen und daß es daher wirklich keineswegs einfach war – am wenigsten natürlich für die Männer der Revolutionen selbst –, auszumachen, wann und warum der Versuch einer Restauration die unwiderstehliche Ereigniskette der Revolution ausgelöst hat. Da man ursprünglich ja keineswegs die Gründung der Freiheit, sondern lediglich die Wiederherstellung von Rechten und Privilegien beabsichtigt hatte, so war es nur natürlich, daß die Männer der Revolution, selbst als sie sich bereits mit der Aufgabe der Gründung einer Republik konfrontiert sahen, fortfuhren, von der neuen revolutionären Freiheit zu sprechen, als bestehe sie in nichts anderem als dem Besitz der alten Rechte und Privilegien.

Ganz ähnlich verhält es sich mit anderen zentralen Begriffen der Revolution, vor allem mit den so eng miteinander verknüpften Begriffen von Macht und Autorität. Ich erwähnte bereits, daß Revolutionen nicht ausbrechen, daß selbst Rebellionen kaum je zu erwarten sind, solange die Autorität des politischen Körpers wirklich intakt ist. So mußte von Anbeginn die Wiedereroberung alter Rechte von einer Restauration des vorhergegangenen Autoritäts- und Machtverlustes begleitet sein. Genau wie die alten Begriffe von »Rechten und Freiheiten« durch den Versuch ihrer Restauration einen ungebührlichen Einfluß auf die Interpretation der ganz anders gearteten, in der Revolution zum erstenmal erfahrenen Freiheit gewannen, so hat natürlich auch das, was man unter dem alten Regime unter Macht und Autorität verstand, dazu geführt, die neuen und revolutionären Machterfahrungen im Sinne einer Tradition zu interpretieren, deren Vertreter die Revolution aufs heftigste angegriffen und schließlich entthront hatte. Das Gewicht der Vergangenheit macht sich in der Geschichte gerade in diesen nahezu automatischen Denkgewohnheiten am drückendsten fühlbar, und es sind diese Automatismen, welche die Historiker dazu berechtigen, die Kontinuität noch da zu erblicken, wo das Geschehen selbst einen Sprung aufweist, und – mit F. W. Maitland, dem großen englischen Historiker – zu sagen: »Die Nation folgte in den Fußtapfen des (absoluten) Monarchen«, und zwar – wie der Historiker Ernst Kantorowicz erläuternd hinzusetzt – nachdem der Monarch gegen Ende des Mittelalters »in die Fußtapfen des Pontifikats von Papst und Bischof getreten war«. Und dieser kirchlich-religiöse Ursprung des Absolutismus kann dann erklären, warum »der moderne absolute Staat auch ohne Monarchen immer noch imstande ist, Ansprüche zu erheben, die eigentlich nur der Kirche zustehen«[31]. Nichts hindert, diese Kette um ein weiteres Glied in die Vergangenheit zurückzuverfolgen und das Pontifikat als den Nachfolger des römischen Kaisertums anzusehen, das ja ebenfalls absolut, nämlich eine *potestas legibus soluta* war und zudem den Anspruch auf göttliche Verehrung stellte.

Historisch gesehen, unterscheiden sich die Amerikanische und die Französische Revolution vor allem dadurch voneinander, daß die

Amerikanische die Erbschaft einer »begrenzten Monarchie« und die Französische die eines Staatsabsolutismus antrat, dessen Anfänge in der Tat bis in die ersten Jahrhunderte unserer Zeitrechnung und die letzten des Römischen Reiches zurückverfolgt werden können. Nichts scheint für eine geschichtliche Betrachtung selbstverständlicher, als daß Art und Gang einer Revolution von dem Regime bestimmt sind, dem sie ein Ende bereitet. Woraus folgt, daß das neue Absolute, die absolute Revolution, von der absoluten Monarchie vorgeprägt ist, die Revolution also sich um so absolutistischer gebärden wird, je gesetzloser die Herrschaft war, die ihr voranging. Man kann die Geschichte der Französischen wie der Russischen Revolution ohne Schwierigkeit als die Proben aufs Exempel dieser Theorie zitieren. Als Sieyès die Nation als Quelle der Gesetze über das Gesetz stellte, hat er schließlich nur den neuen Souverän an die Stelle gesetzt, die gerade durch die Entfernung des souveränen Monarchen frei geworden war; wobei im Auge zu behalten ist, daß die Souveränität eines französischen Königs im achtzehnten Jahrhundert nicht mehr meinte, daß er durch keine feudalen Verträge und Verpflichtungen gebunden ist, sondern – zumindest seit Bodin – die wirkliche Absolutheit königlicher Gewalt implizierte, eine *potestas legibus soluta*, eine Macht, die von dem Einhalten der Gesetze des Königtums absolviert war. Und da die Person des Königs nicht nur die Quelle aller irdischen Gewalt und Macht darstellte, sondern sein Wille auch den Ursprung aller irdischen Gesetze bildete, so schien es nahezu selbstverständlich, daß von nun an der Wille der Nation die Quelle der Gesetze sein müsse. »La nation«, sagt Sieyès, »existe avant tout, elle est l'origine de tout. Sa volonté est toujours légale, elle est la Loi elle-même.«[32] Gerade in diesem so entscheidenden Punkte waren sich die Männer der Französischen Revolution so einig wie die Männer der Amerikanischen Revolution über die Notwendigkeit, jegliche Regierungsgewalt durch Gesetze zu beschränken; und genau wie für das amerikanische politische Denken die Montesquieusche Gewaltenteilung axiomatisch feststand, weil sie der englischen Verfassung entsprach, so war Rousseaus Begriff einer *volonté générale* bindend für alle Parteien und Fraktionen der Französischen Revolution, weil dieser Begriff erlaubte, sich eine Menge (die Nation) im Bilde einer Person vorzustellen, die man ohne Schwierigkeit an die Stelle des souveränen Willens des absoluten Königs setzen konnte.

Entscheidend war, daß in der absoluten, im Gegensatz zu der konstitutionellen Monarchie der König nicht nur das Leben der Nation im ganzen repräsentiert – »Der König ist tot, lang lebe der König« heißt natürlich, daß der König etwas verkörpert, das unsterblich ist[33] –, sondern vor allem auch, daß er auf Erden einen göttlichen Ursprung verkörpert, in dem Gesetz und Macht zusammenfallen. Des Königs Wille repräsentierte den Willen Gottes auf Erden und war daher die Quelle des Gesetzes wie der Macht; nur auf diese Quelle bezogen, konnte das Gesetz mächtig und die Macht legitim sein. Wenn also die Männer der Französischen Revolution das Volk an den Platz des Königs setzten, so folgte für sie daraus nicht nur, daß die Quelle aller legitimen Macht im Volke liegt – damit allein würden sie sich noch in voller Übereinstimmung mit den Prinzipien der Amerikanischen Revolution bzw. der römischen Republik befunden haben –, sondern daß der Wille des Volkes den Ursprung der Gesetze bilden müsse.

Daß eine einzigartig günstige Konstellation aller Umstände der Amerikanischen Revolution zum Siege verhalf, steht außer Zweifel. Sie brach in einem Lande aus, das den Fluch des Massenelends nicht kannte, und in einem Volk, das eine einzigartige Erfahrung mit Selbstverwaltung durch Jahrhunderte gemacht hatte. Und hierzu gesellte sich nun noch der Glücksfall, daß die Revolution sich gegen eine konstitutionelle Monarchie richtete. In der Herrschaft von König und Parlament, von der die Kolonien sich lösten, hat es eine *potestas legibus soluta* – eine Macht, die keinen Gesetzen untersteht – nicht gegeben. Und dies besagte, daß man bei den neuen Verfassungsentwürfen zwar vor dem Problem stand, eine neue Quelle der Gesetze zu etablieren und ein neues Machtsystem zu entwerfen, daß aber niemand auch nur auf die Idee kam, Gesetz und Macht aus der gleichen Quelle abzuleiten. Der Ort der Macht wurde ins Volk verlegt, aber die Quelle aller Gesetze sollte die Verfassung werden, ein Schriftstück und Dokument, etwas Objektives, das man zwar so oder anders interpretieren und je nach Umständen abändern und erweitern konnte, das aber niemals ein subjektiver, ephemerer Gemütszustand sein konnte wie der sogenannte Volkswille, der sich in Wahlen äußert und in Befragungen der öffentlichen Meinung erkundet werden kann. Selbst als, relativ spät, und vermutlich unter dem Einfluß europäischer Verfassungstheoretiker, der Vorrang der Verfassung »lediglich aus ihrer Verwurzelung im Volkswillen« abgeleitet wurde, behielt man doch noch ein Gefühl dafür, daß, nachdem diese Entscheidung einmal gefallen war, sie für den politischen Körper, der aus ihr entstanden ist, bindend bleibt.[34] Und diejenigen, die hier wie anderwärts behaupteten, daß in einem freien Land das Volk die Macht behalten muß, »zu jeder Zeit und für gleich welche Sache oder auch für keine Sache, sondern nur aus souveränem Belieben sowohl die Art wie die Form der jeweiligen Regierung zu ändern oder zu annullieren und eine neue an ihrer Statt zu errichten«[35], waren Einzelne, die in den verfassungsgebenden Versammlungen sich kaum Gehör verschaffen konnten.

Was in der Französischen Revolution ein echtes politisches Problem war und in philosophischen Begriffen diskutiert wurde, erschien im Verlauf der Amerikanischen in einer so eindeutig minderwertigen Form, daß es erledigt war, bevor es sich begrifflich und theoretisch hätte verfestigen können. Denn es hat natürlich auch hier nicht an solchen gefehlt, die sich von der Unabhängigkeitserklärung eine »Regierungsform versprachen, in der die Unabhängigkeit von den Reichen jedermann erlauben wird, zu tun, was ihm beliebt«[36], nur hatten sie keinen Einfluß auf Theorie und Praxis der Revolution. Wie günstig aber auch die Konstellation der Amerikanischen Revolution gewesen ist, ganz und gar ist ihr der Zusammenstoß mit dem *Problem des Absoluten* – wohl dem bedenklichsten aller Probleme einer revolutionären Regierung – nicht erspart geblieben.

Daß dieses Problem unabhängig von allen spezifischen geschichtlichen Gegebenheiten die Revolutionen begleitet, gleichsam dem revolutionären Ereignis selbst inhärent ist, ist historisch nur an der Amerikanischen Revolution zu belegen. Die großen revolutionären Ereignisse in Europa, vom englischen Bürgerkrieg des siebzehnten über die Französische Revolution des achtzehnten bis zur Oktoberrevolution in unserm Jahrhundert scheinen einleuchtend zu demonstrieren, daß absolute Monarchien von despotischen Diktaturen abgelöst werden, daß somit im politischen Bereich der Einbruch des Absoluten auf die historischen Umstände zurückzuführen ist, auf die Absurdität des

Absolutismus, der in der Person des Königs ein Absolutes in den politischen Körper gesetzt hatte, für das nun die Revolutionäre automatisch und vergeblich einen Ersatz suchten. Nichts ist verlokkender für den Historiker als das Zeitalter des Absolutismus dafür verantwortlich zu machen, daß sein Sturz das europäische Staatengefüge wie die europäische Nationengemeinschaft so furchtbar verletzte und daß die Flamme der Revolution, welche aus den jahrhundertealten Mißbräuchen der absolutistischen Regime hervorbrach, schließlich über die ganze Welt schlug. Wobei es heute kaum noch etwas ausmacht, ob nun das neue Absolute, mit dem man die Herrschaft absoluter Monarchen ersetzte, am Beginn der Revolution Sieyès' Nation oder vier Jahre später unter Robespierre die Revolution selbst war. Denn was die Welt seither immer wieder in Flammen setzte, ist ja die verhängnisvolle Kombination von Revolution und Nationalismus, die nationale Revolution oder der revolutionäre Nationalismus, nämlich ein Nationalismus, der die Sprache der Revolution spricht, und Revolutionen, die vorerst die nationalen Leidenschaften entfesseln.

Aber ganz gleich, wie die Akzente in dem einen oder anderen Falle verteilt sind, in keinem einzigen Falle hat sich wiederholt, was in der Amerikanischen Revolution zum erstenmal in Gang gekommen war. Die verfassunggebende Tätigkeit wurde nie wieder als die wichtigste und bedeutungsvollste aller revolutionären Taten empfunden, und wenn es überhaupt zu der Etablierung eines Verfassungsstaates kam, so stand er sofort in Gefahr, von der revolutionären Bewegung, die ihn etabliert hatte, wieder weggeschwemmt zu werden. Sofern die Revolution nicht überhaupt zugrunde ging und auf sie eine Restauration folgte, sind bisher nicht Verfassungen – das ursprüngliche Ziel und ideale Endprodukt aller Revolutionen –, sondern revolutionäre Diktaturen mit der Aufgabe, die revolutionäre Bewegung ins Unabsehbare zu verlängern und zu intensivieren, das Resultat von Revolutionen gewesen.

Betrachtungen dieser Art, so legitim sie rein historisch sein mögen, beruhen auf einem Trugschluß. Sie stellen sich auf den Boden der Tatsachen, als seien diese etwas selbstverständlich Gegebenes, während sich bei näherem Zusehen herausstellt, daß sie höchst problematischer Natur sind. Der europäische Absolutismus, die Herrschaft und absolute Souveränität des Monarchen, dessen Wille als die Quelle von Macht wie Recht fungiert, ist ja ein relativ modernes Phänomen. Wir haben es hier mit der ersten Staatsform zu tun, die sich aus der Säkularisierung ergab, nämlich aus der Emanzipation der weltlichen Macht von der Autorität der Kirche. Die absolute Monarchie, der man gemeinhin und zu Recht die Entstehung des Nationalstaats zuschreibt, muß man gerechterweise auch dafür verantwortlich machen, daß in der Neuzeit der weltliche Bereich nach so vielen Jahrhunderten wieder zu einer nur ihm eigentümlichen Würde und zu einem Glanz kam, der nicht von anderen Bereichen erborgt war. Die ebenso kurze wie stürmische Geschichte der italienischen Stadtstaaten der Renaissance, deren geistige Verwandtschaft mit den späteren Revolutionen der Neuzeit auf der erstaunlichen Wiedergeburt des vorchristlichen Altertums beruhte, hätte darüber belehren können – wenn es solche Belehrungen innerhalb des historischen Prozesses gäbe –, wie es um die Chancen und die praktisch wie theoretisch ungelösten Aporien für das Entstehen eines solchen säkularisierten Bereichs als einer politisch gültigen Neugründung bestellt war. Man hätte dann vielleicht gesehen, daß die Stärke der absolutistischen Staatsform gerade darin bestand, daß sie scheinbar einen befriedigenden Ersatz für die verlorengegangene religiöse Sanktion der weltlichen Autorität in der Person des Königs bzw. in der Institution der absoluten Monarchie gefunden hatte. Die Revolutionen haben dann die absolutistische Lösung des Problems der Autorität in einen rein weltlichen Bereich als Scheinlösung entlarvt; aber gerade dadurch wurden sie von vornherein mit dem schwerstwiegenden Problem aller modernen Staatsformen, der Frage ihrer Stabilität bzw. der ihnen innewohnenden Autorität, konfrontiert.

Für die spezifische Sanktion, welche Religion und religiös verankerte Autorität seit dem Untergang der antiken Welt dem weltlichen Bereich verliehen hatte, war die absolute Souveränität kein Ersatz, da diese Art irdischer Machtvollkommenheit sofort in Tyrannis und Despotismus ausarten muß, sobald man sie einer transzendenten, jenseitigen Legitimität beraubt. Entscheidend war ja, daß der absolute Monarch, auch wenn er »in die Fußtapfen des Pontifikats von Papst und Bischof getreten war«, darum noch lange nicht religiöse Funktionen erfüllen oder glaubhaften Anspruch auf die Heiligkeit säkularer

Institutionen erheben konnte. Politisch gesprochen, war also der absolute Monarch nicht ein Nachfolger von Papst und Bischof, sondern ein Usurpator, und alle die Theorien zu Beginn der Neuzeit über Souveränität und das Gottesgnadentum von Kaiser und König dienten nur dazu, diese Tatsache zu verschleiern. Denn die Säkularisierung als solche, die Emanzipation des weltlichen Bereichs von der Vormundschaft der Kirche, erforderte unumgänglich die Gründung und Konstituierung einer neuen und neugearteten Autorität, ohne die der weltliche Bereich nicht nur außerstande ist, eine neue Würde zu erlangen, sondern selbst der abgeleiteten Bedeutung unter der geistlichen Oberherrschaft der Kirche verlustig gehen muß. Theoretisch kann man dies so ausdrücken, daß der Absolutismus versucht hat, das Problem der Autorität zu lösen, ohne zu dem revolutionären Hilfsmittel einer Neugründung zu greifen; praktisch gesprochen, verließ er sich auf die automatischen Verhaltensweisen von Völkern, die nicht gewöhnt waren, die Legitimität von Herrschaft überhaupt anzuzweifeln.

Außerhalb Italiens hat es eine Weile gedauert, bis der neue Unglaube der Herrschenden auch die Beherrschten ergriff; aber als dies schließlich eintrat, mußte sich sehr schnell herausstellen, daß die scheinbar unerschütterliche Macht absoluter Souveränität auf Sand gebaut war. Nur war mit diesem Zusammenbruch das Problem nicht gelöst, sondern erst gestellt. Selbst wo die Revolution wie in Amerika mit keiner Erbschaft des Absolutismus belastet war, ereignete sie sich in einer Tradition, die zu einem erheblichen Teil davon geprägt war, daß »das Wort Fleisch« geworden ist, und das heißt, daß ein Absolutes als weltliche Realität sich in historischer Zeit offenbart hat. Gerade der notwendig weltliche Charakter eines *offenbarten* Absoluten hat wesentlich dazu beigetragen, daß man im Zusammenhang dieser Tradition sich von einer von religiöser Sanktion emanzipierten Autorität kaum einen Begriff machen konnte. Insofern es die Aufgabe der Revolutionen war, eine neue Autorität zu etablieren, die sich weder auf Sitten und Gebräuche, noch auf Präzedenzien, noch auf die Heiligung durch unvordenkliche Zeiten berufen konnte, mußten sie das alte Problem, nicht des Verhältnisses von Recht und Macht als solcher, wohl aber der Rechts*quelle*, aus der das positive Recht seine Legalität herleitet, und des *Ursprungs* von Macht, der den wirklich bestehenden Mächten ihre Legitimität verleiht, mit unvergleichlicher Schärfe neu aufrollen.

In Darstellung und Interpretation der modernen Säkularisierungsprozesse wird meist übersehen, in welch außerordentlich schwierige Problematik das politische Denken durch den Verlust einer religiösen Sanktion für weltliche Autorität geriet. Und dies ist nur zu verständlich. Daß ein autonomer weltlicher Bereich in der Neuzeit überhaupt entstand, ist das Resultat der Trennung von Kirche und Staat, der Emanzipation der Politik von der Religion, und dieser Prozeß scheint auf den ersten Blick ausschließlich auf Kosten des Religiösen gegangen zu sein: Die Säkularisierung enteignete den weltlichen Besitz der Kirche in großem Maßstab und, was vielleicht noch schwerer ins Gewicht fiel, sie entzog ihr den Schutz der weltlichen Gewalt. Sieht man aber näher hin, so wird offenbar, daß die Verluste nicht nur auf Konto der Religion gebucht werden können, und wie man gemeinhin von der Emanzipation des Weltlichen vom Religiösen spricht, so kann man, und vielleicht mit größerem Recht, von einer Emanzipation und Befreiung des religiösen Bereichs von den Anforderungen und Lasten des weltlichen sprechen, die seit dem Untergang des Römischen Reichs, als die Kirche sich gezwungen sah, auch weltlich-politische Verantwortlichkeiten auf sich zu nehmen, schwer auf dem Christentum in seinem eigentlich religiösen Gehalt gelastet haben. Denn, wie William Livingstone gelegentlich bemerkte, »die wahre Religion wünscht nicht von den Königen dieser Welt unterstützt zu werden; wo immer sie sich eingemischt haben, ist die Religion erlahmt oder verfälscht worden«[37]. Denkt man an die unzähligen theoretischen und praktischen Probleme und Schwierigkeiten, die auf den öffentlich-politischen Bereich eingestürmt sind seit der Säkularisierung, zieht man ferner in Betracht, daß die erste Folge dieser Säkularisierung das Entstehen des Absolutismus war und daß die Revolutionen, die schließlich seiner Herr wurden, nichts verzweifelter suchten als ein Absolutes, von dem sie ihrerseits die Legitimität der Macht und die Legalität der Gesetze ableiten konnten, so kann man wohl zu dem Schluß kommen, daß der Staat mehr Grund hatte, den Verlust religiöser Sanktionen für seine Autorität zu beklagen als die Kirche den Verlust an weltlicher Macht.

Dies dringende Bedürfnis nach einem Absoluten zeigte sich auf mancherlei Weise, nahm verschiedene Formen an und drängte auf unterschiedliche Lösungen. Innerhalb des politischen Bereichs jedoch blieb seine Funktion stets die gleiche: es handelte sich immer darum, zwei *circuli vitiosi* zu brechen, von denen der eine aller menschlichen Gesetzgebung inhärent zu sein scheint, während der andere der *petitio principii* anhängt, die jeder Neubeginn stellt und die sich im Politischen im Problem der Gründung manifestiert. Daß alle positiven, von Menschen erlassenen Gesetze ihrerseits nochmals eines sie transzendierenden Ursprungs bedürfen, der als ein »höheres Gesetz« ihnen allererst Legalität verleihen kann, ist bekannt genug und bildete bereits eines der wirksamsten theoretischen wie praktischen Argumente zur Rechtfertigung des Absolutismus, der Stellung des Monarchen über Gesetzen, denen er selbst nicht unterworfen war. Was Sieyès in bezug auf die Nation behauptet, daß es nämlich »lächerlich wäre anzunehmen, die Nation sei durch Formalitäten oder eine Verfassung gebunden, die sie doch selbst ihren Mandanten auferlegt«[38], gilt gleichermaßen für den absoluten Herrscher, der genau wie Sieyès' Nation die Funktion gehabt hatte, »der Ursprung aller Legalität«, »die Quelle des Rechts« zu sein, und der aus diesem Grunde eben keinen positiven Gesetzen unterstehen durfte. Aus keinem anderen Grunde hatte schon Blackstone erklärt, daß eine »absolute, despotische Macht für jede Regierung notwendig sei«[39], wobei ja offenbar ist, daß die absolute Macht despotisch werden muß, sobald sie sich von der jenseitigen Allmacht Gottes emanzipiert weiß. Daher ist es sehr bezeichnend, daß Blackstone die absolute Gewalt bereits despotisch nennt; es zeigt an, wie der Absolutismus sich eben nicht so sehr von der von ihm beherrschten politischen Ordnung losgelöst hatte als von der göttlichen oder naturrechtlichen, der das Königtum vor der Neuzeit selbstverständlich unterworfen geblieben war. So bleibt zwar bestehen, daß die Revolutionen diese Aporien weltlicher Herrschaft nicht »erfunden« haben, aber es ist nicht zu leugnen, daß mit ihnen, in den gesetz- und verfassungsgebenden Versammlungen, alle alten »Lösungen« als billige Auswege und Ausflüchte ein für allemal kompromittiert waren – das Vertrauen in Sitten und Gebräuche, denen um ihrer »uralten Herkunft« willen eine »transzendentale Eigenschaft« innewohne[40], oder die Hoffnung, die erhabene Stellung des Monarchen würde genügen, den gesamten Staatsapparat gleichsam mit einem Heiligenschein zu umgeben, wie in dem so oft zitierten Wort Bagehots über die Monarchie in England: »The English monarchy strengthens our government with the strength of religion.« Wenn auch diese Enthüllung der fragwürdigen Natur des Staates in der Neuzeit nur in den Ländern zu blutigem Ernst wurde, wo Revolutionen wirklich ausbrachen, so kann man doch sagen, daß die politische Diskussion allenthalben sich mit diesen Problemen konfrontiert sah. Wo immer die Revolution zur Wasserscheide politischer Theorie wurde, gab es nun Radikale, welche die Tatsache der Revolution anerkannten und begrüßten, ohne ihre Probleme zu verstehen, und Konservative, die an Tradition und Vergangenheit wie an Fetischen festhielten, mit denen man die böse Zukunft beschwören und die Gegenwart, in der diese Traditionen ihre Gültigkeit verloren hatten, ungeschehen machen konnte.

In theoretischen Fragen hält keiner der Männer der Französischen Revolution Sieyès die Waage. Niemand hat mit so eindringlicher Klarheit und so leidenschaftlicher Beredsamkeit den *circulus vitiosus* und die *petitio principii* des großen Unternehmens dargelegt, die er dann durch die berühmte Unterscheidung zwischen dem *pouvoir constituant* und dem *pouvoir constitué* zu brechen suchte, indem er die konstituierende Macht, also die Nation, aus dem politischen Bereich überhaupt entfernte und in einen unaufhebbaren, unveräußerlichen »Naturzustand« versetzte: »On doit concevoir les Nations sur la terre, comme des individus, hors du lien social ... dans l'état de nature.« Dies schien mit einem Schlag beide Probleme zu lösen, das Problem der Legitimität des neuetablierten Machtapparats, des *pouvoir constitué*, dessen Autorität die verfassungsgebende Versammlung, das *pouvoir constituant*, nicht garantieren konnte, da sie selbst ja nicht konstitutionell war und es auch nicht werden konnte, insofern sie sich vor der Verfassung »konstituiert« hatte; und das Problem der Legalität der neuen Gesetze, die einer ihnen übergeordneten »Quelle« bedurften, um ihre Gültigkeit zu erweisen. Sieyès' Ausweg verankert Gesetz wie Macht in der Nation bzw. in dem nationalen Willen, sofern diese allen Regierungen und allen Gesetzen permanent übergeordnet blieben.[41] Man könnte die Verfassungsgeschichte Frankreichs, wo noch in den Revolutionsjahren eine Verfassung auf die andere folgte, während die Machthaber außerstande waren, auch nur ein Minimum der unzähligen revolutionären Gesetze und Verordnungen durchzusetzen, als eine nicht abreißen wollende Kette von Demonstrationen zitieren, die immer wieder bewiesen, was ja eigentlich von Anfang an hätte klar sein müssen, daß nämlich der sogenannte Wille eines Kollektivs (wenn man darunter mehr als eine legale Fiktion versteht) sich von Tag zu Tag, ja von Minute zu Minute ändert, und daß ein Gebilde, das man auf dem Nationalwillen errichtet, auf Sand gebaut ist. Das Einzige, was die auf der *volonté générale* gegründeten Nationalstaaten immer wieder vor dem unmittelbaren Zusammenbruch rettet, ist die phantastische Leichtigkeit, mit der jeder, der Lust auf die Last und Glorie der Diktatur hat, diesen sogenannten Nationalwillen manipulieren und sich unterwerfen kann. Die Diktatur ist die Regierungsform, die dem Nationalstaat gleichsam auf den Leib geschrieben ist, und Napoleon Bonaparte war nur der erste und ist immer noch einer der größten unter den nationalen Diktatoren, der unter dem Beifall der gesamten Nation erklären konnte: »Je suis le pouvoir constituant«. Jedoch bedurfte es des Diktats des Willens eines Mannes, in dem sich die nationalstaatliche Fiktion eines einmütigen Volkswillens verkörpern konnte, immer nur in Krisenzeiten; es war nicht der Wille, sondern das Interesse, die solide Struktur der Klassengesellschaft, die dem Nationalstaat sein eigentliches Fundament verlieh. Und dieses Interesse – das *intérêt du corps*, mit den Worten Sieyès', durch das nicht der Bürger, sondern der Privatmensch »sich mit anderen Privatmenschen zusammenfindet« – war niemals eine Äußerung des Willens, sondern eine weltliche Gegebenheit bzw. die Manifestation der jeweiligen Weltteile, die bestimmte Gruppen, Corps oder Klassen, gemeinsam hatten, weil sie sie zusammen bewohnten oder besaßen.[42]

Theoretisch ist leicht einzusehen, daß Sieyès' Lösung für die Aporien der Neugründung, die Errichtung eines neuen Gesetzes und die Stiftung eines neuen politischen Körpers, auf keinen Fall zu der Errichtung einer Republik im Sinne Harringtons, also einer »Herrschaft der Gesetze und nicht der Menschen«, führen konnte, sondern daß hier ganz konsequent die Mon-archie, die Herrschaft eines Mannes, durch die Demo-kratie, die Herrschaft der Majorität, ersetzt wurde. Uns fällt es heute einigermaßen schwer zu verstehen, wieviel in dieser frühen, nahezu unwillkürlichen Verschiebung von der republikanischen auf die demokratische Staatsform auf dem Spiel stand, und dies nicht nur, weil das politische Denken der Zeit und selbst die politischen Wissenschaften kaum noch wissen, was Staatsformen sind, sondern auch, weil wir alle geneigt sind, das gleiche Majoritätsprinzip in der Vielherrschaft und in den beschlußfassenden Funktionen gewisser Körperschaften am Werk zu sehen. Nun ist aber das Letztere nicht mehr als ein formal-technisches Hilfsmittel, das überall angewandt werden muß, wo überhaupt beraten und beschlossen wird, ganz unabhängig von dem Organisationstyp, der die Beratenden zusammenschließt; formal gesehen, verläuft die Wahl, an der ein ganzes Volk teilnimmt, nicht anders als die Beschlußfassung anderer Gremien, ob dies Gremium nun ein Parlament ist oder ein Verwaltungsausschuß oder der von einem Herrscher ernannte Staatsrat. Wo immer eine Pluralität von Personen zu einem Beschluß kommen muß, entscheidet schließlich das Majoritätsprinzip, und in diesem Sinne findet sich ein »demokratisches« Element in allen Staatsformen, sogar in der des Despotismus; nur die Tyrannis in ihrer reinsten und seltensten Gestalt, wo alles am »Willen« des Alleinherrschers hängt, ist frei von allen demokratischen Elementen. Erst wenn die Mehrheit nach gefaßtem Beschluß dazu übergeht, die Minderheit entweder politisch oder in extremen Fällen auch physisch zu erledigen, hört das Majoritätsprinzip auf, ein technisches Hilfsmittel zu sein, und wird zum Prinzip einer Staats- und Herrschaftsform.[43]

Nun kann man natürlich auch diese Beschlüsse als Willensmanifestationen interpretieren, und zweifellos drücken sie unter den modernen Bedingungen politischer Gleichheit die ständigen Veränderungen aus, die das politische Leben der Nation bestimmen. Aber entscheidend ist, daß in einer Republik sich dieses Leben mit seinen wechselnden Beschlüssen im Rahmen und im Einvernehmen mit einer Verfassung abspielt, die ihrerseits von dem Nationalwillen und den wechselnden Majoritäten so wenig abhängt, wie etwa ein fertiges Gebäude von dem Willen des Architekten oder dem seiner Bewohner abhängig ist. Darin liegt ja gerade die Bedeutung der schriftlichen, dokumentarisch festgelegten Verfassungen, denen man zur Zeit der Revolutionen so großes

Gewicht beimaß; da sie fixiert und gleichsam verdinglicht waren, wurden sie ein objektiver Bestandteil der Welt, der dem subjektiven Belieben ihrer Bewohner weitgehend entzogen war. In Amerika war man sich dieser stabilisierenden Funktion der schriftlichen Verfassung durchaus bewußt; es galt, alles nach menschlichem Ermessen Mögliche zu tun, um zu verhindern, daß die Prozesse der Beschlußfassungen mit dem ihnen inhärenten Majoritätsprinzip in den »elektiven Despotismus« der Demokratie, der Herrschaft der Majorität, ausarteten.[44]

III

Es war das große Verhängnis der Französischen Revolution, daß keine der verfassunggebenden Versammlungen genug Autorität besaß, dem Land die Verfassung nun auch wirklich zu geben, weil man ihnen immer wieder und zu Recht vorwerfen konnte, daß sie ja selbst nicht verfassungsmäßig konstituiert waren. Umgekehrt gehört es zu der einmaligen Gunst der Umstände der Amerikanischen Revolution, daß die Kolonien vom Beginn der Kolonisation an sich nach dem Prinzip der Selbstverwaltung konstituiert hatten, so daß die Revolution, in der Sprache des achtzehnten Jahrhunderts gesprochen, sie eben nicht in einen Naturzustand zurückwarf[45], und an der Rechtmäßigkeit des *pouvoir constituant* derer, welche die Länderverfassungen entwarfen, um schließlich den Vereinigten Staaten ihre Verfassung zu geben, nicht gezweifelt werden konnte. Wenn Madison vorschlägt, die »allgemeine Autorität [der Verfassung der Vereinigten Staaten] ... ganz und gar aus den untergeordneten Autoritäten abzuleiten«[46], so wendet er nur das Prinzip, nach dem die Kolonien ihre Länderregierungen konstituiert hatten, auf die Gesamtheit der Staaten an. Denn die Abgeordneten der Länderparlamente und den Volksversammlungen, welche die Länderverfassungen erließen, hatten ihre Befugnisse von einer Unzahl konstituierter Körperschaften erhalten – von den Provinzen, Distrikten und ländlichen Bezirken sowie von den Stadt- und Dorfgemeinden. Sie hatten das größte Interesse daran, die Körperschaften nicht zu zerstören, denen sie die eigenen Befugnisse verdankten. Hätte die Bundesversammlung, die *Federal*

Convention, die Macht der Länder zugunsten der Zentralregierung vermindert oder gar eliminiert, so würden die gründenden Väter sich sofort den gleichen Aporien ausgesetzt gesehen haben wie ihre französischen Kollegen; sie würden mit anderen Worten ihr *pouvoir constituant* verloren haben. Und dies dürfte denn wohl auch einer der Gründe gewesen sein, warum selbst die überzeugtesten Vertreter einer starken Zentralgewalt niemals so weit gingen, die Macht der Länderregierungen ganz und gar vernichten zu wollen.⁴⁷ So war das föderative System nicht nur die einzig mögliche Alternative zu dem nationalstaatlichen Prinzip, es war auch der einzige Ausweg aus dem *circulus vitiosus* von *pouvoir constituant* und *pouvoir constitué*.

Die erstaunliche Tatsache, daß die Unabhängigkeitserklärung sofort ein wahres Fieber von Verfassungserlassen in den dreizehn Kolonien hervorrief, zeigt schlagartig, wie sehr sich bereits vor Ausbruch der Revolution in der Neuen Welt ein völlig neuer Begriff von Macht und Autorität und völlig neue Vorstellungen von Politik überhaupt durchgesetzt hatten und wie wenig es besagte, daß die Einwohner dieser Neuen Welt noch durchaus die gleiche Begriffssprache wie die Alte sprachen und sich in denselben Büchern nach Inspiration und Bestätigung ihrer Erfahrungen umsahen. Die den Europäern so vertraut klingende Sprache darf nicht darüber hinwegtäuschen, daß die Stadt- und Dorfgemeinden amerikanischer Art in Europa schlechthin unbekannt waren, und, vom Standpunkt eines europäischen Beobachters gesehen, »brach die Amerikanische Revolution mit ihrer Lehre von der Volkssouveränität in den *townships* aus und nahm von dorther den Staat in Besitz«⁴⁸. Diejenigen, welche die verfassunggebende Macht erhielten, waren die regulär gewählten Vertreter konstituierter Gemeinden; sie waren von unten gewählt, nicht von oben ernannt, und wenn sie sich an das alte römische Prinzip hielten, daß alle Macht beim Volk liegt, so war dies für sie keine Fiktion und das Volk für sie nichts Absolutes – die Nation, die über den Gesetzen und über allen weltlichen Autoritäten thront –, sondern eine gegenwärtige Realität. Das Volk war für sie eine in Organisationen und Institutionen zusammengefaßte Menge von Menschen, die gewöhnt war, ihre Macht gemäß bestimmten Regeln und im Rahmen von Gesetzen auszuüben. Die von den amerikanischen Revolutionären so oft betonte Unterscheidung von Republik und Demokratie basiert auf einer radikalen Trennung von Gesetz und Macht, die jeweils verschiedenen Ursprüngen entstammen und daher ganz verschiedene Arten der Legitimation erfordern und verschiedene Anwendungsbereiche betreffen.

Es war das Verdienst der Revolution, daß sie diese neuen amerikanischen Erfahrungen auf dem Gebiet der Politik, vor allem auch den neuen amerikanischen Machtbegriff, zutage förderte. Der Machtbegriff, wie die Prosperitäts- und Gleichheitsvorstellungen der Neuen Welt, war älter als die Revolution; aber im Unterschied zu den Vorstellungen von ökonomischem und sozialem »Glück« und Wohlstand, die sich unter allen Umständen und in nahezu allen Staatsformen hätten durchsetzen können, bedurften die Macht- und Autoritätsvorstellungen der Neuen Welt eines neuen politischen Körpers, der ausdrücklich auf sie zugeschnitten und dazu bestimmt war, sie zu erhalten und weiter zu verwirklichen. Ohne die Revolution dürfte dies neue Machtprinzip schwerlich überlebt haben; es wäre gleichsam verborgen geblieben und so der Vergessenheit anheimgefallen, es sei denn, Lokalhistoriker und Anthropologen hätten sich seiner wie einer Kuriosität angenommen.

Der Machtbegriff, den die Revolution nahezu automatisch zutage förderte, weil auf ihm alle kolonialen Organe der amerikanischen Selbstverwaltung beruhten, war nicht nur älter als die Revolution, er war, könnte man sagen, auch älter als die Kolonisationsgeschichte des Kontinents. Denn er geht zurück auf den *Mayflower Pakt*, der bekanntlich noch auf dem Schiff entworfen und bei der Landung unterzeichnet wurde. Ob es nun das schlechte Wetter war, das die Pilgrimväter veranlaßte, sich zu einem Bund zusammenzuschließen, weil es sie daran hinderte, im Süden zu landen, wo sie unter die Rechtsprechung der Virginia Company gekommen wären, die ihnen ihr Patent bewilligt hatte, oder ob sie meinten, sie müßten »sich zusammenschließen«, weil die in London Dazugekommenen ein ziemlich »unerwünschtes Gesindel« waren, die schon auf dem Schiff die Zuständigkeit der Virginia Company bestritten und gedroht hatten, »das Gesetz in die eigene Hand zu nehmen« *(to use their owne libertie)*, wissen wir nicht, und es mag auch in unserem Zusammenhang nicht von Bedeutung sein.[49] Denn auf jeden Fall ist ja klar, daß die Auswanderer Angst hatten vor einer Art Naturzustand, vor der unberührten Wildnis, die grenzenlos vor ihnen lag, und vor der unbegrenzten Initiative von Menschen, die keine Gesetze mehr in Schranken hielten. Die Furcht zivilisierter Menschen, die aus gleich welchen Gründen beschlossen haben, der Zivilisation den Rücken zu kehren und gleichsam von vorne zu beginnen, ist berechtigt genug. Was an der Geschichte so überraschend großartig ist, ist nicht die Furcht, die sie voreinander hatten, sondern vielmehr, daß diese Furcht von einem nicht weniger offenbaren Vertrauen in die Wirksamkeit der eigenen Macht begleitet war, da ja diese Macht erst einmal von niemandem garantiert oder bestätigt und auch nicht durch Gewaltmittel irgendeiner Art geschützt war. Sie, so wie sie da auf dem Schiffe waren, ein zusammengewürfelter Haufen, verfügten über die Macht, sich zusammenzutun und einen »civil Body Politick« zu etablieren, der von nichts zusammengehalten war als dem Vertrauen auf die Kraft gegenseitiger Versprechen, die sie sich abgaben »in Gegenwart aller und unter den Augen Gottes«; das sollte genug sein, sie zu ermächtigen, alle notwendigen Gesetze und Regierungsorgane »zu verordnen, zu konstituieren und zu entwerfen«.

Diese Tat leitete eine neue Epoche ein, denn sie sprach sich herum und wurde außerordentlich schnell zum Präzedenzfall für unzählige ähnliche Pakte und Bünde. Weniger als zwanzig Jahre später wanderten Kolonisten von Massachusetts in das benachbarte Connecticut aus und entwarfen für dieses noch unerschlossene Gebiet ihre eigenen »Fundamental Orders« und einen »Ansiedlungskontrakt«, so daß der königliche Freibrief, der erheblich verspätet eintraf, um die neuen Siedlungen als die Kolonie von Connecticut zu etablieren, nur bestätigte, was bereits bestand. Und da der königliche Freibrief von 1662 nur die »Fundamental Orders« von 1639, also ihr eigenes Grundgesetz, bestätigte, brauchte man im Jahre 1776 bei Ausbruch der Revolution kaum etwas an den Bestimmungen zu ändern, um eine Staatsverfassung zu haben, die nun ausdrücklich »unter der einzigen Autorität des Volkes stand, unabhängig von irgendeinem König und Herrscher«.

Insofern die Kolonialpakte sich schon zu Beginn auf keine königliche Gewalt bezogen hatten, war es, als hätte die Revolution diese ursprüngliche Macht des Vertragsschließens und Verfassungserlassens, die sich in den Uranfängen der Kolonisation gezeigt hatte,

nur zu befreien brauchen. Die Einzigartigkeit der Kolonien Nordamerikas, ihr entscheidender Unterschied zu allen anderen kolonialen Unternehmungen, liegt darin, daß die Auswanderer aus England von Anfang an darauf bestanden, sich in diesen »civil Bodies Politick« selbst zu konstituieren. Hinzu kommt, daß diese »politischen Bürgerschaften« nicht eigentlich regierten und nicht nach dem Vorbild eines Staatsapparates entworfen waren; denn es gab in ihnen keinen Unterschied zwischen Herrschern und Beherrschten. Dies geht schon aus der einfachen Tatsache hervor, daß das in ihnen vereinigte Volk der Siedler noch mehr als hundertundfünfzig Jahre lang die getreuen Untertanen Englands und des englischen Königs bleiben sollten. Diese eigentümlichen Organisationen waren in Wahrheit das, was man später »politische Gesellschaften« nannte, und ihre große Bedeutung für die Zukunft lag darin, daß sich in ihnen ein politischer Raum gebildet hatte, in dem Macht und die Beanspruchung von Rechten möglich war, ohne daß man doch Souveränität besaß oder auch nur nach ihr verlangte.[50]
So ist die größte revolutionäre Errungenschaft, Madisons Entdeckung des föderativen Prinzips für die Errichtung von Republiken auf großem Territorium, noch zu einem Teil aus dieser Erfahrung zu erklären, die einen jahrhundertelangen Umgang und eine minuziöse Kenntnis von politischen Institutionen voraussetzt, deren innere Struktur sie für eine endlose Erweiterung gleichsam prädestinierte, weil ihr Prinzip weder Expansion noch Eroberung war, sondern lediglich die Kombinierung existierender Machtgruppen.

Schließlich ist es ja sehr bemerkenswert, daß nicht nur das föderale Fundamentalprinzip, getrennte, unabhängig voneinander entstandene und konstituierte politische Gebilde miteinander zu vereinigen, hier bereits entdeckt war, sondern daß auch das Wort »Confederation« im Sinne einer »Combination« oder »Cosociation« in diesen frühen Urkunden überall bereits auftaucht, ja daß selbst der Name »Vereinigte Staaten von Amerika«, den man schließlich der Union gab, vermutlich in Anlehnung an die frühe und kurzlebige »Confederation« gefunden wurde, die den Namen »Vereinigte Kolonien von Neu England« erhalten sollte.[51] Jedenfalls war es wohl eher diese mannigfaltige Erfahrung als die Theorien Montesquieus, die es Madison ermöglichten, eine auf dem föderativen Prinzip gegründete republikanische Staatsform zu verwirklichen, die sich für das große und ständig erweiternde Gebiet des Kontinents dann bestens bewährte. Daß auch Madison sich in Debatten immer nur auf den gelegentlich hingeworfenen Einfall Montesquieus stützte, entsprach natürlich dem Stil der Zeit.[52]

Es findet sich in den Schriften der gründenden Väter eine ganze Reihe von Bemerkungen, die darauf hinauslaufen, daß »Erfahrung unser bester Führer ist, Vernunft kann uns in die Irre leiten« (John Dickinson).[53] In ihnen ist deutlich spürbar, wie sehr man sich der Neuartigkeit des Experiments, für das es eine gültige Theorie nicht gab, bewußt war. Man hat oft hervorgehoben, »wie unermeßlich viel Amerika der Idee des Gesellschaftsvertrags verdanke«[54], hat dabei aber übersehen, daß diese Idee lange vor der Revolution von jenen Kolonisten realisiert wurde, die von irgendwelchen Theorien in diesen Dingen nicht die geringste Ahnung hatten. Die Sache scheint vielmehr genau umgekehrt zu liegen, nämlich so, daß die Amerikaner sich nicht an Theorien gehalten, sondern daß europäische Theoretiker sich an in Amerika etablierten Tatsachen orientiert haben. So sagt Locke an einer berühmten Stelle seines Traktats: »That which begins and actually constitutes any political society is nothing but the consent of any number of free men capable of majority, to unite and incorporate into such society«, und diesen Akt nennt er »den Anfang eines jeden Rechtsstaats in der Welt«; diese und ähnliche Stellen darf man nicht als wissenschaftliche Hypothesen zur Erklärung des Phänomens staatlicher Organisation überhaupt mißverstehen, sie zeigen vielmehr, wie entscheidend Locke von den amerikanischen Tatsachen und Ereignissen in seinem Denken beeinflußt war, entscheidender, möchte man meinen, als die späteren Gründer durch ihr gründliches Studium der Traktate über *Civil Government*.[55] Solche Dinge lassen sich natürlich schwer beweisen, immerhin könnte man einen gleichsam negativen Beweis darin sehen, daß ungeachtet dieser Stellen Locke daneben, und ohne sich irgendeines Widerspruches bewußt zu sein, seinen eigentlichen »Urvertrag« dann doch im Sinne der Tradition konstruiert, nämlich als einen Vertrag, in dem der Einzelne seine Rechte und seinen Machtanspruch an den Staat als dem Repräsentanten der Gesellschaft abtritt, um dafür die Sicherstellung von Leben und Eigentum einzuhandeln, und dieser Vertragstypus ist von den amerikanischen Pakten wie von der späteren Verfassung der Vereinigten Staaten prinzipiell dadurch unterschieden, daß er nicht auf der Wechselseitigkeit beruht, die es nur zwischen gleichen geben kann.[56]

In den Vertragstheorien des siebzehnten Jahrhunderts kann man zwei klar voneinander unterschiedene Typen des Gesellschaftsvertrags namhaft machen. Der eine ist ein Vertrag zwischen einer Anzahl von Privatpersonen, aus dem angeblich die Gesellschaft entstanden sein soll; der andere wird zwischen einem Volk und seinem Herrscher geschlossen, und aus ihm entsteht dann der Rechtsstaat. Um die entscheidenden Unterschiede zwischen diesen beiden Typen, die kaum mehr gemein haben als den Namen »Gesellschaftsvertrag«, hat man sich kaum gekümmert, weil die Theoretiker natürlich vor allem daran interessiert waren, eine Universaltheorie aufzustellen, aus der man alle Arten öffentlicher Verhältnisse gesellschaftlicher wie politischer Natur ableiten könne. Im Sinne einer solchen Universaltheorie sah man die beiden möglichen Alternativen des Gesellschaftsvertrags, die, wie wir sehen werden, sich gegenseitig ausschließen, lediglich als die beiden Aspekte eines identischen Typus, der sich gleichsam in zwei Phasen entfaltet. Theoretisch war daran kaum etwas auszusetzen, da ja der ganze Entwurf als eine hypothetische Fiktion gemeint war, die dazu dienen sollte, die wirklich existierenden gesellschaftlichen Verhältnisse einerseits und die Beziehungen zwischen der Gesellschaft und dem Staat andererseits genetisch zu erklären. Die Geschichte dieser theoretischen Hypothesen weist tief in die Vergangenheit zurück, aber die erste Möglichkeit, die Anwendbarkeit solcher Fiktionen zu erweisen, kam mit der Erschließung Amerikas durch englische Siedler.

In schematischer Kürze lassen sich die Hauptunterschiede zwischen den beiden Typen des Gesellschaftsvertrags wie folgt aufzählen: In dem auf Wechselseitigkeit beruhenden und Gleichheit voraussetzenden Gesellschaftsvertrag, in dem eine Anzahl von Menschen sich zusammenschließt, um eine Gemeinschaft zu bilden, ist der eigentliche Inhalt des Vertrags*akts* ein Versprechen und sein Resultat eine *cosociation* oder *societas* im römischen Sinn, also ein Bündnis. Das Bündnis versammelt die isolierten Kräfte der Bündnispartner und bindet sie in eine Machtstruktur, die auf dem gegenseitigen Vertrauen in die »freien und aufrichtigen Versprechungen« basiert.³⁷ Dieser Vertragsakt ist so wenig fiktiv, daß er sich im Grunde in jeder freien Vereinsbildung und in jeder Organisation wiederholt. Im Unterschied dazu handelt es sich bei dem sogenannten Gesellschaftsvertrag zwischen einer bereits bestehenden Gesellschaft und einem außer ihr stehenden Herrscher um einen nirgends belegten hypothetischen Urvertrag, der dazu dient, die Herrschaft zu rechtfertigen. In ihm wird vorausgesetzt, daß jeder Einzelne seine isolierte, von anderen unabhängige Kraft aufgibt und auf seine Macht verzichtet, um der »Segnungen« einer regulären Regierung teilhaftig zu werden. Was nun diesen Einzelnen anlangt, so erwächst ihm aus dem Vertrag nicht nur nicht mehr Macht, als er zuvor besaß, wie in dem auf Wechselseitigkeit beruhenden Vertrag, er büßt seine präpolitische Macht, weil sie außerstande ist, ihm Sicherheit zu verschaffen, durch den Vertrag ein; und der Vertrags*akt* verlangt von ihm auch nicht eigentlich ein Versprechen, sondern nur seine »Zustimmung«, sich von einem Staat beherrschen zu lassen, dessen Macht gleichsam als die monopolisierte Gesamtsumme aller individuellen Kräfte erscheint. Für den Einzelnen gilt offenbar, daß er bei dem System wechselseitiger Versprechen ebensoviel an Macht gewinnt, als er durch seine Zustimmung zu einem staatlichen Machtmonopol verliert. Und in genau dem gleichen Sinne verlieren die, welche »den Bund miteinander schließen und sich zusammentun«, durch das Prinzip der Wechselseitigkeit ihre ursprüngliche Isolierung voneinander, während in dem anderen Fall ja gerade diese isolierte Vereinzeltheit gegen alle anderen geschützt und garantiert wird.

Denkt man diesen Dingen weiter nach, so wird auch erklärlich, warum die Mayflower-Auswanderer es für nötig hielten, ihren Pakt nicht nur wie üblich durch die Anrufung Gottes zu bekräftigen, sondern noch das »in the presence of one another« hinzufügten. Für die isolierte Zustimmung des Einzelnen wäre diese Gegenwart nicht nötig gewesen; für den auf Wechselseitigkeit beruhenden Vertrag ist andererseits die Gegenwart Gottes nicht vonnöten, er ist prinzipiell unabhängig von religiösen Sanktionen, da er in einem Akt des Sichaneinanderbindens besteht. Die politische Gemeinschaft, die auf Grund dieses »Bundes« entsteht, enthält die Quelle für die Macht, die allen denen zufließt, die ihm angehören und die außerhalb der politischen

Gemeinschaft zur Ohnmacht verurteilt wären. Im Gegensatz hierzu erwirbt der Staat, der aus der Zustimmung der Untertanen entsteht, ein Machtmonopol, das außerhalb des Zugriffs der Beherrschten steht, die aus dieser politischen Ohnmacht nur heraustreten können, wenn sie beschließen, den Staatsapparat zu brechen, sich ihre ursprüngliche Macht wieder anzueignen, um sie dann einem anderen, besseren Herrscher anzuvertrauen.

Der auf wechselseitigen Verpflichtungen *(mutual subjection)* beruhende Vertrag, in dem Macht aus dem Versprechen entspringt, enthält in neuer Form sowohl das altrepublikanische Prinzip der *potestas in populo* und implizite die Negation des Herrschaftsprinzips – »wenn das Volk regiert, wo sind dann die Regierten?«[58] – als auch das föderative Prinzip »eines auf Wachstum angelegten Commonwealth« (wie Harrington seine utopische *Oceana* nannte), in der konstituierte politische Gemeinschaften sich miteinander verbinden und dauernde Bündnisse abschließen, ohne ihre Identität aufzugeben. Genauso enthält andererseits der Gesellschaftsvertrag, der den Verzicht auf Macht zugunsten des Staates und die Zustimmung zum Beherrschtwerden fordert, im Kern sowohl das Prinzip des Absolutismus, des absoluten Monopols der Gewaltmittel »to overawe them all« (Hobbes) – wobei es natürlich naheliegt, ein solches Machtmonopol im Sinne göttlicher Allmacht zu konstruieren –, als auch das Prinzip des Nationalstaates, der den Herrscher als Repräsentanten der Nation als Ganzes für die Verkörperung des sogenannten Allgemeinwillens braucht.

»Am Anfang«, sagt Locke einmal, »war die ganze Welt Amerika.« Und die Kolonisation Amerikas hätte sich in der Tat vorzüglich dazu geeignet, den Gesellschaftsvertragstheoretikern jenen, wie sie meinten, nur fiktiven Anfang von Gesellschaft und Staat vor Augen zu führen, den sie sich nur ersonnen hatten, um die politischen Phänomene Europas zu erklären und zu rechtfertigen. Hierfür scheint das erstaunlich große Interesse und die reiche Mannigfaltigkeit solcher Theorien im Beginn der Neuzeit zu sprechen, um so mehr, als diese zweifellos von diesen frühen Pakten, Cosociationen, Confederationen und Combinationen in den nordamerikanischen Kolonien angeregt wurden und sie wie ein Echo begleiteten. Dagegen steht nur leider die unleugbare Tatsache, daß die Theoretiker der Alten Welt diese neuen Wirklichkeiten in der Neuen Welt nur sehr selten und kaum je mit konkretem Wissen erwähnen. Wir können auch nicht behaupten, daß die Siedler etwa neue Theorien und Weisheiten mit sich genommen hätten, als sie die Alte Welt verließen, als seien sie nur darum in ein neues Land gezogen, um diese auszuprobieren und auf eine neue Form menschlicher Gemeinschaft anzuwenden. Eine solche Lust am Experimentieren und die mit ihr Hand in Hand gehende Überzeugung eines absoluten Neuanfangs, eines *novus ordo saeclorum*, war den Siedlern noch ganz fremd; wir finden derartiges erst hundertfünfzig Jahre später in den Köpfen der Männer, die dann die Revolution machten. Geistesgeschichtlich standen die unzähligen Pakte und Vereinbarungen in der Frühgeschichte Nordamerikas natürlich unter dem Einfluß des Puritanismus und seiner Betonung des Alten Testaments, des Bundes zwischen Gott und dem Volke Israel. Dieser von Gott gestiftete Bund wurde damals in der Tat »ein Mittel, mit dem man nahezu jede Beziehung zwischen Mensch und Mensch wie zwischen Mensch und Gott erklärte«. Aber wenn es auch vielleicht stimmt, daß »die puritanische Theorie, die den Ursprung der Kirche in die Zustimmung der Gläubigen verlegte, direkt zu der populären Theorie von dem Ursprung des Staats aus der Zustimmung der Untertanen geführt hat«[59], so kann man sich doch kaum vorstellen, daß sie auch die keineswegs populäre Theorie von dem Ursprung eines »civil Body Politick« aus den wechselseitigen Versprechen und den gegenseitigen Bindungen der Konstituierenden veranlaßt hat. Denn der Bund des Alten Testaments, wie die Puritaner ihn verstanden, war ein Bund zwischen Gott und Israel, in welchem Gott das Gesetz gab, das Israel sich zu halten verpflichtete; hieraus mag man eine Staatsform ableiten, die auf Zustimmung beruht, wiewohl das römische Beispiel wohl näherliegt. Auf keinen Fall aber konnte ein solcher Bund zum Vorbild für eine politische Gemeinschaft werden, in der Herrscher und Beherrschte einander gleich sind, das heißt, wo das Herrschaftsprinzip negiert wird.[60]

Kehren wir von diesen Theorien und Spekulationen über Einflüsse und geistesgeschichtliche Verbindungen zurück zu den Quellen selbst, so wird gerade an der einfachen, schmucklosen und oft unbeholfenen Sprache der Dokumente klar, daß hier weder Theorie noch Tradition am Werk ist, sondern daß wir es mit einem reinen Ereignis, und zwar von größter Bedeutung, zu tun haben, wo alles improvisiert ist unter dem Druck der Verhältnisse und dann doch mit der größten Sorgfalt und Umsicht durchdacht wird. Was die Siedler veranlaßte, »sich feierlich und wechselseitig in der Gegenwart Gottes und aller anderen zusammenzuschließen und zu vereinigen zu einem civil Body Politick...; und hierauf gegründet, solche gerechten und gleichen Gesetze, Dekrete, Verordnungen, Verfassungen und Ämter zu erlassen, zu konstituieren und einzusetzen, wie sie von Zeit zu Zeit am schicklichsten und der allgemeinen Wohlfahrt der Kolonie angemessen sind; und zu versprechen, sich ihnen zu unterwerfen und zu gehorchen« (wie es im Mayflower-Pakt heißt); das waren die »Schwierigkeiten und Enttäuschungen die aller Wahrscheinlichkeit nach bei diesem Geschäft zu erwarten stehen«. Denn die Siedler waren offenbar, noch bevor sie sich einschifften, zu der Einsicht gelangt, »daß dies ganze Abenteuer aus dem gemeinsamen Vertrauen erwächst, das wir in unsere gegenseitige Zuverlässigkeit und Entschlossenheit haben, da keiner von uns ohne die Zusicherung der Übrigen dieses unternommen haben würde«. Wenn die bloße Idee des Vertrags diese Leute so in ihren Bann schlug, daß sie immer wieder darangingen, »zu versprechen und sich aneinander zu binden«, so stand nichts dahinter als die einfache und klare Einsicht in die Elementarstruktur des gemeinsamen Unternehmens überhaupt, in das unabweisbare Bedürfnis »nach größerer Ermutigung unser selbst und aller anderen, die sich uns in dieser Handlung anschließen«[61]. Keine theologischen oder politischen oder philosophischen Theorien, sondern einzig der Entschluß, die Alte Welt zu verlassen und sich auf ein ungeheures Abenteuer einzulassen, erzeugte unmittelbar eine Ereignis- und Gefahrenkette, die unweigerlich in den Untergang führen mußte, wenn sie sich die Sache nicht lang und gründlich genug überlegt hätten, um beinahe zufällig die elementare Grammatik allen politischen Handelns und selbst die komplizierte Syntax zu entdecken, nach deren Regeln menschliche Macht sich entwickelt oder zugrunde geht. Weder Grammatik noch Syntax waren in der abendländischen Geschichte ein wirkliches Novum; aber um Erfahrungen gleichen Ranges im politischen Bereich zu finden und Dokumente zu lesen, die eine so reine und ursprüngliche Sprache sprechen – so unglaublich unkonventionell und frei von allem Formelhaften – müßte man schon in eine sehr weit zurückreichende Vergangenheit gehen, von der jedenfalls diese Siedler keine Ahnung hatten.[62] Zwar entdeckten sie bestimmt keine Gesellschaftsvertragstheorien in der einen oder der anderen Form, dafür wurden ihnen die wenigen Fundamentalwahrheiten bewußt, auf denen diese Theorien beruhen.

Für unsere Absicht im allgemeinen und vor allem für unseren späteren Versuch, die wesentlichen Charaktere des revolutionären Geistes mit einiger Klarheit zu bestimmen, mag es zweckmäßig sein, hier bereits uns an eine wenn auch noch so vorläufige Übersetzung des Wesentlichen aus dieser vorrevolutionären und selbst vorkolonialen Erfahrung in die weniger direkte, dafür aber artikuliertere Sprache des politischen Denkens zu wagen. Dafür dürfte vorerst von Bedeutung sein, daß die spezifisch amerikanische Erfahrung die Männer der Revolution gelehrt hatte, daß das Handeln zwar in Vereinzelung begonnen und von wenigen Entschlußkräftigen, die sich über ihre Motive einig sind, beschlossen wird, daß es aber nur durchgeführt werden kann in einer gemeinsamen Anstrengung, welche die Vielen miteinbeziht, auf deren Motivation – ob sie z. B. ein »unerwünschtes Gesindel« sind – nichts mehr ankommen darf, daß also bei der Durchführung nur die gemeinsame Anstrengung zählt und nicht die Einheitlichkeit von Motiven, Vergangenheit und Abstammung, den entscheidenden Prärequisiten des Nationalstaats. Die gemeinsame Anstrengung gleicht die Verschiedenheit der Abstammung wie der persönlichen Qualität auf eine höchst effektive Weise aus; in ihr werden wirklich alle gleich.

In diesem Vertrauen auf die ausgleichende Wirkung des Handelns selbst dürfte auch die Wurzel des so oft und zu Recht bewunderten Realismus der gründenden Väter mit Bezug auf die menschliche Natur zu finden sein. Sie konnten es sich leisten, die französische revolutionäre Hoffnung, den »guten Menschen« außerhalb der Gesellschaft in einem eingebildeten Urzustand anzutreffen – und dies war ja immerhin die Hoffnung der Aufklärung, der auch sie angehörten –, einfach zu ignorieren. Sie konnten es sich, mit anderen Worten, leisten, illusionslos und selbst pessimistisch in ihrer Veranschlagung der Menschen als Einzelindividuen zu sein, weil sie sich darauf verließen, daß eine Gemeinschaft von »Sündern«, wenn sie sich nur nach richtigen Prinzipien konstituiert hat, keineswegs notwendigerweise die sündige Seite der Menschennatur zu reflektieren braucht. (Bekanntlich war Kant, sicher ohne von diesen amerikanischen Dingen sehr viel zu wissen, ähnlicher Ansicht. Mit der Radikalität, die dem Denker eignet, ging er einen bedeutenden Schritt weiter und meinte in einer oft zitierten Stelle aus *Zum Ewigen Frieden:* »Das Problem der Staatserrichtung ist, so hart wie es auch klingt, selbst für ein Volk von Teufeln, wenn sie nur Verstand haben, auflösbar.«) Sie waren, was kaum je bemerkt worden ist, genau der entgegengesetzten Meinung ihrer französischen Kollegen, für welche der gesellschaftliche Zustand die Wurzel aller menschlichen Laster bildet; gerade in der menschlichen Fähigkeit, eine Gesellschaft zu bilden, sahen sie eine begründete Hoffnung auf eine Erlösung von allen durch die menschliche Schlechtigkeit verursachten Übeln, und dies war eine Erlösung im Diesseits, für welche es göttlicher Hilfe nicht bedurfte. In dieser Überzeugung von der Heilkraft menschlicher Institutionen liegt schließlich auch der Grund für den oft mißverstandenen amerikanischen Optimismus, was die Verbesserungsmöglichkeit der menschlichen Natur betrifft. Solange dieser in der Tat typische amerikanische Glaube noch frei war von Rousseauschen Einflüssen, die sich erst verhältnismäßig spät im neunzehnten Jahrhundert geltend machten, handelte es sich in ihm keineswegs um ein pseudoreligiöses Vertrauen in die Menschennatur als solche, sondern im Gegenteil um die sehr realistische, auf Erfahrung gestützte Überzeugung, daß das wechselseitige Band von Versprechungen, Verträgen und Bündnissen stark genug ist, um das naturhaft Böse in den einzelnen Individuen unter Kontrolle zu halten. Die Hoffnung auch für den Menschen in seiner Vereinzelung entspringt hier der Tatsache, daß nicht *der* Mensch, sondern *die* Menschen die Erde bewohnen und eine Welt zwischen sich errichten. So war für John Adams das überzeugendste Argument gegen das Einkammersystem die Parallele, die es mit dem Einzelmenschen aufweist: jede Singularität ist »den Lastern, Torheiten und Schwächen des Individuums ausgesetzt«[63]. Der Mensch ist schlecht, das war eigentlich ihre Meinung, und nur wenn er sich mit seinesgleichen zusammenschließt, kann aus ihm noch etwas Ordentliches werden.

Eng verbunden hiermit sind gewisse Einsichten in das Wesen menschlicher Macht. Im Unterschied zur Stärke, einer Mitgift der Natur, die in verschiedenem Ausmaß jedem Einzelnen in Besitz gegeben ist, entsteht Macht nur, wo viele sich zusammentun, um zu handeln; sie ist nie ein fester Besitz, sondern verschwindet, sobald die Vielen, aus gleich welchen Gründen, wieder auseinandergehen oder einander im Stich lassen. Macht wird stabilisiert und in der Existenz gehalten durch die mannigfaltigen Formen des Sich-aneinander-Bindens, durch die Versprechen und Bünde und Verfassungen. Wo immer es Menschen gelingt, die Macht, die sich zwischen ihnen im Verlauf einer bestimmten Unternehmung gebildet hat, intakt zu halten, sind sie bereits im Prozeß des Gründens begriffen; die Verfassungen, Gesetze und Institutionen, die sie dann errichten, sind genau so lange lebensfähig, als die einmal erzeugte Macht lebendigen Handelns in ihnen überdauert. Gerade in der Fähigkeit, Versprechen zu geben und zu halten, offenbart sich die weltbildende Fähigkeit des Menschen. Denn so wie jedes Versprechen und jede Vereinbarung auf die Zukunft zielt, die unabsehbar und unvoraussagbar alles verschlingen würde, wenn der Mensch in sie nicht Absehbares und Voraussagbares werfen könnte, so betrifft ja auch das Gründen und Stiften wie alle anderen weltbildenden Fähigkeiten des Menschen niemals so sehr ihn selbst und seine Gegenwart als seine »Nachfolger« und »Nachkommen«. Und so wie es zur Grammatik des Handelns gehört, daß sie die einzige Fähigkeit ist, die menschliche Pluralität voraussetzt, so gehört es zu der Syntax der Macht, daß sie das einzige menschliche Attribut ist, das nicht dem Menschen selbst anhaftet, sondern dem weltlichen Zwischenraum eignet, durch den Menschen miteinander verbunden sind und den sie ausdrücklich im Gründungsakt stiften, indem sie von ihrer Versprechenskapazität Gebrauch machen, die im politischen Bereich vielleicht die höchste und bedeutendste aller menschlichen Fähigkeiten ist.

So darf man wohl sagen, daß, theoretisch gesprochen, das Einzigartige des nordamerikanischen, vorrevolutionären Siedlungsexperiments – nichts Vergleichbares hat es je in irgendeinem anderen Teil der Welt gegeben – darin besteht, daß ein gemeinsames Handeln zu der Bildung von Macht führte, die dann bewußt erhalten wurde vermittels gegenseitiger Versprechen und durch das Errichten eines Bundes. Wie groß eine solche dem direkten Handeln entsprungene und durch Versprechen intakt gehaltene Macht sein kann, stellte sich sofort heraus, als zur großen Überraschung der etablierten Mächte, die Kolonien mit ihrer bunt zusammengewürfelten Einwohnerschaft, ihren Städten und Dörfern, Provinzen und ländlichen Distrikten, die alle oft genug in Streit miteinander lagen, den Krieg gegen England gewannen. Der Sieg aber überraschte nur die Alte Welt; die Siedler selbst, die sich auf diesem Kontinent erhoben, der durch und durch artikuliert war, wo jede Provinz bis in die kleinste Dorfgemeinde eine Art Verfassungsstaat im kleinen darstellte mit Abgeordneten, welche sich rühmen konnten, »mit Zustimmung ihnen wohlgesinnter Freunde und Nachbarn frei gewählt worden zu sein«[64], wo jedes dieser konstituierten Gebilde zudem auf »Zuwachs« berechnet war, da die Zusammenwohnenden – die »Cohabitanten«, wie sie sich nannten – sich nicht nur auf ihre »Nachkommenschaft« berufen hatten, als »sie sich zu einem Öffentlichen Staat oder Commonwealth zusammenbanden«, sondern die neue Gemeinschaft von vornherein für alle geöffnet hatten, »welche sich zu irgendeiner Zeit danach ihnen zugesellen mochten«[65] – die Männer, die eine solche Tradition im Rücken spürten, als »sie Britannien das letzte Lebewohl boten«, waren sich ihrer Chancen von Anfang an sicher; sie wußten um das ungeheure Machtpotential, das entsteht, wenn man »sich gegenseitig zum Einsatz des Lebens, des Gutes und der heiligen Ehre verpflichtet«[66].

Auf diese Erfahrung konnten die Männer der Revolution zurückgreifen, denn nicht nur sie, sondern auch das Volk selbst, das durch seine Wahl sie mit seinem Vertrauen ehrte, wußte, wie man öffentliche Organe und Institutionen errichtet; sie verstanden sich auf ein Handwerk, das in der gesamten übrigen Welt eigentlich unbekannt war und noch ist. Das gleiche jedoch kann man schwerlich von ihrer »Vernunft« bzw. von ihrer Art, zu denken und zu formulieren, sagen, von der Dickinson mit Recht befürchtet hatte, es könnte sie in die Irre leiten. Ihre Denkungsart war nach Stil und Inhalt von der Aufklärung geformt, die ihren Einfluß auf beiden Seiten des Atlantischen Ozeans gleichmäßig fühlbar machte. Ihre Begriffssprache unterschied sich kaum von der ihrer englischen oder französischen Kollegen, und selbst wenn es zwischen ihnen und den Europäern zum Streit kam, gelang es ihnen nicht, die wesentlichen Unterschiede in einer anderen Sprache zu artikulieren. So spricht natürlich auch Jefferson gemeinhin von der

»Zustimmung«, dem »Konsens« des Volkes, von dem allein die Regierung »ihre legitimen Gewalten ableiten« könne, und dies in der gleichen Unabhängigkeitserklärung, die er mit Anrufung des Prinzips gegenseitiger Verpflichtungen beschließt, ohne daß er oder sonst jemand auf den einfachen und elementaren Unterschied zwischen Zustimmung und gegenseitiger Verpflichtung aufmerksam geworden wäre. Wie ein Fluch hat dieser Mangel an primitivster begrifflicher Klarheit und Deutlichkeit, was entscheidende politische Erfahrungen und Realitäten anlangt, auf der abendländischen Geschichte im Grunde seit dem Perikleischen Zeitalter gelegen, als die Denker sich von den Handelnden schieden und das Denken begann, sich von politischer Faktizität und Erfahrung zu emanzipieren bzw. beschloß, diese Wirklichkeitsaspekte nicht eigentlich ernst zu nehmen. Die Neuzeit, vor allem durch die sie erschütternden Revolutionen, hat immer wieder zu der Hoffnung berechtigt, daß die Kluft zwischen den Denkenden und den Handelnden sich schließen, daß, in den Worten Tocquevilles, eine Neue Welt auch eine neue politische Wissenschaft erzeugen möge; die Tatsache, daß diese Hoffnung sich nicht erfüllt hat – was wir anstelle der erhofften politischen Philosophie schließlich bekamen, war die Geschichtsphilosophie des neunzehnten Jahrhunderts –, weist deutlich auf die außerordentliche Stärke und Zähigkeit unserer Denktraditionen hin, die sogar all die Umstülpungen und Umwertungen von Werten überlebt haben, durch welche das neunzehnte Jahrhundert so verzweifelt versuchte, sie zu unterminieren und zu zerstören.

Wie immer es mit diesen Dingen bestellt sein mag, die Amerikanische Revolution jedenfalls wurde auf Grund von Erfahrungen und nicht von Raisonnements gemacht. Erfahrung hatte die Siedler gelehrt, daß die Freibriefe der Könige und die Patente der Kompanien keinerlei »commonwealth« etablieren und begründen, sondern es nur bestätigen und legalisieren konnten, wenn es bereits bestand; daß sie in Wirklichkeit »nur solchen Gesetzen untertan waren, die sie zu Beginn ihrer Kolonisation erlassen oder später in den jeweiligen gesetzgebenden Versammlungen beschlossen hatten«, und daß ihre Rechte und Freiheiten vor allem »von den politischen Verfassungen, die jeweils angenommen wurden, bestätigt worden waren« und erst in zweiter

Linie »von verschiedenen Freibriefen durch die Krone«[67]. Zwar haben »die Schriftsteller der Kolonialperiode ausführlichst über die britische Verfassung, die Rechte von Engländern und selbst über das Naturrecht geschrieben und dabei doch die britische Annahme akzeptiert, daß die Kolonialregierungen ihre Legitimität von britischen Freibriefen und Aufträgen bezogen«[68]. Aber selbst in diesen theoretischen Schriften findet sich ein merkwürdiges Verständnis bzw. Mißverständnis, dem zufolge die britische Verfassung ein Grundgesetz sei, das den gesetzgebenden Gewalten des Parlaments eine Schranke setze. So konnte man nur interpretieren, wenn man die britische Verfassung im Sinne amerikanischer Pakte und Vereinbarungen auslegte; denn diese waren in der Tat ein »Grundgesetz«, eine ein für allemal »festgelegte« Instanz, deren »Grenzen« auch die oberste gesetzgebende Gewalt nicht »überspringen durfte ..., ohne sich ihrer eigenen Grundlage zu berauben«. Gerade weil die Amerikaner so tief in ihren eigenen Pakten und Übereinkünften wurzelten, haben sie immer wieder an die britische Verfassung und ihre eigenen »verfassungsmäßigen Rechte« appelliert, und zwar ausdrücklich »ganz unabhängig von den Erwägungen der Freibrief-Rechte«; nicht, daß sie im Sinne des Jahrhunderts diese Rechte als »unveräußerliche, in der Natur begründete Rechte« reklamierten, ist hier von Bedeutung, sondern daß für sie dies Recht bereits Gesetz geworden war und sie sich einbildeten, es sei »als ein Grundgesetz der britischen Verfassung [ebenfalls] inhärent«[69].

Daß die Siedler so überraschend prinzipiell auf die keineswegs unerträglichen Übergriffe eines bestimmten Königs reagierten und sofort zu dem Schluß kamen, daß die Monarchie als Staatsform sich für freie Männer nicht eigne, hatte kaum etwas mit theoretischen Erwägungen der Staatsformen zu tun, sehr viel aber mit ihren konkreten Erfahrungen in Dingen menschlicher Macht. Es ist, als sei die Politik Englands nur der Anlaß gewesen, um auszusprechen, daß eine »amerikanische Republik ... die einzige Art von Regierung ist, die wir zu etablieren wünschen; denn wir können uns freiwillig keinem anderen König unterwerfen als dem, der auf Grund seiner unendlichen Weisheit, Güte und Gerechtigkeit als Einziger würdig ist, unbegrenzte Macht zu besitzen«[70]. Und dies zu einer Zeit, als die Theoretiker des Landes noch eifrigst über die Vorteile und Nachteile der verschiedenen Staatsformen stritten; in Wahrheit war die Frage längst entschieden. Schließlich war es »die vereinigte Weisheit Nordamerikas... zusammengefaßt in einem allgemeinen Kongreß«[71] (worunter man auch nichts anderes als Erfahrungsweisheit verstand, und nicht Theorie oder Gelehrsamkeit), welche den Männern der Revolution die wirkliche Bedeutung des römischen *potestas in populo*, der Sitz aller Macht liegt im Volk, aufschloß. Wobei ihnen aber wieder zu Hilfe kam, daß sie bei den Römern gelernt hatten, daß dies Machtprinzip zur Formierung eines Staates nur imstande ist, wenn man es durch die weitere römische Formel *auctoritas in senatu* ergänzt; sie gingen also von vornherein davon aus, daß Macht und Autorität nicht dasselbe sind, daß man aber beider bedarf für einen Staat – *senatus populusque Romanus*, wie die römische Formel heißt, die Macht und Autorität miteinander vereint. Was die königlichen Freibriefe und die loyale, Jahrhunderte währende Ergebenheit der Kolonien an König und Parlament in England dem Lande eingebracht hatten, war, daß die Macht des Volkes durch das Gewicht von Autorität ergänzt worden war. Diese Autorität war dem Volk abhanden gekommen durch die Unabhängigkeitserklärung, und das Hauptproblem der Amerikanischen Revolution war daher nicht nur, ein neues Machtsystem zu etablieren, sondern zugleich damit auch eine neue Quelle der Autorität zu finden, auf die sich diese Macht zusätzlich stützen konnte.

Fünftes Kapitel

NOVUS ORDO SAECLORUM

Magnus ab integro saeclorum nascitur orde
Vergil, Vierte Ekloge

I

Für die Beschreibung politischer Phänomene hängt viel davon ab, daß so entscheidende Kategorien politischen Denkens wie Autorität, Macht und Gewalt klar voneinander geschieden werden. Die gängige Einebnung dieser drei Grundbegriffe erfolgt zumeist dadurch, daß man sie auf den vermeintlich gemeinsamen Nenner ihrer Funktion in einem Gemeinwesen bringt und meint, es handele sich hier nur um verschiedene Worte für ein Verhältnis zwischen Befehlenden und Gehorchenden. Nun ist es aber keineswegs dasselbe, ob man eine übergeordnete Autorität anerkennt, der man Gehorsam schuldet, oder ob die Glieder eines Machtverbands sich auf etwas geeinigt haben und nun einmütig handeln, wobei die Gliederung in Befehlende und Gehorchende rein technischer Natur ist, oder ob schließlich jemand »gehorcht« und die Brieftasche zieht, weil ihm einer die Pistole auf die Brust gesetzt hat. Daß im politischen Geschehen diese Unterschiede sich oft verwischen, daß etwa in der Französischen Revolution Macht und Gewalt dauernd miteinander verwechselt werden, weil das Phänomen echter Macht und Machtbildung so gut wie unbekannt war, oder daß heute Autorität und Gewalt miteinander verwechselt werden, wenn man z.B. von der »totalitären« Struktur der katholischen Kirche spricht, weil wir aus mancherlei Gründen nicht mehr wissen, was echte Autorität ist, darf nicht dazu verführen, diese Unterschiede zu bagatellisieren.

Wie wichtig sie für die Erkenntnis politischer Phänomene sind und bleiben, kann man sich unschwer am Beispiel der Revolutionen des achtzehnten Jahrhunderts vergegenwärtigen; denn die Tatsache, daß die den beiden Revolutionen gemeinsame Überzeugung, Quelle und Ursprung aller legitimen Macht liege beim Volk, so verblüffend verschiedene Resultate gezeitigt hat, ist nur daraus zu erklären, daß die Übereinstimmung illusorisch war und man jeweils etwas ganz anderes unter Macht verstand.

Gerade Macht hatte in Frankreich niemand. Der König und die Bürokratie des absoluten Staatsapparats hatten Gewalt über das Volk, und diese Gewalt sollte nun durch die Revolution auf das Volk übertragen werden. Das Volk, *le peuple* im Sinne der Revolution, war weder organisiert noch konstituiert; was immer es an fest organisierten Körperschaften in der Alten Welt gab, die Reichs-, Bundes- oder Landtage, die Stände und Ränge, beruhte auf ererbten Geburts- und Berufsprivilegien. In ihnen waren bestimmte, rein private Interessen repräsentiert, während das öffentliche Interesse dem Monarchen überlassen blieb, von dem im Zeitalter des aufgeklärten Absolutismus erwartet wurde, daß er als »eine einzige aufgeklärte Person gegen viele private Interessen« handele.[1] Den Privatpersonen aber kam in einer »begrenzten Monarchie« lediglich das Recht zu, Beschwerden zu äußern und Zustimmung zu verweigern. Keines der europäischen Parlamente konnte selbst Gesetze erlassen; sie hatten höchstens die Befugnis, zuzustimmen oder die Zustimmung zu verweigern, die Initiative lag nie bei ihnen. Zweifellos gehört die Losung »Keine Besteuerung ohne Vertretung«, mit der die Amerikanische Revolution anhub, noch in die Sphäre der »begrenzten Monarchie«, die in der Zustimmung ihrer Untertanen rechtlich verankert war, wobei die Zustimmung im wesentlichen immer der Besteuerung galt, der Frage, ob »durch den König oder seine Erben« Steuern auferlegt werden dürfen »ohne guten Willen und Zustimmung der Erzbischöfe, Bischöfe, Barone, Ritter, Bürger und anderer freier Männer der Gesamtheit des Reiches«[2].

Uns fällt es heute nicht ganz leicht zu verstehen, daß eine Revolution sich an dieser Frage entzünden konnte, weil uns der Zusammenhang von Freiheit und Eigentum nicht mehr selbstverständlich ist; wir können uns Freiheit auch in einer besitzlosen Gesellschaft vorstellen. Im achtzehnten Jahrhundert aber, wie natürlich auch im siebzehnten und noch im neunzehnten, lag die Aufgabe der Gesetze primär darin,

Eigentum zu schützen, nicht Freiheit zu garantieren, denn die Freiheit mit allen ihren Rechten und Privilegien war grundsätzlich durch Eigentum garantiert. Erst im zwanzigsten Jahrhundert, das die vollen staatsbürgerlichen Rechte von keinem Besitzstand mehr abhängig machte, hat man der Freiheit zugemutet, sich gegen Staat und Gesellschaft ohne den Schutz, den das Eigentum gewährt, zu behaupten. Und erst als die besitzlosen Massen voll emanzipiert waren, bedurfte man des Gesetzes, um direkt die Person und die persönliche Freiheit zu garantieren, anstatt den Bürgern nur die Sicherheit ihres Besitzes zu gewährleisten. Im achtzehnten Jahrhundert aber fielen Besitz und Freiheit noch zusammen; wer von dem einen sprach, meinte immer auch das andere, so daß der Kampf um Eigentumsrecht ein Freiheitskampf war. In dieser Hinsicht gerade bestand keinerlei Unterschied zwischen europäischen und amerikanischen Verhältnissen und Vorstellungen.

Wenn also der Konflikt zwischen dem König in Frankreich und den von ihm einberufenen Generalständen so ganz anders verlief als der zwischen englischem König und Parlament und den amerikanischen Volksvertretern, so liegt dies im wesentlichen an der ganz anderen Natur dieser amerikanischen politischen Institutionen. Der Bruch zwischen König und Nationalversammlung warf in der Tat die gesamte französische Nation in eine Art Naturzustand zurück bzw. verursachte den Einsturz der politischen Gesamtstruktur des Landes und damit die Auflösung aller Bande zwischen den Einwohnern, da diese samt und sonders auf Privilegien und ererbten Rechten der Stände beruhten, die von der Krone garantiert und gewährleistet waren, und nicht auf gegenseitigen Versprechen und Verträgen. Eigentlich gab es so etwas wie konstituierte Körperschaften überhaupt nicht in der Alten Welt, sie waren vielmehr bereits ein amerikanisches Novum, das sich aus der Zwangslage der Auswanderung bzw. der Art und Weise, in der die Auswanderer dieser Zwangslage Herr geworden waren, entwickelt hatte. Nachdem die Kolonien sich von König und Parlament in England losgesagt hatten, erlitten sie einen empfindlichen Autoritätsverlust: sie konnten sich fortan weder auf die königlichen Freibriefe, die ihre Macht bestätigt, noch auf ihre Rechte als Engländer, die ihre »Freiheiten« garantiert hatten, berufen. Aber in der Praxis änderte das nur, daß die Provinzen und Kolonien die königlichen Gouverneure verloren; denn die gesetzgebenden Versammlungen funktionierten weiter, und das Volk fühlte sich, weil es dem König die Treue gekündigt hatte, deshalb noch keineswegs ermächtigt, seinen eigenen unzähligen Pakten, Einvernehmen, gegenseitigen Versprechen und Cosociationen die Treue zu kündigen.[3]

Wenn also die Männer der Französischen Revolution sagen, daß alle Macht beim Volk liegt, so verstehen sie unter Macht eine Art Naturkraft außerhalb des politischen Bereichs, deren ungeheure Gewalt erst durch die Revolution entbunden wird, um dann wie ein Orkan alle Institutionen des Ancien Régime wegzufegen. Die Gewalt dieser Kraft wurde als etwas Übermenschliches erfahren, und sie entstammte offenbar dem gewalttätigen Ausbruch einer Menge zutiefst geschädigter Menschen, die Gesetze nicht anerkannten und politische Organisation nicht kannten. Die Erfahrungen, die die Französische Revolution mit einem Volke im »Naturzustand« gemacht hat, haben zweifelsfrei erwiesen, wie unter gewissen Bedingungen und unter dem Druck von Massenelend der Volksaufstand sich mit einer Gewaltsamkeit entladen kann, die keine Macht von Institutionen mehr aufzuhalten vermag. Aber diese Erfahrungen haben auch – im Gegensatz zu den Theorien über die positive Rolle der Gewalt in der Geschichte – gelehrt, daß aus schierer Gewalt keinerlei Macht entspringt, daß diese Art von Volksaufständen, selbst als bewaffneter Aufstand, zu nichts führt. Da die Männer der Französischen Revolution zwischen Gewalt und Macht nicht unterschieden, glaubten sie, daß auch diese »präpolitischen Naturkräfte« der Menge zu der legitimen Macht des Volkes gehörten, und der Erfolg war, daß sie von ihnen genauso hinweggefegt wurden wie das Ancien Régime. Dagegen verstanden die Männer der Amerikanischen Revolution unter Macht das genaue Gegenteil einer politischen Naturkraft; sie meinten die Institutionen und Organisationen, die nur auf wechselseitigen Versprechen, gegenseitigen Verpflichtungen und Abkommen beruhen. Wenn sie die echte und legitime Macht des Volkes gegen die angemaßte Macht der Könige und Edelleute ausspielten, so stellten sie diese auf Gegenseitigkeit beruhende und durch Gegenseitigkeit garantierte Macht der usurpierten Gewalt der Herrschenden entgegen, deren grundsätzlichen Mangel an wechselseitigen Verpflichtungen und kontraktlich gesicherten

Zugeständnissen keine Zustimmung der Beherrschten auszugleichen vermochte. Sie wußten nämlich noch sehr genau, warum ihnen gelang, was allen anderen Völkern mißlingen sollte; was mit John Adams' Worten »den Vereinigten Staaten ermöglichte, durch eine Revolution zu gehen, war das Vertrauen zwischen uns und in das gemeine Volk«[4]. Und dies Vertrauen basierte nicht auf einer gemeinsamen Ideologie, sondern auf den wechselseitigen Versprechen und konnte darum zur Grundlage für »Associationen« werden, in denen das Volk sich versammelte für ein gemeinsames politisches Ziel. Daß diese Idee »gegenseitigen Vertrauens« als einem Prinzip organisierten Handelns in anderen Teilen der Welt nur in Verschwörungen und Geheimgesellschaften zur Geltung gekommen ist, mag traurig stimmen, dürfte aber ungefähr der Wahrheit entsprechen.

Vielleicht wäre die Macht solchen Vertrauens genug gewesen, um »durch eine Revolution zu gehen«, ohne daß dabei die unbeschränkte und unkontrollierbare Gewalttätigkeit der Menge zum Ausbruch gekommen wäre, doch sie hätte schwerlich genügt, eine »fortwährende Union« zu stiften, was nichts anderes heißt, als eine neue Autorität zu gründen. Weder der Vertrag noch das Versprechen, auf welchem Verträge beruhen, reichen aus, Dauerhaftigkeit zu gewährleisten und also die Angelegenheiten der Menschen so weit zu stabilisieren, daß sie für ihre Nachkommen Sorge tragen und in der Welt etwas errichten können, was sie überdauert. Das Autoritätsproblem mußte sich den Männern der Revolution in Gestalt eines sogenannten »höheren Rechts« zur Legitimation des positiven gesetzten Rechts stellen, insofern sie ja bei der Begründung von Republiken davon ausgingen, daß von nun an die Gesetze und nicht die Menschen herrschen sollten. Zwar zweifelten sie nicht daran, daß die Gesetze ihre positive Existenz der Macht des Volkes verdanken bzw. seinen Vertretern in den gesetzgebenden Körperschaften; aber weder das Volk noch seine Vertreter konnten gleichzeitig die Quelle repräsentieren, aus der man die Gesetze ableiten mußte, um ihre Autorität für alle zu sichern, für die Minderheit wie für die Mehrheit, die gegenwärtige Generation wie die Nachkommen. In diesem theoretischen Rahmen mußte bei dem Erlassen des neuen Landesgesetzes sich das Bedürfnis nach einem Absoluten, das dem von Menschen gesetzten Recht Gültigkeit verleiht, geltend machen;

und dies war denn auch in Frankreich wie in Amerika der Fall. Daß die Männer der Amerikanischen Revolution bei diesem höchst komplizierten Geschäft nicht in die gleichen hoffnungslosen Absurditäten gerieten wie ihre Kollegen in Frankreich, verdankten sie nur einer Tradition, die klar und unzweideutig zwischen dem Ursprung der Macht, der »unten« im Volke lag, und der Quelle des Gesetzes, die gleichsam »oben«, in einer wie auch immer transzendenten Region angesetzt war, unterschied.

Theoretisch ist die Vergöttlichung des Volkes in der Französischen Revolution die unausweichliche Konsequenz jeden Versuches, Macht und Gesetz aus dem gleichen Ursprung herzuleiten. Das Gottesgnadentum des Absolutismus hat die weltliche Herrschaft im Ebenbilde eines Gottes verstanden, der sowohl allmächtig als auch Gesetzgeber des Alls ist, also im Ebenbilde eines Gottes, dessen Wille Gesetz *ist*. Auch Rousseaus und Robespierres Allgemeinwille ist noch dieser göttliche Wille, der nur zu wollen braucht, um ein Gesetz zu produzieren. Historisch unterscheidet sich die Französische Revolution in nichts prinzipieller von der Amerikanischen als in ihrer einmütigen Behauptung, daß »das Gesetz der Ausdruck des Allgemeinwillens ist«, wie es in der *Déclaration des Droits de l'Homme et du Citoyen* von 1789 heißt. Nichts dergleichen wird man in irgendeinem der großen Dokumente der Amerikanischen Revolution finden. In der Praxis stellte sich, wie wir bereits bemerkten, heraus, daß es noch nicht einmal das Volk oder der Allgemeinwille, sondern der revolutionäre Prozeß als solcher war, der schließlich als Quelle allen Rechts unablässig neue Gesetze, Verordnungen und Erlasse produzierte, die meist bereits überholt waren, wenn sie erlassen wurden, weggefegt von dem »Höheren Recht der Revolution«, die sie doch gerade geboren hatte. Nach vier Jahren solcher Erfahrungen formulierte Condorcet den Sinn all dieser Gesetze mit lakonischer Schärfe: »Une loi révolutionnaire est une loi qui a pour objet de maintenir cette révolution, et d'en accélérer ou régler la marche« – ein revolutionäres Gesetz ist dazu da, die Revolution aufrechtzuerhalten und ihren Gang zu beschleunigen.⁵ Zwar hat Condorcet dabei noch gehofft, daß durch die Beschleunigung auch der Tag schneller herankommen werde, an dem die Revolution »vollendet« ist; aber diese Hoffnung erwies sich als eitel. Hat der revolutionäre

Prozeß erst einmal sich selbst zum Gesetz erhoben, so kann ihm in der Tat nur noch die Gegenrevolution ein Ende bereiten.

»Das große Problem in der Politik, das ich dem Problem der Quadratur des Zirkels in der Geometrie vergleichen möchte, ... heißt: Wie kann man eine Staatsform finden, die das Gesetz über den Menschen stellt.«[6] Theoretisch handelt es sich bei diesem von Rousseau formulierten Problem um die gleiche *petitio principii*, die wir bereits bei Sieyès fanden: diejenigen, die zusammenkommen, um den neuen Verfassungsstaat zu errichten, haben selber keine verfassungsrechtlichen Befugnisse; ihnen fehlt gerade die Art Autorität, die sie selbst als entscheidend proklamieren. Diese *petitio principii* macht sich natürlich nicht in der normalen Gesetzgebung bemerkbar, sondern nur beim Erlassen des Grundgesetzes, der Verfassung eben, die in sich jenes »höhere Recht« verkörpern soll, von dem dann alle Gesetze ihre Autorität beziehen. Und mit diesem Problem, wie einen Anfang machen, dessen Autorität nicht angezweifelt werden kann, war die Amerikanische Revolution genauso wie die Französische konfrontiert. Um die Staatsform, »die das Gesetz über den Menschen stellt«, nicht nur theoretisch zu finden, sondern praktisch zu etablieren, »il faudrait des dieux«, bedarf es der Götter, wie Rousseau meinte.

Im Laufe der Französischen Revolution manifestierte sich dies ausschließlich politisch motivierte Verlangen nach göttlichem Beistand in Robespierres verzweifeltem Versuch, einen neuen Kult einzuführen, der der Verehrung eines Höchsten Wesens gewidmet sein sollte. Als Robespierre mit seinem Vorschlag der Religionsgründung an die Öffentlichkeit trat, mochte es scheinen, daß es sich im wesentlichen darum handelte, den Amoklauf der Revolution endlich anzuhalten. In dieser Hinsicht stellte sich das große Fest – dieser schäbige Ersatz für die Verfassung, welche die Revolution dem Volke schuldig geblieben war – sofort als ein völliger Fehlschlag heraus; der neue Gott war noch nicht einmal imstande, eine Amnestie zu erlassen und so ein wenig Milde zu erweisen, von Erbarmen ganz zu schweigen. Die Lächerlichkeit des Unternehmens dürfte schon denjenigen, die den Einweihungszeremonien beiwohnten, und nicht erst späteren Generationen augenfällig gewesen sein: »der Gott der Philosophen«, den Luther und Pascal mit so viel Hohn bedacht hatten, hatte scheinbar beschlossen, sich zu offenbaren, und erschien nun in Gestalt eines Zirkusclowns. Wer noch daran zweifelte, daß die Revolutionen der Neuzeit trotz gelegentlicher deistischer Wendungen in Wahrheit den Zusammenbruch nicht so sehr des Glaubens selbst als seiner Bedeutung für den öffentlichen Bereich voraussetzen, brauchte sich nur Robespierres Kult des Höchsten Wesens genauer anzusehen, um überzeugt zu sein. Aber selbst Robespierre, dem niemand je Sinn für das Lächerliche nachgesagt hat und dem es an jeglichem Humor gebrach, hätte sich auf diese Komödie wohl kaum ohne dringende Notwendigkeit eingelassen. Dies darf man daraus entnehmen, daß es ihm gar nicht um ein Höchstes Wesen ging – ein Begriff, der nicht von ihm stammt –, sondern, wie er selbst sagt, um einen »Unsterblichen Gesetzgeber« und damit um die Möglichkeit, »jederzeit an die Gerechtigkeit zu appellieren«[7]. Auch er bedurfte mit anderen Worten jener immer gegenwärtigen Autoritätsquelle jenseits des politischen Raumes, die nicht mit dem Allgemeinwillen der Nation oder der Revolution zusammenfiel; er suchte nach einer absoluten Souveränität, Blackstones »despotischer Gewalt«, weil anders die Autorität der Nation nicht zu sichern war. Dies Absolute mußte unsterblich sein, weil sonst die Dauerhaftigkeit und Stabilität der Republik dauernd bedroht blieben; und er bedurfte schließlich einer transzendenten und absoluten Autorität, weil er nirgends sonst das Recht und die Gerechtigkeit lokalisieren konnte, an denen sich doch die jeweiligen Gesetze orientieren müssen, wollen sie nicht einfach der Willkür und den jeweiligen, ewig wechselnden Bedürfnissen der Menschen anheimfallen.

Gerade in der Amerikanischen Revolution stellte sich heraus, daß das Verlangen nach einem »Unsterblichen Gesetzgeber« das Primat vor allen anderen Absolutheitsvorstellungen hatte, weil es am wenigsten von den spezifischen historischen Umständen Frankreichs prädeterminiert war. Sieht man, wie John Adams ganz im Sinne Robespierres den Kult eines Höchsten Wesens, das er ebenfalls »den großen Gesetzgeber des Alls« nannte, verlangt[8], oder mit welcher Feierlichkeit Jefferson sich in der Unabhängigkeitserklärung auf »die Naturgesetze *und den Gott* der Natur« beruft, so kann einem das Lachen über Robespierre vergehen. Hinzu kommt, daß theoretisch das Bedürfnis nach einem göttlichen Prinzip, einer transzendenten Sanktion für den politischen Bereich, von nahezu allen Vorläufern der Revolution antizipiert worden ist – die einzige, allerdings sehr bedeutsame Ausnahme ist Montesquieu –, ja daß ausdrücklich bemerkt wurde, daß ohne ein solches Prinzip gerade Neugründungen nicht möglich sein würden. Selbst Locke, der doch gewiß davon überzeugt war, daß »Gott selbst dem Menschen das Prinzip seines Handelns eingepflanzt habe«, so daß also die Menschen nur der Stimme des von Gott gegebenen Gewissens zu folgen brauchen, ohne weiter bei ihrem Schöpfer Zuflucht zu suchen, spricht von dem »appeal to God *in Heaven*«, also von der Zuflucht zu etwas Überirdischem als dem einzigen Ausweg, wenn es sich um das Verlassen des »Naturzustands« und den Beginn der Zivilisation handelt, also um das Aufstellen des Grundgesetzes für die bürgerliche Gesellschaft.[9] So kann man sich weder theoretisch noch praktisch der gewissermaßen paradoxen Einsicht verschließen, daß gerade die Revolutionen der Neuzeit die Aufklärer des achtzehnten Jahrhunderts dazu brachten, sich auf irgendeine Weise immer wieder für Religion und religiöse Institutionen einzusetzen, und dies in genau dem Moment, als sie den weltlichen Bereich endgültig von dem Einfluß der Kirchen emanzipiert und Politik und Religion ein für allemal voneinander getrennt hatten.

Um einem Verständnis der sachlichen Schwierigkeiten, die diesen seltsam paradoxen Tatsachen zugrunde liegen, näherzukommen, ist es gut, wenn man sich vergegenwärtigt, daß nichts dergleichen das griechische oder römische Altertum beunruhigt hat. John Adams allerdings – der noch vor Ausbruch der Revolution auf »Rechte [insistierte], welche die Priorität vor jeder irdischen Regierung haben ... und von dem großen Gesetzgeber des Alls selbst stammen«, um dann später seinen ganzen Einfluß aufzubieten, das Naturrecht »intakt zu halten und auf ihm zu bestehen als einer Zuflucht, auf die wir schneller, als wir heute meinen [in unserem Konflikt mit dem englischen Parlament], werden zurückkommen müssen«[10] – war der festen Überzeugung, daß man auch in der Antike »allgemein der Meinung gewesen ist, daß nur die Gottheit hinreichend sei, das wichtige Geschäft, den Menschen Gesetze zu geben, zu übernehmen«[11]. Diese Überzeugung ist gerade darum so bemerkenswert, weil sie auf einem Irrtum beruht; denn weder der griechische νόμος noch die römische *lex* waren göttlichen Ursprungs, weder die griechischen noch die römischen Gesetzgeber bedurften göttlicher Inspiration.[12]

Die Vorstellung göttlicher Gesetzgebung impliziert, daß der Gesetzgeber selbst außerhalb steht und über seine eigenen Gesetze erhaben ist; aber in der Antike war es nicht das Zeichen irgendeiner Göttlichkeit, sondern der Tyrannei, Gesetze zu erlassen, die für den Gesetzgeber selbst nicht bindend sind.[13] Zwar kannte man in Griechenland vielfach den Gesetzgeber als den Fremden, der auf Veranlassung einer neuen Polis aus dem Ausland berufen und beauftragt wurde; aber das besagt nicht mehr, als daß man das Gesetzegeben für ein präpolitisches Geschäft ansah, durch das die Polis allererst entsteht – nicht anders als die Errichtung der Stadtmauern Bedingung war für die Existenz der Stadt. Der griechische Gesetzgeber stand außerhalb der politischen Gemeinschaft, aber er war nicht über sie erhaben und er war kein Gott. Das Wort νόμος, das, abgesehen von seinem etymologischen Ursprung, seine volle Bedeutung im Gegensatz zur φύσις, zu allem natürlich Gewordenen, erhält, bezeichnet vor allem den »künstlichen«, konventionellen, von Menschen erdachten Charakter des Gesetzes. Außerdem verlor der νόμος, wiewohl er im Laufe der Jahrhunderte griechischer Zivilisation seinen Sinn vielfach änderte, niemals ganz die ihm innewohnende spatiale Grundbedeutung, nämlich daß ihm ursprünglich »die Vorstellung von einem eingegrenzten Bereich oder einem Bezirk [anhaftete], innerhalb dessen bestimmte Gewalten legitim ausgeübt werden dürfen«[14]. Die Idee eines »höheren Rechts« kann man unmöglich auf diese Art Gesetze anwenden, und selbst Platos Gesetze sind von nichts dergleichen abgeleitet.[15] Die einzige echte Spur antiker Vorstellungen von Gesetzgebung, die sich in der Geschichte der Revolutionen noch nachweisen läßt, ist Robespierres berühmter Vorschlag an die »Mitglieder der verfassunggebenden Versammlung, sich feierlich zu verpflichten, anderen die Sorge für das Gebäude des Freiheitstempels, dessen Grundlagen sie gelegt, zu überlassen und sich selbst für die nächsten Wahlen zu disqualifizieren«. Und das Motiv für diese noble Geste hat unter den Historikern der Moderne so wenig Verständnis gefunden, daß »sie nach allen möglichen Hintergedanken für sie gesucht haben«, ohne sich je auch nur des griechischen Vorbildes zu erinnern.[16]

Auch das römische Gesetz, wiewohl es nichts mit dem griechischen νόμος sonst gemein hatte, bedurfte keiner transzendenten Autoritätsquelle, und wenn der Akt der Gesetzgebung die Hilfe der Götter erbat – jene nickende Bestätigung, durch die sich in der römischen Religion göttliche Zustimmung zu menschlichen Entscheidungen äußert –, so in dem gleichen Sinne, in dem alle wichtigen menschlichen Handlungen des göttlichen Beistandes bedürfen. Die römische *lex* war im Unterschied zum griechischen νόμος nicht mit der Stadtgründung verbunden, und die römische Gesetzgebung war alles andere als eine präpolitische Tätigkeit. Etymologisch deutet *lex* auf eine »dauernde Bindung« zwischen zwei Dingen hin; es ist die Beziehung, die zwischen zwei Objekten oder auch zwei Menschen entstehen kann, die äußere Umstände zusammengebracht haben. Daher ist die Existenz eines Volkes im Sinne einer ethnisch-organischen Stammesorganisation ohne alle Gesetze möglich; Vergil spricht von den Ureinwohnern Italiens, den Latinern: sie »Sind des Saturnus Volk: das braucht nicht Zwang noch Gesetze, / Sondern gehorcht freiwillig dem Fug des ältesten Gottes«, was unter anderem besagt, sie »wissen und wünschen / Besseres nicht denn Raub vom Feind und Leben vom Raube«[17].

Erst nachdem Äneas mit seinen Kriegern das Land mit Krieg überzogen hatte und es zum Frieden kam, bedurfte es der »Gesetze«, um das Verhältnis zwischen Eingeborenen und Zugezogenen zu regeln. Diese Gesetze stellten nicht nur den Frieden her, sie bestanden in Verträgen und Vereinbarungen, vermittels deren ein Bündnis, eine neue Einheit, gestiftet werden sollte: das Zusammenleben zweier, ursprünglich ganz verschiedener Völker, die der Krieg zusammengebracht hatte und die nun in eine Art Teilhaberschaft miteinander traten. Denn für die Römer war das Ende eines Krieges keineswegs mit dem Sieg über ihre Feinde gekommen oder mit dem Diktat eines Friedens; sie waren erst zufrieden, wenn die ehemaligen Gegner »Freunde« bzw. Bundesgenossen geworden waren, *socii* Roms. Die Ausdehnung Roms über den gesamten bekannten Erdball hatte ihren Ursprung nicht in den üblichen Macht- und Eroberungsgelüsten, es ging nicht darum, die ganze Welt römischer Herrschaft zu unterwerfen, sondern das römische Bündnisnetz gleichsam bis ans Ende der Welt weiterzuknüpfen. So schilderte es bekanntlich Vergil, und dies waren keine leeren

Phantasien. Das römische Volk, der *populus Romanus*, war in der Tat bereits das Resultat einer kriegerischen Auseinandersetzung und der auf sie folgenden Teilhaberschaft; es beruhte auf dem Bündnis zwischen Plebejern und Patriziern, das in dem Zwölf-Tafel-Gesetz niedergelegt war. Aber selbst dieses älteste und heiligste Dokument römischer Geschichte verdankte seine Entstehung keinen Göttern; eher dachte man schon daran, daß Rom in jener Zeit eine Kommission nach Griechenland entsandt habe, um dort die verschiedenen Rechtssysteme zu studieren.[18] Das Gesetz, nach dem die römische Republik angetreten war und auf dem sie beruhte, war ein dauerhafter Bund zwischen Patriziern und Plebejern; und dies ist der Grund, warum die *leges* fortan dazu dienten, zwischen Rom und allen Völkern, mit denen die Stadt in Krieg oder Frieden in Berührung kam, Beziehungen herzustellen und Verträge zu knüpfen, bis schließlich das römische Bündnissystem, die ständig wachsende Zahl der *socii*, zu der in Gesetzen verankerten *societas Romana* zusammengewachsen war. Wie dies Bündnissystem, das seine schwerste Niederlage am Ende der punischen Kriege mit der ganz unrömischen Zerstörung Karthagos erlitt, dann doch in Herrschaft umgewandelt wurde bzw. wie die *societas Romana* im Imperium Romanum endete und zugrunde ging, kann hier außer Betracht bleiben, da der römische Einfluß auf die Revolutionen der Neuzeit ausschließlich von der Republik und nicht von der Herrschaft des Reiches ausging.

Ich erwähnte bereits, daß unter den Theoretikern, auf die die Männer der Revolution sich später beriefen, nur Montesquieu nie auch nur auf den Gedanken gekommen ist, ein Absolutes, eine göttliche oder despotische Gewalt, in den politischen Raum einzuführen. Dies hängt aufs engste damit zusammen, daß Montesquieu – auch hierin meines Wissens alleinstehend – das Wort *loi* durchaus im Sinne der römischen *lex* gebraucht und darunter, wie aus den Definitionen des ersten Kapitels des *Esprits des Lois* hervorgeht, einen *rapport*, also einen Bezug zwischen zwei wie immer gearteten Dingen, versteht. Zwar geht natürlich auch er von einem »Schöpfer und Erhalter« des Universums aus, und auch er spricht von einem »Naturzustand« und vom »Naturrecht«, worunter er die Gesetze der Natur versteht; aber diese Gesetze sind die »Bezüge« zwischen dem Schöpfer und der Schöpfung oder auch zwischen den Menschen im Naturzustand und als solche lediglich die »Regeln« *(règles)*, nach denen das Weltregiment vor sich geht und ohne welche es keine Welt geben würde.[19] Weder das religiöse Gesetz noch das Naturrecht sind für Montesquieu in irgendeinem Sinne ein »höheres Recht«, auch sie sind lediglich feststellbare, weltliche Bezüge, durch welche die verschiedenen Seinsbereiche sich erhalten. Und da für Montesquieu wie für die Römer ein Gesetz nichts anderes ist als die Relation zwischen den Dingen, also etwas durchaus Relatives, konnte er mit einer absoluten Autoritätsquelle gar nichts anfangen und den »Geist der Gesetze« nach allen Hinsichten beschreiben und analysieren, ohne sich die Frage ihrer absoluten Geltung je auch nur zu stellen.

Erwägt man, daß im Rahmen dieses römischen und offenbar ursprünglich politischen Gesetzesbegriffs das Absolutheitsproblem überhaupt keine Rolle spielt, so liegt die Annahme nahe, daß das Bedürfnis nach einem transzendenten Absoluten für die Geltung gesetzten Rechts, das uns so unausweichlich einleuchtend zu sein scheint, historisch und nicht sachlich bestimmt ist. Es ist die Erbschaft nicht so sehr des absolutistischen Zeitalters als all der Jahrhunderte, in welchen es einen autonomen weltlichen Bereich nicht gab und alles Politische von der Sanktion der Religion und der Kirche abhing, die weltlichen Gesetze also lediglich als der nur-weltliche Ausdruck göttlich-offenbarter Gebote erschienen. In diesen Zusammenhang gehört auch die einfache, aber oft nicht hinreichend gewürdigte Tatsache, daß das Wort »Gesetz« in diesen Jahrhunderten einen entscheidenden Bedeutungswandel durchmachte. Dieser Bedeutungswandel ist durch den großen Einfluß, den gerade die römische Jurisprudenz und Gesetzgebung auf die Entwicklung der mittelalterlichen wie neuzeitlichen Rechtssysteme und Interpretationen ausübte, einigermaßen verdeckt. Aber die Stärke dieser aus der römischen Zeit stammenden Tradition ändert ja doch nichts daran, daß in allen christlichen Rechtssystemen die Gesetze primär als Gebote auftreten, und zwar im Sinne der Gebote Gottes, in denen dem Menschen von außen gesagt wird: Du sollst! oder: Du sollst nicht! Daß solche Gebote mit Befehlscharakter nicht gültig sein können ohne eine ihnen übergeordnete, religiöse Sanktion, versteht sich eigentlich von selbst. Ebenso aber dürfte es sich von selbst verstehen, daß man eine transzendente Autoritätsquelle nur für Gesetze braucht, die als Gebote den »blinden« Gehorsam fordern, der unabhängig ist von Zustimmung oder wechselseitigen Abmachungen, nicht aber für Gesetze überhaupt.

Dies soll natürlich nicht besagen, daß dem alten *ius publicum*, dem Landesrecht, das man später »Verfassung« nannte, oder dem *ius privatum*, das unserem bürgerlichen Gesetzbuch entspricht, der Charakter göttlicher Gebote eignete. Aber das Modell, in dem sich der Inbegriff des Gesetzes für die Christenheit selbst dort darstellt, wo sein Inhalt zweifellos aus dem römischen Recht stammt und in den Kategorien römischer Jurisprudenz ausgelegt wird, ist nicht römischen, sondern hebräischen Ursprungs; es sind die Zehn Gebote des Alten Testaments. Das änderte sich auch nicht, als im siebzehnten und achtzehnten Jahrhundert das Naturrecht an die Stelle Gottes trat – also an den Ort des »Königs der Welt«, dessen Legitimität als Gesetzgeber und Richter in seinem Schöpfertum verankert war. Im Christentum ist dann Gottes Sohn an die Stelle des Gottvaters getreten, und seine Legitimität verdankte er der Verkörperung Gottes auf Erden, der ersten Statthalterschaft, von der dann in gesicherter Nachfolge die Päpste und Bischöfe Roms als Stellvertreter und Statthalter Christi und schließlich die weltlichen Könige ihre Autorität ableiteten, bis endlich der Protestantismus sich gegen die römischen Vermittlungen auflehnte und wieder auf den hebräischen Gedanken des Bundes und auf die Figur Christi direkt zurückgriff. Das Naturrecht konnte diese personale Autorität des Gesetzes niemals ersetzen, weil das »Naturgesetz«, von dem es sich herleitet, nur als eine elementare, unpersönliche, übermenschliche Gewalt vorstellbar ist, deren Regeln der Mensch wohl ergründen kann, der er aber auf alle Fälle unterworfen ist, ganz gleich, was er tut oder will oder zu tun unterläßt. Das Naturrecht konnte Autoritätsquelle für von Menschen gesetztes Recht nur werden, wenn man, wie Jefferson, auf »den Gott der Natur«, nämlich ihren Schöpfer, zurückgriff, wobei es keinen großen Unterschied macht, ob man diesen Gott sich in der Stimme des Gewissens oder im Lichte der Vernunft offenbaren läßt statt in den biblischen Erzählungen. Entscheidend ist, daß das Naturrecht verpflichtend nur sein kann, wenn es selbst noch einmal göttlich sanktioniert ist.[20]

Im Verlauf der Revolution stellte sich sehr bald heraus, daß diese religiöse Sanktion für positives Recht, das im Sinne von Geboten verstanden wurde, erheblich mehr impliziert als die theoretische Konstruktion eines »höheren Gesetzes« oder den unbestimmten Glauben an einen »Unsterblichen Gesetzgeber« und ein Höchstes Wesen. Es erwies sich, daß eine »wirkliche Grundlage der Moral« ohne den festgegründeten Glauben an »ein Jenseits mit Lohn und Strafe« undenkbar war.[21] Und dies nicht etwa nur in der Französischen Revolution, wo ja das Volk oder die Nation in die Fußtapfen eines absoluten Prinzen getreten war und wo Robespierre einfach »das alte System umgestülpt hatte«[22]. Daß Robespierre die Vorstellung eines Höchsten Wesens und der Unsterblichkeit der Seele für seine Gesellschaft und die Republik für unerläßlich hielt, ist verständlich genug[23]; die Furcht vor der Hölle war die einzige Schranke, die noch verhindern konnte, daß das souveräne Volk, das, dem absoluten Prinzen gleich, den Gesetzen des Landes nicht mehr untertan war, sich alsbald in eine Verbrecherbande verwandelte. Denn im Sinne des öffentlichen Rechts, wie die Französische Revolution es verstand, konnte die Nation kein Unrecht begehen; ihre Stimme war Gottes Stimme, sie war der neue Stellvertreter Gottes auf Erden. Also bedurfte man für sie, wie schon für den absoluten Prinzen, der Androhung von Strafen, die in Bractons Worten »nur von dem Gott der Rache vollzogen werden können«; denn daß der absolute Monarch wie die Nation de facto sehr großes Unrecht begehen können, daran hat wohl niemand je gezweifelt. In unserem Zusammenhang aber ist entscheidend, daß man der Hölle auch in Amerika bedurfte, wo keine dieser geschichtlichen Voraussetzungen gegeben war. Die drohende Erwähnung »eines Jenseits mit Lohn und Strafe« findet sich in allen Länderverfassungen, wenn auch weder in der Unabhängigkeitserklärung noch in der Verfassung der Vereinigten Staaten. Doch darf man daraus nicht etwa schließen, daß die Länderverfassungen eben von weniger »aufgeklärten« Leuten entworfen wurden. Jefferson ist der eigentliche Autor der Verfassung seines Heimatstaates Virginia, und das gleiche gilt für John Adams mit Bezug auf Massachusetts. Wie hoch man auch den Einfluß des Puritanismus auf die Prägung des amerikanischen Nationalcharakters veranschlagen mag, diese Männer waren alle »aufgeklärt« im Sinne ihres Jahrhunderts, das heißt, sie waren alle Deisten, die an einen persönlichen Gott im Ernst nicht glaubten. (Zweifellos hätte ihrem Stolz Kants Denkungsart in diesen Dingen erheblich nähergelegen: »Gesetzt also: ein Mensch überredete sich ... von dem Satze: es sei kein Gott: so würde er doch in seinen eigenen Augen ein Nichtswürdiger sein, wenn er darum die Gesetze der Pflicht für bloß eingebildet, ungültig, unverbindlich halten und ungescheut zu übertreten beschließen wollte.«[24]) Es ist offenbar, daß ihr Festhalten an einem Jenseits, in dem ein persönlicher Gott richtet und Lohn und Strafe verteilt, sich mit ihren religiösen Überzeugungen nicht vereinbaren läßt, so daß nicht religiöse Bindung, sondern einzig und allein politische Sorge um das ungeheure Risiko ihres Unternehmens den Ausschlag gab, als sie das einzige Element der überkommenen Religion, dessen politische Zweckmäßigkeit in die Augen springt, zu konservieren versuchten.

Wie könnten wir, denen dies Jahrhundert so reichhaltig Gelegenheit gegeben hat zu erfahren, wessen Menschen fähig sind, wenn sie sich erst einmal wirklich aller hoffenden und fürchtenden Erwartungen auf ein Jenseits, aller Vorstellungen vom Jüngsten Gericht und dem rächenden Gott der Gerechtigkeit entschlagen haben, es wagen, den gründenden Vätern die politische Einsicht abzusprechen, die ihnen das Festhalten an einem Glauben vorzeichnete, mit dem sie selbst kaum noch etwas anzufangen wußten? Aber es waren politische und nicht religiöse Bedenken, die John Adams jene seltsam prophetisch klingenden Worte eingaben: »Könnte es wirklich geschehen, daß die Regierungen der Völker Leuten in die Hand geraten, die das trostloseste aller Glaubensbekenntnisse predigen, daß Menschen den Glühwürmchen gleichen und dies All keinen Vater hat? Ist dies der Weg, für den Menschen als solchen Achtung zu erzwingen? Ist es nicht vielmehr das sicherste Mittel, das Morden so gleichgültig zu machen wie das Schießen von Spatzen und die Ausrottung des Rohilla Volkes so unschuldig wie das Verschlucken von Milben auf einem Stück Käse?«[25] Und aus dem gleichen Grunde, nämlich auf Grund unserer eigenen Erfahrungen, mag es angezeigt sein, die gängige Meinung der Historiker, daß Robespierre sich nur darum gegen den Atheismus gewandt habe, weil dies damals eine aristokratische Geisteshaltung war, zu revidieren; denn nichts als die Vorurteile einer in diesen Dingen erfahrungslosen Zeit hindert uns, ihm aufs Wort zu glauben, daß er nicht verstehen könne, wie ein Gesetzgeber je ein Atheist sein könne, da er ja notwendigerweise sich darauf verlassen müsse, daß »das religiöse Gefühl in der Seele die Vorstellung der Strafe durch eine den Menschen überlegene Macht den moralischen Geboten beigesellt«[26].

Schließlich findet sich selbst in der Präambel der Unabhängigkeitserklärung außer dem Appell an »den Gott der Natur« ein zwar verborgener, aber gerade für die amerikanische Entwicklung um so bedeutsamerer Hinweis auf eine transzendente Autoritätsquelle für die Gesetze des neu zu errichtenden Staates, als es sich hier nicht um einen Glauben handelt, der dem Deismus der Gründer und der Stimmung des aufgeklärten Zeitalters widerstreitet. Jeffersons berühmte Worte: »We hold these truths to be self-evident« kombinieren auf eine seltsame und historisch wohl einmalige Weise die Tatsache der Übereinstimmung ›We hold‹ – die als solche, weil auf die Übereinstimmenden bezogen, notwendig relativ ist – mit einem Absoluten, nämlich axiomatischen Wahrheiten, die als solche keiner Übereinstimmung bedürfen, da sie zwingend evident sind, unabhängig von Beweisführungen oder politischer Überzeugungskraft. Auf Grund ihrer axiomatischen Evidenz sind diese Wahrheiten vor aller Vernunft; nach ihnen richtet sich die Vernunft, sie erzeugt sie nicht durch Beweise; und sofern ihre axiomatische Evidenz über Beweise und diskursive Ableitungen erhaben ist, sind sie im Grunde nicht weniger zwingend als »despotische Gewalt« und nicht weniger absolut als die Offenbarungswahrheiten der Religion oder die Grundaxiome der Mathematik. Jefferson wußte darüber ganz genau Bescheid, denn er nannte sie »menschliche Meinungen und Ansichten, die nicht vom Willen des Menschen abhängen, sondern unwillkürlich die Evidenz reflektieren, die dem Verstand des Menschen inhärent ist«[27]. Man hatte sich also, gerade was die Grundwahrheiten der Revolution betraf, auf etwas Absolutes *geeinigt*, was absurd ist. In Wahrheit hatte man natürlich Sätze, die keineswegs zwingend evident sind, und Meinungen, auf die man sich in der Tat einigen muß, weil sie nichts Axiomatisches an sich haben, verabsolutiert.

Daß durch solche Verabsolutierung wieder eine Art despotischer Gewalt in den politischen Raum eingeführt wurde, darüber war man sich gerade im Zeitalter der Aufklärung durchaus im klaren. Seit Plato hat man den Zwangscharakter der Wahrheit an dem Wesen mathematischer Sätze abgelesen, und Le Mercier de la Rivière zog hieraus nur die politischen Konsequenzen, wenn er schrieb: »Euklid ist ein wirklicher Despot, und die geometrischen Sätze, die er uns überliefert hat, sind wahrhaft despotische Gesetze. Ihr legaler Despotismus und der personale Despotismus ihres Gesetzgebers sind ein und dasselbe, nämlich die unwiderstehliche Macht der Evidenz.«[28] Dies läuft auf das gleiche heraus, was Grotius bereits hundert Jahre zuvor behauptet hatte, wenn er sagte, daß »selbst Gott nicht bewirken kann, daß zwei mal zwei nicht vier ist«. (Was immer die theologischen und philosophischen Konsequenzen und Implikationen dieses Satzes sein mögen – die unbedingte Geltung einer von religiöser Vormundschaft befreiten Vernunft wird in der Philosophie des achtzehnten Jahrhunderts gern damit begründet, daß auch für Gott ein Dreieck notwendigerweise drei Winkel haben müsse –, Grotius stellte ihn in einem politischen Zusammenhang auf, und zwar mit der Absicht, den souveränen Willen des absoluten Monarchen, in dem sich die göttliche Allmacht auf Erden verkörpern sollte, an etwas zu binden, worüber auch Gott keine Macht haben sollte. Wobei immerhin bemerkenswert ist, daß nur mathematischen Gesetzen ein Zwangscharakter zugemutet werden konnte, an der nicht nur die Macht der Despoten, sondern auch die Allmacht Gottes scheitert.) Natürlich konnte man diese mathematischen Gesetze nur vermittels eines Trugschlusses auf den politischen Bereich anwenden, nämlich indem man stillschweigend voraussetzte, daß mathematische »Gesetze« dasselbe sind wie die Gesetze einer Gemeinschaft, beziehungsweise, daß sie den letzteren als Vorbild dienen können, ein Trugschluß, der sich gleichsam natürlicherweise daraus ergab, daß man die gesetzgebende Tätigkeit der menschlichen Vernunft mit dem für den Verstand zwingenden Evidenzcharakter axiomatischer Sätze verwechselte, weshalb man auch von einem »Diktat der Vernunft«, dem *dictamen rationis*, sprechen konnte.

Jefferson muß gemerkt haben, daß mit dieser ganzen Konstruktion etwas nicht in Ordnung ist, sonst hätte er sich nicht so gleichsam ungereimt ausgedrückt und gesagt: »*We hold* these truths to be self-evident«, sondern wäre mit der Sprache herausgerückt: Diese Wahrheiten *sind* zwingend evident, ihnen eignet eine Unwiderstehlichkeit, die despotischer Macht überlegen ist, auf unsere Zustimmung kommt es da gar nicht an, sie bedürfen keiner Übereinkunft. Denn er dürfte oft genug erfahren haben, daß der Satz »Alle Menschen sind gleich geschaffen« unmöglich die gleiche zwingende Evidenz besitzen kann wie »Zwei mal zwei ist vier«, daß er vielmehr von der tätigen Einsicht menschlicher Vernunft abhängt, daß er der Diskussion offensteht und also der Einigung bedarf – es sei denn, man wolle behaupten, daß die menschliche Vernunft von Gott geleitet wird und bestimmte Vernunftswahrheiten als zwingend evident anerkennen muß. Denn die Unwiderstehlichkeit mathematischer Sätze beruht auf nichts anderem als der organisch bedingten, mentalen Kapazität des Menschen, die man Verstand nennt; ihnen kann der Mensch so wenig widerstehen wie anderen Notwendigkeiten seiner leiblichen Natur.

Wollte man die politische Struktur der amerikanischen Republik ausschließlich aus ihren beiden größten Dokumenten, der Unabhängigkeitserklärung und der Verfassung der Vereinigten Staaten, ableiten, dann müßte man allerdings sagen, daß die Präambel der Unabhängigkeitserklärung die einzige Autoritätsquelle ist, auf die sich die Verfassung zu ihrer eigenen Legitimation berufen kann; denn die Verfassung selbst enthält weder in ihrer Präambel noch in den Zusätzen, welche die Grundrechte garantieren, irgendeinen Hinweis auf eine solche sie selbst transzendierende Autorität. Die Autorität zwingend evidenter Wahrheiten mag weniger mächtig sein als die Autorität eines richtenden und rächenden Gottes, aber sie trägt noch deutliche Spuren göttlichen Ursprungs; solche Wahrheiten sind, wie Jefferson in dem ursprünglichen Entwurf zu der Unabhängigkeitserklärung sagte, »geheiligt und unleugbar«. Es war also nicht einfach die menschliche Vernunft, die Jefferson in den Rang eines »höheren Gesetzes« erhob, aus dem die Autorität des neuen Grundgesetzes und der alten moralischen Gebote und Verbote abgeleitet werden kann, sondern eine göttlich inspirierte Vernunft, »das Licht der Vernunft« in der Sprache der Zeit, durch welches das menschliche Gewissen erleuchtet und bereit wird, auf die innere Stimme zu hören, in der Gott zum Menschen spricht, und von sich aus zu wollen, was immer ihm als Sollen geboten wird.

II

Zweifellos kann die historische Einbildungskraft sich die geschichtliche Konstellation, in der das Absolutheitsproblem sich geltend machte, auf mannigfache Weise vorstellen. Was die Alte Welt anlangt, kann eine Traditionskontinuität nachgewiesen werden, die uns in anscheinend ununterbrochener Kette bis in die ausgehende römische Antike und die ersten christlichen Jahrhunderte zurückführt, als »das Wort Fleisch« geworden, also ein göttlich Absolutes sich in dieser Welt offenbart hatte, um dann erst durch die Stellvertreter Christi auf Erden, durch Bischof und Papst, später durch das königliche Gottesgnadentum und schließlich durch den Absolutismus und die absolute, aller Gesetze entbundene Souveränität der Nation repräsentiert zu werden. Gewicht und Last dieser Tradition hatten die nordamerikanischen Siedler abgeschüttelt, und zwar nicht deshalb, weil sie den Atlantik überquerten, sondern weil sie unter dem Druck ganz außergewöhnlicher Umstände – in Furcht vor der Wildnis eines Kontinents, den noch kein menschlicher Fuß betreten, und vor der unberechenbaren Wildheit des menschlichen Herzens, das kein Gesetz mehr in Schranken hielt – sich selbst als »bürgerlich-politische Körperschaften« konstituiert und wechselseitig an ein Unternehmen verpflichtet hatten, das noch keinem Gesetz unterstand; dies war keine Revolution, aber es bedeutete einen revolutionären Neuanfang mitten in der Kontinuität abendländischer Geschichte.

Wir wissen heute, wie die Geschichte, die damals begann, im Guten und Bösen geendet hat, wie Amerika sich aus dem europäischen nationalstaatlichen Gefüge löste und so die ursprüngliche Einheit der atlantischen Zivilisation aufsprengte, um, für mehr als hundert Jahre von der »geschichtslosen Wildnis« *(unstoried wilderness)* des neuen Kontinents absorbiert, sich gegen die gerade in diesem Zeitraum sehr reiche kulturelle und geistige Entwicklung Europas zu isolieren. Das war, könnte man heute sagen, der Preis, den Amerika dafür bezahlte, daß ihm die billigste und auch gefährlichste Form, die das Prinzip des Absoluten je im politischen Raum annahm, die nationale Souveränitätsidee, erspart blieb. Und dieser Preis, der immerhin miteinbegriff, daß man sich von den eigenen Ursprüngen und Verwurzelungen lossagte, wäre vielleicht nicht zu hoch gewesen, wenn die Isolierung auch die Befreiung von den überkommenen geistigen und begrifflichen Kategorien der europäischen Tradition bedeutet hätte. Dies aber war keineswegs der Fall. Das Neue in der Entwicklung der Neuen Welt fand niemals und nirgendwo einen ihm adäquaten gedanklichen und begrifflichen Ausdruck. So kam es, daß das Absolutheitsproblem sich geistig hier ebenso störend wie anderswo geltend machte, obwohl keine der zahlreichen Institutionen und Verfassungen des Landes sich tatsächlich aus dem Absolutismus entwickelt hatte; entscheidend für das Selbstverständnis Amerikas blieb, daß der traditionelle Begriff des Gesetzes einfach übernommen wurde. Auch hier sah man stillschweigend das Wesen des Gesetzes in seinem Gebots- und Verbotscharakter, und für Gebote und Verbote bedarf es einer Gottheit, des Gottes, der die Natur geschaffen hat, wenn man sich naturrechtlich orientierte, oder einer göttlich geleiteten Vernunft, wenn man »rationalistisch« dachte.

Dennoch blieb dies in der Neuen Welt doch mehr oder weniger eine nur theoretische Angelegenheit. Begrifflich und theoretisch blieben die Männer der Amerikanischen Revolution durchaus der europäischen Tradition verhaftet. Wie sie niemals prinzipiell, sondern nur in gelegentlichen, gleichsam unbedachten Bemerkungen sich über den ihnen doch so gut bekannten Zusammenhang zwischen menschlichem »Glück« und der Freiheit des Handelns äußerten – daß, mit John Adams Worten, es »das Handeln und nicht die Ruhe ist, die unsere Lust ausmacht« –, so ist es ihnen auch niemals gelungen, die Grunderfahrungen der Kolonialzeit mit der ungeheuren Macht, die den wechselseitigen Verpflichtungen und Versprechungen entspringt, theoretisch zu artikulieren. Hätte diese Bindung an die Tradition das wirkliche Schicksal der amerikanischen Republik im gleichen Ausmaß bestimmt wie die Theorien darüber, so dürfte die Autorität dieser neuen Staatsform unter dem Ansturm der Moderne, in welcher der Verlust religiöser Sanktion für den politischen Bereich zur unbestrittenen Tatsache wurde, genauso zerbröckelt sein wie die der staatlichen Gebilde, die anderswo einer Revolution ihren Ursprung verdankten. Dies aber war nicht der Fall, und was die Amerikanische Revolution vor diesem Schicksal bewahrte, war weder »der Gott der Natur« noch der zwingende Evidenzcharakter bestimmter Wahrheiten *(self-evident truths)*, sondern einzig und allein der Gründungs*akt*.

Wie außerordentlich groß der Einfluß römischen Gedankenguts auf die Revolutionen des achtzehnten Jahrhunderts war, ist bekannt. In Frankreich wie in Amerika berief man sich auf antike Größe und römische Tugend. »Amerika wird in vergrößertem Maßstab sein, was Athen in Miniatur war«, hoffte Thomas Paine, nachdem James Wilson bereits dem Land »eine glorreiche Zukunft« vorausgesagt hatte, die sich »mit Griechenland messen, ja es übertreffen werde«; und wenn Saint-Just ausrief: »Seit den Römern war die Welt leer, erfüllt nur mit Erinnerungen an sie, die jetzt uns prophetisch die Freiheit ankündigen«, so drückte er nur etwas theatralischer aus, was auch John Adams meinte, wenn er sagte, »daß die römische Verfassung das edelste Volk geprägt und die größte Macht erzeugt hat, die je existierte«[29]. Ich erwähnte bereits, wie seltsam sich dieser Enthusiasmus für das klassische Altertum gerade in dieser Zeit ausnimmt, in der sich Renaissance-Bestrebungen nur auf dem Gebiete der Kunst, das allen diesen Männern sehr fern lag, geltend machten, während die Wissenschaftler und Philosophen seit Beginn der Neuzeit sich von nichts entschiedener losgesagt hatten als dem gedanklichen Erbe des Altertums. Merkwürdigerweise hat aber eine ganze Reihe gerade der politischen Denker der Neuzeit diese Absage niemals mitgemacht, und zwar diejenigen, die auf die Männer der Revolutionen den größten Einfluß gehabt haben. Cromwells revolutionäre Diktatur war bereits von Harrington und Milton ob ihrer »antiken Weltklugheit« *(ancient prudence)* gepriesen worden, und Montesquieu hatte im ersten Drittel des Jahrhunderts mit großer Kenntnis und größerem Verständnis auf die Römer als Vorbild in allen politischen Angelegenheiten hingewiesen. Der Einfluß des römischen Beispiels jedenfalls ist so entscheidend für die Geisteshaltung der Männer der Revolutionen gewesen, daß es fraglich erscheint, ob sie ohne dieses leuchtende Beispiel überhaupt je gewagt hätten, sich auf das einzulassen, was dann doch beispiellos sein sollte. Historisch gesehen, ist es, als sei der Renaissance, der die Neuzeit ein so jähes Ende gesetzt hatte, eine neue Lebensfrist gewährt worden, als habe die Begeisterung für die Republik, wie wir sie aus der kurzen, stürmischen Geschichte der italienischen Stadtstaaten kennen, sich nur gleichsam totgestellt, um den Nationen Zeit zu geben, unter der Vormundschaft absoluter Prinzen und aufgeklärter Despoten zur Mündigkeit heranzureifen.

Wie immer es um diese Dinge historisch bestellt sein mag, sicher ist, daß nichts den Männern, die sich nun an das klassische Altertum um Hilfe und Inspiration wandten, ferner gelegen hat als eine romantische Schwärmerei für Vergangenes und vergangene Traditionen. Mit romantischem Konservatismus – und welcher Konservatismus, der sich zu erwähnen lohnt, wäre nicht romantisch gewesen? – hatten diese Männer schon darum nichts zu tun, weil es ihn zu ihren Lebzeiten noch gar nicht gab; er ist ein spezifisch europäisches Phänomen, und zwar das direkte Resultat der gescheiterten Großen Revolution. (Auch hat sich diese Schwärmerei für die Vergangenheit ja immer nur an dem Mittelalter entzündet, und das heißt in unserem Zusammenhang an der Kultur jener Jahrhunderte, in denen der säkulare Bereich weltlicher Politik von geborgtem Licht lebte, von dem Glanz, den die Kirche dem öffentlichen Raum verlieh.) Die Romantik in jeglicher Gestalt ist natürlich trotz aller konservativen politischen Theorien im Grunde zutiefst unpolitisch, wenn nicht politikfeindlich.

Die Männer der Revolutionen fühlten sich durch Traditionen überhaupt nicht gebunden, sie waren stolz auf ihre Aufgeklärtheit und Vorurteilslosigkeit, und da sie noch nicht wußten, wie teuer ihnen diese Ungebundenheit zu stehen kommen würde, waren sie frei von allen Sentimentalitäten und all den Verbrämungen, in denen sich die Sehnsucht nach einer guten alten Zeit seit dem Beginn des neunzehnten Jahrhunderts zu äußern pflegt. Sie wandten sich an die Antike nicht aus Traditionsbewußtsein, sondern, im Gegenteil, weil ihnen klar war, daß sie dort etwas entdecken würden, was die Tradition ihnen nicht überliefert hatte. Sie zogen aus, um für ihre ureigensten Erfahrungen Modelle und Vorbilder zu finden, und sie fanden sie – trotz aller rhetorischen Wendungen über die Größe Athens und die Glorie Griechenlands – nur dort, wo bereits Machiavelli sie gesucht und gefunden hatte: in der Geschichte und den Institutionen der römischen Republik.

Um dies näher zu verstehen bzw. uns klarzumachen, wonach sie denn eigentlich in diese ferne Vergangenheit auszogen und was sie dort für ihre Zwecke fanden, möchte ich erst einmal ein scheinbar ganz anders geartetes Phänomen erwähnen, das oft bemerkt worden ist, aber nur in der Geschichte der amerikanischen Republik eine Rolle spielt. Die Geschichtsschreibung vor allem des zwanzigsten Jahrhunderts pflegt mit einer kaum verhohlenen Mißachtung die unbezweifelbare Tatsache zur Kenntnis zu nehmen, daß die amerikanische Verfassung, die nach den Worten John Quincy Adams' nur mit äußerster Mühe »unter dem Druck bitterster Notwendigkeit einer höchst widerwilligen Nation hat abgezwungen« werden können, über Nacht zum Gegenstand »einer unkritischen und fast blinden Anbetung« (wie Wilson sagt) wurde.[30] An der Richtigkeit der Beobachtung ist nicht zu zweifeln, und man könnte ohne Schwierigkeit Bagehots Wort über die englische Regierung in veränderter Form auf Amerika anwenden und sagen, daß die amerikanische Verfassung, wie die Monarchie in England, den Regierungsapparat mit einem religiösen Nimbus versieht. Nur hat die Verehrung, die man in Amerika der Verfassung zollt, nichts mit dem, was wir gewöhnlich unter Religion verstehen, zu tun. Hinter ihr steht kein christlicher Glaube an den geoffenbarten Gott und kein jüdischer Gehorsam, den man dem Schöpfer und Richter der Welt schuldet.

Und dennoch kann man diese Haltung religiös nennen, wenn man das Wort »Religion« im römischen Sinne versteht, wo es ursprünglich nichts anderes meint als das *religare*, das Sich-Zurückbinden an einen Anfang – an »des unerflehbaren Ursprungs heiligen Schauder«, der auch die Götter, »selbst uns Obere bindet«[31] –, so daß die römische »Pietät« in der Tat darin bestand, daß man sich an den Anfang römischer Geschichte, die Gründung einer ewigen Stadt, gebunden und ihm verpflichtet fühlte. Natürlich hatten die Männer der Revolution auf beiden Seiten des Atlantik historisch unrecht, wenn sie meinten, die Revolution bestehe nur in der *re-volutio*, dem Umschwung oder der Umdrehung zu einer »frühen Zeit«, aus der man die angestammten Rechte und Freiheiten in die Gegenwart holen würde. Aber politisch hatten sie recht, wenn sie den Akzent mit solcher Entschiedenheit auf einen Anfang verlegten; denn die Bindung an das Gesetz, wonach man angetreten, ist im Bereich weltlicher Angelegenheit in der Tat das einzige, was Dauerhaftigkeit, Kontinuität und Autorität verbürgt. Daß sie selbst dazu ausersehen sein sollten, einen solchen Anfang zu machen, das kam ihnen natürlich höchst unerwartet, aber als sie ihn erst einmal gemacht und sich von dem *novus ordo saeclorum* überzeugt hatten, wußten sie auch, was sie damit in der Hand hielten. Gewiß, es muß schwer genug gewesen sein, etwas zu verehren, dessen Ursprung ohne alle Ehrwürdigkeit hohen Alters jedermann klar vor Augen lag, und man kann verstehen, daß Wilson sich diese Geisteshaltung nur aus einem Mangel an Kritik und dem blinden Glaubensbedürfnis der Menge erklären konnte. Es könnte aber sein, daß gerade diese Blindheit, dies vorsätzliche Wegsehen von allen Begleitumständen, Zeugnis ablegt für den politischen Genius dieses Volkes, das es fertigbrachte, das, was eben erst geschehen war, im Lichte kommender Jahrhunderte, die es ja überdauern sollte, auch wirklich zu sehen.

Jedenfalls dürfte sich in diesem Augenblick entschieden haben, daß die Staatsgründung geglückt und daß die Republik stark genug war, dem Ansturm der Zukunft zu widerstehen. Und da dies Phänomen der »Heiligsprechung« der Verfassung am auffallendsten die amerikanischen Verhältnisse von denen anderer revolutionärer Länder unterscheidet, liegt es nahe, anzunehmen, daß die junge Republik ihre verblüffende Stabilität nicht so sehr dem Glauben an einen »Unsterblichen Gesetzgeber« oder den Strafen und Belohnungen im Jenseits oder der zweifelhaften Evidenz irgendwelcher in der Unabhängigkeitserklärung aufgezählten »Wahrheiten« verdankte als der Autorität, die der Gründungsakt und das Einen-neuen-Anfang-Setzen in sich tragen. Diese Art von Autorität hat in der Tat nichts mit den Absolutheitsansprüchen zu tun, mit denen die Revolutionen so verzweifelt die Geltung ihrer Gesetze und die Legitimität ihrer Regierungen zu rechtfertigen suchten. Daß sie sich allen Theorien zum Trotz durchsetzen konnte, liegt wohl doch nur daran, daß das große römische Vorbild in der Praxis den Ausschlag gab, was nicht weiter verwunderlich ist angesichts der Gründlichkeit, mit der die Gründer sich dem Studium römischer Geschichte und römischer Institutionen gewidmet hatten, um sich auf die eigene große politische Aufgabe vorzubereiten.

Die Autorität, auf der der römische Staat beruhte, lag nicht in den Gesetzen, und die Geltung der Gesetze bedurfte keiner über den Gesetzen thronenden Autorität. Autorität verkörperte sich in einer politischen Institution, dem römischen Senat: *potestas in populo*, aber *auctoritas in senatu*. Und wenn das amerikanische Oberhaus Senat genannt wird, obwohl der amerikanische Senat recht wenig mit den Funktionen des römischen oder selbst venezianischen Vorbilds gemein hat, so ist auch das nur ein Zeichen davon, welch großen Wert man auf den Geist »antiker Weltweisheit« legte. Denn unter »den zahlreichen Neuerungen auf der amerikanischen Bühne«, von denen Madison spricht, ist vielleicht die Verlegung des Sitzes der Autorität im Staatsapparat von dem (römischen) Senat auf den Obersten Gerichtshof die bedeutsamste und sicher die auffallendste; in unserm Zusammenhang ist vorerst entscheidend, daß die Autorität des Staates in einer konkreten Institution verkörpert ist, die sich klar von den anderen Staatsgewalten der Legislative und der Exekutive abhebt. Der amerikanische Senat gehört zur Legislative, in der, wenn auch anders als im Unterhaus, immer noch die Macht des Volkes repräsentiert und verkörpert ist; käme dem Senat Autorität zu, so hätten wir hier die gleiche Identifizierung von Macht und Autorität wie anderswo auch. Aber der Grund, warum Hamilton darauf bestand, daß »die Majestät nationaler Autorität sich im Medium der Rechtsprechung manifestieren müsse, in den Gerichtshöfen«, ist, daß die Justiz eben weder Macht noch Gewalt besitzt, »weder Kraft noch Willen, sondern nur Urteilskraft«, und daher, vom Standpunkt der Macht gesehen, »den bei weitem schwächsten Arm der drei Staatsgewalten« darstellt.[32] Anders gewendet: Gerade weil der Rechtsprechung Autorität zukommt, kann sie keine Macht haben, so wie der Senat im amerikanischen System für Autorität untauglich wurde, weil er eine wichtige Rolle im Machtapparat spielt.

Madison meinte, daß *judicial control*, also die Institution der Gerichtsbarkeit politischer Entscheidungen als integrierender Bestandteil des Staats- und Machtapparats, »den einzigartigen Beitrag Amerikas zur politischen Wissenschaft« darstelle, was insofern nicht ganz richtig ist, als die römische Einrichtung der Zensoren ihr in manchem entspricht und den Amerikanern wohl auch als Vorbild gedient hat; so hören wir, daß etwa »in Pennsylvania in den Jahren 1783 und 1784 ein ›Zensorenrat‹ *[Council of Censors]* ernannt wurde..., um festzustellen, ›ob die Verfassung verletzt und Übergriffe zwischen der Legislative und Exekutive vorgekommen sind«"³³. Der Name »Zensorenrat« für diesen Vorläufer des Supreme Court ist bezeichnend. Entscheidend jedoch ist, daß man mit der Aufnahme dieses »wichtigen und neuen politischen Experiments« in die Verfassung der Vereinigten Staaten nicht nur den Namen »Zensoren« fallen ließ, sondern die neue Institution auch der römischen Charakteristiken beraubte – der Macht der *censores* einerseits und des Amtswechsels, der mit allen Machtpositionen in einem Verfassungsstaat verbunden sein muß, andererseits. Institutionell läßt sich die Tatsache, daß höchste Autorität in der amerikanischen Republik dem Obersten Gerichtshof zukommt, daran ablesen, daß die Richter keine Macht haben, dafür aber auf Lebenszeit ernannt werden – genau wie die Senatoren in Rom. Diese Autorität wird formell bestätigt im Auslegen der Verfassung, die in Wahrheit durch Interpretation ständig neu formuliert und dadurch lebendig erhalten wird. Wilson sagte mit Recht, der Oberste Gerichtshof sei »eine Art verfassunggebender Versammlung, die in Permanenz tagt«[34].

Obwohl aber diese institutionell festgelegte Trennung von Macht und Autorität zweifellos römischer Prägung ist, unterscheidet sich der amerikanische Begriff von Autorität von dem der Römer in wesentlichen Zügen. Die Funktion der Autorität in Rom war politisch und betätigte sich vor allem im Ratgeben – »alicui auctorem esse« heißt: jemandem zu etwas raten –, während in Amerika die Funktion der Autorität juristischer Natur ist und im Auslegen besteht. Der Oberste Gerichtshof bezieht seine eigene Autorität bzw. seine Befugnisse aus der Verfassung, die in einem Schriftstück niedergelegt ist, während der römische Senat, die *patres*, die Väter der Republik, sich für ihre Autorität auf die Vorfahren beriefen, die sie repräsentierten oder besser: verkörperten. Die Vorfahren wiederum besaßen die höchste Autorität aus keinem anderen Grund, als weil sie die Gründer des politischen Gemeinwesens waren, die »gründenden Väter«. Die römischen Senatoren waren die Stellvertreter der Gründer der Stadt; durch sie sollte garantiert sein, daß der Geist der Gründung, des Anfangs, nämlich des *principium*, das zugleich Prinzip ist, in all den *res gestae*, die dann die Geschichte des römischen Volkes bilden, anwesend bleibt und sie durchdringt. Denn *auctoritas*, das etymologisch sich von »augere«, vermehren und wachsenlassen, herleitet, hing davon ab, daß das Prinzip, das sich in der Gründung manifestiert hatte, lebendig genug blieb um die von den Vorfahren errichteten Grundlagen in dem gleichen Geiste ständig zu vermehren und ihren Geltungsanspruch zu erweitern. Die ununterbrochene Kontinuität dieser »Vermehrung«, die als solche bereits Autorität im Sinne der *auctoritas* war, ist die Tradition, in der in stetiger Folge die Nachfolger von den Vorfahren das Prinzip, das zu Anfang etabliert worden war, übernahmen und an ihre Nachfahren weitergaben. Im Besitz von Autorität zu sein, hieß in Rom, der Ehre teilhaftig sein, ein Glied dieser Kette zu bilden und die von den Machthabern »auszuführenden Handlungen maßgeblich und wirkungsvoll gutheißen« zu dürfen[35]; und die römische *pietas*, deren politische Funktion so offenbar ist, besagte nichts anderes, als dem von den Vorfahren gemachten Anfang in frommem Gedenken und Bewahren verpflichtet zu bleiben. Dies geht auch daraus hervor, daß weder dem Erlassen von Gesetzen, das doch gerade in Rom zu den wesentlichen politischen Tätigkeiten gehörte, noch der Herrschaft als solcher der Ruhm, die höchste menschliche Tugend in sich zu begreifen, zugestanden wurde, sondern einzig und allein dem Gründen neuer Gemeinwesen und der Bewahrung und Vermehrung derer, die bereits gegründet sind: »Neque enim est ulla res in qua proprius ad deorum numen virtus accedat humana, quam civitates aut condere novas aut conservare iam conditas.« (»Denn es gibt nichts, wobei menschliche Vollkommenheit näher an der Götter Walten heranreicht, als neue Staaten zu gründen oder schon gegründete zu bewahren.«[36])

Daß Autorität, Tradition und Religion – Begriffe, die alle so alt sind wie Römertum überhaupt – der Sache, wenn auch nicht dem Inhalt nach zusammenfallen können, weil sie alle drei aus der gleichen Quelle hervorgehen, der Gründung der Stadt, das war und blieb von Anfang bis Ende der Rückhalt römischer Geschichte. Und weil Autorität die Grundlagen der Stadt ständig und stetig vermehrte, konnte Cato sagen, daß die *constitutio rei publicae*, die Verfassung und Konstituierung eines Gemeinwesens, »niemals das Werk eines Einzelnen oder einer bestimmten Zeit ist«. Auf Grund der *auctoritas* waren Dauer und Wandel miteinander verbunden, und zwar so, daß im Bösen und Guten römischer Geschichte der Wandel nicht mehr bedeuten konnte als

Vermehrung und Erweiterung des Alten. Was die Römer und ihr historisches Selbstverständnis betraf, war die Eroberung Italiens und schließlich die Herrschaft über die Welt legitim, solange die eroberten Gebiete die Grundlagen der Stadt vermehrten und an sie gebunden blieben.

Von allen diesen Dingen mag die enge Wechselbeziehung zwischen Gründung, Vermehrung und Bewahrung das wichtigste gewesen sein, was die Männer der Revolution nicht etwa bewußt nachahmten, aber was ihnen doch, weil sie bei den Römern in die Schule gegangen waren, in Fleisch und Blut übergegangen war. So hatte schon Harrington aus dieser Schule die Idee einer *Commonwealth for increase*, eines Gemeinwesens, das von vornherein auf Vermehrung angelegt ist, davongetragen, denn dies gerade war ja die römische Republik immer gewesen; so wie Jahrhunderte zuvor Machiavelli Ciceros großen Ausspruch, allerdings ohne ihn zu zitieren, wiederholte: »Niemand kann sich im Handeln an Größe mit denen messen, die Republiken und Königreiche durch neue Gesetze und Institutionen reformiert haben. ... Nach den Göttern verdienen diese Männer den höchsten Ruhm.«[37] Im achtzehnten Jahrhundert muß es den Männern der Revolution geschienen haben, als erhalte ihr schwerstes Problem, Wege und Mittel für eine »dauerhafte Union«[38] zu finden, also der Neugründung die Zukunft und dem neuen Gemeinwesen, das sich auf keine Vergangenheit berufen konnte, Legitimität zu sichern (denn – in Humes Worten – was außer hohem Alter hat je vermocht, in Menschen den Eindruck der Rechtmäßigkeit zu erwecken?), durch eine Anlehnung an den Geist Roms eine einfache und gleichsam automatische Lösung. Der römische Autoritätsbegriff schien zu »beweisen«, daß der Gründungsakt als solcher die ersehnte Dauer und Zukunft erzeugen und garantieren werde, da er ja die notwendige »Vermehrung« miteinbegriffen, durch welche alle Erneuerungen und aller Wechsel der geschichtlichen Umstände an die ursprünglichen Grundlagen gebunden bleiben, die sich im Laufe der Zeit vermehren und erweitern. So vermehren und erweitern die berühmten Zusätze der amerikanischen Verfassung die ursprünglichen Grundlagen der Republik; daran, daß die Verfassung Zusätze zuläßt und erweitert werden kann, zeigt sich, römisch verstanden, ihre Autorität. Daß Gründen und Erhalten zusammengehören und daß dies Zusammengehören sich lebendig in »Vermehrungen« der Fundamente manifestiert, daß also der »revolutionäre« Akt des völligen Neubeginns und der konservierende Geist, durch den das Neue durch die Jahrhunderte gegen den Ansturm der Zeit bewahrt wird, von vornherein miteinanderverbunden sind, diese Vorstellungen sind so typisch römisch, daß man sie in der Tat überall in lateinischer Literatur finden und sich aneignen kann. Das uns so merkwürdig anmutende Zusammenfallen von Revolutionärem und Konservativem läßt sich am schlüssigsten vielleicht an dem lateinischen Wort für »gründen«, dem »condere«, ablesen, denn es geht auf den frühen italischen Feldgott Conditor zurück, dessen Aufgabe es war, das Wachstum *und* die Ernte zu überwachen; er war offenbar Neuerer und Erhalter in einem.

Daß mit dieser Interpretation der amerikanischen Revolution aus dem Geiste Roms den geschichtlichen Tatsachen nicht Gewalt angetan wird, ergibt sich schon daraus, daß nicht erst die Nachwelt die Männer dieser Revolution »gründende Väter« nannte, sondern daß sie sich diesen Namen bemerkenswerterweise selbst gegeben haben. Hieraus hat man neuerdings geglaubt schließen zu dürfen, daß die Gründer sich einbildeten, tugendhafter und weiser zu sein, als sie es vernünftigerweise von ihren Nachfolgern erwarten konnten[39], wiewohl eigentlich ein Blick auf ihre Briefe, Schriften und Reden jeden davon überzeugen sollte, wie fremd ihnen derartig verspielte Überheblichkeiten gewesen sind. Die Sache erklärt sich vielmehr sehr einfach daraus, daß sie sich ja bewußt an römischem Geist geschult und das römische Beispiel nachgeahmt hatten, woraus sich für sie ergab, daß ihr Gründertum in der Natur der Sache lag. Wenn Madison von den »Nachfolgern« spricht, denen es »obliegt«, den großen Entwurf der Vorfahren »zu verbessern und zu erhalten«, so antizipierte er ganz bewußt »jene Ehrwürdigkeit, welche die Zeit den Dingen gewährt, und ohne die die freiheitlichste und weiseste Regierung nicht die notwendige Dauerhaftigkeit besitzen könnte«[40]. Zweifellos traten die amerikanischen Gründer im Kostüm der römischen *maiores* auf, also der Vorfahren, die aus dem einzigen Grund, daß sie Vorfahren waren, die »größeren« genannt zu werden verdienen. Aber wenn sie diesen Anspruch machten, so spielte Überheblichkeit oder Selbsteingenommenheit darin keine Rolle; der Anspruch ergab sich aus der Sachlage, der zufolge sie entweder scheiterten oder es ihnen gelang, etwas Neues zu gründen und damit automatisch in den Rang der *maiores* aufzurücken. Es ging weder um ihre Tugend noch um ihre Weisheit, ausschlaggebend war lediglich der Akt selbst, die Tatsache, die ja unleugbar allen vor Augen lag. Natürlich wußten sie genau, was sie getan hatten, und sie kannten sich in der Geschichte genügend aus, um dem Geschick dankbar zu sein, da ihnen das Leben »zu einer Zeit vergönnt war, in der die größten Gesetzgeber des Altertums sich wohl gewünscht hätten zu leben«[41].

III

Wir wiesen bereits auf die zwiefache Bedeutung des Wortes »Konstitution« hin. Man kann darunter immer noch, im Sinne von Thomas Paine, den konstituierenden Akt verstehen, der einem Regime vorangeht und durch den ein Volk sich als eine politische Gemeinschaft konstituiert, oder das Resultat dieses Aktes, die Konstitution im Sinne einer Verfassung, die in einem Schriftstück niedergelegt ist. Wenn wir nun nochmals an die »kritiklose und blinde Verehrung« denken, die das Volk der Vereinigten Staaten seit eh und je seiner »Konstitution« hat zuteil werden lassen, so erhebt sich die Frage, ob diese Verehrung nicht von Anfang an höchst zweideutiger Art war, insofern sie gleichermaßen dem konstituierenden Akt wie der Verfassung galt. Schließlich ist ja nicht zu übersehen, daß der Verfassungskult in Amerika mehr als hundert Jahre lang der minuziösen gelehrten Analyse wie der heftigsten Kritik des Schriftstücks selbst wie aller »Wahrheiten«, die für die Gründer zwingend evident waren, ausgesetzt gewesen ist und dies alles jedenfalls in der Praxis intakt überlebt hat. Vielleicht darf man daraus schließen, daß die Erinnerung an das Ereignis selbst – wie ein Volk im vollen Bewußtsein dessen, was es tut, zusammentrat und ein neues Gemeinwesen gründete – das Resultat dieses Handelns, also das Dokument, mit einer Aura der Ehrwürdigkeit umgeben hat, die dann dem Schriftstück selbst zugute gekommen ist und es gegen den Ansturm veränderter Umstände und Gesinnungen geschützt hat. Ja es liegt nahe zu meinen, daß die Autorität der Republik so lange intakt bleiben wird, als dies Ereignis, der Akt des Neuanfangs selbst, nicht in Vergessenheit gerät, wenn über Fragen der Konstitution im engeren Sinne beraten wird.

So zeigt bereits die einfache Tatsache, daß die Männer der Amerikanischen Revolution sich selbst als Gründer verstanden, wie sehr sie in der Praxis sich auf die Autorität verließen, die aus dem Gründungsakt hervorgehen würde. Und gemessen an diesem im Handeln sich bewährenden Wissen verblassen die vergeblichen Versuche, den *circulus vitiosus* durch die Einführung eines Absoluten – den »Unsterblichen Gesetzgeber« oder die zwingende Evidenz axiomatischer Wahrheiten – zu brechen oder der theoretisch unlösbaren *petitio principii* zu entgehen, in die jeder Anfang gerät, weil er das auf ihn Folgende bedingt, gerade darum aber selbst als etwas Unbedingtes, Absolutes in Erscheinung tritt. Im Grunde hat man das immer gewußt, nur hatte man nicht nötig, sich dies in begrifflicher Klarheit vorzustellen, weil vor dem Zeitalter der Revolutionen der Anfang historisch immer so weit entrückt war, daß eine Aura des Geheimnisvollen ihn selbstverständlich umgab und für die Einfälle jeder Spekulation gleichsam freistellte. Hier ereignete sich ein Gründungsakt zum erstenmal in der Gegenwart, unter den Augen der Zeitgenossen, bar aller Geheimnisse und außerhalb aller Gründungslegenden, mit denen die menschliche Einbildungskraft in die eigene Vergangenheit leuchtet. Aber ganz abgesehen davon, wieviel geschichtliche Wahrheit sich auch noch in den Gründungslegenden und den Anfangsspekulationen verbirgt und von der Geschichtsforschung zutage gefördert werden kann, dienen ja alle derartigen geistigen Gebilde offenbar nur dem einen Zweck, das Rätsel des Anfangs zu lösen und zu erklären, wie es möglich ist, daß hie und da, selten genug, ein Ereignis das zeitliche Kontinuum aufsprengt und von sich aus eine neue Geschehniskette stiftet.

Das Gewicht der historisch überlieferten Gründungslegenden für das jeweilige geschichtliche Selbstverständnis ist außerordentlich groß. Was die Männer der Revolution betrifft, so kommen eigentlich nur zwei solcher Legenden in Frage, die biblische Geschichte von dem Auszug der Kinder Israel aus Ägypten und Vergils Erzählung von den Wanderungen Äneas', nachdem er aus dem brennenden Troja entkommen war. In beiden Legenden handelt es sich um Befreiung, um die Befreiung aus der Knechtschaft und dem Entrinnen aus sicherem Untergang, und im Mittelpunkt beider Geschichten steht die Prophezeiung künftiger Freiheit, das Versprechen eines gelobten Landes oder die Gründung einer neuen Stadt – »dum conderet urbem«, wie es gleich zu Beginn der Äneis heißt. Für die Revolution dürfte von besonderer Bedeutung gewesen sein, daß beide Legenden in auffallender Übereinstimmung einen in sich selbständigen Zeitraum zwischen das Ende des Alten und den Beginn des Neuen einschalten, wobei es in diesem Zusammenhang verhältnismäßig gleichgültig ist, ob dieser Zeitraum, der historisch wie ein Hiatus wirkt, nun von den trostlosen vierzig Jahren ausgefüllt ist, in denen die Kinder Israel in der Wüste umherirren, oder von den Abenteuern und Irrsalen, die Äneas heimsuchen, bevor er die Küste Italiens erreicht.

Theoretisch kann der Hiatus nur bedeuten, daß Freiheit so wenig das automatische Ergebnis der Befreiung ist, wie der Anfang sich je organisch aus einem Ende entwickelt. Für diejenigen, die aktiv im revolutionären Geschehen standen und unwillkürlich sich an den ihnen überkommenen Legenden zu orientieren suchten, muß die Revolution diesem legendären Zeitraum zwischen Ende und Anfang, zwischen einem Nicht-mehr und dem Noch-nicht, der gemeinhin von der Zeitfolge so überspült ist, daß er uns nicht zu Bewußtsein kommt, aufs genaueste entsprochen haben. Und dieser Zeitraum des Übergangs von Knechtschaft zu Freiheit, von Untergang zu Wiedererstehung – denn Äneas' Fahrt findet in Latium ihr Ende, weil hier »Troja wiedererstehen darf« – muß sie um so mehr fasziniert haben, als ja die großen Führer der Legenden stets in solchen Umbrüchen auftauchen.[42] Natürlich kennen wir Hiatus dieser Art aus allen Zeitspekulationen, die über oder hinter das Zeitkontinuum hinausfragen und deren Gegenstand die große, unlösbare Frage nach dem Beginn der Welt oder des Seins überhaupt bildet. Der Unterschied ist nur, daß jetzt, in den Revolutionen, zwar nicht ein Urbeginn, aber doch ein historischer Neubeginn handgreiflich in Erscheinung tritt. Revolutionen haben immer eine Tendenz, die Zeitrechnung mitzurevolutionieren und das Jahr 1 auf den Revolutionsbeginn festzulegen. In diesen Versuchen spricht sich unter anderem auch aus, daß man es gleichsam unmöglich findet, durch das Fortgehen des Kalenders den revolutionären Zeithiatus einzuebenen und so der

Geschichte chronologisch einzuverleiben, was sich eigentlich außerhalb der geschichtlichen Zeit zugetragen hatte.⁴³

Jeder Anfang birgt in sich ein Element völliger Willkür. Nicht nur befindet er sich außerhalb der Kausalitätskette, in der jede Wirkung sofort als Ursache weiterer Entwicklungen verläßlich determiniert ist, er ist überhaupt nicht eigentlich abzuleiten – wäre er es, so wäre er kein Anfang – und erscheint daher, was Zeit und Raum betrifft, gleichsam aus dem Nirgendwo. Was immer man neu anfängt, im Moment des Anfangens selbst ist es, als ob die Zeitfolge überhaupt verschwunden wäre beziehungsweise als ob man selbst aus der kontinuierlichen Zeitordnung herausgetreten sei. Wir kennen die biblische Lösung für die Aporien, die allen Ursprungsspekulationen eigen sind, die Vorstellung von einem Schöpfer, der außerhalb seiner Schöpfung steht wie ein Hersteller außerhalb des von ihm hergestellten Dinges – was ja nur heißt, daß man das Ursprungsproblem durch die Einführung eines jenseitigen Ursprungs löste, dessen eigene Anfänge nicht mehr der Spekulation unterliegen, da Er »von Ewigkeit zu Ewigkeit« *ist*. So wird die Ewigkeit in diesen Spekulationen zum Absoluten der Zeit, und insofern der Anfang des Alls in die Sphäre dieses Absoluten reicht, ist er nicht mehr willkürlich, sondern in etwas verankert, was die menschliche Vernunft übersteigen mag, aber dennoch eine ihm eigentümliche Rationalität besitzt. Daß die Männer der Revolution sich so schnell auf ihre verzweifelte Suche nach einem Absoluten begaben, als sie sich gezwungen sahen, selbst einen neuen Anfang zu setzen, mag sich zumindest zu einem Teil aus diesen uralten Denkgewohnheiten des Abendlandes erklären, denen zufolge jeder Uranfang ein Absolutes braucht, aus dem er »rational« nochmals erklärt werden kann.

Wie sehr immer die unwillkürlichen Denkreaktionen auch der Neuzeit noch von der jüdisch-christlichen Tradition bestimmt sein mögen, sicher ist, daß die Männer der Revolutionen in ihrem bewußten Denken nicht an dem »Im Anfang schuf Gott Himmel und Erde« sich orientierten, als ihnen das Ursprungs- und Anfangsproblem in Form der Revolution entgegentrat, sondern an den politischen Einsichten des klassischen, und zwar des römischen Altertums. Daß die Wiederbelebung des politischen Gedankenguts der Antike an den Griechen vorbeiging oder sie mißverstand und sich nahezu ausschließlich auf römische Institutionen konzentrierte, folgt sachgemäß aus den Erfordernissen der Situation. Die Idee der Gründung steht nur im Mittelpunkt römischer Geschichte, sie spielt im Griechischen eine ganz andere und jedenfalls sekundäre Rolle. Alle die großen politischen Begriffe, die durch Rom in das politische Denken des Abendlandes eingegangen sind – also die Begriffe von Autorität, Tradition, Religion, aber auch von Besitz und Eigentum, von Recht und Gerechtigkeit und der ihnen entsprechenden Gesetzgebung, von Krieg und Frieden usw. –, erschließen sich in ihrer tieferen Bedeutung erst, wenn man sie auf die Gründung Roms, auf die Tatsache der »urbs condita«, mit der alle römische Geschichte auch chronologisch anhebt, so zurückbezieht, wie römisches Denken in der Spätzeit der Republik sie zurückbezogen hat. Die Römer griffen bekanntlich für die Lösung des Anfangs- und Gründungsproblems, sofern es sich auch im Gang römischer Geschichte nach der Gründung der Stadt stellte, auf die Diktatur im Sinne der Ein-Mann-Herrschaft zurück, wofür wir hier nur an Ciceros berühmten Appell an Scipio erinnern, sich zum *dictator rei publicae constituendae* zu machen, also die Diktatur zu errichten, um die *res publica*, den öffentlichen Bereich, zu konstituieren beziehungsweise zu rekonstituieren.[44] Daß es hierfür der Diktatur bedurfte, liegt noch hinter Robespierres »Despotismus der Freiheit«, und Robespierre hätte sich seinerseits in dieser Tradition auch auf Machiavelli berufen können: »Die Gründung einer neuen Republik oder die vollständige Reform der bestehenden Institutionen einer schon existierenden kann nur das Werk eines Mannes sein«[45]; so wie Harrington im siebzehnten Jahrhundert sich bereits auf »die Alten und ihren gelehrten Schüler Machiavelli, den einzigen Politiker der nachfolgenden Jahrhunderte«[46], berufen hatte, als er forderte, daß der Gesetzgeber, der für Harrington dasselbe wie der Gründer ist, »*ein* Mann sein und ... daß der Staat in seiner Gesamtheit mit einem Schlage hergestellt werden muß ... Für welchen Zweck der weise Gesetzgeber ... das Recht hat, alles zu tun, um die souveräne Macht in seiner Hand zu vereinigen. Und kein Vernünftiger soll ihn ob solch außergewöhnlicher Mittel tadeln, da sie in diesem Fall notwendig sind, nämlich zum Zwecke der Konstitution eines gut geordneten Gemeinwesens.«[47]

Wie sehr nun aber auch die Revolutionen sich am römischen Geist orientierten, wie sorgsam man auch Harringtons Rat befolgte und »die Archive antiker Weltweisheit durchstöberte«[48] – und niemand hat das gründlicher besorgt als John Adams –, auf die schwerstwiegende Frage, wie man es nun eigentlich anstellen solle, ein wirklich vollkommen neues, mit keiner Vergangenheit mehr verbundenes Gemeinwesen zu gründen, blieben Bücher und Schriftstücke die Antwort schuldig. Denn so seltsam es klingt, der römische Gründungsbegriff impliziert von vornherein, daß jede Gründung eine Rekonstitution, die Erneuerung und Restauration eines Uralten ist. So war, wenn wir Vergil folgen, die Gründung von Rom vor allem die Wiedererstehung von Troja, Rom heißt bei ihm ausdrücklich ein »zweites Troja«. Und es ist diese uralte Vorstellung des Wiedererstehens des Alten in der Neugründung, die Geschichte gemacht hat. So meint auch Machiavelli, daß das Wiedererstehen jenes rein weltlich-politischen Raumes, um das sein gesamtes Denken kreist, schließlich auf nichts anderes hinauslaufen könne als die radikale Reform der »alten Institutionen«, und so spricht noch Milton Jahrhunderte später nicht davon, ein neues Rom zu gründen, sondern »Rom neu« zu gründen.

Der einzige politische Denker, der die Idee der Gründung in aller Radikalität erfaßt, ist Harrington, der gerade darum aber auch sich in Vorstellungen und Metaphern äußert, die dem römischen Geist fremd sind. Anläßlich der Rechtfertigung der »außerordentlichen Mittel«, deren sich Cromwell für die Errichtung des neuen Gemeinwesens bediente, fällt er plötzlich aus der römischen Tradition heraus und gebraucht Vergleiche, die mit Politik nichts mehr zu tun haben: »Und so, wie bekanntlich kein Buch oder Gebäude Vollkommenheit erreichen kann, wenn sie nicht von einem einzigen Verfasser oder Architekten stammen, so ist es auch mit einem Gemeinwesen, dessen Stoff gleicher Art ist.«[49] In diesem Vergleich werden die alten »außerordentlichen Mittel« zu Hilfsmitteln jener Gewaltsamkeit, die in allen Herstellungsprozessen eine notwendige Rolle spielt, da ja das Hergestellte nicht aus dem Nichts geschaffen ist, sondern aus einem vorgegebenen Material, dem man Gewalt antun muß im Verlauf des Gestaltungsprozesses, der ein Ding, ein hergestelltes Objekt, hervorbringt. Der römische Diktator aber war kein Hersteller – der politische *auctor* oder *conditor* wird von Plinius zum Beispiel in Gegensatz zu dem *artifex* gebracht –, und die römischen Bürger, die sich in Notzeiten freiwillig den Ausnahmegesetzen unterwarfen, waren alles andere als »Menschenmaterial«, aus dem der Diktator etwas verfertigen konnte.

Nun konnte natürlich Harrington weder etwas von den enormen Gefahren wissen, die jeder Verwirklichung seines »Ozeanischen Gemeinwesens« gedroht hätten, noch vorausahnen, welch furchtbaren Gebrauch Robespierres Terror eines Tages von den »außergewöhnlichen Mitteln« machen würde, schon weil auch er sich darunter jene gewalttätigen Hilfsmittel vorstellte, die der Mensch für die Herstellung seiner Dingwelt braucht und verbraucht, und sich selbst in der Rolle eines »Baumeisters« sah, der aus »Menschenmaterial« die Republik wie ein Gebäude errichtet. Was sich in dieser Uminterpretation der Ausnahmegesetze in »außergewöhnliche Mittel« der Gewalt ereignete, war der Durchbruch jener ganz anders gearteten klassischen Ursprungslegenden, die wir in der Einleitung zu diesen Überlegungen erwähnten und die besagten, daß nicht Gründung oder Neugründung am Anfang menschlicher Geschichte stehe, sondern die Gewalt und das Verbrechen: Kain erschlug Abel, Romulus erschlug Remus: der Ursprung der Brüderlichkeit ist der Brudermord, der Ursprung der römischen *humanitas* ist die Bestialität. Nur daß nun im Experiment der Französischen Revolution sich erwies, daß diese uralten Hoffnungen sich so wenig erfüllen wie die nachrevolutionäre Hoffnung von Marx auf die Gewalt als Geburtshelferin der Geschichte: Der Terror errichtet keine neuen Gemeinwesen, er läßt nur jenen »Sturm der Revolution« los, in dem die Baumeister mitsamt ihren Plänen untergehen.

Man könnte sich gut vorstellen, daß ein Gefühl für die innere Verwandtschaft zwischen der Willkür, die jedem Beginn eigentümlich ist, und der menschlichen Neigung zum Verbrecherischen die Römer veranlaßt habe, sich nicht von Romulus, der Remus erschlug, herzuleiten, sondern Äneas als Ahnherrn zu bevorzugen, um so mehr als der »Hinweis auf die troische Herkunft der Römer« offenbar erst seit dem dritten vorchristlichen Jahrhundert nachzuweisen ist und von vornherein politisch bestimmt war[50]: Äneas, *Romanae stirpis origo* (»des Römergeschlechts Alt-Urahn«), war von weit her gekommen – *Ilium in Italiam portans victosque Penates* –, um »Ilium ins italische Land samt seinen

Penaten« zu tragen.⁵¹ Zwar stand auch diese Ankunft als Anfang römischer Geschichte unter dem Zeichen der Gewalt, der Gewalttätigkeit des Krieges zwischen Äneas und seinen Kriegern und den Einheimischen, aber dies war in Vergils Augen nur die kriegerische Auseinandersetzung, die notwendig war, um den Krieg gegen Troja rückgängig zu machen: Die Auferstehung Trojas auf italischem Boden – *illic fas regna resurgere Troiae* –, dies »neue Pergamus allen / Die des Achilles Zorn und die Danaer übriggelassen«, galt der Rettung von Hektors Haus⁵², das Homer hatte untergehen lassen. Hierin liegt eine Kritik nicht nur Homers, sondern der Griechen, die als Ende des Krieges nichts anderes kannten als den Sieg für die einen und den Tod oder die Schande der Knechtschaft für die anderen. So desavouiert im elften Buch der *Äneis* Diomedes, einer der homerischen Helden, »den ganzen Feldzug gegen Troja als ein Unternehmen, das ihm und seinen Landsleuten trotz ihres mühsam errungenen Sieges mehr Unheil als Heil gebracht« habe.⁵³ Und diese wichtige Desavouierung dient nicht nur der Legitimierung des römisch-trojanischen Anspruches auf die Vorherrschaft in Italien wie in Griechenland, sie dient vor allem der Unterstreichung einer radikalen Umwertung griechisch-homerischer Tugenden.

Zu diesem Zweck kehrt Vergil die homerische Kriegs- und Siegesordnung mit einer eigentümlich bewußten, bis ins Detail gehenden Gründlichkeit um. Alle großen Figuren kehren wieder, aber in umgekehrter Rangordnung, und, als wolle er gar keinen Zweifel an der Absicht aufkommen lassen, läßt Vergil den Achill der *Äneis*, Turnus, sich mit den Worten einführen: »Melde dem Priamus dann, du fandest auch hier den Achilles«; während von Äneas gilt: »ein anderer Paris, / Facht mir von neuem den Brand, der Pergamus' Zinne zerrüttet«⁵⁴. Denn in Äneas ist Hektor wiedererstanden, und in der Mitte des Geschehens, »Ursach all des Jammers«, steht wieder eine Frau, Lavinia, an der Stelle Helenas. Und nun in der Versammlung der homerischen Gestalten hebt die alte Geschichte noch einmal an: jetzt aber hetzt Hektor (Äneas) den Achill (Turnus) über das Schlachtfeld, Lavinia ist Jungfrau und Braut, nicht Ehebrecherin, und der Krieg endet nicht damit, daß die eine Seite siegt und abzieht, die andere vernichtet und in die Sklaverei entführt wird, sondern »zwei nimmer bezwungene / Völker vereint ein gleiches Gesetz und ewige Freundschaft«[55]; zusammen werden sie fortan auf gleichem Boden ihre Wohnsitze nehmen, wie Äneas es vor der Schlacht bereits verkündet hat.

Da wir hier von Revolution und nicht von der Rolle des Krieges in der abendländischen Geschichte handeln, können wir auf Vergils Darstellung der berühmten römischen *clementia* – *parcere subiectis et debellare superbos* – so wenig eingehen wie auf römische Kriegführung bzw. auf den einzigartigen römischen Kriegsbegriff, demzufolge das Kriegsziel nicht einfach Sieg ist, sondern die Bundesgenossenschaft der kriegführenden Parteien, die im Frieden den Ruhm des Sieges und die Schmach der Niederlage einebnen und zu Partnern werden, zu *socii*; wobei die neue Nähe der Völker ausdrücklich auf dem kämpfenden Aneinandergeraten beruht, der Kampf also einen Bezug stiftet, der dann mit Hilfe der römischen *lex*, des Gesetzes, festgehalten und bestätigt wird. Da Rom selbst auf einem solchen Vertragsrecht zwischen zwei ethnisch verschiedenen und einander feindlich entgegenstehenden Stämmen gegründet war, konnte die Stadt schließlich meinen, es sei ihre Sendung, *totum sub leges mitteret orbem* – »rings den Weltkreis unter Gesetze zu bringen«. Dies war in der Tat der Genius römischer Politik, und Vergil hat nur verherrlicht, was im Selbstverständnis der Römer ihm vorlag, wobei das geschichtlich Großartige darin besteht, daß nichts in diesem Begriffs- und Ideengefüge theoretisch abgeleitet ist, daß alles sich direkt aus den legendären Erzählungen von der Gründung der Stadt ergibt.

In unserm Zusammenhang ist ausschlaggebend, daß selbst diese Gründung der Stadt sich dem römischen Selbstverständnis nicht als ein absoluter, gleichsam aus dem Nichts herkommender Anfang darstellt. Rom – das heißt die Wiedererstehung Trojas und die Wiederherstellung eines Stadtstaates, der aus dem Untergang in ein anderes Land gerettet wird und also in der Kontinuität einer einheitlichen Geschichte verbleibt. Wie sich das Neue in der Kontinuität des Gewesenen darstellt, dafür dürfte das andere große politische Gedicht Vergils einen Hinweis enthalten, die so oft mißverstandene *Vierte Ekloge*[56]. Aus ihr stammt die Zeile: *Magnus ab integro saeclorum nascitur ordo* (»aufs neue hebt an die große Folge der Zeiten« – diese und ähnliche Übersetzungen sind insofern irreführend, als es sich um eine Geburtshymne handelt und es wichtig ist, die Geburt des Menschen bzw. einer neuen Generation zusammen mit dem Geborenwerden der großen Folge der Zeiten zu sehen), aus der dann die Amerikanische Revolution in charakteristischer Umprägung den *novus ordo saeclorum* entnahm.

Bei Vergil wird in historischer Kontinuität die Folge der Zeiten von neuem geboren; von einem absolut Neuen, einem Ursprung, ist nicht die Rede. Es handelt sich nicht wie zu Beginn der Naturwelt um den »ersten Ursprung einer aufgehenden Welt« *(prima crescentis origine mundi,* in den *Georgica),* sondern um eine Wiedergeburt. Und die Folge der Zeiten, die nun anhebt, ist, wie aus dem Folgenden hervorgeht, groß, weil eine Wiederkehr in ihr sich ereignet: »Schon kehrt auch die Jungfrau zurück, und das Reich des Saturnus.« Der Knabe, der geboren wird, ist kein θεὸς σωτήρ, kein Heiland, sondern »ein Wesen von Fleisch und Blut«, das wie alle römischen Knaben vor allem lernen muß *heroum laudes et facta parentis* (»das ruhmvolle Wirken der Helden und die Taten des Vaters«), um das Ziel aller römischen Erziehung zu erreichen: »den durch Taten des Vaters befriedeten Erdkreis zu beherrschen«. Welchen Kindes Geburt auch immer diesen Hymnus auf das Geborenwerden und das Kommen einer neuen Generation veranlaßt haben mag, was in ihm gepriesen wird, ist die Göttlichkeit der Geburt überhaupt, und was er ausspricht, ist, daß die Erlösung der Welt darin beschlossen liegt, daß das Menschengeschlecht sich für immer durch Geburt, durch die Ankunft neuer Geschlechter, erneuert.

Ich habe die berühmte und in ihrer Auslegung vielfach umstrittene Geburtshymne Vergils in diese Betrachtung eingeschaltet, weil mir scheint, daß der Dichter des ersten vorchristlichen Jahrhunderts hier ein Thema anschlägt, das wir dann in der Begriffssprache früher christlicher Philosophie bei Augustin, dem römischsten aller christlichen Denker, wiederfinden. Wenn Augustin sagt: *Initium ergo ut esset, creatus est homo* – (»damit also ein Anfang sei, wurde der Mensch erschaffen«)[57], weist er auf die Gebürtlichkeit menschlicher Existenz mit einem Nachdruck hin, wie wir ihn sonst in der griechisch orientierten abendländischen Philosophie nur kennen, wenn von der Sterblichkeit der Menschen die Rede ist. Das Mittelalter hat Vergil nur deshalb so einleuchtend christlich auslegen können, weil die Bedeutung, die das Christentum gerade der *Geburt* Christi zuweist, von römischem Geist, der durchwegs an Ursprung und Anfang orientiert ist, bereits geprägt war. In der *Vierten Eckloge* wie in Augustins politischer Philosophie findet sich eine Lösung der Anfangsproblematik, die dann erst die Revolutionen der Neuzeit wieder auf die Tagesordnung der großen philosophischen Fragen setzten, und diese Lösung unterscheidet sich von der anderen, nicht weniger römischen Vorstellung, daß alle Gründungen nur das zu Unrecht Vergangene auferstehen lassen, wenn sie auch mit ihr verbunden ist.

Die Lösung besteht nun ohne allen Rückbezug auf ein Vergangenes darin, daß man versteht, daß der Mensch für die logisch unlösbare Aufgabe, einen neuen Anfang zu setzen, gleichsam existentiell vorbestimmt ist, insofern er ja selbst einen Anfang darstellt: Insofern der Mensch in die Welt hineingeboren ist, in ihr als ein »Neuer« durch Geburt erscheint, ist er mit der Fähigkeit des Beginnens begabt. Weil er ein Neuer ist, kann er etwas Neues anfangen. Und wenn »mit der Verbreitung der Isisreligion über große Teile der griechisch-römischen Welt ... in ihr das ›Kind‹ ... so bekannt und beliebt [wurde] wie kaum irgend etwas sonst aus einer fremdländischen Kultur«[58], so nicht darum, weil die untergehende Antike bereit war, einen Heiland in gleich welcher Gestalt zu akzeptieren, sondern umgekehrt: Weil die römische Welt und der römische Geist seit eh und je die Unantastbarkeit des Anfangs in der Gründung der Stadt in den Mittelpunkt von Politik wie Kultur gestellt hat, konnten sich die asiatischen Kulte, die ein Kind als den Heiland und Erlöser predigten, so leicht verbreiten. Was die Römer faszinierte, war nicht ihr exotischer Charakter, sondern im Gegenteil die Affinität zwischen der asiatischen Verherrlichung der Geburt und der ihnen eigenen Verherrlichung der Gründung, wobei wohl auch die so viel menschlich-intimere, ganz und gar unpolitische Art, in der die östlichen Religionen ihre Botschaft vorzubringen wußten, eine große Rolle bei ihrer Verbreitung gespielt hat.

Wie immer es um diese Dinge bestellt sein mag, die Amerikaner kannten ihren Vergil, und als sie für die eigene Zeit das Wort von dem *novus ordo saeclorum* prägten, hat ihnen sicherlich Vergils *magnus ordo saeclorum* noch in den Ohren gelegen. Charakteristisch für sie aber war, daß sie das *magnus* in ein *novus* verwandelten, denn damit war entschieden, daß es sich diesmal nicht darum handelte, »Rom neu«, sondern ein »neues Rom« zu gründen, daß also der Faden, welcher die Geschichte des Abendlandes an die Gründung der ewigen Stadt und diese wiederum an die prähistorische Geschichte Griechenlands und Trojas band, gerissen war und nicht mehr neu geknüpft werden konnte. Denn die Amerikanische Revolution begründete ja nicht nur ein neues politisches Gemeinwesen, mit ihr hebt auch erst die Geschichte des Volkes an. Und wiewohl sich auch hierfür bei Vergil die Parallele hätte finden lassen, da ja in der *Aeneis* Auswanderer und Vertriebene zusammen mit einem anderen Stamm das römische Volk gründen (»tantae molis erat Romanam condere gentem«) und seine Geschichte stiften, so ist doch charakteristisch, daß man sich hierauf niemals berufen hat. Abgesehen aber von solchen legendären Vorkommnissen gibt es für dieses »Anfangen« einer Nationalgeschichte keine Parallele vor dem zwanzigsten Jahrhundert, in dem allerdings der Zusammenbruch des europäischen Kolonialsystems eine Unzahl äußerlich ähnlicher Ereignisse gezeitigt hat. Jedenfalls hat die prärevolutionäre Geschichte der nordamerikanischen Siedler und ihrer kolonialen Institutionen den Gang der Revolution zwar entscheidend beeinflußt, aber die Geschichte der Nation als eines in sich geschlossenen, von allen Mutterländern unabhängigen Ganzen beginnt doch erst mit der Revolution und der Gründung der Republik. In dieser Hinsicht konnte man in Amerika noch weniger als anderswo Hilfe und unterstützende Präzedenzfälle aus der Überlieferung gleich welcher Art erwarten, und es dürfte das Wissen hierüber gewesen sein, was dann das Bewußtsein von der radikalen Neuheit des Unternehmens in den Jahren der Revolution fast zur fixen Idee steigerte.

Und dennoch mag den in der römischen Vergangenheit erfahrenen Männern Vergils *Vierte Eckloge* ein Trost gewesen sein; denn sie spricht zwar nicht aus, setzt aber voraus, daß es eine Lösung für die Ursprungsproblematik gibt, die eines Absoluten nicht bedarf, um den *circulus vitiosus* zu brechen, in dem alle ursprünglichen Dinge sich unabwendbar und unerträglich zu bewegen scheinen, will man ihre

Existenz nicht einfach der Willkür des Zufälligen ausliefern. Daß das Anfangen als solches ein Prinzip in sich birgt, durch das die Willkür ferngehalten wird, sagt bereits das lateinische Wort »principium«, in dem Anfang und Prinzip sich ungeschieden miteinander vermählen. Das Absolute, aus dem der Anfang sich herleiten und vor dem er sich legitimieren soll, ist das Prinzip, das mit ihm zugleich in der Welt erscheint. Die Art und Weise, wie der Anfangende das Neue in die Wege leitet, wird für ihn selbst wie für alle, die sich ihm anschließen, um das Unternommene zu Ende zu führen, zu einem »Gesetz«, das die Handelnden wohl modifizieren, aber nicht mehr schlechterdings brechen können, ohne das Begonnene zu ruinieren. Diesen Sachverhalt kann man auch so formulieren, daß man sagt: Der Anfang ist das Prinzip jedes Handelns, als Prinzip hält er sich durch, auch wenn er selbst längst vergangen ist, beseelt von nun an alles, was auf ihn folgt, bleibt sichtbar in der Welt und verschwindet aus ihr erst wieder, wenn die oft Jahrhunderte währende Geschichte, die aus ihm entsprang, an ihr Ende gekommen ist. Die gleiche Identität von Anfang und Prinzip, die wir aus dem Lateinischen kennen, berichtet das Griechische. Denn das griechische Wort für Anfang heißt ἀρχή, und ἀρχή ist Ursprung und Prinzip in einem. Niemand hat die ungeheure Bedeutung dieser Identität für alle menschlichen Angelegenheiten, die privaten wie die öffentlichen, einfacher und schöner ausgesagt als Plato in seinem Alterswerk: ἀρχὴ γὰρ καὶ θεός ἐν ἀνθρώποις ἱδρυμένη σώζει πάντα – was man vielleicht folgendermaßen paraphrasieren darf: »Denn der Anfang, der das Prinzip für alles Folgende in sich birgt, ist auch ein Gott; solange er unter den Menschen weilt, ist alles geborgen.«[59] Die gleiche Erfahrung spricht Jahrhunderte später Polybius um einige Grade flacher aus: »Der Anfang ist nicht nur die Hälfte des Ganzen, sondern reicht bis ans Ende.«[60] Und es war immer noch die gleiche Einsicht in die Identität von *principium* und Prinzip, die erklärt, warum man in Amerika eine solche Neigung zeigte, »die Erklärung für den spezifischen Charakter des Landes in seinen Anfängen zu suchen, die auch den Hinweis für die Zukunft geben sollten«[61]. So hatte schon Harrington, sicher ohne Augustin und vermutlich ohne die Stelle bei Plato zu kennen, gemeint: »Niemand wird mir ein von Geburt wohlgeratenes Gemeinwesen zeigen können, das dann doch mißriet, wie niemand mir ein von Geburt mißratenes Gemeinwesen zeigen kann, das dann wieder in Ordnung kam.«⁶²

Die große philosophische Bedeutung dieser Einsichten in die existentielle Relevanz menschlicher Gebürtlichkeit muß hier außer Betracht bleiben. Ihre politische Relevanz wird nur verständlich, wenn man sich klarmacht, daß sie in eklatantem Gegensatz zu den alten und immer noch gängigen Vorstellungen stehen, denen zufolge der Terror und die Gewalt allein imstande seien, etwas Neues zu schaffen, und die revolutionäre Diktatur, Robespierres »Despotismus der Freiheit«, also die einzig gültige revolutionäre Staatsform sei. Gerade in dieser Hinsicht können die fast vergessenen Lehren der Amerikanischen Revolution eine einzigartige und heilsame Lektion erteilen; denn diese Revolution ist nicht einfach ausgebrochen, sondern ist bewußt und in gemeinsamer Beratung entfacht und auf der festen Grundlage wechselseitiger Verpflichtungen und Versprechen zu einem guten Ende geführt worden. Die amerikanischen Revolutionäre konnten es an revolutionärem Geist mit jedem ihrer europäischen Kollegen aufnehmen, aber sie wurden Gründer; sie wurden nicht der Spielball von Ereignissen und Umständen, von blindwütenden Kräften, mit deren Unvernunft man sich nur »versöhnen« kann, indem man aus dem politischen Raum in eine alles wirkliche Handeln transzendierende, von dem Weltgeist selbst geleitete Universalgeschichte flüchtet. Was in jenen Jahren der Gründung zutage trat, als die Fundamente eines neuen Gemeinwesens nicht von dem einen Baumeister, sondern von der vereinten Macht der Vielen gelegt wurden, ist das Prinzip wechselseitigen Versprechens und gemeinsamen Beratens. Und aus dem Ereignis, das dies Prinzip beseelte und möglich gemacht hatte, kann man in der Tat, wie Hamilton betont, ablesen, daß Menschen »wirklich fähig sind, ... eine gute Staatsform auf Grund von Nachdenken und rechter Wahl zu errichten«, daß sie nicht dazu verdammt sind, »für immer der Willkür und der Gewalt in Sachen politischer Verfassungen ausgeliefert zu bleiben«⁶³.

Verstehen wir die Gründung, den Neuanfang und die Staatsschöpfung bzw. das in ihnen sich kundtuende Handeln der Menschen, das von ihnen als Anfangen, Beginnen erfahren wird, in diesem eigentlich humanen Sinne, so trennen wir uns von den Legenden; trennen uns aber auch von der hinter diesen Legenden verborgenen Weisheit, die dem Anfang so mißtraut, weil er unausweichlich ein Element der Willkür in sich birgt. Es ist uns aus der Philosophie vertraut, den Menschen als ein sterbliches Wesen zu verstehen. Merkwürdigerweise hat aber noch keine Philosophie, auch keine politische Philosophie, sich dazu vermocht, den Menschen auf seine »Gebürtlichkeit« hin anzusprechen, nämlich darauf hin, daß mit jedem von uns ein Anfang in die Welt kam und daß Handeln im Sinne des Einen-Anfang-Setzens nur die Gabe eines Wesens sein kann, das selbst ein Anfang ist.

In äußerster Abruptheit könnte man sagen: Ob seiner Sterblichkeit willen, weil er die Gesellschaft irdischer Menschen wieder verlassen muß, ward dem Menschen die Gabe des Denkens gegeben, denn sie ist unter anderem auch immer die Gabe, nur mit sich selbst, außerhalb der Gesellschaft von seinesgleichen, sein und sprechen zu können. Und um seiner Gebürtlichkeit willen, weil er selbst als ein Neuanfang in der Welt erscheint, ward ihm die Gabe des Handelns zuteil; denn alles Handeln, alles »Agieren« in dem ursprünglichen Sinn von »etwas in Bewegung setzen«, setzt die Vorstellung, ja die Existenz von Anfängern voraus. Von diesen Neuanfängen im Kontinuum historischer Zeit geben die Revolutionen letztlich Kunde. Das große Pathos, das sich aller bemächtigt, die an ihnen, ob im Glück oder Unglück, im Erfolg oder Scheitern, teilnehmen, entstammt der Erfahrung, daß der Mensch in der Tat dies vermag – einen Anfang machen, *novus ordo saeclorum*.

Sechstes Kapitel

TRADITION UND GEIST DER REVOLUTION

*Notre héritage n'est précédé
d'aucun testament.*

René Char

I

Als die amerikanischen Kolonien von England Abschied nahmen und ihre Unabhängigkeit erklärten, sagten sie sich nicht von Europa los, und die später oft so peinlich anmutenden Gemeinplätze von einer korrumpierten, verfallenden Alten Welt, der man die frische, naive Ursprünglichkeit der Neuen entgegenstellen müsse, waren, wenn überhaupt, Europäern und nicht Amerikanern in den Sinn gekommen. Es waren sehr enge Bande politischer und kultureller Art, die Amerika an Europa knüpften und die erst das ungeheure Ereignis der Französischen Revolution zerriß, eine Revolution zudem, die im Urteil der Zeitgenossen ohne das glorreiche Beispiel auf der anderen Seite des Atlantik nie zustande gekommen wäre. Drei Jahre vor dem Sturm auf die Bastille erschien Condorcets *Influence de la Révolution d'Amérique sur l'Europe*, aber die Schrift bezeichnete entgegen ihrer eigenen Hoffnung und Absicht nicht den Beginn, sondern eher das wenigstens zeitweilige Ende dessen, was man rückblickend als eine Art atlantischer Zivilisation ansprechen darf. Und das Ende kam unerwartet; der Ausbruch der Französischen Revolution war in Amerika noch mit einstimmigem Jubel begrüßt worden. Aber gerade wegen dieser hochgespannten Erwartungen war die Reaktion auf die Schreckensherrschaft und das unrühmliche Ende noch erheblich erbitterter und vor allem prinzipieller als in Europa, wo schwerer zu entscheiden war, wo die Furcht vor einer so gewaltigen Umwälzung aufhörte und die echte Enttäuschung begann. Sieht man von dem törichten antiamerikanischen

Geschreibe bestimmter europäischer Literatenkreise, die ihre Unfähigkeit, Tatbestände auch nur zu bemerken, geschweige denn zu beurteilen, so oft unter Beweis gestellt haben, einmal ab, so möchte man meinen, daß dieser Riß aus dem Ende des achtzehnten in der Mitte des zwanzigsten Jahrhunderts im Begriff steht zu verheilen, und sei es nur, weil sich inzwischen herumgesprochen hat, daß die atlantische Zivilisationsgemeinschaft vermutlich die letzte Chance abendländischer Kultur ist.

Aber lassen wir die Zukunft auf sich beruhen. Was die Vergangenheit angeht, so ist die Entfremdung der beiden Kontinente nach der Revolutionsperiode des achtzehnten Jahrhunderts eine Tatsache größter Relevanz. Amerika verlor in dem darauf folgenden Jahrhundert an politischer Bedeutung vor allem in den Augen der politischen und kulturellen Elite Europas, und zwar weil es sich mit erstaunlicher Rapidität aus dem *land of the free* in das gelobte Land der Armen verwandelte. Dabei fällt die Haltung der herrschenden Klassen, ihre stereotypen Klagen über den Materialismus und die Vulgarität der Neuen Welt, kaum ins Gewicht; sie war nicht mehr als die nahezu automatische Reaktion des gesellschaftlichen und kulturellen Snobismus der aufsteigenden Bourgeoisie. Viel ernster ist, daß die europäische revolutionäre Tradition, wie sie sich im neunzehnten Jahrhundert entwickelte, kaum mehr als ein flüchtiges Interesse an der Amerikanischen Revolution und noch weniger Anteilnahme an dem Schicksal der amerikanischen Republik nahm. Während das politische Denken des achtzehnten Jahrhunderts vor allem in Frankreich den Ereignissen und Institutionen der Amerikanischen Revolution oft so nahe kommt, daß man meinen möchte, es habe sie antizipiert, entwickelte sich die revolutionäre Tradition im neunzehnten und zwanzigsten Jahrhundert nicht nur in Europa, sondern auch in Amerika in völliger Unabhängigkeit von dem, was in Amerika wirklich sich ereignet hatte; es war, als hätte es eine Amerikanische Revolution nie gegeben.

Da nun in unserem Jahrhundert, vor allem in den letzten Jahrzehnten, Revolutionen zu den häufigsten, fast möchte man sagen, alltäglichsten Vorkommnissen im politischen Leben gehören, ist die Tatsache, daß die Amerikanische Revolution in der revolutionären Tradition keine Rolle spielt, zu einer schweren Belastung für die Außenpolitik der Vereinigten Staaten geworden; erst jetzt wird der allerdings sehr hohe Preis dafür gezahlt, daß die Welt diese Geschehnisse kaum kennt und die Einheimischen sie vergessen haben. Dies macht sich besonders unangenehm dann bemerkbar, wenn selbst Revolutionäre auf dem amerikanischen Kontinent so handeln und sprechen, als hätten sie den Text französischer, russischer, chinesischer Revolutionen in- und auswendig gelernt, aber nie von so etwas wie einer Amerikanischen Revolution auch nur gehört. Das Gegenstück zu dieser allgemeinen Unkenntnis ist leider der Gedächtnisschwund in den Vereinigten Staaten selbst, was weniger auffallend sein mag, aber darum nicht weniger wirksam ist. Auch hier weiß man kaum noch, daß die Vereinigten Staaten einer Revolution ihre Entstehung verdanken und daß die Republik keiner »historischen Notwendigkeit« und keiner organischen Entwicklung ihre Existenz verdankt, sondern einzig einem voll bewußten und wohl überlegten Akt – der Gründung der Freiheit. Aus diesem Gedächtnisschwund erklärt sich dann auch weitgehend die hier so verbreitete Revolutionsangst, die besser als alles andere der Welt gleichsam attestiert, wie recht sie hat, unter Revolution nur das zu verstehen, was sich am Modell der Französischen und in verstärktem Maße an dem der Russischen Revolution ablesen läßt. Seit dem Zweiten Weltkrieg hat sich die Außenpolitik der Vereinigten Staaten von keinem Motiv wirkungsvoller beeinflussen lassen als von dieser Revolutionsangst, deren einziges Ergebnis die vielfachen und verzweifelten Versuche sind, überall den Status quo zu stabilisieren, was im Grunde kaum je etwas anderes heißen konnte, als die Macht und das Prestige Amerikas zugunsten überalterter und korrupter Regierungen, Gegenstand des Hasses und der Verachtung ihrer eigenen Bürger, in die Waagschale zu werfen.

Dieser Gedächtnisschwund und ein mit ihm Hand in Hand gehender katastrophaler Mangel an Urteilskraft haben sich überall gezeigt, wo die Vereinigten Staaten in irgendwelche Berührung mit revolutionären Regierungen gerieten – in Rußland, in China und in Kuba. Wenn man uns vorwarf, wir verstünden unter Freiheit nicht mehr als freie Marktwirtschaft, haben wir wenig getan, diese ungeheuerliche Unwahrheit zu widerlegen, ja sie mitunter auch noch bekräftigt; und man könnte viele Beispiele nennen, in denen wir der grotesken Vorstellung Vorschub leisteten, daß in dem Nachkriegskonflikt zwischen dem Westen und den »revolutionären« Ländern des Ostens nicht mehr auf dem Spiel stünde als Wohlstand, Reichtum und Überfluß. Wir selbst haben erklärt, dies seien die Früchte der Freiheit, während man doch zumindest hierzulande hätte wissen müssen, daß Amerika mit dieser Art von »Glück« lange vor der Revolution gesegnet war, daß es der Natur des Kontinents und den Segnungen einer »milden Regierung« zu verdanken war und weder der politischen Freiheit noch gar der losgelassenen, rücksichtslosen »Privatinitiative« des kapitalistischen Systems, das, wo immer es wirklich geherrscht hat, erst einmal ein Massenelend von furchtbaren Ausmaßen im Gefolge gehabt hat. Daß dies in diesem Lande nicht der Fall gewesen ist, liegt keineswegs an der überlegenen Weisheit amerikanischer Kapitalisten, sondern einzig an dem großen natürlichen Reichtum des Landes auf der einen, an dem Fehlen einer feudalistischen Klassenstruktur auf der anderen Seite. Aber selbst wenn man die freie Marktwirtschaft ökonomisch nur für einen Segen hält, dürfte diese Freiheit doch immer noch sehr sekundärer Natur sein, wenn man an die wirklich politischen Freiheiten denkt – Gedanken- und Redefreiheit, Versammlungs- und Organisationsfreiheit.

Auf keinen Fall ist auf ein wie immer geartetes Wirtschaftssystem in Sachen der Freiheit Verlaß. Es ist durchaus denkbar, daß das ständige Ansteigen der Produktivkräfte sich eines Tages aus einem Segen in einen Fluch verwandelt (schließlich steht die Automation vor der Tür), und niemals können die wirtschaftlichen Faktoren automatisch in die Freiheit führen oder als Beweis für die freiheitliche Natur einer Regierung ins Feld geführt werden. Wenn Amerika und Rußland in einen Wettbewerb treten, um die Entfaltung der Produktivkräfte, den Wohlstand der Massen, wissenschaftliche Entdeckungen und die Weiterentwicklung der Technik zu fördern, so ist dies nur zu begrüßen. Es verspricht in mancher Hinsicht interessante Resultate. Vielleicht wird sich dabei die Begabung und Vitalität der Völker bewähren, vielleicht auch der relative Wert der jeweiligen Wirtschafts- und Gesellschaftssysteme erprobt werden. Nur eine Frage werden solche interessanten, wissenschaftlich erforschbaren Ergebnisse niemals zu entscheiden vermögen – nämlich welches nun die bessere Staatsform ist, eine freie Republik oder eine Tyrannenherrschaft. Wäre man noch imstande, in der von der Revolution geprägten Sprache zu denken, so hätte man die kommunistische »Drohung«, dem Westen in der Herstellung von Verbrauchsgütern und steigender Produktivität gleichzukommen oder ihn gar zu übertreffen, mit Freude über die guten Aussichten begrüßt, die sich endlich für die Völker der Sowjetunion und den ihnen angeschlossenen Staaten eröffnen. Wozu sich wohl die Erleichterung darüber, daß wenigstens im Kampf gegen die Armut auf der ganzen Erde der Westen mit dem Osten einmütig ist, hätte gesellen dürfen. Denn abgesehen von aller Realpolitik mit ihren wechselnden Erfordernissen steht ja im Grunde prinzipiell fest, daß »ideologische« Konflikte zwischen West und Ost sich nicht aus der Verschiedenheit zweier Wirtschaftssysteme, sondern nur aus dem Gegensatz zwischen Freiheit und Zwangsherrschaft, zwischen den »Institutionen der Freiheit«, welche dem Triumph einer Revolution zu verdanken sind, und den verschiedenen Herrschaftsformen (von Lenins Ein-Partei-Diktatur über Stalins totalen Herrschaftsapparat zu den gegenwärtigen Versuchen mit einer Art aufgeklärtem Despotismus) sich ergeben können, die im Grunde alle aus der Niederlage von Revolutionen entstanden sind.

Schließlich dürfen wir uns nicht verhehlen, daß die meisten sogenannten Revolutionen es nicht nur nicht zu einer echten Gründung der Freiheit, einer *constitutio libertatis*, bringen, sondern nicht einmal imstande sind, den Völkern die »Segnungen« einer in ihrer Macht »beschränkten Regierung«, also eines Rechtsstaates, zuteilwerden zu lassen. Schließlich ist der Unterschied zwischen Rechtsstaat und Zwangsherrschaft ebenso groß und vielleicht größer als der zwischen dem bloßen Rechtsstaat und einer wirklich freien Republik. Die praktische Bedeutung solcher realistischen Einschätzungen soll gewiß nicht gering veranschlagt werden, sie dürfen aber nicht dazu führen, daß man über den bürgerlichen Rechten die politische Freiheit vergißt bzw. die Vorbedingungen des Politischen mit der substantiellen politischen Freiheit gleichsetzt. Solche Freiheit ist nie verwirklicht, wenn das Recht auf aktive Teilhabe an den öffentlichen Angelegenheiten den Bürgern nicht garantiert ist.

Leicht ist es, die Folgen abzuschätzen, welche Unkenntnis und Vergessen der Amerikanischen Revolution gezeitigt haben, sehr viel schwerer aber, die geschichtlichen Ursachen zu bestimmen, die dafür verantwortlich gemacht werden können. Man hat oft und gerade in jüngster Zeit in überzeugender Weise darzutun versucht, daß es der »amerikanischen Mentalität« eigentümlich sei, sich um »Philosophie« – womit nicht mehr als Theorie überhaupt gemeint ist – nicht zu kümmern, und daß gerade die Revolution kein Produkt einer »Bücherweisheit« oder allgemeiner der Aufklärung war, sondern unmittelbar aus den »praktischen Erfahrungen« der Kolonialperiode erwachsen ist. Dies ist die These von Daniel Boorstin, einem der besten und klügsten Kenner amerikanischer Geschichte, und sie wirkt so überzeugend, weil sie mit Recht den größten Nachdruck auf die große Rolle kolonialer Erfahrungen für das Gelingen der Revolution und die Gründung der Republik legt.[1] Und dennoch erweist sich diese These bei näherem Zusehen nicht als unbedingt stichhaltig. Zwar ist nicht zu bestreiten, daß die gründenden Väter, auch sie natürlich von der englischen Tradition geprägt, auf philosophische Allgemeinheiten mit dem größten Mißtrauen reagierten. Dennoch fällt bereits bei einer oberflächlichen Bekanntschaft mit ihren Schriften auf, wie sehr sie an Kenntnis »antiker und moderner Weltklugheit« ihren Kollegen in der Alten Welt überlegen waren, ja daß man auch in unmittelbar praktischen Fragen hier viel geneigter war, zu Büchern zu greifen, als in Europa. Und die Bücher, in denen sie sich nach Antworten auf ihre Fragen umtaten, waren genau die gleichen, welche damals den herrschenden Einfluß auf das europäische Denken ausübten. Zweifellos wußte man in Amerika bereits aus eigenster Erfahrung, was es hieß, Anteil zu haben an öffentlichen Angelegenheiten, als die Gebildeten Europas sich davon noch mühsam durch das Ausdenken von Utopien oder das »Stöbern in der Geschichte des Altertums« eine Vorstellung zu machen versuchten; um so erstaunlicher ist, daß die amerikanische Realität und der europäische Traum sich inhaltlich so weitgehend deckten. Schließlich kann weder die Geschichts- noch die politische Wissenschaft an dem politisch ausschlaggebenden Faktum vorbei, daß in nahezu dem gleichen historischen Augenblick auf beiden Seiten des Atlantik Monarchien durch Republiken ersetzt wurden.

Es ist also unbestreitbar, daß Büchergelehrsamkeit und begriffliches Denken, und zwar auf einem sehr hohen Niveau, das Gebäude der amerikanischen Republik errichtet haben; nur ist es ebenso unbestreitbar, daß dieses Interesse an politischer Theorie und Begrifflichkeit sofort danach erlahmte und schließlich ganz von der politischen Bildfläche verschwand.² Ich bemerkte bereits, daß ich nicht der Meinung bin, daß man dieses Versiegen theoretischen Interesses auf das Konto des »Genius« amerikanischer Geschichte buchen kann, sondern daß umgekehrt der Mangel an theoretischer Klarheit eine der Hauptursachen für die weltpolitische Sterilität der Amerikanischen Revolution gewesen ist. So möchte ich auch annehmen, daß der ungeheure Einfluß, den die Französische Revolution trotz ihres Scheiterns auf den Gang der Weltgeschichte gehabt hat, nicht zum wenigsten jenen außerordentlichen Denkern, Philosophen und Theoretikern zu verdanken ist, die jenes große geschichtliche Geschehen immer wieder überdachten und begrifflich zu verstehen trachteten. Jedenfalls haben sie die Tatsachen selbst im Bewußtsein der Menschheit lebendig erhalten, während der fatale Gedächtnisschwund in bezug auf die Amerikanische Revolution sich direkt aus dem verhängnisvollen Versagen des nachrevolutionären Denkens in Amerika ergibt.³

Denn wenn es wahr ist, daß alles Denken mit Andenken anhebt – dem andenkenden Nachhängen eines Wirklichen –, so ist nicht weniger wahr, daß kein Andenken gesichert sein kann, das nicht durch den Prozeß begrifflicher Klärung und Verdichtung gegangen ist, auf Grund deren es weiterwirken und sich entfalten kann. Die Erfahrungen selbst und sogar die Geschichten, die aus dem Zusammenhandeln der Menschen natürlicherweise entstehen, fallen der gleichen Vergänglichkeit anheim, die das Schicksal des lebendigen Worts und der lebendigen Tat ist, es sei denn, sie werden wieder und wieder besprochen. Nichts als dieses unaufhörliche Gespräch unter den Menschen rettet die menschlichen Angelegenheiten aus der ihnen inhärenten Vergänglichkeit; aber auch dieses Gespräch verfällt wieder der Vergänglichkeit, wenn sich schließlich aus ihm nicht geprägte Begriffe ergeben, die dem weiteren Denken und Andenken als Wegweiser dienen können.⁴ Jedenfalls hat die Aversion gegen begriffliches Denken in Amerika zur

Folge gehabt, daß die gesamte Deutung amerikanischer Geschichte von Tocqueville an unter den Einfluß von Begriffen und Theorien geraten ist, deren Erfahrungsquellen aus anderen geschichtlichen Zusammenhängen stammen. Bis schließlich in unserm Jahrhundert kaum ein anderes Land sich als so anfällig für jeden modischen Humbug gezeigt hat, den nicht der »Untergang des Abendlandes«, wohl aber der Zerfall des europäischen politischen und gesellschaftlichen Systems nach dem Ersten Weltkrieg heraufgespült hat. Die eigentümlichen Übertreibungen und oft auch Verzerrungen von pseudowissenschaftlichem Unsinn, besonders in Soziologie und Psychologie, die sich in den letzten Jahrzehnten so charakteristisch breitgemacht haben, mögen unter anderem auch der Tatsache zuzuschreiben sein, daß diese Theorien durch die Überquerung des Atlantik selbst die dürftige Realitätsbasis verloren, die sie ursprünglich besessen hatten, um dann gewissermaßen ganz und gar den Verstand zu verlieren. Andererseits beweist aber vielleicht diese seltsame Anfälligkeit des Landes für verstiegene Ideen und an den Haaren herbeigezogene Theorien einfach, daß der menschliche Geist eben Begriffe braucht, wenn er überhaupt funktionieren soll; in der Not frißt der Teufel Fliegen. Es scheint mir keine Frage, daß sich in diesen oft phantastisch anmutenden Scharlatanerien auch ein echtes Bedürfnis kundtut.

Auf der Hand jedenfalls liegt, daß in diesem Versagen von Denken und Andenken der revolutionäre Geist des Landes verlorengegangen ist. Was natürlich nicht heißen soll, daß die Tradition der Französischen Revolution – die einzige revolutionäre Tradition, die es überhaupt gibt – diesen Geist, nämlich die Prinzipien, die ursprünglich beide Revolutionen gleichmäßig inspirierten, besser bewahrt hätte als die liberalen, demokratischen und zumeist ausgesprochen antirevolutionären Tendenzen amerikanischen politischen Denkens.[5] In der Sprache des achtzehnten Jahrhunderts heißen diese Prinzipien öffentliche Freiheit, öffentliches Glück, öffentlicher Geist. Davon ist kaum mehr übrig geblieben als ein waches Bewußtsein für die Sicherung der Grundrechte, die Sorge um das private Wohlergehen der größten Zahl, das Wissen um die ungeheure Macht der öffentlichen Meinung in einer egalitären, demokratischen Gesellschaft und die Fähigkeit, sich, wenn es sein muß, unbekümmert gegen die eigene Regierung zu stellen, *pressure groups* zu bilden und äußersten Falles den Gehorsam zu verweigern. Das ist gewiß erheblich mehr als nichts, aber es bedeutet doch eine traurige Verkümmerung und Deformation dessen, was es einmal hier wirklich gab. Und diese Verwandlung entspricht genau den Folgen des Eindringens der Gesellschaft in den öffentlichen Bereich: Es ist, als hätte man politische Prinzipien in gesellschaftliche »Werte« transformiert.

Diese Transformation gerade war in den Ländern, die unter den Einfluß der Französischen Revolution gerieten, nicht möglich. Die Revolutionäre, die in die Schule Frankreichs gingen, erfuhren, daß die frühen Prinzipien der Revolution in einem nackten Machtkampf der Gewalt und der Not zum Opfer gefallen waren, und sie glaubten, diese Lektion eben besage, daß die Prinzipien durch die Revolution in ihrer wahren Gestalt entlarvt worden wären – als ein Haufen schwärmerischen Unsinns. Diesen »Quatsch« als kleinbürgerliche Vorurteile anzuprangern lag um so näher, als es ja stimmte, daß die Gesellschaft ebendiese Prinzipien monopolisiert und in »Werte« pervertiert hatte. Unter dem ungeheuren Druck der sozialen Frage, angesichts eines verzweifelten Massenelends, das durch die Revolution befreit werden würde, konnten sie vielleicht gar nicht anders, als sich an den gewalttätigsten Ereignissen der Französischen Revolution zu orientieren, in der vagen Hoffnung, daß man mit Gewalt der Armut schließlich Herr werden würde. Diese Hoffnung war eitel wie alle Hoffnungen, die aus der Verzweiflung geboren sind. Sie konnten sie nur hegen, weil sie sich nicht eingestanden, daß aus dem Gang der Französischen Revolution nichts klarer hervorgeht, als daß der Schrecken nicht der Armut, wohl aber der Revolution Herr wird; denn das hätte bedeutet, daß man eine Revolution, die Neugründung eines politischen Körpers, nicht wagen kann, solange es Massenelend gibt.

Nichts vielleicht kennzeichnet charakterlich den Unterschied zwischen den Männern der Revolutionen des achtzehnten und den Revolutionären des neunzehnten und zwanzigsten Jahrhunderts eindeutiger als dieser unüberhörbare Unterton erbitterter Verzweiflung. Und in dem Maß, in dem die Verzweiflung stieg, steigerte sich auch die Zahl der Desperados, die die Sache der Revolution zu der ihren machten – jener »unhappy species of the population . . ., who, during the calm of regular government, are sunk below the level of men; but who, in the tempestuous scenes of civil violence, may emerge into the human character, and give a superiority of strength to any party with which they may associate themselves«[6]. Wenden wir diese so wahren Worte Madisons auf den Stand der Dinge in Europa an, so müssen wir hinzufügen, daß diese »Unseligen« nur darum in Zeiten der Revolution wieder »menschliche Gestalt« annehmen konnten, weil hinter ihnen die echte Verzweiflung der Besten stand, die ja doch nach der Katastrophe der Französischen Revolution wußten und wissen mußten, wie schlecht ihre Sache stand, und ihre Ehre darein setzten, eine verlorene Sache nicht aufzugeben. Will man ihre Motive wissen, so müßte man wohl an erster Stelle das leidenschaftliche Mitleid nennen, die nie aussetzende Empörung über die Ungerechtigkeit der bestehenden Verhältnisse; aber an zweiter Stelle dürfte wohl gleich der ihnen nur selten bewußte Instinkt stehen, daß nämlich, mit den Worten John Adams' zu reden, es nicht die Ruhe ist, die den Menschen befriedigt, sondern das Handeln. In diesem Sinne muß man noch Tocquevilles Ausspruch verstehen: »In Amerika hat man die Meinungen und die Leidenschaften der Demokratie; in Europa haben wir immer noch die Leidenschaften und die Meinungen der Revolution«[7], ein Ausspruch, der kurioserweise auch heute noch eine Spur von Wahrheit enthält. Aber dieses Gemisch von Leidenschaft und Meinung, so fanatisch es auch in Europa auftreten mag, hat mit dem eigentlich revolutionären Geist kaum etwas zu tun. Solche Stimmungen kennen wir bereits aus der Französischen Revolution, wo sie das Ihrige dazu beitrugen, den ursprünglichen Geist dieser Revolution zu ersticken und den Prinzipien von öffentlicher Freiheit, öffentlichem Glück und öffentlichem Geist den Garaus zu machen.

Leider muß man zugestehen, daß diese Worte heute ihren Klang verloren haben und daß unsere Anleihen bei einem Vokabular, das nicht nur zwei Jahrhunderte zurückliegt, sondern auch bereits vor den Revolutionen geprägt war, uns nicht zu einer gültigen begrifflichen Bestimmung des eigentlich revolutionären Geistes verhelfen werden. Die Schwierigkeiten, die diesem Unternehmen im Wege stehen, lassen sich, allgemein gesprochen, etwa wie folgt umreißen: Da jede Revolution zumindest der Intention nach in einem Gründungsakt gipfelt, sind in ihr zwei Faktoren zu unterscheiden, die scheinbar miteinander im Widerstreit liegen. Der Gründungsakt, der über die neue Staatsform entscheidet, impliziert die äußerste Achtsamkeit auf die Stabilität und Dauerhaftigkeit des neuen Gebildes; aber die Erfahrung, die denen zuteil wird, die an diesem ernsten und schweren Geschäft beteiligt sind, ist ganz anderer Natur. Sie sind sich vor allem der hohen Lust bewußt, welche die menschliche Fähigkeit, einen neuen Anfang zu setzen, unwiderstehlich erzeugt, der lebendigen Freude, die alles Neue begleiten muß, wenn es zum Segen ausschlagen soll; es ist im Grunde die gleiche Freude, mit der wir jede Geburt willkommen heißen. Vielleicht zeigt sich gerade daran, daß für uns die Sorge um Stabilität und Dauerhaftigkeit und der Geist des Neuen in Gegensätzliches auseinanderfallen – das sich dann im Politischen als der Gegensatz zwischen Konservatismus und fortschrittlichem Liberalismus verfestigt –, wie wenig wir mit dem Erbe der Revolutionen anzufangen wissen. So steht ein gut Teil unserer politischen Diskussionen immer noch in dem Bann jener Ideologien, die samt und sonders zwar nicht direkt aus den Revolutionen selbst stammen, wohl aber aus ihnen als ihre mehr oder minder unmittelbaren, unheilvollen Folgen ableitbar sind. Es läßt sich schließlich nicht gut übersehen, daß unser politisches Vokabular, sofern es nicht einfach auf das griechische und römische Altertum zurückgeht, von den Revolutionen des achtzehnten Jahrhunderts geprägt ist. Sofern also unsere gegenwärtige politische Terminologie überhaupt »modern« ist, ist sie revolutionären Ursprungs. Und was ist auffallender an dieser modernen, revolutionären Terminologie als der an Gegensätzen orientierte Begriffsapparat – die Rechte und die Linke, reaktionär und fortschrittlich, konservativ und liberal, und wie sie sonst noch heißen mögen? Daß diese Denkgewohnheiten sich erst im Gefolge der Revolutionen entwickelt haben, läßt sich an der Entwicklung älterer Begriffe, die in der Revolution einen Bedeutungswandel erfuhren, illustrieren; so sind z.B. die Begriffe Demokratie und Aristokratie nahezu ebenso alt wie unser politisches Denken überhaupt. Aber daß Demokraten und Aristokraten sowohl in einen politischen wie einen begrifflichen Gegensatz zu stehen kommen, ist nicht älter als die Revolutionen. Natürlich ist es weder zufällig noch sinnlos, daß solche Gegensätze sich im Verlauf der

Revolutionen zumindest ansatzweise bildeten, aber entscheidend bleibt doch, daß sie im Gründungsakt selbst sich nicht gegenseitig ausschlossen und gleichsam bis aufs Messer befeindeten, sondern im Grunde zwei Seiten der gleichen Sache darstellten, und daß erst, als die Revolutionen in Sieg oder Niederlage an ihr Ende geraten waren, diese beiden Seiten in Gegensätze auseinanderfielen, sich in Ideologien verhärteten und einander die böseste Feindschaft ansagten.

Im Sinne dieser Überlegungen kann der Versuch, des verlorenen Geistes der Revolutionen begrifflich wieder habhaft zu werden, nur bedeuten, daß wir beginnen müssen, das, was wir gewohnt sind als Gegensätze und Sich-Widersprechendes zu verstehen, wieder zusammenzudenken. Zu diesem Zweck wenden wir den Blick nochmals zurück zu jenen Denkern und Theoretikern, die die Revolution nur vorbereiten halfen, weil sie dem neu erwachten leidenschaftlichen Interesse an öffentlichen Angelegenheiten das Wort sprachen, ohne doch so etwas wie eine Revolution vorauszusehen oder zu wünschen. Unter ihnen wiederum sind in unserem Zusammenhang James Harrison und Montesquieu bedeutsamer als Locke und Rousseau. Denn was an dem vorrevolutionären politischen Denken der Neuzeit so außerordentlich auffallend ist, ist die allenthalben zum Ausdruck kommende Sorge um Dauerhaftigkeit und Stabilität eines religiös emanzipierten, rein weltlich gesicherten Bezirks, zumal diese Sorge in flagrantem Widerspruch zu dem allgemeinen Geist der Neuzeit steht, wie er sich in den Wissenschaften, Künsten und selbst in der modernen Philosophie äußerte, wo man sich allenthalben über den Wert des Neuen als solchen einig war. Wenn also der Geist der Neuzeit in allen rein »geistigen« Belangen daran zu erkennen ist, daß das Prozeßdenken in ihnen herrschend wird und alles in eine unabsehbare Bewegung des »Fortschreitens« reißt, so äußert sich der moderne politische Geist gerade umgekehrt in dem tiefen Mißtrauen gegen einen Gang der Welt, in dem Reiche in ständigem Wechsel auf- und untergehen, also gegen einen Prozeß, den alles vormoderne politische Denken seit dem Beginn des Christentums und dem Untergang des Römischen Reichs für unabänderlich gehalten hatte. Jetzt, als die Dinge sich wirklich radikal zu ändern begannen, ist es, als hätte den Zeitgenossen nichts mehr am Herzen gelegen, als einen festen, unveränderlichen Rahmen zu schaffen, in dem das Neue seinen Platz gewinnen konnte.

So entsteht auch der große neue Enthusiasmus für Republiken in dem vorrevolutionären Denken der Neuzeit keineswegs aus dem Wunsch, den Adel abzuschaffen und eine egalitäre Gesellschaft zu errichten (das Mißverständnis, die Begriffe, Republik und Demokratie gleichzusetzen, macht sich erst im neunzehnten Jahrhundert breit), sondern entstammt der Überzeugung von der Langlebigkeit und Stabilität der Republik als Staatsform. Dies ist auch der Grund, warum das siebzehnte und achtzehnte Jahrhundert gerade Sparta und Venedig eine, wie uns scheinen will, ganz unverdient große Hochachtung zollten; obwohl man damals in der ja nicht gerade sehr empfehlenswerten Geschichte dieser beiden Stadtstaaten keineswegs unbewandert war, überwog ihr Ruf, die langlebigsten Staaten gewesen zu sein, alle anderen Bedenken. Aus dieser Stimmung stammt noch die seltsame Vorliebe der Männer der Revolutionen für einen »Senat«, ein Wort, das sie für Institutionen in Anspruch nahmen, die nicht das geringste mit dem römischen oder selbst venezianischen Modell zu tun hatten, und zwar nur weil es für sie zum Inbegriff einer auf Autorität beruhenden Dauerhaftigkeit geworden war.[8] Und wenn wir uns die bekannten Einwände der gründenden Väter gegen die Demokratie als Staatsform näher ansehen, so fällt sofort auf, daß sie kaum je sich um ihren egalitären Charakter bekümmern, dafür aber um so heftiger darauf bestehen, daß Geschichte und Theorie des Altertums den turbulenten Charakter der Demokratie bewiesen hätten und damit ihre Instabilität. Daß Demokratien im allgemeinen »as short in their lives as violent in their deaths«[9] gewesen seien, war für sie ein Todesurteil, denn damit hingen auch der Wankelmut der Bürger, der Mangel an Sinn für öffentliche Angelegenheiten, die Neigung, von Stimmungen und Emotionen hin und her gerissen zu werden, aufs engste zusammen. »Nothing but a permanent body can check the imprudence of democracy.«[10]

Das Wort »Demokratie« bezeichnete im achtzehnten Jahrhundert eine Staatsform, also weder eine Ideologie noch eine Stellungnahme für die unteren Klassen. Als Grund für die nahezu einhellige Ablehnung dieser Staatsform wird immer wieder die Verdrängung der Vernunft durch die Leidenschaft, bzw. des echten öffentlichen Geistes durch die öffentliche Meinung, geltend gemacht, deren pervertierter Charakter sich deutlichst in der Einmütigkeit der gesamten Bürgerschaft zeigte: denn »solange Menschen sich ihrer Vernunft in Freiheit und ohne Überhitzung bedienen, wenn sie über eine Anzahl verschiedener Fragen nachdenken, werden sie sich unvermeidlich verschiedene Ansichten bilden. Hat sich aber eine ihnen allen gemeinsame Leidenschaft ihrer bemächtigt, so werden ihre Meinungen, wenn man das überhaupt noch Meinung nennen kann, die gleichen sein.«[11] Diese Bemerkung Madisons ist in mancher Hinsicht der Aufmerksamkeit wert. Da sollte man von der im Zeitalter der Aufklärung geläufigen Entgegensetzung von Vernunft und Leidenschaft absehen, weil sie nicht geeignet ist, uns über das große Thema des Zusammenstimmens der menschlichen Fähigkeiten aufzuklären, obwohl sie immerhin das für sich hat, daß in ihr der Wille aus dem Spiel bleibt, dieser vertrackteste und gefährlichste aller modernen Begriffe und Unbegriffe.[12] Entscheidend in unserem Zusammenhang ist etwas ganz anderes. Madisons Aussage deutet zum mindesten an, daß Meinungsfreiheit und Herrschaft einer einmütig vertretenen öffentlichen Meinung schlechterdings unvereinbar sind, daß es keine echte Meinungsbildung geben kann, wo alle Meinungen zusammenfallen. Kein Mensch kann sich eine eigene Meinung bilden, ohne sich auf andere Meinungen einzulassen und sie an ihnen auszuprobieren; woraus sich ergibt, daß die Herrschaft der öffentlichen Meinung sogar die Meinungsbildung der wenigen gefährdet, die imstande sind, ihr zu widerstehen. Hieraus erklärt sich auch, warum die Opposition in einer von den Volksmassen unterstützten Zwangsherrschaft gemeinhin so merkwürdig steril und rein negativ anmutet. Daran ist nicht nur und nicht einmal primär die Macht der Vielen schuld, welche die Stimm- und Denkstärke der wenigen zur Ohnmacht verurteilt, sondern vor allem die einfache Tatsache, daß eine einmütige öffentliche Meinung automatisch eine einmütige Opposition erzeugt, um auf diese Weise wirkliche Meinungsbildung überall zu ersticken. Aus diesem Grunde war für die gründenden Väter eine Herrschaft, die sich auf die öffentliche Meinung stützt, zu Recht eine Art Tyrannis, und sie hielten daher die Demokratie lediglich für eine Abart des Despotismus. Sie hatten in der Tat einen wahren Abscheu gegen die Demokratie als Staatsform, aber nicht weil auch sie in der uralten Furcht vor ausschweifender Willkür oder der Zwietracht des Parteienkampfes gefangen waren, sondern weil sie vor der fundamentalen Labilität eines Regierungssystems zurückschreckten, in dem der Geist des Öffentlichen untergegangen war in einem Meer einmütiger »Leidenschaften«, volkserhebender Gefühle und patriotischer Redensarten.

Die Institution, die ursprünglich dazu bestimmt war, solche »demokratischen« Tendenzen zu kontrollieren und möglichst zu unterbinden, war der Senat. Im Unterschied zu der Einführung der Gerichtsbarkeit als eine der drei Regierungsgewalten, die schon früh als »der einzigartig neue Beitrag Amerikas zur Staatswissenschaft« verstanden wurde[13], ist die merkwürdige Einmaligkeit des amerikanischen Senats niemandem recht aufgefallen, sei es, daß man hier nur den Rückgriff auf antike Vorbilder sah, sei es, daß man ihn als Oberhaus automatisch mit dem englischen House of Lords identifizierte. Daß in einem Lande ohne Erbadel und in einer Republik, die aufs nachdrücklichste das Führen adliger Titel verboten hatte, eine solche Nachahmung schlechterdings sinnlos gewesen wäre, liegt auf der Hand; und nichts hat den Gründern der Republik wohl ferner gelegen, als auf das House of Lords zurückzugreifen.[14] Sie gingen vielmehr von höchst originellen Einsichten in die Rolle der Meinungsbildung im Staatsapparat aus, als sie beschlossen, das Unterhaus, in welchem »die Vielheit der Interessen« ihre legitime Repräsentation findet, durch ein Oberhaus zu ergänzen, das ausschließlich der Meinungsrepräsentation dienen sollte, weil von der Meinung, welche die Bürger von ihrer Regierung und den öffentlichen Angelegenheiten haben, »jede Regierung letztlich abhängt«[15]. Vielheit der Interessen und Mannigfaltigkeit der Meinungen wurden allgemein für das Kennzeichen einer »freien Staatsform« gehalten, und ihre öffentliche Repräsentation war das Merkmal der Republik im Unterschied zur Demokratie, wo »eine kleine Zahl von Bürgern ... sich zusammentut und persönlich die Regierung ausübt«. Aber für die Männer der Revolution war das Repräsentationssystem erheblich mehr als ein technischer Notbehelf für große Bevölkerungsmassen, die nicht mehr direkt an den Regierungsgeschäften beteiligt werden können. Die Repräsentation, d. h. die Begrenzung auf einen kleinen, gewählten Kreis von Bürgern, sollte vor allem einer

Reinigung sowohl des Interesses wie der Meinungsbildung dienen, sie sollte vor »der Verwirrung der Menge« Schutz gewähren.

Seit Marx ist es üblich, Interesse und Meinung, über deren Relevanz für den politischen Bereich natürlich kein Zweifel besteht, so eng aneinander zu koppeln, daß die Meinung als eine Funktion des Interesses erscheint. In Wahrheit handelt es sich hier um zwei grundsätzlich voneinander geschiedene politische Phänomene. Interessen sind politisch nur als Gruppeninteressen von Bedeutung, und für ihre Bereinigung genügt es, wenn ihr partieller Charakter, Teile eines Ganzen zu sein, gewahrt wird, so daß keines dieser Gruppeninteressen je herrschend werden kann, auch nicht als das Interesse der Mehrheit. Meinungen dagegen können sinngemäß niemals die Meinungen von Gruppen, sondern immer nur von Einzelnen sein, sofern sie sich »ihrer Vernunft in Freiheit und ohne die Hitze der Leidenschaft«, welche das Interesse oder auch das bloße »Gefühl« entfacht, bedienen. Keine Menge, ob sie nun als Teilgruppe auftritt oder vorgibt, die Gesellschaft im ganzen zu vertreten, ist je fähig, sich eine Meinung zu bilden. Meinungen entstehen nur, wo Menschen frei miteinander Verkehr pflegen und das Recht haben, ihre Ansichten öffentlich kundzutun; und diese Ansichten in ihrer schier unendlichen Mannigfaltigkeit bedürfen in der Tat auf das dringendste einer Reinigung und einer Vertretung. Ursprünglich war der Senat als das Medium gedacht, durch welche alle öffentlichen Ansichten erst einmal hindurchgehen müssen, um auf ihre politische Tragfähigkeit geprüft zu werden.[16] Denn wiewohl nur Einzelne sich eine Meinung bilden können und diese Meinung daher auch immer gleichsam ihr Eigentum bleibt, so kann doch kein Einzelner – ob er nun im Besitz der Weisheit der Philosophen ist oder des göttlichen Lichts der Vernunft, das der Aufklärung zufolge allen Menschen eignet – je der Aufgabe gewachsen sein, die von allen Seiten auf ihn einstürmenden Meinungen zu sichten, das Willkürliche oder rein individuell Bedingte auszuscheiden und nur die Meinungen an die Öffentlichkeit zu lassen, die eine gewisse Gültigkeit beanspruchen dürfen. Denn »die Vernunft des Menschen wie der Mensch selbst ist zaghaft und ängstlich, solange sie sich selbst überlassen bleibt, und erwirbt Festigkeit und Selbstvertrauen, je größer die Zahl derer ist, mit denen sie sich verbinden kann«[17]. Meinungen entstehen und bewähren sich in einem Prozeß allseitigen Meinungsaustausches, und eine Vermittlung ihrer Verschiedenheiten und Konflikte kann daher am besten zustande kommen, wenn man sie durch das Medium einer Körperschaft leitet, deren Glieder für diesen Zweck besonders ausgewählt sind. Nicht, daß diese Meinungsrepräsentanten – die Senatoren – nun selbst, als Einzelne genommen, »weise« oder weiser als ihre Mitbürger wären, aber sie sind doch gewählt und in einer Institution versammelt, deren Sinn es ist, der möglichen Weisheit in öffentlichen Angelegenheiten eine Stätte im politischen Leben zu sichern; und die Institution selbst trägt den Bedingungen der Fehlbarkeit und Fragwürdigkeit menschlicher Weisheit Rechnung.

Entdeckt wurde die Rolle der Meinung im politischen Bereich im allgemeinen und im Staatsapparat im besonderen im Verlauf der Revolution. Das ist natürlich nicht weiter überraschend. Denn was könnte wohl deutlicher demonstrieren, wie sehr alle Autorität letztlich auf Anerkennung, also auf »Meinung« beruht, als der Augenblick, in dem, plötzlich und von niemandem erwartet, der Gehorsam gekündigt wird und eine Revolution ausbricht? Dies ist vielleicht der dramatischste Augenblick in allem politischen Geschehen, der zweifellos unter anderem auch der Demagogie aller Art Tor und Tür öffnet. Aber was besagt gerade auch die Rolle der Demagogie in Revolutionen anders, als daß in Wahrheit eben alle Regierungen »auf Meinung beruhen«? Denn verglichen mit der Vernunft ist menschliche Macht nicht nur »zaghaft und ängstlich, solange sie sich selbst überlassen bleibt«, sie ist überhaupt nicht vorhanden, wenn sie sich nicht auf andere stützen kann. Macht, institutioneller oder persönlicher Art, verdankt niemand sich selbst, sie ist immer denen geschuldet, die sie unterstützen. Der mächtigste König und der skrupelloseste Tyrann sind gleichermaßen ohnmächtig, wenn der Gehorsam verweigert wird, d.h. wenn niemand sie mehr unterstützt; Gehorsam und Unterstützung sind, politisch gesprochen, das gleiche. Die politische Bedeutung der Volksmeinung – die Tatsache nämlich, daß aller Gehorsam im Grunde auf Meinung beruht – konnte man gleichermaßen an der Französischen wie an der Amerikanischen Revolution ablesen, aber entscheidend ist, daß nur die amerikanischen Revolutionäre sofort darangingen, für diese neueste politische Erfahrung eine neue, permanente Institution zu errichten, in welcher der Repräsentation von Meinungen in dem neugebildeten Staats- und Regierungsapparat eine hervorragende Stellung angewiesen wurde. Dies allein sollte genügen, uns von dem hohen Niveau politischer Produktivität dieser Revolution zu überzeugen. Denn was geschieht, wenn man die Meinungen sich selbst überläßt, um sie dann in kritischen Momenten einfach zugunsten einer »herrschenden Meinung« zu unterdrücken, hat sich nur zu deutlich in der Französischen Revolution und all den anderen in ihrem Gefolge erwiesen. Es entsteht erst ein Meinungschaos, das sich fern aller Vernunft unter dem Druck eines außerordentlichen Notstands in eine Reihe miteinander in bitterster Feindschaft stehender Massenhysterien kristallisiert, die alle nur auf den »starken Mann« warten, der sie endlich erlösen wird, indem er aus ihren Elementen über Nacht jene nicht minder hysterische einstimmige »öffentliche Meinung« fabriziert, die der Tod aller Meinungen ist. Technisch gesprochen, ist die Alternative zu einer gereinigten und repräsentierten Vielfalt von Meinungen das Plebiszit, das in der Tat aufs genaueste der Herrschaft der öffentlichen Meinung entspricht. Und genau wie die öffentliche Meinung in Wahrheit der Tod aller Meinungen und Meinungsbildung ist, so ist das Plebiszit der Tod des Wahlrechts, auf Grund dessen die Bürger zum mindesten das Recht haben, die Regierung zu wählen und sie zu kontrollieren.

So steht die Institution des Senats, wie wir sie aus Amerika kennen, an Originalität in nichts der Institution der obersten Gerichtshöfe nach, durch welche alle politischen und gesetzgeberischen Akte noch einmal der Kontrolle durch das Landesgesetz unterworfen sind. Theoretisch bleibt noch anzumerken, daß in diesen beiden Errungenschaften der Revolution – in der Errichtung permanenter Institutionen für Meinungsbildung im Senat und für Urteilsfindung im Höchsten Gerichtshof – die gründenden Väter die ihnen eigentümliche vorrevolutionäre Begriffssprache weit hinter sich ließen; liest man diese in Deutschland leider so gut wie unbekannten Texte, so ist man immer wieder erstaunt zu sehen, wie eine unbefangene, unmittelbar realitätsbezogene Reaktion auf ein so großes Ereignis ein neues Denken auslösen kann, das dann nur gleichsam darauf wartet, auch die ihm gehörige Begriffssprache zu finden. Denn die drei Hauptbegriffe, um die sich das vorrevolutionäre politische Denken der Neuzeit drehte und die auch für die theoretischen Überlegungen der Revolutionen noch maßgebend blieben, hießen Macht, Leidenschaft und Vernunft: Die Macht des Staates sollte die gesellschaftlich und ökonomisch bedingten Leidenschaften unter Kontrolle halten, um dann ihrerseits nochmals durch die Vernunft der Staatsmänner und aller Bürger, die an den öffentlichen Angelegenheiten Anteil nehmen, kontrolliert zu werden. In diesem Schema gehören Meinungsbildung und Urteilskraft zweifellos zu den Obliegenheiten der Vernunft, aber der springende Punkt ist, daß diese beiden politisch ausschlaggebenden rationalen Vermögen des Menschen in der Tradition philosophischen wie politischen Denkens kaum beachtet worden waren. Natürlich waren es nicht theoretische oder philosophische Interessen, die den Männern der Revolution die Relevanz dieser Vermögen ins Bewußtsein riefen, wiewohl es nicht ausgeschlossen ist, daß sie eine dunkle Vorstellung von der radikalen Meinungsabwertung hatten, die seit Parmenides und Plato die philosophische Tradition des Abendlandes beherrscht und der zufolge nicht so sehr Irrtum oder Lüge wie das bloße Meinen als der Gegensatz der (philosophischen) Wahrheit erscheint. Keinesfalls aber haben sie je bewußt versucht, den Rang und die Würde der Meinung als eines Vermögens menschlicher Vernunft ausdrücklich geltend zu machen. Und das gleiche gilt für die Urteilskraft, über deren Wesen und erstaunlich weiten Aktionsradius im Bereich menschlicher Angelegenheiten wir erheblich mehr von Kant als von den Männern der Revolutionen lernen können. Denn was die gründenden Väter befähigte, aus ihrem engen und traditionsgebundenen Begriffskreis auszubrechen, war nichts als der leidenschaftliche Wille, der neuen Gründung Stabilität und Dauerhaftigkeit zuzusichern, woraus sich ergab, daß sie für jeden wirklich zentralen Faktor im politischen Leben eine ihm entsprechende »dauerhafte Institution« zu entwerfen hatten.

Was also in den Revolutionen zur Sprache und zur Aktion gelangte, ist die für die Neuzeit so bezeichnende Hoffnung auf eine Stabilisierung der irdischen Verhältnisse, diese immer wieder hervorbrechende Sehnsucht nach einem *perpetual state*, wie die Kolonisten zu sagen pflegten, der auch einer weit in die Zukunft geplanten Nachkommenschaft noch sichere Behausung bieten würde. Diese Hoffnungen und Anliegen haben so gut wie nichts mit den späteren berüchtigten Sicherheitsbedürfnissen der Bourgeoisie zu tun, die so eifrig bestrebt war, Kindern und Kindeskindern das arbeitslose Einkommen zu sichern. Hier handelt es sich vielmehr um den ernsthaften Willen, eine Ewige Stadt auf Erden zu errichten, und um die grundsätzliche Überzeugung, daß »ein gut eingerichtetes Gemeinwesen, wenn es nur auf die inneren Verhältnisse ankommt, unvergänglich und unsterblich sein könne wie die Welt«[18]. Gewiß, nichts ist unchristlicher als solche Überzeugung, nichts dem religiösen Geist fremder in all den mannigfachen Verzweigungen durch die Jahrhunderte hindurch, die das Altertum von der Neuzeit scheiden; um etwas diesem Vergleichbares zu finden, müssen wir ins Altertum zurückgehen. Da hören wir denn von Cicero, daß der Tod zwar für den Einzelnen nicht der Sünde Sold ist, daß die Menschen der Strafe häufig entgehen und, weil sie ohnehin sterben müssen, oft nicht adäquat gestraft werden können, da die Todesstrafe ihnen ja nur zufügt, was ihnen ohnehin eines Tages bevorsteht. Bei Staaten aber will es »ein ewiges und unveränderliches Gesetz«, daß der »gleiche Tod, der die Einzelnen von der Strafe zu befreien scheint, ihre Strafe ist; es muß nämlich ein Staat so eingerichtet sein, daß er ewig ist«[19]. Es ist, als nähme das Pauluswort, daß der Tod der Sünde Sold ist, dies Cicerowort noch einmal auf und sagte: Nicht das Leben der Staaten, wohl aber das Leben der Menschen ist potentiell immerwährend; also gilt, was Cicero von den Gemeinwesen gesagt hat, für die einzelnen Menschen. Jedenfalls liest man die Weltlichkeit eines Zeitalters und der in ihm lebenden Menschen am besten daran ab, wieweit die Sorge um den Fortbestand der irdischen Welt den Vorrang hat vor der Sorge um das Seelenheil im Jenseits. Nichts legt für die Weltlichkeit der Neuzeit ein sprechenderes Zeugnis ab, als daß selbst die Frommen in ihr mehr von dem weltlichen Regiment erwarteten, als daß es ihnen die Freiheit sichere, ihr individuelles Seelenheil zu besorgen; auch sie wünschten vielmehr, »eine Regierung zu errichten . . ., die in besserem Einklang mit menschlicher Würde steht . . ., um solch eine Regierung ihrer Nachkommenschaft zu hinterlassen mitsamt den Hilfsmitteln sie für immer zu sichern und zu erhalten«[20]. Bezeichnenderweise hält John Adams dies für das ausschlaggebende Motiv des

Puritanismus in Amerika, und dafür spricht immerhin, daß selbst die Puritaner hier keineswegs mehr damit zufrieden waren, Pilger auf Erden zu sein, sondern sich in jene *Pilgrim Fathers* verwandelten, welche Kolonien gründeten mit Interessen und Ansprüchen, die nicht im Jenseits lagen, sondern höchst weltlicher, diesseitiger Natur waren.

Noch stärker machte sich natürlich dieser Antrieb, dem Vergänglichen eine irdische, unvergängliche Stätte zu bereiten, bei den Männern der Revolutionen und insbesondere bei den amerikanischen Gründern geltend. So nannte Adams die neue »politische Wissenschaft« nur darum »göttlich«, weil in ihr Harringtons »Sorge um den immerwährenden Staat« dazu geführt hatte, »Institutionen, die viele Generationen fortdauern«, zu entwerfen[21], und schließlich fand dieser spezifisch moderne Aspekt der Revolutionen in Robespierres Wort »Der Tod ist der Anfang der Unsterblichkeit« die kürzeste und großartigste Formulierung. Wie ein roter Faden durchziehen solche Erwägungen in sehr viel nüchternerer, sachlicherer Form die Debatten über die Verfassung, in denen Hamilton und Jefferson die entgegengesetzten Positionen beziehen, die aber im Grunde noch zusammengehören. Hamilton meint, daß Verfassungen »ihrem Wesen nach permanent sein müssen und daß sie den möglichen Wechsel der Dinge nicht mit in Rechnung stellen können«[22], während Jefferson zwar auch von »dem soliden Fundament einer freien, dauerhaften und wohlgeordneten Republik« spricht, dabei aber daran festhält, daß »nichts unveränderlich sei außer den unveräußerlichen Menschenrechten, die der menschlichen Natur inhärent sind«, weil nur sie nicht Menschenwerk sind, sondern das Werk des Schöpfers.[23] Und wenn die ganze Diskussion über die Verteilung und Ausbalancierung der Gewalten, die ja den zentralen Punkt der Verfassungsdebatten bildet, zu einem großen Teil noch in den alten Begriffen der Mischverfassung, die monarchische, aristokratische und demokratische Elemente in dem gleichen Gemeinwesen vereinigt, geführt wurde, so nur deshalb, weil man wie im Altertum glaubte, auf diese Weise den Kreislauf des ewigen Wechsels, den Auf- und Untergang der Reiche anhalten und eine unsterbliche Stadt errichten zu können.

Man ist allgemein der Meinung, daß die beiden absolut neuen

Institutionen der amerikanischen Republik, der Senat und das Verfassungsgericht, auch die konservativsten Faktoren im politischen Leben des Landes darstellen, und daran ist auch praktisch kaum zu zweifeln. Die Frage ist nur, ob diese Institutionen, die auf so hervorragende Weise die Stabilität der neuen Republik gesichert und dem modernen Bedürfnis nach Dauerhaftigkeit entsprochen haben, auch imstande waren, den Geist zu konservieren, der während der Revolution selbst manifest geworden war. Dies aber ist offenbar nicht der Fall.

II

Dem Versagen des nachrevolutionären Denkens, der Unfähigkeit, den Geist der Revolution nachträglich begrifflich zu erfassen und zu artikulieren, war das Versagen der Revolution selbst vorangegangen, die für alles Institutionen gefunden hatte, nur nicht für den sich in ihr manifestierenden Geist. Sofern die Revolution nicht in der Katastrophe des Schreckensregiments unterging, fiel ihr Ende mit der Errichtung der Republik zusammen, als der »einzigen Staatsform, die nicht in ständigem offenen oder geheimen Krieg mit den Menschenrechten steht«[24]. Nun stellte sich heraus, daß in dieser Republik erstaunlicherweise kein Platz war für gerade diejenigen Eigenschaften und Tätigkeiten, der sie doch ihre Entstehung verdankte. Dies konnte unmöglich ein einfaches Versehen sein, als hätten diejenigen, die sich so gut darauf verstanden, für die Macht des Gemeinwesens und die Freiheit der Bürger, für Urteilskraft und Meinungsbildung, für Interessen und Rechte Sorge zu tragen, darüber einfach vergessen, was ihnen doch in Wahrheit am meisten am Herzen lag: die Möglichkeiten des Handelns und das stolze Vorrecht, etwas Neues zu beginnen und in die gehörigen Wege zu leiten. Sicherlich konnten sie ihren Nachfolgern dieses Vorrecht nicht gut verweigern wollen, konnten aber andererseits auch nicht gut die Zerstörung des eigenen Werks antizipieren und vorbereiten helfen, obwohl Jefferson, der über dieses Problem mehr nachgedacht hat als irgendein anderer der gründenden Väter, dazu schon beinahe bereit war. Das Problem selbst ist von erstaunlicher Einfachheit und scheint rein logisch schlechthin unlösbar: Wenn mit der Gründung die Revolution ihr Ziel erreicht hat und an ihr Ende gekommen ist, dann ist der Geist der Revolution nicht nur nicht das Neubeginnen, sondern das Beginnen von etwas, das weiteres Neubeginnen erübrigen soll; eine dem Geist des Neubeginnens entsprechende Institution würde gerade die revolutionären Errungenschaften wieder in Frage stellen. Woraus leider zu folgen scheint, daß nichts die revolutionären Errungenschaften mehr gefährdet als eben der Geist, der sie hervorbrachte. Sollte Freiheit, die sich in ihrer erhabensten Form im Handeln manifestiert, der Preis sein, den wir für die Gründung zu zahlen haben? Diese Aporie, daß nämlich das Prinzip öffentlicher Freiheit und öffentlichen Glücks, ohne das keine Revolution auch nur denkbar ist, das Privileg der Gründergeneration bleiben könnte, hat bereits Robespierre in die Irre seiner verwirrenden und verzweifelten Theorien über den Unterschied zwischen einer revolutionären und einer rechtsstaatlichen Regierung geführt, um von da an das geheime Schreckgespenst allen revolutionären Denkens zu werden.

Auf dem amerikanischen Schauplatz jedenfalls hat niemand diesen offenbar unvermeidlichen Defekt in der Struktur der Republik mit größerer Klarheit und leidenschaftlicherer Sorge verfolgt als Jefferson. Hinter den gelegentlichen und manchmal heftigen Ausfällen gegen die amerikanische Verfassung und vor allem gegen diejenigen, die »mit scheinheilig verehrendem Augenaufschlag von Verfassungen sprechen und sie gleich der Bundeslade als ein Allerheiligstes vor jeder Berührung bewahren möchten«[25], spürt man noch deutlich die Empörung über die Ungerechtigkeit, daß es nur seiner Generation vergönnt gewesen sein soll, »die Welt von Neuem zu beginnen«. Mit Paine meinte er, es sei offenbare »Eitelkeit und Arroganz, bis über das Grab hinaus regieren zu wollen«, ganz abgesehen davon, daß dies »die lächerlichste und unverschämteste aller Zwangsherrschaften sei«[26]. Und wenn er scheinbar einlenkend den anderen zuruft: »Wir haben unsere Verfassungen noch nicht so vervollkommnet, daß wir es wagen dürften, sie unveränderlich zu machen«, so fügt er doch gleich in offenbarer Angst vor solch möglicher Vollkommenheit hinzu: »Kann man sie denn unveränderlich machen? Ich glaube nicht«, denn »nichts ist unveränderlich außer den unveräußerlichen Menschenrechten«, und zu ihnen gehört zweifellos das Recht, zu rebellieren und Revolutionen in die Wege zu leiten.²⁷ Als er in Paris von Shays Aufstand in Massachusetts hörte, war er nicht die Spur beunruhigt, obwohl er zugab, daß die Motive in diesem Fall einfach »auf Unkenntnis beruhten«; was ihn nicht hinderte, das Ereignis enthusiastisch zu begrüßen: »Möge Gott uns davor bewahren, daß wir je zwanzig Jahre lang ohne einen solchen Aufstand bleiben!« Ihm ging es nur darum, daß das Volk aus eigener Initiative zu handeln begonnen hatte, nicht darum, ob es nun richtig oder falsch informiert war, ob es politisch recht oder unrecht hatte. Denn »der Baum der Freiheit muß von Zeit zu Zeit mit dem Blut der Patrioten und der Tyrannen begossen werden. Dies ist der Freiheit natürlicher Dünger.«²⁸

Solch ausgesprochen extremistische Stellungnahmen findet man bei Jefferson nur vor dem Ausbruch der Französischen Revolution, das Zitat stammt aus dem Jahr 1787²⁹; gerade darum sind sie geeignet, uns einen Anhaltspunkt zum Verständnis dieser ganzen Problematik zu geben, deren Schwierigkeiten das revolutionäre Denken von Anfang an in verhängnisvolle Bahnen leitete. Es liegt im Wesen der revolutionären Erfahrung, das Phänomen des Handelns metaphorisch im Bilde des Abreißens und Aufbauens zu verstehen. Zwar kannten die Männer der Revolutionen im achtzehnten Jahrhundert noch die Freiheit und das Glück des Öffentlichen aus der Zeit vor der Revolution – sei es, weil sie sie erfahren oder davon geträumt hatten –, aber selbstverständlich löschte das ungeheure Ereignis der Revolution selbst dann in ihnen alle Erfahrungen der Freiheit aus, die sich nicht aus dem aktiven Befreiungsprozeß unmittelbar ergaben. Das eigentlich revolutionäre Pathos lag ja zweifellos im Akt der Befreiung. Sofern sie jedoch über einen positiven Freiheitsbegriff verfügten, der die Vorstellungen von bloßer Befreiung übersteigt, lag es wiederum außerordentlich nahe, ihn im Gründungsakt zu suchen und Freiheit schließlich mit dem Ausarbeiten einer Verfassung überhaupt zu identifizieren. Jedenfalls verlagerte sich bei Jefferson nach den katastrophalen Fehlschlägen der Französischen Revolution, in der gerade die Gewalttätigkeit der Befreiung alle Versuche der Gründung eines Freiheitsraums fehlschlagen ließ, der Akzent deutlich von seiner ursprünglichen Gleichsetzung des Handelns mit Aufstand und Zerstören des Alten auf eine Identifizierung mit Neugründung und Aufbauen. An die Stelle des mit Blut getränkten Freiheitsbaums treten nun Vorschläge, die Verfassung »in bestimmten Zeitabständen zu revidieren«, wobei diese Zeitabstände ungefähr dem Wechsel der Generationen entsprechen sollten. Jede neue Generation, meint er nun, habe »das Recht, selbst die Staatsform zu wählen, von der sie sich die beste Beförderung ihres Glücks verspreche«, was bei der damals waltenden Sterblichkeitsquote besagt hätte, daß man alle neunzehn Jahre mit einer Änderung der Staatsform hätte rechnen müssen. Der Vorschlag ist zu phantastisch, als daß man ihn ernst nehmen könnte, besonders wenn man bedenkt, daß gerade Jefferson schwerlich geneigt gewesen ist, kommenden Generationen das Recht auf eine nichtrepublikanische Regierung zuzugestehen. Worum es ihm eigentlich ging, war keine wirkliche Veränderung der Staatsform und auch keine verfassungsmäßig festgelegte Bestimmung, die Konstitution »mit periodischen Revisionen von Generation zu Generation bis zum Ende der Zeiten« zu tradieren, sondern Mittel und Wege zu finden, durch die jede Generation ihre Repräsentanten auf einem Konvent versammeln könne, um auf diese Weise den Meinungen des gesamten Volkes immer wieder die Möglichkeit zu verschaffen, »sich auf faire, gründliche und friedfertige Weise auszudrücken, sie zur Diskussion zu stellen und durch den Gemeinsinn der Gesellschaft entscheiden zu lassen«[30]. Wie unbeholfen und mißverständlich Jefferson sich gelegentlich ausgedrückt haben mag, was er im Sinne hatte, ist klar: Der Gesamtprozeß des revolutionären Handelns sollte wiederholt werden können, und je nachdem wie er sich dieses Handeln vorstellte und die Akzente verteilte, wollte er vor Errichtung der Republik den Befreiungsprozeß in all seiner Gewalttätigkeit und später den Gründungsprozeß wiederholt sehen.

Nur größte Ratlosigkeit angesichts eines wirklichen Unheils kann erklären, daß ein Mann wie Jefferson, der einen ganz ungewöhnlichen gesunden Menschenverstand in praktischen Fragen so oft unter Beweis gestellt hat, auf den unsinnigen Ausweg verfallen konnte, die Revolution in periodischen Abständen sich wiederholen zu lassen. Selbst in seinen vorsichtigsten Formulierungen, in denen er dies als Allheilmittel gegen »den endlosen Kreislauf von Unterdrückung, Aufstand und Reform« anpreist, würde eine solche periodische Wiederholung entweder den ganzen Staatsapparat immer wieder bis auf den

Grund zerrüttet oder aber den Gründungsakt zur Routine degradiert haben, in der selbst die Erinnerung an das, was er vor allem zu retten suchte – »bis zum Ende der Zeiten, wenn etwas Menschliches so lange währen kann« –, zerrieben worden wäre.

Aber, daß er in einem langen Leben immer wieder auf solche undurchführbaren Pläne verfiel, hatte seinen guten Grund; er war der einzige unter den amerikanischen Revolutionären, der den entscheidenden Fehler der neuen Republik zumindest ahnte: Sie gab zwar dem Volke die Freiheit, aber sie enthielt keinen Raum, in dem diese Freiheit nun auch wirklich ausgeübt werden konnte. Nicht das Volk, sondern nur seine gewählten Repräsentanten hatten Gelegenheit, sich wirklich politisch zu betätigen, was heißt, daß nur sie in einem positiven Sinne frei waren. Und da die Bundes- und die Länderregierungen, diese großartigsten Produkte der Revolution, notwendigerweise alle wirklich entscheidenden politischen Angelegenheiten an sich ziehen und so die alten *townhall meetings*, von denen noch Emerson gesagt hat, sie seien »der einigende Kern der Republik« und die politische »Schule des Volkes«[31], in den Schatten stellen mußten, könnte man sogar auf den Gedanken kommen, daß in der Republik der Vereinigten Staaten weniger Gelegenheit war, sich öffentlicher Freiheit zu erfreuen als in den Zeiten englischer Kolonialherrschaft. Lewis Mumford hat neuerdings darauf hingewiesen, daß die Gründer sich über das politische Gewicht der Dorf- und Stadtgemeinden nie im klaren gewesen sind und daß die Tatsache, daß diese alten Gemeinden weder in die Bundes- noch in die Länderverfassungen inkorporiert wurden, zu den »tragischen Versehen der nachrevolutionären politischen Entwicklung gehört«. Nur Jefferson hat von dem Unheil dieses Versehens zumindest etwas geahnt, er wußte, daß »dem abstrakten politischen System der Demokratie die konkreten Organe fehlten«[32].

Dieses Versäumnis, der Stadtgemeinde und der Stadtversammlung einen angemessenen Platz in der Bundes- und den Länderverfassungen zu sichern bzw. Mittel und Wege zu finden, sie unter radikal veränderten Verhältnissen entsprechend zu transformieren, ist verständlich genug. Das unmittelbare Problem der Gründer war die Frage der Repräsentation; die Volks*vertretung* war die Errungenschaft der Republik gegenüber der Demokratie, alles kam auf die neuen republikanischen

Institutionen an, zumal ja klar war, daß von »direkter Demokratie«, der unmittelbaren Beteiligung des Volkes an den Regierungsgeschäften, ohnehin nicht die Rede sein konnte, schon weil, wie John Selden mehr als hundert Jahre früher bemerkt hatte, um das Entstehen der Parlamente zu erklären, »nicht alle mehr in einen Raum gehen«. In diesem Sinne diskutierte man noch in Philadelphia das Repräsentationsprinzip; es war der beste Ersatz für direktes politisches Handeln durch das Volk selbst. Hieraus folgte, daß die Abgeordneten, an die Wünsche und Instruktionen der Wähler gebunden, keineswegs berechtigt waren, sich ihre Meinung im Verlauf der Diskussion erst zu bilden, wie es doch natürlich in einer Volksversammlung allgemein üblich ist. Dies war die, man möchte sagen, demokratische Repräsentationstheorie der Kolonialzeit.[33] Die Gründer wichen hiervon entscheidend ab, indem sie den Repräsentanten eigenständige Vollmachten zugestanden. Sie machten geltend, daß es in der Praxis unmöglich sei, die Abgeordneten an die Wünsche der Wähler zu binden, und zwar einfach, weil man diese Wünsche nicht in Erfahrung bringen könne. Für eine vernünftige Meinungsbildung bedarf es des Meinungsaustauschs, um sich eine Meinung zu bilden, muß man dabei sein; und wer nicht dabei ist, hat entweder – im günstigen Falle – gar keine Meinung, oder er macht sich in den Massengesellschaften des neunzehnten und zwanzigsten Jahrhunderts aus allen möglichen, konkret nicht mehr gebundenen Ideologien einen Meinungsersatz zurecht. Jedenfalls wies zur Zeit der verfassunggebenden Versammlung James Wilson bereits darauf hin, wie »schwierig es sei, mit auch nur einiger Genauigkeit die Gefühle des Volkes zu kennen«, und Madison erklärte mit größerer Bestimmtheit, daß »kein Mitglied der Versammlung hätte sagen können, was wohl die Meinung seiner Wähler im Augenblick der Wahl gewesen sei, und daß er noch weniger hätte wissen können, was sie wohl gemeint hätten, wenn ihnen die Informationen und Argumente der Abgeordneten zugänglich gewesen wären«[34]. Was lag unter solchen Umständen näher, als der neuen und gefährlichen Theorie von Benjamin Rush zuzustimmen, derzufolge »zwar alle Macht vom Volke stammt, das Volk aber diese Macht nur am Wahltag besitzt, wonach sie Eigentum der Regierenden wird«[35].

Diese wenigen Zitate mögen zeigen, in welchem Ausmaße die ganze

Frage der Volksvertretung, die ja zweifellos seit dem Ausgang des achtzehnten Jahrhunderts zu den kritischsten und beunruhigendsten Problemen moderner Politik gehört, eine Entscheidung über die Würde des Politischen überhaupt impliziert. Die Diskussion pflegt zu unterscheiden zwischen einer Repräsentation als bloßem Ersatz für die direkte Anteilnahme des Volkes und einer Volksvertretung, in der die Abgeordneten, die zwar vom Volke kontrollierte, aber keineswegs bloß stellvertretende, reale Regierungsmacht darstellen. In dieser Fragestellung entsteht ein Dilemma, das unlösbar bleibt. Denn wenn im ersten Fall die gewählten Vertreter so fest durch Instruktionen gebunden sind, daß sie überhaupt nur noch zusammenkommen, um den Willen der Wählerschaft in die Tat umzusetzen, so sind sie bestenfalls die bezahlten Agenten der Wählerschaft, deren Spezialität die Interessenvertretung ist. Vorausgesetzt ist, daß die Geschäfte der Wähler dringender und wichtiger sind als die der Agenten, die man sich hält, weil man es sich aus gleich welchen Gründen nicht leisten kann, sich um öffentliche Angelegenheiten selbst zu kümmern. Die landläufige Verachtung der Politik als Beruf in Demokratien hat hier ihre Wurzel. Wenn dagegen, wie im zweiten Fall, die Vertreter für eine begrenzte Zeit – und ohne Amtswechsel kann man ja nicht mehr von einem Repräsentationssystem sprechen – die legitimen Herrscher des Volkes werden, so heißt das, daß die Wähler eben periodisch zusammentreten, um sich ihrer eigenen Macht zu entledigen, und wir bei der Vorstellung angelangt sind, die Benjamin Rush formulierte. Im ersten Fall sind Staat und Regierung in eine bürokratische Administration entartet, in welcher es einen eigentlich öffentlichen Raum nicht mehr gibt; selbst das Zusammenkommen der Abgeordneten wird ihn nicht mehr konstituieren, da es sich dabei ja lediglich darum handelt, bestimmten von vitalen Notwendigkeiten diktierten Interessen gerecht zu werden, und dies wird in der Tat am besten von Experten entschieden. Von einem eigentlichen Handlungsraum, in dem das *spectemur agendo* von John Adams die freie Diskussion und Beschlußfassung durchherrscht, in dem es freie Meinungsbildung und freie Wahl gibt, kann nicht mehr die Rede sein. In einer solchen Regierungsform braucht man in der Tat nicht James Madisons »Medium einer gewählten Körperschaft von Bürgern«, durch welches die Privatmeinungen hindurchgehen und gereinigt werden müssen, um schließlich als öffentliche Ansichten zu gelten. Im zweiten Fall, der natürlich den realen Verhältnissen erheblich näher kommt, hat sich die uralte Unterscheidung von Herrschern und Beherrschten, welche durch die Revolution ja gerade auf immer abgeschafft werden sollte, in neuer Form wieder durchgesetzt; wieder sind die öffentlichen Angelegenheiten zum Privileg der wenigen geworden, denen allein es vergönnt ist, »sich in Tugend zu üben« *(to exercise [their] virtuous disposition)*, worin nach Jefferson die politische Tätigkeit eigentlich besteht. Die Folge dieses unlöslichen Dilemmas ist, daß das Volk dazu verdammt ist, entweder »in Lethargie zu versinken, welcher der Tod öffentlicher Freiheit auf dem Fuß folgt«, oder »den Geist des Widerstands« gegen jede von ihnen gewählte Staatsmacht zu bewahren, da die einzig ihnen verbleibende wirkliche Macht »die in Reserve gehaltene Macht der Revolution ist«[36].

Gegen dieses Unheil war kein Kraut gewachsen, da auch der Amtswechsel, auf den die Gründer alle ihre Hoffnungen setzten und dessen Regeln sie so sorgsam ausarbeiteten, kaum mehr tun konnte, als die regierende Oligarchie daran zu hindern, sich als eine separate Gruppe zu konstituieren, die ihre eigenen Interessen verfolgte. Kein Amtswechsel konnte so weit gehen, daß jeder Bürger oder auch nur ein erheblicher Prozentsatz der Bevölkerung die Chance gehabt hätte, zeitweilig wie in Athen die Regierungsgeschäfte in die Hand zu bekommen und das zu werden, was Jefferson einen *participator in government* nannte. Dies war schlimm genug, da es sich ja bei der ganzen Frage einer republikanischen im Gegensatz zu einer monarchischen oder aristokratischen Staatsform um das allen gleichermaßen zustehende Recht, zu den öffentlichen Angelegenheiten zugelassen zu sein, gedreht hatte. Dabei kann man sich nicht des Verdachts erwehren, daß die Gründer, sofern ihnen das Dilemma in dieser Schärfe überhaupt zu Bewußtsein gekommen ist, sich mit dem Gedanken getröstet haben mögen, daß die Revolution den politischen Raum zumindest denen geöffnet hatte, deren Neigung, »sich in Tugend zu üben«, und deren Leidenschaft, sich auszuzeichnen, stark genug waren, um die ungewöhnlichen Risiken einer politischen Karriere auf sich zu nehmen.[37] Wenn Jefferson sich bei diesem Gedanken nicht beruhigte, so vor allem darum, weil er der Meinung war, daß ein »auf Wahl beruhender Despotismus« sich als ein ebenso großes und vielleicht als ein größeres Übel erweisen werde als die Monarchie: »Wenn das Volk je aufhören sollte, sich um öffentliche Angelegenheiten zu kümmern, werden wir alle, Ihr und ich, und der Kongreß und die Parlamentsversammlungen, die Richter und die Statthalter, wie wir da gehen und stehen, zu reißenden Wölfen werden.«[38] Und wenn auch zugegeben ist, daß die geschichtliche Entwicklung der Vereinigten Staaten bisher keine große Veranlassung für solche Befürchtungen gegeben hat, so muß man doch andererseits sagen, daß dies nicht zum wenigsten der »politischen Wissenschaft« der Gründer zu verdanken ist, der Teilung der Gewalten und den Hemmungen und Kontrollen, die in den Staatsapparat eingebaut sind. Wie sehr sich nun aber auch dieser Staatsapparat bewährt hat, die Lethargie und das wachsende Desinteresse des Volkes an öffentlichen Angelegenheiten konnte er schon darum nicht verhindern, weil die Verfassung selbst den öffentlichen Raum auf die vom Volke gewählten Abgeordneten eingeschränkt hatte.

Es berührt zweifellos seltsam, daß nur Jefferson unter den Gründern sich die doch auf der Hand liegende Frage stellte, wie man denn nun, da die Revolution glücklich beendet war, den revolutionären Geist bewahren wollte, aber die Erklärung hierfür ist nicht etwa, daß sie eben keine Revolutionäre waren. Ihre Unbekümmertheit erklärt sich im Gegenteil gerade daraus, daß sie diesen Geist, der sich in der vorrevolutionären Kolonialzeit formiert und ausgestaltet hatte, so gut kannten und für selbstverständlich hielten. Da ferner die alten Institutionen, welche den eigentlichen Nährboden dafür abgegeben hatten, durch die Revolution nicht tangiert wurden, kam es ihnen nicht in den Sinn, daß sie in die Verfassung hätten miteinbezogen werden müssen, um ihr altes Leben zu behalten. Denn jetzt erstickten die lokal gebundenen Stadt- und Dorfgemeinden mit ihren *townhall-meetings* unter dem ungeheuren Gewicht der Verfassung sowie der eigentlichen Gründungserfahrungen, obwohl sie ursprünglich die Quelle für die gesamte politische Aktivität des Landes gebildet hatten. So kam es zu der nur scheinbar paradoxen Entwicklung, daß das Absterben des revolutionären Geistes in Amerika ein Ergebnis der Revolution war und daß die Verfassung, die größte Leistung des amerikanischen Volkes, das Land um sein stolzestes Erbe bringen sollte.

Um einem Verständnis dieser Dinge näher zu kommen und zugleich die Bedeutung von Jeffersons vergessenen Vorschlägen richtig einzuschätzen, wenden wir uns nochmals der Französischen Revolution zu, deren Verlauf das genau entgegengesetzte Resultat zeitigte. Was in Amerika der Kern vorrevolutionärer politischer Erfahrung gewesen war und gerade darum der formellen Anerkennung und Institutionalisierung entraten zu können schien, war in Frankreich das unerwartete und weitgehend spontane Ergebnis revolutionärer Ereignisse. Die berühmten 48 Sektionen der Pariser Kommune sollten ursprünglich lediglich die Befugnis haben, Abgeordnete zu wählen und die Repräsentanten des Volkes in die Nationalversammlung zu senden; sie sollten also an die Stelle jener konstituierten Körperschaften treten, die so reichlich im vorrevolutionären Amerika vorhanden waren. Diese Sektionen nun dachten gar nicht daran, sich mit diesen Befugnissen zufriedenzugeben; sie konstituierten sich vielmehr als reguläre Körperschaften mit Selbstverwaltung, wählten auch keine Delegierten für die Nationalversammlung, sondern formierten den revolutionären Stadtrat, die Pariser Kommune, die dann eine so entscheidende Rolle im Verlauf der Revolution spielte. Außerdem entstand neben diesen Organen der Munizipalverwaltung spontan eine Unzahl von Klubs und Gesellschaften, die *sociétés populaires*, die mit Wahlen für die Nationalversammlung überhaupt nichts zu tun hatten und deren selbstgewählte Aufgabe in den Worten Brissots darin bestand, »die zu erlassenden Gesetze zu diskutieren, sich über die bestehenden Gesetze Klarheit zu verschaffen, alle öffentlichen Beamten zu überwachen«[39]; sollten sie in den Worten Robespierres »sich und ihre Mitbürger über die wahren Prinzipien der Verfassung aufklären und die Verfassung in das öffentliche Licht stellen, ohne das sie sich nicht wird am Leben erhalten können«? Gerade für die Verfassung, so meinte Robespierre, sei die Formation des öffentlichen Geistes eine Schicksalsfrage, und selbst wenn man annimmt, die Revolution sei beendet, »ist es dann weniger nötig«, fragte er, »Versammlungen zu bilden, wo die Bürger gemeinsam und mit bestem Erfolg sich mit diesen Dingen, den lebenswichtigen Interessen des Vaterlandes, beschäftigen können«[40]?

So wenigstens sprach Robespierre noch im September 1791 vor der Nationalversammlung, in der bereits die ersten Angriffe auf die

Volksgesellschaften laut geworden waren; der Geist der Revolution war damals noch für ihn mit dem öffentlichen Geist identisch. Die Nationalversammlung aber war der Meinung, die Revolution sei beendet und die aus ihrem Schoße erwachsenen Volksgesellschaften seien nicht mehr vonnöten, »es sei Zeit, das Werkzeug zu vernichten, das so gute Dienste getan hatte«. Robespierre leugnete keineswegs, daß die Revolution beendet sei, nur, fügte er hinzu, verstünde er nicht, inwiefern dies zur Debatte stehe; denn wenn die Abgeordneten mit ihm darin übereinstimmten, daß das Ziel der Revolution »in der Eroberung und der Erhaltung der Freiheit« bestünde, dann waren doch offenbar die Klubs und die Volksgesellschaften die einzigen Plätze, an denen diese Freiheit sich zeigen und von den Bürgern selbst ausgeübt werden konnte. Und als zwei Jahre später der Stadtrat von Nancy versuchte, eine solche Gesellschaft in der Stadt aufzulösen, erklärte Robespierre immer noch: »Unter den Anschlägen, die gegen die Revolution begangen worden sind, ist zweifellos der größte die Verfolgung der Volksgesellschaften. Diese Säulen der Verfassung erschüttern, heißt die Grundlagen der Freiheit unterminieren.« Denn aus ihrem Schoß gehen jene Männer hervor, »die dereinst unsere Plätze einnehmen werden«[41].

Kaum jedoch hatte Robespierre die Macht ergriffen und sich zum Haupt der revolutionären Regierung gemacht, wenige Wochen nur nach dem vehementen Angriff auf den Stadtrat von Nancy, als er sich eines anderen besann. Jetzt war er es, der die große Offensive gegen die Volksgesellschaften eröffnete, von »angeblichen Volksgesellschaften« sprach und sie samt und sonders, sofern sie sich nicht den Jakobinern angeschlossen hatten, als »Bastardgesellschaften« anprangerte. Denn nun meint er plötzlich – und dies ist das Entscheidende –, es gäbe überhaupt nur eine »große *société populaire*, das französische Volk«, während die Jakobiner und die ihnen angeschlossenen Gesellschaften nur dazu da seien, »den Tyrannen und Aristokraten Schrecken einzujagen«, also nur noch als Instrument der Revolution fungieren, das man liquidieren kann und muß, wenn die Revolution beendet ist und der Mohr seine Schuldigkeit getan hat. Der Verrat, mit dem wir es hier zu tun haben, ist der Betrug des Nationalismus, der eine Wahnvorstellung an die Stelle einer lebendigen Realität setzt.

Denn die »große *société populaire*« der französischen Nation kann sich nicht wirklich versammeln wie die kleinen, bescheidenen, aus »kleinen Gewerbetreibenden, Krämern, Handwerkern, Manufaktur- und Heimarbeitern«[42] bestehenden Volksgesellschaften, in die zusammenlief, was immer sich in der Nachbarschaft fand. Das französische Volk als Ganzes, die Nation, »ging nicht in einen Raum«, konnte also nur in einem Repräsentativsystem überhaupt existieren, in dem schließlich die Regierung die ungeteilte Macht einer angeblich einmütigen Nation monopolisierte. Denn was man vor allem den Sektionen vorwarf, daß sie »offen die Errichtung eines neuen Föderalismus erstrebten« (Collot d'Herbois) und daß, solange sie nicht »beseitigt werden . . ., es keine Einheit der Meinung geben« könne (Couthon), ist in der Tat wahr.[43] Und wenn Robespierre für die Jakobiner und die ihnen angeschlossenen Gesellschaften eine Ausnahme macht, so nicht nur, weil es sich hier um seine eigene Partei handelte, sondern weil dies niemals ein »Volksklub« gewesen war; der Jakobinerklub war bereits im Jahre 1789 entstanden, als die Generalstände zum erstenmal zusammentraten, und hatte sich dann zu einem typischen Abgeordnetenklub entwickelt.

Daß es sich hier um einen Konflikt zwischen Regierung und Volk handelte, illustriert Robespierres plötzliche Sinnesänderung aufs deutlichste, und daß dieser Konflikt zwischen den Machthabern und denen, die ihnen zu ihrer Macht verholfen hatten, zwischen den Repräsentanten und den angeblich Repräsentierten, schließlich dem uralten Konflikt zwischen Herrschern und Beherrschten entsprach, versteht sich von selbst. Bevor Robespierre selbst an die Spitze der Regierung trat, hat er oft genug »die Verschwörung der Vertreter des Volkes gegen das Volk« angeprangert wie auch »die Unabhängigkeit dieser Vertreter« von denen, die sie repräsentierten, und hatte diese Unabhängigkeit »Unterdrückung« genannt.[44] Solche Anschuldigungen lagen natürlich einem Schüler Rousseaus, der an die Legitimität des Repräsentativsystems ohnehin nicht glaubte, nahe: »Ein Volk, das vertreten wird, ist nicht frei, . . . der Wille läßt sich nicht vertreten.«[45] Aber da Rousseau ja vor allem die *union sacrée* gepredigt hatte, die Eliminierung aller Meinungsdifferenzen und aller Unterscheidungen inklusive des Unterschieds zwischen Volk und Regierung, konnte man theoretisch mit dieser Einigung ebensogut von oben wie von unten anfangen, also den Volksgesellschaften den Garaus machen, die offenbar ein wahres Treibhaus für Meinungen und Meinungsdifferenzen darstellten. Praktisch sah die Sache natürlich so aus, daß die Nationalversammlung für den Gang der Revolution und die wichtigeren Ereignisse der Epoche kaum von Bedeutung, die revolutionäre Regierung aber in einem Maße unter den Druck der Pariser Sektionen und der Volksgesellschaften geraten war, daß das der Tod jeder Regierung und jeder Staatsform sein mußte. Man braucht nur einen Blick auf die zahllosen Eingaben und Anträge aus diesen Jahren (die jetzt zum erstenmal aus den Archiven veröffentlicht worden sind) zu werfen[46], um sich von diesem erpresserischen Druck ein richtiges Bild zu machen. Da hören wir, daß die »Bürger Gesetzgeber« *(citoyens legislateurs)* sich daran erinnern sollten, »daß bis heute der Arme allein Euch geholfen hat, die Revolution weiterzuführen«, und daß nun die Zeit gekommen ist, »ihn ihre ersten Früchte ernten zu lassen«; daß es »immer die Schuld des Gesetzgebers ist«, wenn Bürger »in armseligen Lumpen herumlaufen«, ihnen »das Elend und der Mangel im Gesicht geschrieben stehen, eine bleiche und vertrocknete Haut um die Knochen schlottert« und in einem »Körper ohne Spannkraft und Stärke« die Seele »ohne Macht und ohne Tugend ... umherirrt«; kurz, daß es nicht genügt, »dem Volk zu sagen, daß es einmal glücklich sein wird«, und daß »Männer, die sich an seinem Golde gemästet haben und von seinem Blut immer feister geworden sind«, besser daran täten, ihm nicht »Geduld und Mäßigung zu predigen«. Was die Sansculotten verlangen, ist einfach: Die Republik muß jedem Bürger »die Mittel sichern, sich mit den notwendigsten Bedarfsgütern in der Menge zu versorgen, die ausreicht, sein Leben zu erhalten«; Hauptaufgabe der Gesetzgeber ist, die Not und das Elend aus der Welt zu schaffen.

Zweifellos, so sah es vielfach aus, aber nicht überall, und Robespierre hatte nicht unrecht, als er aus den Debatten der Volksgesellschaften noch die ersten Äußerungen der Freiheit und des öffentlichen Geistes heraushörte. Neben diesem verzweifelt gewaltsamen Agitieren für ein »Glück«, das in der Tat die Vorbedingung der Freiheit ist, aber leider von keinem Gesetzgeber und keiner politischen Verfassung geliefert werden kann, machen sich ganz anders geartete Anliegen und ganz andere Vorstellungen von den eigentlichen Aufgaben der Gesellschaften geltend. So erfahren wir etwa in den Satzungen einer der Pariser Sektionen, wie das Volk darangeht, sich selbst zu organisieren, wie es Präsidenten und Vizepräsidenten einsetzt (vier Sekretäre, acht Zensoren, den Schatzmeister und den Archivverwalter), die Häufigkeit der Sitzungen bestimmt (drei in der Dekade), den Amtswechsel reguliert – der Präsident und die Hälfte der Sekretäre werden jeden Monat abgelöst, so daß alle Mitglieder die Chance haben, ein Amt auszuüben. Und was ist der Zweck der Gesellschaft? Sie »beschäftigt sich mit allem, was die Freiheit, Gleichheit, Einheit und Unteilbarkeit der Republik angeht, um aufklärend zu wirken, und besonders, um sich zu informieren, inwieweit den erlassenen Gesetzen und Dekreten der schuldige Respekt erwiesen wird«. Dies geschieht durch Meinungsaustausch: »Meinungen werden gewissenhaft respektiert, soweit sie nicht gegen die öffentliche Ordnung sind. Unter keinem Vorwand darf ein Redner unterbrochen werden.« Wenn »er abschweift oder langweilt, stehen die Zuhörer auf. Sobald sich sechs erhoben haben, soll der Präsident die Versammlung befragen.« In einer anderen Sektion wartet ein Bürger mit einem selbstgefertigten Gedicht gegen die »Heuchler« auf, die in den Volksgesellschaften ein »Hindernis für die revolutionäre Bewegung« sehen, während sie in Wahrheit das »festeste Bollwerk« der Republik, »ihr wachsamstes Auge« seien, ohne welche »die Freiheit nur ein leeres Wort, die Gleichheit nur ein Hirngespinst« wäre. Sollte sich aber eine »Gesellschaft von Verbrechern« bilden, so würde sie »im Augenblick durch ihre Nachbargesellschaften erstickt und ausgelöscht«. All dies im Rahmen einer »Darlegung der republikanischen Prinzipien, die die Volksgesellschaften leiten sollen«, der die Ehre widerfuhr, »auf Anordnung der besagten Gesellschaft« gedruckt zu werden. Ganz im Gegensatz zu dem Druck, den die Sansculotten auf die Arbeit der gesetzgebenden Körperschaften auszuüben wünschten, hören wir hier ausdrücklich, daß die Gesellschaft »niemals danach streben [wird], die Vollversammlung zu behindern oder zu beeinflussen; sie schwört, die Weisheit und Würde ihrer Beratungen zu respektieren«. Ihre einzige Aufgabe ist, die Bürger ständig auf dem laufenden zu halten und eine wirkliche Meinungsbildung zu ermöglichen. Und hier beruft man sich auch, was in Frankreich verhältnismäßig selten ist, auf die »unvergängliche Verfassung«, die »heilig« genannt wird, weil sie »den Franzosen das Recht, sich zu Volksgesellschaften«, nämlich diesen »Gesellschaften freier Menschen«, zusammenzuschließen, garantiert.[47]

Nicht die Interessenorganisationen der Sansculotten, sondern diese neuen, so außerordentlich vielversprechenden Organe der Republik hatte Saint-Just im Sinn, als er – ungefähr zur selben Zeit, in der Robespierre noch die Rechte der Volksgesellschaften gegen die Nationalversammlung verteidigte – erklärte: »Die Sektionen von Paris konstituierten eine Demokratie, die alles geändert hätte, wenn sie ihrer eigenen Initiative gefolgt wäre, anstatt der Spielball des Fraktionskampfs zu werden. Die Sektion der Cordeliers, die hiervon am unabhängigsten blieb, wurde auch am meisten verfolgt« – nämlich von der Regierung und der Nationalversammlung, die in solcher Unabhängigkeit für sich selbst die größte Gefahr sahen.[48] Sobald aber Saint-Just an die Macht gelangt war, wandte er sich genau wie Robespierre gegen die Volksgesellschaften und die Sektionen. Es mutet wie ein Vorspiel des Kampfes zwischen Sowjets und Partei in der Russischen Revolution an: Wer immer in der Opposition war, versuchte sich ihrer zu bedienen, wer immer in der Regierung saß, sich ihrer zu entledigen. Das Beispiel Saint-Justs weist in mehr als einer Hinsicht in die Zukunft. Gerade er zeigt, wie die Jakobinerregierung die Sektionen nicht nur zu Regierungs-, sondern auch zu Polizeiorganen und zu Instrumenten des Terrors zu machen suchte. So schreibt er z. B. an die Volksgesellschaft in Straßburg mit der Bitte, ihn »über den Patriotismus und die republikanischen Tugenden aller Mitglieder des Verwaltungsapparats« der Provinz zu informieren. Und da er auf diese Aufforderung zur gegenseitigen Bespitzelung keine Antwort erhält, läßt er kurzerhand den gesamten Verwaltungsapparat verhaften, woraufhin ihm die Volksgesellschaft energisch die Meinung sagte. In seiner Antwort findet sich nichts als die stereotype Erklärung, es habe sich um eine »Verschwörung« gehandelt, aber es geht klar aus ihr hervor, daß er mit einer Volksgesellschaft, deren Mitglieder sich nicht einfach als Spitzel der Zentralregierung in Paris gebrauchen ließen, nichts zu tun zu haben wünschte.[49] Wobei immerhin bemerkenswert ist, daß er aus dieser prinzipiellen Kehrtwendung die Konsequenzen zu ziehen wußte und sich die für einen Revolutionär erstaunliche Notiz machte: »Die Freiheit des Volkes liegt in seinem Privatleben; niemand soll es stören. Möge der Staat nur die Gewalt sein, welche diesen Stand der Einfalt gegen die Gewalt selbst beschützt.«[50] Hiermit war er mit ziemlicher Genauigkeit auf dem Stand des aufgeklärten Despotismus angelangt; so haben viele absolute Herrscher gesprochen – nicht zuletzt und nicht am schlechtesten Karl I., dem England den Prozeß machte und der zu seiner Verteidigung erklärte: Die Freiheit des Volkes »besteht darin, daß es von Gesetzen regiert wird, die ihm Leben und Eigentum garantieren; sie besteht nicht in der Teilnahme an der Regierung, das geht sie nichts an«. Jedenfalls hören wir in diesen Worten das Todesurteil für alle Organe, in denen das Volk sich spontan zusammengeschlossen hat; mit einer seltenen Unzweideutigkeit, und ohne sich das Geringste vorzumachen, spricht hier einer der überzeugtesten Republikaner von dem Ende der Republik, einer der überzeugtesten Revolutionäre vom Ende der Revolution.

Zweifellos übten die Sektionen der Pariser Kommune und die Volksgesellschaften, die sich während der Revolution über ganz Frankreich verbreiteten, einen ungeheuren Druck aus; sie verkörperten in organisierter Form jenen *diamond point* unmittelbarer Not und Notwendigkeit, dem, wie Lord Acton meinte, niemand widerstehen konnte. Aber sie enthielten auch die Keime, die ersten schüchternen Ansätze einer neuen politischen Organisations- und einer bis dahin unbekannten Staatsform. Was sich hier zusammenfand, waren keineswegs nur die Armut und das Elend und die ohnmächtige Wut, sondern auch das Volk, die künftigen Bürger der Republik, denen die Revolution eine unmittelbare Teilnahme an öffentlichen Angelegenheiten versprochen hatte und die nun darauf sannen, dieses Versprechen in die Praxis umzusetzen. Beide Elemente, die Straße, die sich zusammenrottet, und der neue öffentliche Volksgeist, der sich organisiert, liegen hier noch ungeschieden nebeneinander, und je nachdem, welches dieser Elemente die Überhand gewann, ist zu entscheiden, wie der Konflikt zwischen der mächtigen Bewegung der Kommunen und der revolutionären Regierung verstanden werden muß. Einerseits kam in ihm sicher die unausweichliche Auseinandersetzung zwischen der Straße und dem politischen Gemeinwesen zum Ausdruck, zwischen denen, die »für die

Erhöhung von niemand, sondern die Erniedrigung aller agitierten«[51], und denjenigen, welche die Wogen der Revolution so hoch erhoben hatte, daß sie mit Saint-Just ausriefen: »Die Welt war seit den Römern leer, nur das Andenken an sie ist heute die Prophezeiung der Freiheit«, oder mit Robespierre erklärten: »Der Tod ist der Anfang der Unsterblichkeit.« Es handelte sich hier aber andererseits und gleichzeitig auch um den Kampf des Volkes gegen den erbarmungslos zentralisierten Staatsapparat, der unter der Vorgabe, die souveräne Nation zu verkörpern, daranging, das Volk aller Macht zu berauben. Wenn man das wollte, mußte man vorerst die Machtorgane zerschlagen, welche die Revolution selbst hervorgebracht hatte.

Allein um diesen zweiten Aspekt des Konflikts zwischen den Volksgesellschaften und den revolutionären Machthabern in Frankreich kann es sich in unserem Zusammenhang handeln; und da ist es in der Tat von großer Bedeutung, daß die Gesellschaften im Unterschied zu den Klubs, vor allem dem Jakobinerklub, prinzipiell parteipolitisch neutral waren und daß sie, wie schon erwähnt, »offen die Errichtung eines neuen Föderalismus erstrebten«. Schon aus diesem Grunde mußten sie schließlich in die erbittertste Feindschaft zu Robespierre und der Jakobinerherrschaft geraten, die nichts gründlicher verabscheuten als die Lehre von der Trennung und Teilung der Gewalten. War man wirklich der Meinung, daß Macht nur bestehen könne, wo sie zentralisiert ist, dann mußte jede der Gesellschaften, die natürlich unter anderem auch eine kleine Machteinheit bildete, und vor allem der Zusammenschluß der Sektionen zur Kommune als tödliche Gefahr erscheinen.

Schematisch läßt sich der Konflikt zwischen der Jakobinerherrschaft und den revolutionären Gesellschaften wie folgt umreißen: *Erstens* ging es um den Kampf der Republik gegen den Druck, den die Sansculotten ständig auf sie ausübten, und dies war ein Kampf auf Leben und Tod um die öffentliche Freiheit gegen das Massenelend. *Zweitens* ging es der Jakobinerfraktion um das Monopol der Staatsgewalt, das sie mit Recht von dem in den Gesellschaften erwachenden öffentlichen Geist bedroht sah. Theoretisch standen sich dabei die Fiktion einer einmütigen öffentlichen Meinung, der »Allgemeinwille« Rousseaus, und der öffentliche Geist, die Pluralität der Meinungen, die das unweigerliche Ergebnis der Gedanken- und Meinungsfreiheit ist, entgegen;

praktisch lief dies auf einen Machtkampf zwischen der Partei und dem Partei-Interesse und der *chose publique*, der Sache der Öffentlichkeit, hinaus. *Drittens* schließlich ging es dem Staat um sein Machtmonopol, das er gegen föderalistische Tendenzen und die dem Föderalismus inhärente Gewaltenteilung zu behaupten suchte, und dies war in Wahrheit der Kampf des Nationalstaats gegen die Anfänge einer echten Republik. Auf allen drei Fronten offenbarte sich nun eine tiefe Kluft zwischen den Männern, die die Revolution gemacht hatten und durch sie zu Amt und Würden aufgestiegen waren, und den Vorstellungen, die das Volk von dem hatte, was eine Revolution tun sollte und konnte.

Natürlich stand für das Volk im Vordergrund aller revolutionären Vorstellungen und Ideen jenes *bonheur*, von dem Saint-Just mit Recht gesagt hat, es sei in Europa ein neues Wort gewesen; gerade in dieser Hinsicht hat das Volk den älteren, vorrevolutionären Vorstellungen und Ideen der Führer, die es weder verstand noch teilte, ja von deren Existenz es kaum eine Ahnung gehabt haben dürfte, sehr schnell den Garaus gemacht. Wir erwähnten bereits, wie Tocqueville diese Niederlage beschreibt, daß nämlich »keine der die Revolution vorbereitenden Ideen so schnell auch wieder von der Bildfläche verschwunden ist wie der Begriff der öffentlichen Freiheit und der Geschmack an ihr«; und wie die Revolution an dem Elend, das sie doch selbst auf die Straße gebracht und so gewissermaßen befreit hatte, zugrunde ging, so ging auch die Freiheitsleidenschaft der Männer der Revolution in dem Strom des Mitleids, den dies Elend erzeugte, zugrunde. Auf diese Weise lernten die führenden Männer Frankreichs eine Lektion in Sachen menschlicher Not, die so bald nicht wieder zu vergessen war. Nur sollte man darüber nicht übersehen, daß das Volk in dem gleichen Zeitraum seine erste Lektion in Sachen menschlicher Würde und Freiheit erhielt. Ein ungeheures Verlangen nach Diskussion, Belehrung, gegenseitiger Aufklärung und Meinungsaustausch brach sich in den Volksgesellschaften und Sektionen der Kommune Bahn, und zwar war dieses Verlangen auf eine manchmal direkt rührend anmutende Weise praktisch zweckfrei, es handelte sich keineswegs vor allem darum, einen Druck auf die Machthaber auszuüben; und als schließlich von oben beschlossen wurde, daß das Volk in den Sektionen gerade gut genug war, um sich die Parteireden der Machthaber anzuhören, erschien einfach niemand mehr. Besonders merkwürdig in diesem Zusammenhang ist das Auftauchen des föderalistischen Prinzips, das ja in dem damaligen Europa so gut wie unbekannt war, und, soweit es bekannt war, nahezu einmütig verworfen wurde. Das Volk, dem die theoretischen Auseinandersetzungen in dieser Hinsicht natürlich unbekannt waren, hatte den Föderalismus spontan aus der Praxis gelernt, als sich die Sektionen, die ursprünglich nur die Wahlen zur Nationalversammlung erleichtern sollten, plötzlich und unerwartet in Munizipalbehörden transformierten und zusammenschlossen, um auf diese Weise den großen Munizipalrat der Pariser Kommune zu bilden. Nicht die ursprünglichen Wählerversammlungen, sondern das kommunale Rätesystem von Paris verbreitete sich wie ein Lauffeuer über das ganze Land in der Form der revolutionären Volksgesellschaften.

Das traurige Ende dieser ersten republikanischen Volksorganisation, der Organe einer Republik, die nie geboren werden sollte, ist bekannt genug. Sie wurden von keiner Gegenrevolution, sondern von der zentralisierten revolutionären Regierung selbst erledigt, nicht weil sie deren Macht bereits wirklich bedrohten, wohl aber weil sie in der Tat durch ihre Existenz Machtquellen darstellten, die von der Regierung nicht kontrolliert und dirigiert werden konnten. Mirabeaus Wort, daß »zehn Männer, die zusammen handeln, hunderttausend Einzelne in Schrecken versetzen können«, dürfte im Frankreich der Revolution jedermann gegenwärtig gewesen sein. Die Methoden der Liquidation waren so einfach und zweckmäßig, daß in den vielen Revolutionen, die dem großen Beispiel der Französischen folgen sollten, kaum noch etwas Neues zu erfinden übrigblieb. Und auch hier ist von Interesse, daß in dem Konflikt zwischen der Regierung und den Gesellschaften schließlich die prinzipielle Parteilosigkeit der Gesellschaften den entscheidenden Stein des Anstoßes bildete. Die Parteien bzw. ihre Vorgänger, die Fraktionen, welche eine so verhängnisvolle Rolle in der Französischen Revolution spielten, um dann aus sich das gesamte europäische Parteiensystem zu entlassen, hatten ihren Ursprung im Parlament, und die fanatischen Zwistigkeiten, die zwischen ihnen entstanden, waren dem Volk noch um einige Grade fremder und unverständlicher als die vorrevolutionären Motive der Männer der Revolution. Da es nun zwischen diesen parlamentarischen Fraktionen (sehr im Unterschied zu den Verhältnissen in Amerika) überhaupt keinen Konsensus gab, war die Machtfrage und die Ausschaltung aller anderen für jede von ihnen eine Existenzfrage. Terrorisieren aber konnte man die anderen nur, wenn man die Massen außerhalb des Parlaments für die eigenen Zwecke organisierte und in Bewegung setzte. Der einzige Weg, den innerparlamentarischen Kampf zu gewinnen, ging über die Durchsetzung der Volksgesellschaften mit Agenten der eigenen Partei, bis man schließlich von innen durch scheinbaren Mehrheitsbeschluß alles ruinieren konnte. Wobei es denn, wie wir sahen, für die Jakobiner, als sie erst einmal an die Macht gekommen waren, ganz selbstverständlich war, nur den Jakobinerklub und die ihm angeschlossenen Gesellschaften, die man fest in der Hand hatte, für »revolutionär« zu erklären, alle anderen aber als »Bastardgesellschaften« zu diffamieren. Wie sehr die Ein-Partei-Diktatur bereits im Wesen des Vielparteiensystems angelegt ist, läßt sich hier mit einer an Deutlichkeit nichts zu wünschen übriglassenden Evidenz dartun. Denn Robespierres Schreckensherrschaft lief schließlich wirklich nur auf den Versuch hinaus, das gesamte französische Volk in einer gigantischen Parteimaschinerie zu organisieren – »die große Volksgesellschaft ist das französische Volk« –, wobei im Falle des Gelingens der Jakobinerklub ein Netz von Parteizellen über ganz Frankreich gespannt hätte. Was ihre Aufgaben gewesen wären, ist klar – nicht Diskussion und kein Meinungsaustausch, weder gegenseitige Belehrung noch Information über öffentliche Angelegenheiten, sondern gegenseitige Bespitzelung und ein Denunziantentum, das sich auf Mitglieder wie Nichtmitglieder erstreckt hätte.

All diese Dinge sind uns durch die Russische Revolution, in deren Verlauf die bolschewistische Partei mit genau den gleichen Methoden das revolutionäre Sowjetsystem aushöhlte und pervertierte, nur zu vertraut. Gerade deshalb übersieht man leicht, auf wie merkwürdige Weise wir inmitten der Französischen Revolution bereits mit dem Konflikt zwischen dem neuzeitlichen Parteiensystem und der einzigen der Revolution selbst entsprungenen Staatsform konfrontiert sind. Denn diese beiden einander so unähnlichen, ja sich gegenseitig ausschließenden Gebilde sind im gleichen geschichtlichen Augenblick entstanden, es ist der ebenso gloriose wie unheilvolle Moment der Geburt des Nationalstaates und des Untergangs der freien Republik. Aus dieser Geburt und diesem Untergang erklärt sich der eklatante Erfolg des Parteiensystems und der nicht weniger in die Augen fallende eklatante Mißerfolg des Rätesystems. Die linken und revolutionären Parteien, die sich in den Nationalstaaten dann bildeten und die revolutionäre Tradition für sich in Anspruch nahmen, begegneten dem Rätesystem mit genau der gleichen prinzipiellen Feindseligkeit wie die konservative oder reaktionäre Rechte. Da unser gesamtes innenpolitisches Begriffsarsenal von dem Parteiensystem geprägt ist und wir uns daher unter innenpolitischen Konflikten schwer etwas anderes vorstellen können als eben einen Konflikt zwischen rechts und links, haben wir für den entscheidenderen Konflikt, um den es hier geht, keinen Sinn. Denn hier handelt es sich in Wahrheit um einen Konflikt zwischen dem Parlament, dem Ursprung und dem Machtzentrum aller, auch der linken Parteien, und dem Volk, das seine Macht an seine Vertreter verloren hat; denn wie sehr auch in revolutionär-kritischen Situationen eine Partei sich auf die Volksmassen stützen und zum Sturz des parlamentarischen Regimes beitragen mag, ist sie erst einmal zur Macht gekommen und hat die Ein-Partei-Diktatur errichtet, so wird sich herausstellen, daß sie eben doch im wesentlichen eine Organisation von Repräsentanten ist, die dem Volk von außen und von oben gegenübertritt.

Als Robespierre die tyrannische Macht der Jakobinerfraktion gegen die gewaltlose Macht der Volksgesellschaften ausspielte, gab er der Nationalversammlung mit all ihren Fraktionen und tödlichen Zwistigkeiten eine Machtfülle, die sie zuvor nicht gehabt hatte. Jetzt stellte sich automatisch, ob er es wollte oder nicht, sehr bald heraus, daß trotz aller revolutionären Rhetorik die Macht beim Parlament und nicht beim Volk lag. So brach er die stärkste politische Aspiration des Volkes, wie sie sich in den Volksgesellschaften gezeigt hatte, das Streben nach Gleichheit, den Anspruch, alle Adressen und Bittschriften an die Abgeordneten und die Nationalversammlung als Ganzes mit den stolzen Worten »Ihr Gleichberechtigter« zeichnen zu dürfen. Daß gerade der jakobinische Terror, der sich immer auf die »Brüderlichkeit« berief, diese revolutionäre Gleichheit im Keime ersticken sollte, ist gewiß des Nachdenkens wert. Die Jakobiner haben schwer genug dafür gezahlt; alles Gerede von Brüderlichkeit hat nicht verhindern können, daß sich das Volk in der Stunde seiner höchsten Not diesem neuesten Fraktionskampf in der Nationalversammlung gegenüber gleichgültig verhielt und die Sektionen der Kommune nicht mehr zu bewegen waren, auf die Straße zu gehen. Es stellte sich heraus, daß Brüderlichkeit kein Ersatz für Gleichheit ist.

III

»Wie Cato jede Rede mit den Worten endete, *Carthago delenda est,* so ende ich alle meine Reden mit der Warnung, *divide the counties into wards.*«[52] So faßt Jefferson gelegentlich zusammen, was ihm politisch am meisten am Herzen lag und was, wie sich herausstellen sollte, der Nachwelt ebenso unverständlich geblieben ist wie seinen Zeitgenossen. Das Cato-Zitat ist nicht leichtsinnig dahingesagt; Jefferson war in der Tat der Meinung, daß ohne solche Unterteilung der Land- und Stadtkreise in kleine, übersehbare Bezirke die Existenz der Republik auf dem Spiel stehe. Genau wie nach Cato Rom nicht sicher war, solange es Karthago gab, so war die Republik nach Jefferson grundsätzlich ohne ein solches Bezirkssystem nicht zu sichern. »Wenn ich dies noch erleben könnte, ich würde es für die Morgenröte der Rettung der Republik ansehen und mit dem alten Simeon sagen, *nunc dimittis Domine.*«[53]

Jefferson nannte diese Bezirke auch die »elementaren Republiken«, und hätte sich sein Plan im Laufe der Amerikanischen Revolution verwirklicht, so hätten wir mehr vor Augen als die schwachen Keime einer neuen revolutionären Staatsform, wie wir sie in den Sektionen der Pariser Kommune und den Volksgesellschaften während der Französischen Revolution zu erkennen glauben. Entscheidend aber ist, daß Jeffersons große politische Einbildungskraft zwar diese schwachen Anfänge bei weitem übertraf, daß aber das, was ihm vorschwebte, in die gleiche Richtung weist. Sowohl Jeffersons Plan wie die französischen revolutionären Gesellschaften antizipierten mit einer geradezu unheimlich anmutenden Genauigkeit jene Räte und Sowjets, die von nun an in jeder echten Revolution des neunzehnten und zwanzigsten Jahrhundert auftauchen sollten. Immer wieder erschienen sie auf der

Bildfläche des Geschehens als die spontan gebildeten Volksorgane, und sie entstanden nicht nur außerhalb aller Parteien, sie kamen den Parteien und Parteiführern jedesmal wieder gänzlich unerwartet. Obwohl sie immer wieder real festzustellen waren und auch festgestellt wurden, teilten sie mit Jeffersons Vorschlägen das traurige Schicksal, immer wieder prompt der Vergessenheit anheimzufallen. Niemand hat sich wirklich um sie gekümmert, kein Staatsmann und kein Historiker, keine politische Wissenschaft und vor allem keine revolutionäre Tradition. Auch die linke Geschichtsschreibung, deren Sympathie offensichtlich auf seiten der Revolution steht, hat mit ihnen kaum mehr anzufangen gewußt, als ihre Existenz immerhin zur Kenntnis zu nehmen; aber sie meinten stets, es mit offensichtlich zeitweiligen Kampforganen im Befreiungskampf zu tun zu haben, und sahen nicht, in welchem Ausmaß das Rätesystem bereits die künftige Staatsform darstellte und noch mitten in den Wirren der Revolution einen neuen politischen Raum für die Freiheit geschaffen hatte.

Allerdings bedarf diese Behauptung gewisser Einschränkungen. Es gibt immerhin zwei Ausnahmen, die von Belang sind. Wir finden bei Marx einige, sehr wenige Bemerkungen anläßlich des Wiederauflebens der Pariser Kommune während der kurzen Revolution von 1871 und eine Reflexion von Lenin, die sich nicht auf diesen Text, sondern auf reale Vorgänge während der Russischen Revolution von 1905 bezieht. Aber bevor wir uns dieser neueren Geschichte zuwenden, ist es vielleicht empfehlenswert, erst einmal nachzusehen, was denn Jefferson eigentlich im Auge hatte, als er mit der größten Sicherheit sagte: »Der menschliche Geist kann kein tragfähigeres Fundament für eine freie, beständige und gut verwaltete Republik ersinnen« als eben diese elementaren Bezirksrepubliken.[54]

Das erste, was bei dem Versuch einer darstellenden Interpretation auffällt, ist, daß sich in den eigentlichen Werken Jeffersons nirgends etwas über dieses System findet und daß alle Briefe, in denen er so leidenschaftlich auf diesen Gegenstand zu sprechen kommt, aus seinen letzten Lebensjahrzehnten stammen. Zwar hoffte er eine Zeitlang, daß Virginia, »die erste Nation der Erde, in der die großen Geister *[wise men]* sich friedlich zusammentaten, um eine grundsätzliche Verfassung auszuarbeiten«, auch allen anderen den Rang in dieser Frage streitig machen und als erste »die Unterteilung unserer Kreise in Bezirke akzeptieren« würde⁵⁵; aber dies war nur eine Hoffnung, und Tatsache ist, daß er auf diese Idee erst verfiel, als er sich aus dem aktiven politischen Leben und von allen Staatsämtern zurückgezogen hatte. Am auffallendsten ist wohl, daß Jefferson, für den die Verfassung nie sakrosankt gewesen und der sie aufs erbittertste kritisiert hat, doch nie darauf zu sprechen kommt, daß die *townships*, die ja offenbar den »Elementar-Republiken« (in denen »die Stimme des ganzen Volkes gleichermaßen, friedlich und voll zu Gehör und zur Diskussion kommt, damit dann mit gemeinschaftlicher Vernunft entschieden werden kann«⁵⁶) Modell gestanden haben, nirgends in die Verfassung eingegangen sind. Zweifellos ist ihm das Rätesystem – denn darum handelt es sich bei dem »*ward*-System« – im Sinne seiner politischen Karriere erst nachträglich eingefallen, und charakteristisch für seine biographische Entwicklung ist vor allem der wiederholte Hinweis auf den »friedfertigen« Charakter dieser Räte, weil dies nämlich zeigt, daß seines Erachtens dieses System die einzig mögliche gewaltlose Alternative zu seinen früheren Vorstellungen von der Erwünschtheit einer dem Generationswechsel entsprechenden Revolutionsfolge bildete. Jedenfalls finden wir die detaillierten Beschreibungen dessen, was ihm vorschwebte, in Briefen aus dem Jahr 1816, und diese Briefe wiederum wiederholen das einmal Gesagte, ohne es wesentlich zu ergänzen.

Jefferson selbst war sich ganz klar darüber, daß er mit seinem Plan zur »Rettung der Republik« in Wahrheit die Rettung des revolutionären Geistes in der Republik im Auge hatte. So führte er seine Vorschläge immer mit einem Hinweis darauf ein, wie sehr »die Kraft unserer Revolution zu Anfang« den »kleinen Republiken« zu verdanken war, daß sie »die ganze Nation in energische Aktion gebracht hatten« und er später gelegentlich gespürt habe, »wie die Fundamente der Regierung durch die *townships* von Neu-England ins Wanken gerieten«, da die »Energie dieser Organisation« so stark war, daß »es keinen Menschen in diesen Staaten gab, dessen Körper nicht mit voller Wucht in Aktion gebracht war«. Nun sollten die Räte den Bürgern erlauben, weiterhin so zu handeln wie in den Jahren der Revolution, die gleiche politische Vitalität zu entfalten in der Teilnahme an öffentlichen Angelegenheiten und der Lösung politischer Probleme, wie sie sich von Tag zu Tag stellten. Zwar wurden auf Grund der Verfassung die öffentlichen Geschäfte der Nation in Washington durch die Bundesregierung verhandelt, die Jefferson noch als »das Außenministerium« der Republik ansah, während alle innerpolitischen Angelegenheiten von den Länderregierungen verwaltet wurden.[57] Aber die Länderregierungen und selbst die Kreis- und Bezirksverwaltungen waren natürlich längst zu groß und unhandlich geworden, als daß unmittelbare Teilnahme an ihren Geschäften in Frage gekommen wäre; in all diesen Behörden konstituierten die Repräsentanten des Volkes und nicht das Volk selbst den politischen Raum, während das Volk, das sie »abordnete« und theoretisch der allein legitime Inhaber der Macht war, bestenfalls vor den Türen stehen durfte. Gegen eine solche Ordnung der Dinge hätte Jefferson kaum etwas einzuwenden haben dürfen, wenn er wirklich geglaubt hätte, daß das Volk nur an privatem Wohlergehen interessiert sein sollte; denn daß aus diesem kunstvoll errichteten Staatsapparat sich je eine Zwangsherrschaft entwickeln würde, war zwar nicht ausgeschlossen, aber doch sehr unwahrscheinlich. Was sich damals bereits und seither immer wieder entwickelte, waren »Korruption und Perversion der repräsentativen Körperschaften«[58], aber diese Korruption entstand damals so wenig wie heute aus einer Verschwörung der Abgeordneten gegen das Volk, das sie repräsentierten. Die Korruption war vielmehr eine Folge gesellschaftlicher Verhältnisse, gerade sie hatte ihren Ursprung im Volk.

In kaum einer anderen Staatsform ist Korruption so gefährlich und dabei so wahrscheinlich wie in der egalitären Republik. Schematisch kann man sagen, daß Korruption sich einstellt, wenn private Interessen sich des öffentlichen Bereichs bemächtigen; in diesem Sinne kommt die Korruption in der egalitären Republik von unten, sie ist nicht ein Instrument in den Händen der herrschenden Schicht und auch keineswegs ihr Monopol. Gerade weil in dieser Form der Republik die alte Zweiteilung von Herrschenden und Beherrschten prinzipiell abgeschafft ist, gibt es hier auch nicht eine Korruption nur der regierenden und herrschenden Schichten, von der das Volk unberührt bleibt, an der es unschuldig leidet und gegen die es sich schließlich empört. Korruption des Volkes selbst ist überhaupt erst möglich, wenn es politisch an die Macht gekommen ist und gelernt hat, sich dieser Macht zu bedienen. Gerade wo die Kluft zwischen Herrschenden und Beherrschten sich geschlossen hat, entsteht die Gefahr, daß öffentliche und private Interessen sich auf eine höchst unappetitliche und schädliche Weise miteinander vermischen. Vor der Neuzeit und dem Aufkommen des spezifisch gesellschaftlichen Bereichs pflegte diese Gefahr von seiten des Öffentlichen zu drohen, wenn die öffentliche Gewalt legitime Privatinteressen ungestraft verletzte. Das Heilmittel gegen staatliche Übergriffe war seit eh und je die Heiligsprechung des Privateigentums gewesen, das gesetzlich geschützt werden mußte; in den so entstandenen Rechtssystemen war die Privatperson mitsamt ihrem Eigentum wie auch die Grenzlinie zwischen dem Öffentlichen und dem Privaten von Staats wegen gesichert. Die *Bill of Rights*, wie sie in der amerikanischen Verfassung verankert ist, bildet das letzte und stärkste Bollwerk für den Schutz der Privatsphäre gegen die öffentlichen Gewalten, und es ist bekannt, wie sehr Jeffersons Hauptsorge in den Jahrzehnten seiner öffentlichen Tätigkeit den Gefahren galt, die aus jeder Staatsmacht entstehen können. Mit der Errichtung der Republik jedoch hatte sich diese Situation entscheidend geändert. Auf eine Periode verhältnismäßig stabilen Wohlstands war ein außerordentliches und außerordentlich rapides Wachstum der Wirtschaft gefolgt, das natürlicherweise von einer ständigen Erweiterung der Privatsphäre begleitet war, und unter diesen Umständen, welche immerhin die entscheidenden Umstände der Neuzeit geworden sind, war es sehr viel wahrscheinlicher, daß Korruption und Machtmißbrauch durch private Interessen verursacht, als daß diese durch den Mißbrauch der öffentlichen Gewalten zu Schaden kommen würden. Es spricht wahrlich für das hohe Niveau Jeffersons als Staatsmann, daß er imstande war, diese Gefahren zu erkennen, obwohl er ein Leben lang diese Dinge immer aus der umgekehrten und nun gleichsam veralteten Perspektive gesehen hatte.

Das einzige Mittel, das Eindringen korrumpierender Privatinteressen in den öffentlichen Raum zu verhindern, ist die Öffentlichkeit selbst, da jegliches, was öffentlich geschieht, dem Lichte der Öffentlichkeit preisgegeben ist, und jeder, der öffentlich agiert, weithin sichtbar ist. So wie Angst vor Strafe das Verbrechen verhindert, so verhindert Angst vor der Schande die Korruption. Aber während die Angst vor Strafe alle Bürger gleichmäßig betrifft, kann es eine wirksame Angst vor Schande nur für diejenigen geben, die dem Licht der Öffentlichkeit ausgesetzt sind. Zu Jeffersons Zeit kannte man noch nicht die Regel der Geheimabstimmung, welche ja auch im wesentlichen dazu dient, den Privatmann gegen die Staatsgewalt zu schützen. Immerhin hatte Jefferson eine Ahnung davon, wie gefährlich es sein könnte, dem Volk nicht mehr Platz in der Öffentlichkeit einzuräumen als die Wahlurne und kaum mehr Gelegenheit zu geben, seiner Stimme in der Öffentlichkeit Gehör zu verschaffen, als den anonymen Stimmzettel. Er erkannte die tödliche Gefahr, die darin lag, daß die Verfassung einerseits alle Macht dem Volke gegeben hatte, ohne doch die Möglichkeiten zu bestimmen, in deren Rahmen dieses Volk nun auch sich als Bürger und Bürger einer Republik betätigen und bewähren konnte. Dies konnte nur darauf hinauslaufen, einem Volk von Privatleuten alle Macht auszuliefern, da sie ja als Bürger kaum eine Funktion hatten. Als Jefferson am Ende seines Lebens in einen Satz zusammenfaßte, was für ihn die Selbstverständlichkeiten öffentlicher und privater Moral waren, und sagte: »Liebe deinen Nächsten wie dich selbst und dein Land mehr als deinen Nächsten«[59], muß ihm klar gewesen sein, daß dies eine leere Phrase war, solange das »Land« nicht für die »Liebe« seiner Bürger ebenso greifbar gegenwärtig war wie der Nächste. So wie alle Nächstenliebe ihre Substanz schleunigst verlieren würde, wenn der Nächste immer nur alle zwei Jahre wie ein Phantom in Erscheinung träte, so konnte die Mahnung, das eigene Land mehr zu lieben als sich selbst, nur Sinn haben, wenn es in lebendiger Gegenwärtigkeit im Leben seiner Bürger vorhanden war.

Um dies zu erreichen, schlug Jefferson das Rätesystem vor, die Errichtung »kleiner Republiken«, in denen »jeder Mann im Staate« ein »aktives Glied der gemeinschaftlichen Regierung werden und persönlich eine große Anzahl von Rechten und Pflichten ausüben könne, die zwar untergeordneter Natur, aber nichtsdestoweniger wichtig genug sind und vor allem durchaus im Rahmen seiner Kompetenzen liegen«[60]. Aus diesen »kleinen Republiken sollte die große ihre hauptsächliche Kraft schöpfen«[61], ohne sie würde das republikanische Grundprinzip, daß alle Macht beim Volke liegt, eine leere Phrase bleiben. Um das Grundprinzip der amerikanischen Republik zu realisieren, mußte man »die Regierungsgeschäfte unter die Vielen aufteilen und jedem Bürger genau die Funktionen zuweisen, die er zu erfüllen imstande ist«.

Entscheidend hierbei bleibt, daß Jeffersons eigentliches Anliegen nicht dem politischen Wohlergehen der Bürger, sondern der Sicherheit der Republik gilt. Es geht ihm darum, »die Entartung unserer Regierung« zu verhindern, und seines Erachtens war jeder Staat entartet, in dem die Macht »in den Händen von einem, von wenigen, von den durch Geburt Begünstigten oder in den Händen der Mehrheit« konzentriert war. Es handelt sich hier keineswegs um das demokratische Prinzip der Volksherrschaft, sondern darum, »jedermann«, jedem Einzelnen, die ihm zukommende Macht zu erhalten, die er im Rahmen seiner Kompetenzen ausüben kann. Nur durch das Aufbrechen der Vielen, ob sie nun eine bloße »Menge« oder die moderne Massengesellschaft bilden, in einer Organisations- und Versammlungsform, in welcher ein jeder zählt und man sich auf einen jeden verlassen kann, »werden wir so republikanisch werden, wie es eine zahlenmäßig sehr große Gesellschaft überhaupt werden kann«. Dies war die Hauptsache, und sie konnte sich nur erfüllen, wenn man versuchte, nach Möglichkeit einen jeden einzubeziehen, ihm das berechtigte Gefühl der »Teilhaberschaft an den Regierungsgeschäften« zu geben, und zwar nicht nur am Wahltag einmal alle zwei Jahre, sondern tagtäglich. »Wenn es erst keinen Mann mehr im Staate gibt, der nicht Mitglied eines seiner Räte ist [und hier verwendet Jefferson selbst das Wort *councils*, Räte, und nicht wie gewöhnlich *wards*, was ich in Ermangelung einer exakten deutschen Entsprechung gelegentlich auch mit »Räte« übersetzt habe], seien diese nun groß oder klein, *wird er sich eher das Herz aus dem Leib reißen, als sich seine Macht entwinden lassen durch irgendeinen Cäsar oder Bonaparte.*« (Von mir hervorgehoben.) Schließlich kommt er auch noch darauf zu sprechen, wie man diese kleinsten politischen Körper, die für jedermann bestimmt sind, in den Staatsapparat der Bundesrepublik, die alle vertritt, einordnen könne, und zwar wie folgt: »Die Elementarrepubliken der Räte, die Kreisrepubliken, die Länderrepubliken und die Republik der Union sollten sich in eine Stufenfolge von Machtbefugnissen gliedern, deren jede, im Gesetz verankert, die ihr zufallenden Vollmachten besitzt und die alle zusammen in ein

System von wirklich ausgewogenen Hemmungen und Kontrollen für die Regierung integriert sind.« Nur auf einen Punkt kommt Jefferson merkwürdigerweise nicht zu sprechen, und das ist die Frage, welche spezifischen Funktionen denn die Elementarrepubliken eigentlich übernehmen sollen. Gelegentlich erwähnt er, daß es »einer der Vorteile der von [ihm] vorgeschlagenen Räte-Unterteilung« sei, daß man durch sie besser als durch das mechanische Wahlsystem die Stimme des Volkes ausfindig machen könne; aber darüber hinaus war er der Meinung, daß man »nur für gleich welchen bestimmten Zweck den Anfang mit [den Räten] zu machen brauche«, um sehr schnell zu entdecken, »wofür sie sonst sich wohl noch am besten eignen mögen«[62].

Diese auffallende Unbestimmtheit der Zwecksetzung beruht keineswegs etwa auf einer Unklarheit in der Vorstellung selbst. Sie weist im Gegenteil mit großer Deutlichkeit darauf hin, wie sehr Jefferson sich bewußt war, daß das, was ihm erst gewissermaßen nachträglich eingefallen war – nämlich als er Zeit hatte, sich über die im Verlaufe der Revolution und der ersten republikanischen Regierungsjahrzehnte gemachten Erfahrungen Rechenschaft zu geben –, auf sehr viel mehr hinauslief als eine bloße Reform oder Ergänzung der bestehenden Staatsform. Es handelte sich um nicht weniger als eine neue, aus der bestehenden Republik entwickelte Staatsform. Wenn der Endzweck der Revolution die *constitutio libertatis* ist, die Errichtung der Freiheit bzw. die Konstituierung eines öffentlichen Raumes, in dem sie in Erscheinung treten kann, dann sind diese Elementarrepubliken oder Räte, in deren Rahmen jedermann von seiner Freiheit Gebrauch machen kann und also in einem positiven Sinne frei *ist*, im Grunde der große Endzweck der Republik selbst; und wenn die Stufenfolge der Machtbefugnisse in einem solchen System auch in der Machtvollkommenheit der Zentralregierung schließlich gipfeln muß, so ist doch andererseits diese Machtvollkommenheit jedenfalls für innerpolitische Zwecke nur da, um die Sicherheit der Elementarrepubliken zu garantieren, in welchen das Volk eigentlich frei ist und frei lebt. Wobei die Grundvoraussetzung dieses wie jedes Rätesystems – ob Jefferson sich dessen bewußt war oder nicht – ist, daß keiner »glücklich« genannt werden kann, der nicht an öffentlichen Angelegenheiten teilnimmt, daß niemand frei ist, der nicht aus Erfahrung weiß, was öffentliche Freiheit ist, und daß niemand frei oder glücklich ist, der keine Macht hat, nämlich keinen Anteil an öffentlicher Macht.

IV

Zu erzählen und dem andenkenden Nachdenken zu empfehlen bleibt die seltsame und traurige Geschichte des Rätesystems, der einzigen Staatsform, die unmittelbar aus dem Geist der Revolution entstanden ist. Dies ist nicht die Geschichte der Revolutionen, an deren Faden der Historiker versucht ist, die Ereignisse, Geschehnisse und Taten des neunzehnten Jahrhunderts in Europa aufzureihen[63], deren Ursprünge man durch die Jahrhunderte bis ins Mittelalter zurückverfolgen kann und deren Fortgang »allen Hindernissen überlegen«, schlechthin unwiderstehlich scheint (Tocqueville). Von diesem historischen Gesamtbild hat Marx dann in einer grandiosen Generalisierung erklärt: »*Die Revolutionen sind die Lokomotiven der Geschichte.*«[64] Ich bezweifle nicht, daß die Revolution das geheime Leitmotiv des neunzehnten Jahrhunderts war, wohl aber, daß Tocqueville und Marx mit ihren Generalisierungen im Recht waren, da sie darauf hinauslaufen, in der Kette der Revolutionen das Resultat einer unwiderstehlichen und letztlich geheimnisvollen Kraft zu sehen und nicht das Ergebnis sehr bestimmter Ereignisse und Taten von Menschen, die man namhaft machen kann. Zweifellos aber und dem Streit der Meinungen entzogen ist, daß kein Historiker die Geschichte unseres eigenen Jahrhunderts je wird erzählen können, ohne sie »am Faden der Revolutionen« aufzureihen; aber diese Geschichte ist noch nicht an ihr Ende gekommen und sollte daher besser noch nicht erzählt werden.

Dies gilt in gewissem Maß auch für den speziellen Aspekt der Revolution, mit dem wir uns nun befassen müssen. Es handelt sich um die neue Staatsform, die noch in allen Revolutionen mit erstaunlicher Regelmäßigkeit in Erscheinung getreten ist und auf so verblüffende Weise Jeffersons Plänen auf der einen und den revolutionären Gesellschaften und kommunalen Räten der großen Französischen Revolution auf der anderen Seite entspricht. Dabei empfiehlt sich, von den

Bemerkungen von Marx und Lenin, die ich bereits vorgreifend erwähnte, auszugehen; immerhin sind sie die beiden größten Revolutionäre des neunzehnten und zwanzigsten Jahrhunderts. Was Marx bei den Ereignissen der zweiten Pariser Kommune im Jahre 1871 und dann Lenin bei der ersten Russischen Revolution vor allem auffiel, war, daß sie selbst die Ereignisse nicht im mindesten vorausgesehen hatten, daß aber das Rätesystem selbst ganz offenbar nur wiederholte, was sich bereits vorher ereignet hatte, ohne daß man jedoch von einer bewußten Nachahmung oder auch nur von einer noch so vagen Erinnerung des Vergangenen sprechen konnte. Von Jeffersons *ward*-System dürften sie allerdings kaum etwas gewußt haben, aber über die revolutionäre Rolle der Sektionen der ersten Pariser Kommune wußten sie sehr gut Bescheid, nur hatten sie in ihnen niemals die Keime einer neuen Staatsform vermutet, sondern sie für bloße Hilfsmittel der Revolution gehalten, die nach ihrer Beendigung wieder verschwinden müßten. Jetzt, da sie mitten in den Ereignissen selbst standen, begriffen sie, daß sie hier mit aus dem Volk selbst entstandenen Organisationsformen konfrontiert waren, die ganz offenbar intendierten, die Revolution zu überleben. Dies stand in offenbarem Widerspruch zu allen revolutionären Theorien und, was in diesem Falle vielleicht noch wichtiger war, zu all ihren Überzeugungen über das Wesen von Macht und Gewalt, die sie, ohne sich dessen bewußt zu sein, mit den herrschenden Mächten teilten. Da sie genau wie alle anderen in den Traditionen des Nationalstaats aufgewachsen waren und die Staatsformen niemals einer kritischen Analyse unterzogen hatten (wenn der Staat nichts ist als eine Funktion der Gesellschaft, verlieren die Unterschiede zwischen den Staatsformen alle Bedeutung), stellten sie sich unter einer Revolution nicht sehr viel mehr vor als den Prozeß der Machtergreifung, und Macht identifizierten sie mit dem Monopol der staatlichen Gewaltmittel, die Machtergreifung also mit dem bewaffneten Aufstand. Nun entsprach aber keine Revolution je diesen Vorstellungen. Was passierte, waren immer wieder sehr plötzlich eintretende Desintegrationen der alten Regime, die ihre Autorität jäh verloren und damit natürlich die Kontrolle über die staatlichen Gewaltmittel, nämlich die Befehlsgewalt über Armee und Polizei; der sog. bewaffnete Aufstand von seiten des Volkes, sofern er überhaupt zustande kam, wurde nicht etwa aus geheimen Waffenvorräten gespeist, sondern aus Waffenarsenalen, die Armee oder Polizei im Verlauf der Revolution dem Volke übergaben. Gleichzeitig mit diesem Desintegrationsprozeß jedoch kam es überall zu der erstaunlichen Bildung einer neuen Machtstruktur, die keineswegs von Berufsrevolutionären ins Leben gerufen wurde, sondern aus dem Volke spontan erwuchs. Mit anderen Worten: Sobald es zu einer Revolution kam, hatte die Macht, die man eben noch ergreifen wollte, bereits zu existieren aufgehört, und die Revolutionäre fanden sich vor die nicht gerade angenehme Alternative gestellt, entweder die eigene vorrevolutionäre Macht, nämlich die Organisation des Parteiapparats, an die Stelle der verschwundenen Staatsmacht zu setzen oder sich einfach den neuen revolutionären Machtzentren anzuschließen, die ohne ihre Hilfe ins Leben getreten waren.

Nun ist es immerhin bemerkenswert, daß Marx für eine kurze Zeit angesichts der ihn gänzlich überraschenden Vorgänge in Paris von einer »die Einheit der Nation ... [organisierenden] Kommunalverfassung« sprach und ausdrücklich darauf hinwies, man habe es hier nur mit »einer kurzen Skizze der nationalen Organisation [zu tun], die die Kommune nicht die Zeit hatte, weiter auszuarbeiten«, daß aber deutlich sei, daß »die Kommune die politische Form selbst des kleinsten Dorfes sein ... sollte«. Er schloß aus alledem, eine solche, auf das ganze Land sich erstreckende Kommunalverfassung »sei die endlich entdeckte politische Form, unter der die ökonomische Befreiung der Arbeit sich vollziehen konnte«, ja dies sei »ihr wahres Geheimnis«. In dieser Zeit war ihm auch klar, daß »diese neue Kommune, die die moderne Staatsmacht bricht«, prinzipiell »das Nichtbestehen der Monarchie« voraussetzt und der Republik »die Grundlage wirklich demokratischer Einrichtungen« verschafft.[65] Aber zwei Jahre später hatte er diese Träume eines lokalen Selbstregierungssystems, die den wirklichen Verhältnissen entsprachen, bereits aufgegeben und war zu der »realpolitischen« Vorstellung von der Diktatur des Proletariats zurückgekehrt. Nun meinte er: »Die Arbeiter müssen ... auf die entschiedenste Zentralisation der Gewalt in die Hände der Staatsmacht hinwirken. Sie dürfen sich durch das demokratische Gerede von der Freiheit der Gemeinden, von Selbstregierung usw. nicht irremachen lassen.«⁶⁶ So daß rückblickend Oskar Anweiler, dessen Studien viel zum Verständnis der Geschichte des Rätesystems beigetragen haben und dem ich sehr verpflichtet bin, mit Recht sagt: »Die revolutionären Gemeinderäte sind für Marx nichts weiter als zeitweilige Kampforgane, die die Revolution vorwärtstreiben sollen, er sieht in ihnen nicht die Keimzellen für eine grundlegende Umgestaltung der Gesellschaft, die vielmehr von oben, durch die proletarisch zentralisierte Staatsgewalt, erfolgen soll.«⁶⁷

Und genau den gleichen Wechsel der Einstellung von der enthusiastischen Begrüßung dieser »Keimformen« einer neuen Macht unter dem unmittelbaren Eindruck einer weder vorausgesehenen noch geplanten Revolution zu der späteren Einschätzung der Sowjets als provisorischer Kampforgane, die man nach dem Sieg der Revolution entweder durch andere Organe ersetzen oder unter die Diktatur der Partei bringen muß, kann man bei Lenin erstaunlicherweise sogar zweimal nachweisen, einfach weil er zweimal in seinem Leben, 1905 und 1917, über einer wirklichen Revolution für eine kurze Zeit alle »revolutionären« Ideologien vergaß. So konnte er mit aufrichtigem Pathos im Frühjahr 1905 die Sowjets als Ausdruck der »revolutionären Schöpferkraft des Volkes« feiern und alle Fragen der Parteizugehörigkeit zurückstellen – »Willst du für die Befreiung Rußlands von einer Handvoll polizeilicher Bedrücker kämpfen? Du bist unser Genosse. Wähle deinen Deputierten, wir werden ihn freudig und gern aufnehmen als vollberechtigtes Mitglied unseres Arbeiterdeputiertensowjets...« –, um sofort nach Ende der Revolution die Abneigung gegen die Räte als »überparteiliche« oder »parteilose« Organisationen hervorzukehren und zu hoffen, daß »sich solche Körperschaften [die Arbeiterdeputiertenräte] tatsächlich als überflüssig erweisen können, wenn die Sozialdemokratie ihre Arbeit ... schlagkräftig und großzügig zu organisieren versteht«⁶⁸. So erklärt sich fast von selbst, daß während der zwölf Jahre, welche die beiden russischen Revolutionen voneinander trennten, nichts geschah, das revolutionäre Gedankengut um diese doch gerade in der Revolution gemachten Erfahrungen zu bereichern und sie in die Parteiprogramme aufzunehmen – mit dem Erfolg, daß man 1917 genauso unvorbereitet der spontanen Entwicklung der Revolution gegenüberstand wie 1905. Und als handele es sich nun schon um einen stereotyp feststehenden Verhaltensablauf, beginnt Lenin 1917 wieder mit der begeisterten Anerkennung der Räte; die berühmte Parole: »Alle Macht den Sowjets«, mit der er die Oktoberrevolution losließ, war nicht demagogisch, sondern ernst gemeint; er wollte damals, wie Anweiler ausführt, wirklich, daß »die Räte als Revolutionsorgane ... sich in Organe der Staatsmacht [verwandeln] sollten«[69]. Als aber während des Kronstadter Aufstands drei Jahre später die Sowjets sich gegen die Parteidiktatur wandten und sich die Unvereinbarkeit des Räte- mit dem Parteiensystem eindeutig herausstellte, entschied Lenin sofort, daß die Räte entmachtet werden müßten, wenn sie das Machtmonopol der bolschewistischen Partei bedrohten. Zwar behielt das bolschewistische Regime den neuen Namen des Landes, »Sowjetunion«, bei, vielleicht nicht nur wegen der außerordentlichen Popularität des Rätesystems[70], sondern auch weil sowohl Trotzki wie Lenin mehr als einmal betont hatten, daß die Räte die einzig echte Form unmittelbarer Demokratie seien; aber dieser Name konnte nun nur noch der Verschleierung der wirklichen Verhältnisse dienen, er war zur Lüge geworden. Trotzki hatte bereits 1905 als das eigentliche Merkmal der Sowjets »die Spontaneität ihrer Entstehung aus einem elementaren revolutionären Bedürfnis der Massen« hervorgehoben und sie in deutlichen Gegensatz zu den »Verschwörungen der Berufsrevolutionäre« gebracht.[71] Jetzt stellte sich heraus, daß im Ernstfall keiner der Berufsrevolutionäre daran dachte, sich im Denken und Handeln an dem Neuen und Unerwarteten zu orientieren, sondern daß sie alle blutige Unterdrückung und selbst im günstigsten Fall auf lange Zeit hin berechnete Zwangsherrschaft gerne in Kauf nahmen, wenn es sich um das Machtmonopol der Partei handelte.

Denn die Parteizugehörigkeit hatte in den Sowjets ursprünglich kaum eine Rolle gespielt, und es ist keine Frage, daß den Bolschewisten durch die Entwicklung des Sowjetsystems nicht nur der Verlust der Staatsmacht, sondern auch der beschränkten Macht drohte, die ihnen in jedem demokratischen Parlament zugefallen wäre. Und wenn Leviné, einer der prominenten Berufsrevolutionäre der Zeit, während der bayerischen Revolution erklärte: »Die Kommunisten treten nur für eine Räterepublik ein, in der die Räte eine kommunistische Mehrheit haben«[72], so verhielt er sich wie jeder parlamentarische Parteipolitiker.

Sie hatten eine der größten Revolutionen und vielleicht die folgenreichste der Geschichte gerade hinter sich, sie bildeten sich sogar ein, sie verursacht zu haben, aber alles dies hinderte nicht, daß sie fortfuhren, sich an den Kategorien der nationalstaatlichen Regime, die gerade verschwunden waren, weiterhin zu orientieren und alles Neue in die Begriffe der parlamentarischen Parteiensysteme gleichsam rückzuübersetzen. Und dahinter stand, wenigstens bei den Größten unter ihnen, noch nicht einmal Machthunger oder böser Wille, sondern nichts als die Furcht vor Dingen, die man nie zuvor gesehen, vor Gedanken, die niemand vorher gedacht, vor Institutionen, die sich noch nirgends bewährt hatten.

Es liegt nahe, das Versagen der revolutionären Tradition angesichts der einzigen neuen Staatsform, die aus der Revolution selbst geboren ist, mit Marx' vorherrschendem Interesse an der sozialen Frage und seinem kompletten Desinteresse an der Staatsfrage zu erklären. Aber mit dieser Erklärung ist nicht viel anzufangen, da sie ja den ungeheuren Einfluß von Marx auf die revolutionäre Bewegung und ihre Tradition voraussetzt, der selbst durchaus einer Erklärung bedarf. Außerdem waren es ja keineswegs nur die Marxisten unter den Revolutionären, die sich den revolutionären Ereignissen nicht gewachsen zeigten. Und dies gesamte Versagen ist aus schierer Gedankenlosigkeit am wenigsten zu erklären, als hätte man im Eifer, die Revolution auch wirklich vorzubereiten, keine Zeit gehabt, sich auf Theorien einzulassen. Denn der Berufsrevolutionär, diese im Gefolge der Französischen Revolution zum erstenmal auf der Bühne der Geschichte erscheinende Figur, verbringt sein Leben ja keineswegs mit revolutionärer Propaganda und Agitation, für die es zumeist, zumal in den verhältnismäßig ruhigen Zeiten vor dem Ersten Weltkrieg, nur selten Gelegenheit gibt; seine Zeit ist vielmehr im wesentlichen mit Studium und Nachdenken ausgefüllt, mit Theorien und Diskussionen und natürlich mit Zeitunglesen, und der einzige Gegenstand all dieser rein mentalen Tätigkeiten ist das Studium der Revolutionen. Die Geschichte des Berufsrevolutionärs im neunzehnten und zwanzigsten Jahrhundert gehört in Wahrheit weder in die Geschichte der arbeitenden noch der besitzenden Klassen, wohl aber in die noch nicht geschriebene Geschichte des produktiven Müßiggangs. In dieser Hinsicht gehören die

Berufsrevolutionäre in die gleiche Kategorie wie die modernen Künstler und Schriftsteller, die zwar auch oft genug Hungerleider waren, aber sich dennoch den Luxus leisteten, nicht für ihren Lebensunterhalt zu arbeiten. Sie sind alle zusammen die wirklichen Erben der *hommes de lettres* des siebzehnten und achtzehnten Jahrhunderts, und sie taten sich zusammen in der Bohème, weil für sie alle »das Wort *bourgeois* einen ästhetisch nicht weniger als politisch verhaßten Klang hatte«[73]. Für sie alle wurde die Bohème eine Insel seligen Müßiggangs inmitten des unerträglich geschäftigen Jahrhunderts der industriellen Revolution. Aber selbst in dieser neuen Klasse der Müßiggänger erfreute sich der Berufsrevolutionär noch besonderer Privilegien, weil nur er sich gemeinhin mit gar keiner irgendwie spezifizierten Arbeit abzugeben hatte. Er hatte wahrhaftig am wenigsten Grund, sich über Mangel an Zeit zum Nachdenken und Studieren zu beklagen, und hierfür ist es nicht weiter wichtig, ob diese wesentlich dem Studium gewidmete Lebensweise in den berühmten Bibliotheken von Paris und London vonstatten ging oder in Wiener und Schweizer Kaffeehäusern oder schließlich in den keineswegs unerträglichen Gefängnissen der verschiedenen Vorkriegsregime.

Die Rolle der Berufsrevolutionäre in allen modernen Revolutionen ist von großer Wichtigkeit, aber sie bestand nicht in der Vorbereitung bewaffneter oder unbewaffneter Aufstände. Gewiß, sie beobachteten und analysierten alle Anzeichen des Verfalls in Staat und Gesellschaft, aber sie waren kaum je in der Lage, solche Verfallsprozesse zu beschleunigen oder zu dirigieren. So war auch die Streikwelle, die 1905 über Rußland ging und zur ersten Revolution führte, durchaus spontan und stützte sich auf keine »gewerkschaftlichen oder politischen Organisationen«, die im Gegenteil erst »als Folge der Streiks entstanden«[74]. Der Ausbruch der meisten Revolutionen ist den Berufsrevolutionären und den linken Parteien genauso überraschend gekommen wie allen anderen, und es gibt kaum eine Revolution – nicht einmal die chinesische –, die wirklich auf ihr Konto geht. Gemeinhin verhält sich die Sache genau umgekehrt: Der Ausbruch einer Revolution befreit die lokalen Berufsrevolutionäre aus ihren jeweiligen Aufenthaltsorten, aus den Gefängnissen und den Bibliotheken und den Kaffeehäusern. Nicht einmal Lenins Partei von Berufsrevolutionären hätte je eine

Revolution »machen« können; auch sie konnten sich nur bereithalten, um im Moment des Zusammenbruchs schleunigst zur Stelle zu sein. Tocquevilles Bemerkung anläßlich der Revolution von 1848, daß die Monarchie »nicht unter den Schlägen, sondern vielmehr unter den Augen der Sieger fiel, die ebenso erstaunt über ihren Triumph wie die Besiegten über ihre Niederlage waren«, hat sich immer wieder als wahr erwiesen.

Also nicht Revolutionen zu machen, sondern die Macht zu ergreifen, wenn sie ausgebrochen sind, ist Sache der Berufsrevolutionäre. Ihr großer Vorteil im Kampf um die auf der Straße liegende Macht besteht weder in Theorien noch Ideologien, weder in geistiger noch organisatorischer Vorbereitung, obwohl all dies später von Bedeutung sein kann; aber zunächst einmal ist nur die Tatsache entscheidend, daß ihre Namen bekannt und nicht kompromittiert sind, wenn alle anderen namhaften Personen kompromittiert und von der Revolution beseitigt sind.[75] Und bekannt sind die Namen der Redner, der Verfasser von Flugschriften, der Parteiführer, nicht aber die von Verschwörern und Mitgliedern von Geheimgesellschaften, die es kaum je zu mehr als zu einigen aufsehenerregenden Attentaten bringen, die zudem noch meist mit Hilfe der Geheimpolizei zustande kommen.[76] Überhaupt gibt es sehr wenig in einer revolutionären Situation, was ein Geheimnis wäre. Der Autoritätsverlust der Machthaber, der jeder Revolution vorangeht, liegt immer klar zutage, auch wenn er kein besonderes Aufsehen erregt; nur sind die Symptome allgemeiner Unzufriedenheit und Verachtung gegenüber den Regierenden nie ganz eindeutig und auch durch keine Meinungsbefragung zu erforschen.[77] Dennoch kann man vielleicht sagen, daß weitverbreitete Verachtung für den Staatsapparat zu den mächtigsten verursachenden Kräften einer Revolution gehört, und niemand wird behaupten, daß Verachtung ein charakteristisches Motiv des Berufsrevolutionärs ist. Es hat kaum eine Revolution gegeben, für die Lamartines Wort von »der Revolution der Verachtung« im Jahre 1848 nicht gültig wäre.

So gering die Bedeutung des Berufsrevolutionärs für den Ausbruch von Revolutionen zu veranschlagen ist, so außerordentlich groß ist sie für ihren Fortgang. Es sind gewöhnlich die Berufsrevolutionäre, welche die einmal ausgebrochene Revolution in die Hand bekommen, und da sie selbstverständlich ihr Handwerk in der Lehre vergangener Revolutionen gelernt haben, sind gerade sie besonders ungeeignet, das wirklich Neue einer Revolution zu sehen und zu verstehen. Sofern das Neue dem widerspricht, was sie gelernt haben und was ihrer Meinung nach die Kontinuität einer revolutionären Tradition bildet, werden sie es nahezu automatisch als konterrevolutionär denunzieren, so daß die bewußte und so verderbliche Nachahmung des Vergangenen, die ich erwähnte, teilweise wirklich in der Natur der Sache selbst liegt. Lange bevor die Berufsrevolutionäre aus Marx einen unfehlbaren offiziellen Führer durch die Labyrinthe vergangener, gegenwärtiger und künftiger Geschichte gemacht hatten, schrieb Tocqueville bereits mit Bezug auf die Ereignisse von 1848: »Das Nachahmen [von 1789 durch die revolutionäre Nationalversammlung] trat so offensichtlich an die Oberfläche, daß die furchtbare Originalität der Ereignisse ganz verdeckt blieb; ich hatte dauernd den Eindruck, daß man nicht etwa die Französische Revolution fortsetzte, sondern sie wie auf dem Theater nochmals in Szene setzte.«[78] Ähnliches kann man unschwer auch 1871 in der Pariser Kommune, auf die weder Marx noch Marxisten irgendwelchen Einfluß gewannen, feststellen; so suchte beispielsweise eine der revolutionären Zeitschriften, *Le Père Duchêne*, die alten Monatsnamen von 1790 wieder in Mode zu bringen. Daß im Zuge dieser Tradition, in der dem winzigsten Detail vergangener Revolutionen eine Aufmerksamkeit gewidmet wurde wie sonst nur den Vorgängen eines Heilsgeschehens, die einzige vollig neue und völlig spontan zutage tretende Institution der Räte bis zur Vergessenheit vernachlässigt werden konnte, ist in der Tat sehr merkwürdig.

Aber es ist eine Tatsache, und gegen sie sprechen nicht viel mehr als ein paar Absätze in den Schriften der utopischen Sozialisten, vor allem Proudhons und Bakunins, deren Bedeutung man heute leicht überschätzt. Wie sollten gerade diese im wesentlichen anarchistisch orientierten Schriftsteller einem Phänomen gerecht werden, das so deutlich darauf hinweist, daß eine Revolution nicht staats-, regierungs- und ordnungsfeindlich ist, sondern im Gegenteil die Neugründung des Staates und die Errichtung einer neuen Ordnung bezweckt. Inzwischen haben Historiker auf die offensichtlichen Parallelen zwischen den Räten und den mittelalterlichen Stadtkommunen hingewiesen, die Marx bereits aufgefallen waren, ferner dem Schweizer Kantonsystem, den *agitators* bzw. *adjustators* aus der englischen Revolution und dem *General Council* der Armee Cromwells, der »sich in einem Manifest ... vom 4. Juni 1647 zur Interessenvertretung des Heeres ›der freien Männer des Volkes von England‹ erklärte«[79]. Aber im Bewußtsein der Völker, die sich im Verlauf der Revolutionen spontan in Räten organisierten, hat keine dieser Parallelen eine Rolle gespielt, mit Ausnahme vielleicht der mittelalterlichen Kommunen.[80]

Wie viele Analogien man auch ausfindig machen mag, es wird nicht gelingen, den Rätegedanken in irgendeine Tradition einzuordnen. Seit 1789 haben sich in jeder Revolution spontan Räte gebildet, ohne daß irgendeiner der Beteiligten je wußte, daß es dies schon einmal gegeben hat, ohne daß es auch nur einem eingefallen wäre, das, was sich spontan ereignete, in Gedanken zu fassen. (Von einem Räte*gedanken* kann man eigentlich nur bei Jefferson sprechen.) Für eine Geschichte der Räte nach den großen Revolutionen des achtzehnten Jahrhunderts muß das Jahr 1848 außer Betracht bleiben; auch die Februarrevolution in Paris verlief ohne Bildung von Räten, denn die von der Regierung eingesetzte Commission pour les Travailleurs ist kaum hierher zu rechnen, zumal sie nahezu ausschließlich mit sozialer Gesetzgebung befaßt blieb. Davon abgesehen, sind die wichtigsten Daten, an denen diese neuen Aktionsorgane und Keimzellen eines neuartigen Staatsapparates wieder auftauchen, die folgenden: Im Jahre 1870, als die französische Hauptstadt von der preußischen Armee belagert wurde, organisierte sich die Stadt »spontan in eine föderale Körperschaft en miniature«, die dann den Kern der Herrschaft der Pariser Kommune im Frühjahr 1871 bildete.[81] Die spontane, nicht von Parteien geführte Streikwelle in Rußland vom Jahre 1905 brachte sofort eine politische Führerschaft an den Tag, die mit keiner der revolutionären Parteien und sonstigen Gruppierungen in irgendeinem Zusammenhang stand; gleichzeitig organisierten sich die Fabrikarbeiter in Räten, Sowjets, und zwar ausdrücklich zum Zwecke eines repräsentativen Selbstverwaltungssystems. Diese Sowjets, die von keiner Partei in ihr Programm aufgenommen wurden, sind die einzigen, von denen man vielleicht mit Anweiler sagen kann, daß sie eine »Tradition« hinterließen, die sich »dem Bewußtsein der Arbeitermassen stark einprägte«. Jedenfalls tauchte in Rußland, als sich die ersten Unruhen während des Weltkriegs bemerkbar machten, die Idee eines Arbeiterrates sofort wieder auf, und bereits in der Februarrevolution von 1917 bemerkte Trotzki, daß es »trotz der verschiedenen politischen Strömungen innerhalb der russischen Arbeiterschaft war, ›als ob die Form der Organisation selbst [nämlich der Sowjet] außerhalb jeder Diskussion stünde‹«[82]. Als die Bolschewiken mit der Losung »Alle Macht den Räten« im Oktober 1918 an die Macht kamen, gab es in Rußland eine über das ganze Land gespannte Rätebewegung sowie eine gesamtrussische Räteorganisation, die ihre ersten Kongresse bereits hinter sich hatte und »angesichts des Fehlens eines aus allgemeinen Wahlen hervorgegangenen Parlaments zweifellos die breiteste demokratische Vertretung Rußlands« darstellte.[83] Ob diese Bewegung dann im letzten Kriegsjahr über die Fronten auf Deutschland übergriff oder ob sie in Deutschland spontan entstand, ist schwer zu sagen. Jedenfalls breitete sich der Rätegedanke nach dem Munitionsarbeiterstreik im Winter 1918 wie ein Lauffeuer im Heere und in den Fabriken aus, wobei entscheidend ist, daß diese Bewegung durchaus neben der revolutionären Agitation radikaler Gruppen verlief. Für das Volk, also die Soldaten und Arbeiter, die dann die Soldaten- und Arbeiterräte der Jahre 1918 und 1919 bildeten, bedeutete die Rätebewegung zuerst nicht viel mehr, als daß man sich in einem »Rat« organisieren müsse, um »Vertrauensleute« oder »Obmänner« zu wählen, die die doppelte Funktion haben sollten, die öffentlichen Geschäfte zu besorgen und die Wähler durch regelmäßige Information auf dem laufenden zu halten. Die gewählten Vertrauensleute sollten mit anderen Worten an die Stelle der Regierenden rücken, zu welchen das Volk kein Vertrauen mehr hatte. Nach dem Zusammenbruch verlangten dann die Arbeiter- und Soldatenräte in Berlin sofort, daß das Rätesystem den Grundstein der neuen deutschen Verfassung bilden solle; gleichzeitig wurde in Bayern eine Räterepublik ausgerufen, die von vornherein auf die Opposition der »revolutionären« Parteien, also der Sozialisten und der Kommunisten, stieß. Auch in Berlin war der »Antrag, das Rätesystem zur Grundlage der Verfassung zu erklären«, vor allem auch von der Sozialdemokratie zu Fall gebracht worden, die »eine parlamentarische Demokratie« verlangte.[84] Das letzte Datum ist schließlich der Herbst 1956, die Wochen der

Ungarischen Revolution, die vom ersten Tage ihres Ausbruchs an das Rätesystem wieder spontan etablierte, zuerst natürlich in Budapest, von wo die Bewegung »mit unbeschreiblicher Geschwindigkeit das ganze Land« ergriff.[85]

Zählt man diese Daten auf, so stellt man sich leicht eine kontinuierliche Entwicklung vor, die kaum nachzuweisen ist. Gerade die Abwesenheit von Kontinuität und Tradition, das Fehlen jeglichen organisierten und organisierenden Einflusses, unterstreicht die eindrucksvolle Gleichartigkeit des Phänomens selbst. Zu ihren hervorstechenden allgemeinen Merkmalen gehört natürlich die Spontaneität ihrer Entstehung – nicht zuletzt weil gerade dies aufs klarste dem Anspruch der Revolutionstheoretiker widerspricht, die meinen, man könne Revolutionen nach einem Modell machen, sie »planen, vorbereiten und mit kalter, wissenschaftlicher Präzision durch Berufsrevolutionäre ausführen lassen«[86]. Daran ist nur so viel wahr, daß, wo immer die Revolution scheinbar siegte, die Ein-Partei-Diktatur, also angeblich die Diktatur des Proletariats, in Wahrheit die der Berufsrevolutionäre, sich schließlich durchsetzte; und das hat noch immer bedeutet, daß die Organe und Institutionen der Revolution schließlich von den »revolutionären« Parteien erledigt wurden, zumeist in einem Kampf, der erheblich blutiger war als der Kampf gegen die »Konterrevolution«.

Die Räte waren ferner immer mindestens ebensosehr Ordnungs- wie Kampforgane, und es war selbstverständlich gerade der Anspruch, die Keimzelle einer neuen staatlichen Ordnung zu bilden, der den Konflikt mit den Berufsrevolutionären, die in den Räten nur »revolutionäre Übergangsformen« sahen (Max Adler), zum Ausbruch brachte. Natürlich hatten die Räte keinerlei Absicht, sich mit Diskussion und »gegenseitiger Aufklärung« über das, was Parteien oder Parlament an Maßnahmen beschlossen hatten, zufriedenzugeben, und sie waren (z. B. in Bayern) auch »keineswegs gesonnen, sich mit der Rolle eines ›Nebenparlaments‹ zu begnügen«; es ist auch fraglich, ob sie Eisners Vorschlag zugestimmt hätten, sich als »Kontrollorgane« des gesamten öffentlichen Lebens zu konstituieren[87], was ja vermutlich auch nur auf eine Spitzeltätigkeit hinausgelaufen wäre. Denn das Hauptmerkmal der Räte war, wie Anweiler sehr richtig hervorhebt, »das Streben nach einer möglichst unmittelbaren, weitgehenden und unbeschränkten

Teilnahme des Einzelnen am öffentlichen Leben«[88]. Der große Enthusiasmus für das Rätesystem läßt sich in der Tat nur dadurch erklären, daß »jeder Einzelne sich hier mithandelnd findet und seinen Beitrag in den Ergebnissen des Tages gleichsam vor Augen sieht«[89]. Es gibt immerhin eine ganze Reihe zeitgenössischer Zeugen auf der Linken, denen klar war, daß es sich hier um »eine direkte Wiederbelebung der Demokratie« handelt, aber sie lehnten sie dennoch einmütig, wenn auch unter verschiedenen Vorwänden, als »Gestaltungsprinzipien einer neuen Gesellschaft« ab, und man prangerte sie zudem nicht selten als reaktionär an. So erschienen auch die aus dem Volk entstandenen Räte, diese handgreiflichste aller revolutionären Realitäten, den Berufsrevolutionären als ein romantischer, der »ständischen Vergangenheit« nachjagender Traum (Max Adler), entschuldbar durch die »Naivität« des Volkes, das den Lauf der Welt noch nicht kennt. Dieser sogenannte Realismus aller Parteiführer von rechts bis links besagte natürlich nur, daß man sich schlechterdings nicht vorstellen konnte, daß es etwas geben könne, was nicht an das Parteiensystem, wie es bestand oder eben noch bestanden hatte, gebunden war. In den Begriffen des Parteienstaats war man aufgewachsen, aus ihm konnte man ohne Mühe eine Ein-Partei-Diktatur theoretisch ableiten; daß die Revolutionen ihre Erfolge weitgehend dem Zusammenbruch dieses Parteiensystems verdankten, spielte in der revolutionären Vorstellungswelt keine Rolle.

Auffallend bei allen Räten, die wir kennen, ist nicht nur, daß in ihnen immer Mitglieder der verschiedensten Parteien friedlich zusammensitzen, sondern daß Parteizugehörigkeit in ihnen überhaupt keine Rolle spielt und es also nicht zur Fraktionsbildung kommt. Die Räte sind bis auf den heutigen Tag die einzigen politischen Organe geblieben, in denen Leute ohne alle Parteizugehörigkeit eine Rolle spielen können. Natürlich mußten sie mit den Parlamenten und parlamentarischen Institutionen sowie auch mit den parlamentarisch gewählten verfassunggebenden Versammlungen aneinandergeraten, da ja auch die extremste Zusammensetzung nichts an der Tatsache ändern konnte, daß sie samt und sonders von der Existenz des Parteiensystems abhingen. Im Verlauf der Revolution boten zumeist schon die Parteiprogramme Anlaß zum Konflikt, da es sich bei ihnen in der Tat um nicht mehr als

»Rezepte« handelte, die nun mechanisch, obzwar mit großem Energieaufwand, in die Praxis umgesetzt wurden – wie Rosa Luxemburg mit erstaunlicher Einsicht in das, was in Rußland in Wahrheit vorging, auseinandergesetzt hat. Wir wissen heute, wie schnell das theoretische Programm in der praktischen Exekution unterging, aber selbst wenn dies nicht geschehen wäre, wenn die Rezepte und Formeln ihre Verwirklichung überlebt hätten und selbst wenn ein Wunder geschehen wäre und die revolutionären Parteiprogramme sich wirklich als Heilmittel aller gesellschaftlichen und politischen Übel erwiesen hätten, so hätten die Räte immer noch gegen sie rebelliert; denn in der Kluft zwischen den Partei-Experten die alles wußten, und dem Volk bzw. den Parteimitgliedern, denen die Exekution befohlen wurde, mußte das Streben und die Fähigkeit des einzelnen Bürgers, selbst zu handeln und sich seine Meinung zu bilden, untergehen. Wie das sogar unter den bestmöglichen Bedingungen dann praktisch aussieht, konnte man auch damals schon wissen: »Mit dem Erdrücken des politischen Lebens im ganzen Lande muß auch das Leben in den Sowjets immer mehr erlahmen. Ohne allgemeine Wahlen, ungehemmte Presse- und Versammlungsfreiheit, freien Meinungskampf erstirbt das Leben in jeder öffentlichen Institution, wird das Scheinleben in der Bürokratie allein das tätige Element. Das öffentliche Leben schläft allmählich ein, einige Dutzend Parteiführer von unerschöpflicher Energie und grenzenlosem Idealismus dirigieren und regieren, unter ihnen leitet in Wirklichkeit ein Dutzend hervorragender Köpfe, und eine Elite der Arbeiterschaft wird von Zeit zu Zeit aufgeboten, um den Reden der Führer Beifall zu klatschen, vorgelegten Resolutionen einstimmig zuzustimmen, im Grunde also eine Cliquenwirtschaft – nicht die Diktatur des Proletariats, sondern die Diktatur einer Handvoll Politiker.«[90] Diesen Worten ist nichts hinzuzusetzen: Die Räte wurden »überflüssig«, weil an die Stelle des revolutionären Geistes die Mentalität der revolutionären Parteien trat. Wo Wissen und Handeln sich getrennt haben, gibt es keinen Raum mehr für Freiheit.

Niemand wußte besser als die Räte selbst, daß das politische Leben des Landes von ihnen abhing und daß es konkrete Freiheit nur innerhalb ihres Rahmens gab. Daher sträubten sie sich dagegen, nur als zeitweilige Kampforgane anerkannt zu werden, und stellten von vornherein den Anspruch, sich als bleibende Staatsorgane zu etablieren. Für zeitweilig hielten sie vielmehr die revolutionären Zustände, die sie keineswegs in Permanenz erhalten wollten. Dagegen erklärten sie ausdrücklich, daß es an ihnen sei, »die Fundamente einer Republik, welcher das Volk in allen Konsequenzen zugestimmt hat, zu legen, da dies die einzige Regierungsform sei, die für immer die Zeit der Invasionen und Bürgerkriege beenden könne«; hier hören wir nichts von einem Paradies auf Erden, von der klassenlosen Gesellschaft und der Abschaffung des Eigentums; es geht um nichts als die Konstituierung der »wahren Republik«, die am Ende als »Lohn« des revolutionären Kampfes steht.[91] So sprach die Pariser Kommune im Jahre 1871, und ganz Ähnliches berichten zeitgenössische Beobachter der Russischen Revolution von 1905: »In dem Rat der Arbeiterdeputierten kam zum erstenmal eine Organisation zur Geltung, die nicht nur zerstörend, sondern auch aufbauend wirkte. Man spürte, daß hier eine Kraft zutage trat und sich ausbildete, die imstande sein könnte, den Umbau des Staates zu unternehmen.«[92]

Was von den furchtbaren Katastrophen der Revolutionen des zwanzigsten Jahrhunderts verdeckt worden ist, ist nicht mehr und nicht weniger als diese erste, nun wahrhaft revolutionäre Hoffnung der europäischen und schließlich vielleicht aller Völker der Erde auf eine neue Staatsform, die es jedem inmitten der Massengesellschaften doch erlauben könnte, an den öffentlichen Angelegenheiten der Zeit teilzunehmen. Für das Scheitern dieser Hoffnung kann man mancherlei Gründe anführen, aber die sogenannte Reaktion und Konterrevolution werden als Faktoren darunter kaum erscheinen. Vergegenwärtigt man sich vor allem die Geschichte der Revolutionen in unserem Jahrhundert, so wird man immer wieder vor der inneren Schwäche der Reaktion in Erstaunen geraten, vor den sich häufenden Niederlagen, vor dem leichten Sieg der Revolution im Kampf gegen sie; und auch in den Zeiten scheinbarer Ruhe wie in den Jahrzehnten nach dem Zweiten Weltkrieg braucht man sich die mühsam restaurierten europäischen Staaten nur etwas genauer anzusehen, um zu wissen, wie es um ihre Stabilität und Autorität im eigenen Lande bestellt ist. Jedenfalls ist die Schuld der Berufsrevolutionäre und revolutionären Parteien an den Katastrophen der Revolution in unserem Jahrhundert allenthalben groß genug und in unserem Zusammenhang ist sie die entscheidende. Daß es ohne Lenins Versprechen »Alle Macht den Räten« nie eine Oktoberrevolution gegeben hätte, ist bekannt genug, und ganz abgesehen davon, ob Lenin in dem Moment wirklich die Sowjetrepublik proklamieren oder nur die Macht ergreifen wollte, stand bereits damals fest, daß dieses Schlagwort sich in offenem Widerspruch befand zu allen programmatisch festgelegten revolutionären Zielen durch die bolschewistische Partei, die ja nie einen Hehl daraus gemacht hat, daß es ihr im wesentlichen um die Machtergreifung ging, also darum, den Staatsapparat durch den Parteiapparat zu ersetzen. Hätte Lenin wirklich alle Macht den Sowjets zugestanden, so hätte er die bolschewistische Partei unausweichlich zu eben der Ohnmacht verdammt, die heute das hervorstechende Merkmal des Sowjetparlaments ist, wo bekanntlich alle Delegierten, ob sie nun zur Partei gehören oder nicht, von der Partei nominiert werden, um dann, da es die Gegenliste einer rivalisierenden Partei nicht gibt, noch nicht einmal gewählt, sondern nur akklamiert zu werden. Zweifellos hat sich der Konflikt zwischen dem Partei- und dem Rätesystem durch die revolutionären Erfahrungen, in denen sie sich scheinbar um die Macht und in Wahrheit darum stritten, wer in der neuen Ordnung der Dinge die »wahre« Revolution und das Volk repräsentiere, außerordentlich verschärft, aber worum es hier eigentlich geht, ist vielleicht von noch erheblich größerer Bedeutung.

Die Räte bildeten von Anfang an eine tödliche Gefahr für das Parteiensystem überhaupt, und die Feindschaft verschärfte sich, je mehr die aus Revolution geborenen Räte dazu übergingen, diejenigen Parteien herauszufordern, deren Ziel immer die Revolution gewesen war. Im Sinne einer wirklichen Sowjetrepublik war natürlich die bolschewistische Partei nicht weniger »reaktionär« als alle anderen Parteien, welche die Revolution vorfand, sie war nur erheblich gefährlicher. Was die rein politische Frage der Staatsform angeht, an der die Räte, in schärfstem Gegensatz zu allen revolutionären Parteigruppierungen, erheblich mehr interessiert waren als an der sozialen Frage[93], so bildet die Ein-Partei-Diktatur nicht nur das vorläufig letzte Stadium des Nationalstaates, sondern ist vor allem auch die gleichsam logische Konsequenz des Vielparteiensystems. Dies dürfte heute, da in den europäischen Demokratien mit Vielparteiensystemen, jedenfalls in

Frankreich und Italien, die Dinge sich so verschärft haben, daß »die Grundlage des Staates und die Regierungsform faktisch in jeder Wahl auf dem Spiel stehen«, wie eine Binsenwahrheit klingen.[94] Es ist daher aufschlußreich, daß schon während der Pariser Kommune von 1871 im Prinzip der gleiche Konflikt bestand, als nämlich Odysse Barrot mit einer bei solchen Schriftstücken seltenen Genauigkeit den Hauptunterschied zwischen der neuen und der alten Staatsform im Sinne französischer Geschichte festlegte: »Als soziale Revolution knüpft das Jahr 1871 direkt an das Jahr 1793 an, das es fortführen und vollenden will. ... Als politische Revolution aber ist das Jahr 1871 im Gegenteil die Reaktion gegen 1793 und die Rückkehr zu 1789. ... Wir haben die Worte *une et indivisible* von unserem Programm gestrichen und die Autoritätsidee, die wesentlich eine monarchische Idee ist, verworfen, ... um uns der föderativen Idee anzuschließen, welche die freiheitliche und republikanische Idee par excellence ist.«[95]

Daß diese Worte von Leuten geschrieben wurden, die die Amerikanische Revolution kaum kannten und dennoch, wie ja bereits in einigen Gesellschaften der ersten Pariser Kommune, die enge Beziehung zwischen dem Geist der Revolution und dem Prinzip der Föderation rein gedanklich vorwegzunehmen imstande waren, ist sehr verblüffend. Sie antizipieren die Ereignisse der Russischen Revolution im Februar 1917 und der Ungarischen Revolution von 1956, die in Monaten oder auch nur Wochen uns kaum mehr als die Umrisse einer Staatsform und Republik gezeigt haben, die auf dem Prinzip des Rätesystems gegründet sein könnte. In beiden Fällen hatten sich Sowjets und Räte spontan und unabhängig voneinander überall im Lande organisiert, Arbeiter-, Soldaten- und Bauernräte in Rußland, die verschiedensten Arten von Räten in Ungarn: Nachbarschaftsräte, die sich in den Wohnbezirken bildeten, revolutionäre Räte, die aus den Straßenkämpfen entstanden, Schriftsteller- und Künstlerräte in den Kaffeehäusern von Budapest, Studenten- und Jugendlichenräte an den Universitäten und Schulen, Arbeiterräte in den Fabriken, Räte in der Armee, in der Beamtenschaft, kurz, überall wo Menschen in irgendeiner Weise miteinander in Kontakt standen. Durch die Bildung eines Rats in jeder dieser verschiedenen und ganz verschieden gearteten Gruppen wurde ein mehr oder minder zufälliges Beisammen zu einer politischen

Institution. Das vielleicht erstaunlichste an diesen spontanen Entwicklungen ist, daß die voneinander ganz unabhängigen und ungleichartigen Organe nicht mehr als wenige Wochen in Rußland und nur wenige Tage in Ungarn brauchten, um miteinander in Verbindung zu treten, ihre Tätigkeiten zu koordinieren, sich in höhere Organe zusammenzuschließen, um schließlich sehr schnell durch die Weiterbildung von Regional- und Provinzialräten ein System zu errichten, aus dem die Abgeordneten zu einer Nationalversammlung, die das ganze Land repräsentierte, gewählt werden konnten.[96] All dies vollzog sich blitzschnell und als sei es das natürlichste von der Welt. Wieder wie im Falle der zahllosen Bünde, »Cosotiationen« und Konföderationen, die wir aus der Frühgeschichte Nordamerikas kennen, setzte sich das föderative Prinzip des Zusammenschlusses und Bündnisses getrennter Einheiten aus den Elementarbedingungen des Handelns durch, und zwar ganz unbeeinflußt von allen theoretischen Erwägungen über die Möglichkeit der republikanischen Staatsform in großen Gebieten und auch ohne allen Druck von außen durch einen gemeinsamen Feind. Gemeinsam war hier vielmehr der Wille, einen neuen politischen Körper zu gründen, einen neuen Typ der republikanischen Staatsform, die auf »Elementarrepubliken« beruhte, ins Leben zu rufen, und zwar so, daß die Zentralgewalt die sie konstituierenden Teile nicht der eigenen, ursprünglichen und konstitutiven Macht berauben würde. Je eifersüchtiger die Räte auf ihrer Fähigkeit zu handeln bestanden, je sicherer sie dessen waren, daß sie auf Grund ihrer Organisation durchaus imstande sind, sich maßgebliche Meinungen zu bilden, desto unvermeidlicher war es, daß sie das Prinzip der Teilbarkeit der Macht und damit die Institutionen der Gewaltenteilung und der Föderation ganz von selbst entdecken würden.

V

Es ist bekannt, daß die Vereinigten Staaten und England zu den wenigen Ländern gehören, in denen sich das Parteiensystem bewährt hat. In beiden Fällen handelt es sich um das Zweiparteiensystem, das daher heute oft als ein Heilmittel gegen alle Übel und Schwächen der

Parteiendemokratie angepriesen wird. Nun fällt aber in beiden Ländern dieses Zweiparteiensystem mit der Teilung der Gewalten im Staatsapparat zusammen, und der wesentliche Grund für die Bewährung ist natürlich, daß in diesen Ländern die Opposition als eine Art Regierungsinstitution anerkannt wird, was wiederum nur möglich ist, wenn man die Nation nicht für *une et indivisible* erklärt und nicht der Meinung ist, daß die Trennung der Gewalten Ohnmacht erzeugt, sondern im Gegenteil glaubt, daß Macht durch Teilung ständig erneuert und stabilisiert wird. Schließlich ist es noch das gleiche Prinzip, das es England ermöglichte, seine über die ganze Erde verstreuten Besitzungen und Kolonien in einem Commonwealth zu organisieren, und das die britischen Kolonien in Nordamerika befähigte, einen Bundesstaat zu gründen. Trotz aller Unterschiede zwischen den amerikanischen und den englischen Parteien ist das, was sie beide von dem Vielparteiensystem der europäischen Nationalstaaten trennt, das eigentlich entscheidende; es handelt sich um ein radikal anderes Machtprinzip, das für alle politischen Institutionen der betreffenden Länder konstitutiv ist.[97] Wollte man die bestehenden Regierungssysteme nach dem Machtprinzip klassifizieren, auf dem sie beruhen, so würde sich sehr schnell herausstellen, daß Ein-Partei-Diktaturen und Vielparteiensysteme erheblich mehr miteinander gemein haben als jede von ihnen mit dem Zweiparteiensystem. Nachdem die Nation während der Französischen Revolution in »die Fußtapfen des absoluten Monarchen« getreten war, kam in den Umwälzungen des zwanzigsten Jahrhunderts die Partei an die Reihe, in die Fußtapfen der Nation zu treten. In dieser leider durch keine Revolution unterbrochenen Kontinuität kann es kaum wundernehmen, daß sich alle Übel des Absolutismus, die autokratisch-oligarchische Bürokratie, der böse Mangel an innerer Demokratie und Freiheit, die Neigungen zum »Totalitären«, der Anspruch auf Unfehlbarkeit, in den modernen Parteiapparaten in Europa wiederfinden, während sie in Amerika schlechterdings nicht vorhanden sind und auch in England sich kaum geltend machen.[98]

Nun ist es zwar unbestreitbar, daß nur das Zweiparteiensystem sich machtpolitisch wie verfassungsrechtlich bewährt hat, aber es ist andererseits auch nicht zu leugnen, daß es kaum mehr geleistet hat, als eine wirksame Kontrolle der Regierenden durch die Regierten zu ermöglichen, und keineswegs Verhältnisse und Institutionen geschaffen hat, in denen der Bürger wirklich an öffentlichen Angelegenheiten teilnehmen kann. Der Bürger ist repräsentiert, doch repräsentiert und delegiert können nur Interessen und die Sorge um die allgemeine Wohlfahrt der Wählerschaft werden, keinesfalls aber ihre Fähigkeit zu handeln oder auch nur ihre Meinungen. Trotz aller Meinungsbefragungen sind in all diesen Systemen die Meinungen des Volkes schlechterdings unergründlich, aus dem einfachen Grunde, weil es sie nicht gibt. Meinungen kommen nur in einem Prozeß öffentlicher Diskussion zustande, sie sind das Ergebnis lebhaften Meinungsaustausches, und wo es keinen Raum für einen solchen Meinungsaustausch gibt, da gibt es zwar Stimmungen aller Art, Massenstimmungen und die Stimmungen von Einzelnen, die sie zu artikulieren verstehen, aber keine Meinungen. Das einzige öffentliche Organ, in dem jedenfalls in Amerika und England eine Art Meinungsvertretung statthat, ist die Presse, die man mit Recht heute oft als eine Art vierte, der vollziehenden, gesetzgebenden und richterlichen nahezu ebenbürtige Gewalt ansieht. Was aber nun das bestehende Repräsentationssystem betrifft, so kann kein Abgeordneter mehr tun, als so zu handeln, wie seine Wähler handeln würden, wenn sie hierzu Gelegenheit hätten. Dies gilt nicht für Fragen der Interessen und der Volkswohlfahrt, weil man diese mehr oder minder redlich und objektiv feststellen kann, so daß die Notwendigkeit, zu handeln und zu entscheiden, auf eine Art Schlichtungs- und Ausgleichsverfahren der Interessenkonflikte hinausläuft. Gerade was ihre Interessen anlangt, können die Wähler durch Druckmittel aller Art ihre Abgeordneten sehr wirksam beeinflussen, d.h. sie können sie zwingen, ihre Wünsche auf Kosten der Interessen und Wünsche anderer Gruppen durchzusetzen. Aber in diesen Fällen handelt der Wähler, auch wenn er sich mit anderen seinesgleichen zusammentut, im wesentlichen im Sinne seiner Privatinteressen und Sorgen, und der Rest an Macht, der ihm am Tage nach der Wahl verblieben ist, gleicht erheblich mehr dem rücksichtslosen Druck, mit dem der Erpresser sein Opfer an der Kandare hält, als jener Macht, die sich aus gemeinsamem Handeln und gemeinsamen Beschlüssen ergibt.

Wie immer es damit im einzelnen bestellt sein mag, fraglos sowohl im Sinne der allgemeinen Volksstimmung wie der Ergebnisse der politischen Wissenschaft ist, daß die Parteien mit ihrem Monopol der Nominierung derer, die überhaupt zur Wahl gestellt werden, nicht mehr als Organe der Volksmacht anzusehen sind, sondern vielmehr als die sehr wirksamen Hilfsmittel, durch welche eben diese Macht des Volkes eingeschränkt und kontrolliert wird. Daß sich das Repräsentativsystem in Wahrheit in eine Art Oligarchie verwandelt hat, liegt auf der Hand, wiewohl man auch nicht sagen kann, daß wir es hier mit einer Regierungsform im klassischen Sinne, also der Herrschaft einer Minderheit im Interesse eben der herrschenden Schicht, zu tun hätten. Eher könnte man schon sagen, daß unsere Art Demokratie zumindest, und weitgehend mit Recht, vorgibt, eine Oligarchie im Interesse der Massen zu sein. Demokratisch sind die Regierungsformen in der Tat, denn sie bezwecken die Volkswohlfahrt und dienen dem privaten Wohlbefinden; dies gerade sind die öffentlichen Angelegenheiten, wie sie heute zumeist verstanden werden, und ihre Besorgung liegt in den Händen einer oligarchisch konstituierten und von den Parteien selektierten Gruppe.

Die Verteidiger dieses Systems, das man treffend das System des Wohlfahrtsstaates nennt, müssen, sofern sie noch wirklich liberal und demokratisch sind, leugnen, daß es so etwas wie »öffentliches Glück« und »öffentliche Freiheit« gibt; sie müssen also vorgeben, daß die politischen Geschäfte eine Bürde darstellen und daß der Endzweck der Politik selbst außerhalb des Politisch-Öffentlichen, eben in der Privatsphäre eines jeden Bürgers, liegt. Sie würden alle Saint-Just zustimmen: »La liberté du peuple est dans sa vie privée; ne la troublez point. Que le gouvernement... ne soit une force pour protéger cet état de simplicité contre la force même.« Sollten sie jedoch auf Grund der Erfahrungen dieses Jahrhunderts ihre liberalen Illusionen von der erhabenen Güte des Volkes, dem man alle Opfer bringen muß, verloren haben, so werden sie umgekehrt argumentieren, daß kein Volk je fähig gewesen sei, sich selbst zu regieren, »daß der Volkswille von Hause aus anarchisch ist, daß das Volk nichts will, als eben tun, wie es ihm jeweils beliebt«, daß es jeder Regierung im Grunde »feindlich« gesinnt sei, da ja »Regierung und Zwang unauflöslich miteinander verbunden sind«, und welcher Mensch will schon gezwungen werden.[99]

Solche Überzeugungen kann man nicht beweisen, aber man kann sie auch gerade darum noch schwerer widerlegen. Hingegen darf man wohl die Voraussetzungen aufzeigen, auf denen sie beruhen. Da ist erst einmal die ebenso einleuchtende wie gefährliche, stillschweigende Gleichsetzung von Volk und Masse, die natürlich uns allen, die wir in Massengesellschaften leben und »Volk« kaum noch kennen, besonders naheliegt. Hinzu kommt, daß der von mir soeben zitierte Autor die Erfahrungen jener Länder vor Augen hat, in denen die Parteien seit Jahrzehnten in Massenbewegungen degeneriert sind, welche sich im wesentlichen außerparlamentarisch betätigen, dafür aber entscheidend in das private und gesellschaftliche Leben ihrer Anhänger eingedrungen sind und dort das Leben der Familie, die Fragen von Erziehung, Bildung und wirtschaftlichen Belangen beherrschen.[100] Wo immer dies der Fall ist, wird die stillschweigende Gleichsetzung von Volk und Masse als selbstverständlich hingenommen werden. Denn die Organisationsprinzipien der Bewegungen stammen in der Tat aus den Gegebenheiten der Massengesellschaft der großen Städte, aber ihre eigentliche Attraktion verdanken sie darüber hinaus vor allem dem tiefen Mißtrauen gerade des Volkes gegen das Parteiensystem und die von den Parteien gelenkte Repräsentation im Parlament. Wo dieses Mißtrauen nicht existiert, wie z. B. in den Vereinigten Staaten, da führen auch die Bedingungen der Massengesellschaft nicht zu der Bildung von Massenbewegungen, während andererseits Länder, die viel weniger Erfahrung mit der Massengesellschaft und ihren Gefahren haben, wie z. B. Frankreich oder Italien, Massenbewegungen hervorbringen, sobald das Mißtrauen des Volkes gegen das Parteiwesen und das parlamentarische System in offene Feindschaft ausbricht. Man ist versucht zu sagen, daß es um so leichter für die Bewegung sein wird, nicht nur an das Volk zu appellieren und es zu organisieren, sondern es in eine Masse zu verwandeln, je offensichtlicher das Scheitern des Parteiensystems und die Korruption des Parlaments an den Tag getreten sind. In jedem Fall aber entspringt die angeblich so »realistische« Einschätzung des Volkes, das unfähig sei, sich selbst zu regieren, heute noch, genau wie einst der »Realismus« Saint-Justs, dem bewußten oder unbewußten Ignorieren der Realität der Räte bzw. dem Willen, es dürfe keine demokratische Alternative zu den heutigen Parteiensystemen geben.

In Wahrheit aber hat diese Alternative immer bestanden, denn das

Parteiensystem ist genauso alt wie das Rätesystem; beide sind revolutionären Ursprungs, nämlich die Konsequenz der den Revolutionen zugrunde liegenden Überzeugung, daß alle Einwohner eines Landes Anspruch darauf haben, an den öffentlichen Angelegenheiten beteiligt zu werden. Im Gegensatz zu den Parteien entstanden die Räte immer direkt aus der Revolution selbst, sie waren die vom Volke spontan gebildeten Aktions- und Ordnungsorgane. Hätte man von der Geschichte der Räte Notiz genommen, so wäre es um die alten Redensarten von den anarchischen, gesetzlosen Tendenzen des Volkes schnell geschehen gewesen; denn wo immer die Räte auf der Bildfläche erschienen, vor allem auch in der Ungarischen Revolution, haben sie sich um die Neuordnung des politischen und wirtschaftlichen Lebens aufs angelegentlichste gekümmert, und nichts lag ihnen ferner, als das Chaos zu begrüßen, nichts mehr am Herzen, als eine neue politische Ordnung so schnell wie möglich auf die Beine zu stellen.[101] Parteien im modernen Sinne, also nicht die Fraktionen, die es natürlich in allen Parlamenten immer gegeben hat, sind noch niemals während und aus einer Revolution entstanden; sie entstanden *nach* den großen Revolutionen mit der Ausdehnung des Wahlrechts im neunzehnten und waren vor den Revolutionen des zwanzigsten Jahrhunderts voll entwickelt. Ob die Partei sich nun aus der parlamentarischen Fraktion entwickelte oder von vornherein außerhalb des Parlaments entstand, in jedem Fall handelte es sich darum, der parlamentarischen Regierung den notwendigen Rückhalt im Volke zu geben, und niemand hat je daran gezweifelt, daß in diesem Verhältnis von Volk und Parlament die Rolle des Volkes in der Unterstützung des Parlaments besteht und das eigentliche Handeln ein Privileg der Regierung bleibt. Mit der militanten Entwicklung der Parteien, die zur politischen Aktion schreiten, hat der Zersetzungsprozeß des Parteiensystems begonnen, weil sie damit gerade das Parteienprinzip verletzten und ihre Funktion innerhalb der parlamentarischen Regierung unterminierten; mit anderen Worten, die Parteien sind schließlich subversiv geworden, und zwar unabhängig von den jeweiligen Parteiprogrammen oder Ideologien. In diesem Desintegrationsprozeß der parlamentarischen Regierungen – in Italien und Deutschland nach dem Ersten, in Frankreich nach dem Zweiten Weltkrieg – hat sich immer wieder gezeigt, daß auch die

Parteien, die parlamentsfromm den Status quo unterstützten, in Wahrheit das Regime arbeitsunfähig machten, sobald sie zur Aktion schritten und die ihnen institutionell gesetzten Grenzen übertraten. Aktion und direkte Teilnahme an öffentlichen Angelegenheiten, die innerhalb des Rätesystems lokal begrenzt sind und ihm durchaus entsprechen, sind offenbar tödlich für eine Institution, deren eigentliche Funktion die Nominierung von Abgeordneten und somit der Verzicht auf Macht zugunsten von Repräsentation ist.

Es steht in der Tat außer Frage, daß die Nominierung von Kandidaten zur Wahl den Generalnenner aller Parteien in gleich welchen Systemen bildet, woraus zu folgen scheint, daß »der Nominierungsakt an sich genügt, um eine politische Partei entstehen zu lassen«[102]. Dies aber heißt, daß die Institution der Partei von vornherein entweder voraussetzt, daß die bürgerliche Teilnahme an öffentlichen Angelegenheiten von anderen öffentlichen Institutionen garantiert wird – was, wie wir sahen, nicht der Fall ist – oder daß solche Anteilnahme gar nicht erwünscht ist, daß die Bevölkerungsschichten, welchen die Revolutionen soeben den Zugang zum politischen Raum eröffnet haben, sich mit Repräsentation zu begnügen haben. In der Entwicklung zum Wohlfahrtsstaat schließlich, in dem sich alle politischen Fragen in administrative Aufgaben auflösen, die am besten von Experten behandelt und entschieden werden, kann man auch den Abgeordneten des Volkes kaum noch eine legitime Handlungsfreiheit zusprechen; sie sind zu Beamten geworden, deren Verwaltungsaufgaben zwar in den öffentlichen Bereich fallen, sonst aber nicht wesentlich verschieden sind von Verwaltungsfunktionen in der Privatwirtschaft. Sollte diese Entwicklung unaufhaltsam sein, so würde das Absterben des politischen Bereiches, seine graduelle Transformation in eine Verwaltungsmaschinerie, die Engels für die klassenlose Gesellschaft vorausgesagt hat, eindeutige Wirklichkeit werden, und in diesem Fall müßte man in der Tat zugeben, daß die Räte eine atavistische Institution sind, die sich in der Ordnung menschlicher und bürgerlicher Angelegenheiten nur störend bemerkbar machen können. Sieht man, wie es leider gemeinhin üblich ist, nur auf die Zeichen der Zeit und nicht auf die lebendigen Intentionen und Aspirationen der Menschen, die in ihr leben, so kann man nicht leugnen, daß diesen Prognosen eine große

Wahrscheinlichkeit zukommt. Aber dann muß man auch die Konsequenzen ziehen und zugestehen, daß der Vorwurf des Atavismus sich in gleichem Maß gegen das Parteiensystem richtet; denn da das Geschäft von Verwaltung und Administration naturgemäß von rein wirtschaftlichen Notwendigkeiten diktiert wird, ist es wesentlich nicht nur unpolitisch, sondern auch unparteiisch. Die Parteilichkeit der Parteien ist hier kein geringerer Störungsfaktor als die Lust am Handeln, für die das Rätesystem den geeigneten öffentlichen Raum zur Verfügung stellt. Interessenkonflikte zwischen verschiedenen gesellschaftlichen Gruppen lassen sich in der Wohlstandsgesellschaft ausgleichen; einen eigentlichen Klassenkampf, bei dem der Interessengewinn einer Klasse stets auf Kosten einer anderen geht, gibt es nicht mehr in der Überflußgesellschaft, und auch das Prinzip der Opposition kann nur so lange gültig bleiben, als es echte Alternativen gibt, zwischen denen entschieden werden muß und die sich nicht objektiv durch Experten erledigen lassen. Wo der Staatsapparat sich wirklich in eine Verwaltungsmaschine verwandelt hat, kann das Parteiensystem nur Leerlauf erzeugen und Tüchtigkeit verhindern. Die einzige ihm verbleibende Funktion wäre die Kontrolle der Staatsbeamten und die Aufdeckung von Korruption, und auch diese Funktion würde vermutlich erheblich besser und zuverlässiger von geschulten Polizeiorganen besorgt.[103]

In allen Revolutionen des zwanzigsten Jahrhunderts hat der Konflikt zwischen dem Parteien- und dem Rätesystem eine entscheidende Rolle gespielt, und der Konflikt drehte sich immer um bloße Repräsentation auf der einen, um direktes Handeln und Teilnahme an öffentlichen Geschäften auf der anderen Seite. Immer waren die Räte Aktionsorgane, immer waren die revolutionären Parteien Repräsentationsorgane, und wiewohl die revolutionären Parteien höchst unwillig die Brauchbarkeit der Räte zum Zwecke des »revolutionären Kampfes« anerkannten, haben sie doch nie davon abgelassen, selbst in diesem begrenzten Zeitraum zu versuchen, sie von innen zu dirigieren und zu zersetzen. Keine Partei, wie revolutionär sie sich auch gebärden möge, hat je daran gezweifelt, daß sie eine wirkliche Verwandlung des Staates in eine Räterepublik nicht würde überleben können. Trotz allem aktivistischen Gerede waren auch revolutionäre Parteien mit allen anderen Parteien immer darin einig, daß das Handeln selbst nur in Ausnahmesituationen erfordert und erwünscht ist; für die sog. bürgerlichen Parteien war dieser Ausnahmezustand der Krieg, für die linken Parteien dagegen die Revolution. Und wie der Frieden nach dem Kriege sollte auch der Sieg nach dem Bürgerkrieg solchen menschlichen »Trieben« ein Ende bereiten; in beiden Fällen gilt, daß nur »unsoziale Elemente« sich der neuen Ordnung nicht fügen wollen. Wenn die Berufsrevolutionäre sich nahezu einstimmig immer wieder gegen die aus der Revolution selbst hervorgegangenen neuen Organe des Volkswillens wandten, so spielte dabei weder Machtwille noch Heuchelei eine entscheidende Rolle; ausschlaggebend war vielmehr, daß sie automatisch die dem Parteiensystem inhärenten Grundüberzeugungen aus dem alten Regime übernahmen. Auch sie meinten und meinen, daß der Zweck aller Politik die Wohlfahrt des Volkes sei, daß also in der richtigen Ordnung der Dinge Politik zugunsten von Verwaltung ausgeschaltet werden müsse. Im Grunde haben die Parteien von rechts bis links sehr viel mehr miteinander gemein, als auch die revolutionärste von ihnen je mit den Räten gemein hatte.

Hinzu kommt, daß das Mißtrauen der Parteien gegen die neue revolutionäre Staatsform der Räterepublik sich auch auf die Unerfahrenheit der Räte für die wirklich bestehenden enormen Verwaltungsaufgaben des Staates in der modernen Gesellschaft berufen konnte. Die Räte haben selbst niemals klar zu unterscheiden gewußt zwischen Teilnahme an öffentlichen Angelegenheiten und Verwaltung im öffentlichen Interesse. Vor allem die Arbeiterräte haben immer wieder versucht, die Verwaltung von Fabriken zu übernehmen, und die selbstverständliche Tatsache, daß alle solche Versuche katastrophal fehlschlugen, hat ihr Prestige sehr beeinträchtigt. »Der Wunsch der Arbeiterklasse«, so erklärte man, »hat sich erfüllt. Die Fabriken werden fortan von Arbeiterräten geleitet werden.«[104] Gegen solch angebliche Willensäußerungen der Arbeiterklasse sollte man mißtrauisch sein; sie sind zumeist, wie auch in diesem Fall, von der Partei inspiriert, die versucht, die Arbeiter von der Straße in die Fabriken zurückzulocken, um ihnen dort scheinbar ein Betätigungsfeld zu eröffnen, das sie erst einmal von politischen Angelegenheiten fernhält. In Wahrheit haben gesellschaftliche und wirtschaftliche Forderungen in den Räten immer eine erstaunlich geringe Rolle gespielt; auch die Arbeiterräte waren primär »politische Organisationen«, und in der Ungarischen Revolution, wie in allen früheren, drängte »der Kampf um nationale Freiheit [nämlich um die Freiheit des Staatswesens, das in diesem Fall von außen bedroht war] vom ersten Tage an die spezifischen wirtschaftlichen und sozialen Forderungen der Arbeiter zurück«. In Ungarn stand im Mittelpunkt »die Forderung nach Abzug der sowjetischen Truppen und nach freien Wahlen«. Und gerade diese ausschließlich politische Orientierung der Räte wurde von den revolutionären Parteien als »kleinbürgerlich, abstrakt und liberalistisch« verschrieen.[105] Dies ist natürlich gerade der beste Beweis für ihre politische Reife, während der Wunsch der Arbeiter, die Leitung der Betriebe in die Hand zu bekommen, eher als Zeichen eines verständlichen, aber politisch unwesentlichen, wenn nicht schädlichen Dranges von Individuen verstanden werden muß, in Positionen aufzusteigen, die ihnen bis dahin nicht zugänglich gewesen waren.

Natürlich darf man annehmen, daß Verwaltungstalente sich in den Reihen der Arbeiterschaft ebenso reichlich finden wie in anderen Gesellschaftsschichten; aber um sie zu entdecken, waren die Arbeiterräte in der Tat das denkbar schlechteste Instrument gewesen. Denn die Männer, denen man bei der Wahl eines Rates Vertrauen schenkt, sind nach politischen Kriterien ausgesucht – man vertraut ihnen nicht, weil sie organisieren können, sondern weil sie persönlich integer sind, Urteilskraft besitzen, sehr oft auch, weil sie physischen Mut bewiesen haben, kurz, auf Grund von Eigenschaften, die sehr viel mit der Gesamtperson, aber sehr wenig mit spezifischen Talenten zu tun haben. Die gleichen Leute, von denen man durchaus politische Bewährung erwarten durfte, waren aller Wahrscheinlichkeit nach besonders ungeeignet, die Betriebsverwaltung zu übernehmen, denn die Qualitäten des Staatsmanns oder des Politikers und die eines Verwaltungsfachmanns sind nicht nur nicht die gleichen, sie finden sich in den seltensten Fällen in demselben Menschen vereint. Der Politiker muß sich darauf verstehen, mit Menschen umzugehen, und zwar in einem Bereich menschlicher Angelegenheiten, der im wesentlichen auf Freiheit beruht, während der Verwaltungsfachmann sich dadurch auszeichnet, daß er Dinge und Menschen in einem Bereich zu handhaben weiß, in dem alles und alle schließlich der Notwendigkeit objektiver Prozesse unterstellt sind.

Die Arbeiterräte haben in der Tat ein Element des freien Handelns in die Fabriken gebracht, das innerhalb der notwendigen Gegebenheiten der Produktionsprozesse nur Chaos stiften konnte. Aber diese verhängnisvollen und voraussehbaren Fehlschläge gehen nicht etwa auf Konto der gesetzlosen Willkür des Volkes, sondern nur der falsch eingesetzten politischen Begabung. Wenn es andererseits der bolschewistischen und anderen Parteidiktaturen trotz unglaublicher Korruption, Untüchtigkeit und Fehlinvestitionen schließlich doch halbwegs gelungen ist, den Produktionsprozeß aufrechtzuerhalten und vorwärtszutreiben, so gerade wegen ihrer oligarchischen und autokratischen Struktur – also aus Gründen, die sie für politische Aufgaben aller Art so ungeeignet und unzuverlässig machen.

Wo immer Freiheit je als eine greifbar weltliche Realität existiert hat, war sie räumlich begrenzt. Dies tritt nirgends deutlicher hervor als bei der Bewegungsfreiheit, der elementarsten und wichtigsten der negativen Freiheiten, denn Stadtmauern und nationale Grenzen dienen immer nur dem Zweck, einen Raum ein- und auszugrenzen, innerhalb dessen Menschen sich frei bewegen können. Natürlich kann dieser Raum durch Verträge und internationale Übereinkommen, die immer auf Gegenseitigkeit beruhen, beliebig erweitert werden; aber auch unter diesen modernen Bedingungen bleibt Freiheit räumlich begrenzt, und dies gilt für Freiheit jeglicher Art. Denn positive Freiheit, wie die Freiheit des Handelns und Meinens, ist nur unter gleichen möglich, und Gleichheit selbst ist keineswegs ein universell gültiges Prinzip, sondern ist gleichfalls nur unter Einschränkungen und vor allem nur in räumlichen Grenzen anwendbar. Setzen wir diese Freiheitsräume – die wir, dem Grundgedanken John Adams' folgend, auch Erscheinungsräume nennen könnten – mit dem politischen Bereich überhaupt gleich, so stellen sie sich uns leicht unter dem Bild von Inseln in einem Meer der Notwendigkeit oder von Oasen in der Wüste zufälliger Willkür dar. Dies natürlich ist nicht mehr als eine Metapher und als solche unverbindlich, aber ich meine, man könnte, was hier im Bild nur angedeutet werden kann, geschichtlich vielfach erhärten.

Die Sache, um die es mir hier geht, belegt man gemeinhin mit dem gründlich mißverständlichen und mißbrauchten Namen der Elite, und ich wünschte, ich könnte mich dieser Terminologie ganz entsagen. Was ich, abgesehen von den auf der Hand liegenden Mißverständnissen, an dem Begriff auszusetzen habe, ist einmal, daß er die Vielen aus dem politischen Bereich prinzipiell ausschließt, obwohl politische Angelegenheiten eigentlich nicht nur die Vielen, sondern schlechterdings alle Einwohner eines Territoriums angehen. Dennoch ist nicht zu leugnen, daß die politischen Leidenschaften – der Mut, das Streben nach öffentlichem Glück, der Geschmack an öffentlicher Freiheit, das Streben nach Auszeichnung unabhängig von Amt, Würden und gesellschaftlicher Stellung, ja sogar von Erfolg und Ruhm – nicht gerade sehr verbreitet sind, und dies nicht nur in unserer Gesellschaft, in der alle Tugenden zu gesellschaftlichen Werten pervertiert sind; sie dürften immer und unter allen Umständen ungewöhnlich gewesen sein, und diejenigen, die sie besitzen oder besaßen, darf man ruhig als die Elite des Landes ansehen. Aber wer wählt diese Elite aus? Wer sagt, wer zu ihr gehört? Wo bildet sie sich? Das Peinliche an dem Begriff ist ferner, daß er eine oligarchische Staatsform mitbeinhaltet, also eine Ordnung der Dinge, in der die Vielen von den Wenigen beherrscht und regiert werden; und die Tatsache, daß der Ausgezeichneten immer nur wenige sind, scheint dieser Ordnung der Dinge das Wort zu sprechen. Im Sinne unserer Tradition politischen Denkens hat man daraus geschlossen, daß eben Herrschaft das Grundprinzip aller Politik sei und daß Herrschsucht und Wille zur Macht identisch seien mit der elementarsten aller politischen Passionen. Und dies scheint mir keineswegs den Tatsachen oder den Prinzipien zu entsprechen, mit denen wir es im Politischen zu tun haben. Natürlich ist unbestreitbar, daß politische »Eliten« seit eh und je das politische Schicksal aller bestimmt, und auch, daß sie zumeist die Menge regiert haben. Aber diese Tatsache erklärt sich einerseits daraus, daß die wenigen Ausgezeichneten es immer bitter nötig gehabt haben, sich gegen die Vielen zu schützen, was nichts anderes besagt, als daß die Inseln der Freiheit nur gehalten werden können, wenn sie gegen das Meer der Notwendigkeit verteidigt werden; sie erklärt sich andererseits daraus, daß die Verantwortung für das, was öffentlich zu tun ist, automatisch denen zufällt, die sich nicht nur um ihr Privatleben kümmern. Nichts davon zeigt aber auch nur im mindesten an, was nun eigentlich das Wesen, die Substanz dieses im politischen Bereich verbrachten Lebens ist; was immer man tut, um den Bestand der Freiheit in einem noch so schmal bemessenen Raum zu sichern, und was immer sich aus der Verantwortung für das Gemeinwesen überhaupt ergibt, sind sekundäre Nebenumstände, gemessen an dem, was in dem Freiheitsraum selbst dann wirklich vorgeht.

Im Sinne der uns bekannten gegenwärtigen politischen Institutionen heißt dies, daß das eigentlich politische Leben eines Abgeordneten sich im Parlament abspielt, wo er sich unter seinesgleichen bewegt, nicht aber in der Wahlkampagne oder wo er sonst versucht, den Wähler bei der Stange zu halten. Dabei will ich ganz von der ja auf der Hand liegenden Unehrlichkeit nahezu aller Dialoge zwischen Wähler und Abgeordnetem in den modernen Parteienregierungen absehen, in denen – mit Ausnahme der amerikanischen *primaries*, den Wählerversammlungen, welche die Parteikandidaten direkt nominieren – der Wähler der bereits getroffenen Wahl nur zustimmen oder sie ablehnen kann, und ich will auch von der neuerlichen Einführung der üblichen Reklametechniken absehen, durch welche das Verhältnis von Wähler und Abgeordnetem auf Kauf und Verkauf reduziert wird. Selbst wo die Kommunikation zwischen Wähler und Gewählten, zwischen der Nation und dem Parlament, noch einigermaßen intakt ist, wie in den angelsächsischen im Unterschied zu den meisten europäischen Ländern, kann sie doch niemals ein Umgang zwischen gleichen genannt werden; sie findet bestenfalls zwischen denen statt, die zu regieren beanspruchen, und denen, die ihre Zustimmung zum Regiertwerden nur unter bestimmten Bedingungen erteilen. Wenn Maurice Duverger, der beste Kenner der europäischen Parteiensysteme, meint: »Il faut remplacer la formule ›gouvernement du peuple par le peuple‹ par celle-ci: ›gouvernement du peuple par une élite issue du peuple‹«[106], so braucht man dem nur hinzuzufügen, daß dies in der Tat im Wesen des Parteiensystems liegt. Duverger sieht die entscheidende Bedeutung der politischen Parteien in der Heranziehung und Schaffung von neuen Eliten[107], und wenn damit nicht mehr gemeint ist, als daß die politische Karriere den unteren Volksschichten überhaupt erst durch das Parteienwesen eröffnet wurde, so ist dies in der Tat zutreffend. Zweifellos entspricht die Partei als Instrument demokratischer Regierungen der ständigen und überall noch anwachsenden Einebnung aller gesellschaftlichen Schichten und Klassen, die zu den hervorstechenden Merkmalen der Neuzeit gehört; nur will das noch nicht besagen, daß dieser Zug zur Egalität das Wesen der modernen Revolutionen trifft. Die »aus dem Volke stammende Elite« hat die früheren Geburts- und Besitzeliten ersetzt und verdrängt, aber sie hat darum noch nicht dem Volke ermöglicht, als Volk in das öffentliche Leben zu gelangen und an öffentlichen Angelegenheiten teilzuhaben. Unverändert hat sich das alte Verhältnis zwischen einer regierenden Elite und dem Volk, zwischen den wenigen, die unter sich einen öffentlichen Raum konstituieren, und den vielen, die ihr Leben außerhalb dieses Raums und also im Dunkel verbringen, erhalten. Vom Standpunkt der Revolution aus und im Interesse des Erhaltens des revolutionären Geistes ist es nicht die Neuformierung von Eliten, die von Übel ist; denn daß große Teile der Bevölkerung in allen Schichten politischen Angelegenheiten gegenüber sich indifferent verhalten, ist eine Tatsache, welche vielleicht überzeugte Demokraten, aber nicht überzeugte Revolutionäre beunruhigen sollte. Worum es vielmehr geht, ist, daß alle diese Systeme außerhalb der Parteibürokratien nirgends einen Raum bereitstellen, zu dem das Volk Zugang hat und wo sich eine Elite bilden könnte. Dies aber heißt, daß Politik zum Beruf und zur Karriere geworden ist und daß die »Elite« daher nach Maßstäben und Kriterien ausgewählt wird, die selbst zutiefst unpolitisch sind.

Es liegt im Wesen des Parteiensystems, daß es echte politische Begabungen nur in Ausnahmefällen hochkommen läßt, und selbst in diesen Ausnahmefällen geht die Begabung an den kleinlichen Schikanen der innerparteilichen Kämpfe leicht zugrunde. Natürlich waren die Männer, die in den Räten versammelt waren, auch eine Elite, sie waren sogar die einzige echte, aus dem Volk stammende Elite, die die Neuzeit gesehen hat; sie waren nicht von oben nominiert und von unten unterstützt, sondern frei von ihresgleichen gewählt, und da sie den Wählern in der Ratsversammlung Rechenschaft abzulegen hatten, blieben sie mit ihresgleichen verbunden und ihnen verantwortlich. In gewissem Sinne kann man sagen, daß hier einmal eine Elite nicht von anderen, nach welchen Kriterien auch immer, ausgesucht worden, sondern vielmehr durch sich selbst entstanden ist; diejenigen, die sich in Räten zusammentaten und organisierten, waren identisch mit den Verantwortungsbewußten, welche die Initiative ergreifen wollten; sie waren in Wahrheit die politische Elite des Volkes, welche die Revolution nur ans Tageslicht gebracht hatte. Wenn die Mitglieder der oberen Räte dann darangingen, Abgeordnete für die nächsthöhere Stufe zu wählen, so wählten sie wieder unter gleichen, und dasselbe gilt für die Abgeordnetenwahlen bis hinauf zum Obersten Rat; ein Druck von unten oder von oben ist innerhalb dieses Systems unmöglich. Die so Gewählten verdanken auf allen Stufen ihre Wahl ausschließlich dem Vertrauen von ihresgleichen, und diese Gleichheit beruht nicht auf der Menschennatur und nicht auf angeborenen Eigenschaften, sondern ist die Gleichheit derer, die sich auf ein Unternehmen verpflichtet haben und nun von ihm in Anspruch genommen sind. In ihrer öffentlichen Stellung können sie sich auf nichts stützen als das Vertrauen derer, aus denen sie selbst hervorgegangen sind. Zweifellos würde diese Staatsform in voller Entfaltung wieder die uralte Gestalt der Pyramide annehmen, also die Gestalt aller Staatsformen, die wesentlich auf Autorität beruhen. Während aber in autoritären Regierungen, wie wir sie aus der Geschichte kennen, die autoritätgebende Macht von oben nach unten »fließt«, würde in diesem Fall die Autorität weder oben noch unten ihre Quelle haben, sondern auf jeder Stufe der Pyramide gleichsam neu entstehen. Was immerhin die Richtung anzeigen mag, in welcher die Lösung eines der ernstesten politischen Probleme der Gegenwart, wie man nämlich nicht Freiheit und Gleichheit, sondern Gleichheit und Autorität vereinen kann, zu suchen ist.

Um Mißverständnissen zuvorzukommen: Die hier erwähnten, dem Rätesystem inhärenten Prinzipien der Auswahl von Eliten: daß sie sich gleichsam selbst selektieren, also spontan entstehen, dann auf personalem Vertrauen beruhen und schließlich nahezu automatisch in einer föderativen Staatsform enden, sind nicht allgemeingültig; ihre Geltung erlischt, sobald wir den politischen Raum verlassen. Für die Kultureliten der Schriftsteller und Künstler, für die wissenschaftlichen Eliten und Berufseliten aller Art wie auch für die gesellschaftlichen Eliten eines Landes gelten ganz andere Maßstäbe; die Maßstäbe sind jeweils verschieden, aber das egalitäre Prinzip ist nirgends anwendbar. Sie führen auch nicht zur Etablierung echter Autorität, sondern zu Cliquen und Klüngeln, schlimmstenfalls zur Anmaßung des »Kreises«. Der Rang eines Dichters etwa wird keineswegs von seinesgleichen, also von Dichtern, bestimmt, auch nicht von dem Machtspruch eines anerkannten Meisters, sondern einzig und allein von denen, die, unfähig einen Vers zu schreiben, nichts sind als Liebhaber der Dichtkunst. Der Rang des Wissenschaftlers wiederum ist einzig von der Einschätzung seiner Kollegen bestimmt, aber nicht etwa, weil diese besonderes Vertrauen zu seinen personalen Qualitäten und individuellen Eigenschaften hegen, sondern nur auf Grund der objektiv feststellbaren Leistung. Solche objektiven Kriterien, die sich dem Meinungsaustausch und dem persönlichen Eindruck entziehen, gibt es in der Politik, wo immer die Person und ihre persönliche Überzeugungskraft entscheidend sind, nicht. Die gesellschaftlichen Eliten schließlich entstehen in einer egalitären Gesellschaft, die weder nach Geburt noch nach Besitz geordnet ist, stets durch Prozesse von Absonderung und Diskriminierung, deren es viele Möglichkeiten gibt. Das mag weder schön noch angenehm sein, ist aber unvermeidlich.

Wer mit Kant meint, daß es »süß ist, sich Staatsverfassungen auszudenken«, wird nicht der Versuchung widerstehen, sich diese Staatsform, die wir immer nur *in statu nascendi* kennengelernt haben, weiter auszumalen. Aber es dürfte klüger sein, mit Jefferson zu sagen: »Man mache mit [den Elementarrepubliken] nur erst einen Anfang für gleich welchen Zweck, es wird sich bald herausstellen, für welche anderen Zwecke sie sich am besten eignen« – in unserer Zeit z. B. für das Zerschlagen der Massengesellschaft und der ihr inhärenten gefährlichen Tendenz, pseudo-politische Massenbewegungen mitsamt den ihnen zugehörigen Eliteformationen zu erzeugen, die niemand gewählt hat und die sich auch nicht selbst konstituiert haben. Öffentliche Freiheit, öffentliches Glück und die Verantwortlichkeit für öffentliche Angelegenheiten würden dann den Wenigen zufallen, die in allen Gesellschafts- und Berufsschichten daran Geschmack finden. Sie sind ohnehin die politische Elite eines Landes, und kein Staat kann behaupten, seine Aufgabe zu erfüllen, keine Staatsform den Anspruch stellen, eine wirkliche Republik zu sein, die sich ihrer nicht bedient und ihr nicht den ihr gehörigen öffentlichen Raum zur Verfügung stellt.

Vielleicht würde eine solche im wahrsten Sinne des Wortes »aristokratische« Staatsform dann nicht mehr zu dem Mittel der allgemeinen Wahlen greifen, denn nur diejenigen, die freiwillige Mitglieder einer »Elementarrepublik« sind, hätten den Beweis dafür erbracht, daß es ihnen um anderes und vielleicht um mehr geht als um ihr privates Wohlbefinden und um ihre legitimen Privatinteressen. Nur wer an der Welt wirklich interessiert ist, sollte eine Stimme haben im Gang der Welt. Von der Politik ausgeschlossen zu sein brauchte keineswegs eine Schande zu bedeuten wie heute die Aberkennung der bürgerlichen Ehrenrechte; wenn diejenigen, die teilhaben, sich selbst selektiert haben, dann haben diejenigen, die ausgeschlossen sind, auch sich selbst ausgeschlossen. Ein solches geregeltes Fernbleiben von öffentlichen Geschäften würde in Wahrheit einer der wesentlichen negativen Freiheiten Substanz und Realität verleihen, nämlich der Freiheit *von* Politik, die wir seit dem Ende der antiken Welt kennen, die in Rom und Athen unbekannt war und die vielleicht der politisch bedeutsamste Teil unserer christlichen Erbschaft ist.

All dies und wahrscheinlich sehr viel mehr ging verloren, als der Geist der Revolution – dieser neue Geist, der zugleich der Geist des Neubeginnens ist – die ihm angemessene Institution nicht fand. Dieses Scheitern ist durch nichts mehr gutzumachen, es sei denn, man versucht immer aufs neue, durch Erinnern und Dem-Geschehen-Nachdenken zu verhindern, daß dieser Verlust endgültig werde. Und da es die Dichter sind, die über den Vorrat des menschlichen Gedächtnisses Wacht halten, indem sie die Worte finden und prägen, an die wir anderen uns dann halten, darf ich vielleicht am Schluß dieser Betrachtung auf die Worte kommen, in welchen ein moderner französischer Dichter aus der Résistance das zusammengefaßt hat, was ich hier umständlich zu erläutern bemüht war. René Char, dem ich schon das Motto für dieses Kapitel entnahm, hat kurz nach dem Kriege ein Buch mit Aphorismen veröffentlicht, die er während des letzten Kriegsjahres geschrieben hatte und in denen er offen bekennt, wie sehr er und seinesgleichen, die nur das Unglück ihres Landes höchst unerwarteterweise in die Politik getrieben hatte, die endliche Befreiung fürchteten. Denn für sie alle hieß die Befreiung von den Deutschen auch, daß sie nun wieder von der »Bürde« der öffentlichen Angelegenheiten und dem »Zwang« zu handeln »befreit« sein würden. Er sah voraus, wie man sie in ihr Privatleben zurückjagen würde, in die *épaisseur triste* und die »sterile Depression« der Vorkriegszeit, in der alles, was sie gemeinsam anfingen, wie verhext war und nichts gelang. »Ich weiß, daß, wenn ich überleben sollte, mich der Duft dieser entscheidenden Jahre wieder verlassen wird, daß ich schweigend meinen Schatz werde zurückweisen (nicht unterdrücken) müssen.« Und der Schatz war nicht mehr und nicht weniger als er selbst, daß er »sich selbst gefunden« habe, daß er sich nicht mehr der »Unaufrichtigkeit« verdächtigte, daß er keine Maske und keine Schauspielerei brauchte, um zu erscheinen, daß er, wo immer er hinkam, den anderen und sich selbst als der *erschien*, der er war, daß er es sich leisten konnte, »nackt zu gehen«[108]. Nun, Dichter sind zumeist nicht gerade mit politischer Begabung und dem Geschmack an öffentlicher Freiheit gesegnet; um so bemerkenswerter sind diese Worte, weil sie mit seltener Präzision von der unfreiwilligen Selbstoffenbarung Zeugnis ablegen, von der tiefen Freude, in Wort und Tat ohne Zweideutigkeit und ohne Selbstreflexion zu erscheinen, die allem Handeln innewohnt.

Würden wir diesen Reflexionen über den seltenen »Schatz« des Politischen, der die *triste épaisseur*, die Erdenschwere und die seltsame Trauer aller Kreatur, aufzuhellen verspricht, nachgehen, wollten wir mit anderen Worten bestimmen, wo die »Erbschaft herkommt, die uns von keinem Testament hinterlassen wurde«, so würden wir schließlich auf jene berühmten und erschreckenden Worte stoßen, die Sophokles in seine Altersdichtung, den *Ödipus auf Kolonos*, eingefügt hat:

> Μὴ φῦναι τὸν ἅπαντα νι-
> κᾷ λόγον. τὸ δ' ἐπεὶ φανῇ,
> βῆναι κεῖσ' ὁπόθεν περ ἥ-
> κει πολὺ δεύτερον ὡς τάχιστα.

In Karl Reinhardts Übertragung:

> Nicht geboren zu sein, übertrifft
> Jeden Begriff. Doch wann's erschien,
> Ist das zweite weithin dies,
> Eilends zu gehen, von wannen es kam.

Denn ebenda verkündet er auch durch den Mund des Theseus, des legendären Gründers und nun Sprechers der athenischen Stadt, woran diese Menschen sich hielten, um von der Trauer des Lebendigen nicht übermannt zu werden und aus der Finsternis der Kreatur in die Helle des Menschlichen zu gelangen. Es war die Polis, der eingezäunte Raum der freien Tat und des lebendigen Wortes, die »das Leben aufglänzen machte« – τὸν βίον λαμπρὸν ποιεῖσθαι.

ANMERKUNGEN

Einleitung: Krieg und Revolution

1. In *The Rights of Man* (1791), *Complete Writings*, New York 1945.
2. Machiavelli nimmt im *Principe* den Gedanken auf und wandelt ihn ab: »Jeder notwendige Krieg ist gerecht; und die Waffen, welche zur Verteidigung eines hilflosen Volkes ergriffen werden, sind Waffen der Barmherzigkeit.«
3. Karl Jaspers' Buch über *Die Atombombe und die Zukunft der Menschheit* enthält, soviel ich weiß, die einzige Diskussion der Kriegsfrage, die im Ernst sowohl die Vernichtung der gesamten Menschheit in einem Atomkrieg wie die prinzipielle Bedrohung der Freiheit auf der gesamten Erde durch einen totalen Herrschaftsapparat als Möglichkeiten in Rechnung stellt und also ganz frei ist von unausgesprochenen Vorbehalten dieser Art.
4. So Raymond Aron in einem bemerkenswerten Artikel *Political Action in the Shadow of Atomic Apocalypse* in dem 1962 erschienenen, von Harold D. Lasswell und Harlan Cleveland herausgegebenen Buch *The Ethics of Power*.
5. Ich zitiere aus der ausgezeichneten, reich dokumentierten Reportage von Daniel Lang, *An Inquiry into Enoughness*, New York 1965.
6. Ebenda.
7. Ebenda.
8. Die amerikanische illustrierte Zeitschrift ›Look‹ veröffentlichte im August 1963 (Bd. 27, Nr. 16) die erste auf Dokumenten basierende Reportage von den Diskussionen, die dem Abwurf der A-Bomben in Regierungskreisen vorausgingen. Danach waren es vor allem James B. Conant, Präsident der Harvard Universität, und Vannevar Bush, Präsident der Carnegie Institution in Washington, die darauf drangen, daß man Japanern die Bombe vordemonstriere, bevor man sie gegen Japan einsetzte.
9. In *Über den Gemeinspruch: Das mag in der Theorie richtig sein, taugt aber nicht für die Praxis* (1793) III. Absatz.
10. Ich zitiere im Text die Antwort, die de Maistre in den *Considérations*

sur la France (1796) Condorcet gab, der die Konterrevolution als »une révolution au sens contraire« definiert hatte. Siehe Condorcet *Sur le Sens du Mot Révolutionnaire*, eine kleine Schrift, die 1793 erschien. Heute am besten zugänglich in den *Oeuvres*, 1847-49, Bd. XII.

Historisch gesprochen, verdanken sowohl der Konservatismus wie die Reaktion nicht nur ihren Elan und ihre besten polemischen Pointen, sondern ihre Existenz der Französischen Revolution. Sie sind ihrem Wesen nach polemisch und als eigenständige Gedankensysteme, als die sie sich manchmal ausgeben, gar nicht zu begreifen. Alle ihre wirklichen Einsichten und ihr gesamtes Begriffsgefüge sind abgeleiteter Natur. Dies ist denn auch der Grund, warum das konservative Denken so ausgezeichnete Polemiker hervorgebracht hat und warum die Revolutionäre, sofern sie wie Marx einen echten polemischen Stil entwickelten, gerade diese Seite ihres Handwerks zweifellos von ihren Gegnern lernten. Weder liberales noch revolutionäres, wohl aber das konservative Denken, wo es mehr ist als reaktionäres Gerede, ist durch und durch polemisch.

Erstes Kapitel: Der geschichtliche Hintergrund

1. Klassische Philologen haben des öfteren darauf hingewiesen, daß »our word ›revolution‹ does not exactly correspond to either στάσις or μεταβολὴ πολιτείων«, W. L. Newman *The Politics of Aristotle*, Oxford 1887-1902. Die Frage ist ausführlich behandelt von Heinrich Ryffel *Metabolé Politeion*, Bern 1949.

2. Siehe *Dissertation on the Canon and the Feudal Law* von 1765. In *Works*, 1850-1856, Bd. 3, S. 452.

3. Darum meint auch Polybius, daß der Kreislauf der Staatsformen κατὰ φύσιν sei, in Übereinstimmung mit der Natur (VI. 5.1).

4. Das Zitat stammt aus Robert Redslob *Die Staatstheorien der Französischen Nationalversammlung von 1789*, Leipzig 1912, S. 152. Für den Einfluß der Amerikanischen Revolution auf die französische Entwicklung siehe A. Aulard *Révolution Française et Révolution Américaine* in den *Etudes et Leçons sur la Révolution Française*, Bd. VIII, 1921. Abbé Raynals Beschreibung von Amerika *Tableau et Révolutions des colonies anglaises dans l'Amérique du Nord*, 1781, ist unter den zahlreichen Reisebeschreibungen der Zeit besonders interessant.

5. Bezeichnend ist der Streit zwischen John Adams und Turgot. Turgot hatte 1778 einen langen Brief an Dr. Price geschrieben, in dem er sich sehr scharf gegen die amerikanische Teilung der Gewalten wendet und alle Gründe, die für eine Zentralisierung der Macht sprechen, anführt. John Adams' *Defence of the Constitutions of Government of the United States of*

America (Works, Bd. 4*)* ist eine Entgegnung, die an Hand ausführlicher Zitate aus Turgots Brief diesen Punkt für Punkt zu widerlegen sucht.

6. Von Hector St. John Crèvecœurs *Letters from an American Farmer* sind vor allem die Briefe 3 und 12 der Ausgabe des Jahres 1782 in unserm Zusammenhang wesentlich.

7. Ich paraphrasiere die folgenden beiden Sätze aus Luthers *De Servo Arbitrio (Werke*, Weimar, Bd. 18, S. 626*)*: »Fortunam constantissimam verbi Dei, ut ob ipsum mundus tumultuetur. Sermo enim Dei venit mutaturus et innovaturus orbem, quotiens venit.«

8. Diese seltsame Vorgängertheorie, in der Hitler schließlich zum Nachfolger von Joachim di Fiore werden soll, ist zuerst ausführlich von Norman Cohn in seinem *The Pursuit of Millenium*, 1947, aufgestellt worden.

9. Polybius VI, 9.5. und XXXI, 23-25.1.

10. a. a. O., siehe Anm. 10 der Einleitung.

11. Ich paraphrasiere im folgenden die großartige Geschichte in Herodot, in der wir zum ersten Male ausdrücklich etwas von den bekannten drei Staatsformen, der Einherrschaft, der Herrschaft der Wenigen, und der Herrschaft der Vielen, hören (Buch III, 80-82). Dort lehnt der Sprecher für die athenische Demokratie, die Isonomia heißt, die Herrschaft, die ihm angetragen ist, mit der folgenden Begründung ab: »denn ich will weder herrschen noch beherrscht werden«. Anschließend daran sagt dann Herodot, das Haus dieses Mannes sei in ganz Persien das einzige Haus eines freien Mannes gewesen.

12. Siehe vor allem Victor Ehrenberg *Isonomia* in Pauly-Wissowa *Realenzyklopädie des klassischen Altertums*, Supplement-Band VII. Sehr bezeichnend ist auch eine Bemerkung von Thukydides (III, 82,8), der darauf aufmerksam macht, daß in Parteikämpfen die Gegner sich gern selbst »schön klingende Namen« zulegen, wobei eben die einen behaupten, die Isonomie zu vertreten, und die anderen eine gemäßigte Aristokratie oder Herrschaft der Besten. Thukydides impliziert deutlich, daß es sich dabei um eine Verschleierung handelt, daß nämlich die einen eben Demokraten seien und die anderen der Oligarchie oder Herrschaft der Wenigen das Wort reden. (Professor David Grene, klassischer Philologe an der Universität von Chicago machte mich freundlicherweise hierauf aufmerksam.)

13. So konnte etwa Sir Edward Coke, der berühmte englische Jurist und Vorkämpfer parlamentarischer Rechte, schon 1627 schreiben: »What a word is that franchise? The lord may tax his villain high or low; but it is against the franchise of the land for freemen to be taxed, but by their consent in parliament. Franchise is a French word, and in Latin it is Libertas« (zitiert nach Charles H. McIlwain *Constitutionalism Ancient and Modern*, 1940).

14. Ich folge hier vor allem Charles E. Shattuck *The true Meaning of*

the term ›Liberty‹... in the Federal and State Constitutions, ›Harvard Law Review‹, 1891.

15. Für diese Interpretation der amerikanischen Verfassung siehe Edward S. Corwin *The Constitution and What it Means Today*, Princeton 1958, S. 203.

16. »The contests of that day«, sagt Jefferson wörtlich, »were contests of principle between the advocates of republican and those of kingly government.« In ›The Anas‹, zitiert nach *Life and Selected Writings of Jefferson*, Modern Library Edition, S. 117.

17. Die John-Adams-Zitate stammen aus dem in Anm. 5 zitierten Werk und aus seinen Bemerkungen *On Machiavelli (Works*, Bd. V, S. 40*)*.

18. In den *Discorsi*, Buch I, Kap. 11. Auf das Problem selbst gehe ich im 5. Kapitel dieses Buches ausführlich ein.

19. Siehe das 15. Kapitel des »Prinzen«.

20. Siehe Robespierre *Oeuvres*, hrsg. von Laponneraye, 1840, Bd. 3, S. 540.

21. Es scheint, daß in der Renaissance dieser Satz zum erstenmal im Jahre 1420 bei Gino Capponi auftaucht, der in seinen *Ricordi* schreibt: »Faites membres de la *Balia* des hommes experimentés, et aiment leur commune plus que leur propre bien et plus que leur âme« (zitiert nach einer Anmerkung zu Machiavelli, *Oeuvres Complètes*, ed. Pléiades, Paris S. 1535). Machiavelli selbst spricht nahezu gleichlautend in seinen *Geschichten von Florenz* von den Patrioten der Stadt, die in ihrem Kampf gegen den Papst gezeigt hätten, um wieviel höher sie ihre Stadt als ihr Seelenheil einzuschätzen wüßten (Buch III, 7). Schließlich wendet er die gleiche Redewendung auf sich selbst an und schreibt am Ende seines Lebens an seinen Freund Vettori: »Ich liebe meine Vaterstadt mehr als das Heil meiner Seele.«

Da uns im allgemeinen die Unsterblichkeit der Seele nicht mehr sonderlich am Herzen liegt, stehen wir in Gefahr, über diese Worte hinwegzulesen. Für Machiavelli war dieser Satz noch keineswegs ein Klischee; er meinte durchaus wörtlich, daß es Menschen gibt, die bereit sind, um des politischen Bereichs willen, zu dem sie gehören, auf ein ewiges Leben zu verzichten oder die Höllenstrafen zu riskieren. Für Machiavelli war es weniger die Frage, ob man Gott mehr liebe als die Welt, als ob man fähig sei, die Welt mehr zu lieben als sich selbst. Und dies ist in der Tat von eh und je eine zentrale Frage für alle eigentlich politischen Menschen gewesen. Machiavellis Einwände gegen die Religion sind gemeinhin an die gerichtet, die sich selbst, also auch ihr eigenes Seelenheil, mehr lieben als die Welt; sie betreffen nicht oder doch gemeinhin nicht diejenigen, die wirklich Gott mehr lieben als die Welt und sich selbst.

22. Siehe *The Letters of Machiavelli*, hrsg. von Allan Gilbert, New York 1961, Nr. 137.

23. Dies ist neuerdings mit großem Weitblick von Lewis Mumford *The City in History*, New York 1961, dargestellt worden. Mumford entwickelt dort die sehr interessante Theorie, daß die Dorfgemeinde im Neu-England Amerikas in Wahrheit »eine geglückte Mutation« der mittelalterlichen Stadt darstelle, daß die »mittelalterliche Stadtorganisation sich gleichsam durch Kolonisation in der Neuen Welt erneuert habe«, da nämlich vom sechzehnten bis zum neunzehnten Jahrhundert die städteschaffende Kraft in der Alten Welt nahezu erloschen und in die Neue Welt abgewandert sei.

24. Siehe *Discorsi*, Buch I, Kap. 11. – Was Machiavellis Stellung in der Renaissance überhaupt anlangt, so möchte ich J. H. Whitfield beipflichten, der in seinem Buch *Machiavelli* (Oxford 1947) sich wie folgt äußert: Machiavelli »does not represent the double degeneracy of both politics and culture. He represents instead the culture that is born of humanism becoming aware of political problems because they are at a crisis. It is because of this that he seeks to solve them from the elements with which humanism had endowed the western mind« (S. 18). Der Unterschied zu den Männern der Revolutionen im achtzehnten Jahrhundert liegt darin, daß ihre Wendung zur Antike von keinem »Humanismus« mehr bestimmt ist, sondern ausschließlich von der Hoffnung, in den Verhältnissen und Theorien des Altertums Lösungsmöglichkeiten der politischen Probleme zu finden. Für eine ausführliche Diskussion dieser Frage siehe 5. Kapitel.

25. Das Wort *lo stato* kommt aus dem lateinischen *status rei publicae*, das seinerseits »Staatsform« meint und in diesem Sinne auch noch von Bodin gebraucht wird. Charakteristisch ist nun, daß Machiavellis *stato* nicht mehr Staats*form* meint, sondern eine Art ursprünglicher politischer Einheit eines Volkes, die als solche nicht nur das Kommen und Gehen der Regierungen überdauern kann, sondern auch den Wechsel der Staatsform. Was Machiavelli im Auge hatte, war natürlich der Nationalstaat bzw. der gar nicht so selbstverständliche Tatbestand, daß Italien oder Rußland, China oder Frankreich in ihren geschichtlichen Grenzen nicht zu bestehen aufhören, wenn die Staatsform zugrunde geht.

26. Siehe die ausgezeichnete Darstellung in Felix Gilbert *Machiavelli and Guicciardini, Politics and History in Sixteenth Century Florence*, 1. Kap., Princeton 1965.

27. Hier und im folgenden habe ich oft bis ins Detail die bahnbrechenden Arbeiten von Karl Griewank benutzt, welche alle früheren Analysen und Darstellungen der Geschichte der Revolutionen berücksichtigt und kritisch überholt haben. Es handelt sich um den 1952 in der ›Wissenschaftlichen Zeitschrift der Universität Jena‹ erschienenen Essay *Staatsumwälzung und Revolution in der Auffassung der Renaissance und Barockzeit* und um das 1955 erschienene Buch *Der neuzeitliche Revolutionsbegriff*.

28. Siehe die Geschichte des Wortes »Revolution« im *Oxford Dictionary*.

29. Zitiert nach Clinton Rossiter *The first American Revolution*, New York 1956, S. 4.

30. Siehe *L'Ancien Régime*, Paris 1953, Bd. II, S. 72.

31. So in der Einleitung zum 2. Teil der *Rights of Man*.

32. Siehe Fritz Schulz *Prinzipien des römischen Rechts*, Berlin 1954, S. 147.

33. Griewank bemerkt in dem in Anmerkung 26 zitierten Essay, daß das Wort »Das ist eine Revolution« zum ersten Male auftauchte, als »Heinrich IV. durch den Übertritt zum Katholizismus seinen ligistischen Gegnern die Waffen aus der Hand schlug und einer nach dem anderen zu ihm überging«. Als Beleg zitiert Griewank Henri de Perefixes Biographie Heinrichs IV. *(Histoire du Roy Henry le Grand*, Amsterdam 1661*)*, in der die Ereignisse des Frühjahrs 1594 mit den folgenden Worten kommentiert werden: Der Gouverneur von Poitiers »voyant qu'il ne pouvait pas empêcher cette révolution, s'y laissa entraîner et composa avec le Roy«. Wie Griewank erläutert, handelt es sich hier um eine Veränderung, die darum der Unbeeinflußbarkeit der Sternenumdrehung gleichgesetzt wird, weil sie zu einem Ort zurückkehrt, »der dem früheren gleich oder gleichwertig ist«. Auch hier besagt »Das ist eine Revolution« bereits: »Widerstand dagegen ist sinnlos geworden.« Aber entscheidend ist, daß »Hardouin die ganzen Ereignisse als Rückkehr der Franzosen unter ihren *prince naturel* betrachtete«. Von nichts dergleichen konnte natürlich bei Liancourts Wort die Rede sein.

34. Die Worte Robespierres vom November 1793, gesprochen im Convent, lauten: »Les crimes de la tyrannie accélérèrent les progrès de la liberté, et les progrès de la liberté multiplièrent les crimes de la tyrannie..., une réaction continuelle dont la violence progressive a opéré en peu d'années l'ouvrage de plusieurs siècles.« *Oeuvres*, hrsg. von Laponneraye, 1840, Bd. III, S. 446.

35. Zitiert nach Griewanks Buch, a. a. O., S. 243.

36. In der Rede vom 5. Februar 1794, a. a. O., S. 543.

37. »It belongs to us to vindicate the honor of the human race«, in Nr. 11 des ›Federalist‹ (1787), ed. Jacob E. Cooke, 1961.

38. Zitiert nach Theodor Schieder *Das Problem der Revolution im neunzehnten Jahrhundert*, ›Historische Zeitschrift‹, Bd. 170, 1950.

39. In der Einleitung zu *Demokratie in Amerika* (1838): »Eine neue Welt braucht eine neue Wissenschaft von der Politik.«

40. Bei der ihm eigenen Sensibilität ist Griewank die Rolle des Zuschauers für die Entstehung des Revolutionsbegriffes in der Neuzeit nicht entgangen: »Wollen wir dem Bewußtsein des revolutionären Wandels in seiner Entstehung nachgehen, so finden wir es nicht so sehr bei den Handelnden selbst wie bei außerhalb der Bewegung stehenden Beobachtern zuerst klar erfaßt.« Leider ist er dieser wesentlichen Einsicht, zu der er zweifellos unter dem Einfluß der Werke Hegels und Marx' gekommen ist, nicht weiter nach-

gegangen, sondern hat sie gleichsam unbesehen auf die florentinischen Geschichtsschreiber angewandt, wo sie, wie mir scheint, nicht zutrifft. Die Geschichte Florenz' wurde von den florentinischen Staatsmännern und Politikern geschrieben; weder Machiavelli noch etwa Guicciardini waren Zuschauer in dem Sinne, in dem Hegel und die Historiker des neunzehnten Jahrhunderts Zuschauer waren.

41. Für Saint-Justs und Robespierres Einstellung zur Frage der Staatsform siehe Albert Ollivier *Saint-Just et la Force des Choses*, Paris 1954.

42. Zitiert nach Edward S. Corwin *The »Higher-Law« Background of American Constitutional Law*, ›Harvard Law Review‹, Bd. 42, 1928.

43. Tocqueville in *Demokratie in Amerika*, Bd. 2, Buch 4, Kap. 8.

44. »On s'identifiait à ces lugubres ombres. L'un était Mirabeau, Verniaud, Danton, un autre Robespierre«, schreibt J. Michelet in der Einleitung zu seiner *Histoire de la Révolution Française*.

Zweites Kapitel: Die soziale Frage

1. *Oeuvres*, hrsg. von Laponneraye, 1840, Bd. 3, S. 514. – Für die diametral entgegengesetzte, traditionelle Auffassung, daß der Überfluß der Reichen dem Gemeinwohl zugute kommen muß, in Form eines »Aufrufs an alle Menschen, die große Mittel zur Verfügung haben, sich dem Allgemeinwohl zu widmen«, siehe Dantons Rede *Über die Besteuerung der Reichen* aus dem Jahre 1793. Hier zitiert nach Karl Heinrich Peter *Reden, die die Welt bewegten*, Stuttgart 1958.

2. Eine »Erklärung der Rechte der Sanskulotten« war von Boisset, einem Freund Robespierres, vorgeschlagen worden. Siehe J. M. Thompson *Robespierre*, Oxford 1939, S. 365.

3. »Le but de la Révolution est le Bonheur du Peuple«, wie es das am 16. November 1793 erlassene *Manifest des Sansculottismus* proklamierte. Siehe Nr. 52 in *Die Sanskulotten von Paris. Dokumente zur Geschichte der Volksbewegung 1793–1794*, hrsg. von Walter Markov und Albert Soboul, Berlin (Ost) 1957.

4. So z. B. James Monroe in J. Elliot *Debates in the Several State Conventions on the Adoption of the Federal Constitution . . .*, Bd. 3, 1861.

5. Die Zitate stammen aus Lord Actons *Lectures on the French Revolution*, 1910.

6. In den Briefen aus Paris an Mrs. Trist vom 18. August 1785 und an Mr. Wythe vom 13. August 1786.

7. In einem Brief an Jefferson vom 13. Juli 1813.

8. In dem Brief an John Adams vom 28. Oktober 1813.

9. Die schöne Formulierung stammt von Thomas Paine in *The Rights of Man*, 1791.

10. Ich zitiere John Adams' *Discourses on Davila* in *Works*, Boston 1851, 6. Bd., S. 280.

11. Ebenda, S. 267 und 279.

12. Ebenda, S. 239f.

13. Brecht hat es vermutet, denn in seiner barocken Hexameterbearbeitung des Kommunistischen Manifests sagt er ausdrücklich, was er so schwerlich bei Marx oder Lenin gefunden hat: Mitkämpfend fügen die großen umstürzenden Lehrer des Volkes zu der Geschichte der herrschenden Klassen die der beherrschten.

14. a.a.O., S. 234.

15. Das Zitat stammt von D. Echeverria *Mirage in the West: A History of the French Image of American Society to 1815*, Princeton 1957, S. 152.

16. So Jefferson in *A Bill for the More General Diffusion of Knowledge* vom Jahre 1779 und *Plan for an Educational System* vom Jahre 1814. Beide Entwürfe sind leicht zugänglich in *The Complete Jefferson*, hrsg. von Saul K. Padover, 1943, S. 1048 und 1065.

17. So stellt z.B. Robert E. Lane in einer kürzlich erschienenen Untersuchung der Äußerungen von Arbeitern zum Thema der Gleichheit (*The Fear of Equality* in ›American Political Science Review‹, Bd. 53, März 1959) fest, daß die Arbeiterklasse erstaunlich wenig Ressentiment zeige, woraus er aber nur folgern kann, daß sie eben Angst vor der Gleichheit hätte; wenn die Arbeiter ihm sagen, daß Reichtum nicht glücklich mache, schließt er, daß sie eben versuchten, »mit einem fressenden und unberechtigten Neid« auf die Reichen fertigzuwerden; ihre dezidierte Absicht, sich nicht ihrer Freunde zu entledigen, wenn sie zu plötzlichem Reichtum kämen, hält er für »innere Unsicherheit« usw. Der Artikel ist nicht lang, aber er bringt es fertig, alle Tugenden in verborgene Laster zu verwandeln; man kann aus ihm gut lernen, wie weit wir es in der Kunst, überall versteckte gemeine Hintergedanken zu wittern, gebracht haben.

18. So Robespierre in *Le Défenseur de la Constitution* vom Jahre 1792; siehe *Oeuvres Complètes*, hrsg. von G. Laurent, 1939, Bd. 4, S. 328.

19. »Das *menu peuple* (auch *petit peuple, classe populaire* oder schlechthin *peuple* genannt), für den in 1792 die Behelfsbezeichnung *sans-culottes* aufkam, bestand aus kleinen Gewerbetreibenden, Krämern, Handwerkern – Meistern wie Gesellen –, Manufaktur- und Heimarbeitern, Angestellten, Verkäufern, Dienstpersonal, Tagelöhnern, Lumpenproletariern, aber auch armen Künstlern, Schauspielern, brotlosen Literaten.« So Walter Markov, *Über das Ende der Pariser Sansculottenbewegung* in den *Beiträgen zum neuen Geschichtsbild*, der Festschrift zum 60. Geburtstag von Alfred Meusel, Berlin 1956.

20. So Robespierre in *Adresse aux Français* vom Juli 1791, zitiert nach J. M. Thompson, a. a. O., S. 176. In der großen Rede vor dem Nationalkonvent vom 26. Juli 1794 kam Robespierre nochmals mit unvergleichlicher Beredsamkeit auf dieses Thema zurück: »Elle existe cette passion... des cœurs magnanimes! Cette horreur profonde de la tyrannie, ce zèle compatissant pour les opprimés, cet amour sacré de la patrie, cet amour plus sublime et plus saint de l'humanité, sans lequel une grande révolution n'est qu'un crime éclatant qui détruit un autre crime« *(Oeuvres*, hrsg. von Laponneraye, Bd. 3, S. 702).

21. Thompson, a. a. O., S. 365, und Robespierres Rede vor dem Nationalkonvent vom 5. Februar 1794 in *Oeuvres*, hrsg. von Laponneraye, Bd. 3, S. 548. Für Dantons Stellung zu dieser Frage, die sehr viel mehr mit den Girondisten als mit den Jakobinern gemein hatte, siehe die in Anm. 1 zitierte Rede: »Unaufhörlich muß ich es wiederholen: Unterstützt die französische Republik, unterstützt sie um jeden Preis. Wenn der Tempel der Freiheit fest steht, wird das Volk ihn zu schmücken wissen.«

22. Siehe *Contrat Social*, 1762, 2. Buch, 3. Kap.

23. Ebenda, 1. Kap.

24. Zitiert nach Albert Ollivier *Saint-Just et la Force des Choses*, Paris 1954, S. 203.

25. Dieser Satz ist der Schlüssel für das Verständnis von Rousseaus Begriff des Allgemeinwillens. Daß er sich in einer Anmerkung findet (in dem in Anm. 21 zitierten Kapitel), zeigt nur, wie selbstverständlich für Rousseau die konkrete Erfahrung geworden war, die seiner Theorie zugrunde liegt. Dies ist eine nicht seltene Schwierigkeit für die Interpretation rein theoretischer Schriften, aber sie ist hier besonders instruktiv, weil sich zeigt, wie einfach der empirische Hintergrund einer so komplizierten und vielfach mißverstandenen Theorie sein kann.

26. Ebenda.

27. Robespierres Theorie über Magistratur und Volksvertretung zeigt den Ursprung dieser »revolutionären« Tugend immer noch am klarsten: Das Volk, so setzt er, wie wir bereits gesehen haben, auseinander, braucht nur sich selbst zu lieben, um tugendhaft zu sein. »Mais le magistrat est obligé d'immoler son intérêt à l'intérêt du peuple, et l'orgueil du pouvoir à l'égalité. ... Il faut donc que le corps représentatif commence par soumettre dans son sein toutes les passions privées à la passion générale du bien public.« Aus der in Anm. 20 zitierten Rede.

28. Für Rousseau siehe seinen *Discours sur l'Origine de l'Inégalité parmi les Hommes* von 1755. Saint-Just ist nach Ollivier zitiert, a. a. O., S. 19.

29. Das Kapitel über Robespierre in R. R. Palmer *Twelve who Ruled: The Year of the Terror in the French Revolution*, Princeton 1941, aus dem ich die Worte Robespierres zitiere, ist mit Thompsons bereits mehrfach zitier-

ter Biographie die objektivste und gerechteste Darstellung Robespierres in der Literatur der letzten Jahrzehnte. Palmers Buch ist außerdem ein wichtiger Beitrag in dem Streit über das Wesen und die Gründe der Schreckensherrschaft.

30. Das Zitat ist dem Buch von Zoltn Haraszti *John Adams and the Prophets of Progress*, Harvard 1952, S. 205, entnommen.

31. So Rousseau in dem *Discours sur l'Origine de l'Inégalité*.

32. Das Archivmaterial über die Pariser Sektionen der Kommune ist jetzt zum erstenmal in dem in Anm. 3 zitierten Werk mit einer deutschen Übersetzung veröffentlicht worden. Es enthält eine Reihe ähnlicher Formulierungen; mein Zitat stammt aus Nr. 57. Allgemein darf man wohl sagen: Je blutrünstiger die Sprecher sind, desto entschiedener und gefühlsseliger warten sie mit »ihren zarten Seelenregungen« *(ces tendres affections de l'âme)* auf.

33. Thompson, a. a. O., S. 108, berichtet, daß Desmoulins bereits im Jahre 1790 Robespierre darauf aufmerksam gemacht hat, daß er seinen Prinzipien mehr die Treue halte als seinen Freunden.

34. Um nur ein Beispiel dieses Zusammenhangs zu zitieren, darf ich auf Robespierres Rede über das Wesen einer revolutionären Regierung vor dem Nationalkonvent vom 26. Juli 1794 (*Oeuvres*, hrsg. von Laponneraye, Bd. 3, S. 723) hinweisen, in der er ausdrücklich verlangt, daß die Gesetze vage seien, weil die Revolution es mit Heuchlern zu tun habe: »Il ne s'agit point d'entraver la justice du peuple par des formes nouvelles; la loi pénale doit nécessairement avoir quelque chose de vague, parce que le caractère actuel des conspirateurs étant la dissimulation et l'hypocrisie, il faut que la justice puisse les saisir sous toutes les formes.« Wie Robespierre die Gesetzlosigkeit einer Volksjustiz mit der Notwendigkeit rechtfertigte, der Heuchler habhaft zu werden, siehe weiter unten.

35. »Tout est permis pour ceux qui agissent dans le sens de la révolution«, dieser Satz findet sich in der *Instruction adressée aux autorités constituées des départements de Rhône et de Loire par la Commission Temporaire*, die ausdrücklich betonte, daß die Revolution es vor allem mit der *classe immense du pauvre* zu tun habe. Siehe das in Anm. 3 zitierte Werk, Nr. 52.

36. Zitiert aus dem 3. Brief Crèvecœurs, dessen Werk in Anm. 6 des 1. Kapitels zitiert ist.

37. In dem Brief an Madison aus Paris vom 16. Dezember 1786.

38. Siehe Nr. 10 des ›Federalist‹ (1787) in der Ausgabe von Jacob E. Cooke, Meridian 1961.

39. So Palmer, a. a. O., S. 163.

40. So Michelet, zitiert nach Lord Acton, a. a. O., Anhang.

41. Wie wenig Beards berühmte Theorie den Tatbeständen entspricht, ist vor allem von R. E. Brown *Charles Beard and the Constitution*, Princeton

1956, und von Forrest McDonald *We the People: The Economic Origins of the Constitution*, Chicago 1958, nachgewiesen worden.

42. Thompson, a. a. O., S. 334, spricht gelegentlich von dem Konvent während der Schreckensherrschaft als »einer Versammlung politischer Schauspieler«, und diese Bemerkung ist nicht nur durch die theatralischen Reden, die dort gehalten wurden, gerechtfertigt, sondern mehr noch durch das Überwiegen von Metaphern, die der Theaterwelt entnommen sind.

43. Es scheint, daß etymologisch das Wort *persona* von dem Verb *perzonare* und dem griechischen ζώνη abgeleitet ist, in welchem Falle es ursprünglich »Verkleidung« bedeuten würde. Man ist aber versucht anzunehmen, daß römische Ohren das Wort als *per-sonare*, »durchtönen«, hörten, wobei die Stimme, die durch die Maske ertönte, vielleicht eher als die Stimme der Vorfahren verstanden wurde denn als die Stimme des jeweiligen Schauspielers.

44. Siehe die außerordentlich instruktive Diskussion dieser Fragen in Ernest Barkers Einführung zu der englischen Übersetzung von Otto Gierkes *Natural Law and the Theory of Society 1500 to 1800*, Cambridge 1950, S. LXXff.

45. Ebenda, S. LXXIV.

46. Siehe die Préface des *Discours sur l'Origine de l'Inégalité*.

47. Lord Acton, a. a. O., 9. Kap.

48. Ebenda, 14. Kap.

49. Siehe die Rede vor dem Nationalkonvent vom 17. November 1793 in *Oeuvres*, ed. Laponneraye, Bd. 3, S. 336.

50. Dies wird von Janko Musulin in der Einleitung zu seinen *Proklamationen der Freiheit* erwähnt, Fischer Bücherei, S. 8.

51. Lord Acton, a. a. O., 9. Kap.

52. In *Demokratie in Amerika*, Bd. 2, Kap. 20.

Drittes Kapitel: Der Verfolg des Glücks

1. Dies ist eine Umschreibung des folgenden Abschnitts in dem *Esprit des Lois* (Buch 8, Kap. 8): »La plupart des peuples d'Europe sont encore gouvernés par les mœurs. Mais si par un long abus du pouvoir, si, par une grande conquête, le despotism s'établissait à un certain point, il n'y aurait pas de mœurs ni de climat qui tinssent; et, dans cette belle partie du monde, la nature humaine souffrait, au moins pour un temps, les insultes qu'on lui fait dans les trois autres.«

2. Burke ist hier nach Lord Actons *Lectures on the French Revolution* zitiert. Das Zitat findet sich in der zweiten Vorlesung. – Für Hume siehe in *Essays, Moral and Political* (1748) »Whether the British Government Inclines More to Absolute Monarchy or to a Republic«.

3. Siehe Tocqueville *L'Ancien Régime et la Révolution* (1856) in den *Oeuvres Complètes*, Paris 1952, S. 197.

4. In einem Brief an Niles vom 14. Januar 1818.

5. In dem Brief an den Abbé Mably vom Jahre 1782.

6. Siehe die Abschnitte in den *Discourses on Davila, Works*, Boston 1851, 6, S. 232 ff.

7. Siehe Adams *Letters to John Taylor on the American Constitution* aus dem Jahre 1814, in den *Works*, Bd. 6, S. 453 ff.

8. J. M. Thompson *Robespierre*, Oxford 1939, S. 53 ff.

9. Siehe den außerordentlich aufschlußreichen Artikel von Wolfgang H. Kraus *Democratic Community and Publicity* in dem Jahrbuch ›Nomos‹, Bd. II, 1959, *Community*, hrsg. v. Carl J. Friedrich.

10. Ich zitiere Cicero *De Natura Deorum* I, 7 und *Academica* I, 11.

11. Beide Bemerkungen finden sich im *Streit der Fakultäten* (1798), Zweiter Teil, 7. Absatz und die Anmerkung am Ende des 9. Absatzes.

12. Ebenda, Erster Teil.

13. Tocqueville, a. a. O., S. 195, handelt ausführlich von der Lage der Schriftsteller und ihrem »éloignement presque infini ... de la pratique«. Er fährt dann fort: »L'absence complète de toute liberté politique faisait que le monde des affaires ne leur était pas seulement mal connu, mais invisible.« Er erklärt den Radikalismus ihrer Theorien zu einem Teil aus dieser Erfahrungslosigkeit und bemerkt: »La même ignorance leur livrait l'oreille et le cœur de la foule.« Wie sehr dies auch für andere Länder galt, geht aus dem in Anm. 9 genannten Aufsatz hervor. Überall, in Österreich, in Deutschland, in England herrschte eine große »Neugier« auf Staatsgeschäfte.

14. Die Sprache der königlichen Proklamationen impliziert, daß ein König sich zu seinen Untertanen verhält wie ein Familienvater zu seiner Familie, daß er die gleichen Rechte und Pflichten hat. Dieses Verhältnis selbst wiederum bezieht seine Legitimation von der Vorstellung eines himmlischen Vaters und Schöpfers der Welt, der in den Worten Blackstones »has graciously reduced the rule of obendience to this one paternal concept, ›that man should pursue his own happiness‹«. (Siehe Howard Mumford Jones *The Pursuit of Happiness*, Harvard 1953.) Natürlich konnte diese patriarchalische Vorstellungswelt die Umwandlung der Monarchie in die Republik nicht überleben.

15. Siehe die Schrift *A Summary View of the Rights of British America, 1774*, die oft nachgedruckt ist, zuletzt in *Jefferson, The Life and Selected Writings*, Modern Library, S. 293 ff.

16. In dem bedeutenden, vor allem theoretisch sehr wichtigen Brief über die »Republiken der Distrikte« *(the republics of the wards)* an Joseph C. Cabell vom 2. Februar 1816, a. a. O., S. 661, auf den wir noch ausführlich zurückkommen.

17. Für Madison siehe ›The Federalist‹, Nr. 14. – Für Jeffersons be-

rühmte *felicity of the pen* spricht, daß sein neu formuliertes »Recht« »in zwei Dritteln aller Länderverfassungen zwischen 1776 und 1902« mitaufgenommen wurde, wiewohl es natürlich niemals »klar gewesen ist, was Jefferson oder der [mit der Ausarbeitung der Unabhängigkeitserklärung betraute] Ausschuß sich eigentlich unter dem Verfolg des Glücks vorstellte«. Den Schluß, zu dem Howard Mumford Jones in der in Amerkung 14 zitierten Schrift über den Terminus *pursuit of happiness* kommt, daß nämlich »das Recht auf die Jagd nach Glück in Amerika gleichsam in einem Moment der Geistesabwesenheit entstanden ist«, kann ich mir nicht aneignen, aber ich muß zugeben, daß er sehr naheliegt.

18. Jones, a. a. O., S. 16.

19. In den Worten Clinton Rossiters *The First American Revolution*, New York 1956, S. 229ff.

20. Vernon L. Parrington in dem bekannten Werk *Main Currents in American Thought*, Harvest Books, Bd. I, S. 354, hat nicht unrecht, wenn er sagt, daß Jeffersons politischer Philosophie zufolge »die Sorge um das Leben und das Glück der Menschen der primärste und einzig legitime Zweck einer guten Regierung sei«.

21. Dies sind die Worte John Dickinsons, aber man kann im allgemeinen sagen, daß sie die konventionelle Meinung aller Männer der Amerikanischen Revolution wiedergeben. Selbst John Adams kann gelegentlich erklären, daß »das Glück der Gesellschaft genauso der Endzweck des Staates sei ... wie das Glück des Individuums der Endzweck des Menschen« (siehe *Thought on Government* in Bd. IV der *Works*, S. 193). Und Madisons berühmter Formulierung: »If men were angels, no government would be necessary. If angels were to govern men, neither external nor internal controls on government would be necessary« (in Nr. 51 des ›Federalist‹), dürften sie wohl samt und sonders zugestimmt haben.

22. In einem Brief an Madison vom 9. Juni 1793.

23. Das schönste Beispiel dieser Skurrilität findet sich in einem Brief John Adams' an seine Frau aus Paris (1780): »Ich muß Politik und Kriegskunst studieren, damit meine Söhne sich dem Studium der Mathematik und der Philosophie widmen können. Meine Söhne sollten Mathematik und Philosophie, Erdkunde, Naturgeschichte und Flottenbau, die Seefahrt, den Handel und den Ackerbau studieren, damit ihre Kinder das Recht haben, sich dem Studium der Malerei, der Dichtkunst, der Musik, der Architektur und Bildhauerkunst, der Tapisserie und des Porzellans (sic!) hinzugeben.« Er wollte natürlich eine ansteigende Wertskala aufstellen, und was unvermutet dabei herauskam, war sozusagen die Aufmunterung: Wenn ihr erst einmal die Bürde der Politik los seid und auch die Hürde der Philosophie genommen habt, erwarten euch die glücklichen Tage des Porzellansammelns. (Der Brief findet sich im 2. Bd. der *Works*, S. 68.)

Überzeugender wirken die Ermahnungen, die George Mason, der Hauptverfasser der *Declaration of Rights in Virginia*, in seinem Testament an seine Söhne richtet: »Sie sollten das Glück des Privatlebens den Aufregungen und dem vielen Ärger der öffentlichen Geschäfte vorziehen.« (Siehe Kate Mason Rowland *The Life of George Mason, 1725–1792*, Bd. I, S. 166.) Aber auch hier kann man niemals sicher sein, ob solche Worte im Ernst gemeint oder konventionell dahingesagt sind angesichts des ungeheuren Gewichts der traditionellen und zur Konvention erstarrten Einschätzung der »Geschäftigkeit« in öffentlichen Angelegenheiten, des Ehrgeizes, der Ruhmsucht, kurz dessen, was man als Wichtigtuerei empfand. Um die üblichen Klischees von den »Segnungen des Privatlebens« zu durchbrechen und zuzugestehen, daß man diese Dinge auch anders einschätzen kann, bedurfte es wohl schon einer erstaunlichen Kühnheit des Denkens und Handelns, wie wir sie vorbildlich bei John Adams finden.

24. Die Äußerungen über Plato finden sich in einem Brief Jeffersons an John Adams vom 5. Juli 1814. Diese zum Teil sehr schöne und immer interessante Korrespondenz ist jetzt in zwei Bänden veröffentlicht worden *The Adams-Jefferson Letters*, hrsg. von L. J. Cappon, Chapel Hill 1959.

25. Dies war das Verdikt von Carl L. Becker in der Einführung zur 2. Auflage seiner Schrift *The Declaration of Independence*, New York 1942.

26. So interpretiert Jefferson in einem späten Brief an Henry Lee vom 8. Mai 1825 seine eigenen Worte aus der Unabhängigkeitserklärung.

27. Daß die Revolutionen schließlich zur Errichtung republikanischer Staaten führen würden, war keineswegs im vorhinein sicher; noch im Jahre der Unabhängigkeitserklärung, 1776, scheint dies z. B. einem Korrespondenten Samuel Adams' gar nicht in den Sinn gekommen zu sein, denn er schrieb: »Wir haben nun [nämlich nach der Trennung von England] die beste Gelegenheit, uns eine uns geeignet scheinende Staatsform auszusuchen und uns mit einer uns genehmen Nation in Verbindung zu setzen zwecks eines Königs, uns zu regieren.« Zitiert aus William S. Carpenter *The Development of American Political Thought*, Princeton 1930, S. 35.

28. In dem in Anm. 24 zitierten Brief.

29. Siehe die in Anm. 24 zitierte Adams-Jefferson-Korrespondenz, Brief vom 11. April 1823.

30. In dem Brief an Madison vom 9. Juni 1793.

31. In der *Summa Theologica* I qu. 1, 4c und qu. 12, 1c. Siehe auch I 2, qu. 4,8 o.

32. *Ancien Régime*, a. a. O., 3. Kap.

33. Siehe Robespierres große Rede vor dem Nationalkonvent vom 25. Dezember 1793 über die Prinzipien einer revolutionären Regierung in *Oeuvres*, hrsg. von Laponneraye, 1840, Bd. 3.

34. Daß Madisons Worte so nahe an die Theorien von John Adams über

die Rolle, welche die Leidenschaft sich auszuzeichnen, in der Politik spielt, anklingen, besagt nicht, daß der eine von dem anderen beeinflußt ist; es zeigt nur an, was man immer wieder bestätigt findet, wie außerordentlich weit die prinzipielle Übereinstimmung unter den Männern der amerikanischen Revolution ging.

35. Siehe den 12. Brief in den *Letters from an American Farmer*.

36. Dies ist um so erstaunlicher, als die gewalttätigen und anarchischen Elemente in der damaligen amerikanischen Bevölkerung nicht weniger zahlreich waren als in anderen Kolonialländern. So erzählt z. B. John Adams in seiner Autobiographie *(Works*, Bd. 2, S. 420ff.) eine vermutlich sehr charakteristische Geschichte: Er traf im Jahre 1775, also kurz vor der Unabhängigkeitserklärung, als er von einer Versammlung nach Hause kam, einen Mann, der ständig in Prozesse verwickelt war, die Nachbarn gegen ihn anstrengten. Der Mann kam auf ihn zu und begrüßte ihn wie folgt: »Oh! Mr. Adams, what great things have you and your colleagues done for us! We can never be grateful enough to you. There are no courts of justice now in the province, and I hope there never will be another.« Als Adams nach Hause ritt, sagte er sich: »Ist dies die Sache, für die ich kämpfe? Ist dies es, was solche Leute darunter verstehen, und wie viele davon mag es wohl in diesem Lande geben? Ich nehme an, die Hälfte der Bevölkerung, denn die Hälfte des Volkes ist verschuldet, wenn nicht mehr, und Schuldner haben noch zu allen Zeiten und in allen Ländern diese Sprache geführt. Wenn die Macht diesen Leuten in die Hände fällt, und die Gefahr ist groß, um welcher Sache willen haben wir dann unsere Zeit, unsere Gesundheit und alles, was wir besitzen, aufs Spiel gesetzt? Wenn es uns nicht gelingt, uns gegen diesen Geist und diese Prinzipien zur Wehr zu setzen, werden wir unser Verhalten bereuen.« Erstaunlich und entscheidend für die Beurteilung ist, daß dieser Geist und seine Prinzipien offenbar im Aufschwung des Krieges und der Revolution für eine Zeit wenigstens von der Bildfläche verschwanden. Die Ratifizierung der Verfassung auch von seiten der verschuldeten Teile im Volk ist hierfür ein schlüssiger Beweis.

37. Siehe das Kapitel über die Vorteile der Monarchie in James Fenimore Coopers *The American Democrat* (1838), New York 1956.

38. Siehe Edward S. Corwin *The ›Higher Law‹ Background of American Constitutional Law* in der ›Harvard Law Review‹, Bd. 42, 1928, S. 395.

39. So etwa Madison in Nr. 45 des ›Federalist‹.

40. So John Adams in *Discourses on Davila*, Works, Bd. 6, S. 233.

41. a. a. O.

42. In der in Anm. 33 erwähnten Rede.

43. Zitiert in H. Niles *Principles and Acts of the Revolution in America*, Baltimore 1822, S. 404.

44. Robert R. Palmer *The Age of Democratic Revolution*, Princeton 1959,

betont diesen Aspekt der Amerikanischen Revolution. Für das Zitat siehe S. 210.

45. Parrington in dem Anmerkung 18 zitierten Werk spricht von Adams' *colossal vanity*, aber diese Meinung von Adams' Persönlichkeit ist heute nicht mehr maßgebend. Eine ausgezeichnete, frühere Irrtümer korrigierende Darstellung findet man in einem Essay von Clinton Rossiter *The Legacy of John Adams* in der ›Yale Review‹ 1957. »In the realm of political ideas«, sagt Rossiter, »he had no master – and I would think no peer – among the founding fathers.«

46. Ich zitiere aus John Stuart Mill *On Liberty*, 1859.

Viertes Kapitel: Die Gründung: Constitutio Libertatis

1. Leider ist die Meinung, das Ende einer Revolution falle mit der Befreiung und der Befriedung des Bürgerkriegs zusammen, immer noch weit verbreitet; sie beruht auf einem Vorurteil, das beinahe so alt ist wie die Revolutionen selbst. So klagte schon Benjamin Rush im Jahre 1787, nichts sei so häufig, wie das Ende der Amerikanischen Revolution mit dem Ende des Unabhängigkeitskriegs zu verwechseln. »The American war is over: but this is far from being the case with the American revolution. On the contrary, nothing but the first act of the great drama is closed. *It remains yet to establish and perfect our new forms of government.*« (Von mir hervorgehoben. Siehe Niles *Principles and Acts of the Revolution*, Baltimore 1822, S. 402.) Nicht weniger häufig ist natürlich die Verwechslung der immer gewalttätigen Befreiungskämpfe mit den ganz anders gearteten Tätigkeiten, die bei der Freiheitsgründung ins Spiel kommen.

2. Dickinson schrieb über diese Gefahr bereits in einem Brief aus dem Jahre 1765 an William Pitt, in dem er, was immerhin bemerkenswert ist, gleichzeitig der Überzeugung Ausdruck gab, die Kolonien würden einen Krieg gegen England gewinnen. Siehe Edmund S. Morgan *The Birth of the Republic, 1763–1789*, Chicago 1956, S. 136.

3. So in einem Brief an James Madison vom 20. Dezember 1787.

4. So James Fenimore Cooper in *The American Democrat*, 1838. Auch Woodrow Wilson weist noch nachdrücklich darauf hin, »daß Macht etwas Positives, Kontrolle dagegen etwas Negatives« sei und daß »diese beiden Dinge mit dem gleichen Namen zu belegen, heiße, die Sprache zu verunstalten, indem man ein Wort für ganz verschiedene Dinge gebrauche«. In: *An Old Master and Other Political Essays*, 1893, S. 93. Man sieht an diesen Beispielen, daß die Unfähigkeit zu unterscheiden, auf die wir noch zurückkommen werden, verhältnismäßig neueren Datums ist; dies gilt vor allem für das amerikanische politische Schrifttum.

5. Die letztere Auffassung wird heute vor allem von Carl Joachim Friedrich in seinem Buch über Verfassungskunde *Constitutional Government and Democracy*, 2. revidierte Ausgabe 1950, vertreten, während Charles E. Shattuck (in einem wichtigen Essay in der ›Harvard Law Review‹ von 1891 unter dem Titel *The True Meaning of the Term ›Liberty‹ in the Federal and State Constitutions*) noch behauptet, die entsprechenden Paragraphen in den amerikanischen Verfassungen seien »lediglich Kopien des 39. Artikels der Magna Charta«.

6. Zitiert nach Charles Howard McIlwain *Constitutionalism, Ancient and Modern*, Ithaca 1940. – Das erste Beispiel einer solchen Expertenverfassung war vielleicht Lockes Entwurf einer Verfassung für Carolina, von der man nur sagen kann, daß »sie bald in das Nichts zurückfiel, aus dem sie entstanden war«. (William C. Morey in einem Artikel über *The Genesis of a Written Constitution*, veröffentlicht in der *American Academy of Politics and Social Science, Annals I*, April 1891.)

7. Mit großer Einsicht werden diese Fragen von Karl Loewenstein in seinen *Beiträgen zur Staatssoziologie* (Tübingen 1961) behandelt. Sehr wichtig ist der Aufsatz über Verfassungsrecht und Verfassungsrealität, in dem er ausdrücklich von dem »tiefen Mißtrauen gegen das Volk« spricht, das sich in all diesen Verfassungen zeigt, die dann in der Hand »einer verhältnismäßig kleinen Gruppe von technischen Spezialisten ... Mittel zum Zweck« im Machtkampf gesellschaftlicher Gruppen, also im Klassenkampf, werden.

8. Oder anders gewendet: »A constitution is a thing *antecedent* to a government, and a government is only the creature of a constitution.« Beide Formulierungen im zweiten Teil von *The Rights of Man*.

9. Morgan (siehe Anm. 2) führt aus: »Most states allowed their provincial congresses to assume the task of drafting a constitution and putting it into effect. The people of Massachusetts seem to have been the first to see the danger of this procedure.... Accordingly a special convention was held in 1780 and a constitution established by the people acting independently for government.... Though by this time it was too late for the states to use it, the new method was shortly followed in creating a government for the United States« (S. 91). Auch Forrest McDonald in *We the People: The Economic Origins of the Constitution*, Chicago 1958, S. 114, der meint, daß die Länderparlamente durch die Wahl spezieller ratifizierender Versammlungen »umgangen« worden sind, weil sie der Ratifizierung der Verfassung große Schwierigkeiten in den Weg gelegt hätten, gibt dann doch in einer Anmerkung zu: »In point of legal theory, ratification by state legislatures would be no more binding than any other laws and could be repealed by subsequent legislatures« – was natürlich entscheidend war. – Vgl. für diese Fragen auch Karl Loewenstein *Volk und Parlament nach der Staatsauffassung der französischen Nationalversammlung von 1789*, München 1922 S. 84ff.

10. Loewenstein in dem in Anm. 7 zitierten Werk.
11. Ebenda.
12. Zitiert nach Zoltán Haraszti *John Adams and the Prophets of Progress*, Cambridge 1952, S. 221.
13. Siehe Nr. 10 in ›The Federalist‹, 1787.
14. Zitiert nach Clinton Rossiter *The First American Revolution*, New York 1956, der Pennsylvania »the most thoroughly cosmopolitan colony« nennt.
15. Schon in den sechziger Jahren schlug James Otis »the transformation within the British constitution of the common-law rights of Englishmen into the natural rights of man« vor, und auch er versteht diese »Naturrechte« als »limitations upon the authority of government«. Siehe William S. Carpenter *The Development of American Political Thought*, Princeton 1930, S. 29.
16. Auf die mannigfachen begrifflichen wie juristischen Aporien der Menschenrechte kann ich hier nicht eingehen und darf dafür vielleicht auf mein 1955 erschienenes Buch *Elemente und Ursprünge der Totalen Herrschaft*, Kap. 9, verweisen.
17. So Benjamin Rush in Niles, a. a. O., S. 402.
18. Die in diesen Debatten am häufigsten zitierte Stelle aus den »göttlichen Schriften« des »großen Montesquieu« ist der berühmte Satz über die englische Verfassung aus dem *Esprit des Lois* (Buch XI, Kap. 5): »Il y a aussi une nation dans le monde qui a pour object direct de sa constitution la liberté politique.« Für den großen Einfluß Montesquieus auf die Amerikanische Revolution siehe vor allem Paul Merrill-Spurlin, *Montesquieu in America, 1760–1801*, Baton Rouge 1940, und Gilbert Chinard *The Commonplace Book of Thomas Jefferson*, Baltimore und Paris 1926.
19. Montesquieu unterscheidet zwischen philosophischer und politischer Freiheit: »La liberté philosophique consiste dans l'exercice de sa volonté« (XII, 2), »mais la liberté politique ne consiste point à faire ce que l'on veut. Dans un état, c'est-à-dire dans une société où il y a des lois, la liberté ne peut consister qu'à pouvoir faire ce que l'on doit vouloir« (XI, 3), wobei die Betonung auf dem »Können« liegt. Philosophische Freiheit manifestiert sich im »freien Willen«, gleichgültig ob der Wille sich realisiert. Politische Freiheit dagegen hängt davon ab, daß ich ausführen kann, was ich will, sie manifestiert sich im Können und in der Abwesenheit des Zwanges. Da im Französischen das gleiche Wort *pouvoir* können und Macht bedeutet, ist der Zusammenhang zwischen Macht und Freiheit im Text deutlicher als in der Übersetzung.
20. Zitiert nach Rossiter, a. a. O., und aus den *Fundamental Orders of Connecticut* aus dem Jahre 1639 in *Documents of American History*, hrsg. von Henry Steele Commager, New York 1949, 5. Ausgabe.
21. Der Satz, aus dem ich zitiere, lautet bei Montesquieu wie folgt: »Pour

qu'on ne puisse abuser du pouvoir, il faut que, par la disposition des choses, le pouvoir arrête le pouvoir« (XI, 4). Dies scheint auf den ersten Blick nicht mehr zu bedeuten, als daß die Macht des Gesetzes eben die Macht der Herrschenden eindämmen müsse; aber dieser erste Eindruck ist irreführend. Für Montesquieu sind Gesetze keine Gebote oder Verhaltensregeln; er definiert ganz im Sinne römischer Tradition Gesetze als »les rapports qui se trouvent entre [une raison primitive] et les différents êtres, et les rapports de ces divers êtres entre eux« (I, 1). Das Gesetz ist mit anderen Worten dasjenige, was zwei Dinge miteinander verbindet, das religiöse Gesetz verbindet den Menschen mit Gott, und die übrigen Gesetze verbinden die Menschen untereinander. (Vgl. auch das Buch XXVI, das die Definitionen der Einleitungsparagraphen ausführlicher erläutert.) Ohne ein göttliches Gesetz gäbe es keine Beziehung zwischen Mensch und Gott, und ohne die von Menschen erlassenen Gesetze wäre der Raum, der zwischen Menschen sich bildet, eine Wüste, bzw. es würde einen solchen Zwischen-Raum gar nicht geben. Macht nun, gleich welcher Art, kann nur in diesem Beziehungsraum des Gesetzes überhaupt ausgeübt werden; lassen die Gesetze keine Gewaltenteilung zu, so bedeutet dies nicht Gesetzlosigkeit, sondern Unfreiheit. Im Sinne Montesquieus ist es durchaus möglich, Macht zu mißbrauchen und doch innerhalb des gesetzlichen Rahmens zu bleiben; der Grund, warum Macht wie alle anderen dem Menschen eigentümlichen Begabungen begrenzt werden muß – »la vertu même a besoin de limites« (XI, 4) –, liegt im Wesen menschlicher Macht, nicht aber in einem Gegensatz zwischen Gesetz und Macht.

Es ist üblich, Montesquieus Theorie von der Gewaltenteilung aus dem wissenschaftlichen, Newtonschen Geist der Zeit zu erklären. Nichts könnte verfehlter sein, denn nichts liegt gerade Montesquieu ferner als der Geist der modernen Wissenschaft. Man überträgt hier unbesehen auf ihn, was man mit einiger Berechtigung bei gewissen Denkern des siebzehnten Jahrhunderts, vor allem bei Harrington und Hobbes, feststellen kann. Und auch im achtzehnten Jahrhundert dürfte die von den neuzeitlichen Naturwissenschaften entlehnte Terminologie einer *balance of property* (Harrington) und allgemein von *checks and balances* ihren Eindruck nicht verfehlt haben – so preist John Adams Harrington ausdrücklich für eine Lehre, »die so unfehlbar in der Politik sei wie die Lehre vom Gleichgewicht der Kräfte in der Mechanik«. Indessen dürfte gerade Montesquieus rein politische und unwissenschaftliche Sprache sehr viel zu seinem Einfluß beigetragen haben. Dies wird deutlich, wenn man sich Formulierungen ansieht, die offensichtlich direkt unter Montesquieus Einfluß entstanden sind, wie etwa die folgende von Jefferson (aus den *Notes on the State of Virginia*, Query XIII): »Die Staatsform, für die wir gekämpft haben ... muß nicht nur auf freiheitlichen Prinzipien gegründet sein«, worunter Jefferson eine in ihrer Macht gesetzlich begrenzte Regierungsform verstand, »sondern in ihr müssen die staatlichen

Mächte so geteilt und in verschiedenen Körperschaften ausgewogen sein, daß keine ihre gesetzlichen Schranken überschreiten kann, ohne sofort wirksam von anderen begrenzt und in Schranken gehalten zu werden«.

22. *Esprit des Lois*, XI, 4 u. 6.

23. So ist James Wilson überzeugt, daß »eine Bundesrepublik... als Regierungsform... alle inneren Vorteile einer Republik sicherstellt und gleichzeitig die äußere Würde und Kraft einer Monarchie aufrecherhalte« (zitiert nach Spurlin, a. a. O., S. 206). Ganz ähnlich äußert sich Hamilton (in Nr. 9 der ›Federalist‹-Artikel) in einer Widerlegung der Gegner der neuen Verfassung, die sich auf Montesquieu berufen hatten, daß nur ein kleines Territorium für eine republikanische Verfassung in Frage käme; auch er zitiert ausführlichst aus dem *Esprit des Lois*, aber nun um zu beweisen, daß Montesquieu »ausdrücklich die konföderierte Republik für das beste Auskunftsmittel gehalten habe, um die Sphäre einer Volksregierung zu erweitern und die Vorteile der Monarchie mit denen des Republikanismus zu vereinigen«.

24. Zitiert nach Haraszti, a. a. O., S. 219.

25. Natürlich waren solche Vorstellungen auch in Amerika sehr verbreitet. So argumentiert z. B. John Taylor aus Virginia in einer heftigen Auseinandersetzung mit Adams wie folgt: »Herr Adams meint, unsere Teilung der Gewalten folge dem gleichen Prinzip wie sein Gleichgewicht der Mächte. Wir hingegen meinen, daß diese Prinzipien einander entgegengesetzt und feindlich sind... Unser Prinzip der Teilung dient der Verminderung von Macht, bis sie eine Temperatur erreicht hat, die sie zu einem Segen anstatt zu einem Fluch macht... Herr Adams hingegen ficht für eine in [Macht]-Ordnungen aufgeteilte Regierung, als ob man den Teufel mit Beelzebub austreiben könne oder der Macht zutrauen, Macht zu überwachen« (zitiert nach William S. Carpenter, a. a. O.). Man hat Taylor den Philosophen der Demokratie vom Schlage Jeffersons genannt wegen seines Mißtrauens gegen Macht; in Wahrheit war Jefferson genauso wie Adams und Madison der festen Überzeugung, daß nicht die Gewaltenteilung und die Verminderung von Macht, sondern das Gleichgewicht vieler Mächte die einzige Garantie gegen den Despotismus bildet.

26. Zitiert nach Edward S. Corwins Artikel *The Progress of Constitutional Theory between the Declaration of Independence and the Meeting of the Philadelphia Convention* in der ›American Historical Review‹, Bd. 30, 1925.

27. ›The Federalist‹, Nr. 14.

28. So Madison in einem Brief an Jefferson vom 24. Oktober 1787, zitiert nach Max Farrand *Records of the Federal Convention of 1787*, New Haven 1937, Bd. 3, S. 137.

29. Für Hamilton siehe Anm. 23; für Madison ›The Federalist‹, Nr. 43.

30. Wie sehr es den Amerikanern auf eine Staatsform ankam, die der

»Vermehrung« fähig sein würde, geht aus all diesen Debatten, die zu einem erheblichen Teil sich um die rechte Interpretation Montesquieus bewegen, hervor. So sagt z. B. James Wilson von Montesquieus Bundesrepublik ausdrücklich: »Sie besteht in der Zusammenfassung deutlich voneinander geschiedener Gruppen, die in einen neuen Körper integriert werden, der die Fähigkeit besitzt, sich durch das Hinzufügen anderer Glieder zu vermehren – eine Fähigkeit, die sie besonders für amerikanische Umstände geeignet macht« (zitiert nach Spurlin, a. a. O., S. 206).

31. Siehe Ernst Kantorowicz *Mysteries of State: An Absolute Concept and its Late Medieval Origin* in der ›Harvard Theological Review‹, 1955.

32. Oder in einer Gegenüberstellung von Staat und Nation: »Le gouvernement n'exerce un pouvoir réel qu'autant qu'il est constitutionnel ... La volonté nationale, au contraire, n'a besoin que de sa réalité pour être toujours légale, elle est l'origine de toute légalité.« In *Qu'est-ce que le Tiers Etat?*, 2. Auflage, 1789, S. 79, 82 ff.

33. Siehe Ernst Kantorowicz *The King's Two Bodies: A Study in Medieval Theology*, Princeton 1957, S. 24.

34. Die beste Darstellung dieser Problematik findet sich in den Arbeiten von Edward S. Corwin. Ich benutze hier vor allem den großen Aufsatz: *The »Higher Law« Background of American Constitutional Law* in der ›Harvard Law Review‹, Bd. 42, 1928. Dort bemerkt Corwin: »The attribution of supremacy to the Constitution on the ground solely of its rootage in popular will represents ... a comparatively late outgrowth of American constitutional theory. Earlier the supremacy accorded to constitutions was ascribed less to their putative source than to their supposed content, to their embodiment of essential and unchanging justice.«

35. So Benjamin Hitchborn, zitiert nach Niles, a. a. O., S. 27. Die Stelle klingt sehr französisch.

36. Siehe Merrill Jensens Artikel *Democracy and the American Revolution*, in ›Huntington Library Quarterly‹, Bd. XX, Nr. 4, 1957.

37. Zitiert nach Niles, a. a. O., S. 307.

38. Sieyès, a. a. O., S. 81.

39. Zitiert nach Corwin, a. a. O., S. 407.

40. Ebenda, S. 170.

41. Sieyès, a. a. O., vor allem S. 83 ff.

42. Siehe die 4. Auflage (1789) von Sieyès, a. a. O., Zweiter Teil, S. 7.

43. Wir kennen aus der Geschichte des zwanzigsten Jahrhunderts genug Beispiele dieser Staats- und Herrschaftsform. Der uns oft absurd anmutende Anspruch der sog. »Volksdemokratien« hinter dem Eisernen Vorhang, die wahre Demokratie darzustellen, läßt sich durchaus rechtfertigen, wenn man unter Demokratie konsequent die uneingeschränkte Herrschaft der jeweiligen Mehrheit versteht, die natürlich in keinem Rechts- und Verfassungs-

staat je zu realisieren ist. In diesem Sinne sind Republik und Demokratie als Staatsformen nicht nur nicht dasselbe, sie sind sogar Gegensätze. Was die Volksdemokratien betrifft, so ist entscheidend, daß es eine organisierte Opposition in ihnen nicht geben kann, weil die jeweilige Minderheit politisch, wenn auch nicht mehr physisch, liquidiert wird. In der Praxis muß die Demokratie als Staatsform immer auf das Ein-Parteien-System hinauslaufen, wobei vorausgesetzt wird, daß die Partei die Macht ergreift, die an einem bestimmten Zeitpunkt die Majorität hat – was natürlich nur in den seltensten Fällen zutrifft.

44. Gerade Jefferson, den man doch gemeinhin für den demokratischsten unter den amerikanischen Revolutionären hält, erwähnt oft und mit eindringlicher Beredsamkeit die Gefahren eines *elective despotism*, in dem »einhundert dreiundsiebzig Despoten bestimmt mindestens so tyrannisch herrschen würden wie ein einziger« (a. a. O.). Und Hamilton stellt ganz zu Recht fest, daß »the members most tenacious of republicanism were as loud as any in declaiming against the vices of democracy« (zitiert nach Carpenter, a. a. O., S. 77).

45. Dies soll natürlich nicht heißen, daß nicht auch in Amerika hier und da Einwände gegen die Legitimität des Kongresses erhoben und ihm vorgeworfen wurde, er verfahre »unconstitutional«; und auch hier hören wir gelegentlich, daß »when the Declaration of Independence took place, the Colonies were absolutely in a state of nature«. Zitiert aus den Beschlüssen einiger Stadtgemeinden in New Hampshire nach Jensen, a. a. O.

46. In dem in Anm. 28 zitierten Brief von Madison an Jefferson.

47. In der Einleitung zu der Dokumentensammlung *The Federal Convention and the Formation of the Union of the American States*, New York 1958, betont Winton U. Solberg zu Recht, daß auch die Föderalisten, die für eine starke Zentralregierung in Washington eintraten, zwar die Länderregierungen den Behörden der Bundesregierung unterordnen, »aber, abgesehen von zwei Ausnahmen, keinesfalls sie abschaffen wollten« (S. CII). Madison selbst wünschte »die Rechte der Länder so entschieden zu bewahren wie die Geschworenengerichte« (ebenda, S. 196).

48. So Alexis de Tocqueville in *De la Démocratie en Amérique* (1835), Bd. 1, Kapitel 4. In Neu-England allein gab es 550 solcher *townships*, was einen Begriff von der außerordentlichen politischen Durchorganisiertheit des Landes geben mag.

49. Die Schlechtwetter-Theorie, die ich einleuchtend finde, steht in dem Artikel *Massachusetts* der *Encyclopaedia Britannica*, 11. Auflage, Bd. 17. Die historisch besser belegte Annahme, daß das »unerwünschte Gesindel« den Anstoß für den *Mayflower Compact* gegeben habe, findet sich bei Commager, a. a. O.

50. Die wichtige Unterscheidung zwischen souveränen Staaten und »blo-

ßen politischen Gesellschaften« stammt von Madison in einer Rede vor der *Federal Convention*. Siehe Solberg, a. a. O., S. 189, Anm. 8.

51. Siehe die *Fundamental Orders of Connecticut* von 1639 und die *New England Confederation* aus dem Jahre 1643, beide Dokumente in Commager, a. a. O.

52. Daß »diejenigen, welche die ersten amerikanischen Verfassungen entwarfen, von der Theorie der Gewaltenteilung nur darum so beeindruckt waren, weil ihre eigene Erfahrung ihr entsprach«, betont z.B. auch Benjamin F. Wright – so in dem wichtigen Aufsatz *The Origins of the Separation of Powers in America* in der Zeitschrift ›Economica‹, Mai 1933 –, und ähnliche Meinungen finden sich auch in der Literatur der folgenden Jahrzehnte. Vor sechzig oder siebzig Jahren war der amerikanischen Geschichtswissenschaft eine ungebrochene, autonome Kontinuität amerikanischer Geschichte noch selbstverständlich, die ihren Höhepunkt in der Revolution und der Gründung der Vereinigten Staaten fand. Seit Bryce zu Ende des vorigen Jahrhunderts die schriftlichen amerikanischen Verfassungen auf die königlichen Kolonialfreibriefe, welche die ersten englischen Siedlungen bestätigten, zurückgeführt hatte, hat man gemeinhin den Ursprung einer geschriebenen Verfassung wie die ebenso einzigartige früh-amerikanische Hochschätzung schriftlich niedergelegter Gesetzgebung mit der politischen Abhängigkeit der Kolonien erklärt, die von den Handelsgesellschaften ausgeschickt und deren Befugnisse durch spezielle urkundliche Übertragungen, Patente und Freibriefe festgelegt waren (siehe William C. Morey *The First State Constitutions*, in den ›Annals‹ der American Academy of Political and Social Science, September 1893, Bd. 4, wie auch den in Anm. 6 zitierten Essay über die geschriebene Verfassung). Dies hat sich in den letzten Jahrzehnten geändert. Man betont heutzutage sehr viel mehr die Bedeutung englischer und französischer Einflüsse als die spezifisch amerikanischen Erfahrungen. Dies hat mancherlei Gründe, unter denen vielleicht die neuerliche starke Orientierung der amerikanischen Geschichtswissenschaft an geistesgeschichtlichen Tatbeständen der wichtigste ist, da es ja im Wesen geistesgeschichtlicher Methodik liegt, sich mehr an ideengeschichtlichen Zusammenhängen zu orientieren als an politischen Ereignissen. Hinzu kommt natürlich das starke Bestreben, die isolationistischen Tendenzen der älteren Geschichtsschreibung zu überwinden. All dies ist zwar sehr bezeichnend, aber in unserem Zusammenhang nicht von Bedeutung. Worauf es mir hier ankommt, ist, daß man meines Erachtens die Bedeutung der königlichen Freibriefe und der Urkunden der Handelsgesellschaften auf Kosten der viel entscheidenderen und originelleren Bünde und Verträge überschätzt hat, welche die Siedler untereinander abschlossen und ebenfalls schriftlich fixierten. So scheint mir auch Merril Jensen in dem oben erwähnten Artikel mit Recht geltend zu machen: »The central issue in seventeenth-century New

England ... was the source of authority for the establishment of government. The English view was that no government could exist in a colony without a grant of power from the crown. *The opposite view, held by certain English dissenters in New England, was that a group of people could create a valid government for themselves by means of covenant, compact, or constitution. The authors of the Mayflower Compact and the Fundamental Orders of Connecticut operated on this assumption. ... It is the basic assumption of the Declaration of Independence*, a portion of which reads much like the words of Roger Williams written 132 years earlier« (von mir hervorgehoben).

53. Zitiert nach Solberg, a. a. O., S. XCII.

54. Siehe Rossiter, a. a. O., S. 132.

55. Im achtzehnten Jahrhundert war man sich der Einzigartigkeit des *Mayflower Compact* noch voll bewußt und leitete davon die weitere Entwicklung des Landes bis zur Revolution ab. So erinnert z.B. James Wilson im Jahre 1790 noch ausdrücklich in einem öffentlichen Vortrag daran, daß der *Mayflower Compact* »etwas darstelle, was man unter den Nationen jenseits des Atlantik vergeblich suchen wird – nämlich einen authentischen Gesellschaftsvertrag, welcher in diesem Teil des Erdballs bei der ersten Ankunft geschlossen wurde«. Auch die Geschichtsdarstellungen des ausgehenden achtzehnten und beginnenden neunzehnten Jahrhunderts betonen immer noch »das seltene Schauspiel, ... eine Gesellschaft im ersten Moment ihrer politischen Entstehung wahrzunehmen«, wie es der schottische Historiker William Robertson ausdrückte (zitiert nach W. F. Craven *The Legend of the Founding Fathers*, New York 1956, S. 57 u. 64).

56. Locke *Two Treatises of Civil Government*, Buch II, Sektion 131.

57. So in dem *Cambridge Agreement* aus dem Jahre 1629. Commager, a. a. O.

58. Mit diesen Worten wendet sich John Cotton, der puritanische Prediger und »Patriarch von New England«, in der ersten Hälfte des siebzehnten Jahrhunderts gegen die Demokratie, eine Regierungsform, die sich weder für ein religiöses noch ein weltliches Gemeinwesen eigne. – Ich vermeide hier nach Möglichkeit, mich in die Diskussion über den Einfluß des Puritanismus auf die amerikanischen politischen Institutionen einzulassen. Zwar stimme ich Rossiters Unterscheidung zwischen Puritanern und Puritanismus, »zwischen den großartigen Autokraten von Boston und Salem und ihrer wesentlich revolutionären Lebens- und Denkungsart« zu (a. a. O., S. 91), wobei die letztere, die Vorstellung, daß Gott auch in Monarchien »referreth the sovereigntie to himselfe«, sich mit einer förmlichen »Besessenheit von Bund und Vertrag« vereinigt. Aber dabei bleibt doch bestehen, daß diese beiden Vorstellungen im Grunde miteinander nicht vereinbar sind; die Vertragsidee impliziert den Verzicht auf Souveränität und Herrschaft jeder Art, während die Vorstellung von der absoluten Souveränität Gottes, auch

wenn diese Souveränität in der puritanischen Lehre an keine irdische Macht abgetreten werden kann, niemals zu mehr führen kann als zu einer Theokratie, die John Cotton denn auch ganz konsequent als die beste Staatsform vorschlug. Und diese puritanischen Bewegungen und Vorstellungen haben in Wahrheit keinerlei Einfluß darauf gehabt, was während der Amerikanischen Revolution getan und gedacht wurde.

59. So Rossiter, a. a. O.

60. Ein großartiges Beispiel für den wirklich puritanischen Bund, den Vertrag zwischen Gott und Volk – das überzeugendste Gegenbeispiel zu dem *Mayflower Compact* – findet sich in einer Predigt, die John Winthrop an Bord der *Arbella* auf dem Wege nach Amerika niederschrieb. Dort heißt es: »Thus stands the cause between God and us, we are entered into Covenant with him for this work, we have taken out a Commission, the Lord hath given us leave to draw our own Articles, we have professed to enterprise these actions upon these and these ends, we have hereupon besought him of favor and blessing: Now if the Lord shall please to hear us, and bring us in peace to the place we desire, then hath he ratified this Covenant and sealed our Commission« (zitiert nach Perry Miller *The New England Mind: The Seventeenth Century*, Cambridge 1954, S. 477).

61. So in dem bereits zitierten *Cambridge Agreement*, das von den führenden Persönlichkeiten der Massachusetts Bay Company vor der Ausreise nach Amerika aufgesetzt wurde.

62. Etwas Ähnliches findet sich immerhin in dem »Bund der Waldstätte« aus dem Jahre 1291, mit dem »die Schweizer Geschichte anhebt«. Dort heißt es: »Jedermann möge daher wissen, daß die Leute des Tales Uri und die Landgemeinde des Tales von Schwyz ... in Anbetracht der Arglist der Zeit, damit sie sich und das Ihrige eher zu schirmen und besser in geziemendem Stande zu bewahren vermögen, in guten Treun versprochen haben, einander gegenseitig beizustehen ... mit Leib und Gut, innerhalb der Täler und außerhalb ... Wir haben auch in gemeinsamem Ratschlag und mit einhelligem Beifall einander gelobt, festgesetzt und verordnet, daß wir in den vorgenannten Tälern keinen Richter, der dies Amt ... erkauft hätte oder der nicht unser Einwohner und Landmann wäre, irgendwie annehmen oder anerkennen.« Die Sprache ist nahezu die gleiche, aber was fehlt, ist doch das Entscheidende, nämlich daß aus diesem »einander Geloben, Festsetzen und Verordnen« ein »civil Body Politick« hervorgeht (zitiert nach *Proklamationen der Freiheit*, eine in der Fischer Bücherei erschienene Dokumentensammlung, hrsg. von Janko Musulin).

63. John Adams *Thoughts on Government* (1776), in *Works*, Boston 1851, Bd. IV, S. 195.

64. Diese Worte aus dem *Plantation Agreement*, durch das im Jahre 1640 die Stadtgemeinde von Providence gegründet wurde (Commager, a. a. O.),

sind darum von besonderem Interesse, weil sich hier zum erstenmal das Repräsentationsprinzip findet. Bemerkenswert ist auch, daß diese ersten Repräsentanten sich »nach langen Betrachtungen unseres eigenen Staates und auch ausländischer Staaten, was ihre Regierungsform anbetrifft, und nach vielen Beratungen« darauf einigten, daß die für ihre Umstände geeignetste Staatsform ein *government by way of arbitration*, also eine Art permanenter Schlichtungsausschuß, sein würde.

65. So in den mehrfach erwähnten *Fundamental Orders of Connecticut*, die Bryce mit Recht »die älteste wirklich politische Verfassung in Amerika« genannt hat (siehe *American Commonwealth*, Bd. I, S. 414, Anm.).

66. Die Worte »final adieu to Britain« finden sich in den *Instructions from the Town of Malden* in Massachusetts an ihre Delegierten für die Unabhängigkeitserklärung (siehe Commager, a. a. O.). In unverblümter Sprache instruiert hier die Stadtgemeinde ihre Abgeordneten, daß sie »mit Verachtung unsere Verbindung zu einem Königreich von Sklaven« auflöse, was beweist, wie recht Tocqueville hat, wenn er die Revolution als das Ergebnis der Denkungsart dieser Stadtgemeinden versteht. Wie stark die republikanischen Überzeugungen in den Kolonien waren, kommt auch in Jeffersons Schriften zum Ausdruck: Zurückblickend auf die Revolutionsjahrzehnte meint er, daß »die Kämpfe jener Tage prinzipieller Natur waren zwischen den Anwälten der republikanischen und den Befürwortern der monarchischen Staatsform«, wobei die republikanische Stellung des Volkes schließlich den Ausschlag gab (siehe ›The Anas‹ vom 4. Februar 1818, hier zitiert nach *The Complete Jefferson*, hrsg. von Saul Padover, New York 1943, S. 1206ff.). Aber auch in den Frühschriften von John Adams macht sich die starke Vorliebe für eine republikanische Staatsform noch vor der Revolution bemerkbar. In einer für die ›Boston Gazette‹ verfaßten Artikelserie aus dem Jahre 1774 schreibt er: »The first planters of Plymouth were ›our ancestors‹ in the strictest sense. They had no charter or patent for the land they took possession of; and derived no authority from the English parliament or crown to set up their government. They purchased land of the Indians, and set up a government of their own, on the simple principle of nature; ... and [they] continued to exercise all the powers of government, legislative, executive, and judicial, upon the plain ground of *an original contract among independent individuals*« (von mir hervorgehoben). Siehe Novanglus in *Works*, Bd. IV, S. 110.

67. So in der von Jefferson aufgesetzten *Resolution of Freeholders of Albemarie County* in Virginia vom 26. Juli 1774, in welcher die königlichen Freibriefe nur beiläufig erwähnt werden (Commager, a. a. O.). Wir sahen bereits, daß diese Betonung der eigenen bindenden Verträge auf Kosten der Freibriefe aus England keineswegs erst mit der Revolution aufkommt. Zehn Jahre vor der Unabhängigkeitserklärung spricht Benjamin Franklin

ganz im gleichen Sinn von der »ursprünglichen Besiedelung«, mit der England so wenig zu tun gehabt habe, daß die Siedlungen erst viele Jahre nach ihrer Errichtung überhaupt bemerkt worden wären (Craven, a. a. O., S. 44).
68. So Merrill Jensen, a. a. O.
69. Ich zitiere den *Massachusetts Circular Letter* gegen den Townshend Act von Februar 1768, der von Samuel Adams aufgesetzt wurde. Commager meint, daß in diesen Protesten an die englische Regierung mit die ersten Formulierungen der »doctrine of fundamental law in the British constitution« zu finden seien.
70. Aus dem in Anm. 66 zitierten Dokument der Stadtgemeinde von Malden.
71. So in den *Instructions to the Continental Congress* im August 1774 der Kolonie Virginia (Commager, a. a. O.).

Fünftes Kapitel: Novus Ordo Saeclorum

1. In den Worten von Pietro Verri mit Bezug auf das Österreich Maria Theresias. Zitiert nach Robert Palmer *The Age of Democratic Revolution*, Princeton 1959, S. 105.
2. So in der berühmten englischen *Petition of Rights* von 1628, hier zitiert nach *Proklamationen der Freiheit*, Fischer Bücherei 1959, hrsg. von Janko Musulin, der in der Einleitung bemerkt: »Immer dann, wenn ein König schwach war, Geld brauchte oder in sonstige Verlegenheit geriet, stellten sich die Männer des Parlamentes mit belustigender Promptheit ein: Höflich im Ton, geduldig und untertänig, aber hart und unerbittlich in der Sache ihres Rechtes.« In diesem Fall glaubte der König ganz im Sinne des Absolutismus mit dem Land am besten dadurch fertig zu werden, daß er das Parlament erst einmal elf Jahre lang überhaupt nicht mehr einberief – was ihm schließlich den Kopf kosten sollte.
3. In dem wichtigen, in Anm. 1 zitierten Buch stellt Palmer die These auf, daß der Begriff einer Atlantischen Zivilisation »vermutlich im achtzehnten Jahrhundert der Wirklichkeit adäquater war als im zwanzigsten« (S. 4). Rein geistesgeschichtlich gesehen, ist dies ganz richtig; im Zeitalter der Revolutionen las man noch hüben und drüben dieselben Bücher und sprach die gleiche Sprache. Palmer, der im wesentlichen geistesgeschichtlich orientiert ist, übersieht dabei, wie verschieden die politische Wirklichkeit in Wahrheit aussah. Er glaubt das, was es an *constituted bodies* in Europa zu Ende des achtzehnten Jahrhunderts gab, kurzerhand mit den amerikanischen Institutionen politischer Selbstverwaltung identifizieren zu können. Bestünde diese Identifizierung zu Recht, so wäre in der Tat der so verschiedene Ausgang der beiden Revolutionen, deren Anfänge so erstaunlich ähnlich sind, schlechter-

dings unerklärlich. Unerklärlich wäre auch die einfache Tatsache, daß die Befreiung der Französischen Revolution die *constituted bodies* eines überalterten Feudalsystems über den Haufen warf, während in Amerika umgekehrt gerade die Institutionen der Kolonialperiode gewissermaßen durch die Revolution befreit wurden. In Wahrheit ist der Unterschied zwischen den feudalen Ständen und Parlamenten in Europa und den kolonialen Stadt- und Distriktsversammlungen in Amerika so entscheidend, daß man sie nicht mit dem gleichen Namen belegen sollte.

4. Zitiert nach Palmer, a. a. O., S. 322.

5. In *Sur le Sens du Mot Révolutionnaire* (1793), *Oeuvres*, Bd. XII, 1847 bis 1849.

6. In dem Brief an den Marquis de Mirabeau vom 26. Juli 1767.

7. Zitiert nach J. M. Thompson *Robespierre*, Oxford 1939, S. 489.

8. In der Präambel zu dem Verfassungsentwurf für Massachusetts von 1779, *Works*, Boston 1851, Bd. IV. – In Amerika ist diese Tradition noch lebendig. So sagte z. B. Justice William O. Douglas in einer Urteilsfindung im Jahre 1952: »We are a religious people whose institutions presuppose a Supreme Being«, zitiert nach Edward S. Corwin *The Constitution and What It Means Today*, Princeton 1958, S. 193.

9. Siehe *Civil Government*, Treatise I, Section 86, and Treatise II, Section 26.

10. In *Dissertation on Canon and Feudal Law*.

11. In *A Defense of the Constitutions of Government of the United States of America* (1778), *Works*, Bd. IV, S. 291.

12. Das höchste Lob des Altertums für den Gesetzgeber war, daß er so wunderbare Gesetze erlassen habe, daß man kaum glauben könne, sie stammten nicht von einem Gott, und dies Lob wird gewöhnlich Lykurg gezollt (siehe vor allem Polybius VI, 48.2). Die Quelle von Adams' Irrtum war vermutlich Plutarch, der von Lykurg erzählt, man habe ihm in Delphi versichert, daß »die Verfassung, die er zu erlassen im Begriff steht, die beste der Welt sein wird«. Plutarch berichtet auch von einem ermutigenden Orakel für Solon von Apollo. Natürlich hat Adams seinen Plutarch mit christlichen Augen gelesen, denn im Text steht nichts davon, daß etwa Solon oder Lykurg göttlich inspiriert gewesen seien.

Madison wußte über diese Dinge offenbar besser Bescheid als Adams. Er fand »it not a little remarkable that in every case reported by ancient history, in which government has been established with deliberation and consent, the task of framing it has not been committed to an assembly of men, but has been performed by some individual citizen of pre-eminent wisdom and approved integrity« (in Nr. 38 des ›Federalist‹). Dies trifft zumindest auf Griechenland zu, obwohl der Grund, den Madison für diese bemerkenswerte Tatsache anführt, daß nämlich »Furcht vor Uneinigkeit alle

Bedenken bezüglich Verrat oder Unfähigkeit des Einzelnen überwog« (ebenda), sicherlich damit nichts zu tun hatte. Die Sache lag vielmehr so, daß die Gesetzgebung selbst nicht zu den Rechten und Pflichten eines griechischen Bürgers gehörte, sondern ein präpolitischer Akt war.

13. Cicero sagt ausdrücklich von dem Gesetzgeber: *Nec leges imponit populo quibus ipse non pareat* – »und er legt dem Volk nicht Gesetze auf, denen er selbst nicht gehorcht«. *De Re Publica* I 52.

14. So F. M. Cornford *From Religion to Philosophy*, 1. Kap., 1912.

15. Es wird oft, wie mir scheint irrtümlich, angenommen, daß Platos berühmtes Wort in den »Gesetzen«: »Ein Gott ist das Maß aller Dinge« auf ein solches »höheres Gesetz« im platonischen Denken hinweist. Nicht nur sind Gesetz und Maß nicht dasselbe, für Plato gerade ist das eigentliche Ziel der Gesetze nicht so sehr, das Unrecht zu verhindern, als die Bürger zu bessern. Platos Gesetze sind wesentlich utilitarisch: Ein gutes Gesetz macht die Bürger besser, ein schlechtes macht sie schlechter, und Gesetze, welche die Bürger lassen, wie sie sind, sind eigentlich überflüssig.

16. Siehe Thompson, a. a. O., S. 134. Robespierres Vorschlag findet sich in *Le Défenseur de la Constitution* (1792), Nr. 11, in *Oeuvres Complètes*, ed. G. Laurent, 1939, Bd. IV, S. 333.

17. *Aeneis*, Buch 7. Hier und im folgenden zitiere ich die *Aeneis* in Rudolf Alexander Schroeders Übersetzung.

18. So bei Livius III, 31.8.

19. *Esprit des Lois*, Buch I, Kap. 1–3, und das erste Kapitel von Buch XXVI. – Gemäß der amerikanischen Verfassung sind bekanntlich alle Verträge nicht nur, was erstaunlich genug wäre, den amerikanischen Gesetzen gleichgestellt, sondern sie gelten als »supreme law of the land«. Dies allein dürfte anzeigen, in welchem Ausmaß der amerikanische Gesetzesbegriff römischer Natur ist und von den ursprünglichen Erfahrungen der Kolonialzeit mit Verträgen und Vereinbarungen geprägt ist.

20. Das Naturrecht bei den Römern war keineswegs ein »höheres«, den Gesetzen überlegenes Recht. Die römischen Juristen »müssen im Gegenteil das Naturrecht eher für ein dem gesetzten, geltenden Recht unterlegenes Recht« gehalten haben. Siehe Ernst Levy, *Natural Law in the Roman Period* in *Proceedings of the Natural Law Institute of Notre Dame*, 1948, Bd. 3.

21. Siehe Adams' Verfassungsentwurf für Massachusetts.

22. So Thompson, a. a. O., S. 97.

23. In Robespierres eigenen Worten: »L'idée de l'Etre Suprême et de l'immortalité de l'âme est un rappel continuel à la justice; elle est donc sociale et républicaine.« In seiner Rede vor dem Nationalkonvent vom 7. Mai 1794, zitiert nach *Oeuvres*, ed. Laponneraye, 1840, Bd. III, S. 623.

24. *Kritik der Urteilskraft*, § 87.

25. So in den *Discourses on Davila*, *Works*, Bd. VI, S. 281. Robespierre

in der oben erwähnten Rede denkt ganz ähnlich: »Quel avantage trouves-tu à persuader à l'homme qu'une force aveugle préside à ses destins, et frappe au hasard le crime et la vertu?«

26. Robespierre, ebenda.

27. In der Präambel des Entwurfs für das Gesetz zur Religionsfreiheit in Virginia.

28. Siehe *L'Ordre Naturel et Essentiel des Sociétés Politiques* (1767) Buch I, Kap. 24.

29. Für die Zitate siehe: Thomas Paine *Rights of Man*, Teil II; John Adams *A Defense of the Constitutions* etc. a. a. O., S. 439; James Wilson nach W. F. Craven *The Legend of the Founding Fathers*, New York 1956, S. 64.

30. John Quincy Adams wie Woodrow Wilson zitiert nach Edward S. Corwins in der in der ›Harvard Law Review‹ erschienenen Abhandlung (Bd. 42, 1928): *The »Higher Law« Background of American Constitutional Law*.

31. *Aeneis*, Buch 12. Für die Heiligkeit des Anfangs bei den Römern ist auch die Verehrung des Gottes Janus, des »Wächters der Tore und Durchgänge«, des »Hüters der Schwelle« und so »der Gotte jedes Anfangs«, bezeichnend. Er wurde »in offiziellen Gebeten vor allen anderen Göttern zuerst angerufen«. Siehe die auch sonst sehr lesenswerten Anmerkungen zu Schroeders Übersetzung der *Aeneis*, S. 412/3. Die *Aeneis* durchweg in Schroeders Übersetzung zitiert.

32. Hamilton in ›The Federalist‹, Nr. 16 und Nr. 78.

33. ›The Federalist‹, Nr. 50.

34. Zitiert nach Corwins in Anm. 8 erwähntem Buch.

35. Siehe Richard Heinze *Auctoritas*, in ›Hermes‹, Bd. 60.

36. Cicero, a. a. O., I, 7.12.

37. So in dem *Discourse on Reforming the Government of Florence*, zitiert nach der englischen Ausgabe in *The Prince and Other Works*, Chicago 1941.

38. Die Sorge um die Dauerhaftigkeit der Staatsform kennzeichnet die politischen Denker des siebzehnten und achtzehnten Jahrhunderts. Aus ihr erklärt sich ihre Hochschätzung Spartas, das damals nicht wegen seiner »spartanischen« Qualitäten gerühmt wird, sondern weil es der Meinung der Zeit zufolge eine noch längere Lebensdauer als Rom aufweisen konnte.

39. Dies bezieht sich auf einen in der ›American Political Science Review‹ (März 1959) veröffentlichten Artikel von Martin Diamond *Democracy and the Federalist: A Reconsideration of the Framers' Intent*.

40. In ›The Federalist‹, Nr. 14 u. 49.

41. In den Worten John Adams' in *Thoughts on Government* (1776), *Works*, Bd. IV, S. 200.

42. So glaubte etwa Milton an »heaven-sent, divinely appointed great

leaders ... as deliverers from bondage and tyranny like Samson, as institutors of liberty like Brutus, or as great teachers like himself, not as allpowerful executives in a settled and smoothly functioning mixed state. In Milton's scheme of things, great leaders make their appearance on the stage of history and play their proper roles in times of transition from bondage to freedom«, wie Zera S. Fink in seiner Studie *The Classical Republicans*, Evanston 1945, S. 105, ausführt. Das gleiche gilt natürlich für die Siedler: »The basic reality in their life was the analogy with the children of Israel. They conceived that by going out into the wilderness they were reliving the story of Exodus.« In Daniel J. Boorstin *The Americans*, New York 1958, S. 19.

43. Es läge nahe, an der amerikanischen Geschichte die alte Wahrheit der Legenden historisch zu exemplifizieren und die Kolonialperiode als den Übergang von Knechtschaft zur Freiheit bzw. als den Hiatus zu interpretieren, der sich zwischen das Verlassen der Alten und die Gründung der Freiheit in der Neuen Welt einschiebt. Dies liegt um so näher, als ja auch hier, ganz wie in den Legenden der Überlieferung, das Neue das Werk von Vertriebenen oder Auswanderern ist. Dies ist in Vergil nicht weniger betont ausgesprochen als in der biblischen Erzählung von dem Auszug der Kinder Israel aus Ägypten: »Da nun Asias Ruhm, da Priams schuldlose Völker, / Iliums prangende Burg und die neptunische Troja, / Alle durch Götterbeschluß in Rauch und Asche gesunken, / Setzen uns Zeichen und Wort der Himmlischen ferner Verbannung / Ödes Gestad zum Ziel der Flucht«, wie es zu Beginn des dritten Buches der *Aeneis* z.B. heißt. Dennoch glaube ich, daß eine solche Interpretation an dem eigentlichen Phänomen amerikanischer Geschichte vorbeigehen würde; die Kolonialperiode ist keineswegs ein Hiatus, und die englischen Kolonisten mögen mit den Bedingungen und Einrichtungen des Mutterlandes noch so unzufrieden gewesen sein, sie dachten gar nicht daran, sich von der englischen Herrschaft und der Autorität des Mutterlandes loszusagen. Sie waren nicht in der Verbannung, sie waren nicht vertrieben, und sie waren nicht einmal Auswanderer im alten Sinne; bis zum Augenblick der Revolution waren sie stolz, britische Untertanen zu heißen.

44. In *De Re Publica* VI, 12. Vgl. auch Viktor Poeschl *Römischer Staat und griechisches Staatsdenken bei Cicero*, Berlin 1936.

45. In den *Discorsi sopra la prima deca di Tito Livio* I, 9.

46. In *The Commonwealth of Oceana* (1656).

47. Ebenda.

48. Ebenda. Ich habe das in der Literatur der Zeit und auch heute in amerikanischer Politik noch häufig benutzte Wort *prudence* mit »Weltweisheit« wiedergegeben, da das deutsche Wort »Vorsicht« irreführend wäre. Was gemeint ist, ist politische Einsicht, das was Aristoteles φρόνησις im

Gegensatz zu σοφία nennt. – Die in Anmerkung 42 zitierte Studie von Zera Fink gibt ausgezeichnet Auskunft über den Einfluß Machiavellis auf Harrington und vor allem über den Einfluß des politischen Denkens des klassischen Altertums auf das des siebzehnten Jahrhunderts. Leider fehlt immer noch eine ergänzende Studie dieses Einflusses »auf die Formulierung des amerikanischen Regierungssystems«, wie sie Gilbert Chinard bereits 1940 (in seiner wichtigen Untersuchung über *Polybius und die amerikanische Verfassung* im ›Journal of the History of Ideas‹, Bd. I) vorgeschlagen hat. Es scheint, daß die Frage der Staatsformen, welche die gründenden Väter so leidenschaftlich beschäftigte, heute niemanden mehr interessiert. Diesen Dingen nachzugehen dürfte erheblich ergiebiger sein als die Versuche, die amerikanische Frühgeschichte im Sinne gesellschaftlicher und wirtschaftlicher Kategorien zu interpretieren, die ihre Tatsachengrundlage ausschließlich in europäischer Geschichte haben. Dabei würde sich in der Tat, wie Chinard sagt, ergeben, daß »das amerikanische Experiment von mehr als lokaler Bedeutung ist und nicht aus zufälligen Umständen erklärt werden kann; es stellt in Wahrheit eine Art Gipfelpunkt dar, den man nur verstehen kann ..., wenn man realisiert, daß die modernste Staatsform nicht ohne Verbindung ist mit dem politischen Denken und der politischen Erfahrung des Altertums«.

49. Harrington, *Oceana*.

50. Siehe vor allem St. Weinstocks Artikel *Penates* in Pauly-Wissowa *Realenzyklopädie des klassischen Altertums:* »Die Römer hielten sich nicht für Romuliden, sondern für Aeneiaden, ihre Penaten stammten nicht aus Rom, sondern aus Lavinium.« Und: »Die römische Politik bediente sich seit dem 3. Jahrhundert v. Chr. des Hinweises auf die troische Herkunft der Römer.«

51. *Aeneis*, XII, 166 und I, 68. – Ganz ähnlich sagt Ovid (in *Fasti* IV, 251): *Cum Troiam Aeneas Italos portaret in agros* – »als Aeneas Troja auf italischen Boden trug«.

52. *Aeneis* I, 273; vgl. auch I, 206 und III, 86–87.

53. Siehe Schroeder, a. a. O., S. 440.

54. *Aeneis* IX, 742; VII, 321/22; XII, 189. – Es ist von einigem Interesse festzuhalten, wie weit Vergil in seiner Umkehrung Homers ging. So findet sich z. B. im zweiten Buch der *Aeneis* eine Art Wiederholung der Szene aus der *Odyssee*, in der Odysseus am Hof der Phäaken unerkannt dem Sänger zuhört, der die Geschichte seines Lebens und seiner Irrsale erzählt, und jetzt zum erstenmal beim Anhören seiner Leiden in Tränen ausbricht. In der *Aeneis* ist es Aeneas selbst, der die Geschichte seiner Wanderungen und Leiden erzählt, und er weint nicht, sondern erwartet, daß seine Zuhörer in Tränen ausbrechen. Natürlich ist diese Umkehrung ohne Bedeutung, sie zerstört den tiefen Sinn des Homerischen Gedichts, ohne irgend etwas an-

deres an seine Stelle zu setzen. Gerade darum scheint mir die Umkehrung typisch für Vergils entschlossene Homer-kritische Haltung.

55. *Aeneis* XII, 190/1.

56. Der vor allem von Eduard Norden (in seinem berühmten Essay *Die Geburt des Kindes. Geschichte einer religiösen Idee* [1942]) vertretenen Meinung, es handele sich hier um ein religiöses, von asiatischen Kulten inspiriertes Gedicht, ist vor kurzem Günther Jachmann entgegengetreten: *Die vierte Ekloge Vergils* (Arbeitsgemeinschaft für Forschung des Landes Nordrhein-Westfalen, Heft 2, 1953), dessen Deutung ich mich in dem wesentlichen Punkte, daß es sich hier um ein Gedicht für die Geburt eines wirklichen Kindes handele, anschließe.

57. *De Civitate Dei* XII, 20.

58. So Norden in der oben zitierten Studie.

59. In den »Gesetzen«, Buch VI, 775.

60. Polybius V, 32.1. – Dies ist vermutlich die Variierung eines griechischen, bei Aristoteles – *Nicomachische Ethik*, 1198b – zitierten Sprichwortes: »Der Anfang ist mehr als die Hälfte des Ganzen.«

61. So Craven, a. a. O., S. 1.

62. In der *Oceana* (siehe Ausgabe Liljegren, Lund und Heidelberg 1924, S. 168). – Fink, a. a. O., S. 63, merkt an, daß »Harrington's preoccupation with the perpetual state« oft sehr platonisch klingt und vor allem einen Einfluß der Gesetze nahelegt, der jedoch nicht nachweisbar ist.

63. ›The Federalist‹, Nr. 1.

Sechstes Kapitel: Tradition und Geist der Revolution

1. Die These wirkt besonders überzeugend, wenn man an die zwar nicht sehr zahlreichen, aber doch sehr typischen und heftigen Ausbrüche gegen Philosophie überhaupt und die Philosophen im besonderen denkt, die sich bei den gründenden Vätern finden. Nicht nur Jefferson glaubte sich über den »Unsinn Platos« mockieren zu können, John Adams z. B. klagt alle Philosophen an, die menschliche Natur ignoriert zu haben (siehe Zoltan Haraszti *John Adams and the Prophets of Progress*, Cambridge 1952, S. 258). Aber diese Vorurteile richten sich nicht gegen Theorie, sondern gegen Philosophie, und dies wiederum ist keineswegs spezifisch amerikanisch. Seit Handeln und Denken als zwei voneinander getrennte Möglichkeiten menschlicher Existenz sich erwiesen hatten, d.h. seit Sokrates' Tod, hat eine an Feindseligkeit grenzende Spannung zwischen Philosophie und Politik wie ein Fluch auf der abendländischen Geistesgeschichte gelegen. Da aber dieser uralte Konflikt nur innerhalb des rein weltlichen Bereichs von Belang ist, machte er sich in dem viele Jahrhunderte währenden Zeitraum, da Religion und reli-

giöse Anliegen auch den politischen Raum beherrschten, kaum geltend. Dies mußte natürlich anders werden, als der politische Bereich wieder in seiner alten Autonomie zur Geltung kam, also vor allem im Zeitalter der Revolutionen.

Daniel J. Boorstins These findet man am besten in seinem *The Genius of American Politics*, Chicago 1953, und in *The Americans: The Colonial Experience*, New York 1958.

2. So bemerkt William S. Carpenter *The Development of American Political Thought*, Princeton 1930, S. 164, mit Recht: »Es gibt keine spezifisch amerikanische politische Theorie... [Nur] zu Beginn unserer institutionellen Entwicklung bediente man sich der Hilfe politischer Theorie.« Was ja nun heißt, daß die spezifisch amerikanische Entwicklung theoretisch unproduktiv blieb.

3. In einer Analyse der nachrevolutionären amerikanischen Geschichtsschreibung könnte man diese Behauptung unschwer erhärten. Zwar »trat nach der Revolution eine Verlagerung des Schwerpunkts von den Puritanern auf die Pilgerväter und damit eine Übertragung der traditionell den Puritanern zugeschriebenen Tugenden auf die damals beliebteren Pilgerväter ein«, wie man bei Wesley Frank Craven *The Legend of the Founding Fathers*, New York 1956, S. 82, nachlesen kann; aber diese Verschiebung des historischen Blickpunkts vom Religiösen auf die weltlichen Ereignisse der Einwanderung und Kolonisation war temporärer Natur. Sofern die amerikanische Geschichtsschreibung nicht ganz und gar unter den Einfluß europäischer und vor allem marxistischer Kategorien geriet und konsequent leugnete, daß eine Revolution je in Amerika stattgefunden habe, wandte sie sich wieder der vorrevolutionären Betonung des puritanischen Einflusses zu und erklärte hieraus amerikanische Sitten so wie amerikanische politische Institutionen. Und dies wiederum erklärt sich nicht so sehr aus den historischen Gegebenheiten und ihrem Für und Wider als aus der einfachen Tatsache, daß nur die Puritaner, aber weder die Pilgrimväter noch die Männer der Revolution, sich um ihre eigene Geschichte gekümmert haben. Die Puritaner waren in der Tat der Meinung, daß der puritanische Geist auch eine Niederlage überleben könne, wenn man nur an dem Andenken an das Geschehene festhalte. So schreibt Cotton Mather: »I shall count my Country lost in the loss of the Primitive Principles, and the Primitive Practices, upon which it was at first established: But certainly one good way to save that Loss would be to do something... that the Story of the Circumstances attending the Foundation and Formation of this Country, and of its Preservation hitherto, may be impartially handed unto Posterity« (siehe *Magnalia*, Buch II, 8–9).

4. Wie aus diesem unaufhörlichen Gespräch selbst ohne Zuhilfenahme irgendeiner Begriffssprache Aphorismen von großer Bedeutung entstehen,

an denen sich Andenken und Erinnerung gleichsam festhalten können, sieht man am besten in der Prosa William Faulkners. Der Inhalt von Faulkners Romanen wird oft politisch verstanden und mißverstanden; aber seine einzigartige Handhabung des Gesprächs ist wirklich »politisch«, und dies gerade findet man bei keinem der von ihm beeinflußten Schriftsteller.

5. Sofern amerikanische politische Theorie von revolutionären Ideen und Idealen handelt, folgt sie entweder der europäischen revolutionären Tradition, wie sie aus der Französischen Revolution und ihren Erfahrungen entstanden ist, oder den einheimischen anarchistischen Strömungen, die auf die anarchischen Tendenzen der frühen Kolonisationsperiode zurückgehen. (Man findet eine in dieser Hinsicht bezeichnende Geschichte in Anm. 34 zu Kapitel 3.) Wie bereits erwähnt, haben die anarchischen Elemente des Landes sich gerade gegen die Revolution gewandt. In unserm Zusammenhang spielt weder die pseudorevolutionäre Stimmung der Marxisten noch der Anarchisten eine Rolle.

6. Siehe Nr. 43 des ›Federalist‹.

7. Kap. 21 des 2. Buches von *De la Démocratie en Amérique*.

8. Seit der Renaissance pflegte man die Republik von Venedig als Beispiel für die Vorteile der gemischten Staatsform, die dem Kreislauf des Umschlagens der Staatsformen nicht unterworfen ist, weil sie alle bereits in sich birgt, zu zitieren. Daß man an diesem Vorbild festhielt, als die Zeichen des Verfalls bereits mit Händen zu greifen waren, erklärt sich unter anderem aus dem durchaus neuzeitlichen Bedürfnis nach einem potentiell unsterblichen politischen Gemeinwesen.

9. Nr. 10 des ›Federalist‹.

10. So Alexander Hamilton in Jonathan Elliot *Debates in the State Conventions on the Adoption of the Federal Constitution*, 1861, Bd. I, S. 422.

11. Nr. 50 des ›Federalist‹.

12. Natürlich soll das nicht heißen, daß der Wille in den Reden und Schriften der gründenden Väter nicht vorkommt, aber verglichen mit den immer wiederkehrenden Reden von Vernunft, Leidenschaft und Macht, an denen sie sich wie an einem Koordinatensystem orientierten, spielt er so gut wie keine Rolle. Am ehesten wird man den Willen noch bei Hamilton finden, der von einem »permanenten Willen« spricht, was in Wahrheit eine *contradictio in adiecto* ist; dieser seltsame Wille sollte sich dann auch in einer Institution manifestieren, die »in Stand setzt, dem, was gerade populär ist, Widerstand zu leisten«, er sollte also das gerade Gegenteil von dem leisten, was ihm gemeinhin zugemutet wird (siehe *Works*, Bd. II, S. 415). Worum es sich bei Hamilton handelte, waren Dauerhaftigkeit und Stabilität. Vergleicht man diesen Gebrauch des Wortes »Wille« mit den zeitgenössischen französischen Quellen, so fällt sofort auf, daß die Franzosen stets von dem »einmütigen Willen« der Nation sprechen, wo die Amerikaner den »bestän-

digen Willen« anrufen, während sie einen »einmütigen Willen« mit allen Mitteln zu verhindern suchen.

13. Nach W. S. Carpenter, a. a. O., S. 85, hat Madison sich in diesem Sinne geäußert.

14. Sieht man sich im englischen System nach einer Modellinstitution für den amerikanischen Senat um, so könnte man noch am ehesten an den englischen Königlichen Rat, *the King's Council*, denken, dessen Aufgabe ja aber gerade das Beraten der Regierung war. Eine solche beratende Instanz fehlt unter den Institutionen des amerikanischen Staates, und der an dieser Stelle auftretende, aber in der Verfassung nicht vorgesehene *brain trust* ist erst eine Entdeckung von Roosevelt.

15. Für die *multiplicy of interests* siehe Nr. 51 des ›Federalist‹, für die Theorien über Meinungsbildung ebenda, Nr. 49.

16. Diese Ausführungen stützen sich wesentlich auf Nr. 10 des ›Federalist‹.

17. Ebenda, Nr. 49.

18. So Harrington in seiner *Oceana*, hrsg. von Liljegren, Heidelberg 1924, S. 185f.

19. In *De Re Publica* III, 23.

20. John Adams in der frühen Schrift *Dissertation on Canon and Feudal Law*.

21. Zera Finks aufschlußreicher Studie der *Classical Republicans* (Evanston 1945) verdanke ich wichtige Einsichten in die Rolle, welche die Frage der Permanenz im politischen Denken des siebzehnten Jahrhunderts spielte. Finks Darstellung zeigt deutlich, daß es sich hier um sehr viel mehr als bloße Stabilität handelte, also um Sorgen, die sich unschwer aus den religiösen Kämpfen und den Bürgerkriegen der Zeit erklären.

22. Elliot, a. a. O., Bd. II, S. 364.

23. Zitiert nach *The Complete Jefferson*, hrsg. von Saul Padover, Modern Library, S. 295ff.

24. So schreibt Jefferson in einem Brief an William Hunter vom 11. März 1790.

25. So in einem Brief an Samuel Kercheval vom 12. Juli 1816.

26. Das erste Zitat findet sich in *Common Sense*, das zweite in den *Rights of Man*.

27. In dem berühmten Brief an Major John Cartwright vom 5. Juni 1824.

28. Der vielzitierte Satz findet sich in einem Brief aus Paris an den Colonel William Stephens Smith vom 13. November 1787.

29. Später, vor allem nachdem er das *ward system* als das, was »meinem Herzen am nächsten steht«, entdeckt hatte, pflegte Jefferson meist von der »schrecklichen Notwendigkeit« des Aufstandes zu sprechen. (So vor allem auch in einem Brief an Samuel Kercheval vom 5. September 1816.) Es ist

meines Erachtens nicht gerechtfertigt, diese Akzentverlagerung damit zu erklären, daß nun eben ein alter Mann spreche; man vergißt bei solchen landläufigen psychologischen Erklärungen, daß für Jefferson das *ward system* eben die einzige Alternative zu dieser »schrecklichen Notwendigkeit« darstellte.

30. Die Zitate in diesem und dem folgenden Absatz stammen aus dem in Anm. 25 erwähnten Brief.

31. In dem 1853 erschienenen ›Journal‹.

32. Zitiert nach dem großartigen Buch von Lewis Mumford *The City in History*, New York 1961, S. 328 ff.

33. In dem bereits erwähnten Werk von William S. Carpenter findet sich (S. 43–47) die Darstellung der theoretischen Divergenzen in bezug auf politische Repräsentation, die im achtzehnten Jahrhundert die Diskussion zwischen den Kolonien und dem Mutterland beherrschten. Während in England durch Algernon Sidney und Burke »die Vorstellung mehr und mehr Boden fand, daß die Abgeordneten, nachdem sie erst einmal ins Parlament gewählt worden waren, nicht mehr von denen abhängig sein düften, die sie repräsentierten«, war man in Amerika umgekehrt der Meinung, »daß das Volk das Recht habe, seine Abgeordneten laufend zu instruieren, und sah hierin das entscheidende Merkmal der Repräsentationstheorie in den Kolonien«. Carpenter zitiert wie folgt aus einer zeitgenössischen Quelle in Pennsylvania: »Die Wähler und nur sie haben das Recht zu instruieren; die Abgeordneten sind verpflichtet, diese Instruktionen als Befehle ihrer Herren zu befolgen, und haben kein Recht, sich, je nachdem ob sie sie für berechtigt halten, an sie zu halten oder sie zu verwerfen.«

34. Zitiert nach Carpenter, a. a. O., S. 93 f. – Es ist, glaube ich, ein Irrtum zu meinen, daß die Abgeordneten heutzutage auf Grund der Meinungsbefragungen sich ein besseres Bild von dem machen können, was die Wähler nun eigentlich von ihnen erwarten. C. W. Cassinelli diskutiert diese Frage ausführlich in seinem *The Politics of Freedom: An Analysis of the Modern Democratic State*, Seattle 1961, S. 41 und 45 ff. Er kommt zu dem Ergebnis, daß der Politiker niemals weiß, was seine Wähler wollen, nicht nur weil er ja nicht dauernd diese Meinungsbefragungen anstellen kann, sondern weil es sehr fragwürdig ist, ob der Wähler überhaupt eine Meinung hat; im Endeffekt, meint er, erhofft der Abgeordnete einen Wahlsieg auf Grund von Wünschen, die er zu befriedigen verspricht, aber selbst überhaupt erst hervorgerufen hat.

35. Carpenter, a. a. O., S. 103. – Dies entspricht natürlich genau dem bekannten Ausspruch Rousseaus, die Engländer seien frei nur am Tag der Wahl.

36. Dies ist natürlich Jeffersons Sprache in einer Angelegenheit, über die er sich fast nur in Briefen geäußert hat. (Ich zitiere vor allem auch aus dem

in Anm. 28 erwähnten Brief aus dem Jahre 1787.) Was die »moralischen Gefühle« und die uns merkwürdig klingenden Tugendübungen anlangt, so finden sich dazu interessante Erläuterungen in einem sehr frühen Brief an Robert Skipwith vom 3. August 1771. Jefferson denkt nämlich konkret an Übungen der Einbildungskraft, für welche man vor allem bei den Dichtern und auch bei den Geschichtsschreibern in die Schule gehen muß, da »der fiktive Mord von Duncan durch Macbeth in Shakespeare« in uns genau den gleichen »Abscheu vor dem Tun des Bösewichts erzeugt wie der wirkliche Mord an Heinrich IV.«. Es sind aber vor allem die Dichter, die »uns das Feld der Einbildung zu unserem Nutzen eröffnen«; wäre dies Feld auf das wirkliche Leben beschränkt, so würden uns zu wenige denkwürdige Ereignisse und Handlungen zur Verfügung stehen; die »Lektionen der Geschichte sind zu selten«. Auf jeden Fall aber »kann man ein lebendiges und beständiges Gefühl für Kindespflicht einem Sohn oder einer Tochter sehr viel wirksamer durch die Lektüre von *King Lear* einprägen als durch alle die trockenen Bände, die von Moral und Theologie handeln, die je geschrieben wurden«.

37. Ähnlich argumentiert heute Dolf Sternberger, wenn er meint, die Wähler seien zwar »nicht notwendig und durchweg aktive Bürger«, hätten aber »jeden Tag die Chance, sich in solche zu verwandeln« *(Grund und Abgrund der Macht*, 1962, S. 274).

38. So in einem Brief an den Colonel Edward Carrington vom 16. Januar 1787.

39. Ich zitiere nach Albert Soboul *Robespierre und die Volksgesellschaften* in dem von Walter Markov herausgegebenen Beiträgen zum 200. Geburtstag von Maximilien Robespierre, Berlin 1958.

40. Ebenda.

41. Ebenda.

42. Siehe Walter Markov *Über das Ende der Pariser Sanskulottenbewegung* in den Beiträgen zum neuen Geschichtsbild, Festschrift zum 60. Geburtstag von Alfred Meusel, Berlin 1956.

43. Zitiert nach Soboul, a. a. O.

44. Siehe Nr. 11 des ›Défenseur de la Constitution‹, 1792, in Robespierre *Oeuvres Complètes*, hrsg. von G. Laurent, 1939, Bd. 4, S. 328.

45. So formuliert Leclerc, zitiert nach Albert Soboul *An den Ursprüngen der Volksdemokratie: Politische Aspekte der Sanskulottendemokratie* in der oben zitierten Festschrift für Alfred Meusel.

46. Siehe die von Walter Markov und Albert Soboul zweisprachig herausgegebenen Veröffentlichungen aus französischen Archiven, die 1957 in Berlin unter dem Titel *Die Sanskulotten von Paris: Dokumente zur Geschichte der Volksbewegung 1793-1794* erschienen sind. Ich zitiere im folgenden vor allem aus den Nummern 19, 28, 29, 31.

47. Ebenda, Nr. 59 und 62.

48. Siehe Saint-Justs *Esprit de la Révolution et de la Constitution de la France* aus dem Jahre 1791 in *Oeuvres Complètes*, hrsg. von Ch. Vellay, Paris 1908, Bd. I, S. 262.

49. Es existiert offenbar nur ein Brief Saint-Justs vom Herbst 1793, als er im Verfolg des Krieges in Sondermission ins Elsaß kam. Er war an die Straßburger Volksgesellschaft gerichtet und lautet wie folgt: »Frères et amis, Nous vous invitons de nous donner votre opinion sur le patriotisme et les vertus républicaines de chacun des membres qui composent l'administration du département du Bas-Rhin. Salut et Fraternité.« Siehe *Oeuvres*, Bd. II, S. 121.

50. In den *Fragments sur les Institutions Républicaines*, *Oeuvres*, Bd. II, S. 507.

51. Die Bemerkung »Après la Bastille vaincue... on vit que le peuple n'agissait pour l'élèvation de personne, mais pour l'abaissement de tous« findet sich überraschenderweise in der in Anm. 48 zitierten frühen Schrift Saint-Justs.

52. In dem Brief vom 5. Juni 1824 an John Cartwright.

53. Dieses Zitat stammt aus einem früheren Brief an John Tyler vom 26. Mai 1810, als Jefferson noch nicht von *wards* sprach, sondern vorschlug, die Bezirke »into hundreds« zu teilen. Auch später schwebten ihm offenbar Volksorgane vor, die etwa hundert Menschen zusammenfaßten.

54. Siehe den in Anm. 52 zitierten Brief.

55. Ebenda.

56. Siehe den in Anm. 25 zitierten Brief.

57. Alle Zitate des Absatzes aus den bereits zitierten Briefen.

58. Siehe den in Anm. 29 zitierten Brief.

59. In einem Brief an Thomas Jefferson Smith vom 21. Februar 1825.

60. Siehe den in Anm. 52 zitierten Brief.

61. Siehe den in Anm. 53 zitierten Brief.

62. Die Zitate stammen aus dem Brief an Joseph C. Cabell vom 2. Februar 1816 und aus den beiden Briefen an Samuel Kercheval.

63. Siehe George Soule *The Coming American Revolution*, New York 1934, S. 53.

64. Für Tocqueville siehe die Einleitung zu *Démocratie en Amérique* und für Marx *Die Klassenkämpfe in Frankreich, 1840–1850* (1850), zitiert nach der Berliner Ausgabe von 1951, S. 124.

65. So in *Der Bürgerkrieg in Frankreich* aus dem Jahre 1871, zitiert nach der Berliner Ausgabe 1952, S. 71 und 76.

66. So in den Enthüllungen über den Kommunistenprozeß zu Köln, zitiert nach der Ausgabe der Sozialdemokratischen Bibliothek, Bd. IV, Hattingen/Zürich 1885, S. 81.

67. Ich bin für das Folgende der außerordentlich wichtigen Arbeit von Oskar Anweiler *Die Rätebewegung in Rußland 1905-1921* sehr verpflichtet. Das Zitat steht auf S. 19.

68. All dies nach Anweiler, a. a. O., S. 101.

69. Ebenda, S. 110.

70. Es erübrigt sich, auf die außerordentliche Popularität der Räte in allen Revolutionen des zwanzigsten Jahrhunderts noch extra hinzuweisen. In den Revolutionsjahren 1918 und 1919 mußte in Deutschland selbst die Konservative Partei das Wort in ihre Wahlpropaganda aufnehmen.

71. Siehe Anweiler, S. 108.

72. Zitiert nach Helmut Neubauer *München und Moskau 1918-1919: Zur Geschichte der Rätebewegung in Bayern* in den ›Jahrbüchern für die Geschichte Osteuropas‹, Beiheft 4, 1958.

73. So Frank Jellinek in der sehr einsichtigen Studie der *Paris Commune of 1871*, London 1937, S. 27.

74. Anweiler, a. a. O., S. 45.

75. Das Buch von Maurice Duverger über das Parteiensystem – *Les Partis Politiques 1951* – ist die bei weitem beste Arbeit auf diesem Gebiet. Man findet dort auch eine angemessene Bibliographie der wichtigeren Literatur, die jedoch durch Duverger überholt ist. Für das im Text erwähnte Phänomen findet man in Duvergers Einleitung über den Ursprung der Parteien ein gutes Beispiel: »Ainsi aux élections pour l'Assemblée Nationale de 1871 en France, où le suffrage redevenait brusquement libre après vingt ans de candidature officielle, cependant que les partis n'existaient point, on vit la grande masse des votants se porter vers les châtelains du pays, dans circonscriptions rurales: ce fut la ›République des Ducs‹.«

76. Bekannt ist, wie sehr die Geheimpolizei um ihrer Positionen willen dazu neigt, die revolutionären Terrorakte, die sie verhindern soll, selbst zu initiieren. Sie hat diese Neigung besonders unter Louis Napoleon und in Rußland nach 1880 betätigt. Es scheint, daß im Zweiten Kaiserreich es nicht einen Anschlag gab, der nicht von der Geheimpolizei angezettelt worden wäre, und fast das gleiche gilt für die zahlreichen Terrorakte in den letzten Jahrzehnten des Zarenreiches.

77. Die allgemeine Unzufriedenheit unter Napoleon III. war mit der Hand zu greifen, aber man konnte sie »widerlegen« mit den Ergebnissen der Plebiszite, diesen Vorgängern der modernen Meinungsbefragungen. Noch im Jahre 1869 war das letzte dieser Plebiszite ein großer Erfolg für den Kaiser; was niemandem damals auffiel und was sich ein Jahr später bereits als entscheidend herausstellen sollte, war, daß nahezu 15% der Armee mit »nein« gewählt hatten.

78. Zitiert nach Jellinek, a. a. O., S. 194.

79. Anweiler, a. a. O., S. 8.

80. Heinrich Koechlin zitiert einen Aufruf des Zentralkomitees von Paris zur Gemeindewahl am 26. März 1871 wie folgt: »C'est cette idée communale poursuivie depuis le douzième siècle, affirmée par la morale, le droit et la science qui vient de triompher le 18 mars 1871.« In *Die Pariser Commune von 1871 im Bewußtsein ihrer Anhänger*, Basel 1950, S. 66.

81. Jellinek, a. a. O., S. 71.

82. Zitiert nach Anweiler, S. 127.

83. So Anweiler, S. 153.

84. So Neubauer, a. a. O.

85. Siehe Oskar Anweilers Aufsatz *Die Räte in der ungarischen Revolution* in ›Osteuropa‹, Bd. 8, 1958.

86. So geschildert von Sigmund Neumann in einem Aufsatz *The Structure and Strategy of Revolution: 1848 and 1948* im ›Journal of Politics‹, August 1949.

87. Siehe Neubauer, a. a. O.

88. So Anweiler, a. a. O., der die folgenden allgemeinen Merkmale der Räte hervorhebt: »1. Die Gebundenheit an eine bestimmte abhängige oder unterdrückte soziale Schicht, 2. die radikale Demokratie als Form, 3. die revolutionäre Art der Entstehung«.

89. So der bekannte österreichische Sozialist Max Adler in einer mitten in der Revolution geschriebenen Broschüre *Demokratie und Rätesystem*, Wien 1919. Besonders bezeichnend ist, daß Adler den Grund der allgemeinen Beliebtheit des Rätesystems klar erkannte und dennoch im selben Atem die alten marxistischen Schlagworte von »revolutionären Übergangsformen«, bestenfalls »neuen Kampfformen des sozialistischen Klassenkampfes« wiederholen konnte.

90. Ich weiß nicht, ob die kleine Schrift, in der das ganze Unglück der Revolution, abgesehen von dem nicht voraussehbaren Unheil der Herrschaft Stalins, vorausgesagt ist, wieder aufgelegt ist. Ich zitiere hier den deutschen Text nach der Gesamtdarstellung von Paul Frölich *Rosa Luxemburg*, 1949, S. 293f.

91. Siehe Jellinek, a. a. O., S. 129ff.

92. Anweiler, a. a. O., S. 110.

93. Anweiler zitiert in dem in Anm. 85 vermerkten Aufsatz die Regierungserklärung, mit der die Auflösung des Budapester Arbeiterrates begründet wurde: »Die Mitglieder des Budapester Arbeiterrates wollten sich ausschließlich mit politischen Angelegenheiten befassen und die regionalen Arbeiterräte gegen die legalen Exekutivorgane des Staates ausspielen.« Dies entsprach durchaus den Tatsachen; die Räte wollten sich natürlich an die Stelle des Staatsapparats setzen.

94. Duverger, a. a. O., S. 459.

95. Zitiert nach Koechlin, a. a. O., S. 224.

96. Wie sich das im einzelnen vollzieht, erklärt Anweiler sowohl in seinem Buch – vor allem S. 155-158 – wie in dem von mir erwähnten Artikel.

97. Duverger, a. a. O., S. 431, bemerkt mit Recht: »Malgré leur attachement commun au parlamentarisme, la Grande-Bretagne et ses dominions, régis par le bipartisme, restent profondément séparés des systèmes continentaux, soumis au multipartisme, et plus proches à certains égards des Etats-Unis, malgré leur nature présidentielle. En fait, la distinction du parti unique, du bipartisme et du multipartisme tend à devenir la classification fondamentale des régimes contemporains.« Wo aber das Zweiparteiensystem eine reine Wahlformalität bleibt ohne Anerkennung der Opposition als eines Regierungsinstruments, wie etwa im Nachkriegsdeutschland, wo es ja eine wirkliche Opposition nicht gibt, da könnte sich erweisen, daß auch ein Zweiparteiensystem nicht notwendigerweise stabiler ist als das Vielparteiensystem.

98. Duverger ist sich über diese Unterschiede zwischen den angelsächsischen und den Ländern des europäischen Kontinents durchaus im klaren, glaubt aber, daß das Fehlen des Fanatismus in England und Amerika lediglich einem »überalterten« Liberalismus zu verdanken sei. Das ist vorläufig nicht erweisbar und scheint mir ein Fehlurteil zu sein.

99. Ich benutze hier wieder die Schlußbetrachtung aus dem Werke von Duverger, der aber in dieser Diagnose nicht gerade originell ist; er sagt hier nicht mehr, als was als Stimmung im Nachkriegseuropa sehr verbreitet ist. Hier handelt es sich um prinzipiell antipolitische Gefühle, die eigentlich mit unserem Thema kaum etwas zu tun haben.

100. Duverger sieht leider nicht den entscheidenden Unterschied zwischen Partei und Bewegung, und das ist die größte Unzulänglichkeit dieser vorzüglichen Arbeit. Man kann nicht recht verstehen, wie ein so aufmerksamer und genauer Beobachter die Geschichte der kommunistischen Partei erzählen kann, ohne daß er auch nur je auf den Augenblick zu sprechen kommt, in dem die kleine Partei von Berufsrevolutionären zur Massenbewegung wird. Der Unterschied zwischen den faschistischen Bewegungen aller Spielarten und den Parteien demokratischer Regierungen ist vielleicht noch auffallender.

101. Dies erhellt vor allem auch aus der Veröffentlichung der Vereinten Nationen über die Ungarische Revolution – *Report on the Problem of Hungary*, 1956.

102. Instruktiv ist die Arbeit über das Parteiensystem von C. W. Cassinelli, die ich im Text zitiere, a. a. O., S. 21, sofern es sich um amerikanische Verhältnisse handelt. Die Analyse der europäischen Systeme ist zu technisch und eher oberflächlich.

103. Cassinelli bietet eine amüsante Illustration dafür, wie wenige Wähler, abgesehen von Interessenvertretung, wirklich an Politik interessiert sind.

Man nehme an, schlägt er vor, daß infolge eines größeren Skandals in der Regierung die Oppositionspartei ans Ruder kommt. »Wenn nun z.B. 70% der Wahlberechtigten vor und nach dem Skandal ihre Stimmzettel abgeben und die Regierungspartei 55% der Stimmen vor dem Skandal, aber nur 45% hinterher erhält, dann kann man nicht mehr als 7% der Stimmen Leuten zurechnen, die an der Integrität der Regierung interessiert sind, und dies ist bereits hoch gegriffen, da wir alle anderen möglichen Motive für einen Stimmenumschwung außer Betracht lassen.« Natürlich handelt es sich hier nur um eine Hypothese, aber das Resultat dürfte doch der Wirklichkeit ziemlich nahekommen. Daraus würde einerseits folgen, wie entscheidend die Minderheit von 7% in Wahrheit ist, andererseits daß man nicht etwa sagen soll, die Wählerschaft wüßte Korruption nicht zu entdecken, sondern sagen muß, daß man sich nicht darauf verlassen kann, daß sie auf Korruption mit Entzug der Stimme antworten wird.

104. So sprachen charakteristischerweise nicht die Arbeiterräte, sondern die parteifrommen ungarischen Gewerkschaften, mit deren Hilfe die Partei das Ansehen der Räte zu untergraben wünschte. Ähnliches ereignete sich natürlich sowohl in Rußland zu Beginn der Revolution wie im Spanischen Bürgerkrieg.

105. Ich zitiere nach Anweilers Aufsatz die Vorwürfe, mit denen die Jugoslawische Kommunistische Partei die Ungarische Revolution überhäufte. Man kennt die gleichen Vorwürfe, vorgebracht in der gleichen Sprache, zur Genüge aus der Russischen Revolution.

106. a. a. O., S. 466.

107. Ebenda.

108. Alle Zitate von René Char stammen aus der unmittelbar nach dem Krieg veröffentlichten Sammlung von Bemerkungen, Tagebucheintragungen und Aphorismen, die 1946 unter dem Titel *Feuillets d'Hypnos* erschienen sind.

LITERATURVERZEICHNIS

Acton, Lord: *Lectures on the French Revolution* (1910), New York 1959
Adams, John: *Works* (10 Bde.), Boston 1851
The Adams-Jefferson Letters, hrsg. von L. J. Cappon, Chapel Hill 1959
Adler, Max: *Demokratie und Rätesystem*, Wien 1919
Anweiler, Oskar: *Die Räte in der ungarischen Revolution*, in ›Osteuropa‹, Bd. VIII, 1958
–: *Die Rätebewegung in Rußland 1905–1921*, Leiden 1958
Arendt, Hannah: *Elemente und Ursprünge totaler Herrschaft*, Frankfurt 1955
Aron, Raymond: *Political Action in the Shadow of Atomic Apocalypse*, in ›The Ethics of Power‹, hrsg. von H. D. Lasswell und H. Cleveland, New York 1962
Aulard, Alphonse: *Etudes et Leçons sur la Révolution Française*, Paris 1921
–: *Histoire Politique de la Révolution Française*, Paris 1901
Bagehot, Walter: *The English Constitution and Other Political Essays* (1872), New York 1914
Bancroft, George: *History of the United States* (1834 ff.), New York 1883–85
Beard, Charles A.: *An Economic Interpretation of the Constitution of the United States* (1913), New York 1935
Becker, Carl L.: *The Declaration of Independence* (1922), New York 1942
Blanc, Louis: *Histoire de la Révolution Française*, Paris 1847
Boorstin, D. J.: *The Americans. The Colonial Experience*, New York 1958
–: *The Genius of American Politics*, Chicago 1953
–: *The Lost World of Thomas Jefferson* (1948), Boston 1960
Bousset, W.: *Kyrios Christos*, Göttingen 1913
Brown, R. E.: *Charles Beard and the Constitution*, Princeton 1965
Bryce, James: *The American Commonwealth* (1891), New York 1950
Burke, Edmund: *Reflections on the Revolution in France* (1790) Everyman's Library, London
Carpenter, William S.: *The Development of American Political Thought*, Princeton 1930

Cassinelli, C. W.: *The Politics of Freedom. An Analysis of the Modern Democratic State*, Seattle 1961

Char, René: *Feuillets d'Hypnos*, Paris 1946

Chateaubriand, François René de: *Essais sur les Révolutions* (1797), London 1820

Chinard, Gilbert: *The Commonplace Book of Thomas Jefferson*, Baltimore und Paris 1926

–: »Polybius and the American Constitution« in ›Journal of the History of Ideas‹, Bd. I, 1940

Cicero: *De Natura Deorum*, Loeb Classical Library edition Cambridge (Mass.)

–: *Academica*, Loeb Classical Library edition, Cambridge (Mass.)

–: *De Re Publica*, Zürich 1952

Cohn, Norman: *The Pursuit of Millennium*, New York 1947

Commager, Henry S.: *Documents of American History*, 5. Aufl. New York 1949

Condorcet, Antoine Nicolas de: *Sur le Sens du Mot Révolutionnaire* (1793), in *Oeuvres*, Paris 1847–1849

–: *Influence de la Révolution d'Amérique sur l'Europe* (1786), ebenda

–: *Esquisse d'un Tableau Historique des Progrès de l'Esprit Humain* (1795), ebenda

Cooper, James Fenimore: *The American Democrat* (1838), New York 1956

Cornford, F. M.: *From Religion to Philosophy* (1912), New York 1961

Corwin, Edward S.: *The Constitution and What It Means Today*, Princeton 1958

–: *The Doctrine of Judicial Review*, Princeton 1914

–: »The ›Higher Law‹ Background of American Constitutional Law« in ›Harvard Law Review‹, Bd. 42, 1928

–: »The Progress of Constitutional Theory between the Declaration of Independence and the Meeting of the Philadelphia Convention« in ›American Historical Review‹, Bd. 30, 1925

Craven, Wesley Frank: *The Legend of the Founding Fathers*, New York 1956

Crèvecœur, J. H. St. J. de: *Letters from an American Farmer* (1782), New York 1957

Crosskey, William W.: *Politics and the Constitution in the History of the United States*, Chicago 1953

Curtis, Eugene N.: *Saint-Just, Colleague of Robespierre*, New York 1935

Diamond, Martin: »Democracy and The Federalist: A Reconsideration of the Framers' Intent« in ›American Political Science Review‹, März 1959

Dostojewski, F. M.: *Der Großinquisitor* (1880), München 1952

Duverger, Maurice: *Les Partis Politiques*, Paris 1952

Echeverria, D.: *Mirage in the West: A History of the French Image of American Society to 1815*, Princeton 1957

Ehrenberg, Victor: »Isonomia« in Pauly-Wissowa *Realenzyklopädie des klassischen Altertums*, Supplementband VII

Elliot, Jonathan: *Debates in the Several State Conventions on the Adoption of the Federal Constitution*, Philadelphia 1861

Emerson, Ralph Waldo: *Journal* (1853), Boston 1909–1914

Farrand, Max: *The Records of the Federal Convention of 1787*, New Haven 1937

Fay, Bernard: *The Revolutionary Spirit in France and America*, New York 1927

The Federalist (1787), herausgegeben von J. E. Cooke, New York 1961

Fink, Zera S.: *The Classical Republicans*, Evanston 1945

Friedrich, Carl Joachim: *Constitutional Government and Democracy*, durchgesehene Ausgabe, Boston 1950

Frölich, Paul: *Rosa Luxemburg*, Hamburg 1949

Gaustad, E. S.: *The Great Awakening in New England*, New York 1957

Gentz, Friedrich: *The French and American Revolutions Compared* (1810), Übersetzung (John Quincy Adams) der frühen Aufsätze von Gentz aus dem ›Historischen Journal‹, 1799–1800

Gierke, Otto: *Das Deutsche Genossenschaftsrecht*, Bd. IV, 1913

Göhring, Martin: *Geschichte der großen Revolution*, Tübingen 1950ff.

Gottschalk, L. R.: *The Place of the American Revolution in the Causal Pattern of the French Revolution*, Easton 1948

Griewank, Karl: *Der neuzeitliche Revolutionsbegriff*, Jena 1955, »Staatsumwälzung und Revolution in der Auffassung der Renaissance und Barockzeit«, in ›Wissenschaftliche Zeitschrift der Friedrich-Schiller-Universität‹, Heft 1, Jena 1952–1953

Haines, C. G.: *The American Doctrine of Judicial Supremacy*, Berkeley (Calif.) 1932

Hamilton, Alexander: *Works*, New York und London 1885–1886

Handlin, Oscar: *This was America*, Cambridge 1949

Haraszti, Zoltan: *John Adams and the Prophets of Progress*, Cambridge 1952

Harrington, James: *The Commonwealth of Oceana* (1656), Liberal Arts edition, Indianapolis. *Oceana*, herausgegeben von Liljegren, Heidelberg 1924

Hawgood, John A.: *Modern Constitutions Since 1787*, New York 1939

Heinze, Richard: »Auctoritas« in ›Hermes‹, Bd. LX

Herodot: *Historiae*, Teubner

Hofstadter, Richard: *The American Political Tradition*, New York 1948

Hume, David: *Essays, Moral and Political*, 1748

Jachmann, Günther: »Die Vierte Ekloge Vergils« in ›Annali della Scuola Normale Superiore di Pisa‹, Bd. XXI, 1952

Jaspers, Karl: *Die Atombombe und die Zukunft des Menschen*, München 1958

Jefferson, Thomas: *The Complete Jefferson*, herausgegeben von Saul K. Padover, New York 1943

–: *The Life and Selected Writings*, herausgegeben von A. Koch und W. Peden, Modern Library, 1944

–: *The Writings*, herausgegeben von P. L. Ford, 10 Bände, New York 1892 bis 1899

Jellinek, Frank: *The Paris Commune of 1871*, London 1937

Jellinek, Georg: *The Declaration of the Rights of Man and of Citizen*, New York 1901

Jensen, Marill: »Democracy and the American Revolution« in ›Huntington Library Quarterly‹, Bd. XX, Nr. 4, 1957

–: *New Nation*, New York 1950

Jones, Howard Mumford: *The Pursuit of Happiness*, Cambridge 1953

Joughin, Jean T.: *The Paris Commune in French Politics, 1871–1880*, Baltimore 1955

Kant, Immanuel: *Der Streit der Fakultäten* (1798)

–: *Zum Ewigen Frieden* (1795)

–: *Über den Gemeinspruch: Das mag in der Theorie richtig sein, taugt aber nicht für die Praxis* (1793)

Kantorowicz, Ernst: *The King's Two Bodies. A Study in Medieval Theology*, Princeton 1957

–: »Mysteries of State. An Absolute Concept and Its Late Medieval Origin« in ›Harvard Theological Review‹, 1955

Kerényi, Karl: *Vergil und Hölderlin*, Zürich 1957

Knollenberg, Bernhard: *The Origin of the American Revolution, 1759–1766*, New York 1960

Koechlin, Heinrich: *Die Pariser Commune von 1871 im Bewußtsein ihrer Anhänger*, Basel 1950

Kraus, Wolfgang H.: »Democratic Community and Publicity« in *Nomos* (Community), Bd. II, 1959

Lane, Robert E.: »The Fear of Equality« in ›American Political Science Review‹, Bd. 53, März 1959

Lang, Daniel: *An Inquiry into Enoughness*, New York 1965

Lefèbvre, Georges: *La Révolution Française*, Paris 1951

–: *Quatrevingt-Neuf*, Paris 1939

Lenin, W. I.: *Staat und Revolution* (1918), Wien 1929

Levy, Ernst: »Natural Law in the Roman Period« in *Proceedings of the Natural Law Institute of Notre Dame*, Bd. II, 1948

Locke, John: *Two Treatises of Civil Government* (1690), Everyman's Library, London

Loewenstein, Karl: *Beiträge zur Staatssoziologie*, Tübingen 1961
–: *Volk und Parlament nach der Staatsauffassung der französischen Nationalversammlung von 1789*, München 1922
Luther, Martin: »De Servo Arbitrio« in *Werke*, Bd. 18, Weimarer Ausgabe
Machiavelli, Niccolò: *Oeuvres Complètes*, ed. Pléiades, 1952
Maistre, Joseph de: *Considérations sur la France*, 1796
Markov, Walter: »Über das Ende der Pariser Sanskulottenbewegung« in ›Beiträge zum neuen Geschichtsbild, Alfred-Meusel-Festschrift‹, Berlin 1956
Markov, Walter und Soboul, Albert, Herausgeber: *Die Sanskulotten von Paris. Dokumente zur Geschichte der Volksbewegung 1793–1794*, Berlin (Ost) 1957
Markov, Walter, Herausgeber: *Jakobiner und Sanskulotten. Beiträge zur Geschichte der französischen Revolutionsregierung 1793–1794*, Berlin 1956
Marx, Karl: *Der Bürgerkrieg in Frankreich* (1871), Berlin 1952
–: »Enthüllungen über den Kommunistenprozeß zu Köln« in ›Sozialdemokratische Bibliothek‹, Bd. IV, Hattingen/Zürich 1885
–: *Die Klassenkämpfe in Frankreich, 1848–1850* (1850), Berlin 1951
–: *Das Kommunistische Manifest* (1848)
–: *Das Kapital* (1873), Berlin 1961
»Massachusetts« in *Encyclopaedia Britannica*, 11. Aufl., Bd. XVII
Mather, Cotton: *Magnalia* (1694)
Mathiez, Albert: *Girondins et Montagnards*, Paris 1930
–: *Autour de Robespierre*, Paris 1957
–: *La Révolution Française*, Paris
McCloskey, Robert G., Herausgeber: *Essays in Constitutional Law*, New York 1957
McDonald, Forrest: *We the People: The Economic Origins of the Constitution*, Chicago 1958
McIlwain, Charles Howard: *Constitutionalism Ancient and Modern*, Ithaca 1940
Melville, Herman: *Billy Budd* (1891), in *The Viking Portable Melville*, New York 1952
Mercier de la Rivière: *L'Ordre naturel et essentiel des Sociétés politiques* (1767)
Michelet, Jules: *Histoire de la Révolution Française*, Paris (1847–1850), 1868
Mill, John Stuart: *On Liberty* (1859), Indianapolis 1956
Miller, John C.: *The Origins of the American Revolution*, Boston 1943
Miller, Perry: *The New England Mind: the Seventeenth Century*, Cambridge 1954
Montesquieu, Charles de Secondat: *Esprit des Lois* (1748)
Morey, William C.: »The First State Constitutions« in ›Annals of the American Academy of Political and Social Science‹, Bd. IV, September 1893

Morey, William C.: »The Genesis of a Written Constitution« in ›Annals of the American Academy of Political and Social Science‹, Bd. I, April 1891

Morgan, Edmund S.: *The Birth of the Republic, 1763-1789*, Chicago 1956

Morgenthau, Hans J.: *The Purpose of American Politics*, New York 1960

Mumford, Lewis: *The City in History*, New York 1961

Musulin, Janko: *Proklamationen der Freiheit*, Fischer Bücherei, Frankfurt 1950

Neubauer, Helmut: »München und Moskau 1918-1919. Zur Geschichte der Rätebewegung in Bayern« in ›Jahrbücher für die Geschichte Osteuropas‹, Beiheft 4, 1958

Neumann, Sigmund: »The Structure and Strategy of Revolution: 1848 and 1948« in ›The Journal of Politics‹, August 1949

Newman, W. L.: *The Politics of Aristotle*, Oxford 1887-1902

Niles, Hezekiah: *Principles and Acts of the Revolution in America* (Baltimore 1822), New York 1876

Norden, Eduard: *Die Geburt des Kindes. Geschichte einer religiösen Idee*, Leipzig 1924

Ollivier, Albert: *Saint-Just et la Force des Choses*, Paris 1954

Paine, Thomas: *The Age of Reason* (1794-1811), *Common Sense* (1776), *The Rights of Man* (1791) in *The Complete Writings*, New York 1945

Palmer, Robert R.: *The Age of the Democratic Revolution*, Princeton 1939

–: *Twelve Who Ruled. The Year of the Terror in the French Revolution*, Princeton 1941

Parrington, Vernon L.: *Main Currents in American Thought* (1927-1930), Harvest Books edition, New York

Plutarch: *The Lives of the Noble Grecians and Romans*, John Dryden translation, Modern Library Edition, New York

Poeschl, Viktor: *Römischer Staat und griechisches Staatsdenken bei Cicero*, Berlin 1936

Polybius: *The Histories*, Loeb Classical Library Edition, Cambridge (Mass.)

Raynal, Abbé: *Tableau et Révolutions des Colonies Anglaises dans l'Amérique du Nord* (1781)

Redslob, Robert: *Die Staatstheorien der Französischen Nationalversammlung von 1789*, Leipzig 1912

»Revolution« in *Oxford Dictionary*

Robespierre, Maximilien: *Oeuvres*, 3 Bde., herausgegeben von Laponneraye, 1840

Robespierre *Oeuvres Complètes*, herausgegeben von G. Laurent, 1939

–: *Oeuvres*, herausgegeben von Lefèbvre und Soboul, Paris 1950ff.

Rosenstock-Huessy, Eugen: *Die europäischen Revolutionen und der Charakter der Nationen* (1931), Stuttgart und Köln 1951

Rossiter, Clinton: *The First American Revolution*, New York 1956

–: »The Legacy of John Adams« in ›Yale Review‹, 1957

Rousseau, Jean Jacques: *Sur l'Origine de l'Inégalité parmi les hommes* (1755)
–: *Contrat Social* (1762)
Rowland, Kate Mason: *The Life of George Mason, 1725–1792*, New York 1892
Rush, Benjamin: *Selected Writings*, herausgegeben von D. D. Runes, New York 1947
Ryffel, Heinrich: *Metabolé Politeion*, Bern 1949
Saint-Just, Louis de: *Oeuvres Complètes*, herausgegeben von Ch. Vellay, Paris 1908
Saint-Simon: *Mémoires* (1788), Pléiades ed. 1953
Schieder, Theodor: »Das Problem der Revolution im 19. Jahrhundert« in ›Historische Zeitschrift‹, Bd. 170, 1950
Schulz, Fritz: *Prinzipien des römischen Rechts*, Berlin 1954
Shattuck, Charles E.: »The True Meaning of the Term ›Liberty‹ ... in the Federal and State Constitutions« in ›Harvard Law Review‹, 1891
Sieyès, Abbé: *Qu'est-ce-que le Tiers Etat?*, 4. Aufl. 1789
Soboul, Albert: »An den Ursprüngen der Volksdemokratie. Politische Aspekte der Sanskulottendemokratie im Jahre II« in ›Beiträge zum neuen Geschichtsbild. Alfred-Meusel-Festschrift‹, Berlin 1956
–: »Robespierre und die Volksgesellschaften« in ›Maximilien Robespierre. Beiträge zu seinem 200. Geburtstag‹, herausgegeben von Walter Markov, Berlin 1958
–: *Les Sans-Culottes parisiens*, Paris 1957
Solberg, Winton U.: *The Federal Convention and the Formation of the Union of the American States*, New York 1958
Sorel, Albert: *L'Europe et la Revolution Française*, Paris 1903
Soule, George: *The Coming American Revolution*, New York 1934
Spurlin, Paul Merrill: *Montesquieu in America, 1760–1801*, Baton Rouge (Louisiana) 1940
Sternberger, Dolf: *Grund und Abgrund der Macht*, Frankfurt 1962
Thomas Aquinas: *Summa Theologica*, Taurini 1922–1924
Thompson, J. M.: *Robespierre*, Oxford 1939
Tocqueville, Alexis de: *L'Ancien Régime et la Révolution* (1856) in *Oeuvres Complètes*, Paris 1953
–: *De la Démocratie en Amérique* (1838)
Trent, W. P.: »The Period of Constitution-making in the American Churches« in *Essays in the Constitutional History of the United States*, herausgegeben von J. F. James, Boston 1889
Tyne, C. H. van: *The Founding of the American Republic*, Boston 1922/29
United Nations: *Report on the Problem of Hungary*, New York 1956
Vergil: *Aeneis, Bucolica, Georgica*, übersetzt von R. A. Schröder, Frankfurt/M. 1952 ff.

Weinstock, St.: »Penates« in Pauly-Wissowa *Realenzyklopädie des klassischen Altertums*

Weiss, E.: »Lex« in Pauly-Wissowa *Realenzyklopädie des klassischen Altertums*, Bd. XII

Whitfield, J. H.: *Machiavelli*, Oxford 1947

Wilson, Woodrow: *An Old Master and Other Political Essays* (1893)

–: *Congressional Government* (1885), New York 1956

Wright, Benjamin F.: »The Origins of the Separation of Powers in America«, in ›Economica‹, Mai 1933

PERSONENREGISTER

Achilles 269
Acton, Lord 133, 139, 143, 313, 369, 372, 373
Adams, John 25, 40, 46, 50, 56, 84, 86–89, 97, 107, 151–153, 155, 164 bis 166, 168, 175, 181, 183, 185, 189, 197, 199, 226, 236, 239, 240, 246, 247, 252, 253, 267, 286, 296, 297, 304, 354, 364, 366, 369, 370, 372, 375, 376, 377, 378, 381, 382, 387, 388, 390, 392, 395, 398
Adams, John Quincy 255, 392
Adams, Samuel 376, 389
Adler, Max 338, 339, 403
Äneas 242, 264, 268, 269, 270
Alkibiades 42
Anweiler, Oskar 330, 331, 336, 338, 402, 403–405
Argenson, Marquis de 98
Aristoteles 15, 24, 25, 41, 43, 195, 393, 395
Aron, Raymond 363
Augustinus 31, 32, 271, 272, 274
Aulard, Alphonse 125, 364

Bacon, Francis 143
Bagehot, Walter 211, 255
Bakunin, Michael A. 335
Barker, Ernest 373
Barrot, Odysse 343
Beard, Charles 125, 372
Becker, Carl L. 376
Blackstone 38, 210, 239, 374

Blanc, Louis 125
Bodin, Jean 27, 43, 203, 367
Boorstin, Daniel 282, 393, 396
Bracton 201, 246
Brecht, Bertolt 180
Brissot, Jacques Pierre 307
Brown, R. E. 372
Bryce, James 385, 388
Burke, Edmund 55, 138, 140, 149, 151, 192, 373, 399
Burnaby, Andrew 86

Caesar 325
Capponi, Gino 366
Carpenter, William S. 376, 380, 382, 384, 396, 398, 399
Cassinelli, C. W. 399, 404
Catilina 42
Cato 259, 319
Char, René 277, 360, 405
Chinard, Gilbert 394
Cicero 42, 260, 266, 296, 374, 391, 392, 393
Cohn, Norman 365
Coke, Sir Edward 365
Collot, d'Herbois 309
Condorcet, Antoine Nicolas de 19, 34, 37, 38, 237, 277, 364
Cooper, James Fenimore 377, 378
Cornford, F. M. 391
Corwin, Edward S. 366, 369, 377, 382, 383, 392
Cotton, John 386, 387

415

Cotton, Mather 396
Couthon, Georges 309
Craven, Wesley Frank 386, 389, 395, 396
Crevecœur, Hector St. John de 28, 56, 175, 181, 365, 372
Cromwell, Oliver 51, 52, 253, 267

Danton, Georges 71, 72, 95, 369, 371
Descartes, René 124
Desmoulins, Camille 59, 372
Diamond, Martin 392
Dickinson, John 184, 219, 375, 378
Diomedes 269
Dostojewski, Fjodor M. 104, 105, 108, 123
Douglas, William O. 390
Duverger, Maurice 356, 402, 403, 404

Echeverria, D. 370
Eisner, Kurt 338
Emerson, Ralph Waldo 302
Engels, Friedrich 93
Euklid 249

Faulkner, William 397
Fink, Zera S. 393, 394, 395, 398
Forster, Georg 60
Franklin, Benjamin 54, 84, 388
Friedrich, Carl J. 374, 379
Frölich, Paul 403

Galilei, Galileo 56
Gladstone, William E. 187, 188
Goethe, Johann Wolfgang von 67
Grene, David 365
Griewank, Karl 43, 367, 368
Grotius, Hugo 249
Guicciardini, Francesco 367, 369

Hamilton, Alexander 60, 200, 257, 275, 297, 382, 384, 392, 397
Haraszti, Zoltan 372, 380, 382, 395
Harrington, James 24, 212, 222, 253, 260, 266, 267, 268, 274, 297, 381, 394, 395, 398

Harrison, James 288
Hébert, Jacques René 71
Hector 269
Hegel, Georg Wilhelm Friedrich 63, 66, 67, 69, 79, 80, 144, 368, 369
Heinrich IV. 368, 400
Helena 269
Herodot 35, 37, 365
Hesiod 170
Hitchborn, Benjamin 383
Hitler, Adolf 81, 189
Hobbes, Thomas 56, 222, 381
Homer 170, 269
Hume, David 149, 260, 373

James, Henry 160
Jaspers, Karl 363
Jay, John 39
Jefferson, Thomas 28, 39, 84, 85, 89, 90, 119, 162, 163, 164, 165, 166, 168, 169, 174, 175, 179, 185, 192, 228, 239, 245, 246, 248, 249, 250, 297, 299, 300, 301, 302, 305, 306, 307, 319, 320, 321, 322, 323, 324, 325, 326, 327, 328, 336, 359, 366, 369, 370, 374, 375, 380, 381, 382, 384, 388, 395, 398, 399
Jellinek, Frank 402, 403
Jensen, Merill 383, 384, 389
Jesus von Nazareth 103, 104, 108, 109, 110
Joachim di Fiore 30, 365
Jones, Howard Mumford 164, 374, 375

Kain und Abel 21, 111, 268
Kant, Immanuel 18, 67, 158, 159, 167, 226, 247, 295, 339
Kantorowicz, Ernst 202, 383
Karl I. 313
Kierkegaard, Sören 123
Kopernikus, Nikolaus 50

Lamartine, Alphonse 334
La Rochefoucauld 133, 134
Lavinia 269
Le Mercier de la Rivière 249

Lenin, Wladimir Iljitsch 9, 81, 82, 83, 100, 127, 281, 320, 328, 330, 331, 333, 342, 370
Lessing, G. E. 89
Leviné, Eugen 331
Liancourt, Duc de la Rochefoucauld 58, 59, 368
Lincoln, Abraham 143
Livingstone, William 209
Livius 12, 391
Locke, John 25, 219, 222, 240, 288
Loewenstein, Karl 195, 379, 380
Louis XIV. 134
Louis XVI. 58, 116, 117, 134, 139
Luther, Martin 30, 238, 365
Luxemburg, Rosa 340
Lykurg 390

McDonald, Forrest 373
Machiavelli, Niccoló 42, 43, 44, 45, 46, 47, 48, 128, 129, 130, 132, 133, 254, 260, 266, 267, 363, 366, 367, 369, 394
Madison, James 119, 164, 172, 174, 190, 199, 200, 214, 218, 219, 257, 261, 286, 290, 304, 372, 374, 275, 376, 377, 378, 382, 385, 390, 398
Maistre, Joseph de 19, 363
Maitland, F. W. 202
Maria Theresia 389
Markov, Walter 369, 370, 400
Marx, Karl 21, 24, 29, 62, 66, 71, 76, 77, 78, 79, 80, 81, 83, 87, 93, 135, 144, 268, 292, 320, 327, 328, 329, 330, 332, 335, 364, 368, 370, 401
Mason, George 376
Mathiez, Albert 125
Melville, Herman 103, 104, 105, 107, 110, 111, 128
Michelet, Jules 125
Mill, John Stuart 378
Milton, John 253, 267
Mirabeau, Comte de 27, 148, 316, 369, 390
Monroe, James 369
Montaigne, Michel de 123, 157

Montesquieu, Charles de 115, 149, 150, 151, 157, 194, 195, 196, 197, 198, 199, 200, 203, 218, 219, 240, 243, 244, 253, 288, 380, 381, 382, 383
Morgan, Edmund S. 378
Mumford, Lewis 302, 367, 399
Musaios 170
Musulin, Janko 373, 387, 389

Napoleon Bonaparte 62, 64, 65, 92, 212, 325
Napoleon III. 402
Nelson, Horatio 104
Neumann, Sigmund 403
Newton, Isaak 195, 381
Nietzsche, Friedrich 123
Norden, Eduard 395

Odysseus 394
Ollivier, Albert 369, 371
Orpheus 170
Otis, James 380
Ovid 394

Paine, Thomas 10, 54, 55, 188, 253, 262, 299, 370, 392
Palmer, Robert R. 372, 377, 389, 390
Paris 269
Parmenides 295
Parrington, Vernon L. 375
Pascal, Blaise 123, 157, 238
Pasternak, Boris 18
Paulus 296
Pendleton, Edmund 178
Penn, William 89
Pitt, William 378
Plato 24, 43, 129, 166, 241, 274, 295, 376, 391, 395
Plinius 268
Plutarch 390
Polybius 23, 32, 51, 195, 274, 365, 395
Priamus 269
Proudhon, Pierre-Joseph 62, 335

417

Raynal, Abbé 364
Reinhardt, Karl 361
Robertson, William 386
Robespierre, Maximilien 34, 38, 44, 45, 46, 56, 59, 60, 61, 62, 69, 71, 72, 75, 81, 94, 95, 96, 97, 100, 101, 103, 104, 108, 114, 115, 117, 119, 120, 122, 123, 124, 125, 126, 133, 135, 141, 144, 154, 171, 173, 174, 177, 183, 206, 237, 238, 239, 241, 246, 247, 266, 268, 275, 297, 299, 307, 308, 309, 310, 312, 314, 317, 318, 366, 368, 369, 370, 371, 372, 376, 391, 392, 400
Romulus und Remus 21, 268
Roosevelt, Franklin D. 398
Rossiter, Clinton 368, 375, 378, 380, 386, 387
Rousseau, Jean Jacques 89, 96, 97, 98, 99, 100, 101, 102, 103, 111, 115, 124, 135, 139, 147, 194, 203, 226, 237, 238, 288, 309, 314, 371, 372, 399
Rousselin, Alexandre 141
Rush, Benjamin 303, 304, 378, 380

Saint-Just, Louis de 19, 60, 69, 72, 94, 98, 101, 116, 143, 253, 312, 314, 315, 347, 348, 371, 401
Saint-Simon, Louis de Rouvroy 133
Schieder, Theodor 368
Schröder, Rudolf Alexander 391
Scipio 266
Selden, John 303
Shakespeare, William 400
Shattuck, Charles E. 365, 379
Shay 300
Sidney, Algernon 399
Sieyès, Abbé 95, 203, 206, 210, 211, 212, 238, 283
Smith, Adam 25

Sokrates 128, 129, 130, 170, 395
Solberg, Winton U. 384, 385, 386
Solon 390
Sophokles 361
Soule, George 401
Spurlin, P. M. 380, 383
Stalin, Joseph 81, 100, 127, 281, 403
Sternberger, Dolf 400

Taylor, John 382
Thomas von Aquino 169
Thompson, J. M. 369, 371, 372, 373, 374, 390, 391
Thukydides 11, 365
Tocqueville, Alexis de 36, 54, 64, 76, 144, 150, 151, 158, 160, 171, 176, 229, 284, 286, 315, 327, 334, 335, 369, 374, 384, 388, 401
Trotzki, Leo 331, 337
Turgot, Robert Jacques 27, 364
Turnus 269

Vergil 242, 263, 267, 269, 270, 271, 272, 273, 393, 395
Vergniaud, Pierre V. 60, 72, 369
Vico, Giambattista 67

Warren, Joseph 158
Washington, George 69, 70, 84
Webster, Daniel 93
Whitfield, J. H. 367
William III. von Oranien 52
Williams, Roger 386
Wilson, James 253, 255, 256, 258, 303, 382, 383, 386, 392
Wilson, Woodrow 378, 392
Whintrop, John 387
Wright, Benjamin F. 385

Young, Arthur 187

SACHREGISTER

Abschreckungsstrategie 15
Absolute Gewalt s. Absolutheitsproblem (s. a. Absolutismus)
- Macht s. Macht
- Monarchie s. Monarchie
- Revolution s. Revolution, absolute
Absolutes s. Absolutheitsproblem
Absolutheitsproblem 63, 107, 136, 203, 205, 206, 208, 215, 239, 243, 244, 248, 251f., 265
Absolutismus 30, 53, 116, 133, 156, 159, 171, 202, 206, 208f., 210, 222, 233, 237, 251f.
Agora 37, 159
Allgemeinwille (s. a. *volonté générale*) 96, 97, 99, 100, 222, 237, 239, 314, 371
Amerikanische Geschichte, s. Geschichte, amerikanische
- Republik 255
- Revolution 9, 10, 17, 25, 26, 27, 29, 31, 37, 41, 50, 52, 62, 65, 69, 76, 83, 84, 85, 89, 107, 144, 149, 166, 172, 178, 185, 192, 200, 202, 203, 204, 205, 206, 208, 214, 231, 237, 238, 239, 273, 278, 282, 293, 343, 378
- Unabhängigkeitserklärung s. Unabhängigkeitserklärung, amerikanische
Ancien Régime 54, 61, 139, 149, 150, 151, 235

Anfangsproblem s. Ursprungsproblem
Antike 11, 12, 14, 24, 32, 33, 36, 38, 40, 44, 45, 46, 47, 48, 49, 77, 79, 153, 157, 166, 168
Arbeiterräte (s. a. Rätesystem) 352f., 405
αρχή (s. a. Ursprungsproblem) 274
Aristokraten 157, 181
Aristokratie 35, 365
Armut 25, 26, 74, 75, 76, 77, 80, 82, 83, 84, 85, 86, 87, 88, 93, 117, 178ff.
Atheismus 247
Atombombe 14, 17, 363
Atomkrieg 12, 15
auctoritas 258f.
Aufklärung 63, 158, 168
Aufruhr 49
Aufstand 41, 48, 49
Ausbeutung 77, 93
Außenpolitik 116
Autonomie 46
Autorität 30, 44, 46, 59, 138, 148, 188, 214f., 217, 231, 250, 258f.
Autoritätsbegriff 232ff.
Autoritätsproblem 207f.
Autoritätsquelle, transzendente 245
Autoritätsverlust 30, 148, 200, 202, 328, 334

Bastille, Sturm auf die 58, 62, 126
Befreiung der Arbeiterschaft 78
Befreiungskämpfe 35

Befreiungskrieg 183
Berufsrevolutionäre 73, 81, 147, 329, 331 ff., 333 ff., 338, 341, 404
Bewegung, dialektische (s. a. Dialektik) 21, 128
Bewußtsein, Innerlichkeit des 181
Bill of Rights 138, 174, 185, 190, 191, 201, 323
Bourgeoisie, Aufstieg der 92
Brüderlichkeit 21, 318
Brudermord (s. a. Urverbrechen, Gründungslegenden) 21
Budapester Arbeiterrat (s. a. Rätesystem) 403
Bund der Waldstätte 387
Bundesrepublik 200, 383

China 187
Christentum 31
Commonwealth for Increase 260
constitutio libertatis s. Freiheit, Gründung der
Contrat Social 99

Deismus 247f.
Demagogie 293
Demokratie 22, 24, 211, 289 ff., 302, 304, 342, 347
Denken, konservatives 364
–, marxistisches 76
–, nachrevolutionäres (s. a. Geschichtsschreibung, amerikanische) 283, 298
–, politisches 295, 297, 398
–, revolutionäres 300
–, vorrevolutionäres 288f.
Denken und Vernunft, Identität von (s. a. Identität) 122
Despotismus 34, 149, 151, 159
Dialektik (s. a. Bewegung, dialektische) 66
Diktatur 51, 126, 189
Dritte Republik 15, 189
Dritter Stand 137, 160

Eigennutz, Verfolg des (s. a. Interesse) 175

Eigentum 24, 162, 174, 234
–, Abschaffung des 341
Eigentumsrecht 234
Einkammersystem 226
Ein-Partei-Diktatur 318, 338, 342, 345
Ein-Parteien-System 384
Elektrifizierung 82
Elementarrepubliken (s. a. Rätesystem) 326, 360
Elend s. Armut
Elite 357 ff.
Elitenbildung und Parteiensystem (s. a. Parteiensystem) 358 f.
Emanzipation der Bürger 137
Endzeitspekulation 30
Englische Revolution 336
Entmachtung des Volkes 325
Erscheinung, Wahrheit und Wirklichkeit der 128, 129, 132
Erster Weltkrieg 14, 15, 189
Erziehung, römische 271
Evidenz, axiomatische 248 f.
Exekutive 197, 198

Federal Convention 214 f.
Föderalismus 309, 216
Föderatives Prinzip 218, 316, 344
Fraktionsbildung 339
Französische Revolution 10, 19, 26, 28, 34, 50, 52, 54, 59, 62, 65, 66, 71, 74, 76, 82, 85, 89, 93, 97, 100, 104, 111, 153, 166, 172, 180, 192, 193, 202, 205, 214, 235, 237, 246, 268, 277, 283, 284 ff., 294, 300, 307, 327, 332, 335, 390, 397
Freiheit 9, 10, 11, 13, 19, 34, 36, 37 f., 39, 42, 49, 59, 66, 76, 79, 83, 86, 145, 149, 158, 159
–, bürgerliche 171
–, Despotie der 75
–, Erscheinungsraum der 159, 160
–, Gründung der 76, 85, 160, 184, 185, 187, 201, 256, 326
–, öffentliche 152, 159, 171, 172, 177, 229, 302, 305, 315, 347

Freiheit, philosophische und politische 380
–, politische 170, 178, 280f.
–, Proklamation der 389
–, revolutionäre 202
Freiheitsbegriff 11, 34f., 159, 300
Freiheitsdenken, amerikanisches 143
Freiheitsleidenschaft 315
Freiheitsraum 256
Feudalismus 49
Freundschaft (Aristoteles) 41

Gebürtlichkeit 271, 275, 361
Geburtshymnus 271, 275, 361
Gegenrevolution s. Konterrevolution
Geheimpolizei 402
Geist, konservierender 261
– des Neubeginns s. Neugründung
– der Neuzeit 288
Geist, puritanischer 396
–, revolutionärer 56, 225, 298f., 306, 308
–, römischer 253, 267
Generationswechsel 32, 301
Gerechtigkeit 95, 239
Geschichte, amerikanische 282, 284, 393
–, Elemente der 184
–, römische 256, 266
Geschichtsbegriff 25, 31, 63, 65, 67, 74
Geschichtsphilosophie 64, 144
Geschichtsprozeß, dialektischer 23, 79
Geschichtsschreibung 42, 54, 125, 396
Geschichtswissenschaft, amerikanische 90, 184, 385
Gesellschaft, Abschaffung der 80
–, klassenlose 341, 350
– und Naturzustand 105
–, Schichten der 119
Gesellschaftsordnung 11, 28, 86, 144
Gesellschaftsvertrag 219ff.
Gesellschaftsvertragstheorie 222
Gesellschaftswissenschaften s. Soziologie

Gesetz 117
–, christliches 254
–, despotisches 249
–, göttliches 381
–, »höheres« 246, 250, 391
– und Macht 381
–, Natur des 381
–, religiöses 244, 381
–, revolutionäres 237
–, römisches 242ff.
– und Staatsform 238
–, Ursprung des 204, 237, 240, 391
Gesetze, mathematische 249
– der Nation 203
Gesetzesbegriff, amerikanischer 391
Gesetzgebung 41, 46, 241, 372, 390f.
Gewalt 19, 20, 21, 41, 44, 46, 80, 106, 117, 146
Gewalt, Unwiderstehlichkeit der 144
–, Verherrlichung der 147
Gewaltbegriff 232ff.
Gewaltenteilung 27, 174, 198, 203, 345, 381f., 385
Gewaltherrschaft 13, 34, 118, 200
Gewaltlosigkeit 11
Gewaltmittel 20, 77, 78, 116
Gewissen 132, 250
Gironde 60, 94, 95
Gleichberechtigung 58
Gleichheit 36, 37, 48, 52, 55, 84, 319
Glück 51, 91, 152, 158, 163, 164, 165, 169, 170, 173, 174, 176, 178, 280, 299, 300, 310, 314f., 347, 355, 374
Gründende Väter 27, 68, 76, 85, 91, 92, 119, 125, 161, 165, 176, 178, 190, 215, 219, 225, 258, 261, 282, 298, 374, 392, 394, 397
Gründung s. Neugründung
Gründung der Freiheit 142, 281, 393
Gründung, Idee der 266
–, Problem der 210, 211
– einer Republik (s. a. Gründende Väter) 92, 266
Gründung Roms 266ff.
Gründung, ursprünglicher Wortsinn 261
–, Verherrlichung der 272

421

Gründungsakt 191, 253, 256, 260, 263, 286f., 288
Gründungsbegriff 267
Gründungslegenden 105, 263ff.
Grundgesetz 238
Gruppeninteressen 292
Gute, das 104, 105, 106

Handeln (s. a. Glück, Neugründung)
–, Phänomen des 300
–, politisches 303, 361
Herrschaft 19, 35, 36, 39, 42, 48, 49, 203, 355, 380
–, gesetzlose 203
Herrschaftsapparat, totaler 363
Herrschaftsprinzip 222f.
Herz, als Sitz der politischen Tugend 123
Heuchelei 121, 125, 128, 129, 132, 133, 135, 137, 138, 140
Hiroschima 17
homines novi 43
hommes de lettres 153, 155, 181
Hypokrisie s. Heuchelei

Idealismus 63, 100
Idee der Menschheit 10
Ideen, vorrevolutionäre 315
Identität 130
– von Anfang und Prinzip 274
Ideologie 9, 30, 70, 71, 127
Imperialismus 9, 42
Industrialisierung 8, 68, 82
Institution der Partei s. Parteiensystem
– des Senats s. Senat
Institutionen, Heilkraft der 226
–, politische 356
–, religiöse 103, 239f.
–, römische 266
Institutionsproblem s. Gründung, Neugründung, Rätesystem, Parteiensystem
Integrität 132
Interesse 99, 190
Interessenkonflikt 346, 351
Interessenvertretung 404

Internationalismus 9
Isonomie 35f.
ἰσότης (s. a. Gleichheit) 36

Jakobiner 61
Jakobinerherrschaft 314
Jakobinerklub 309, 314, 317
Jakobinerregierung 312
Jakobinertum 61, 95
Jenseitsversprechungen 33
Jüngstes Gericht 130
Juristische Terminologie 136

Kaisertum, römisches 202
Kapitalismus 9, 29
Kirche 30, 43, 89, 202, 207, 208, 209
Klassenbewußtsein 78
Klassengesellschaft 80
Klassenkampf 87, 351
Knechtschaft 38
König, Person des 203, 207
Kolonialpakte 217
Kolonisation 28, 118
Kommunalverfassung 329
Kommunen, mittelalterliche 336
Kommunismus 9, 77
Kommunistisches Manifest 79, 370
Konföderation 200
Konsensus 96, 217
Konservatismus 254, 287
Konstitutionelle Regierung 189
Konstitution (s. a. Neugründung, Gründungsakt) 188
Kontemplation 169
Konterrevolution 18, 54, 55, 66, 71, 147, 185, 187, 238, 316
Kontinuität, geschichtliche 33, 202
Konzentrationslager 19
Körperschaften, gesetzgebende 236
–, konstituierte 234
Korruption 84, 132, 134, 322, 348, 351, 405
Kreislauf der Verfassungen 23f.
Krieg 9ff., 17, 19, 20, 363
Kriegsbegriff, römischer 270
Kriegsdebatte 13
Kriegsfrage 10, 12, 13, 23

Kriegsführung 11, 14, 16, 17
Kriegsgericht 15
Kriegstheorien 20
Kriegsvorbereitungen 16
Kriegsziel 11

Legalität, Problem der 211
Legislative 197, 198
Legitimation 250
Legitimität 260
Liberalismus 287
lovely equality 28, 192

Macht 24, 27, 42, 47, 48, 188, 196, 197, 200, 203, 214f., 221, 227, 228
–, Ausbalancierung der 12, 199
–, Entstehung der 227
–, Mißbrauch der 138
–, Mißtrauen gegen die 190, 200
–, öffentliche 327
–, politische 139
–, Teilhabe an der 200
–, Ursprung der 200, 204, 237
– des Volkes 201
–, Wesen der 197
–, Wille zur 153
Machtbegriff 211, 216, 232ff.
Machtbildung 232
Machtergreifung 127, 334, 328
Machtmonopol 222
Machtpolitik 12, 18
Machtprinzip 231
Machtverhältnisse 185
Machtverlust 193, 200, 202
Majoritätsprinzip 213f.
Marxismus 76, 77, 81, 82
Massenbewegungen 348, 359, 404
Masseneinwanderung 68, 180
Massenelend 79, 137
Massengesellschaft 133, 155, 180, 302, 341, 348
Massenhysterie 31
Massenversammlung 154
Materialismus 77, 278
Mayflower Pakt 216, 221, 224, 384, 386f.
Mehrheitsbeschluß 317

Meinung, öffentliche 119, 290
Meinungsaustausch 302, 311, 315, 346, 359
Meinungsbefragung 399, 346, 402
Meinungsbildung 292, 302, 304, 311
Meinungsvertretung s. Repräsentation
Menschennatur 139, 225f., 235
Menschenrechte 38, 55, 75, 107, 138, 192, 193
Menschheit, Idee der 113
μεταβολαί 23
Militär 14
Mitleid 91, 95, 101, 103, 107, 111, 112, 113, 114, 115, 117, 120
Mittelalter 45, 47, 49, 169
Moderne Gesellschaft, Ursprünge der 133
Monarchie 27, 35, 39, 51, 53, 61, 63, 66, 69, 93, 154, 166, 167, 171, 173, 176, 185, 191, 198, 202, 203, 204, 205, 209, 212, 255, 306
Moralisten, französische 120, 133
Moralvorstellungen, christliche 43
Munizipalverwaltung 307, 316
Muße 157
mutatio rerum 23

Nachkriegsverfassungen, europäische 201
Nation 203
Nationalismus 9, 98, 206, 308
Nationalstaat 42, 44, 99, 207, 212, 225, 318
Nationalstaatliches Prinzip 215, 222
Nationalversammlung 153, 161, 307, 312, 316, 318, 344
Nationalwille (s. a. Wille, *volonté générale*) 212, 213
Naturgesetz 9, 145
Naturrecht 166, 240, 243f., 245, 391
Naturwissenschaften 81, 145
Naturzustand 240, 243f.,
Neuanfang (s. a. Neugründung) 251, 392
Neugründung 31, 32, 33, 34, 41, 43, 46, 48, 50, 57, 69, 85, 155, 162,

184, 212, 223, 238, 260, 262, 270f., 274, 276
Neugründung und Hiatus 264
Neuheit, radikale s. Gebürtlichkeit
Neuzeit s. Neugründung 10, 45, 48, 49, 52, 53, 77, 78
Notwendigkeit 19, 64, 65, 66, 67, 77, 78, 79, 80, 127, 144, 145, 146, 173
novus ordo saeclorum s. Neugründung

Oberster Gerichtshof 257f.
Öffentliche Macht s. Macht
– Meinung s. Meinung
Öffentliches Glück s. Glück
Ökonomie, politische 77
Oktoberrevolution s. Russische Revolution
Oligarchie 24, 35, 347, 365
Ordnung, politische (s. a. Ursprungslegenden) 21

Pariser Kommune 141, 313, 315f., 320, 328, 335, 336, 341, 343, 372
Partei, bolschewistische 126, 342
Parteiapparat 82, 342
Parteibürokratien 357
Parteidiktatur 330ff., 354
Parteienregierung 356
Parteiensystem 244, 316, 318, 339, 342f., 348f., 350, 351, 356f., 402
Parteienwesen s. Parteiensystem
Parteienzwist 41
Pathos, revolutionäres 44
Pennsylvania, Verfassung von 192
perpetual union 201
Person 135, 136, 138
–, ursprünglicher Wortsinn 373
Philosophie 32, 33, 56, 63
–, Ausbrüche gegen die 395
Pilgrimväter 396
Pluralität 119
Polis 11, 19, 35, 36, 41, 362
πολιτείων ἀνακύκλωσις (s. a. Kreislauf der Verfassung) 23
Politik 10, 16, 20, 30, 45, 83, 110
– und Verwaltung 352ff.

Politische Theorie 44, 49, 166, 186, 283, 288
Politischer Körper 200
Pontifikat 202, 207
potestas legibus soluta 202, 203, 204
pouvoir constituant s. Macht
pouvoir constitué s. Macht
Prinzip, egalitäres 358
Privatinitiative des Kapitalismus 280
Privatinteressen 320, 346, 360
Produktionsmittel, Vergesellschaftung der 81, 82
Prosperität 26, 88, 180
Protektoratsregierung 52
Psychologie 10, 284
Puritanismus 179, 386, 396

Räterepublik 337
Rätesystem 83, 318ff., 337, 342, 349, 350, 351f., 402f.
–, Geschichte des 327ff.
– und Elitenbildung 358
Reaktion 185
Rebellion 47, 48, 63, 99
Recht, positives 236
–, höheres 236, 241
Rechte, bürgerliche 37, 172, 187
–, präpolitische 238
Rechtfertigung von Krieg und Gewalt 23
Rechtspflege 110
Rechtsprechung, religiöse 55
Rechtsstaat 37, 166, 173, 185, 191, 281
Reformatio Sigismundi 30
Reformation 30
Regierung, revolutionäre 177
Regierungsgewalt 203
Religion 30, 150, 162, 255
Religionsgründung 238
Renaissance 42, 144, 147
–, karolingische 45
Repräsentation 49, 187, 291, 304, 346, 350, 399
Repräsentationsprinzip 388
Repräsentationssystem 309, 346f.
Repräsentationstheorie 302, 399

Republik 34, 39, 69, 75, 86, 96, 116, 119, 154, 167, 173, 175, 185, 191, 196, 198, 319ff.
res publica 94, 153, 157
Restauration 44, 51, 53, 64, 66, 201, 202
Revolte 47, 58
Revolution, absolute 203
–, Anfangsstadium der 184
–, Aufgabe der 162
–, Geist der 343, 360
–, Geschichte der 117
–, industrielle 78
–, nationale 206
–, permanente 173, 301
– als Restauration 201
–, ursprünglicher Wortsinn 364
–, zentrale Begriffe der 202, 295
–, Ziel der 184
Revolutionäre Regierung 308, 310
–, Terminologie 287
Revolutionärer Geist s. Geist, revolutionärer
– Nationalismus 206
Revolutionäres Denken s. Denken, revolutionäres
Revolution und Konterrevolution (s. a. Konterrevolution) 127
– und Kult 238f.
Revolutionsbegriff 33, 39, 57, 150, 367f.
Revolutionstheorie 20, 172
Römisches Reich 203
Römische Republik 204, 254
Royalisten 61
Rumpfparlament 51
Russische Revolution 15, 63, 70, 71, 127, 203, 205, 279, 312, 317, 320, 328, 331, 337, 342, 405

Säkularisierung 30, 208, 209
Sansculotten 75, 76, 310, 311, 314, 369f., 400
Schwur im Ballhaus 154, 160
Sekten, frühchristliche 29
Selbstbestimmung 49
Selbstherrschaft 49

Selbstverwaltung 204
Senat 294
–, Amerikanischer 398
–, Römischer 257f.
Septembermorde 126
Siedlungsexperiment, amerikanisches 227
Sklavenwirtschaft 48, 55, 56, 78, 90, 145
σχολή 157
Souverän 303
Souveränität 200
–, absolute 208
– des Monarchen (s. a. Absolutismus, Monarchie) 207
– der Nation 251
Sowjet s. Rätesystem
Sowjetparlament 342
Soziale Frage 24, 25, 26, 76, 77, 79, 80, 82, 83, 90, 91, 142, 147, 177, 285
Sozialismus 9, 77, 82, 180
Soziologie 10, 77, 91, 92, 284
Staat, absoluter 148, 202
–, Endzweck des 176
–, ursprünglicher Wortsinn 367
Staatenbund, Verfassung des 160
Staatsabsolutismus (s. a. Absolutismus) 203
Staatsform, aristokratische 260
Staatsform, Entwicklung der 174
–, monarchische s. Monarchie
–, Problem der 116
–, republikanische 39, 84, 173, 200, 388
–, revolutionärer Wechsel der 173
Staatsformen, Frage nach den 394
Staatslehre 43
Staatsräson 97
Staatsstreich 41
Staatsverfassung 11
Stadtstaaten, italienische 23, 46, 47, 48, 49, 254
Strategie 14, 17

Terror 70, 100, 118, 126, 127, 134, 135, 138, 140, 154
townhall meetings 302, 306
townships 215, 321
Tradition 30, 119, 134, 150

Tugend 100, 102, 106, 114, 128, 197
Tyrannis 48, 55, 59, 94, 119, 153, 156, 166, 167, 171, 172, 186, 196, 198, 200

Überbau 77
Überfluß, Ideal des 179
Umwertung griechisch-homerischer Tugenden (s. a. Tugend) 269, 394f.
Unabhängigkeitserklärung, amerikanische 9, 40, 54, 93, 121, 160, 162, 163, 177, 183, 191, 193, 200, 205, 248ff., 277
Unabhängigkeitskrieg 84, 183
Ungarische Revolution 142, 338, 343, 349, 353, 404, 405
Universalgeschichte 275
Unterdrückung 79, 83
Urbanisierung 68
Ursprungslegenden und Urverbrechen 21, 23, 268f.
Ursprungsproblem 21, 37, 46, 265
Ursprungsspekulationen 265
Urverbrechen (s. a. Ursprungslegenden) 21, 23, 102, 106, 118, 129, 132
Urvertrag 221
USA, Entstehung der 279
–, Geschichte der 306
–, Gründung der s. Neugründung
–, historisches Verstehen der 175, 178
Usurpator 48, 94
Utopische Sozialisten 335

Ventôse-Gesetze 61
Verfassung, amerikanische 38, 185, 189, 200, 203, 255, 299, 322, 377, 379, 391, 394
–, englische 53
–, republikanische 382
Verfassungsakt 187
Verfassungsgebende Versammlung 184, 188, 258
Verfassungsgeschichte 161
Verfassungsrealität 379

Verfassungsrecht 379
Verfassungsstaat 171, 177, 186, 190
Vergangenheit, Gewicht der 202
Vernunft 102, 112, 119, 121, 122, 197
Versammlungsrecht 38
Vertragsakt 220f.
Vielparteiensystem (s. a. Parteiensystem) 317, 342, 345, 404
Virginia Company 216
virtù s. Denken, römisches (s. a. Tugend)
Volksaufstand 58, 126
Volksdemokratien 383
Volksgesellschaften 308, 310, 312, 317, 318, 401
Volksvertretung (s. a. Repräsentation) 49, 304
Volkswille 204, 205, 347, 352
Volkswohlfahrt 94, 346, 347
volonté générale (s. a. Allgemeinwille) 74, 96, 97, 124, 203, 212

Wähler und politische Meinung 399, 405
Ward-System 321, 328, 398f.
Weimarer Verfassung 189
Weltgeist 65
Weltgeschichte, Begriff der 66
Weltordnung 118
Wettrüsten 15, 16
Wille des Kollektivs 212
Wissenschaft, ökonomische 81
Wissenschaft, politische (s. a. Politische Theorie) 64, 347
Wohlfahrtsstaat 347

Zeitauffassung, christliche 32
Zeitbegriff, antiker 31
Zensorenrat 257
Zivilisation, atlantische 277
Zwangsherrschaft 9, 281
Zweiparteiensystem (s. a. Parteiensystem) 344, 404
Zweiter Weltkrieg 15, 18
Zwölf-Tafel-Gesetz 243

Denkanstöße aus der Philosophie

Hannah Arendt
Eichmann in Jerusalem
Ein Bericht von der Banalität des Bösen. Mit einem Essay von Hans Mommsen.
358 Seiten. Serie Piper 308

Hannah Arendt
Elemente und Ursprünge totaler Herrschaft
Antisemitismus. Imperialismus. Totalitarismus.
758 Seiten. Serie Piper 645

Hannah Arendt
Macht und Gewalt
137 Seiten. Serie Piper 1

Hannah Arendt
Menschen in finsteren Zeiten
Hrsg. von Ursula Ludz.
371 Seiten. Leinen

Hannah Arendt
Rahel Varnhagen
Lebensgeschichte einer deutschen Jüdin aus der Romantik. 298 Seiten.
Serie Piper 230

Hannah Arendt
Über die Revolution
426 Seiten. Serie Piper 1746

Hannah Arendt
Vita activa oder Vom tätigen Leben
375 Seiten. Serie Piper 217

Hannah Arendt
Vom Leben des Geistes
Band I: Das Denken.
244 Seiten. Frontispiz.
Serie Piper 705
Band II: Das Wollen.
272 Seiten. Frontispiz.
Serie Piper 706

Hannah Arendt
Wahrheit und Lüge in der Politik
Zwei Essays. 93 Seiten.
Serie Piper 36

Hannah Arendt
Karl Jaspers Briefwechsel 1926–1969
Hrsg. von Lotte Köhler und Hans Saner.
859 Seiten. Serie Piper 1757

Ethik-Lesebuch
Von Platon bis heute
Hrsg. von Robert Spaemann.
480 Seiten. Serie Piper 764

Jeanne Hersch
Karl Jaspers
Eine Einführung in sein Werk.
149 Seiten. Serie Piper 195

Jeanne Hersch
Die Ideologien und die Wirklichkeit
Versuch einer politischen Orientierung.
376 Seiten. Geb.

Jeanne Hersch
Das philosophische Staunen
Einblicke in die Geschichte des Denkens.
354 Seiten. Serie Piper 1059

Leszek Kołakowski
Die Gegenwärtigkeit des Mythos
169 Seiten. Serie Piper 49

Leszek Kołakowski
Gespräche mit dem Teufel
Acht Diskurse über das Böse.
133 Seiten. Serie Piper 109

Lust an der Erkenntnis
Die Philosophie des 20. Jahrhunderts
Ein Lesebuch.
Herausgegeben und mit Einführungen versehen von Volker Spierling.
509 Seiten. Serie Piper 547

Lust an der Erkenntnis
Die klassische deutsche Philosophie
Ein Lesebuch.
Herausgegeben und mit Einführungen versehen von Anton Friedrich Koch.
495 Seiten. Serie Piper 750

Volker Spierling
Kleine Geschichte der Philosophie
374 Seiten. Serie Piper 983

PIPER

Karl Jaspers in der Serie Piper

Der Arzt im technischen Zeitalter
Technik und Medizin, Arzt und Patient, Kritik der Psychotherapie.
122 Seiten. Serie Piper 441

Die Atombombe und die Zukunft des Menschen
Politisches Bewußtsein in unserer Zeit.
505 Seiten. Serie Piper 237

Augustin
86 Seiten. Serie Piper 143

Denkwege
Ein Lesebuch. Auswahl und Zusammenstellung der Texte von Hans Saner.
157 Seiten. Serie Piper 385

Einführung in die Philosophie
Zwölf Radiovorträge.
128 Seiten. Serie Piper 13

Freiheit und Wiedervereinigung
Über Aufgaben deutscher Politik. Vorwort von Willy Brandt.
Mit einer Nachbemerkung zur Neuausgabe von Hans Saner.
126 Seiten. Serie Piper 1110

Die großen Philosophen
968 Seiten. Serie Piper 1002

Kleine Schule des philosophischen Denkens
183 Seiten. Serie Piper 54

Die maßgebenden Menschen
Sokrates, Buddha, Konfuzius, Jesus. 210 Seiten. Serie Piper 126

Nicolaus Cusanus
271 Seiten. Serie Piper 660

Notizen zu Martin Heidegger
Hrsg. von Hans Saner.
351 Seiten. Serie Piper 1048

Philosophische Autobiographie
136 Seiten. Serie Piper 150

Der philosophische Glaube
136 Seiten. Serie Piper 69

Schelling
Größe und Verhängnis.
346 Seiten. Serie Piper 341

Die Schuldfrage
Zur politischen Haftung Deutschlands.
89 Seiten. Serie Piper 698

Spinoza
154 Seiten. Serie Piper 172

Die Sprache · Über das Tragische
143 Seiten. Serie Piper 1129

Vernunft und Existenz
Fünf Vorlesungen.
127 Seiten. Serie Piper 57

Vernunft und Widervernunft in unserer Zeit
Drei Vorlesungen. 71 Seiten. Serie Piper 1199

Vom Ursprung und Ziel der Geschichte
349 Seiten. Serie Piper 198

Von der Wahrheit
1103 Seiten.
Serie Piper 1001

Wahrheit und Bewährung
Philosophieren für die Praxis. 244 Seiten.
Serie Piper 268

Was ist Erziehung?
Ein Lesebuch. Textauswahl und Zusammenstellung von Hermann Horn.
388 Seiten. Serie Piper 1513

Max Weber
Gesammelte Schriften. Mit einer Einführung von Dieter Henrich.
128 Seiten. Serie Piper 799

Wohin treibt die Bundesrepublik?
Tatsachen, Gefahren, Chancen. Einführung von Kurt Sontheimer.
281 Seiten. Serie Piper 849

PIPER

Ein frühes Hauptwerk von Karl Jaspers – zum erstenmal als dreibändige Taschenbuchausgabe in Kassette

Zusammen 1056 Seiten. Serie Piper 1600

Jaspers nannte dieses Werk – die Erstausgabe erschien 1931 – »das liebste meiner Bücher«. In einer späteren Auflage schrieb er: »Die Absicht meines Buches war umfassend unter der Führung der uralten Idee der Philosophie. Welt, Seele, Gott werden als Weltorientierung, Existenzerhellung und Metaphysik zu den Themen der drei Teile.«

PIPER